शरत्-साहित्य

पथ के दावेदार

(उपन्यास)

वंदना बुक एजेंसी
प्रीत विहार, दिल्ली

पथ के दावेदार

शरत्चन्द्र चट्टोपाध्याय

सम्पादक
ओमप्रकाश शर्मा

ISBN—81-89424-04-1

प्रकाशक
वंदना बुक एजेंसी
ग्राउंड फ्लोर, 109, ब्लॉक बी,
प्रीत विहार, दिल्ली-110092

पेपरबैक संस्करण
2019

आवरण
रवि शर्मा

मूल्य
एक सौ साठ रुपये

मुद्रक
बी०के० ऑफसेट
नवीन शाहदरा, दिल्ली-110032

PATH KE DAAVEDAAR (Novel in Hindi)
by Sharat Chandra Chattopadhyay
Price : Rs. 160.00 (Paperback Edition)

: 1 :

अपूर्व के संगी–साथी प्राय: उसे उपालम्भ देते हुए सुने जाते थे कि एक ओर उसके भाई हैं, जो किसी भी रूढ़ि–परम्परा को कोई महत्त्व नहीं देते, प्राचीन मान्यताओं को अन्धविश्वास कहकर उन्हें हंसी में उड़ा देते हैं और दूसरी ओर अपूर्व है, जो प्रत्येक प्रचलित प्रथा के प्रति सकारात्मक दृष्टिकोण रखता है और उसकी उपयोगिता को स्वीकार करता है।

अपूर्व अपने मित्रों के इस विचार से असहमति प्रकट करता हुआ कहता, "मैं प्रत्येक विषय में सकारात्मक रुख़ अपनाता हूं, ऐसा कुछ नहीं है। आप लोगों के इस मत से मेरा असहमत होना ही इसका प्रत्यक्ष प्रमाण है।"

अपूर्व के मित्र पुराने उपहास को दोहराते हुए कहते, "आश्चर्य है, यूनीवर्सिटी से एम.एस-सी. करने के उपरान्त भी चोटी रखने के प्रति तुम्हारा मोह हमारी समझ से बाहर है। अच्छा, यह बताओ कि क्या यह एरियल है और तुम्हें इससे ऊर्जा मिलती है?"

अपूर्व मित्रों के उपहास को सहजता से लेता और उत्तर में कहता, "विज्ञान की पुस्तकों में चोटी के विरुद्ध कहीं कुछ ऐसा लिखा नहीं मिलता, जिससे चोटी रखने को अवैज्ञानिक सिद्ध किया जा सके। जहां तक चोटी से ऊर्जा के सञ्चार की बात है, इस दिशा में विज्ञान अभी तक किसी निष्कर्ष पर नहीं पहुंचा। यदि आप लोगों को मेरे कथन पर विश्वास नहीं, तो एम.एस-सी पढ़ाने वाले प्राध्यापकों से पूछकर देख लो।"

रुष्ट होने का अभिनय करते हुए अपूर्व के इस कथन का उत्तर देने में असमर्थ उसके साथी प्राय: मौन हो जाते और कहते, "तुमसे तर्क करना व्यर्थ है।"

अपूर्व कहता, "मित्रो! तुम सत्य से भली प्रकार परिचित हो, किन्तु तर्क किये बिना तुम लोगों से रहा नहीं जाता।" यह वास्तविकता थी कि अपूर्व के भाई जहां अपने मजिस्ट्रेट पिता के आचार–व्यवहार का अनुकरण करते हुए मुर्गी और होटल का खाना खाने में शान समझते थे, नहाने से पहले खाने में संकोच नहीं करते थे, जनेऊ को खूंटी पर टांगकर भूल जाते थे, उस समय अपूर्व—सबसे छोटा बेटा होने के अतिरिक्त, जिसका यज्ञोपवीत संस्कार अभी तक नहीं हुआ था—ने अपने पिता और भाइयों के इस आचरण से मां द्वारा भोगी जा रही पीड़ा और उसके आंसू बहाने को पर्याप्त गहराई से अनुभव किया था। इसलिए उसकी मां कुछ कहना व्यर्थ समझती थी; क्योंकि उसे पता था कि एक तो बेटे मां की सुनते नहीं थे, दूसरे, कुछ कहने पर पति से कटुता बढ़ने की सम्भावना थी। पति का सदैव अपने ससुराल पर व्यंग्य करते हुए यही उत्तर होता कि यदि लड़के अपने

मामा के समान पोंगे पुरोहित न बनकर बाप का अनुकरण करते और आधुनिक बनते हैं, तो इसमें क्या बुराई है ? यदि वे सिर पर चोटी न रखकर हैट पहनते हैं, तो क्या इसलिए उनका सिर काट लिया जाये ?

इन्हीं कारणों से करुणा की सजीव मूर्ति मां ने चुप्पी साधे रखना ही उचित समझा था। हां, वह बिना किसी प्रकार के प्रदर्शन के अपने आचार-नियम के कठोरता से पालन के प्रति सदैव अवश्य अत्यन्त सजग रहती थी। पति की मृत्यु के पश्चात् विधवा बनी वह घर में रहते हुए भी घर की मोह-ममता से एक प्रकार से एकदम मुक्त हो चुकी थी। ऊपर के जिस कमरे में वह रहती थी, उसी के बरामदे में थोड़ा स्थान बनाकर अपने हाथों से पकाया खा लेती थी, बहुओं के हाथ का बनाया नहीं खाती थी। इस प्रकार वह अपना जीवन बिता रही थी।

सिर पर चोटी रखने वाला अपूर्व कॉलेज की परीक्षाओं में छात्रवृत्ति और पदक प्राप्त करता हुआ प्रगति के पथ पर अग्रसर था। वह जहां नित्य सन्ध्या-पूजन के साथ-साथ एकादशी और पूर्णमासी के व्रत के प्रति भी निष्ठावान् था, वहीं फुटबाल, क्रिकेट और हॉकी-जैसे खेलों में भी पूरी रुचि रखता था और उत्साहपूर्वक इन खेलों में भाग लेता था। उतने पर भी मां के साथ नित्यप्रति गंगा-स्नान को जाने के लिए उसने समयाभाव का रोना कभी नहीं रोया। उसकी इस प्रवृत्ति पर फब्तियां कसते हुए उसकी भाभियां उसे कहतीं, ''लाला! पढ़ाई-लिखाई, तो जो होनी थी, वह हो चुकी समझो, अब तो कौपीन धारण कर और हाथ में चिमटा लेकर बाबाजी बनने की बारी है। आचार-नियम के पालन में तो तुमने विधवा ब्राह्मणी को भी पीछे छोड़ दिया है।''

अपूर्व हंस पड़ता और उत्तर में कहता, ''भाभी! बूढ़ी मां का साथ देना क्या कोई अपराध है ? मां का साथ देने को कोई लड़की नहीं है, फिर आयु भी काफ़ी बढ़ चुकी है। ईश्वर न करे, यदि दुर्भाग्यवश किसी दिन हाथ-पांव से असमर्थ हो गयी, तो उसे मुट्ठी-भर दाल-भात पकाकर और कौन खिलायेगा ? जहां तक संन्यासी बनने की बात है, तुम लोगों की गृहस्थी में रहते हुए किसी-न-किसी दिन इस चोले से गुज़र-बसर करने की सोचना असम्भव नहीं ? जब समय आयेगा, तो कौपीन, चिमटा धारण करने में विलम्ब नहीं करूंगा।''

बड़ी बहू मुंह बनाकर कहती, ''लाला! हम कितना भी क्यों न मर-खप लें, यश तो हमारे भाग्य में लिखा ही नहीं।''

अपूर्व चुपचाप सुन लेता और अपने काम पर चला जाता। वह प्रायः मां से कहा करता, ''मां! तुम भी हद करती हो, ज़रा सोचो, भैया भले ही कुछ खाते-पीते हों, परन्तु भाभियां न मुर्ग़ी खाती हैं और न होटलों में डिनर उड़ाती हैं। फिर तुम उनके हाथ का बना क्यों नहीं खातीं ? क्या सारी उमर तुम अपने हाथ से बनाती-खाती रहोगी ?''

मां का उत्तर होता, ''अरे बिटवा! मुट्ठी-भर दाल-भात रांधने में समय ही कितना लगता है ? इसमें मुझे कोई कष्ट नहीं होता। जब हाथ-पांव जवाब दे देंगे, तब तक तेरी

बहू आ जायेगी।''

अपूर्व उत्तर में कहता, ''मां! किसी कर्मकाण्डी ब्राह्मण के यहां से शुभस्य शीघ्रम् क्यों नहीं करती? यह ठीक है कि उसका भार उठाने का सामर्थ्य अभी मुझमें नहीं है, किन्तु तुम्हारे सुख के लिए, तो मुझे भाइयों के टुकड़ों पर पलने में भी दोष नहीं दिखता।''

अपूर्व के इस कथन पर मां की आंखों में एक अनोखी चमक आ जाती और वह कहती, ''बावरे! यह तू क्या अनाप-शनाप बकता है कि तू एक का भार नहीं उठा सकता। अरे! तुझमें तो पूरे घर को खिला सकने का भरपूर सामर्थ्य है।''

अपूर्व कहता, ''मां! तुम किस दुनिया में रहती हो? तुम सोचती हो कि तुम्हारा लाड़ला लाखों में एक है। उसके बराबर इस संसार में दूसरा कोई है ही नहीं।'' यह कहता और अपने उमड़ते आंसुओं को किसी प्रकार समेटता हुआ वह वहां से उठकर चल देता।

अपूर्व गृहस्थ के दायित्व का निर्वहण करने के अपने सामर्थ्य के सम्बन्ध में भले ही आश्वस्त न हो, किन्तु कन्यापक्ष वालों ने इस दिशा में अपने प्रयत्न तेज़ कर दिये थे। उन्होंने अपूर्व के बड़े भाई विनोद पर इतना अधिक दबाव डाला था कि उस बेचारे का जीना दूभर हो गया था। विनोद मां के पास आकर कहता, ''मां! यदि आचार-परायण, जप-तप-व्रतनिष्ठ, उत्तम परिवार की कोई सुलक्षणा लड़की तुम्हारे ध्यान में हो, तो बातचीत करके अपूर्व का विवाह कर दो, ताकि कन्यापक्ष वालों की प्रतिदिन की झख-झख से मुक्ति मिले। इन लोगों ने मेरी नाक में दम कर रखा है। मुझे घर छोड़कर भाग जाना होगा। बड़ा लड़का क्या हुआ, बाहर वाले मुझे ही घर का मालिक समझने लगे हैं।''

बड़े बेटे की इस निर्ममता से मां के कोमल हृदय को ठेस पहुंचती, किन्तु वह अपने को संभाल लेती और विचलित न होने देती। बड़े ही कोमल व सधे हुए दृढ़ स्वर से विनोद से कहती, ''बेटा! लोगों की समझ कोई ग़लत थोड़े है, पिता के उत्तराधिकारी तुम्हीं तो हो, किन्तु हां, अप्पू के सम्बन्ध में तुम किसी को वचन मत दे बैठना। मैं लड़की का रूप-सौन्दर्य और दान-दक्षिणा आदि नहीं चाहती, फिर भी मेरी इच्छा है कि स्वयं देखभाल करके इस सम्बन्ध को स्थिर करूं।''

''ठीक है मां, ठीक है, तुम्हीं सब कुछ करना, किन्तु मेरा कहना है कि जो भी निर्णय लेना हो, यथाशीघ्र लेना। इन्द्रायण के लाल फल को घर के बाहर लटका कर लोगों को ललचाते रहना भद्र परिवारों को शोभा नहीं देता।'' यह कहता हुआ विनोद बेरुख़ी से चला जाता।

करुणामयी मां की दृष्टि में एक लड़की थी। कुछ दिनों से वह गंगाघाट पर अपनी मां के साथ वाली अपनी ही जाति की एक सुलक्षणा लड़की को देखा करती थी। लड़की की जाति की जानकारी मां ने गुप्त रूप से प्राप्त कर ली थी। इतना ही नहीं, मां ने गुप्त रूप से यह भी जान लिया था कि लड़की स्नान के उपरान्त शिव-पूजन करती है और उसकी पूजा त्रुटिहीन है। यह सब भी वह छिपकर देखती रहती थी। इसके अतिरिक्त उस कन्या

के सम्बन्ध में अन्य जानने योग्य बातों को जानने का भी उसका प्रयास जारी था। मां को यदि सब कुछ ठीक जंचा, तो वह आगामी वैशाख मास में अपूर्व का उस लड़की से विवाह निपटा देना चाहती है।

इसी बीच अपूर्व ने मां के पास आकर उसे अपने को एक अच्छी नौकरी मिलने का समाचार दिया।

मां ने प्रसन्नता प्रकट करते हुए पूछा, ''लल्ला! यह क्या कह रहा है तू? अभी कल ही तो तूने परीक्षा पास की है, इतनी शीघ्र तुम्हें नौकरी कहां से मिल गयी?''

अपूर्व ने मुसकराकर उत्तर दिया, ''मां! जिसे आवश्यकता थी, उसने नौकरी दी है।'' इसके उपरान्त सारा घटनावृत्त सुनाते हुए अपूर्व बोला, ''यह सब कॉलेज के प्रिंसिपल साहब की कृपा का फल है। बोथा कम्पनी ने बर्मा के रंगून शहर में एक नया कार्यालय खोला है, जिसका दायित्व वे किसी सुलझे हुए, परिश्रमी और ईमानदार बंगाली युवक को सौंपना चाहते हैं। बदले में कम्पनी ने मकान का किराया और चार सौ रुपये मासिक वेतन तथा अच्छा परिणाम दिखाने पर और कम्पनी को लाभ पहुंचाने पर, छह महीने के बाद ही ड्योढ़ा, अर्थात् छह सौ रुपये वेतन देने की पेशकश की है।'' यह कहकर वह प्रसन्नता से हंसने लगा।

बर्मा देश का नाम सुनते ही अपूर्व की मां का चेहरा उतर गया। वह अधीर होकर व्यथित स्वर में बोली, ''अप्पू! क्या तू पगला गया है, जो ऐसे देश में जाने की सोच रहा है, जहां जात-पांत, आचार-विचार, धर्म-नियम आदि का कुछ भी विचार नहीं? क्या तू सोचता है कि मैं तुझे वहां जाने की अनुमति दे दूंगी? मुझे तेरी ऐसी नौकरी और ऐसी कमाई की कोई आवश्यकता नहीं।''

मां के विरोध से अपूर्व घबरा गया और कातर स्वर में बोला, ''मां! तुझे इस नौकरी की भले ही आवश्यकता न हो, किन्तु मुझे है। मैं तुम्हारी प्रसन्नता के लिए बड़े-से-बड़ा त्याग कर सकता हूं, तुम्हारे पास रहकर भिखारी का जीवन जीने को भी तैयार हूं, किन्तु इतनी बात पक्की समझ ले कि ऐसा अवसर पूरे जीवन में फिर नहीं आने वाला है और यह भी सोच ले कि तुम्हारे बेटे-जैसे योग्य व्यक्तियों का न तो बंगाल में अभाव है और न मेरे इनकार से बोथा कम्पनी का काम रुक जायेगा। हां, मेरी ओर से प्रिंसिपल साहब ने जो हामी भर दी है, मेरे इनकार से उन्हें अवश्य लज्जित होना पड़ेगा। इसके अतिरिक्त घर की आर्थिक स्थिति भी तुमसे छिपी नहीं है।''

मां बोली, ''बेटा! यह सब तो ठीक है, किन्तु मैंने सुना है कि बर्मा एकदम म्लेच्छ और भ्रष्ट देश है।''

अपूर्व ने कहा, ''किसी ने यों ही बढ़ा-चढ़ाकर तुम्हें भटका दिया है। अच्छा, बता, अपना कलकत्ता म्लेच्छ देश नहीं, किन्तु क्या यहां किसी को म्लेच्छ होने से रोका जा सकता है? व्यक्ति के चरित्र और आचरण का सम्बन्ध देश-विशेष से नहीं होता। यह तो व्यक्ति के अपने ऊपर निर्भर करता है कि वह कैसा जीवन बिताना चाहता है।''

कुछ देर मौन रहने के उपरान्त मां बोली, ''किन्तु इसी वैशाख में मैंने तुम्हारे विवाह का सोच रखा है, उसका क्या होगा ?''

अपूर्व बोला, ''क्या तुमने सचमुच पक्का कर रखा है ? कोई बात नहीं। दो-एक महीनों के लिए तिथि आगे बढ़ा दो, फिर जब बुलाओगी, उसी दिन उपस्थित हो जाऊंगा। तुम्हारी आज्ञा का पालन होगा।''

करुणा और स्नेह की मूर्ति मां पुराने विचारों की अवश्य थी, परन्तु उसमें समय के साथ चलने की क्षमता का अभाव नहीं था। अतः कुछ देर सोच-विचार में डूबी रहने के उपरान्त वह बुझे स्वर में बोली, ''जब तुमने जाने की ठान ही ली है, तो फिर मेरे कुछ कहने का क्या लाभ है ? किन्तु हां, इस सम्बन्ध में अपने भाइयों से परामर्श कर लो।''

बर्मा-यात्रा के सम्बन्ध में बड़े लड़कों से विचार-विमर्श की बात करते हुए वृद्धा के चेहरे पर अतीत और वर्तमान की सारी अन्तर्हित वेदना एकदम घनीभूत होकर उसे विचलित करने लगी, किन्तु उसने अपने दुःख को प्रकट नहीं होने दिया।

मां का पीहर गोकुलदिग्घी का प्रतिष्ठित वन्द्योपाध्याय वंश था। उस वंश की आचार-परायणता और चारित्रिक उच्चता दूसरों के लिए आदर्श बनी हुई थी। उसके जन्मजात संस्कारों की, पति के परिवार में पति और पुत्रों के हाथों बड़ी छीछालेदर हुई। उसने आचार-विचार की हत्या को चुपचाप देखा और सहा। उसे अपूर्व में आशा की उजली किरण दिखाई देती थी। इसी के सहारे वह सब कुछ सहते हुई इस घर-परिवार में अब तक टिकी थी, किन्तु आशा का केन्द्र बना वह लड़का भी न जाने किस अज्ञात देश का वासी बनने चला है। इस बात का विचार आते ही वह अत्यधिक चिन्तित और दुखी हो उठी, किन्तु केवल इतना बोली, ''अप्पू! न जाने कितने दिनों की मेहमान हूं ? बेटा, मेरे इन अन्तिम दिनों में मुझे दुःख मत देना।'' यह कहते हुए वह अपने आंसुओं को न रोक सकी और बहते आंसुओं को आंचल से पोंछने लगी।

अपूर्व भी अपने ऊपर संयम न रख सका और आंसू बहाने लगा। रोते-रोते बोला, ''मां! आज तुम जीवित हो, कभी-न-कभी भगवान् के यहां से बुलावा आ ही जायेगा और उस समय भी तुम्हें अपने इस अप्पू को छोड़कर जाना पड़ेगा, किन्तु मैं तुम्हें विश्वास दिलाता हूं कि चाहे तुम इस लोक में रहो अथवा परलोक में, अपने अप्पू के आचरण के लिए तुम्हें कभी लज्जित नहीं होना पड़ेगा। मुझे लगता है कि तुमने अप्पू को ठीक से पहचाना नहीं।'' यह कहता हुआ वह वहां से उठकर दूसरे स्थान पर चला गया।

उस दिन सायंकालीन सन्ध्या-पूजा और जपमाला में मां का मन नहीं लग सका। दुःख और वेदना से वह निरन्तर आंसू बहाती रही। अपने ऊपर संयम रख पाने में और किसी उपाय को खोज पाने में अपने को असफल अनुभव कर वह निराश होकर अपने बड़े लड़के के कमरे के दरवाज़े पर जाकर चुपचाप खड़ी हो गयी। कचहरी से लौटे, जलपान से निपटे और शाम की ड्रेस पहनकर क्लब जाने को उद्यत विनोद ने सहसा मां

को देखा, तो वह चौंक पड़ा; क्योंकि मां का इस प्रकार से सामने आना एक ऐसी अविश्वसनीय घटना थी, जिसे देखकर वह स्तब्ध रह गया, मुंह से कुछ बोल न सका।

मां ने ही पहल की, बोली, "बेटा! तुमसे एक बात पूछने आयी हूं।"

"हां, बोलो मां।"

इधर आने से पहले तथा अपने को सहज दिखाने के लिए मां अपने बहते आंसुओं को अच्छी तरह पोंछकर आयी थी, फिर भी उसका रुंधा गला और भीगा आंचल उसके भीतर की वेदना को उजागर कर रहे थे। यथासम्भव अपने को संयत बनाते हुए मां ने सिलसिलेवार वर्णन करके और अपूर्व को मिलने वाले मासिक वेतन का उल्लेख करके कहा, "बेटा! सोच में पड़ गयी हूं कि इन थोड़े-से रुपयों के लोभ में अपूर्व को बर्मा भेजूं अथवा न भेंजूं?"

विनोद के धीरज का बांध टूट गया और वह बेरुखी से बोला, "मां! माना कि तुम्हें अपूर्व से असीम प्यार है और यह भी सत्य है कि तुम्हारी दृष्टि में अपूर्व-जैसा सुशील बेटा दूसरा कोई इस संसार में ढूंढ़ने पर भी नहीं मिलेगा, किन्तु यह मत भूलो कि पहले चार सौ रुपये प्रतिमाह और फिर छह महीने में छह सौ रुपये प्रतिमाह, बेटे के प्रति तुम्हारे प्यार से कम महत्त्वपूर्ण कदापि नहीं।"

मां ने व्यथित स्वर में कहा, "बेटा! मैंने सुना है कि बर्मा एकदम म्लेच्छ देश है।"

विनोद बोला, "मां! जो कुछ तुमने सुना और जाना है, वही सम्पूर्ण सत्य हो, ऐसा कुछ आवश्यक तो नहीं?"

अपने बेटे के इस उपेक्षापूर्ण व्यवहार से खिन्न और दुखी होकर मां बोली, "बेटा! तुम लोगों के होश संभालने से लेकर आज तक जो मैं सुनती आयी हूं, उसे झुठलाने की तुम्हारी चेष्टा मेरी समझ से बाहर है। इसके अतिरिक्त मेरी दृष्टि में अपूर्व का क्या महत्त्व है, इस पर विवाद के लिए भी मैं तुम्हारे पास नहीं आयी। मैं तो केवल यह पूछने आयी हूं कि उसे उतनी दूर भेजना उचित है अथवा नहीं?"

विनोद ने तत्काल झुककर मां के चरणों का स्पर्श करके अपनी स्पष्टवादिता के लिए क्षमा-याचना करते हुए कहा, "मां! मैंने तुम्हें कष्ट पहुंचाने के लिए यह सब नहीं कहा। यह ठीक है कि खान-पान में हम बाबूजी का अनुकरण करते आये हैं और संसार में रुपये को महत्त्व देना भी हमने उन्हीं से सीखा है, किन्तु इस मामले में मैं किसी लोभवश ऐसा सुझाव नहीं दे रहा हूं। मेरी वेशभूषा अवश्य यूरोपीय है, किन्तु मेरा हृदय अभी तक ऐसा साहब नहीं बना है, जो छोटे भाई को खिलाने-पिलाने के झंझट से छुटकारा पाने के लिए उसे कहीं भी अच्छे-बुरे स्थान पर धकेलने को तैयार हो जाये। फिर भी मैं उसे जाने देने के पक्ष में हूं। इस देश से बाहर चले जाना, न केवल उसके, अपितु हमारे भी हित में है। मां, तुम भूली नहीं होगी कि अभी वह दूधमुंहा बच्चा ही था कि उसके उत्पात से बाबूजी की नौकरी के छूटने की नौबत आ गयी थी।"

मां ने तत्काल प्रतिवाद किया और कहा, "ऐसा अब वह कुछ नहीं करता। सात-

आठ वर्ष पूर्व उसे समझ ही कहां थी, अचानक उस दल में जा मिला था।''

विनोद हंसकर बोला, ''मां! हो सकता है कि तुम्हारी बात सत्य हो। मैं इस पर अविश्वास नहीं करता कि अपूर्व अब किसी राजनीतिक दल से सम्बन्ध नहीं रखता, किन्तु मां, कुछ लोगों का स्वभाव भिन्न प्रकार का होता है और तुम्हारा लाड़ला भी इसी श्रेणी में आता है। वे देश की मिट्टी, देश के पानी, देश के पर्वतों, नदी-नदों, वन-प्रान्तों, चन्द्र-सूर्य आदि ग्रहों तथा छाया-प्रकाश आदि सब कुछ को अपने शरीर का अंग मानकर अपने प्राणों से भी कहीं अधिक उनसे प्यार करते हैं। इसी श्रेणी के किसी महापुरुष ने सत्ययुग में जन्मभूमि को स्वर्ग से भी अधिक सुन्दर बताकर उसकी सेवा में जीवन को खपाना ही उसे सार्थक बनाना घोषित किया था।

''मां! देश-प्रेम भी एक नशा है, जिसे छोड़ पाना न सरल है और न सम्भव। इस विषय में तुम धोखे में मत रहना। देश के मामले में ऐसा विश्वास करोगी, तो तुम्हें पछताना पड़ेगा। देश के दीवानों के जीवित रहने का अर्थ देश के लिए प्राण देने के लिए तत्पर रहने से भिन्न नहीं। दोनों में केवल अंगुलि-अंगूठे का अन्तर है।'' यह कहते हुए विनोद ने अपने हाथ की अंगुलि और अंगूठे को सामने करके दिखाया और कहा, ''सत्य तो यह है कि इस विषय में तुम अपने सदाचारी, गीतापाठी एवं एम.एस-सी पास लाड़ले की अपेक्षा इस म्लेच्छ, आचारभ्रष्ट विनोद पर अधिक निर्भर रह सकती हो। यहां तुम्हें छल-कपट अथवा धोखा नहीं मिलेगा।''

बड़े बेटे की बातों पर मां को सहसा विश्वास आ गया हो, ऐसा निश्चित रूप से नहीं कहा जा सकता, किन्तु इसमें सन्देह नहीं कि अपूर्व के कारण परिवार को एक समय भारी संकट का सामना करना पड़ा था। इसे भुलाना सम्भव नहीं था और इसलिए उसका मन-ही-मन चिन्तित हो उठना स्वाभाविक भी था। इसके अतिरिक्त देश के पश्चिमी क्षितिज पर उठते मेघों को देखकर परिवर्तित स्थिति को अनदेखा भी नहीं किया जा सकता था। उस समय अपूर्व के पिता जीवित थे, किन्तु आज वे परलोक में हैं, अतः स्थिति नितान्त भिन्न है।

मां के चेहरे पर दृष्टि गड़ाने से विनोद को उसके मनोभावों को समझने में कोई कठिनाई सामने नहीं आयी, किन्तु जाने की जल्दी में वह अपनी मां से बोला, ''अपूर्व कौन-सा कल ही बर्मा जा रहा है। एक साथ बैठकर और सभी बातों पर विचार करके निश्चित कर लेंगे।''

यह कहता और शीघ्रता से पग बढ़ाता विनोद बाहर चला गया।

: 2 :

अपूर्व ने जहाज़ की यात्रा के दिनों में चिउड़ा चबाकर, सन्देश खाकर और नारियल का

पानी पीकर अपने ब्राह्मण धर्म की तत्परता से रक्षा की। इससे अधमरा हुआ वह अन्ततः रंगून पहुंच गया। बोथा कम्पनी के दो सेवक और एक मद्रासी कर्मचारी उसके स्वागत को डेक पर उपस्थित थे। उन तीनों ने अपने नये मैनेजर का स्वागत किया और उसे बताया कि कम्पनी की ओर से तीस रुपये मासिक पर उसके लिए एक मकान की व्यवस्था कर ली गयी है और सब आवश्यक सामान भी वहां सजा दिया गया है।

फागुन का महीना समाप्ति पर था और गरमी बढ़ने लगी थी। समुद्री यात्रा ने अपूर्व को काफ़ी थका दिया था, अतः अपने एकान्त घर में सुसज्जित शय्या पर हाथ-पैर पसारकर चैन से सो सकने की कल्पना से उसे पर्याप्त सन्तोष मिला। अपूर्व अपने साथ ब्राह्मण रसोइये को भी लाया था, जो हालदार परिवार में बहुत दिनों तक कार्य कर चुका था और उसके निर्दोष व्यवहार और शुद्ध आचार पर अपूर्व की मां को पक्का भरोसा और साथ ही परम सन्तोष था। इसलिए उसे अपूर्व के साथ भेजने पर घर में होने वाली असुविधाओं और कष्टों को अनदेखा कर दिया गया था। मां ने रसोइये के साथ-साथ रसोई में काम आने वाली सामग्री—चावल, दाल, घी, पिसे मसालों के अतिरिक्त परवल तथा आलू तक—भी साथ में भेज दी थी। इससे अपूर्व आशा करने लगा था कि अब उसे काफ़ी दिनों के उपरान्त गरम दाल-भात और तरकारी का स्वाद चखना सुलभ हो सकेगा। किराये पर गाड़ी निश्चित करके बाबू अपने घर चला गया और सेवक अपूर्व के सामान को गाड़ी में रखकर उसके साथ हो लिया। बहुत दिनों की जलयात्रा से ऊबे अपूर्व ने ठोस धरती पर चलने वाली घोड़ागाड़ी में बैठकर चैन की सांस ली।

दस-एक मिनटों के बाद गाड़ी अपूर्व के लिए स्थिर नये मकान के सामने रुकी, तो सेवक ने गाड़ी से सामान उतारने और ऊपर पहुंचाने के लिए दर्जनों बर्मा-देशी कुलियों को आवाज़ दी। अपने नये मकान की शक्ल-सूरत को देखकर अपूर्व को भारी निराशा हुई। मकान न तो दिखने में सुन्दर था, न उस पर छत थी और न ही उसके दरवाज़े थे। इससे बाहर और भीतर का कुछ पता ही नहीं चलता था। आंगन के नाम पर केवल बाहर निकलने का छोटा-सा स्थान था। ऊपर पहुंचने के लिए लकड़ी की एक तंग सीढ़ी थी, जो तीसरे तल्ले तक चली गयी थी। इतना ही नहीं, सीढ़ी एकदम सपाट-सीधी खड़ी थी और उसके चारों ओर घुप्प अंधेरा था। इस पर तुर्रा यह कि यह किसी एक का निजी रास्ता नहीं था, अपितु सभी किरायेदारों के चढ़ने-उतरने के लिए एक प्रकार का सामूहिक अथवा सार्वजनिक साधन था। इस चढ़ने-उतरने में पैर फिसल जाने पर सर्वप्रथम पत्थर की पक्की सड़क पर जा गिरने, अधिक चोट लग जाने पर अस्पताल जा पहुंचने और फिर स्थिति विषम होने पर, तीसरी दशा की चर्चा भले ही न की जाये, किन्तु इन तीनों को नकारा नहीं जा सकता था। निश्चित था कि इस प्रकार की लकड़ी की बेढंगी और ख़तरनाक सीढ़ी पर चढ़ने और उससे उतरने के अभ्यास के लिए समय अपेक्षित था, जबकि अपूर्व एकदम नया आदमी था, अतः वह दरबान के पीछे-पीछे संभलकर और एक-एक पैर को साधकर ऊपर चढ़ रहा था। दूसरे तल्ले पर पहुंचकर दरबान ने सीढ़ी

के पास के दरवाज़े को खोलकर अपूर्व से कहा, "साहब! यह रहा आपका कमरा।"

उस कमरे के बायीं ओर के बन्द दरवाज़े की ओर संकेत करते हुए अपूर्व ने पूछा, "इधर कौन महाशय रहते हैं?"

दरबान ने उत्तर दिया, "ठीक तो नहीं मालूम, किन्तु सुनने में आया है कि कोई चीना साहब रहते हैं।"

ऊपर के कमरे के निवासी के सम्बन्ध में पूछे जाने पर दरबान ने उत्तर में कहा, "एक काले साहब को आते-जाते देखा है, शायद मद्रास का रहने वाला है।"

अपने निकट के पड़ोसियों की इस जानकारी से निराश अपूर्व के लिए और कुछ पूछना शेष न बचा। वह चुप रह गया, किन्तु अपने मुंह से निकलती लम्बी- ठण्डी आह को न रोक सका। अपने कमरे में घुसने पर तो उसका मन और भी अधिक खिन्न और उदास हो गया। मकान क्या था, लकड़ी की दीवार वाली तीन छोटी-छोटी कोठरियां थीं। एक में पानी का नल था, जो एक प्रकार से स्नानघर था और इसी में रसोई बनाने आदि की भी यथोचित व्यवस्था थी। बीच में सीढ़ी के पास एक दूसरी अंधेरी कोठरी थी, जिसे सम्मान देने के लिए ड्राइंगरूम नाम दिया जा सकता है और तीसरी कोठरी सड़क की ओर थी, जिसे शयनकक्ष कहना उचित होगा। यह कोठरी अवश्य न केवल हवादार है, अपितु साफ़-सुथरी भी है। इसी कमरे में कम्पनी के ख़र्च से ख़रीदी चारपाई, टेबल और दो-चार कुर्सियां पड़ी हुई हैं। सड़क की ओर नाममात्र का छोटा-सा बरामदा है। ऊबने पर और समय काटना कठिन लगने पर इसी बरामदे में खड़े होकर आते-जाते लोगों को देखते हुए जी हलका किया जा सकता है। शेष कमरों में न वायु का प्रवेश है और न प्रकाश की गति है। कमरे एक-दूसरे से इस प्रकार सटे हुए हैं कि एक को लांघकर ही दूसरे में प्रवेश पाना सम्भव है। पूरा मकान लकड़ी का बना हुआ है। दीवारें, छत, फ़र्श और सीढ़ियां सब कुछ लकड़ी का। आग लगने के परिणाम का ध्यान आते ही एकदम यह विचार कौंध गया कि इतना बड़ा और सब प्रकार से सुन्दर लाक्षागृह, तो शायद युवराज दुर्योधन भी अपने पाण्डव-भाइयों के लिए नहीं बनवा सके थे। इस सुदूर देश में अपने घर-द्वार, बन्धु-बान्धवों, भाई-भाभियों, आत्मीय जनों तथा इष्ट-मित्रों, विशेषतः करुणामयी मां को छोड़कर अकेले इस भद्दे घर में रहना पड़ेगा—इस बात की याद आते ही अपूर्व को रोना आ गया। छलकते आंसुओं को लिये थोड़ी देर इधर-उधर घूमते और फिर सामान को ठिकाने लगाते अपूर्व को यह देखकर थोड़ा सन्तोष हुआ कि नल से पानी आ रहा था। इसलिए उसने सोचा कि नल के पानी से नहाना और खाना बनाना आदि दोनों काम निपटाये जा सकते हैं।

दरबान ने तसल्ली देते हुए कहा, "व्यर्थ में पानी न बहाया जाये, तो इस शहर में पानी की कमी का प्रश्न ही नहीं उठता। वस्तुतः दो किरायेदारों के लिए बने प्रत्येक मकान की छत पर पानी का एक बड़ा हौज़ बना है, जिसमें पानी जमा रहने से जल की आपूर्ति दिन-रात अबाध बनी रहती है। इस जानकारी से आश्वस्त होकर अपूर्व ने अपने

साथ आये रसोइये को सम्बोधित करते हुए कहा, ''तिवारी! मां ने खाने-पीने का सामान साथ बांध ही दिया है। तुम नहा-धोकर कुछ खाने-पीने की जुगत करो, तब तक मैं दरबान की सहायता से सारा सामान उपयुक्त स्थान पर रखता-रखवाता हूं।''

रसोईघर में कोयला तो था, किन्तु पक्की ईंटों का बना चूल्हा लिपा-पुता नहीं था। इतना ही नहीं, ध्यान देकर देखने पर उस पर लगी कालिख अपनी कहानी कह रही थी। न जाने यहां किस जाति का और कौन रहता होगा और न जाने वह इस चूल्हे पर क्या खाता-पकाता रहा होगा? इन सब बातों पर विचार करते ही अपूर्व के साथ ही महाराज का चित्त भी उद्विग्न हो उठा। अपूर्व ने स्वयं ही घृणा-भाव से कहा, ''तिवारी! इस चूल्हे पर रसोई बनाना ठीक नहीं रहेगा। कोई और व्यवस्था करनी होगी। यदि एक सिगड़ी सुलभ हो जाती, तो आज का खाना—थोड़ा-सा दाल-चावल—बाहर वाले कमरे में ही बना लिया जाता, किन्तु क्या इस अनजान शहर में सिगड़ी मिलना सम्भव है?''

दरबान ने इस शहर में सिगड़ी की आसानी से उपलब्धता बताकर कहा, ''दाम मिल जाएं, तो मैं दस मिनट में सिगड़ी ख़रीदकर हाज़िर कर सकता हूं।'' अपूर्व से पैसा पाते ही दरबान सिगड़ी ख़रीदने चल दिया। तिवारी खाने का सामान जुटाने में लग गया और अपूर्व अपने साथ लाये सामान को यथास्थान सजाने में लग गया।

अपूर्व ने सभी कपड़े-लत्ते लकड़ी की अलगनी पर लटका दिये और बिस्तर को खोलकर बिछौना चारपाई पर बिछा दिया। ट्रंक में से निकाले टेबल क्लाथ को टेबल पर बिछाकर उस पर पुस्तकों और लेखन-सामग्री को सजा दिया। उत्तर की ओर खुलने वाली खिड़की के दोनों पल्लों को पूरी तरह खोलकर उसके दोनों किनारों पर चटकनी के समान काग़ज़ ठूंस दिये, ताकि हवा के झोंके से वे बन्द न हों और खुले ही रहें। इस प्रकार कमरे को अधिक हवादार और प्रकाशमय बनाकर अपूर्व ने अभी-अभी बनी शय्या पर लेटकर थोड़ी-सी चैन की सांस ली।

इतने में लोहे की सिगड़ी ख़रीदकर दरबान लौट आया, तो महाराज को यथाशीघ्र खिचड़ी और कुछ तरकारी बनाने का आदेश देकर अपूर्व चारपाई पर सोने ही जा रहा था कि उसे स्मरण हो आया कि मां ने अपने सर की क़सम देकर जहाज़ से उतरते ही तार द्वारा अपनी पहुंच से सूचित करने का अनुरोध किया था। अपूर्व ने कुरता पहना और तिवारी को घण्टे-भर में लौटने का आश्वासन देकर अपने एकमात्र सहायक एवं पथ-प्रदर्शक दरबान के साथ तारघर की राह पकड़ी। जाते-जाते वह तिवारी को इस अवधि में भोजन तैयार कर लेने को कहना न भूला।

किसी ईसाई त्योहार के कारण आज छुट्टी का दिन था। सड़क के दोनों किनारों पर दृष्टि डालने से अपूर्व को यह समझने में देर न लगी कि वह क्षेत्र देशी-विदेशी साहब-मेमों का मोहल्ला था। इसीलिए लगभग सभी घरों में उत्सव मनाये जाने के चिह्न स्पष्ट दृष्टिगोचर हो रहे थे। अपूर्व ने अपने साथ चल रहे दरबान से पूछा, ''क्यों भाई! सुना है कि इधर बंगाली लोगों की भी काफ़ी संख्या है। क्या तुम जानते हो कि वे किस मोहल्ले

में रहते हैं ?''

दरबान का उत्तर था, ''यहां मोहल्ला कहने को कुछ नहीं। प्रत्येक व्यक्ति अपनी इच्छानुसार जहां-कहीं रहने को स्वतन्त्र है। हां, यह बात अलग है कि अफ़सर अधिकांश इस गली में रहना पसन्द करते हैं।''

अपूर्व ने मन-ही-मन सोचा कि वह भी बड़ी नौकरी के सिलसिले में इस देश में आया एक अफ़सर है। इसके अतिरिक्त वह एक कट्टर हिन्दू होने पर भी किसी दूसरे धर्म के विरुद्ध घृणा अथवा द्वेष का भाव नहीं रखता, किन्तु फिर भी वह अपने को चारों ओर से—ऊपर-नीचे, दायें-बायें—ईसाई पड़ोसियों से घिरा पाकर कुछ उदास हो उठा। उसने दरबान से पूछा, ''क्यों भाई! क्या कहीं और कोई मकान नहीं मिल सकता ?''

इस विषय में अधिक जानकारी न रखने के कारण दरबान ने जो मन में आया, वह कह दिया। बोला, ''ढूंढ़ने पर क्यों नहीं मिल सकता, किन्तु इतने किराये पर ऐसा मकान मिलना थोड़ा कठिन है।''

इस पर अपूर्व चुप हो गया और दरबान के साथ चलता गया। कुछ देर में वह एक ब्रांच पोस्टऑफ़िस में पहुंचा, तो पता चला कि मद्रासी तारबाबू लञ्च के लिए गया हुआ था। घण्टे-भर तक प्रतीक्षा करने के उपरान्त उसके दर्शन हुए, तो वह घड़ी की ओर इशारा करता हुआ बोला, ''आज छुट्टी का दिन है, ऑफ़िस दो बजे बन्द हो जाता है। इस समय दो बजकर पन्द्रह मिनट हो रहे हैं।''

अपूर्व ने थोड़ी नाराज़गी से कहा, ''मैं घण्टे-भर से यहां बैठा प्रतीक्षा कर रहा हूं। आप अपनी सीट पर नहीं थे, तो फिर क़ुसूर किसका हुआ ?''

बाबू ने अपूर्व की ओर बिना ध्यान दिये अविचलित भाव से कहा, ''बिल्कुल झूठ, मैं केवल दस मिनट के लिए उठकर गया था।''

अपूर्व ने उस बाबू के साथ काफ़ी तर्क-वितर्क किया, उसे झूठा व कामचोर बनाकर उसका अपमान किया, उसके विरुद्ध रिपोर्ट करने की धमकी भी दी, परन्तु परिणाम वही 'ढाक के तीन पात'। वह निर्विकार भाव से अपने रजिस्टर और काग़ज़ों को ठीक करने में इस प्रकार खो गया कि उसने अपूर्व की बक-बक पर ध्यान देने तक की आवश्यकता नहीं समझी। लिहाज़ा लड़खड़ाता और पैर पटकता तथा जलता-भुनता अपूर्व भूख-प्यास से व्याकुल होने पर भी प्रधान तारघर की ओर चल दिया। वहां, भीड़ में किसी प्रकार कठिनाई से घुसकर जब वह मां को तार द्वारा अपने सकुशल पहुंचने का समाचार भेजने में सफल हुआ, तो उस समय सूर्यास्त का समय हो गया था।

अब तक साथ निभा रहे दरबान ने विनम्रता से कहा, ''साहब! मुझे काफ़ी दूर जाना है।''

अपूर्व पहले दिन ही परेशानी के कारण अपने में खो गया था, फिर भी उसने दरबान को छुट्टी देने में कोई आपत्ति नहीं की। उसका विश्वास था कि सड़कों पर पड़े नम्बरों के कारण और सड़कों के सीधी और समान होने के कारण मकान ढूंढ़ने में कोई

बाधा नहीं आयेगी। अतः दरबान को छुट्टी देकर अपूर्व अपनी सड़क का हिसाब लगाता हुआ पैदल चलकर अपने आवास पर आ पहुंचा।

सीढ़ी पर पैर रखते ही अपूर्व ने दूसरे पल्ले के द्वार पर खड़े अपने रसोइये तिवारी को लाठी ठोकते और ऊटपटांग गालियां बकते देखा। उसने तिवारी के प्रतिपक्षी के रूप में तीसरे पल्ले पर अपने कमरे के बाहर पैण्ट पहने, नंगे बदन खड़े एक व्यक्ति को भी देखा, जो घोड़े के चाबुक को पटक-पटककर सांय-सांय की आवाज़ कर रहा था। इस झगड़े में प्रयोग की जा रही भाषा का उल्लेख करना विशुद्ध रूप से अशालीनता ही होगी।

अपूर्व के पैर पहली सीढ़ी पर ही रुक गये। वह आश्चर्यचकित होकर सोचने लगा कि इतनी देर में ऐसा क्या हो गया, जो तिवारी ने इतनी जल्दी साहब से शत्रुता मोल ले ली? प्रयत्न करने पर भी वह किसी कारण का अनुमान लगाने अथवा कल्पना करने में सफल न हो सका। इस बीच दोनों प्रतिद्वन्द्वियों की दृष्टि अपूर्व पर पड़ गयी। तिवारी ने मालिक को देखते ही उत्साहित होकर लाठी ठोकते हुए मोटी-सी गाली दे डाली और प्रतिद्वन्द्वी ने भी उसी तीव्रता से चाबुक को धरती पर पटका। इस बीच अपूर्व शीघ्रता से सीढ़ियां चढ़ता हुआ तिवारी के पास जा पहुंचा और लाठी सहित उसका हाथ पकड़कर और प्रतिवाद का अवसर न देकर उसे घर के भीतर धकेलता हुआ उच्च स्वर में बोला, "तिवारी! क्या तेरा दिमाग़ ख़राब हो गया है?" क्रोध, तिरस्कार और दुःख के मारे बेचारा तिवारी गला फाड़कर रोने लगा और बिलखता हुआ बोला, "इस हरामज़ादे साहब की करतूत तो देखिये।"

करतूत—घर की दशा—को देखकर अपूर्व की भूख, प्यास तथा थकावट और नींद आदि सब एक साथ ग़ायब हो गये। गरमागरम खिचड़ी अभी तक बटलोई में भाप और सुगन्ध छोड़ रही थी। दूसरे कमरे में प्रातःकाल बिछाया उसका दूधिया बिछौना काले-गन्दे पानी से गीला और धब्बेदार तथा बदबूदार हो गया था। कुर्सी, मेज़, ट्रंक और पुस्तकों पर सब कहीं पानी-ही-पानी भरा पड़ा था। यहां तक कि कमरे के कोने में टंगी अलगनी पर लटके कपड़े भी गीले होने से नहीं बचे थे। अपूर्व के क़ीमती नये सूट को भी नहीं बख़्शा गया था। उस पर भी काले धब्बों ने अपना चमत्कार दिखाने में कोई कसर नहीं छोड़ी थी।

यह सब देखकर दुःखी हुए अपूर्व ने दुःख और आश्चर्य प्रकट करते हुए पूछा, "यह सब कैसे हुआ?"

तिवारी ने अंगुलि से छत की ओर संकेत करते हुए कहा, "उसी साले साहब की बदमाशी है। यह देखिये।"

लकड़ी के तख़्तों से बनी छत से अभी तक गन्दे पानी की बूंदें रिस रही थीं। तिवारी द्वारा वर्णित घटना का संक्षेप इस प्रकार है—

अपूर्व ज्यों ही घर से बाहर निकला, त्यों ही थोड़ी देर में ऊपर वाला साहब घर में घुसा। आज शायद ईसाइयों का कोई उत्सव था और वह उत्सव मनाने का पक्का मूड

बनाकर आया था। अतः वह पहले गाना-बजाना और फिर नाचना तथा अन्त में दोनों के संगम से ऐसा धमाल मचाया कि तिवारी को साहब के आनन्द को छत द्वारा न संभाल पाने की आशंका होने लगी। फिर भी वह (तिवारी) दर्शक बना रहा, किन्तु उसके देखते-ही-देखते रसोई के ऊपर से गन्दा-मैला पानी गिरने लगा, तो घर में रखे सारे सामान के ख़राब हो जाने की आशंका से तिवारी ने बाहर निकलकर साहब को चेताया। साहब तो साहब ही होता है, भले ही वह गोरा हो या काला, एक नौकर के इस दुस्साहस को कैसे सह सकता था ? वह एकदम उत्तेजित हो उठा और उत्तेजना ने क्रोध को जन्म दे दिया। वह अपने कमरे में जाकर पानी की बाल्टियां भरकर अपने फ़र्श (अपूर्व के आवास की छत) पर उंड़ेलने लगा। इसके आगे के वृत्त का तो सहज ही अनुमान लगाया जा सकता है और कुछ-कुछ तो अपूर्व ने अपनी आंखों से देख ही लिया था।

अपूर्व कुछ देर तक हक्का-बक्का होकर जड़वत् बना रहा, फिर बोला, "क्या ऊपर वाले साहब के कमरे में कोई और दूसरा नहीं है ?"

तिवारी बोला, "क्या पता, शायद कोई हो भी सकता है; क्योंकि किसी मतवाले की उस साले से हाथापाई करने और लड़ने की आवाज़ आ रही थी।" यह कहता हुआ तिवारी टुकर-टुकर बटलोई की ओर देखने लगा।

अपूर्व समझ गया कि साहब के साथी ने साहब को रोकने की पूरी चेष्टा की थी, ज़ोर-जबरदस्ती भी की थी, किन्तु साहब के सिर पर शैतान सवार था, इसलिए हमारे दुर्भाग्य में कोई कमी नहीं आ सकी।

अपूर्व चुपचाप बैठा सुनता रहा। वह जानता था कि जो कुछ होना था, वह हो चुका था। अब किसी नये उपद्रव की कोई सम्भावना नहीं थी। उत्सव की मौज-मस्ती में विवेक खोने वाले साहब द्वारा किसी नये उत्पात किये जाने के कोई लक्षण दिखाई नहीं देते थे। हो सकता है कि अब तक उसका नशा उतर चुका हो और उसे अपनी ग़लती पर पछतावा हो रहा हो। हां, तिवारी अभी तक शान्त नहीं हुआ था। साहब पर उसके क्रोध की मात्रा में रंच-भर कमी नहीं आयी, तभी काम के बीच उसका बड़बड़ाना जारी था।

अपूर्व ने ज़बरदस्ती मुसकराते हुए कहा, "तिवारी! जब भाग्य में नहीं होता, तो मुंह का कौर भी छिन जाता है। दुखी होने से दुर्भाग्य सौभाग्य में नहीं बदल जायेगा। समझ लो कि यह सब हमारे भाग्य में था ही नहीं, तो फिर कैसे मिलता ? मान लो कि हम आज भी जहाज़ में हैं। चिउड़ा, मुड़की और सन्देश, जो भी बचा हो, ले आओ, उसी से काम चल जायेगा। बोलो, क्या विचार है ?"

तिवारी ने सिर हिलाकर अपूर्व के कथन का समर्थन किया, किन्तु बटलोई पर अटकी और ललचायी उसकी दृष्टि ने स्पष्ट कर दिया कि उसके लिए खिचड़ी को भुला पाना सरल नहीं। तिवारी खाद्य-सामग्री लाने के लिए उठा। यह एक सुयोग था कि खाने-पीने के सामान वाले बक्से को रसोईघर के एक कोने में रख दिया गया था और उसके

साथ कोई छेड़-छाड़ नहीं की गयी थी। इसलिए उस पर ईसाई का पानी नहीं गिरा था और इस प्रकार खाद्य-पदार्थ अखाद्य बनने से बच गये थे।

फलाहार का सामान जुटाता तिवारी वहां से चिल्लाने लगा, "बाबूजी! इस मकान में गुज़र-बसर नहीं हो सकेगा।"

अपूर्व ने भी उसका दिल रखने के लिए प्रत्युत्तर में कहा, "तुम ठीक कहते हो तिवारी।"

तिवारी हालदार परिवार का पुराना रसोइया था। कलकत्ता से चलते समय मां द्वारा बड़े प्यार से कही गयी बातों की याद आते ही उसका गला भर आया और वह दुखी होकर बोला, "बाबूजी! इस घर में तो अब एक दिन के लिए भी मेरा रहना नहीं हो सकेगा। क्रोध में आकर मैंने साहब से तकरार मोल ले लिया, नाहक गाली-गलौज किया, वह सब मुझे नहीं करना चाहिए था।"

अपूर्व ने कहा, "तो क्या साहब की पिटाई करनी चाहिए थी?"

तिवारी का विवेक जाग्रत हो रहा था। इसलिए वह संभलकर बोला, "नहीं बाबूजी, नहीं। मेरे कहने का अर्थ यह कदापि नहीं। मुझे समझना चाहिए था कि वे लोग कैसे भी क्यों न हों, आखिर साहब हैं और हम ठहरे हिन्दुस्तानी।"

अपूर्व चुप रहा, तो तिवारी ने इस मौन से प्रोत्साहित होकर कहा, "ऑफ़िस के दरबान से अनुरोध किया जाये, तो कल ही दूसरे आवास की व्यवस्था करके यहां से जाया जा सकता है। मैं समझता हूं कि यहां से यथाशीघ्र चले जाने में ही हमारी भलाई है।"

अपूर्व ने कहा, "ठीक है तिवारी। प्रयत्न करने में कोई बुराई नहीं।" अपूर्व ने अनुभव किया कि तिवारी के पैर धरती पर आ गये हैं, उसे अपनी औक़ात की जानकारी हो गयी है और इसलिए साहब के साथ किये अपने व्यवहार पर वह लज्जित है। अब उसे साहब से कोई शिकायत नहीं। शिकायत है, तो उलटे अपने से है, इसलिए वह व्यर्थ में समय नष्ट न करके चुपचाप यहां से यथाशीघ्र चल देना चाहता है। अपूर्व बोला, "जो मन में आये, वही करना, अभी खाने की चिन्ता करो, पूरा दिन उपवास में बीत गया है।"

अपूर्व के वचनों से आश्वस्त हुआ तिवारी उत्साहपूर्वक "अभी करता हूं बाबू।" यह कहकर तिवारी अपने काम में जुट गया, किन्तु अपूर्व के लिए साहब के दुर्व्यवहार को भुलाना सम्भव न हुआ। उसका चित्त काफ़ी उद्विग्न हो गया। वह सोचने लगा कि यह मेरे और शराबी साहब के बीच के झगड़े का प्रश्न नहीं। प्रश्न है—दुर्बलों द्वारा सबलों के उत्पात को चुपचाप सहने की प्रवृत्ति का। इसीलिए उनका दुस्साहस इतना अधिक बढ़ गया है कि उन्हें प्रतिदिन आकाश-पाताल एक करने की छूट-सी मिल गयी है। उन्हें उचित-अनुचित में विवेक करने की आवश्यकता ही प्रतीत नहीं होती और न ही किसी दुर्बल को सताने पर पश्चात्ताप होता है। यही कारण है कि आज मेरा नौकर मुझे साहब के सामने छाती तानने की न कहकर दुम दबाकर भागने का सुझाव दे रहा है। आश्चर्य है कि ऐसी कायरता दिखाने में उसे लज्जा-संकोच आदि कुछ भी अनुभव नहीं होता।

अपूर्व सोचने लगा—यदि हम लोगों ने ईंट का जवाब पत्थर से दिया होता, तो साहबों को हम हिन्दुस्तानियों पर चीख़ने-चिल्लाने से पहले दस बार सोचना पड़ता। ग़लती के परिणाम से बचने के लिए झुकना पड़ता। उस स्थिति में किसी को चोट न पहुंचाने का उनका अधिकार इतना उग्र और कठोर न होता। वस्तुत: उनके अत्याचारों को चुपचाप सहने को अपनी नियति मान लेना ही हमारी मूर्खता है।

इधर तिवारी अपने मालिक के लिए बड़े जतन से चिउड़ा, मुड़की आदि तैयार कर रहा था और उधर क्रोध में उफनता अपूर्व लट्ठ लेकर दबे पांव सीढ़ी से ऊपर चढ़ गया। तीसरे तल्ले पर साहब के घर के किवाड़ बन्द थे। अपूर्व बन्द दरवाज़ों पर बार-बार धक्का मारने लगा। कुछ देर में भीतर से किसी स्त्री ने अंगरेजी में पूछा, ''कौन है?''

अपूर्व बोला, ''मैं हूं, दूसरे तल्ले पर रहने वाला। एक बार उस हरामी से मिलना चाहता हूं।''

''क्यों मिलना चाहते हो?''

''उसे यह दिखाना चाहता हूं कि उसने मेरा कितना भारी नुकसान किया है। साथ ही उसे यह भी बताना चाहता हूं कि उसका भाग्य अच्छा था, जो उस समय मैं घर पर नहीं था।''

स्त्री ने कहा, ''वे तो सो गये हैं।''

अपूर्व कठोर और दृढ़ स्वर में बोला, ''उठा दीजिये उसे। यह सोने का समय नहीं है। रात को सो लेगा। उस समय मैं उसे जगाने नहीं आऊंगा। अभी उससे भेंट किये बग़ैर मैं यहां से हटने वाला नहीं।'' यह कहकर वह सीढ़ी पर लाठी ठोक-ठोककर अपने क्रोध का परिचय देने लगा।

यह सब कुछ होने पर भी न किवाड़ खुला और न कोई उत्तर मिला। दो-एक मिनट प्रतीक्षा में मौन रहकर अपूर्व चिल्लाया, ''जब तक वह साहब बाहर नहीं आता, मैं हिलने वाला नहीं। मैं यहां तब तक डटा रहूंगा।''

भीतर से बोल रही महिला द्वार के अत्यन्त समीप आकर मृदु और विनम्र स्वर में बोली, ''मैं उनकी लड़की हूं और अपने पिताजी की ओर से आपसे क्षमा चाहती हूं। मैं आपको विश्वास दिलाती हूं कि पिताजी ने जो उत्पात मचाया है, वह सब होश-हवास में नहीं किया। कल सवेरे हम आपसे मिलेंगे और आपके सारे नुकसान की भरपाई कर देंगे।''

लड़की की विनम्रता से अपूर्व प्रभावित अवश्य हुआ, किन्तु उसके क्रोध की मात्रा में कोई कमी नहीं आयी। वह आवेश में बोला, ''उन्होंने जंगली के समान व्यवहार करके मेरा भारी नुकसान किया है। मैं परदेशी अवश्य हूं, किन्तु आशा करता हूं कि कल प्रात: वे मुझसे मिलकर अपने व्यवहार के लिए खेद प्रकट करेंगे।''

लड़की ''ठीक है'' कहकर चुप हो गयी और फिर थोड़ी देर में बोली, ''हम भी आप लोगों के समान एकदम नये हैं। हम लोग मौलमीन से कल शाम ही यहां आये हैं।

इस प्रकार आप की तरह परदेशी हैं।''

अपूर्व को अब कुछ कहना उचित न लगा, अतः वह धीरे से नीचे उतर आया। घर में प्रविष्ट होकर उसने देखा कि तिवारी भोजन तैयार करने में ज़ुटा था। इसलिए उसके द्वारा की गयी खटपट से वह एकदम अनजान था।

तिवारी द्वारा परोसी गयी सामग्री को थोड़ा-बहुत खाकर अपूर्व सोने के लिए चल दिया। भीगी चादर और भीगी तकिये को नीचे एक ओर फेंककर वह रात में किसी प्रकार सोने का उद्यम करने लगा। वह सोचने लगा कि किसी अशुभ मुहूर्त में वह घर से निकला था। जब से विदेशी धरती पर उसके पैर पड़े हैं, तब से उसे हानि, परेशानी और निराशा के अतिरिक्त और कुछ भी नहीं मिला। इसे यदि प्रारम्भ मान लूं, तो न जाने यहां का आगे का जीवन कौन-सी नयी विपत्तियां और समस्याएं सामने लायेगा और अन्त किस परिणाम पर पहुंचायेगा ? एक ओर वह इस सुख-शान्ति-विहीन परिस्थिति से चिन्तित एवं उद्विग्न था, तो दूसरी ओर अपरिचित युवती के विषय में जानने को उत्सुक। उसके अपने सामने न आने से उसके रूप-रंग, क़द-बुत, नयन-नक़्श और उसकी आयु तथा प्रकृति आदि के सम्बन्ध में उसके मन में अनेक कल्पनाओं का उदय-विलय हो रहा था। हां, उसके सम्भाषण से अपूर्व के लिए यह अनुमान लगाना सम्भव हो गया था कि उसका अंगरेजी का उच्चारण अंगरेजों-जैसा नहीं। अत: वह या तो मद्रासिन या गोआनीज़ या फिर और कहीं की हो सकती है, किन्तु इतना निश्चित है कि वह युवती क्रिश्चियन होने के नाते शासक वर्ग से अपने को सम्बन्धित मानने वाले अपने पिता के समान अहंकारी-उद्धत कदापि नहीं, अपितु इसके सर्वथा विपरीत अपने पिता द्वारा किये उत्पात के लिए उन्हें दोषी मानती और अपने को लज्जित अनुभव करती है। युवती की विनयशीलता, व्यवहार की मृदुता और क्षमाशीलता के सामने अपूर्व को अपना उग्र व्यवहार एकदम अनुचित लगने लगा। वह सोचने लगा कि इस प्रकार का कठोर आचरण उसके स्वभाव में नहीं। किसी के प्रति उग्रता बरतने में उसे दस बार सोचना पड़ता है। तिवारी के करुण-क्रन्दन से उत्तेजित होकर ही कदाचित् वह अपने ऊपर संयम नहीं रख सका। तिवारी द्वारा संघर्ष के प्रस्तुत विवरण का स्मरण करते ही उसे ध्यान हो आया कि कदाचित् इसी युवती ने मदिरापान से उन्मत्त, असंयत एवं उत्पाती अपने पिता को नियन्त्रित करने का असफल प्रयास किया होगा। पिता की उद्दण्डता को रोकने में अपनी चलती न देखकर उस बेचारी के पास मौन रुदन के सिवा और कोई चारा नहीं रहा होगा। यह सब सोचता हुआ अपूर्व अपने से बोला, 'जो होना था, वह तो हो ही गया था, अत: यदि मैं अपनी कटुता और उग्रता का प्रदर्शन न करता, तो अच्छा ही होता, क्रोधावेश में मुझे अपने सन्तुलन को खोना नहीं चाहिए था।'

दूसरी कोठरी में तिवारी बरतन मांज-धो रहा था, सहसा उसने अपना काम छोड़कर पूछा, ''कौन ?''

तिवारी के 'कौन' उच्चारण पर अपूर्व के कान खड़े हो गये, किन्तु आने वाली

आवाज़ को वह न सुन सका। तिवारी का कथन अवश्य उसके कान में पड़ा। वह अपनी भाषा में उच्च स्वर में कह रहा था, "मेम साहब! नहीं, हम यह सब नहीं ले सकता। एक तो बाबूजी का खाना-पीना हो चुका है, दूसरे, हम लोग इस सामग्री को छूते तक नहीं, अतः तुम यह सब वापस ले जाओ।"

अपूर्व ने सावधान होकर सुनने का प्रयास किया, तो उसे ईसाई लड़की के कण्ठ-स्वर को पहचानने में कोई दुविधा सामने नहीं आयी, किन्तु बातचीत के विषय का अनुमान नहीं लग रहा था। उसने उधर कान लगाकर ध्यान दिया, तो सुनने को मिला। तिवारी समझा-बुझाकर उस लड़की से कह रहा था, "नहीं-नहीं, किसने तुम्हें कह दिया कि बाबू का खाना अभी नहीं हुआ, सब निपट गया है। तुम यह सब यथाशीघ्र यहां से ले जाओ, बाबू सुनेंगे, तो बुरा मनायेंगे।"

अपूर्व अधीर होकर चुपचाप उठा और सामने आकर पूछते हुए बोला, "क्यों, क्या बात है तिवारी?"

लड़की बीच द्वार खड़ी थी, एकदम हटकर ओझल हो गयी। न तो शाम का धुंधुलका अभी घना-गहरा हुआ था और न अभी बत्ती जली थी। सीढ़ी की ओर फैले अंधेरे के कारण लड़की साफ़ दिखाई नहीं दे रही थी, किन्तु फिर भी उसे पहचानना कठिन नहीं था। लड़की के चेहरे का रंग अंगरेजों-जैसा झख-साफ़ न होने पर वह काफ़ी गोरी-चिट्टी थी। उसकी आयु उन्नीस-बीस अथवा एक-दो साल ऊपर हो सकती है। अधिक लम्बी होने से उसकी देहयष्टि कुछ दुबली लगती थी। ऊपरी होठ के नीचे सामने वाले दो दांतों की थोड़ी अधिक ऊंचाई ने चेहरे के सौन्दर्य को थोड़ा हलका कर दिया था। उसने शायद त्योहार के कारण बढ़िया मद्रासी साड़ी और पैरों में महंगे स्लीपर पहन रखे थे, किन्तु उसके पहनावे का ढंग कुछ-कुछ बंगालियों अथवा पारसियों-जैसा ही था। वह एक जापानी टोकरी में सेब, नाशपाती और अंगूर आदि कुछ फल लेकर आयी थी।

लड़की को सम्बोधित करते हुए अपूर्व ने पूछा, "यह सब यहां क्यों लायी हो?"

लड़की ने बाहर खड़े-खड़े अंगरेजी में धीरे-से उत्तर दिया, "आज हम लोगों के त्यौहार का दिन है और दूसरे, आज आप लोगों का खाना-पीना भी नहीं हो सका होगा, इसीलिए मां ने यह सब भेजा है।"

अपूर्व बोला, "हम लोगों का खाना-पीना निपट चुका है, अतः यह सब ले जाइये और अपनी मां को हम लोगों की ओर से धन्यवाद कहियेगा।"

लड़की को चुप खड़ा देखकर अपूर्व ने पूछा, "हमारा खाना-पीना नहीं हुआ, इसकी सूचना आपको कहां से मिली?"

लड़की ने लज्जा से सिर झुकाकर धीमी आवाज़ में कहा, "इसी बात पर तो झगड़ा हुआ था। इसके अतिरिक्त मेरा मन भी यही कहता है।"

अपूर्व ने थोड़ा मुसकराकर कहा, "आप लोगों की सहानुभूति के लिए शत-शत

धन्यवाद, किन्तु खाना-पीना सचमुच निपट चुका है।''

लड़की सोच में पड़ गयी और फिर चुप्पी तोड़ती हुई बोली, ''किन्तु ठीक ढंग से तो नहीं हो सका होगा। फिर ये तो बाज़ार के फल हैं, इन्हें ग्रहण करने में कोई दोष लगने वाला नहीं।''

अपूर्व को यह समझने में देर न लगी कि अभी थोड़ी देर पहले लाठी ठोक-ठोककर अपने क्रोध और अपनी उत्तेजना का जो उग्र प्रदर्शन वह कर आया है, उसके भावी परिणाम की तीव्रता को मन्द अथवा शान्त करने का ही यह उद्यम है। लगता है कि परिवारजनों की चिन्ता और व्याकुलता इतनी अधिक बढ़ गयी है कि मुझे सन्तुष्ट किये बिना उन्हें चैन नहीं पड़ रहा। इसीलिए वह उपहार लेकर उपस्थित हुई है। अपने उद्यम को सफल बनाने के लिए वह दोबारा भीगे कण्ठ से बोली, ''इन फलों को ग्रहण करने में तो आपको आपत्ति नहीं होनी चाहिए।'' तिवारी को सम्बोधित होकर अनुनय-विनय करती हुई वह बोली, ''महाराज! बाज़ार के फल हैं, इन्हें रख लो न।''

तिवारी टस से मस न हुआ। उसी रूखेपन से बोला, ''बाज़ार के फल हैं, तो आवश्यकता होने पर बाज़ार से ख़रीद लिये जायेंगे। आज की रात हमें इन फलों की कोई आवश्यकता नहीं। फिर मां ने भी तो मुझे इन सब बातों से बचने का निर्देश देकर भेजा है। मेम साहब! हम इन्हें नहीं रख सकते, आप कृपा करके ले जाइये।''

मां द्वारा इस प्रकार के निर्देश देने अथवा दे सकने की सत्यता पर अविश्वास नहीं किया जा सकता। वस्तुतः मां ने अपने पुराने जांचे-परखे और विश्वस्त नौकर को ही विदेश में मेरा अभिभावक बनाकर मेरे साथ भेजा है। फिर चलते समय मां को दिये वचन का स्मरण आते ही अपूर्व अपने आप से बोला, 'मां की आज्ञा के अतिरिक्त वह स्वयं भी शौच-आचार के पालन के प्रति वचनबद्ध है, किन्तु फिर भी लज्जा और संकोच से अपने में सिमटती, सन्त्रस्त होने से समझौते के प्रयास में उपहार लेकर द्वार पर आयी अपरिचित युवती को इस प्रकार ठुकराने तथा उसके उपहार को अस्पृश्य कहकर उसे अपमानित करने को भी तो न्यायसंगत कदापि नहीं कहा जा सकता। मेरा यह व्यवहार मानवता को कलंकित करने वाला होगा।'

अपूर्व इस दुविधा में झूलता, तिवारी को कुछ स्पष्ट निर्देश देने में अपने को असमर्थ अनुभव कर मौन रह गया। तिवारी ने अपना अन्तिम निर्णय सुनाते हुए कहा, ''मेम साहब! हम इन्हें नहीं छू सकते। आप कृपा करके अपनी टोकरी उठाइये, ताकि मैं इस स्थान को धो डालूं।''

लड़की फिर भी कुछ देर तक मूर्तिवत् खड़ी रही, फिर सर्वथा निराश होकर और टोकरी उठाकर चुपचाप लौट गयी।

लड़की के चले जाने पर अपूर्व ने डरते-डरते कहा, ''तिवारी! लड़की का मन रखने के लिए ले लेता, तो क्या हर्ज था, फिर चाहे उन्हें पीछे से फेंक ही देता।''

तिवारी हैरान होकर बोला, ''पहले लेने और फिर फेंकने में कौन-सी बुद्धिमानी

होती बाबू? किसी वस्तु को नाहक बिगाड़ने का क्या लाभ?"

"हमेशा फ़ायदे की बात ही सोचेगा मूर्ख गंवार।" इस प्रकार बड़बड़ाता हुआ अपूर्व सोने के लिए चल दिया। वह बिस्तर पर लेट तो गया, किन्तु तिवारी पर आये क्रोध से उस समय उसकी सारी देह जल रही थी। वह सो नहीं सका। सारी स्थिति का विश्लेषण करने पर वह इसी परिणाम पर पहुंचा कि उसके लिए ईसाई के फल स्वीकार करना सम्भव नहीं था, परन्तु फिर भी न जाने क्यों, उसे तिवारी का व्यवहार अच्छा नहीं लगा। अन्ततः उसे यही ठीक लगा और वह अपने से बोला, 'चलो, जो हुआ, अच्छा हुआ।' इस सम्बन्ध में उसे अपने मामा का स्मरण हो आया। उसके आचारनिष्ठ, चरित्रवान् ब्राह्मण मामा ने उसके घर का भोजन स्वीकार करने से साफ़ इनकार कर दिया था। मेरी मां को पक्का विश्वास था कि उसका भाई किसी छल-कपट को स्वीकार करने वाला नहीं, फिर भी उसने अपने पति के दोष को छिपाने के लिए एक युक्ति निकालने की सोची। इस पर वह दरिद्र ब्राह्मण मुसकराकर बोला, "दीदी! यह सम्भव नहीं। हालदार महाशय द्वारा इस अपमान को चुपचाप पचाना कदापि सम्भव नहीं होगा। उनके क्रोध की अग्नि की कुछ चिनगारियां तुम पर भी पड़ सकती हैं। मेरे गुरुदेव का कथन है, मुरारि! सत्य की डगर कंटीली अवश्य है, परन्तु इसी पर चलने से सुख-शान्ति को किसी दिन पाया जा सकता है। इसके विपरीत छल-कपट का मार्ग सरल भले दीखता हो, किन्तु वह गढ़े में धकेलता है, सही दिशा में कभी नहीं ले जाता। धोखाधड़ी करने की अपेक्षा मेरा बिना खाये, भूखे लौट जाना ही अच्छा है।" मां को अपने जीवन में ऐसे अवसर बार-बार देखने पड़े हैं और सत्य-पालन के लिए छाती पर पत्थर रखना पड़ा है, परन्तु फिर भी उसने कभी किसी को दोष अथवा उपालम्भ नहीं दिया। यह सब सोचकर अपूर्व का मन कुछ आश्वस्त हुआ और उसने सोचा—तिवारी ने ठीक ही किया है, जो फल लौटा दिये।

: 3 :

अपूर्व के मन में प्रातःकाल यहां के बाज़ार में घूमने की और समुद्र-पार पहुंचे म्लेच्छाचार के कलंक को अपनी आंखों से देखने की इच्छा जाग्रत हुई। उसने सोचा कि इधर का म्लेच्छाचार भले ही सत्य हो, किन्तु इसकी उपेक्षा करके अपने धर्म की रक्षा का प्रण लिये इस देश में आने वाला वह पहला अथवा अकेला व्यक्ति नहीं है। नौकरी की विवशता और शास्त्र की मर्यादा के मध्य सन्तुलन बनाते हुए उससे पूर्व भी न जाने कितने हिन्दू इधर आ चुके हैं। उन लोगों ने किस प्रकार और कौन-सा सुगम मार्ग खोज निकाला है—इसकी जानकारी के लिए उनसे परिचित होना आवश्यक है और इस आवश्यकता की

पूर्ति के लिए बाज़ार से अधिक उपयुक्त स्थान दूसरा कोई नहीं हो सकता। बाज़ार में घूमने-फिरने पर ही किसी का परिचय पाना और उससे घनिष्ठ सम्बन्ध जोड़ना सम्भव है। इसलिए अपनी आंखों से देखकर और कानों से सुनकर धर्म और धन के बीच सामञ्जस्य स्थापित करने की, अर्थात् मां की आज्ञानुसार अपने आचार-विचार की रक्षा करते हुए इस देश में सुखपूर्वक रहने की कला को सीखा जा सकता है, किन्तु न जाने ऊपर रहने वाला साहब क्षमा-याचना के लिए कब उसके पास आ जाये—यह सोचकर अपूर्व ने बाज़ार जाना स्थगित कर दिया। अपूर्व को साहब के आने का पक्का विश्वास था और उस विश्वास के कितने ही कारण थे। प्रथम, साहब ने शराब के नशे में धुत होकर उपद्रव किया है, अतः नशा उतरते ही उसे अपने किये पर पश्चात्ताप होगा। द्वितीय, साहब के होश में आने पर उसकी स्त्री और पुत्री दोनों ही उसकी भर्त्सना करेंगी और उसे क्षमा-याचना के लिए प्रेरित करेंगी—इस सत्य का आभास उसे लड़की की बातचीत से कल ही मिल गया था। अपने शराबी पिता के दुराचरण से लड़की किस प्रकार अपने को लज्जित और अपमानित अनुभव कर रही थी—इसे भी वह प्रत्यक्ष देख चुका था। अपूर्व को लगता था कि स्वयं निरपराध होने पर दूसरे के अपराध से अपने को अपराधी अनुभव करती साहब की पत्नी और पुत्री उसे अवश्य ही मेरे पास आने को प्रेरित करेंगी। तिवारी द्वारा लड़की के प्रति किये रूखे व्यवहार के लिए अपूर्व अपने को भी दोषी मान रहा था। अपूर्व ने सहसा ऊपर के पड़ोसियों के जागने का शब्द सुना और बूट पहने पैर की प्रत्येक चाप से वह साहब के नीचे उतरने और अपने द्वार पर उपस्थित होने की आशा करने लगा। वह सोचने लगा कि उसके द्वारा साहब को क्षमा कर देने से क्या सम्बन्ध सामान्य हो जायेंगे? क्या सारी कटुता, मन की मलिनता और विद्वेष को एकदम भुला पाना सम्भव होगा? किन्तु समय बीतता जा रहा था, इसलिए साहब के हाज़िर होने की आशा धूमिल पड़ने लगी। छत पर साहब के चलने-फिरने से जूतों की चरमराहट की आवाज़ आ रही थी, किन्तु इससे किसी दीनता अथवा पश्चात्ताप का अनुमान लगाना सम्भव नहीं था। प्रतीक्षा करते-करते नौ बज गये और ऑफ़िस जाने की तैयारी का समय हो गया। इतने में साहब के और उसके पीछे दो अन्य जनों के नीचे उतरने की आवाज़ सुनाई दी। इसी समय किवाड़ का कुण्डा ज़ोर से झनझना उठा और रसाईघर से बेतहाशा भागकर आया तिवारी हांफता हुआ बोला, ''बाबूजी! वह ऊपर वाला ससुरा काला साहब हमारा कुण्डा खटखटा रहा है।'' तिवारी के स्वर से उसकी घबराहट साफ़ झलक रही थी।

अपूर्व ने कहा, ''जाओ, दरवाज़ा खोल दो और उसे भीतर आने का निमन्त्रण दो।''

तिवारी ने किवाड़ खोल दिया, तो अपूर्व को मोटी भारी आवाज़ सुनाई दी, ''एइ, तुमारा साहब किडर है?''

तिवारी द्वारा दिया उत्तर सुनाई नहीं दिया। लगता है कि उसने धीमे से भीतर होना

ही कहा होगा, किन्तु हवा में गूंजती साहब की आवाज़ सुनाई दी, ''बुलाओ उसे।''

कमरे के भीतर बैठा अपूर्व पश्चात्ताप के इस रूप को देखकर स्तब्ध रह गया। एक बार तो उसे लगा कि साहब ने सुबह-सुबह ही शराब पी ली है, अतः वह उसके सामने जाने न-जाने की सोच में पड़ गया।

इतने में फिर आवाज़ आयी, ''जल्दी बुलाओ।''

अपूर्व धीरे से चलकर व पास पहुंचकर चुपके से खड़ा हो गया। साहब ने उसे नीचे से ऊपर तक कुछ देर देखा और फिर अंगरेजी में पूछा, ''क्या अंगरेजी जानते हो?''

अपूर्व के 'हां' कहने पर वह अंगरेजी में ही बोला, ''कल मेरे सो जाने के बाद तुम मेरे यहां ऊपर आये थे?''

''हां।''

साहब बोला, ''लाठी ठोकी थी? बलपूर्वक अनधिकार प्रवेश पाने के लिए दरवाज़ा तोड़ने की चेष्टा की थी।''

इस घटना से आश्चर्यचकित अपूर्व कुछ न बोल सका।

''यदि दुर्भाग्यवश दरवाज़ा खुला होता, तो तुम भीतर घुसकर मेरी पत्नी और पुत्री की पिटाई करते? यही कारण था कि तुम मेरे सो जाने की प्रतीक्षा करते रहे।''

अपूर्व बोला, ''जब तुम सो रहे थे, तो तुम्हें इन सब बातों का पता कैसे चला?''

''लड़की ने मुझे सब बता दिया है। तुमने उससे गाली-गलौच और बदतमीज़ी की है।'' यह कहकर साहब ने पास खड़ी लड़की की ओर इशारा किया। अपूर्व ने देखा कि यही वह लड़की थी, जो रात में फल देने आयी थी। रात को अंधेरे के कारण और अब साहब की भारी-भरकम देह के पीछे खड़ी होने के कारण अपूर्व उसे न तब भली प्रकार देख सका था और न ही अब देख सका। यहां तक कि वह यह भी नहीं देख सका कि लड़की ने पिता के कथन का सिर हिलाकर समर्थन भी किया है अथवा नहीं? हां, अपूर्व को यह स्पष्ट आभास हो गया कि साहब सीधा और भद्रपुरुष न होकर पक्का शैतान और काइयां है, जो एक साधारण घटना को जान-बूझकर व तूल देकर उसे भद्दी बनाने और मुझे फंसाने का षड्यन्त्र कर रहा है। यह सोचकर अपूर्व सावधान हो गया।

साहब बोला, ''मैं जागता होता, तो जूतों की ठोकर मार-मारकर तुम्हें सड़क पर फेंक देता, तुम्हारे सारे दांत तोड़ देता, किन्तु वह अवसर हाथ से निकल गया। अब पुलिस तुम्हें इसका जो दण्ड देगी, वह तुम्हें भुगतना होगा। हम तुम्हारी रिपोर्ट करने जा रहे हैं, तुम इसके लिए तैयार रहना।''

अपूर्व ने, ''ठीक है'' कह तो दिया, किन्तु उसका चेहरा उतर गया था।

साहब ने लड़की का हाथ पकड़ा और नीचे उतरते हुए बोला, ''कायर, नीच! अबला स्त्रियों पर अपनी शक्ति का रुआब डालते हो? तुम्हें ऐसी सज़ा दिलाऊंगा कि ज़िन्दगी-भर भूल नहीं सकोगे।''

बग़ल में खड़ा और अपने कानों से सब सुनता तिवारी साहब के चले जाने पर

चिन्तित स्वर में बोला, ''बाबू! अब क्या होगा?'' अपूर्व ने बेपरवाही से उत्तर दिया, ''कुछ नहीं होगा। यह कोरी गीदड़ भभकी है।''

किन्तु अपूर्व का चेहरा स्पष्ट रूप से कुछ और कह रहा था, जिसे समझने में तिवारी ने ग़लती नहीं की। बोला, ''बाबू! मैंने तो उसी समय कह दिया कि जो होना था, सो हो लिया। अब मामले को बढ़ाना ठीक नहीं। आखिर ये लोग ठहरे साहब-मेम।''

अपूर्व बोला, ''तो क्या कर लेंगे?''

तिवारी ने कहा, ''थाने में गये हैं, तो कुछ होकर ही रहेगा।''

अपूर्व बोला, ''थाना कोई हव्वा है, जो खा जायेगा?''

चिन्तित और व्याकुल तिवारी बोला, ''छोटे बाबू! मेरी मानो, तो तार देकर बड़े बाबू को बुला लो, वे आकर सब निपटा देंगे।''

अपूर्व तीव्र स्वर में बोला, ''तिवारी! लगता है कि तू पगला गया है। जा, अपनी रसोई देख। लगता है कि सब कुछ जल-भुनकर राख हो गया होगा। साढ़े दस बजे मुझे ऑफ़िस पहुंचना है।''

यह कहता हुआ अपूर्व अपने कमरे में चला गया और तिवारी रसोईघर में रसोई की देखभाल करने लगा, किन्तु उसका मन एकदम भटक गया था। कभी वह अपने यहां आने के विचार को अपनी मूर्खता मानकर अपने को कोसता, कभी इस देश की म्लेच्छता पर कुढ़ता, कभी साहब से टकराने की अपनी ग़लती पर पछताता, कभी अपने दुर्भाग्य और बुरे ग्रह-नक्षत्रों को दोष देता, कभी शायद ठीक मुहूर्त पर न आने को इस दुर्दशा का कारण बताता, तो कभी धन के लालच से अपूर्व को इधर भेजने के निर्णय के लिए उसकी मां को कोसता। इस प्रकार कारण की खोज करता हुआ वह अपने को बहलाने की चेष्टा में लगा रहा।

इस प्रकार विचारों में उलझे तिवारी ने रसोई तैयार कर ली। मन में चिन्ताओं का ढेर लिये रहने पर भी उसने अपने काम में कोई कोताही नहीं बरती। वस्तुतः अपूर्व की मां ने तिवारी को पहचानने में कोई भूल नहीं की थी। वह अपने कर्तव्य-कर्म के प्रति पूर्ण सजग रहने वाला व्यक्ति था।

अपूर्व ने यथासमय भोजन किया। तिवारी को ढाढ़स देने और उसके विक्षिप्त मन को शान्त करने के लिए अपूर्व ने उसके बनाये भोजन के स्वाद की आवश्यकता से कुछ अधिक प्रशंसा की। कौर को मुंह में डालते ही अपूर्व बोला, ''वाह वाह! क्या खाना बनाया है? कई दिनों के उपरान्त ऐसा स्वादिष्ट भोजन खाने को मिला है। मां ने किसी ऐरे-ग़ैरे को मेरे लिए नहीं चुना! तिवारी! सचमुच तेरे हाथ में जादू है।''

तिवारी 'हां-हां' करता रहा।

अपूर्व ने हंसते हुए कहा, ''अरे, तू क्यों अपना दिल छोटा कर रहा है? ऐसी बन्दर-घुड़कियां देने वाले गली-गली घूमते फिरते हैं। तिवारी! जो गरजते हैं, वे बरसते नहीं। साला कहता है, थाने जाऊंगा, जाता क्यों नहीं? कैसे जायेगा? है कोई घटना का

गवाह उसके पास ? हम पर लगाये अभियोग को कैसे सिद्ध करेगा ?''

तिवारी बोला, ''साहब लोगों को आरोप सिद्ध करने के लिए गवाहों को जुटाने की आवश्यकता नहीं पड़ती। उनका तो कथन ही ब्रह्मवाक्य होता है।''

''क्या कहते हो तिवारी, यों कोई किसी के लिए कुछ भी कह दे। देश का कोई क़ायदा-क़ानून भी कुछ होता है कि नहीं ? फिर यह कहां से साहब हो गये ? चेहरे का रंग देखा है—जले तवे-जैसा है। साला, बदमाश, पाजी, हरामज़ादा, दूसरों को दूधमुंहा बच्चा समझकर डराता और अपनी शेखी बघारता है।''

तिवारी चुपचाप सुनता रहा। क्या कहता, साहब के सामने सांप सूघ गया था ?

अपूर्व कुछ देर तक चुपचाप खाते रहने के बाद अचानक बोला, ''इस लड़की को देखो, कितनी धूर्त है ! इधर कल भीगी बिल्ली बनी हुई थी और उधर बाप को उलटी-सीधी पट्टी पढ़ा दी। किसी की वास्तविकता को समझना सचमुच बड़ा कठिन है।''

तिवारी बोला, ''ईसाई जात जो ठहरी ?''

'यही बात है और यही सत्य है।' अपूर्व सोचने लगा कि इन ससुरों को भक्ष्य-अभक्ष्य की, अच्छे-बुरे की, ग़लत-सही की तथा सामाजिक अचार-विचार की न कोई पहचान है और न ही कोई चिन्ता है। तिवारी को सम्बोधित करता हुआ बोला, ''तिवारी ! असली साहब इन सिरफिरों को मुंह नहीं लगाते। इनके साथ बैठकर टेबल पर कभी खाना नहीं खाते। ये ससुरे कितने हैट-कोट-पैण्ट पहन लें, गले में टाई लटका लें, गिरजे की ख़ाक छान लें, परन्तु इन्हें कोई भी नहीं पूछता। जो अपने धर्म पर नहीं टिका, वह भला भद्रजन कैसे कहला सकता है ?''

तिवारी धर्म को महत्त्व देने के अपूर्व के विचार से सहमत था, किन्तु इस समय विचारणीय विषय उसके सामने खड़ा संकट था। अतः उसने कोई मतामत प्रकट नहीं किया। वह इस विचार में डूबा था कि अपूर्व के ऑफ़िस चले जाने पर वह अकेला इस घर में कैसे रहेगा, जबकि साहब उनके विरुद्ध थाने में रपट लिखाने गया हुआ है। हो सकता है कि साहब आकर दरवाज़ा तोड़ने अथवा उसे पीटने-जैसी धींगामुश्ती करने लगे अथवा उसके साथ आयी पुलिस उसे बन्दी बनाकर ले जाये। कुछ भी निश्चित नहीं कहा जा सकता ? ऐसी स्थिति में असली और नक़ली साहब में भेद करने, किसी के द्वारा किसी को मुंह लगाने अथवा न लगाने पर विचार करने में औचित्य कहां था। अतः तिवारी का इस चिन्तन से उदासीन होना एकदम सही और स्वाभाविक था।

चिन्तित तिवारी कमरे के परदे को ज़रा हटाकर भोजन आदि से निपटकर ऑफ़िस जाने के लिए कपड़े पहनते अपूर्व से बोला, ''कुछ देर रुक जाते, तो मुझे सन्तोष मिलता।''

''किसलिए और कब तक रुकूं ?''

''उस साहब के लौटने तक।''

अपूर्व बोला, ''यह सम्भव नहीं। तुम जानते ही हो कि मेरी नौकरी का आज पहला

दिन है। मेरे देर से जाने पर वे लोग क्या सोचेंगे ? ज़रा इस पर भी तो ध्यान दो।''

तिवारी क्या कहता, मन मारकर चुप हो गया। अपूर्व उसे हौसला देते हुए बोला, ''घबराओ मत, ऐसा कुछ नहीं होगा। तुम दरवाज़ा बन्द करके चुपचाप बैठ जाना, वे लोग दरवाज़ा नहीं तोड़ देंगे। फिर मैं भी जितना सम्भव होगा, उतनी जल्दी लौट आऊंगा। मुझे नहीं लगता कि वह हरामी कोई शैतानी करेगा ?''

तिवारी ने अपनी ठण्डी-गहरी सांस को दबाने की विफल चेष्टा करते हुए कहा, ''अच्छा,'' किन्तु उसकी व्याकुलता अपूर्व से छिपी न रह सकी।

अपूर्व के घर से बाहर निकलने पर दरवाज़ा बन्द करता हुआ तिवारी अनुनयपूर्वक बोला, ''बाबू! आज पैदल ऑफ़िस न जाइयेगा। मार्ग में जहां सुविधा हो, गाड़ी ले लीजियेगा।

''ठीक है, देख लूंगा।'' कहता और बूटों की चर्र-चर्र आवाज़ करता अपूर्व सीढ़ियों से नीचे उतर गया। उसकी मन:स्थिति कुछ ऐसी हो गयी थी कि नयी नौकरी का आनन्द एकदम समाप्त हो गया था।

संयोगवश रंगून में बोथा कम्पनी के ऑफ़िस की स्थापना करने वाले तथा कम्पनी के पार्टनर एवं पूर्व प्रान्त के मैनेजर रोज़न साहब अभी बर्मा में ही थे। उन्होंने अपूर्व का बड़ी सहृदयता से स्वागत-सत्कार किया। वे अपूर्व की योग्यता, उसकी विश्वविद्यालय की डिग्री, बात करने के ढंग तथा शालीन व्यवहार को देखकर अत्यन्त प्रसन्न तथा प्रभावित हुए। उन्होंने उत्साहित होकर सभी कर्मचारियों को बुलाकर उनसे अपूर्व का परिचय कराया और अपने इधर के दो-तीन मास के अनुभव एवं व्यापारिक रहस्यों की जानकारी देने का उसे आश्वासन दिया। इस प्रकार के आत्मीयतापूर्ण परिवेश और सौहार्दपूर्ण वार्तालाप से अपूर्व के मन में व्याप्त ग्लानि कुछ देर के लिए दूर हुई। ऑफ़िस के लेखापाल दक्षिणी ब्राह्मण रामदास तलवलकर के प्रति वह अत्यधिक आकृष्ट हुआ। इस व्यक्ति की आयु अपूर्व की आयु जितनी अथवा थोड़ी-बहुत ऊपर-नीचे हो सकती है। उसका चेहरा लम्बा, शरीर बलिष्ठ और रंग गोरा था, अत: उसे ईमानदारी से श्रेष्ठ पुरुष कहा जा सकता था। उसने पाजामा, लम्बा कोट और पगड़ी पहन रखी थी और माथे पर लाल चन्दन का तिलक लगा रखा था। अंगरेजी उसकी शुद्ध थी और बातचीत में शालीनता थी, किन्तु उसने प्रारम्भ से ही अपूर्व के साथ वार्तालाप में हिन्दी का प्रयोग किया था। अपूर्व अच्छी हिन्दी नहीं जानता था, किन्तु रामदास द्वारा किसी अन्य भाषा का प्रयोग न करने पर हिन्दी के प्रयोग के लिए अपूर्व को विवश होना पड़ा। अपूर्व ने प्रारम्भ में ही स्पष्ट कर दिया—उसका हिन्दी का ज्ञान सीमित होने के कारण कई प्रकार की अशुद्धियां हो सकती हैं।

रामदास बोला, ''हिन्दी मेरी भी मातृभाषा नहीं, अत: मुझसे भी ग़लतियां हो ही जाती हैं।''

अपूर्व का कहना था, ''यदि दूसरों की भाषा का ही प्रयोग करना है, तो फिर

अंगरेजी के प्रयोग से परहेज़ क्यों ?''

रामदास हंसकर बोला, ''अंगरेजी तो मेरी और भी अधिक ग़लत होती है।'' फिर वह हंसता हुआ बोला, ''आपके अंगरेजी-प्रयोग पर मुझे कोई आपत्ति नहीं, किन्तु मैं हिन्दी में ही उत्तर दूंगा, इसके लिए आप मुझे दोष नहीं देंगे—ऐसा आश्वासन आपसे अपेक्षित है।''

अपूर्व बोला, ''नहीं, नहीं, मैं हिन्दी में बोलने का अभ्यास करूंगा, ग़लती होने पर आप मुझे क्षमा करना।''

अपूर्व को रामदास से बतियाता देखकर रोज़न साहब मैनेजर के कमरे में चले गये। रोज़न साहब की आयु लगभग पचास साल होनी चाहिए। चेहरे पर घनी दाढ़ी-मूंछें हैं। टूटी-फूटी अंगरेजी बोल लेते हैं और पक्के व्यवसायी हैं। इसलिए इन्हीं कुछ दिनों में बर्मा के विभिन्न स्थानों में घूमकर और अनेक लोगों से व्यक्तिगत सम्पर्क स्थापित करके संग्रहीत तथ्यों के आधार पर उन्होंने एक दस्तावेज़ तैयार कर लिया है। उस दस्तावेज़ को अपूर्व की टेबल पर रखकर रोज़न साहब बोले, ''आपकी टेबल पर भी इसकी एक कॉपी रख दी गयी है।'' इसके साथ ही उन्हें उठता देख रोज़न साहब बोले, ''अभी जल्दी नहीं, बैठे रहिये, आज मैनेजर के आने की प्रसन्नता में दो बजे ऑफ़िस बन्द हो जायेगा। देखिये, मुझे तो जल्दी लौट जाना है, अत: आप दोनों को ही सारा भार संभालना है।''

अपनी बात जारी रखते हुए रोज़न साहब बोले, ''मैं इंगलिशमैन नहीं हूं। यह राज्य एक दिन हमारे अधीन होने वाला था। फिर भी मैं यह स्पष्ट करना आवश्यक समझता हूं कि हम अंगरेजों के समान भारतीयों को छोटा कदापि नहीं समझते। इसके विपरीत हम उन्हें अपने बराबर ही स्थान देते हैं। मेरे कहने का अभिप्राय यह है कि फ़र्म की ही नहीं, अपितु आप लोगों की उन्नति भी अपने कर्तव्य-कर्म के सम्यक् निर्वहण पर निर्भर करती है।''

यह कहते हुए वे उठ खड़े हुए और 'गुड डे' कहकर चल दिये। चलते-चलते वे यह याद दिलाना नहीं भूले कि आज ऑफ़िस दो बजे बन्द हो जाना चाहिए। इसी के साथ वे तेज़ी और फुर्ती से चल दिये। थोड़ी देर में दरवाज़े से उनकी मोटर के शब्द सुनाई देने पर उनके चले जाने का पक्का निश्चय हो गया।

दो बजे दोनों—अपूर्व और तलवलकर—इकट्ठे ऑफ़िस से बाहर निकले। तलवलकर महाशय शहर से क़रीब दस मील दूर पश्चिम की ओर स्थित 'इनसिन' नामक स्थान में रहते हैं। परिवार के नाम पर उनकी पत्नी के अतिरिक्त एक छोटी-सी लड़की है। इनके घर के पास साग-सब्ज़ी बोने योग्य थोड़ी-सी धरती है। मकान शहर के कोलाहल और दूषित वातावरण से दूर खुले स्थान पर है। पर्याप्त संख्या में ट्रेनों के आने-जाने से यातायात की कोई समस्या नहीं।

तलवलकर बोले, ''अपूर्व बाबू! ऑफ़िस के बाद मैं आपको अपने घर पर चाय के लिए निमन्त्रित करता हूं।''

उत्तर में अपूर्व ने कहा, ''बाबू साहब! धन्यवाद, किन्तु मैं चाय नहीं पीता।''

''नहीं पीते, तो कोई बात नहीं। पहले मैं भी नहीं पीता था। मेरी स्त्री तो मेरी इस आदत पर नाराज़ होती है। अच्छा, चाय न सही, फल, शरबत आदि अपनी रुचि का ले लेना। हम भी आप-जैसे ब्राह्मण ही हैं, अतः हमारे यहां से कुछ ग्रहण करने में आपको संकोच नहीं होना चाहिए।''

अपूर्व बोला, ''आप ब्राह्मण हैं, यह अच्छी बात है। यदि आप हमारे हाथ के खाने में संकोच नहीं करेंगे, तो फिर मैं आपकी पत्नी के हाथ का खाने में संकोच क्यों करूंगा?''

''मैं तो आपके हाथ का खा सकता हूं। हां, स्त्री का मन्तव्य उससे पूछ करके ही बताऊंगा। हमारे यहां की स्त्रियां कुछ अधिक ही... । अच्छा, आपका घर तो समीप ही है, चलो, आपको पहुंचा दूं, मेरी गाड़ी पांच बजे की है।''

अपूर्व अब तक घर को भुलाने से सहज था, किन्तु घर का स्मरण आते ही वहां के झगड़ों-रगड़ों और झमेलों-शैतानियों ने सजीव रूप धारण कर अपूर्व के मन की शान्ति को भंग कर दिया और उसके चेहरे की सहजता को मलिनता में बदल दिया। घर में पांव रखते ही उसे अशोभनीय स्थिति से दो-चार होना पड़ेगा—इस विचार से उसका सिर फटने लगा। उसे समझ नहीं आ रहा था कि इस नये परिचित साथी को घर ले जाना और लज्जाजनक घटना से अवगत कराना उचित भी होगा अथवा नहीं। यह सोचकर सकुचाता हुआ अपूर्व बोला, ''अभी घर पर सारा सामान अस्त-व्यस्त होकर बिखरा पड़ा होगा।'' उसकी बात के पूरा होने से पहले ही तलवलकर बोला, ''जानता हूं भाई, एक ही रात में सारी व्यवस्था हो जाने की आशा कहां की जा सकती है बाबू साहब। मैंने भी एक दिन नया घर बनाया था, मेरे साथ मेरी स्त्री भी थी, किन्तु आप अकेले हैं और संकोच कर रहे हैं, जब कि वास्तविकता यह है कि घर का बनाना, तो घरवाली के बस का होता है। घरवाली के बिना तो एक साल बाद भी आपके घर की स्थिति में कोई परिवर्तन आने वाला नहीं। मैं यह सब सही कह रहा हूं। चलिये, मैं देखता हूं। शायद मेरा कोई सुझाव आपके काम आ सके। वस्तुतः ऐसी स्थिति में मित्र ही मित्र के काम आता है।

अपूर्व कुछ न बोला। वैसे वह मज़ाकिया आदमी है। कोई और समय होता, तो वह अपनी स्त्री से अपनी अनबन की मज़ाक़िया कहानी गढ़कर सुना देता, किन्तु इस समय ऐसा उसे कुछ भी नहीं सूझा। इस बेगाने देश में अपना कहलाने वाले मित्र की उसे बड़ी भारी आवश्यकता थी और यह नव-परिचित इस आवश्यकता की पूर्ति करने एवं अपूर्व के ख़ालीपन को भरने चला था, किन्तु फिर भी उसे अपने घर ले जाना अपूर्व को रास न आ रहा था। रामदास को घर ले जाने के विचार से अपूर्व का सिर फटने लगा था, किन्तु बातों-बातों में वे दोनों अपूर्व के घर पहुंच ही गये। उस समय अपूर्व को अपने साथी को आमन्त्रित न करना एकदम अनुचित लगा। सीढ़ी चढ़ते समय अपूर्व ने उस

ईसाई लड़की को सीढ़ी से उतरते देखा। वह अकेली थी, उसका पिता उसके साथ नहीं था। दोनों हटकर एक ओर खड़े हो गये। लड़की दोनों पर बिना दृष्टि डाले उतरकर चुपचाप चलती बनी। उसके चले जाने के बाद रामदास ने पूछा, ये शायद तीसरे तले पर रहते हैं।''

अपूर्व ने सिर हिलाकर हामी भरी।

रामदास ने फिर पूछा, ''क्या बंग-बन्धु हैं ?''

''नहीं, देसी क्रिस्तान हैं, पता नहीं मद्रासी हैं या गोआनीज़ या फिर और कहीं के, किन्तु बंगाली बिल्कुल नहीं हैं।''

रामदास बोला, ''किन्तु पहनावे और चाल-ढाल से तो यह बंगालिन प्रतीत होती है।''

अपूर्व ने चकित होकर कहा, ''लड़की का पहनावा और चाल-ढाल बंगाली है, यह आपने कैसे जाना ?''

रामदास बोला, ''मैंने बम्बई, पूना और शिमला में बहुत-सी बंगाली महिलाओं को ध्यान से देखा है। मेरे विचार में ऐसा शानदार पहनावा और ऐसी सुन्दर चाल-ढाल किसी अन्य प्रदेश की स्त्रियों की नहीं है।''

''सम्भव है,'' कहता हुआ अपूर्व अपने घर के बन्द किवाड़ पर मुक्के मारने लगा। बहुत देर के पश्चात् भीतर से 'कौन' की आवाज़ आयी।

अपूर्व ने तिवारी को निश्शंक करते हुए कहा, ''अरे! डरने-घबराने की कोई बात नहीं, मैं आया हूं, जल्दी से दरवाज़ा खोल।'' तिवारी को निश्चिन्त होकर आराम करते देख अपूर्व ने अनुमान लगाया कि इस बीच कुछ अशोभनीय नहीं घटा। इसलिए उसने शान्ति का अनुभव किया।

कमरे के भीतर प्रविष्ट होने और इधर-उधर दृष्टिपात करने पर प्रसन्न रामदास ने कहा, ''मुझे जिस बात की आशंका थी, वैसा कुछ नहीं। आपका नौकर समझदार है। उसने यथास्थान सब ठीक-ठाक सजा दिया है। यह सारा सामान मेरी पसन्द का और मेरे द्वारा ख़रीदा गया है। आपको और भी जो कुछ चाहिए, बता दीजिये, रोज़न साहब ने ख़रीदने की स्वीकृति दे रखी है।''

तिवारी बुझे स्वर में बोला, ''बाबूजी! मुझे और कोई सामान नहीं चाहिए। सोचता हूं, सम्मानपूर्वक यहां निभ जाये, बस, यही पर्याप्त है।''

इस कथन पर रामदास ने भले ही ध्यान न दिया हो, किन्तु अपूर्व ने तिवारी की वेदना को समझ लिया। अपूर्व ने मौक़ा पाकर अकेले में तिवारी से पूछा, ''और कोई गुल तो नहीं खिला ?''

''नहीं।''

''तो फिर इस प्रकार मुंह क्यों लटका रखा है ?''

तिवारी बोला, ''यहां कुछ न कहना ही अच्छा है। हरामी साहब दोपहर- भर जैसी

घुड़दौड़ मचाता रहता है, उससे किसी का चैन से रहना कहां हो सकता है ?''

अपूर्व ने तिवारी के कथन को महत्त्व देना उचित नहीं समझा। उसने सोचा कि एक नीच व्यक्ति के छोटे-से उपद्रव को बढ़ा-चढ़ाकर देखना और फिर प्रतिशोध के लिए तिवारी के साथ विचार-विमर्श करना तथा झगड़ा-फसाद करना समझदारी का काम नहीं। यह सोचकर वह तिवारी से बोला, ''यह तख़्तों की छत है, चलने-फिरने से आवाज़ का आना स्वाभाविक है। क्या वह अपने घर में चलना-फिरना बन्द कर दे ?''

तिलमिलाता हुआ तिवारी बोला, ''एक स्थान पर खड़े होकर पैर पटकने को चलना-फिरना नहीं कहा जा सकता।''

''शायद फिर चढ़ा ली होगी ?''

''हो सकता है। न मैं ऊपर गया हूं और न ही मैंने ससुरे का मुंह सूंघा है'', यह कहकर तिवारी कुढ़ता हुआ रसोईघर में चला गया और वहां से उच्च स्वर में बोला, ''चाहे जो हो, अब इस घर में रहना नहीं हो सकेगा।''

तिवारी की शिकायत न अनुचित थी और न ही अप्रत्याशित थी। वस्तुत: उसे इस बात का क़तई भरोसा नहीं था कि दुर्जन अपनी दुर्जनता को छोड़कर सज्जन बन जायेगा।

इस प्रकार कब कौन-सा उपद्रव हो जायेगा, इस अनिश्चित आशंका से अपूर्व का मन अशान्त और उद्विग्न था। प्रवास के पहले दिन ही 'सिर मुंडाते ओले पड़ने' वाली कहावत चरितार्थ हुई। बीच में साहब के ऑफ़िस होने के समय स्थिति अवश्य शान्त रही, किन्तु अब उसके लौटने पर दुर्भाग्य की काली घटा फिर नहीं उमड़ेगी, ऐसा कुछ निश्चित नहीं था।

अपनी गाड़ी के प्रस्थान का समय देखकर रामदास विदा होने लगा। तिवारी की बड़बड़ाहट और अपूर्व के चेहरे की उदासी से घर में किसी असामान्य स्थिति का रामदास को आभास मिला या नहीं, इस सम्बन्ध में कुछ निश्चित न होने पर भी रामदास ने जाते-जाते पूछा, ''लगता है कि इस मकान में आप लोग अपने को सामान्य अनुभव नहीं कर रहे।''

अपूर्व ने पहले तो बात टालने की इच्छा से कहा, ''नहीं, ऐसा कुछ नहीं, '' किन्तु अपने कथन पर विश्वास न करके जिज्ञासा-भरी दृष्टि से रामदास को अपनी ओर ताकता देखकर अपूर्व को कहना पड़ा, ''ऊपर वाले पड़ोसियों का व्यवहार सुखद नहीं।''

रामदास ने आश्चर्य प्रकट करते हुए कहा, ''क्या आपका संकेत उस महिला के प्रति है ?''

अपूर्व बोला, ''कम वह भी नहीं, किन्तु उसका बाप तो राक्षस है। इसके उपरान्त अपूर्व ने अपनी अनुपस्थिति में कल दिन और रात में घटी तथा आज दिन में घटी सारी घटना आदि से अन्त तक यथावत् रामदास को कह सुनायी। सारी बात सुनने के उपरान्त अपनी प्रतिक्रिया व्यक्त करते हुए रामदास बोला, ''मैं होता, तो घटना का रूप कुछ भिन्न ही होता, क्षमायाचना किये बग़ैर वह दरवाज़े से बाहर एक पग भी न बढ़ा सकता।''

अपूर्व बोला, ''उसके क्षमायाचना न करने पर आप उसका क्या बिगाड़ लेते ?''

''बताया न, नीचे न उतरने देता।''

अपूर्व को विश्वास नहीं आया, किन्तु उसके साहस के प्रदर्शन से वह अपने में स्फूर्ति सञ्चरित होने का अनुभव करने लगा।

हंसकर बोला, ''अभी तो हमें उतरना है, आपकी गाड़ी के छूटने का समय हो रहा है।'' यह कहते हुए अपूर्व अपने मित्र का हाथ पकड़कर नीचे उतरने लगा। यह एक संयोग था कि चढ़ते समय की भांति उतरते समय भी इन दोनों की लड़की से भेंट हो गयी। अपूर्व उसे रास्ता देने के लिए हटकर एक ओर खड़ा हो गया, किन्तु रामदास उसका रास्ता रोककर बीच में खड़ा हो गया। यह देखकर अपूर्व चकित और परेशान हो गया। लड़की ने अपने हाथ में एक थैला थाम रखा था। लगता था कि बाज़ार से कुछ ख़रीदकर आयी थी। रामदास ने अंगरेजी में कहा, ''मैं अपूर्व का मित्र हूं, आप लोगों ने इनके साथ काफ़ी बदतमीज़ी की है। आप लोगों को अपनी ग़लती स्वीकार कर लेनी चाहिए।''

लड़की ने झुंझलाकर कहा, ''यदि मर्द हो, तो मेरे पिता से यह सब कहने का साहस दिखाओ।''

''क्या इस समय आपके पिता घर पर हैं ?''

''नहीं।''

''मेरे पास उनकी प्रतीक्षा करने का समय नहीं। मेरी ओर से उन्हें कह दीजिये कि उनके उपद्रव-ऊधम के कारण इनके लिए यहां रहना दूभर हो रहा है।''

लड़की ने क्रुद्ध स्वर में उत्तर दिया, ''अपने पिता की ओर से मैं कह रही हूं, जीना दूभर है, तो यहां से कहीं भी जा सकते हैं, हमने बांध नहीं रखा।''

रामदास हंसता हुआ बोला, ''हिन्दुस्तानी क्रिश्चियन शैतानों को मैं अच्छी तरह जानता हूं। उनसे शिष्टता की आशा नहीं की जा सकती, किन्तु इसलिए तुम मनमानी नहीं कर सकोगे...। सुनो, अब इन लोगों के स्थान पर तुम्हारे सामने मैं आऊंगा और मैं उस शैतान को छोड़ूंगा नहीं। मेरा नाम है, रामदास तलवलकर। दक्खिनी ब्राह्मण हूं मैं। तलवार शब्द का अर्थ अपने पिता से पूछ लेना। मैं फिर आऊंगा, अच्छा, गुड ईवनिंग, चलिये बाबू।'' कहता हुआ रामदास अपूर्व का हाथ पकड़कर सीढ़ियां उतरने लगा।

रामदास जब लड़की को डांट रहा था, उस समय अपूर्व लड़की के कठोर होते चेहरे को कनखियों से देख रहा था। सड़क पर आने पर अपूर्व ने रामदास से धीरे से कहा, ''बन्धो! यह क्या किया आपने ?''

''कुछ नहीं, आपके स्थान पर मुझे आना पड़ेगा, केवल सूचना मिलनी चाहिए।''

अपूर्व बोला, ''क्या दोपहर को अपनी स्त्री को अकेला रखने की ठान ली है ?''

रामदास बोला, ''क्यों, वह अकेली क्यों रहेगी, दो साल की हमारी बेटी भी तो है।''

"आपको मज़ाक़ करना ख़ूब आता है।"

"इसे आप मज़ाक़ क्यों समझ रहे हैं ? मैं तो अपने मन की बात कह रहा हूं, मज़ाक़ करना मेरे स्वभाव में नहीं।"

अपूर्व ने रामदास के चेहरे पर अपनी दृष्टि गड़ाकर ख़ूब गहराई से उसे देखते हुए कहा, "इसका अर्थ यह हुआ कि हमें यह मकान छोड़ना नहीं है।"

रामदास ने अपने हाथों से अपूर्व के हाथों को ख़ूब मज़बूती से पकड़ते और दबाते हुए दृढ़ स्वर में कहा, "नहीं, बिल्कुल नहीं। लुकाछिपी का खेल बहुत हो लिया। अत्याचारी के भय से आख़िर हम कब तक भागते और छिपते फिरेंगे ? दृढ़ता से डटना और सामना करना होगा।"

चलते-चलते रामदास ने अपूर्व के एक हाथ को, छोड़ दिया, किन्तु वह उसके दूसरे हाथ को गाड़ी पर चढ़ते समय तक थामे रहा। दूसरे हाथ को छोड़ने से पूर्व उसने ज़ोर से झटका दिया और फिर दोनों हाथों को मिलाकर नमस्कार किया। स्टेशन के प्लेटफ़ार्म पर संयोगवश यात्रियों की अधिक भीड़ नहीं थी, अतः अपूर्व वहां चहलक़दमी करने लगा। सहसा उसे लगा कि एक ही दिन का बर्मा का उसका प्रवास बरसों-जैसा लम्बा हो गया है। एक ही दिन में इतना कुछ घट गया है कि जिसके बरसों घटने की भी आशा नहीं की जा सकती। आज से पहले उसका जीवन कुछ और ढंग का था। खेल-कूद से अथवा बेकार के कामों से थककर, न जाने, कब वह सो जाया करता था, किन्तु आज जागने पर उसने देखा कि दुनिया बदली हुई थी। सब जगह दौड़-धूप और काम-काज के लिए हाय-तौबा मची हुई थी। सब लोग काम निपटाने के लिए बावले हो रहे थे। किसी के पास बातचीत, मनोरंजन, विश्राम तथा सुस्ताने तक के लिए समय नहीं था। इच्छा ही नहीं, प्रवृत्ति भी नहीं थी। उसे लगा कि सभी लोगों ने स्वेच्छा से श्रम और संघर्ष को जीवन का अनिवार्य तत्त्व मानकर उसे गले से लगा लिया है और इसीलिए संघर्ष की चक्की में पिसने के आनन्द का अनुभव कर रहे हैं। वह देख रहा था कि न यहां किसी को मां की याद आती है और न ही भाभी-भावज की स्मृति मन में उभरती है। यहां मोह-ममता, दया-मया तथा कृपा-करुणा आदि के लिए कोई स्थान नहीं। यहां तो केवल कर्म का चक्र आगे-पीछे, ऊपर-नीचे और दायें-बायें चारों ओर यत्र-तत्र-सर्वत्र ज़रा भी रुके बिना निरन्तर तीव्रगति से चलता जा रहा है। यहां रुकने अथवा रुककर सोचने अथवा कुछ अन्य निर्धारण करने का अवकाश ही नहीं। सभी मार्ग एक ही दिशा में और एक ही लक्ष्य की ओर जा रहे हैं। सभी का एक ही केन्द्र, एक ही पथ और एक ही उद्देश्य है। सभी पाशबद्ध पशु के समान कर्मयन्त्र में पिसने को विवश हैं। मनुष्य की इस असहाय स्थिति पर अपूर्व की आंखें नम हो गयीं और वह पास पड़ी लकड़ी की बेंच पर धम् से बैठ गया। बैठने पर ज्यों ही वह अपनी आंखें पोंछने लगा, त्यों ही पीछे से सहसा ज़ोर से लगे धक्के से संभल न पाने के कारण औंधा होकर धरती पर गिर पड़ा। संभलने और उठने की चेष्टा करते हुए अपूर्व ने सिगरेट फूंकते पांच-छह

फिरंगी छोकरों को अपने ऊपर दांत निपोरते और हंसते हुए देखा। धक्का मारने वाले छोकरे ने बेंच पर लिखे लेख की ओर संकेत करते हुए तिरस्कारपूर्ण वाणी में अपूर्व से कहा, "साला! पढ़ना नहीं जानता, साहब लोगों के लिए आरक्षित बेंच पर बैठने की जुर्रत करता है।"

छोकरों के इस दुर्व्यवहार से अपने को लज्जित और अपमानित अनुभव करते अपूर्व के अश्रुपूर्ण नेत्र सहसा क्रोध से जलने लगे। उत्तर में वह क्या बड़बड़ाया, यह तो समझ में नहीं आया, किन्तु उन छोकरों ने अपूर्व की दीनता का चटखारे लेकर मज़ाक उड़ाया और मज़ा लिया। वे टिप्पणी करते हुए बोले, "साला! हमें आंखें दिखाता है। थाने में बन्द करा देंगे, तो नानी याद आ जायेगी।" यह कहते हुए वे सब ठहाका मारकर हंसने लगे। एक ने मोटी गन्दी गाली देते हुए ज़ोर से मुंह से सीटी बजाकर अपनी ख़ुशी भी प्रकट की।

अपूर्व इस स्थिति में कर्तव्य-अकर्तव्य के विवेक को खोकर धूर्त छोकरों पर झपटने और उन्हें पाठ पढ़ाने का मन बना ही रहा था कि पास बैठे बत्तियां साफ़ करते हिन्दुस्तानी रेलवे कर्मचारियों ने बीच में पड़कर अपूर्व को खींच लिया और वे बलपूर्वक उसे प्लेटफ़ार्म से दूर खींच ले गये। इसी बीच एक फिरंगी छोकरे ने भीड़ में से उछलकर अपूर्व की सफ़ेद क़मीज़ पर अपने बूट की ठोकर मारकर निशान बना दिया। अपूर्व को हिन्दुस्तानियों से छुटकारा पाने और अपने से भिड़ने को बेचैन देखकर एक फिरंगी छोकरा बोला, "ओ बंगाली छोकरे! जानता नहीं कि साहब लोगों के बदन को छूने की सज़ा एक साल तक जेल में सड़ना है।" तीसरा छोकरा व्यंग्य के स्वर में बोला, "अरे! बाबू है, धक्का मत दो, बेचारे पर कुछ तो रहम करो।" इस बीच लोहे के तारों वाले गेट को बन्द कर दिया गया, जिससे स्थिति बदल गयी।

अपूर्व की सिट्टी-पिट्टी गुम हो गयी थी। भीड़ जमा होने लगी थी। घटना की जानकारी न रखने वाले लोग अपनी उत्सुकता प्रकट करने लगे। सारी स्थिति के प्रत्यक्ष द्रष्टा अपने-अपने मन की कहने और टिप्पणी करने लगे। कलकत्ता में रह चुके होने से बंगला जानने वाले चना-मटर बेच रहे एक हिन्दुस्तानी ने स्थिति स्पष्ट करते हुए टूटी-फूटी बंगला में खुलासा करते हुए कहा, "बात यह है कि चटगांव के बहुत सारे लोग दूध का धन्धा करते हैं। उनका पहनावा-कुरता, जूता आदि इसी तरह का होता है, जिस तरह का इस बाबू ने पहन रखा था। इसलिए फिरंगियों ने इसे दूधिया समझकर पीटा है। उन्हें इसके बाबू होने की जानकारी नहीं है।"

अपूर्व ने इस वास्तविकता को जानकर इकट्ठ हुई भीड़ की सहानुभूति से बच निकलने तथा अपनी दुर्दशा का और अधिक विज्ञापन न करने की इच्छा से वहां से चले जाना ही उचित समझा, परन्तु अपने मन में उठ रहे रोष और आक्रोश को न दबा पाते हुए उसने स्टेशन मास्टर से शिकायत करने का निश्चय किया।

संयोगवश स्टेशन मास्टर साहब था तथा अपने कार्य में व्यस्त था। अपूर्व की

शिकायत को सुनकर तथा उसके द्वारा अपनी क़मीज़ पर बूट का निशान दिखाये जाने पर उपेक्षा और उदासीनता से बोला, ''तुम यूरोपियनों के लिए आरक्षित बेंच पर क्यों बैठे थे ?'' अपूर्व के खीझ-भरे स्वर में यह कहने पर कि 'उसे इसकी जानकारी नहीं थी,' स्टेशन मास्टर बोला, ''तुम्हें जानना चाहिए था।''

अपूर्व ने कहा, ''तो क्या इसके लिए किसी को भी किसी भद्र पुरुष पर हाथ उठाने की अनुमति मिल जाती है ?''

स्टेशन मास्टर ने किसी प्रकार की सहानुभूति अथवा सान्त्वना प्रकट करने की कोई आवश्यकता नहीं समझी। उसने उलटे 'गेट आऊट' कहते हुए चपरासी से अपूर्व को अपने ऑफ़िस से निकाल देने को कहा और फिर वह पूर्ववत् अपने काम में खो गया।

अपमानित और प्रताड़ित अपूर्व के घर लौटते समय की मनःस्थिति के सम्बन्ध में कुछ न कहना ही उचित है। दो घण्टे पहले रामदास के साथ इसी मार्ग से स्टेशन की ओर जाते समय अपूर्व के मन को यह चिन्ता सता रही थी कि रामदास को बीच में डालने से उपद्रव और अशान्ति के घटने की बजाय बढ़ने की सम्भावना अधिक थी। इसके अतिरिक्त क्रिश्चियन लड़की का अपराध कितना भी भारी अथवा बड़ा क्यों न हो, अन्ततः वह एक महिला थी। एक पुरुष को किसी महिला—विशेषतः उसके अकेली होने पर—के प्रति कठोर व्यवहार करना कदापि शोभा नहीं देता। अपूर्व का शिक्षित और संस्कारी अन्तःकरण रामदास के आचरण से आहत हुआ था, किन्तु अब लौटते समय अपूर्व की मनःस्थिति एकदम परिवर्तित एवं भिन्न थी। अब उसके सामने एक महिला नहीं थी, अपितु एक क्रिश्चियन औरत, साहब की लड़की और उन मवाली छोकरों की बहिन थी, जो परले दरजे के धूर्त, बर्बर, नीच और असभ्य थे। यह उस साहब (स्टेशन मास्टर) की बहिन थी, जिसमें एक शिकायतकर्ता की उचित शिकायत सुनने की सभ्यता तक नहीं थी तथा जिसने उसे अपने कमरे से बाहर निकालने में अपनी चरम अशिष्टता का परिचय दिया था। इसी चिन्तन में खोया अपूर्व घर आ पहुंचा।

तिवारी ने कहा, ''बाबू! भोजन तैयार है।''

''आता हूं,'' कहकर विषादग्रस्त अपूर्व अचेत-सा खाट पर पड़ा रहा।

दस-पन्द्रह मिनट बीतने पर तिवारी ने आकर भोजन ठण्डा होने की कही, तो खीझकर अपूर्व बोला, ''तिवारी! तंग मत करो, भूख नहीं है, अभी नहीं खा सकूंगा।''

चारपाई पर पड़ा अपूर्व चाहकर भी झपकी नहीं ले सका। रात होने पर सुखद बिछौना उसे कांटों की सेज के समान लगने लगा। उसके अन्तःकरण में व्याप्त पीड़ा उसके अंग-अंग को बुरी तरह कचोट रही थी। इस बीच स्टेशन पर विद्यमान हिन्दुस्तानियों के मूकदर्शक बने रहने की स्मृति ने उसके दुःख को और अधिक बढ़ा दिया। वह सोचने लगा—'मुट्ठी-भर विदेशी लोगों द्वारा देश के असंख्य लोगों की उपस्थिति में देश के निर्दोष, निरपराध, भद्र लोगों को पीटने और अपने लोगों द्वारा तमाशबीन बने रहने-जैसी घृणित स्थिति भारत के अतिरिक्त विश्व के किसी अन्य देश में कहीं देखने को नहीं

मिलेगी।'

: 4 :

दो-तीन दिनों तक पूर्ण शान्ति बनी रही, किसी नयी दुर्घटना ने अपना रूप- रंग नहीं दिखाया। ऊपरी तले वाले साहब द्वारा किसी प्रकार का उत्पात न किये जाने से अपूर्व ने क्रिश्चियन लड़की द्वारा रामदास से हुई तीखी झड़प की सूचना अपने पिता को न देने का अनुमान लगाया। उस दिन फल देने आयी लड़की के व्यवहार के स्मरण ने उसके इस अनुमान को पुष्ट कर दिया। इधर बहुत क़िस्म के काले-गोरे साहबों के झुण्डों का ऊपर-नीचे आना-जाना चलता रहा। सीढ़ियों से उतरते-चढ़ते समय एक-दो बार अपूर्व का उस लड़की से सामना भी हुआ, किन्तु लड़की ने हर बार अपना मुंह फेर लिया। यह भी एक संयोग था कि लड़की के दुष्ट पिता से एक बार भी सामना नहीं हुआ। हां, उसके भारी बूटों की आवाज़ से उसकी घर पर उपस्थिति का ज्ञान अवश्य बना रहा। अपने छोटे बाबू को भोजन की थाली परोसते हुए तिवारी बोला, "बाबू! लगता है कि साहब ने कोई मुकदमा-वुकदमा दायर नहीं किया?"

अपूर्व उत्साहित होकर बोला, "अरे तिवारी! गरजने वाले बादल कम ही बरसते हैं।"

तिवारी बोला, "किन्तु अधिक दिनों तक हमें यहां इस मकान में नहीं रहना चाहिए। क्या मालूम, यह साला कब मतवाला होकर कौन-सा नया गुल खिलाये?"

अपूर्व ने विश्वस्त भाव से कहा, "तिवारी! ऐसी कोई सम्भावना दिखाई नहीं देती।"

"सम्भावना न सही, किन्तु सिर पर म्लेच्छ क्रिस्तान का बने रहना भी तो अच्छा नहीं। उसकी बक-झक की याद आते ही कलेजा मुंह को आता है। उसका खान-पान तो...।"

अपूर्व उस समय भोजन कर रहा था। उसे म्लेच्छ क्रिस्तान के खाने की चर्चा रुचिकर नहीं लगी। अत: वह तिवारी को डांटता हुआ बोला, "अरे! थोड़ी देर चुप रहना भी सीखो, खाते समय क्या यह चर्चा आवश्यक है?" थोड़ी देर चुप रहकर बोला, "अगले महीने यह मकान छोड़ना होगा, किन्तु एक अच्छा-सा मकान मिलने पर ही तो बदलना वाञ्छनीय होगा। एक नरक से दूसरे नरक में नहीं जाया जाता, किन्तु यह समय इस प्रकार की चर्चा के लिए उपयुक्त नहीं।" यह सुनते ही तिवारी मन-ही-मन अपने को लज्जित अनुभव करता हुआ मौन हो गया।

अगले दिन तीसरे पहर ऑफ़िस से लौटे अपूर्व ने तिवारी को देखा, तो सन्न रह

गया। वह एक ही दिन में सूखकर कांटा हो गया था। चिन्तित स्वर में अपूर्व ने तिवारी से उसके विषाद का कारण पूछा, तो तिवारी ने बिना कुछ मुंह से बोले आलपिन में टंके-छपे पीले काग़ज़ अपूर्व के हाथ में थमा दिये। ये काग़ज़ वादी जे.डी. जोज़फ़ द्वारा प्रतिवादी अपूर्व और उसके हेल्पर तिवारी के विरुद्ध दायर किये गये फ़ौजदारी मुक़दमे के समन (पेश होने के आदेशपत्र) थे। वादी ने प्रतिवादी के विरुद्ध चार धाराओं के अन्तर्गत अभियोग लगाया था। तिवारी ने बताया कि कोर्ट का अर्दली (प्यादा) यह समन देकर गया है और कल फिर एक बार आने को कह गया है। तिवारी ने यह भी बताया कि ससुरा साहब भी प्यादे के साथ था। परसों हमें कोर्ट में हाज़िर होना है। अपूर्व ने उन सारे काग़ज़ों को ध्यान से पूरी तरह पढ़ने के उपरान्त उन्हें तिवारी के हाथ में धरते हुए निश्चिन्तता से कहा, "घबराने की कोई बात नहीं है, परसों हाज़िर हो जायेंगे।"

तिवारी रोनी सूरत बनाकर बोला, "आज तक कभी कोर्ट-कचहरी का मुंह नहीं देखा, कभी कटघरे में खड़ा नहीं हुआ।"

अपूर्व बिगड़कर बोला, "अब कटघरे में खड़ा हो जायेगा, तो आसमान नहीं गिर पड़ेगा। सभी बातों में रोते ही रहना था, तो परदेश में आना ही नहीं था।"

कातर और निराश स्वर में तिवारी बोला, "छोटे बाबू! क्या मैं यह सब पहले से जानता था?"

"जानता नहीं था, तो फिर लाठी लेकर भिड़ने क्यों चल दिया था? घर में चुपचाप पड़ा रहता और सब कुछ सह लेता।" यह कहता हुआ अपूर्व कपड़े बदलने के लिए अपने कमरे में चला गया।

अगले दिन अपूर्व के नाम का समन भी आ पहुंचा और फिर नियत दिन व निर्दिष्ट समय पर वह तिवारी को अपने साथ लेकर कोर्ट में हाज़िर हो गया। मुक़दमा लड़ने अथवा बहस करने के मामले में अपूर्व एकदम अनाड़ी एवं कोरा था। उस पर यह अदालत भी दूसरे देश की थी, जिसके क़ायदा-क़ानून से उसे कभी कोई वास्ता नहीं पड़ा था। उस पर तुर्रा यह कि वह परदेस में था, जहां उसकी जान-पहचान का भी कोई नहीं था। उसे न पैरवी करने का पता था और न किसी से सहायता मिलने की आशा थी। फिर भी उसके मन में किसी प्रकार की कोई दुर्बलता नहीं आयी। वह स्वयं इस तथ्य को समझने में असमर्थ था कि संकट की इस घड़ी में उसमें ऐसा आत्मविश्वास और आत्मबल कहां से आ गया था। इस विषय में रामदास से किसी प्रकार की सहायता लेने में अथवा उससे विचार-विमर्श करने में उसे लज्जा और हीनता का अनुभव होता था। यहां तक कि उसने अपने कार्यालय को भी इस विषय में कुछ बताना उचित नहीं समझा। एक आवश्यक कार्य के बहाने से वहां से छुट्टी ले आया।

यथासमय अपूर्व की पुकार हुई। डिप्टी कमिश्नर ने वादी जोज़फ़ द्वारा मनमाने ढंग से दिये बयान को अपनी फ़ाइल में रख लिया था; क्योंकि उस समय प्रतिवादी अपूर्व न स्वयं उपस्थित था और न ही उसकी ओर से कोई वकील नियुक्त था। इस समय अपूर्व

ने बिना कुछ अपनी ओर से जोड़े तथा बिना कुछ भी छोड़े सारी घटना का सही-सही और पूरा-पूरा वर्णन कह सुनाया। वादी ने अपनी लड़की को ही अपना साक्षी बनाया था। लड़की द्वारा अदालत में दिये बयान को सुनकर अपूर्व आश्चर्यचकित रह गया। लड़की के वंशादि के विवरण को जानकर, तो वह हतप्रभ हो गया। यह लड़की मूलतः किसी स्वर्गीय राजकुमार भट्टाचार्य की पुत्री थी, जो पहले बरीसाल और कालान्तर में बंगलौर में रहती थी। उसका नया नाम—मेरी भारती—है। लड़की के पिता भट्टाचार्य महाशय की मृत्यु के पश्चात् उसकी मां किसी मिशनरी-लड़की की दासी बनकर बंगलौर जा पहुंची और वहां जोज़फ़ साहब के रूप पर मुग्ध होकर उसकी पत्नी बन गयी। लड़की भारती ने अपने वास्तविक पिता के भट्टाचार्य गोत्र को भद्दा समझकर उसे छोड़ दिया है और अब अपने नाम के साथ नये पिता के जोज़फ़ नाम को लगाती है। इस प्रकार अब उसका पूरा नाम है—'मिस मेरी भारती जोज़फ़।'

न्यायाधीश द्वारा फल ले जाने के सम्बन्ध में पूछे जाने पर लड़की एकदम मुकर गयी, परन्तु वह जान-बूझकर झूठ बोल रही है—यह सत्य न्यायाधीश से ही नहीं, अपितु न्यायालय के अन्य कर्मचारियों से भी छिपा न रहा। उसके चेहरे के हाव-भाव और घबराहट से भरी टूटती हुई उसकी आवाज़ उसके असत्य को उजागर कर रहे थे।

दोनों—वादी तथा प्रतिवादी—पक्षों की ओर से न कोई वकील था और न ही मामला गम्भीर था। अतः मामले को वाद-विवाद में उलझाकर उसे लम्बा न खींचा जा सका। उसी दिन निर्णय सुना दिया गया। तिवारी को छोड़ दिया गया, किन्तु अपूर्व पर बीस रुपये का दण्ड (जुर्माना) लगाया गया। बिना किसी अपराध के दण्डित होने पर अपूर्व का निराश-खिन्न होना स्वाभाविक था। दण्ड की राशि चुकता कर मलिन मुख लिये अपूर्व न्यायालय से बाहर निकल ही रहा था कि सामने रामदास को खड़ा देखकर वह सहसा बोला, "नाहक बीस रुपये जुर्माना देना पड़ रहा है रामदास भाई! क्या इसके विरुद्ध अपील करना उचित होगा?"

आवेश और उत्तेजना के कारण अपूर्व की वाणी ही नहीं, अपितु पूरी देह लड़खड़ाने लगी थी। रामदास ने उसे संभालते हुए और उसके दोनों हाथों को मज़बूती से अपने हाथों में थामते हुए कहा, "अपील का अर्थ समझते हो? बीस रुपये बचाने के लिए दो हज़ार रुपयों की बरबादी करना।"

"तो क्या हुआ? झूठे आरोप के आधार पर मिले राजदण्ड के कलंक को, तो जीवन-भर नहीं ढोना पड़ेगा।"

रामदास बोला, "आप भी बड़े भोले हो। अरे! कैसा आरोप, कैसा राजदण्ड और कैसा कलंक? झूठे मुक़दमे और झूठी गवाही देने वालों का पक्ष लेने वाले तथा रंग और जाति के आधार पर व्यक्ति-व्यक्ति में अन्तर करने के रूप में न्याय का गला घोटने वाले व्यक्ति द्वारा दिये गये दण्ड को दण्ड समझना कहां की बुद्धिमानी है? बन्धु! सच्ची अदालत इस अदालत के ऊपर है और वहां झूठ, बेईमानी तथा पक्षपात नहीं चलता। उस

न्यायालय का निर्णय ही असली और सर्वमान्य निर्णय होता है। मैं आपको विश्वास दिलाता हूं कि उस न्यायालय की दृष्टि में आप एकदम निर्दोष हैं।''

अपूर्व बोला, ''किन्तु इस सत्य को दूसरे लोग नहीं समझेंगे। उनकी दृष्टि में तो मैं एक दण्ड-प्राप्त अपराधी के रूप में हीन माना जाऊंगा।''

रामदास ने विषयान्तर करने की इच्छा से अपूर्व के हाथों को स्नेहपूर्वक मसलते हुए, उससे नदी-किनारे घूम आने का प्रस्ताव किया।

नदी की ओर जाते हुए रामदास ने कहा, ''बाबू! मैं ऑफ़िस में पद की दृष्टि से आपसे अवश्य छोटा हूं, किन्तु आयु और अनुभव में बड़ा हूं। इस नाते, यदि मेरे मुख से कुछ ऊंच-नीच निकल जाये, तो आप बुरा नहीं मानियेगा।''

अपूर्व चुप रहा और रामदास ने बोलना जारी रखते हुए कहा, ''मुझे इस मुक़दमें की ही नहीं, अपितु इसके होने वाले फ़ैसले की भी पहले से ही जानकारी थी। इस बात पर आप विश्वास करें अथवा न करें, किन्तु मैं नितान्त सत्य बोल रहा हूं। आप किन लोगों की बात कर रहे हैं ? जो वास्तविकता को जानते हैं, उन्हें इस ढकोसले की पहले से ही जानकारी है। वे ऐसे फ़ैसलों को न कोई महत्त्व देते हैं और न ही इनसे कोई सरोकार रखते हैं। उन्हें ठीक तरह से मालूम है कि हालदार के साथ जोज़फ़ के मामले का अंगरेजी अदालत में क्या फ़ैसला होना है। फिर जो इस सचाई से आंख मूंदते हैं, ऐसे बेकार लोगों के मतामत की चिन्ता किसलिए ? रही बीस रुपये जुर्माने की बात ?''

''बिना अपराध के दण्ड का मिलना खल रहा है रामदास भाई ?''

रामदास बोला, ''यहां का यही चलन है। अपराध न होने पर भी दण्ड भुगतना पड़ता है। आप बीस रुपयों का रोना रो रहे हैं, किन्तु मैं तो बिना क़ुसूर दो साल तक जेल में सड़ता रहा हूं।''

''जेल की सज़ा! दो साल तक ?''

''हां, सच कह रहा हूं, दो साल तक जेल में रहा हूं, जब कि मेरा कोई क़ुसूर नहीं था।'' यह कहकर हंसते हुए रामदास ने अपूर्व के हाथ को अपनी पीठ पर रखते हुए कहा, ''अगर इस कोट को उतार दूं, तो मेरी सारी पीठ पर कोड़ों की चोट के निशान दिख जायेंगे। सालों ने तिल-भर जगह भी नहीं छोड़ी, सारी पीठ को बेंतों से छलनी कर दिया है।''

''भाई रामदास, क्या सचमुच आपने बेतों की मार खायी है ?''

हंसने और गरदन हिलाने के रूप में हामी भरते हुए रामदास ने कहा, ''वह भी बिना किसी अपराध के। इस पर भी लोगों के सामने आने में मुझे कोई संकोच नहीं होता। भले ही कोई मुझे ढीठ अथवा निर्लज्ज समझे या कहे। एक आप हैं कि बीस रुपये जुर्माने की चिन्ता से घुले जा रहे हैं। अरे, चोट सहना सीखो बाबू साहब!''

रामदास के मुख पर दृष्टि गड़ाये अपूर्व न जाने किस विचार में खो गया था। इसी समय जिस लैम्पपोस्ट के नीचे खड़े वे दोनों बातचीत कर रहे थे, उस लैम्प को जलाने

वाला कर्मचारी आ पहुंचा। रामदास ने सायंकाल हुआ देखा, तो अपूर्व से बोला, "चलिये बाबू साहब! आपको घर छोड़कर मैं अपने घर जाऊं।"

यह सुनते ही अपूर्व उद्विग्न हो उठा और शीघ्रता से बोला, "अभी से चले जाओगे, अभी तो बहुत कुछ जानना-सुनना शेष है।"

रामदास ने हंसते हुए कहा, "क्या सब कुछ आज ही जान लेना है, कल के लिए कुछ भी नहीं छोड़ोगे? मुझे बहुत कुछ कहना है और उसके लिए बहुत दिन अपेक्षित हैं।" 'बहुत दिन' शब्द पर उसने इस प्रकार ज़ोर दिया कि अपूर्व उसके मुंह की ओर देखता रह गया, किन्तु चेहरे पर उभरे प्रशान्त भावों से किसी रहस्य की जानकारी न पा सका और न अनुमान ही लगा सका।

रामदास ने बड़ी सड़क तक अपूर्व का साथ दिया और वहीं से उसे विदा देकर स्टेशन की राह पकड़ी।

अपूर्व ने अपने कमरे के सामने जाकर कुण्डा खटखटाया, तो तिवारी ने मालिक के होने के सम्बन्ध में आश्वस्त होने पर दरवाज़ा खोल दिया। तिवारी घर में पहुंचते ही अपने काम में जुट गया था, किन्तु उसका चेहरा अब भी गम्भीर और विषादपूर्ण था। उसने मालिक से कहा, "जाते समय आप शायद जल्दी में दस-दस रुपये के दो नोट यहां छोड़ गये थे।"

अपूर्व ने आश्चर्य प्रकट करते हुए कहा, "मुझे ऐसा कुछ भी स्मरण नहीं पड़ता। कहां छोड़ गया था?"

पैरों से दरवाज़े की ओर संकेत करता हुआ तिवारी बोला, "यहीं पर। मैंने उठाकर आपके बिस्तर पर, तकिये के नीचे रख दिये हैं। यह भी अच्छा हुआ कि घर में ही गिरे हैं, कहीं बाज़ार में गिरते, तो फिर कहां मिलने थे?"

नोट कैसे गिरे और कहां व कैसे मिले—इसी उधेड़बुन में खोया अपूर्व अपने बेडरूम में चला गया।

: 5 :

रात को अपूर्व को भोजन कराने के उपरान्त आंखों में आंसू भरकर और हाथ जोड़कर गिड़गिड़ाता हुआ तिवारी बोला, "छोटे बाबू! बहुत हो लिया, अब इस बूढ़े की बात मान लीजिये। कल सवेरे ही इस मकान को छोड़कर कही और चल दीजिये। इस सम्बन्ध में आप हठ न करें, तो अच्छा है।"

अपूर्व चकित होकर बोला, "क्या कहते हो तिवारी? बिना कुछ ठीक किये कल सवेरे यहां से चल दें! क्या किसी धर्मशाला में चल कर रहें?"

तिवारी बोला, ''इस मकान से धर्मशाला ही अच्छी। मुझे तो डर लगा रहता है। ससुरा साहब मुक़दमा जीत गया है। कहीं किसी दिन हमारे घर में घुसकर हमें यमलोक न पहुंचा दे।''

अपूर्व चिढ़-सा गया। वह असंयत होकर बोला, ''क्या तुझे मां ने जले घाव पर नमक छिड़कने के लिए यहां मेरे साथ भेजा है ? तुम्हें यहां नहीं रहना है, तो कल देश को जाने वाले जहाज़ को पकड़कर तुम जा सकते हो, मैं तुम्हें रोकूंगा नहीं। मेरे भाग्य में जो लिखा होगा, वह मैं भुगत लूंगा। मैं तुम्हें अपनी सेवा से मुक्त करता हूं।''

उत्तर में एक भी शब्द बोले बिना ही तिवारी उलटे पांव लौट गया और चुपचाप सो गया। वस्तुतः तिवारी की बातों से आहत और अपने को अत्यधिक अपमानित अनुभव करने के कारण ही अपूर्व को ऐसा कड़ा रुख़ अपनाना पड़ा था। मन-ही-मन स्थिति का विश्लेषण करने पर अपूर्व को अपने इस व्यवहार पर कुछ भी अनुचित प्रतीत नहीं हुआ। फिर भी सवेरा होने पर नये मकान की खोज की जाने लगी। तलवलकर को छोड़कर अपूर्व ने अपने सभी अन्य परिचितों से इस सम्बन्ध में सहयोग देने का अनुरोध किया। इसके उपरान्त तिवारी ने कभी नये मकान की चर्चा नहीं की, किन्तु दोनों—स्वामी और सेवक—उस मकान में रहते हुए कभी निश्शंक नहीं हो सके। ऑफ़िस से लौटने पर अपूर्व को सदैव कुछ अवाञ्छित सुनने का भय घेरे रहता था, किन्तु सौभाग्यवश ऐसा कुछ अवाञ्छनीय कभी नहीं हुआ। मुक़दमा जीतने वाले जोज़फ़ परिवार से नित्य नये शगूफ़े खिलाने की आशंका का बने रहना स्वाभाविक था, किन्तु ऐसा कभी कुछ नहीं घटा। किसी उपद्रव का होना, तो दूर रहा, उलटे ऐसी शान्ति बनी रही कि किसी के ऊपर रहने पर कोई एक-दूसरे से बात नहीं करता था। इस प्रकार बिना किसी उपद्रव एवं उत्पात के दिन कट रहे थे। लगभग एक सप्ताह बीता होगा कि एक दिन ऑफ़िस से लौटे अपूर्व को एक शुभ समाचार देने की इच्छा से अपनी प्रसन्नता को यथासम्भव संयत करता हुआ तिवारी बोला, ''छोटे बाबू! सुना आपने ?''

अपूर्व ने आश्चर्य और उत्सुकता प्रकट करते हुए पूछा, ''क्या ?''

''साहब की टांग टूट गयी है, ससुरा अस्पताल में पड़ा है, हालत ऐसी है कि कहा नहीं जा सकता कि बचेगा भी या नहीं ? आज छह दिन हो गये हैं। उस घटना के घटने के ठीक दूसरे दिन।''

अपूर्व ने हैरान होते हुए पूछा, ''तुझे यह सब कहां से मालूम हुआ ?''

तिवारी ने उत्तर दिया,''मकान-मालिक का नौकर हमारे ज़िले का रहने वाला है। आज जब वह किराया वसूल करने आया, तो उससे जान-पहचान हो गयी और इस रहस्य का पता चला। यह भी पता चला कि साहब शराब पीकर मार-पीट करता हुआ छत से नीचे गिर पड़ा और टांग टूट जाने से अस्पताल में भरती है। इस स्थिति में किराये का भुगतान कौन करता ?''

''होगा'', कहता और उपेक्षा का भाव दिखाता हुआ अपूर्व कपड़े बदलने के लिए

चल दिया। कलकत्ता छोड़ने से लेकर अब तक उसने आज पहली बार तिवारी के चेहरे पर सच्ची प्रसन्नता देखी थी, अत: वह इस विषय में अपने मालिक से बातचीत करने के लिए अत्यन्त उत्साहित था, किन्तु अपूर्व के उपेक्षापूर्ण व्यवहार ने उसे काफ़ी निराश कर दिया। फिर भी तिवारी ने अपनी बड़बड़ाहट द्वारा तथा अन्य कई तरीक़ों से अपने मन के उल्लास को प्रकट करने में कोई कोर-कसर नहीं छोड़ी। उसने कुछ ऊंचे स्वर में अपने आप से कहा—उसे इसका पहले से ही अनुमान था कि कुछ-न-कुछ ऐसा अवश्य घटेगा। उसने यह भी बताया कि यद्यपि वह सन्ध्या-पूजा, मन्त्र-तन्त्र आदि कुछ नहीं जानता, परन्तु गायत्री मन्त्र उसे भली प्रकार कण्ठस्थ है और साहब द्वारा किये गये उत्पात के दिन से ही वह प्रतिदिन प्रात:-सायं एक-एक माला (108×2=216) गायत्री मन्त्र का जाप करता रहा है। इसी का प्रताप है कि ऐसे दुष्ट को दण्ड मिल गया और अपने लोगों को उसके उत्पात से सदा के लिए मुक्ति मिल गयी। साहब की टांग के टूटने का कारण कुछ भी क्यों न रहा हो, तिवारी के छोटे बाबू उसकी मान्यता से सहमत हों अथवा न हों, किन्तु मन्त्र-जाप की असाधारण शक्ति पर तिवारी का विश्वास हज़ार-गुना बढ़ गया था और वह इस सारी घटना का श्रेय अपने मन्त्र-जाप को ही दे रहा था। बड़बड़ाता हुआ तिवारी बोला, "म्लेच्छ होकर ब्राह्मण के ऊपर पैर पटकने से टांग नहीं टूटेगी, तो और क्या होगा ?" यह सब सोचता हुआ तिवारी आज अपने हर्ष को समेट नहीं पा रहा था।

अगले दिन अपूर्व ने तिवारी से कहा, "ऑफ़िस के अरदली ने एक मकान का पता दिया है, जाकर देख आओ कि रहने योग्य है या नहीं ?"

थोड़ा मुसकराता हुआ तिवारी बोला, "बाबू साहब ! अब मकान बदलने की क्या आवश्यकता है ? मैंने सब व्यवस्था कर ली है। अगली पहली तारीख़ को, जिसे जाना चाहिए, वही यहां से जायेगा। हमें मकान बदलने के झञ्झट में नहीं पड़ना है।"

मकान बदलने के झञ्झट से अपूर्व अनजान नहीं था, किन्तु साहब की अनुपस्थिति में शान्त बनी स्थिति साहब के आने पर भी शान्त बनी रहेगी, उत्पात नहीं होगा, इसका उसे विश्वास नहीं था। वह मकान बदलने के पक्ष में था।

ऑफ़िस जाने से पहले तिवारी द्वारा दोपहर को बर्मी लोगों के फ़यार मन्दिर में तमाशा देखने जाने की इच्छा से छुट्टी मांगने पर अपूर्व अपनी हंसी न रोक सका और कुतूहल प्रकट करता हुआ बोला, "अरे तिवारी ! तुझे तमाशा देखने का शौक़ कैसे आ गया ?"

तिवारी बोला, "परदेस में दिल बहलाने को यदि कुछ मिले, तो देख लेने में क्या हर्ज है बाबू ?"

अपूर्व बोला, "यह तो सही है। ससुरा साहब लंगड़ा बना अस्पताल में पड़ा है। इधर रास्ते में भी किसी प्रकार का कोई भय नहीं, अत: जाना चाहते हो, तो चले जाना, किन्तु हां, जल्दी लौट आना। अच्छा, यह बताओ कि अकेले जाओगे या साथ कोई

रहेगा ?''

तिवारी ने बताया कि कल ही मिले मकान-मालिक के नौकर ने मुझे अपने साथ ले जाने का प्रस्ताव किया है। वस्तुतः साहब की टांग टूटने के समाचार ने मुझे इतना उत्तेजित कर दिया था कि मैं उसे इनकार नहीं कह सका।

तिवारी को तमाशा देखने की अनुमति देकर अपूर्व ठीक समय पर ऑफ़िस के लिए घर से निकल पड़ा और घण्टे-भर बाद आये अपने स्वदेशी मित्र के साथ तिवारी भी बर्मियों का तमाशा देखने चल दिया। ताले की एक चाबी अपूर्व के पास रहने के कारण तिवारी को अपने देर से लौटने पर, अपूर्व को किसी कष्ट अथवा असुविधा होने की कोई चिन्ता नहीं थी, अतः वह प्रसन्न और निश्चिन्त भाव से अपने साथी के साथ चला गया। वस्तुतः आज तिवारी की प्रसन्नता एकदम अनोखी और अभूतपूर्व थी।

तीसरे पहर घर लौटे अपूर्व ने दरवाज़े पर ताला लगा देखा, तो समझ गया कि अभी तक तिवारी लौटा नहीं। अपनी जेब में रखी ताली निकालकर उसने ताला खोलने की चेष्टा की, परन्तु ताला नहीं खुला। लगता था कि तिवारी ने ग़लती से दूसरा ताला लगा दिया है। तिवारी ने ताला क्यों बदला ? और यदि बदला, तो उसकी चाबी कहां रखी ? यह सब अपूर्व की समझ से बाहर था। उसे यह भी समझ में नहीं आ रहा था कि घर में प्रविष्ट कैसे हो ? कुछ देर तक वह किंकर्तव्य-विमूढ़ बना चुपचाप खड़ा रहा, संयोगवश तीसरे तल्ले पर रहने वाली क्रिश्चियन लड़की ने ज़ीने से झांककर अपूर्व को देखा, तो बोली, ''बाबू! ठहरिये, मैं ताला खोल देती हूं।'' यह कहती हुई वह एकदम नीचे उतर आयी और बिना किसी लाज-संकोच के अपूर्व से सटकर खड़ी हो गयी। अपूर्व को इस स्थिति की कल्पना भी नहीं थी। वह तो लाज से धरती में गड़ा जा रहा था। उसे समझ नहीं आ रहा था कि घर की चाबी इस लड़की के हाथ में कैसे आयी ? सीढ़ी के संकरी और अंधेरे से घिरी होने के कारण दोनों का वहां टिकना सम्भव न देखकर अपूर्व दो सीढ़ियां नीचे उतरकर खड़ा हो गया और दूसरी ओर देखने लगा। किसी साधारण परिचय वाली युवती से बातचीत करने का अभ्यस्त न होने से वह अपने आपको असन्तुलित अनुभव कर रहा था। सहसा लड़की बोली, ''मां ने मुझे ताला लगाने से मना किया था; क्योंकि उसके अनुसार ऐसा करना अकारण विपत्ति को निमन्त्रण देना है।'' अपूर्व ने यह सब सुना, किन्तु कोई प्रतिक्रिया प्रकट नहीं की। लड़की फिर बोली, ''वास्तव में मेरी मां डरपोक है और तब से मुझ पर बिगड़ रही है। यदि इस स्थिति में आपने मुझ पर विश्वास नहीं किया, तो मुझे जेल की हवा खानी पड़ सकती है, किन्तु मैं किसी भी स्थिति का सामना करने को तैयार हूं।''

अपूर्व पूरी तरह कुछ समझ नहीं सका, इसलिए बोला, ''आख़िर बात क्या है ?''

लड़की ने कहा, ''भीतर जाकर देखेंगे, तो सब कुछ अपने आप स्पष्ट हो जायेगा।'' यह कहकर और ताला खोलकर वह एक ओर हटकर खड़ी हो गयी।

अपूर्व ने भीतर जाकर घर की स्थिति देखी, तो उसका चेहरा फक्क हो गया। दोनों

बक्सों के ढक्कन टूटे पड़े थे। कपड़े, पुस्तकें, काग़ज़ और बिछावन आदि सब फ़र्श पर बिखरे पड़े थे। बड़ी कठिनाई से वह इतना ही बोल सका, "यह सब कैसे हुआ ? यह किसकी शैतानी है ?"

भारती थोड़ा मुसकराकर बोली, "और जिस किसी ने भी यह किया हो, किन्तु इतना निश्चित समझिये कि इसमें मेरा कुछ भी योगदान नहीं है। आप मेरे विषय में कैसी भी धारणा क्यों न रखते हों, किन्तु यह आपको मानना पड़ेगा कि मैं इतनी नहीं गिर सकती।" इसके उपरान्त भारती द्वारा प्रस्तुत घटना के विवरण का सार-संक्षेप कुछ इस प्रकार है—

दोपहर को तिवारी के अपने नये मित्र के साथ तमाशा देखने के लिए जाने के थोड़ी देर बाद ही भारती की मां को किसी की आहट का सन्देह हुआ, तो उसने भारती को नीचे देखने के लिए सावधान किया। भारती के घर के फ़र्श में एक ओर छोटा-सा सूराख़ है, जिसमें से झांकने पर अपूर्व के घर का सारा दृश्य उजागर हो जाता है। उस छेद में से घट रही घटना को देखकर भारती चिल्ला उठी और उसकी चिल्लाहट को सुनते ही बक्सों को तोड़ने में लगे चोर जल्दी से भाग खड़े हुए। तब फिर, मां के मना करने पर भी नीचे उतरकर उसने दरवाज़े पर ताला लगा दिया और सीढ़ियों में खड़ी होकर पहरा देने लगी, ताकि कहीं वे धूर्त दोबारा न आ धमकें। अपूर्व को आया देखकर वह ताला खोलने के लिए नीचे उतरी है।

यह सब देख-सुनकर अपूर्व का चेहरा उतर गया। उसकी स्थिति ऐसी हो गयी कि काटो, तो ख़ून नहीं। वह हताश, उद्विग्न और किंकर्तव्यविमूढ़ होकर धम् से चारपाई पर गिर पड़ा। भारती ने दरवाज़े से बाहर आकर अपूर्व से पूछा, "यदि कमरे में आपके खाने-पीने की सामग्री न हो, तो मैं भीतर जाकर वहां की स्थिति का अवलोकन कर लूं।"

अपूर्व ने गरदन हिलाकर भारती को भीतर आने की अनुमति दे दी। भारती के भीतर आ जाने पर हक्का-बक्का और निराश बना अपूर्व बुझे स्वर में बोला, "अब क्या करना चाहिए ?"

"कुछ करने-धरने से पहले यह निश्चित कर लेना चाहिए कि कौन-सा सामान चोरी हुआ है ?"

"ठीक है, ज़रा आप सहायता कीजिये। जांच लिया जाये कि क्या-क्या चुराया गया है ?"

भारती ने थोड़ा मुसकराकर कहा, "घर से चलते समय आप अपने ट्रंकों में क्या लेकर चले थे, न तो मुझे इसकी कुछ जानकारी है और न ही मैंने कुछ चुराया है। इस स्थिति में मुझे आपकी किसी वस्तु के चुराये अथवा न चुराये जाने की जानकारी कैसे हो सकती है ?"

अपने को लज्जित अनुभव करता हुआ अपूर्व बोला, "मैं भी कितना मूर्ख हूं। अच्छा, तिवारी को आने दीजिये, शायद उसे सब मालूम होगा।" यह कहकर वह इधर-

उधर धरती पर बिखरे सामान को कातर और विवश दृष्टि से देखने लगा।

अपूर्व की मानसिकता का आनन्द लेती हुई भारती हंसकर बोली, "कमाल है! तिवारी बता सकता है और स्वयं आप नहीं बता सकते कि क्या खो गया है? नष्ट हुए सामान को जानने का तरीक़ा मैं आपको सिखाती हूं।" यह कहती हुई वह तत्काल फ़र्श पर बैठ गयी और टूटे ढक्कन वाले एक ट्रंक को अपनी ओर खींचती हुई बोली, "पहले, इसके भीतर रखे कपड़ों-लत्तों को संभालते हैं। लगता है कि इन्हें ले जाने का उन धूर्तों को अवसर ही नहीं मिला।" इसके उपरान्त वह इधर-उधर बिखरे कपड़ों को ठीक ढंग से समेटने-सहेजने लगी। अपूर्व ने अविलम्ब उसकी कार्यकुशलता का और सहयोग की भावना का लोहा मान लिया।

मुर्शिदाबादी सिल्क के सूट को हाथ में लिये भारती ने अपूर्व से पूछा, "ऐसे सूट कितने थे?"

अपूर्व के 'दो' बताने पर उसने दोनों सूट सहेजकर बक्से में रख दिये। इसी प्रकार तीन ढाकाई धोतियां और तीन चादरें भी गिन-समेटकर रखती हुई बोली, "शायद इतनी ही रही होंगी?" अपूर्व ने हामी भरते हुए कहा, "हां, याद पड़ता है कि इनकी संख्या तीन-तीन ही थी।"

इसके पश्चात् अलपके के कोट को हाथ में लेकर भारती बोली, "इसके साथ की 'वेस्टकोट' और पैण्ट तो दिखाई नहीं देते।"

फिर ज़रा गौर से देखकर अपने आप से बोली, "अरे, यह तो बन्द गले का कोट है। यह सूट नहीं होगा?"

अपूर्व ने कहा, "नहीं, सूट नहीं था, अकेला कोट ही था।" सभी वस्त्रों को ठीक ढंग से रखने के उपरान्त भारती ने एक और वस्त्र को उठाकर कहा, "यह फ़्लानेल का सूट मालूम होता है। क्या आप कलकत्ता में टेनिस खेला करते थे? तीन सूट मेरे हाथ में हैं, एक अलगनी पर टंगा है और एक आपने पहन रखा है। कुल पांच हुए, क्या इतने ही थे?"

अपूर्व ने सामान्य होते हुए उत्तर दिया, "हां, पांच ही थे।"

कपड़ों की तह में छिपी किसी चमकीली वस्तु को देखकर भारती ने उसे बाहर निकालकर कहा, "अरे! यह तो सोने की चेन है। इसके साथ की घड़ी कहां गयी?"

अपूर्व प्रसन्नता से उछल पड़ा और बोला, "भगवान् का धन्यवाद है कि इस पर उन धूर्तों की दृष्टि नहीं पड़ी। यह मुझे पिताजी से उनकी स्मृति के रूप में प्राप्त उपहार है।"

'किन्तु घड़ी कहां गयी?"

अपने कोट की जेब से घड़ी निकालकर आगे करते हुए अपूर्व बोला, "यह रही घड़ी।"

"चलो, चेन और घड़ी तो मिल गयीं। अब बताइये कि आपके पास कितनी

अंगूठियां थीं? हाथ में आपने एक भी अंगूठी नहीं पहन रखी है।''

''न मैंने हाथ में पहन रखी है और न ही बॉक्स में कोई अंगूठी है। अंगूठी रखने का मुझे शौक ही नहीं।''

''ठीक है, सोने के बटन? वे शायद आपकी क़मीज़ में लगे होंगे।''

अपूर्व घबराकर बोला, ''नहीं तो, गरद के कुरते में लगे हुए थे और उस कुरते को ऊपर ही रख दिया था।''

भारती ने अलगनी की ओर देखा। अब तक नहीं उठाये गये कपड़े एक ओर पड़े थे। उन्हें ध्यान से उलटा-पलटा और निराशा की हंसी हंसते हुए कहा, ''कुरता समेत बटन नदारद हैं।'' फिर पूछा, ''अलग से कुछ और बटन तो नहीं थे?''

अपूर्व ने सिर हिलाकर कहा, ''नहीं।''

भारती द्वारा ट्रंक में नक़दी होने-न होने के सम्बन्ध में पूछे जाने पर अपूर्व ने स्वीकृतिसूचक 'हां' कहा, अर्थात् ट्रंक में रुपया होना बताया। भारती ने दुखी होकर बुझे स्वर से कहा, ''वे रुपये भी गये समझो।'' फिर पूछा, ''कितने थे?'' अपूर्व द्वारा 'मालूम नहीं' कहने पर भारती ने उससे अपना मनीबैग देने को कहा। अपूर्व ने छोटे-से चमड़े के बैग को अपनी जेब से निकालकर उसके हाथ में थमा दिया। मनीबैग को उंडेलकर रक़म गिनी गयी, तो शेष मिली रक़म दो सौ पचास रुपये आठ आने निकली।

भारती ने पूछा, ''क्या याद करके बता सकते हो कि घर से कुल कितने रुपये लेकर चले थे?''

अपूर्व ने कहा, ''ठीक से याद है। छह सौ रुपये लेकर चला था।''

भारती मेज़ पर पड़े एक काग़ज़ को उठाकर पेंसिल से हिसाब जोड़ने लगी। उसने जहाज़ का टिकट, घोड़ागाड़ी का टिकट, कुली का ख़र्च, अपनी पहुंच की सूचना का घर पर भेजे तार का ख़र्च और इधर पहुंचे दस दिनों के खाने-पीने का ख़र्च आदि की चर्चा की, तो अपूर्व बोला, ''यहां के खाने-पीने पर हुए ख़र्च की जानकारी, तो तिवारी से ही मिल सकती है।''

इस पर भारती ने कहा, ''आपका कथन सही है, किन्तु अनुमान और वास्तविकता में दो-तीन रुपये से अधिक अन्तर नहीं हो सकता।''

भारती ने अपने घर के फ़र्श के जिस छेद से अपूर्व के घर में की जा रही चोरी को होते देखा था, उसी छेद से वह इस घर के खान-पान को भी प्रायः देखा करती थी। अतः तिवारी के साग लाने और खाना बनाने तक की सारी बातें उसे ज्ञात थीं। उससे कुछ भी छिपा नहीं था, किन्तु उसने अपनी इस दुर्बलता अथवा शरारत का प्रदर्शन अपूर्व के सामने नहीं किया। उसने अपने अनुमान तथा ख़याल से खाने-पीने का ख़र्च जोड़ा और फिर मुंह ऊपर उठाकर बोली, ''इन ख़र्चों के अलावा और कोई फ़ालतू ख़र्च हुआ हो, तो बता दीजिये, ताकि उसे भी जोड़ दिया जाये।''

अपूर्व ने किसी और ख़र्च के होने से इनकार किया। इस पर सारे ख़र्चों को जोड़कर

और छह सौ रुपयों से उसे घटाकर भारती बोली, ''इस हिसाब से तो दो सौ अस्सी रुपयों की चोरी सिद्ध होती है।''

अपूर्व ने कहा, ''नहीं, चोरी की रक़म तो दो सौ साठ रुपये निकलती है।''

भारती ने ज़ोर देकर कहा, ''नहीं, दो सौ अस्सी रुपये चुराये गये हैं।''

अपूर्व ने बहस करना ठीक नहीं समझा। वह इस लड़की की तीक्ष्ण बुद्धि तथा अद्‌भुत व्यावहारिक ज्ञान और कला-कौशल को देखकर विस्मय-विमुग्ध रह गया था। बीस रुपये के वास्तव में हुए ख़र्च को स्वीकार न करने की लड़की की हठधर्मिता भी उसके लिए आश्चर्य का विषय थी। यहां प्रश्न उचित-अनुचित, न्याय-अन्याय अथवा सही-ग़लत का नहीं था। प्रश्न यह था कि रुपये ख़र्च हुए हैं, अर्थात् हाथ से निकल गये हैं—इस सीधी-सी बात को नकारने वाली लड़की को भला क्या कहा जा सकता है—यह उसकी समझ में नहीं आ रहा था।

भारती सारे सामान को समेटने और बिखरे कपड़ों को लपेटने के उपरान्त उठकर खड़ी हो गयी। अपूर्व ने पूछा, ''आपका क्या विचार है, थाने में चोरी की रिपोर्ट लिखाना ठीक रहेगा?''

भारती ने सिर हिलाकर अपनी स्वीकृति दिखाते हुए कहा, ''रिपोर्ट लिखाने पर सबसे पहले मुझे कटघरे में खड़ा होना पड़ेगा। मुझसे पूछताछ की जायेगी और मुझे अपराधी मानकर मेरी खींचातानी की जायेगी। इसके अतिरिक्त पुलिस आपके नुक़सान की भरपाई कर देगी अथवा आपके खोये रुपये आपकी हथेली पर रख देगी, ऐसी आशा आप भी नहीं करते होंगे।''

भारती के तर्क को सुनकर अपूर्व चुप हो गया। भारती ने कहा, ''देखिये, जो हानि होनी थी, वह हो चुकी है। अब पुलिस बुलाने का अर्थ, अपना अपमान और जगहंसाई कराना होगा।''

''किन्तु क़ानून का पालन करना...''

अपूर्व की बात को बीच में ही काटती हुई और अपूर्व के विचार से अपनी असहमति प्रकट करती हुई भारती असहनशील होकर बोली, ''क़ानून-वानून के पालन के नाम पर आदर्शवादी बनने की बात मत कीजिये। आदर्श के नाम पर मैं आपको अपमानित होते नहीं देख सकती। अभी कल ही तो आपने क़ानून के वास्तविक रूप को देखा है। आप पर जुर्माना लगाना क्या न्यायसंगत था? क्या इसे आप उचित समझते हैं? आश्चर्य है कि इतनी जल्दी आप यह सब भूल गये हैं!''

अपूर्व बोला, ''लोगों के द्वारा झूठ बोलने तथा झूठा मामला बनाने से क़ानून का अस्तित्व समाप्त नहीं हो जाता?''

अपनी टिप्पणी से और भारती के चेहरे पर उभरे भावों से उसके ज़रा भी लज्जित होने का अपूर्व को कोई आभास नहीं मिला। वह दृढ़ स्वर में बोली, ''तो क्या आप समझते हैं कि लोगों द्वारा झूठ न बोलने तथा झूठे मामले न बनाने से क़ानून एकदम निर्दोष

हो जायेगा ? यदि ऐसा होता, तो इससे अच्छी बात और कोई नहीं हो सकती थी, किन्तु दु:ख तो इस बात का है कि वास्तविकता कुछ और है। दुनिया में ऐसा कुछ होता नहीं और अब तो इस सम्बन्ध में दुनिया काफ़ी आगे बढ़ गयी है।'' यह कहकर वह थोड़ा हंस दी, किन्तु अपूर्व ने इस बहस में कोई रुचि नहीं दिखायी, इसलिए वह एकदम मौन रही। वस्तुत: पहले दिन फल लाने पर मृदु-मधुर कण्ठ से अनुरोध करने तथा लज्जा-संकोचपूर्ण व्यवहार करने से अपूर्व इस लड़की से जिस प्रकार प्रभावित हुआ था, उसके द्वारा सहानुभूति दिखाये जाने पर जिस प्रकार सहज भाव से उस पर मुग्ध हुआ था, लड़की के बाद के आचरण से वह सारा प्रभाव, मोह तथा सम्मान आदि स्थिर नहीं रह सका था। भारती का चोरी की पुलिस में रिपोर्ट न करने का अनुरोध अपूर्व की समझ से एकदम बाहर था। अत: भारती ने अब तक उसकी जो सहायता की थी, उसके कथन के अनुसार चोरों को भगाना, द्वार पर ताला लगाना, फिर उसके बिखरे सामान को समेटना और यहां तक कि चोरी में हुई हानि का लेखा-जोखा तैयार करना आदि के कारण उसके प्रति वह अपने मन में कृतज्ञता का भाव न ला सका। भारती का सकुचाते हुए फल देने आना और फिर अपने पिता से उसके व्यवहार की चुग़ली करना, पिता के झूठ में अपनी हां मिलाना तथा कोर्ट में ढीठ बनकर झूठ को सच बताते हुए झूठी गवाही देना आदि सारी घटनाएं चित्रवत् उसके नेत्रों के समक्ष उभर आयीं; जिन्हें स्मरण करके अपूर्व का चेहरा गम्भीर और हृदय कठोर हो गया। वह इस लड़की के चरित्र को समझने में अपने को उलझा हुआ अनुभव कर रहा था। वह समझ नहीं पा रहा था कि इस लड़की का वास्तविक रूप क्या है ? इतना निश्चित था कि यह लड़की अभिनय-कौशल में अपना सानी नहीं रखती। तभी तो दूसरों के लिए यह परखना कठिन हो जाता है कि वह कब अपने वास्तविक रूप में है और कब प्रदर्शन कर रही है।

भारती को अपूर्व के चेहरे पर उभरे भावों से उसके हृदय में आये परिवर्तन को समझने में देर न लगी और पूछ बैठी, ''मेरा सुझाव आपको ठीक नहीं लगा, अपनी प्रतिक्रिया कुछ तो बताइये।''

अपूर्व बोला, ''क्या बताऊं, मैं तो चोर को छूट देना उचित नहीं समझता। पुलिस में रिपोर्ट न करना, तो चोर को शह देना होगा। अत: मैं थाने में रिपोर्ट करने के पक्ष में हूं।''

भारती भयभीत हो उठी और बोली, ''आप कैसी बातें करते हैं ? रिपोर्ट करने से न तो चोर पकड़ा जायेगा और न ही आपका खोया हुआ सामान वापस मिलेगा। हां, मैं अवश्य पिस जाऊंगी; क्योंकि मैंने चोरी होते देखी है, चोरों के भाग जाने पर घर को ताला लगाया है और फिर सारा सामान समेटा है। इसलिए मैं अवश्य संकट में घिर जाऊंगी।''

अपूर्व बोला, ''घटना की यथातथ्य जानकारी देने पर आप पर किसी प्रकार का कोई संकट नहीं आयेगा।''

भारती व्याकुल और उत्तेजित होकर बोली, ''क्या आपके कहने मात्र से मुझ पर

आया संकट टल जायेगा? आप यह क्यों भूलते हैं कि अभी-अभी हमारा और आपका झगड़ा हो चुका है। हमने आपको कोर्ट में घसीटा है। हमारी आपसी बोलचाल बन्द है। यहां तक कि हमें एक-दूसरे का मुंह देखना भी पसन्द नहीं। इस स्थिति में आपके द्वारा मेरे प्रति दिखायी सहानुभूति और मुझे दिये गये ईमानदारी के प्रमाणपत्र पर क्या पुलिस सहसा विश्वास कर लेगी?''

भारती के कथन को सुनकर अपूर्व का मन और भी अधिक कठोर हो गया। उसे सचमुच भारती पर सन्देह होने लगा। वह दृढ़ स्वर में बोला, ''जब आरम्भ से अन्त तक तुम्हारी सरासर झूठी बात पर पुलिस ने तुरन्त विश्वास कर लिया, तो फिर मेरी सच्ची बात पर उसे विश्वास क्यों नहीं आयेगा? मेरे थोड़े-से रुपयों की ही चोरी हुई है, मुझे अपनी हानि की इतनी अधिक चिन्ता नहीं, किन्तु चोर को दण्ड दिलाये बिना मेरे मन को शान्ति नहीं मिलेगी।''

अपूर्व की बात सुनकर भारती के चेहरे का रंग उड़ गया। वह एकदम उदास, खिन्न और उद्विग्न होकर बोली, ''अपूर्व बाबू! यह आप क्या कह रहे हैं? यह ठीक है कि मेरे पिताजी ने आपके साथ अनुचित व्यवहार किया है। मुझे उनके अन्याय का विरोध करना चाहिए था, परन्तु उनका पक्ष लेकर मैंने अपने चरित्र को कलंकित किया है। मैं इसे स्वीकार करती हूं और इसके लिए अपने को लज्जित अनुभव करती हूं, किन्तु इसका यह अर्थ कदापि नहीं कि मैं आपके घर का ताला और बक्से तोड़कर चोरी भी कर सकती हूं। आपका ऐसा सोचना मेरे प्रति सरासर अन्याय होगा। आपको ज़रा शान्त मन से सोचना होगा कि आपके द्वारा लगाये अभियोग के बाद क्या मेरे लिए किसी को मुंह दिखाना सम्भव होगा? क्या इस बदनामी के बाद मैं जी सकूंगी?'' यह कहती हुई भारती के होठ कांपने लगे। वह दांतों से अपने होठों को भींचती और केले के पत्ते की भांति थरथराती हुई आंधी के वेग से कमरे से बाहर निकल गयी।

: 6 :

अगले दिन, पता नहीं क्या सोचकर अपूर्व चोरी की रिपोर्ट लिखाने के लिए पुलिस थाने की ओर चल दिया। उसे यह भली-भांति मालूम था कि पुलिस में रिपोर्ट दर्ज कराने का कोई विशेष फल नहीं निकलना। न ही खोये हुए रुपये वापस मिलने हैं और न ही चोर पकड़ा जाना है, किन्तु उसके मन में उस क्रिश्चियन म्लेच्छ लड़की पर कुछ इतना अधिक सन्देह एवं रोष और आक्रोश के साथ पूर्वाग्रह से उत्पन्न विद्वेष का भाव उत्पन्न हो गया था, जिसका शमन प्रतिशोध लिये बिना सम्भव नहीं था। अपूर्व को पक्का विश्वास था कि इस चोरी में भारती का हाथ किसी-न-किसी रूप में अवश्य था। उसने

या तो स्वयं यह चोरी की है या दूसरों से चोरी करायी है। तिवारी की तरह इस विषय में वह निश्चित रूप से कुछ कह पाने में समर्थ न होने पर भी उस लड़की से सन्देह की सुई हटाने को प्रस्तुत नहीं हो रहा था। इसका कारण लड़की के चरित्र का रहस्यमय होना था। उसे लगता था कि जहां उसके पिता जोज़फ़ का चरित्र एक खुली किताब की तरह था, वहां इस लड़की का चरित्र कहीं शठता और छलना, तो कहीं भोलापन और मासूमियत लिये एक उलझी पहेली बना हुआ था, जिसने उसे एकदम असन्तुलित और अव्यस्थित ही नहीं, अपितु लड़की के विरुद्ध पक्षपातपूर्ण बना दिया था।

अपूर्व जब भी सोचता, उसे लगता कि जोज़फ़ का चरित्र एवं आचरण कितना भी घृणित एवं निन्दनीय क्यों न हो, किन्तु जैसा भी है, बाहर-भीतर से एक है, उसमें कहीं दुराव-छिपाव नहीं। उसकी धूर्तता और शैतानी पूरी तरह से उजागर है। इस शैतान द्वारा चाबुक पटकना, ज़ोर से पैर पटकना, पड़ोसी को बुरी तरह डांटना-फटकारना, गाली-गलौच करना, धमकाना और यहां तक कि कोर्ट में घसीटना आदि सब कुछ निन्दनीय होते हुए भी एकरूपता लिये हुए है, कहीं किसी प्रकार के बदलाव अथवा सतर्कता की अपेक्षा नहीं, किन्तु इस लड़की के चरित्र में कहीं तारतम्य अथवा एकरूपता ढूंढ़ने पर भी नहीं मिलती। यह इतनी ढीठ और निर्लज्ज है कि प्रत्यक्ष में की गयी हानि के लिए भी अपने को उत्तरदायी नहीं मानती। इतना ही नहीं, उसे अपने कुकृत्य के लिए न किसी प्रकार का कोई दु:ख है और न ही कोई पश्चात्ताप अथवा ग्लानि। प्रारम्भ से आज तक उसका आचरण ऐसा विचित्र रहा है कि उसे समझ पाना अपूर्व के लिए सम्भव ही नहीं हो सका। अपनी बुद्धि की इस विफलता पर अपूर्व अपनी बौखलाहट को रोक नहीं पा रहा था। उसे लगता था कि यह लड़की उसके लिए एक चुनौती बन गयी है। इसी चिन्तन में खोया वह थाने के प्रांगण में प्रविष्ट हुआ। यह मालूम नहीं कि वह पूरी घटना का विवरण यथावत् प्रस्तुत करता अथवा नहीं, किन्तु यह सब जानने की नौबत नहीं आयी। पीछे से किसी ने आवाज़ देकर उसे पुकारा, "अपूर्व भैया! इधर कहां घुसे जा रहे हो?"

अपूर्व ने आवाज़ देने वाले की ओर मुड़कर देखा, तो उसके सामने साधारण बंगाली वेशभूषा में उसके पूर्वपरिचित भद्रपुरुष निमाई बाबू उपस्थित थे। वे बंगाल-पुलिस के ऑफ़िसर थे। अपूर्व के पिता ने इनकी नौकरी लगवायी थी, इसलिए परिवार के प्रति वे कृतज्ञता का भाव रखते थे। अपूर्व के पिता निमाई को अपना भाई मानते थे और इससे अपूर्व और उसके भाई इन्हें 'चाचा' कहकर पुकारते थे। स्वदेशी आन्दोलन में भाग लेने के कारण गिरिफ़्तार हो जाने पर भी अपूर्व इन्हीं निमाई बाबू की कृपा से दण्ड पाने से बच गया था। अपूर्व ने आगे बढ़कर उन्हें प्रणाम किया और अपनी नौकरी लगने का समाचार सुनाकर आश्चर्य प्रकट करते हुए पूछा, "आपका इस दूर देश में कैसे आगमन हुआ?"

निमाई बाबू ने पहले तो प्रणाम के उत्तर में आशीर्वाद दिया और फिर बोले, "यह पूछकर अपना बचपना दिखाते हो। अरे भैया! जब घर-द्वार, मां-बहिन और भाइयों

आदि को छोड़कर तुम इतनी दूर विदेश में आ सकते हो, तो फिर हमारे-जैसे सरकारी कर्मचारी के इधर आने में आश्चर्य कैसा?'' इस बीच जेब से घड़ी निकालकर समय देखने के उपरान्त निमाई बाबू बोले, ''मैं तो नहीं रुक सकता, काफ़ी समय हो गया है, किन्तु तुम्हें तो कोई जल्दी नहीं है, ऑफ़िस जाने को अभी बहुत समय है। मेरे साथ-साथ चलो, तो कुछ हाल-चाल मालूम हो जायेगा। बहुत दिनों से तुम लोगों से मिलने का अवसर नहीं मिला। हां, सुनाओ, मांजी का क्या हाल है, वे ठीक तो हैं न?''

''परिवार में सब ठीक-ठाक हैं।'' कहकर अपूर्व ने पूछा, ''इस समय आप कहां जा रहे हैं?''

''जहाज़-घाट पर जा रहा हूं। मेरे साथ क्यों नहीं चलते?''

''चलिये।'' कहकर अपूर्व ने फिर पूछा, ''आपको और भी कहीं जाना है?''

अपूर्व की इस जिज्ञासा के उत्तर में निमाई बाबू हंसकर बोले, ''क्या कहूं, जाना पड़ भी सकता है। जिस पुरुष के स्वागत के लिए तथा जिसे बन्दी बनाकर स्वदेश लाने के लिए नियुक्त करके मुझे यहां भेजा गया है, मेरी सारी गतिविधि तथा मेरा कहीं आना-जाना उसी कार्यक्रम पर निर्भर करता है। उसका फ़ोटो और हुलिया—क़द-काठी, शक्ल-सूरत और रूप-रंग का विवरण—आदि सब कुछ यहां की पुलिस के पास है, किन्तु किसी का बाप भी उसकी देह तक को छूने का साहस नहीं जुटा सकता। अरे बेटा! मैं भी उसकी खोज-पहचान कर पाऊंगा, इसमें सन्देह है, कोई भरोसा नहीं।''

अपूर्व ने उस महापुरुष के सम्बन्ध में अनुमान लगा लिया था, किन्तु फिर भी अनजान बनकर अपना कुतूहल प्रकट करता हुआ बोला, ''चाचाजी! आप किस महापुरुष की खोज में भटक रहे हैं? जब आपको इधर नियुक्त करके भेजा गया है, तो भगोड़ा सम्भवतः बंगाली ही होगा? क्या वह महापुरुष हत्या का आरोपी है?''

निमाई बाबू बोले, ''वह महाशय कौन है और कौन नहीं, इस सम्बन्ध में निश्चित रूप से कुछ नहीं कहा जा सकता। प्रत्यक्ष रूप से उसके विरुद्ध किसी हत्या अथवा लूटपाट आदि का कोई मामला दर्ज नहीं, फिर भी इतनी बड़ी ब्रिटिश सरकार उस महाशय पर नज़र रखने के लिए बुरी तरह बेचैन है।''

अपूर्व ने पूछा, ''क्या वह व्यक्ति किसी ख़तरनाक राजनीतिक दल से जुड़ा हुआ है?''

निमाई ने कहा, ''बेटा! किसी के राजनीति में दख़ल देने अथवा किसी राजनीतिक दल से जुड़ने पर सरकार इतनी अधिक चिन्तित नहीं होती। वैसे तो कभी तुम लोग भी राजनीति करते थे, किन्तु वह व्यक्ति राजनीति नहीं करता, अपितु राजा के विरुद्ध विद्रोह करता है। राजा का शत्रु है। उसमें सरकार का विरोध करने का दमख़म है। मैं तो उसके साहस का और उसे 'सव्यसाची' के नाम देने वाले का प्रशंसक हूं। महाभारत के अनुसार शस्त्रसञ्चालन में अर्जुन के दोनों हाथों के समान रूप से कुशल होने के कारण उसका एक नाम सव्यसाची था, किन्तु प्रबल प्रतापी सरकार बहादुर की अत्यन्त गुप्त रिपोर्ट के

अनुसार इस महाशय की दसों इन्द्रियां समान वेग से काम करती हैं। पिस्तौल-बन्दूक़ का निशाना लगाने में वह अचूक और बेजोड़ है। उफनती पद्मा नदी को तैरकर पार करने में देर नहीं लगाता। गुप्त सूत्रों से पता चला है कि यह महाशय इस समय चटगांव के रास्ते पहाड़ लांघकर अथवा रेल से इस देश में आ रहा है। यह सारा कोरा अनुमान है, विश्वस्त रूप से कुछ भी कहना कठिन है। हां, इतना पक्का है कि यह महाशय चटगांव से प्रस्थान कर चुका है। उसके उद्देश्य के सम्बन्ध में उसके मित्र और शत्रु सभी समान रूप से एकमत हैं और सभी यह स्वीकार करते हैं कि जब तक उसका शरीर और जीवन है, तब तक वह अपने इस उद्देश्य में अडिग रहेगा, ज़रा-सा भी टस-से-मस नहीं होगा। वह अपने उद्देश्य के प्रति पूर्णतः समर्पित महानुभाव है।''

भावुकता में बहकर और इतना सब कहकर होश में आये और संभले निमाई बाबू बोले, ''देखना बेटे! यह सब किसी के आगे प्रकट न कर बैठना। इस गुप्त रहस्य के प्रकट हो जाने का अर्थ, इस बूढ़े की सत्ताईस साल की नौकरी का और पेंशन का मारा जाना होगा। इतना ही नहीं, इसके अतिरिक्त कुछ और कड़ा दण्ड भी भुगतना पड़ सकता है। अतः अपना मुंह बन्द ही रखना।''

उत्साह और उत्तेजना के आवेश में आकर अपूर्व ने कहा, ''मैंने न कभी सव्यसाची नाम सुना है और न कभी इस नामधारी व्यक्ति से मेरी भेंट हुई है। अब तक यह महाशय कहां झख मार रहे थे?''

निमाई बाबू हंसकर बोले, ''बेटे! तुम भी बड़े भोले हो। अरे, इन बड़े आदमियों का कोई एक नाम थोड़े होता है! महाभारत के अर्जुन के समान इनके भी देश-विदेश में, न जाने कितने नाम प्रचलित होते हैं। क्या पता अपने समय में तुमने यह नाम सुना हो और अब तुम्हारी स्मृति में न आ रहा हो। जहां तक इसके अब तक क्या कर रहे होने की बात है, मैं इस सम्बन्ध में न कुछ जानता हूं और न ही कुछ कह सकता हूं। हां, इतना अवश्य जानता हूं कि यह महाशय एक बार पूना में तीन महीने का और एक बार सिंगापुर में तीन साल का कारावास भुगत चुके हैं। दस-बारह भाषाओं पर इसका ऐसा अधिकार है और इस कुशलता से बोलने का अभ्यास है कि किसी विदेशी के लिए यह निर्धारण करना कठिन हो जाता है कि यह महाशय वास्तव में किस देश के नागरिक हैं? सुना है कि जर्मनी में रहकर डॉक्टरी पास की है, फ्रांस में रहकर इंजीनियरी पास की है और न मालूम अमेरिका में रहकर क्या किया है? जब रहे हैं, तो वहां से भी कुछ-न-कुछ तो अवश्य किया होगा। ये सारे धन्धे इनके लिए ताश-चौपड़ खेलने की तरह के शौक़ अथवा मनोरंजन के साधन-जैसे हैं। दुःख की बात यह है बेटा कि इनकी कोई डिग्री इनके किसी काम नहीं आयी। भगवान् ने इनकी नस-नस में देश-भक्ति की ऐसी ज्वाला भड़का दी है कि जेल में ठूंसने पर अथवा सूली पर चढ़ाये जाने पर भी उसका बुझना सम्भव नहीं। मैं पहले ही बता चुका हूं कि उनके भीतर की यह ज्वाला उनके शरीर के रहते कभी बुझ नहीं सकती। कोई भी सज़ा उन्हें अपने संकल्प से डिगा नहीं सकती,

उद्देश्य से विचलित नहीं कर सकती। न इनमें दया-करुणा है, न इनका कोई घर-द्वार है, न कोई भाई-बन्धु है और न ही कोई धर्म-कर्म है। बस, एक ही जनून है। हम लोग भी इसी बंगाल में उत्पन्न हुए हैं। समझ नहीं आता कि ये लोग किस मिट्टी के बने हुए हैं।''

अपूर्व कुछ बोल न सका, किन्तु उसकी नस-नस में भी देश-प्रेम की ज्वाला धधकने लगी। कुछ दूर तक चुपचाप चलता हुआ वह धीरे-से बोला, ''यदि वह आपको मिल गया, तो क्या आज आप उसे *अरेस्ट* करेंगे?

निमाई बाबू बोले, ''अरे! क्या बात करते हो, पहले मिले तो सही।''

अपूर्व ने कहा, ''मान लीजिये, मिल गया।''

''अरे बेटा! कल्पना और यथार्थ में धरती-आकाश का अन्तर है। मुझे पक्का विश्वास है कि वे इधर आकर भी किसी रास्ते से खिसकने में अवश्य सफल रहे होंगे।''

''मान लीजिये कि वे मिल ही गये, तो...''

निमाई बाबू बोले, ''अभी उन पर केवल दृष्टि रखने का ही आदेश मिला है। दो दिन इस दिशा में और प्रयास करता हूं।''

अपूर्व को निमाई चाचा की बात पर विश्वास तो नहीं हुआ, किन्तु फिर भी गिरिफ़्तारी न होने की तसल्ली मिली। साहस जुटाकर उसने पूछा, ''उस महाशय की आयु कितनी होगी?''

निमाई बाबू ने उत्तर में कहा, ''अधिक नहीं, तीस-बत्तीस के आस-पास होनी चाहिए।''

''देखने में कैसे लगते हैं?''

''अरे बेटा! आश्चर्य की बात तो यह है कि उस विशिष्ट और भयंकर व्यक्ति के चेहरे-मोहरे में विशेष कहा जा सकने वाला कुछ भी नहीं। सर्व-साधारण व्यक्ति-जैसे लगते हैं वे, इसीलिए पहचानने में कठिनाई आ जाती है, फिर पकड़ना और भी अधिक कठिन। हमारी रिपोर्ट में इस सत्य का लाल स्याही से विशेष उल्लेख किया गया है।''

अपूर्व बोला, ''पकड़े जाने का डर, तो इन्हें सताता ही होगा? तभी तो दुर्गम पहाड़ों को लांघकर इधर की राह लेते होंगे?''

निमाई बाबू ने कहा, ''पहाड़ लांघने का कारण पकड़े जाने का भय हो भी सकता है, नहीं भी हो सकता। इसके पीछे कोई और कारण भी हो सकता है। हो सकता है कि पहाड़ लांघने का उद्देश्य किसी नये रास्ते की जानकारी प्राप्त करना हो। इस विषय में निश्चित रूप से कुछ भी नहीं कहा जा सकता।

''वास्तव में ये लोग जिस पथ के पथिक हैं, वहां सामान्य रूप से लागू होने वाले नियम अथवा सिद्धान्त काम ही नहीं करते। आज केवल यह देखना है कि उनसे कोई भूल-चूक होती है अथवा हम बुद्धू बनते हैं और हमारी दिन-भर की मेहनत मिट्टी में मिलती है।''

अपूर्व हंसकर बोला, "चाचाजी! आप भले ही बुरा मनायें, मैं तो भगवान् से आपकी असफलता की ही प्रार्थना करूंगा।"

निमाई बाबू की हंसी छूट गयी, किन्तु तत्काल संभलकर बोले, "बेवकूफ़ छोकरे! पुलिस के सामने ऐसी बात कभी नहीं करनी चाहिए, क्या इतना भी नहीं जानते? अच्छा, बोल, तेरे घर का नम्बर क्या है? तीस, ठीक, कल सवेरे मिलने को आने का प्रयास करूंगा। तुम्हारे ऑफ़िस का समय हो रहा है, नयी नौकरी है, अकारण विलम्ब करना उचित नहीं। जल्दी से निकल लो। इधर स्टीमर भी सामने वाली जेटी पर आने वाला है।" यह कहते हुए निमाई बाबू जल्दी से निकलने ही लगे थे कि अपूर्व ने उन्हें रोककर कहा, "चाचाजी! देर की क्या बात है, आज तो मैं ऑफ़िस *बंक* करने को भी तैयार हूं, किन्तु पूरा तमाशा देखे बिना मैं जाने वाला नहीं। मैं नहीं चाहता कि वह महापुरुष आपके पंजे में फंस जाये। ईश्वर से उसकी रक्षा की प्रार्थना करता हूं, किन्तु यदि यह सब होना ही है, तो उस दिव्य विभूति के दर्शन का सौभाग्य तो प्राप्त कर लूं।"

अपूर्व की बात सुनकर निमाई बाबू हंस दिये और उसे साथ ले जाना न चाहते हुए भी चुप रह गये। फिर उसे सावधान करते हुए बोले, "देखो बेटा! ऐसे व्यक्तियों के दर्शन की उत्सुकता का होना स्वाभाविक है, इसे मैं समझ सकता हूं, किन्तु इनसे भेंट होने पर उनसे किसी प्रकार की बातचीत करने अथवा मेल-मिलाप बढ़ाने की चेष्टा को कभी सहन नहीं किया जायेगा। अत: अपनी सीमा में रहना, थोड़ी सी-भी भूल-चूक भारी अनर्थ का कारण बन सकती है। अब तुम बच्चे नहीं रहे और दूसरे, अब तुम्हारे पिताजी भी जीवित नहीं। अत: कुछ करने से पहले परिणाम पर तुम्हें दस बार विचार करना होगा। इसी में तुम्हारी भलाई है, अन्यथा मैं फिर कहे देता हूं कि ख़ुद तो डूबोगे, मुझे भी अपने साथ डुबो दोगे।"

अपूर्व ने निमाई बाबू को आश्वस्त करते हुए कहा, "चाचाजी! आप बातचीत का किसी को मौक़ा ही कहां देते हैं? आश्चर्य तो इस बात का है कि उसके द्वारा किये किसी अपराध की प्रत्यक्ष में न तो कोई जानकारी है और न ही उस पर कोई मुक़दमा चल रहा है, फिर भी उसे पकड़ने के लिए आपको इतनी दूर देश से विदेश भेजा गया है।"

मेरी बात का कुछ उत्तर न देकर निमाई बाबू थोड़ा हंस दिये और फिर बोले, "बेटा! मुझे तो अपनी ड्यूटी निभानी है।"

इस वाक्य में न जाने संसार की कितनी अच्छी-बुरी, सच्ची-झूठी ज़िम्मेदारियां सिमटी हुई हैं, यह सोचकर अपूर्व ने किसी और प्रश्न को पूछने की आवश्यकता नहीं समझी। दोनों चुपचाप जेटी में प्रविष्ट हुए। उस समय जहाज़ को इरावती नदी के किनारे पर लगाया जा रहा था। पांच-सात पुलसिकर्मी सादी पोशाक में पहले से ही वहां विद्यमान थे। अपूर्व को इसकी जानकारी उनके द्वारा निमाई बाबू को किये संकेत से मिली। यह भी पता चला कि सभी पुलिसकर्मी भारतीय हैं और भारत के हित के लिए

सुदूर विदेश में विद्रोही को पकड़ने के लिए कष्ट झेल रहे हैं। अपूर्व ने अनुभव किया कि पुलिसकर्मियों को शिकार के पकड़े जाने की पूरी आशा है और इसलिए सफलता से प्राप्त होने वाले आनन्द की छिपी चमक उनके चेहरे पर स्पष्ट दिखाई देती है। लज्जा और दु:ख से परेशान अपूर्व मुंह फेरकर खड़ा हुआ, तो उसे ऐसा लगा, मानो अचानक वह अपने मुंह के बल औंधा गिर पड़ा हो और किसी अनजाने अपरिचित के पैर में अपने पैर के अटक जाने से वह गहरी चोट का शिकार बनने से बच गया हो। इस चिन्तन से वह अपने को अत्यन्त व्यथित अनुभव करने लगा। जहाज़ के खलासी जहाज़ के रस्सों को खोलकर जेटी पर फेंक रहे थे। बहुत सारे लोग गरदन उठाकर पूरी सावधानी और व्यग्रता के साथ इधर-उधर देख रहे थे। डेक पर मछली-बाज़ार-जैसा शोरगुल, दौड़-धूप और भागमभाग मची हुई थी। इसी आपाधापी में रुआंसा बनकर खड़ा एक आदमी किनारे पर उत्सुकता से अपनी दृष्टि गड़ाये हुए था, किन्तु आंखों के सजल होने के कारण सारा दृश्य धुंधला और अस्पष्ट हो गया था।

अपूर्व ने देखा कि जेटी के चारों ओर, ऊपर-नीचे, जल में और स्थल में स्त्री-पुरुषों का रेला लगा हुआ है, किन्तु इनमें से किसी पर भी किसी प्रकार की कोई शंका अथवा सन्देह नहीं। केवल उसी एक महानुभाव पर सबकी दृष्टि केन्द्रित है, जिसने देश के लिए अपनी युवा आकांक्षाओं को, अपनी तरुणाई को और अपने सुखों को तिलाञ्जलि दे दी तथा अपने भविष्य को दांव पर लगा दिया। उस भारत-हृदयसम्राट् नरपुंगव के लिए ही कारावास और मृत्यु का मार्ग मुंह बाये खड़ा है।

जहाज़ जेटी पर आ लगा। लकड़ी की सीढ़ी लगा दी गयी। निमाई बाबू अपने सहायकों के साथ दोनों ओर पंक्ति बनाकर खड़े हो गये, किन्तु अपूर्व जड़ पत्थर बना एक ही स्थान पर अटल खड़ा रहा। वह सोचने लगा—क्षण-भर में ही तुम्हें पुलिस वालों द्वारा हथकड़ी पहनायी जानी है और फिर सत्य से अपरिचित अपने ही लोगों को तुम पर थू-थू करते हुए तुम्हारा अपमान करना है और तुम पर लांछन लगाने हैं। तमाशबीन लोगों के लिए तुम्हारी दुर्दशा मनोरंजन बन जायेगी। उन बेचारों को क्या मालूम कि वे उस देशभक्त त्यागमूर्ति का अपमान कर रहे हैं, जिनके प्रति वास्तव में उन्हें कृतज्ञता प्रकट करनी चाहिए, जिनके चरणों की धूल को चन्दन समझकर अपने सिर-माथे पर लगाना चहिए। इससे बड़ा दु:ख और क्या हो सकता है कि जिनके लिए तुम्हारा यह त्याग है, वे ही तुम्हें अपना नहीं समझते, उन्हें सत्य की जानकारी नहीं।

यह सब सोचते हुए अपूर्व के नेत्रों से निर्झर की भांति अश्रुधारा बह निकली। सर्वथा अपरिचित, अज्ञात एवं अदृष्टपूर्व उस महानुभाव को मन-ही-मन सम्बोधित करता हुआ वह बोला, 'तुम हम-जैसे लोगों के समान सीधे-सादे, खाने-पीने को ही मौज-मस्ती मानकर सन्तुष्ट हो जाने वाले महानुभाव नहीं हो। तुम देश के लिए सर्वस्व अर्पण करने वाले बावले हो। तभी तो तुम देश के राजमार्गों का उपयोग नहीं कर सकते। तुम्हें अपने निर्दिष्ट स्थान पर पहुंचने के लिए दुर्गम पर्वतों को लांघना पड़ता है। पता नहीं

किस बीती घड़ी में तुम्हारी गतिविधि पर अंकुश लगाने के लिए हथकड़ी का निर्माण हुआ था। कारागार के निर्माण के मूल में भी तुम ही रहे होगे। इस चिन्तन और आविष्कार को जन्म देने का श्रेय भी तुम्हें ही प्राप्त है। तुम्हारी उपेक्षा करने के सामर्थ्य का अभाव ही तुम्हारा गौरव है। असंख्य प्रहरियों, सैनिकों और सिपाहियों की रोटी-रोज़ी का साधन तुम्हीं हो। तुममें भारी-से-भारी दुःख को सहने की क्षमता को देखकर ही भगवान् ने देश की स्वतन्त्रता का भार तुम्हें सौंपा है? देश के गौरव! स्वतन्त्रता के अग्रदूत! तुम्हें मेरे करोड़ों प्रणाम! मैं बार-बार तुम्हारे आगे नतमस्तक होकर तुम्हारा शत-सहस्त्र बार अभिनन्दन करता हूं।''

उस समय अपूर्व को ज़रा-भी जानकारी नहीं थी कि कितने लोग आ-जा रहे हैं, कितनी भीड़ वहां इकट्ठी है और कितने लोग सरसरी तौर पर अथवा ध्यान देकर उसे देख रहे हैं। इस ओर उसका ज़रा भी ध्यान नहीं था। वह तो भावावेश में बहते आसुओं से गालों, ठोड़ी और गले के भीगने तक से अपरिचित था। एक स्थान पर स्थिर खड़े कितना समय बीत गया—उसे इसका भी कोई होश नहीं था। उसने अचानक निमाई बाबू की पुकार को सुना, तो अपने बहते आंसुओं को तथा भीगे गालों आदि को पोंछकर हंसमुख दिखने की कोशिश करने लगा, किन्तु उसके उच्छ्वास और करुणा-विगलित भाव छिपाये छिप न सके।

निमाई बाबू यह सब देखकर आश्चर्यचकित तो अवश्य हुए, किन्तु बोले, ''जिस बात की आशंका थी, वही हुई। साला चकमा देकर भागने में सफल हो गया।''

अपूर्व ने पूछा, ''कैसे भागा?''

निमाई बाबू बोले, ''यही मालूम होता, तो क्या हम उसे यूं ही जाने देते? जहाज़ में लगभग तीन सौ यात्री थे। इनमें बीस-पच्चीस फिरंगी साहब लोग होंगे। डेढ़-सौ के लगभग उड़िया, मद्रासी और पंजाबी-भाषी होंगे। शेष सारे बर्मी थे। न जाने वह ससुरा कौन-सी वेशभूषा धारण किये और कौन-सी भाषा बोलता हुआ रफ़ूचक्कर हो गया? भगवान् को ही शायद मालूम होगा। हम ठहरे पुलिस वाले, कितनी भी सावधानी क्यों न बरतें, हमारी भी तो एक सीमा है। हमारे लिए भी बंगाली और विलायती में सदैव भेद कर पाना सम्भव नहीं। कुछ-न-कुछ गड़बड़ी का हो जाना स्वाभाविक है। जगदीश बाबू पांच-छह बंगालियों को सन्देह में थाने घसीट ले गये हैं। एक आदमी का चेहरा प्राप्त विवरण से कुछ मेल खाता है, केवल ऊपर से लगता है, पर वास्तव में वह होगा—मेरा मन यह नहीं मानता। चलोगे मेरे साथ, तनिक वास्तविकता का पता लगा ही लिया जाये।''

अपूर्व की छाती धड़कने लगी। वह बोला, ''यदि वहां मार-पीट होती है, तो मैं नहीं देख सकूंगा।''

निमाई बाबू हंसते हुए बोले, ''बेटा! जब इतने सारे आदमियों को छोड़ दिया, तो इन बेचारे बंगालियों पर ही मैं अत्याचार क्यों होने दूंगा? क्या मैं बंगाली नहीं हूं? अरे!

पुलिस वालों को तुम नाहक बुरा समझते हो। बाहर से वे जैसे कठोर दिखते हों, भीतर से वैसे नहीं होते। वैसे तो भले-बुरे सब जगह होते हैं, पुलिस में कुछ जल्लाद हो सकते हैं, लेकिन बिना उफ़ किये जितना हमें सहना पड़ता है, यदि उसकी थोड़ी जानकारी तुम्हें हो जाये, तो दारोग़ा चाचा के प्रति आज की तुम्हारी घृणा एकदम श्रद्धा में बदल जाये।''

अपूर्व लज्जित होकर बोला, ''पुलिस वाले अपने कर्तव्य का पालन करते हैं, अत: उनसे घृणा करने का प्रश्न ही उत्पन्न नहीं होता।'' यह कहते हुए अपूर्व ने पूरे सम्मान सहित निमाई बाबू के चरण छुए और अपने हाथ मस्तक से लगाये। निमाई बाबू प्रसन्नता प्रकट करते हुए बोले, ''इस अभिनय को छोड़ो, काफ़ी देर हो गयी है, जल्दी थाने चलो। उधर प्रतिबन्धित लोग भूख-प्यास से व्याकुल हो रहे होंगे। ज़रा ठीक से जांच-पड़ताल कर ली जाये, तो पिण्ड छूटे।'' यह कहते हुए निमाई बाबू ने अपूर्व का हाथ पकड़ा और उसे खींचते हुए जहाज़ से बाहर ले आये।

थाने पहुंचकर अपूर्व ने बिस्तरा-बोरिया समेटकर बैठे छह बंगालियों को देखा। जगदीश बाबू इन लोगों के टीन के बक्सों और पोटलियों की तलाशी ले रहे थे। एक आदमी—जिस पर शिकार होने का सन्देह था—को अलग कमरे में रोक रखा गया था। रोके गये सभी छह बंगाली बर्मा आयल कम्पनी में मिस्त्री थे। जलवायु अनुकूल न होने के कारण वहां की नौकरी छोड़कर नयी नौकरी की खोज में रंगून आ गये थे। उनके नाम-धाम आदि का सारा ब्योरा लिख लेने और सामान की जांच-पड़ताल कर लेने के उपरान्त उन्हें छोड़ दिया गया। अब राजनीतिक सन्दिग्ध मानकर अलग कमरे में रखे गये सव्यसाची महाशय को निमाई बाबू के सामने पेश किया गया। तीस-बत्तीस की आयु का दुबला-पतला मरियल सव्यसाची खांसते-खांसते अधमरा हो रहा था। देखने से लगता था कि किसी असाध्य रोग ने भयंकर रूप धारण कर उसके सारे शरीर को निचोड़कर हड्डियों की ठठरी बना डाला है। मृत्यु द्वारा उसकी ओर अपने हाथ बढ़ाये प्रतीत होते थे, किन्तु उसके नेत्रों की ज्योति अवश्य आश्चर्य में डालने वाली थी। आंखों का छोटा अथवा बड़ा होना, खिंचा हुआ अथवा गोल होना आदि के अतिरिक्त दीप्ति के प्रभावहीन अथवा प्रभायुक्त होने आदि की चर्चा निरर्थक थी; क्योंकि गहरे पानी की तरह उन आंखों में न जाने क्या था कि उन्हें देखते ही व्यक्ति भय से कांप उठता था। ऐसे व्यक्ति से खिलवाड़ अथवा मज़ाक़ करना भी उचित नहीं लगता था, दूर से किनारा करना ही अधिक उपयुक्त प्रतीत होता था। समझ नहीं आता था कि उसके शरीर के किस भाग में उसकी प्राण-शक्ति छिपी हुई थी, जहां मृत्यु भी पहुंचने का साहस नहीं जुटा पा रही थी और इसीलिए शायद वह अब तक जीवित है। अपूर्व मुग्ध भाव से उस महाशय को देखता हुआ आत्मविस्मृति की दशा को पहुंच गया था। निमाई बाबू ने अपने शिकार की शानदार वेशभूषा और उससे भी बढ़कर उसके पहनने के शानदार ढंग को देखकर अपूर्व का ध्यान उस ओर खींचते हुए, हंसते हुए और फबती कसते हुए कहा, ''कमाल है, रस्सी जल गयी, पर बल नहीं गया। बाबू साहब का स्वास्थ्य भले ही हमेशा के लिए जवाब दे गया

हो, पर उनका शौक़ पूरा जवान है। इसे तो मानना ही पड़ेगा। क्यों अपूर्व! तुम्हारा क्या कहना है?''

अपूर्व ने इतनी देर बाद उसके पहनावे पर नज़र डाली थी। अपनी हंसी को दबाने में उसे काफ़ी यत्न करना पड़ा था। सामने की ओर उसके माथे पर बड़े-बड़े लम्बे बाल थे, किन्तु गरदन और कनपटियों पर सफ़ाचट! बहुत बारीक, मामूली छंटे-कटे बाल थे, जिन्हें नहीं के बराबर ही कहना ठीक होगा। बीच में छिकी हुई, ख़ूब तेल से तर मांग है। कड़े बालों में लगा सन्तरे का तेल अपनी दुर्गन्ध से नाक में दम कर रहा है। बदन पर जापानी पच्चरंगी कुरता है, जिसकी ऊपरी जेब में पड़े शेर की तस्वीर वाले रुमाल का कुछ हिस्सा बाहर निकला दिख रहा है। उसने चूड़ीदार पाजामा पहन रखा है। कोई चादर-वादर नहीं ओढ़ रखी है। पैरों के घुटनों के ऊपर तक और लाल फ़ीते से बंधे मोजे पहने हुए हैं, इनके साथ वार्निशदार पम्प शू पहन रखा है। साफ दिख रहा है कि जहाज़ के कई दिनों के सफ़र के कारण सब कुंछ गन्दा-मैला हो गया है। सिर से पैर तक उसे काफ़ी ध्यान से देखने के उपरान्त अपूर्व ने कहा, ''इसे आप बिना सोचे-विचारे और बिना इससे कुछ पूछताछ किये वैसे ही छोड़ दीजिये। मैं दावे के साथ कह सकता हूं कि आप जिस शिकार की खोज में हैं, वह यह हो ही नहीं सकता।''

अपूर्व ने ज़ोर देकर कहा, ''चाचाजी! ज़रा सोचकर बताइये कि क्या आपका शिकार इस निम्न स्थिति और इस निकृष्ट स्तर का व्यक्ति हो सकता है?''

निमाई बाबू ने अपूर्व के कथन की उपेक्षा करते हुए उस मरियल आदमी से पूछा, ''तुम्हारा नाम क्या है?''

''जी, गिरीश महापात्र।''

''एकदम महापात्र! क्या तुम तेल की खान में काम करते थे? क्या अब तुम सदा के लिए रंगून में रहोगे? क्या अपने बक्से, बिस्तर आदि की तुमने जांच करा ली है? अच्छा, मेरे पास आओ, देखूं, तुमने अपनी अण्टी में क्या छिपा रखा है?''

तलाशी लिये जाने पर अण्टी से एक रुपया छह आने रक़म निकली। जेब से एक कम्पास, मापने का फुटरूल, बीड़ियां, दियासिलाई और गांजा पीने की चिलम निकली।

निमाई बाबू ने पूछा, ''क्या तुम गांजा पीते हो?''

उसने निश्शंक भाव से उत्तर दिया, ''जी नहीं।''

''तो फिर जेब में चिलम क्यों लिये फिरते हो?''

''रास्ते में पड़ी मिल गयी, तो उठा ली। सोचा, किसी ज़रूरतमन्द को थमा दूंगा।'' इतने में जगदीश बाबू का भीतर आना हुआ, उसे सम्बोधित करते हुए निमाई बाबू बोले, ''अरे जगदीश बाबू! इन परोपकारी महात्मा से मिलो। इन्होंने गांजे की चिलम इसलिए जेब में डाल रखी है कि किसी दूसरे के काम आयेगी। अच्छा, अपना हाथ इधर लाओ।'' यह कहकर अत्यन्त प्रवीण एवं सुलझे हुए उस पुलिस अधिकारी ने काफ़ी देर तक महापात्र के दाहिने हाथ के अंगूठे की ख़ूब जांच-परख की और फिर हंसते हुए कहा,

"श्रीमन्! गांजा तैयार करने के सभी लक्षण यहां विद्यमान हैं। गांजा पीना मान जाते, तो तुम्हारा क्या बिगड़ जाना था। इसी गांजे ने तुम्हारे शरीर को खोखला बना दिया है। अब कितने दिन और जिओगे? इस बुड्ढे की मानो, तो इस नामुराद से किनारा कर लो।"

महापात्र ने सिर हिलाकर कहा, "श्रीमन्! आप भले ही विश्वास करें अथवा न करें, परन्तु मैं सच कहता हूं कि मैं गांजा हरगिज़ नहीं पीता। हां, यार-दोस्तों के अनुरोध पर उनके लिए बना अवश्य देता हूं, अन्यथा स्वयं तो मैं इसे छूता तक नहीं।"

जगदीश बाबू बिगड़कर बोले, "कैसे दयालु महात्मा हैं? जिस विष का सेवन स्वयं नहीं करते, वही विष दूसरों को देने में संकोच नहीं करते? झूठा, बेईमान।"

अपूर्व ने कहा, "चाचाजी! काफ़ी देर हो गयी है, अनुमति मिले, तो मैं जाऊं।"

निमाई बाबू उठकर खड़े हो गये और बोले, "महापात्र! अब तुम जा सकते हो। फिर जगदीश की ओर देखकर बोले, "क्यों, जाने दें।"

जगदीश की सम्मति प्राप्त हो जाने पर निमाई बाबू बोले, "किन्तु निश्चय से अभी कुछ कहना सम्भव नहीं। मुझे तो लगता है कि अभी हमें इस शहर पर कुछ दिनों तक और अधिक निगरानी रखनी होगी और सतर्क रहना होगा। रात को आने वाली मेल ट्रेन पर भी नज़र रखनी होगी। इतना तो निश्चित है कि सव्यसाची बर्मा में आ चुका है।"

जगदीश ने कहा, "आपका अनुमान ठीक हो सकता है, किन्तु क्या इस पशुजीव को और अधिक रोके रखना आवश्यक है बड़े बाबू! सन्तरे के तेल की दुर्गन्ध से सारे पुलिसकर्मियों के सिर दुखने लगे हैं।"

निमाई बाबू हंस पड़े। इधर अपूर्व थाने के बाहर निकल गया और उसके साथ ही लगभग उसी समय महापात्र भी अपने टीन के टूटे बॉक्स और चटाई में लिपटे मैले-गन्दे बिस्तर को बग़ल में दबाये धीमी गति से उत्तर की ओर जाने वाली सड़क से सीधा चलता बना।

: 7 :

अपूर्व को सचमुच यह एक भारी आश्चर्य लगा कि पुलिस की इतनी अधिक सतर्कता के बावजूद न तो सव्यसाची पकड़ा गया और न ही कोई अवाञ्छनीय घटना घटी। फिर भी न जाने, इतने बड़े सौभाग्य पर अपूर्व ने किसी प्रकार की विशेष प्रसन्नता प्रकट क्यों नहीं की? उसे इससे कुछ विशेष सुख मिला हो, ऐसा कोई आभास उसने नहीं दिया। घर जाकर उसने अन्य दिनों की तरह शेव बनायी, स्नान किया, सन्ध्या-वन्दनादि नित्यकर्म निपटाया और कपड़े पहनकर रोज़ की तरह ऑफ़िस गया, किन्तु यह सब कुछ करता हुआ भी वह किस विचार में खोया हुआ था, इसकी जानकारी स्वयं उसे भी नहीं थी।

उसका मन और सभी इन्द्रियां—नेत्र, कर्ण आदि—तथा यहां तक कि बुद्धि आदि सभी अन्य विषयों से नाता तोड़कर एक अदृश्य और अज्ञात राजद्रोही के चिन्तन में मग्न थीं। उसकी इस अन्यमनस्कता को देखकर तलवलकर ने चिन्तित होकर उससे पूछा, "क्या घर से मिले किसी समाचार ने खिन्न-चिन्तित कर रखा है?"

अपूर्व ने एकदम पलटकर कहा, "नहीं तो?"

"घर में सब कुछ ठीक-ठाक है न?"

"मेरी जानकारी के अनुसार तो सब कुछ ठीक-ठाक ही होना चाहिए।" अपूर्व को अपने साथी की अत्यधिक उत्सुकता पर कुछ आश्चर्य-सा होने लगा था।

रामदास ने और कुछ पूछना उचित नहीं समझा। अतः चुप रह गया। लञ्च के समय दोनों इकट्ठे बैठे, तो रामदास ने अपूर्व को बताया कि उसकी स्त्री का अनुरोध है कि जब तक अपूर्व की मां अथवा अन्य कोई निकट सम्बन्धिनी यहां आकर ठीक से व्यवस्था नहीं कर जाती, तब तक उसे इस छोटी बहिन द्वारा अपने हाथ से बनाकर प्रतिदिन भेजी थोड़ी-सी मिठाई स्वीकार करनी ही होगी। अपूर्व इसके लिए राज़ी हो गया। ऑफ़िस का एक चपरासी ब्राह्मण रामदास के घर से टिफ़न लाता था और बग़ल वाले कमरे में खाने की चीज़ें परोसता था। आज भी उसने अपने कर्तव्य-कर्म का निर्वाह कर दिया था।

रामदास के साथ खाना खाते समय अपूर्व ने स्वयं ही कल अपने घर में हुई चोरी की चर्चा करते हुए कहा, "यदि कल मेरे घर हुई चोरी में उस क्रिश्चियन लड़की ने सावधानी न बरती होती, तो रुपये-पैसे के साथ-साथ मेरा सब कुछ नष्ट हो चुका होता, कुछ भी न बचता। उसने कृपा करके न केवल चोर को भगाया, अपितु मेरे घर पर अपना ताला लगाकर उसकी रखवाली भी की। मुझे घर पहुंचा जानकर वह बिना बुलाये नीचे चली आयी और मेरे घर का द्वार खोलकर चोरों द्वारा बिखरायी सभी चीज़ों को साज-समेटकर रखने और क्या खोया और क्या बचा का हिसाब लगाने में उसने मेरी पूरी सहायता की। उस लड़की ने खोये और बचे सामान का ब्योरा तैयार करने में जिस कौशल का परिचय दिया, उसे देखकर तो तुम-जैसे ट्रेण्ड और अनुभवी एकाउण्टेण्ट भी शायद सकते में पड़ जायेंगे। मैंने अपने जीवन में ऐसी कार्यकुशल, हिसाब-किताब में निपुण, व्यावहारिक और दूसरों की सेवा को तत्पर तथा परोपकार की भावना वाली दूसरी कोई लड़की देखी नहीं। मुझे तो वह पड़ोसी की अपेक्षा किसी शुभचिन्तक मित्र-जैसी लगी।"

रामदास ने पूछा, "चोरी कैसे हुई?"

अपूर्व बोला, "तिवारी मेरी अनुमति से बर्मियों का नाच देखने फयार चला गया था। उसकी अनुपस्थिति में यह दुर्घटना हुई। तिवारी का सन्देह उस क्रिश्चियन लड़की पर है। मैं भी सोचता हूं कि शायद ऐसा हो। हो सकता है कि लड़की ने स्वयं चोरी न की हो, किन्तु चोरी कराने में सहयोग दिया हो।"

आगे की घटना को जानने को उत्सुक रामदास ने कहा, ''फिर ?''

''फिर सवेरे थाने में रिपोर्ट लिखाने पहुंचा, किन्तु पुलिस द्वारा किये तमाशे ने उधर से ऐसा ध्यान हटाया कि कुछ याद ही नहीं रहा। अब सोचता हूं, जो गया, सो गया। विद्रोहियों को पकड़ने में उलझे पुलिस कर्मियों को चोर को पकड़ने के झञ्झट में डालने की क्या आवश्यकता है ?'' यह कहकर अपूर्व गिरीश महापात्र की पोशाक की विचित्रता का परिचय देकर इस प्रकार बुरी तरह हंसा कि उसके दोनों नथुने फूलने लगे। बड़ी कठिनाई से अपनी हंसी को रोक पाने में समर्थ होने पर अपूर्व ने विज्ञान और चिकित्साशास्त्र में असाधारण योग्यता प्राप्त विलायत से डॉक्टर की उपाधि पाने वाले ब्रिटिश राज्य-विद्रोही महापात्र के स्वास्थ्य, उसकी शिक्षा-दीक्षा, रुचि और शक्ति-सामर्थ्य के साथ-साथ उसके पञ्चरंगे कुरते, हरे मोज़े तथा पम्प शू के अतिरिक्त सन्तरे के तेल की दुर्गन्ध और उससे भी बढ़कर दूसरों के उपयोग के लिए गांजा पीने की चिलम को उठाये फिरने का सारा इतिहास ब्योरेवार और चटख़ारे लेकर सुनाया और फिर अपनी हंसी को रोककर बोला, ''तलवलकर ! अपने को बहुत होशियार और कांइयां समझने वाली पुलिस को मैंने पहली बार इस प्रकार मूर्ख बनते और चकमा खाते हुए देखा है। मुझे आश्चर्य हो रहा है कि इन मूर्खों को किसने पुलिस में भर्ती किया है और ये लोग बंगाली भगोड़ों को पकड़ने में इस प्रकार की दौड़-धूप में सरकार को न जाने कितना चूना लगाते होंगे ?''

रामदास ने हंसकर कहा, ''इन बंगाली भगोड़ों को पकड़ने की ही इनकी ड्यूटी है। इसीलिए ये लोग हमारी चोरी करने वालों को पकड़ने में कोई रुचि नहीं दिखाते। अच्छा, यह बाताओ कि इन जंगली बत्तखों को पकड़ने वाले भी क्या बंगाली पुलिस के लोग थे ?''

अपूर्व ने कहा, ''इसीलिए तो मैं लज्जा के मारे धरती में गड़ा जा रहा हूं। मज़े की बात यह है कि पुलिस टुकड़ी के प्रभारी मेरे अपने पुराने परिचित हैं, पिताजी के मित्र। पिताजी ने ही इन्हें पुलिस में नौकरी दिलायी थी।''

रामदास बोला, ''तो फिर आपको इस उपकार का दण्ड भुगतने के लिए तैयार रहना पड़ेगा।'' रामदास ने कहने के लिए यह सब कह तो दिया, किन्तु अपूर्व के सहम जाने से वह एकदम चुप हो गया। उसे अपूर्व के आत्मीय व्यक्ति के लिए ऐसी टिप्पणी करना उचित प्रतीत नहीं हुआ। अपूर्व अपने मित्र के चेहरे को ताकने लगा और उसकी धारणा को सत्य बनाने की गर्ज़ से दृढ़ स्वर में बोला, ''मैं उन्हें 'चाचाजी' कहकर पुकारता हूं, वे पिताजी के समय से हमारे परिवार से जुड़े हुए हैं। हमारे आत्मीय और शुभचिन्तक हैं, परन्तु इसका अर्थ यह नहीं कि वे मेरे लिए देश से भी बढ़कर हैं ? सत्य तो यह है कि देश के रुपयों से और देश के लोगों की सहायता से शिकार की खोज करने वाले भेड़ियों को मैं देशद्रोही समझता हूं और इनसे घृणा करता हूं। जिन्हें ये लोग अपना शिकार बताते हैं, इनकी अपेक्षा उन्हें मैं अपना अधिक आत्मीय मानता हूं।''

रामदास ने मुसकराते हुए कहा, ''बाबू साहब ! क्या इसका परिणाम भी जानते

हो? पुलिस के शिकारों से सम्बन्ध जोड़ने से दुःख भोगना पड़ता है।''

अपूर्व ने दृढ़ता का प्रदर्शन करते हुए कहा, ''मुझे दुःख भोगने का कोई मलाल नहीं, इसके लिए मैं सदैव तैयार हूं। वास्तव में किसी भी युग में संसार के किसी भी देश को स्वाधीन कराने के लिए अपना सर्वस्व समर्पण करने वालों से आत्मीय सम्बन्ध न जोड़ने की मैं कल्पना भी नहीं कर सकता।'' यह कहते हुए अपूर्व के स्वर में तल्ख़ी आ गयी तथा उसकी आंखों से ज्वाला निकलने लगी। मन-ही-मन वह समझ गया कि वह आवश्यकता से कुछ अधिक भावुक हो उठा है, किन्तु अब उसके लिए अपने को नियन्त्रित करना सम्भव नहीं रहा। भावावेश में वह बोला, ''मैं मानता हूं कि मुझमें तुम-जितना साहस नहीं है। मैं शायद भीरु और कायर हूं, इस तथ्य को भी मैं स्वीकार करता हूं, किन्तु इसका अर्थ यह कदापि नहीं कि किसी निरपराध को निरर्थक एवं अन्यायपूर्वक दिये दण्ड को भुगतता देखकर मुझे दुःख-दर्द नहीं होता। उस दिन बिना किसी अपराध के उन फिरंगी छोकरों ने रेलवे प्लेटफ़ार्म पर मुझे धकेला, पीटा, अपमानित किया और स्टेशन से बाहर निकलने को विवश किया और फिर इस दुर्व्यवहार की शिकायत करने जब मैं स्टेशन मास्टर के पास पहुंचा, तो उसने मुझे केवल देशी आदमी होने के कारण कुत्ते के समान बुरी तरह दुत्कारकर अपने ऑफ़िस से निकाल दिया, क्या यह सब भुलाने की बातें हैं? हमारे साथ यह सब इसलिए होता है न तलवलकर; क्योंकि हम ग़ुलाम हैं। हमारी मां, बहिनों की इस लज्जाजनक अपमानित स्थिति से बचाने के लिए अपने जीवन की आहुति देने वालों से आत्मीय सम्बन्ध स्थापित करने का कैसा भी दण्ड क्यों न भुगतना पड़े, मैं उसके लिए एकदम तैयार हूं।''

अपूर्व की उत्तेजना से प्रसन्न रामदास का गोरा चेहरा दीप्ति से लाल हो उठा। उसने पूछा, ''यह सारी घटना कहां घटी, यह तो तुमने बताया नहीं?''

अपूर्व बोला, ''क्या पहले वहां कम हिन्दुस्तानी थे, जो औरों के सामने अपने अपमान का ढिंढोरा पीटता फिरता। आश्चर्य की बात तो यह है कि इतने लोगों में किसी को मेरा अपमान अपमान ही नहीं लगा। मानो यह सब देखने-भुगतने की आदत पड़ गयी है। उन्हें इस बात का सन्तोष था कि फिरंगियों की लातों-घूसों से मेरी हड्डी-पसली नहीं टूटी। तुमसे क्या कहता, दुःख, लज्जा और घृणा से मैं अपने आपको इतना छोटा समझने लगा था कि किसी को आपबीती सुनाने, किसी के आगे दुखड़ा रोने अथवा शिकायत करने में अपनी हेठी समझने लगा था। अच्छा, तुम ही बताओ, यदि तुम्हें बताता, तो क्या हो जाता?''

रामदास कुछ बोल तो नहीं सका, किन्तु वह अपनी आंखों से झरते आंसुओं को न रोक सका। इस समय घड़ी ने तीन बजाये और रामदास चुपचाप उठ खड़ा हुआ। वह शायद कुछ कहना चाहता था, परन्तु बिना कुछ कहे, अपूर्व का हाथ दबाकर अपने कमरे में प्रविष्ट हो गया।

उस दिन शाम को ऑफ़िस बन्द होने से कुछ देर पहले बड़े साहब एक लम्बे-

से तार को हाथ में थामे अपूर्व के कमरे में आकर बोले, "हमारे भामो के ऑफ़िस में ठीक से काम नहीं चल रहा। इधर माण्डले, शोएबो, मिकथिला और प्रोम के दफ़्तरों में भी गड़बड़ चल रही है। मैं चाहता हूं कि एक बार तुम इन सबकी जांच-पड़ताल कर लो; क्योंकि फिर मेरी अनुपस्थिति में इन सबकी देख-भाल का दायित्व तुम्हें ही संभालना होगा। पहले से परिचय रहेगा, तो संभालने में आसानी रहेगी। अत: अधिक देर करना उचित नहीं। मैं चाहता हूं कि तुम कल-परसों ही वहां चले जाओ, तो ठीक रहेगा।"

अपनी सहमति से साहब को आश्वस्त करता हुआ अपूर्व बोला, "चिन्ता की कोई बात नहीं। मैं कल ही उधर रवाना हो जाता हूं।" वास्तव में अनेक कारणों से रंगून में उसका दिल ज़रा भी नहीं लगा था। एक तो इसलिए, दूसरे, इसी बहाने एक अन्य देश को देखने की उत्सुकता से उसने तत्काल हामी भर दी। अपने इस निश्चय के अनुसार अगले दिन तीसरे पहर जाने वाली गाड़ी से वह भामो शहर के लिए चल दिया। उसके साथ एक अरदली और एक ब्राह्मण प्यादे को भेजा गया। तिवारी को घर की देख-भाल का दायित्व सौपकर रंगून में ही रहने दिया गया। लंगड़े साहब के हास्पीटल में पड़े होने से एक तो किसी डर की कोई आशंका नहीं थी, दूसरे, म्लेच्छों के देश का यह शहर रंगून तिवारी को भा गया था, अत: अपने मालिक के साथ किसी और नये और अनजान शहर में जाने का उसका मन ही नहीं था। इसके साथ तलवलकर ने तिवारी की पीठ थपथपाकर कहा, "चिन्ता की कोई बात नहीं तिवारी। यदि कोई आवश्यकता आ पड़े, तो ऑफ़िस में आकर बताना। आख़िर, हम यहां किसलिए बैठे हैं?"

गाड़ी छूटने में पांच मिनट रहे होंगे कि अपूर्व सहसा चौंक पड़ा और हाथ का इशारा करता हुआ बोला, "अरे! वह रहा महाशय महापात्र।"

तलवलकर ने गरदन फेरते ही समझ लिया कि अपूर्व का इशारा गिरीश महापात्र की ओर है। अपूर्व द्वारा वर्णित वही बहारदार कुरता, हरे रंग की वही जुराब और वही पम्प शू उसने पैरों में पहन रखे थे, जिनका वर्णन अपूर्व कर चुका था। हाथ में छड़ी भी वही थी। हां, उसने शेर की छाप वाले रुमाल को जेब में न रखकर गले में लपेट रखा था। महापात्र शायद उन्हीं लोगों की ओर आ रहा था। उसे अपने समीप आया देखकर अपूर्व बोला, "क्यों महापात्रजी! पहचाना मुझे, कहां जा रहे हैं आप?"

गिरीश हड़बड़ाया, किन्तु संभलकर शीघ्र ही लम्बा-सा नमस्कार करता हुआ बोला, "अरे! न पहचानने की क्या बात है बाबू साहब? कहिये, कहीं जा रहे हैं या कहीं से आ रहे हैं?"

अपूर्व बोला, "इस समय तो भामो जा रहा हूं। तुम अपनी कहो, कहां जा रहे हो?"

गिरीश ने कहा, "ऐनाजांग से दो मित्रों को आना था। बाबूजी! मुझे व्यर्थ ही तंग किया जा रहा था। मैं मानता हूं कि कुछ लोग चोरी-छिपे भांग-अफ़ीम आदि अवश्य लाते होंगे, किन्तु मैं यह सब नहीं करता। बाबूजी! सच मानो, मैं ईमानदारी का जीवन

जीता हूं। इस प्रकार के पापकर्म की आवश्यकता ही क्या है? बबूल बोने से आम का फल नहीं मिल सकता। मिलना तो वही है, जो भाग्य में लिखा है, फिर उचित-अनुचित के विवेक को तिलाञ्जलि देकर पापकर्म में लिप्त होने का क्या लाभ?''

अपूर्व ने हंसकर कहा, ''मैं भी इसी प्रकार के विचार रखता हूं, किन्तु तुम मुझे पुलिस का आदमी समझने की ग़लती कर रहे हो, तभी अफ़ीम-भांग का बखेड़ा ले बैठे हो। भैया! मेरा इन बातों से कोई सरोकार नहीं। मैं तो वहां उस दिन केवल तमाशा देखने के लिए पहुंचा था?''

तीखी नज़र गिरीश पर गड़ाये तलवलकर ने कहा, ''तुम्हें कहीं देखा अवश्य है। याद नहीं पड़ता कि कहां देखा है।''

गिरीश ने कहा, ''इसमें आश्चर्य की क्या बात है? नौकरी के लिए मुझे न मालूम कहां-कहां नहीं भटकना पड़ता। कहीं देख लिया होगा।'' फिर अपूर्व की ओर उन्मुख होकर बोला, ''बाबू साहब! विश्वास कीजिये, मैं अवैध धन्धों में लिप्त नहीं। मुझ ग़रीब पर आपने झूठा शक भी किया, तो मुझे नौकरी से वञ्चित होना पड़ेगा। ब्राह्मण का लड़का हूं, थोड़ा-बहुत पढ़ा-लिखा भी हूं। शास्त्र-वास्त्र भी कुछ सीखा था, किन्तु भाग्य में बाबू बनना नहीं लिखा था, सो अब तक धक्के खाता फिरता हूं।''

अपूर्व बोला, ''मैं भी ब्राह्मण हूं।''

''अच्छा, प्रणाम। बाबू साहब! अब मुझे जाने की आज्ञा दीजिये। अच्छा राम-राम।'' यह कहता और वेग से आयी खांसी के प्रकोप को कठिनता से दबाता हुआ गिरीश आगे की ओर बढ़ लिया।

''तलवलकर! इसी सव्यसाची को पकड़ने के लिए मेरे चाचा, दल-बल सहित देश-विदेश की ख़ाक छानते फिर रहे हैं।'' यह कहकर अपूर्व एक अलौकिक सन्तोष की हंसी हंसने लगा। तलवलकर ने इस हंसी में उसका साथ नहीं दिया। वह पूरी तरह गम्भीर बना रहा। इस बीच सीटी बजाती ट्रेन छूटने लगी। अपूर्व ने अपना हाथ बढ़ाकर रामदास से हाथ मिलाया, किन्तु उस समय भी रामदास गम्भीर और उदासीन बना रहा। उसके मुंह से एक भी शब्द नहीं निकला। अपूर्व ने इस ओर कोई ध्यान नहीं दिया। यदि कहीं अपूर्व देख पाता, तो उसे पता चलता कि रामदास के चेहरे पर अचानक घिर आये चिन्ता और विषाद के घने मेघों ने उसकी सरलता और सहजता को किस प्रकार एकदम ढक दिया है, उसके उज्ज्वल एवं प्रशस्त ललाट पर नियति ने अपनी लिपि अंकित कर उसे व्यग्र बना दिया है।

अपूर्व प्रथम श्रेणी के डिब्बे में यात्रा कर रहा था, अतः संयोगवश अकेला ही था। सायंकाल होने पर उसने कुरते के भीतर से जनेऊ को निकालकर, बिना जल का प्रयोग किये सन्ध्या सम्पन्न की। तत्पश्चात् किसी के छूने से अखाद्य न बनने वाली खाने की चीज़ों को कटोरदान से निकालकर खाने बैठ गया। साथ में चल रहे अरदली ब्राह्मण ने पहले से ही पान और पानी आदि रख दिया था और साथ ही उसके लिए बिस्तर भी बिछा

दिया था। अतः वह खाने-पीने से निपटकर, मुंह-हाथ धोकर आराम से बिस्तर पर पसर गया। उसका ख़याल था कि वह रात में सुख-चैन की नींद सो सकेगा, परन्तु अगले स्टेशन पर पहुंचते ही स्पष्ट हो गया कि उसका सोचना भ्रम था। तीन बार तो पुलिस वालों ने उसे नींद से जगाकर उसका नाम, पता-ठिकाना आदि पूछा। एक बार जब उसने प्रथम श्रेणी के यात्री को रात्रि में नींद से न जगाने के नियम का उल्लेख करते हुए विरोध प्रकट किया, तो बर्मी पुलिस के सबइंस्पेक्टर का कड़क जवाब था, ''तुम कौन-से यूरोपियन हो?''

''मैं यूरोपियन नहीं हूं, परन्तु फर्स्ट क्लास का पैसेंजर हूं। तुम मुझे रात में सोते से जगा सको, ऐसा न कोई क़ानून है और न ही तुम्हें अधिकार है।'' अपूर्व ने दृढ़ता से कहा।

पुलिस इंस्पेक्टर ने अपूर्व के कथन को हलकेपन से लेते हुए कहा, ''यह क़ानून रेलवे वालों के लिए होगा। हम पुलिस वालों को क़ानून मत पढ़ाओ। मैं चाहूं, तो तुम्हें खींचकर नीचे उतारकर ले जा सकता हूं।

इस पर अपूर्व भला क्या बोलता? वह जानता था कि पुलिस वालों से टकराना भारी पड़ सकता है, अतः उसने चुप रहना ही ठीक समझा। हां, इसका परिणाम यह निकला कि रात के अगले तीन-चार घण्टे उसे किसी ने परेशान नहीं किया और वह आराम की अच्छी नींद ले सका। सुबह जब वह जागकर उठा, तो इस प्रकार 'फ्रेश' था कि उसे रात की ग्लानि की स्मृति तक नहीं आयी। उसने देखा कि एक बड़े पहाड़ के पास से गुज़रती गाड़ी की गति धीमी हो गयी है। चढ़ाई के मार्ग के कारण ऐसा होना स्वाभाविक था। खिड़की से बाहर मुंह निकालकर उसने देखा, तो एकदम आश्चर्यचकित रह गया। उसे लगा कि प्रकृति ने जैसे अपने सौन्दर्य के सारे भण्डार को खोलकर रख दिया है। उसने अपने जीवन में प्रकृति की ऐसी भव्यता को अब से पहले कभी नहीं देखा था। अर्ध-चन्द्राकार बनी पर्वतमाला सामने और पीछे की दीवार बन गयी लगती थी। पहाड़ी के ऊपर चारों ओर घना जंगल फैला हुआ था। विशालकाय और गगनचुम्बी वृक्षों का तो कहीं कोई अन्त ही नहीं था। इन घने वृक्षों से ढकी होने से पहाड़ी का कहीं ओर-छोर दिखाई नहीं देता था। लगता था कि अभी-अभी सूर्योदय हुआ था। इसीलिए शिखर के वाम भाग को लांघ नहीं सका था। फिर भी सूर्य की किरणों ने चारों ओर छिटककर और इधर-उधर सोना बिखेरकर सूर्य के रथ के गतिशील होने की पक्की सूचना दे दी थी। पर्वत शिखर से गिरकर आया जलस्रोत नदी-नालों का रूप धारण कर बह रहा था। वृक्षों के नीचे, इधर-उधर बिखरे ओसकण वियोग-व्यथा में बहाये अश्रुकण-से प्रतीत होते हैं। आह! कैसा सुरम्य, सुन्दर और मोहक प्रदेश है। इधर के रहने वाले कितने सौभाग्यशाली होंगे, जिन्हें इस अलौकिक अनुपम सौन्दर्य के उपभोग का अवसर निरन्तर सुलभ रहता है। वह सोचने लगा कि सौन्दर्य के सच्चे पारखियों ने ठीक ही क्षण-प्रतिक्षण नव-नव रूप धारण करने वाले दृश्य को सौन्दर्य के रूप में परिभाषित किया है। यहां

ऐसा लगता है कि सौन्दर्य का ऐसा सागर बिखरा पड़ा है, जिसकी कोई सीमा ही नहीं, परन्तु इस असीमता से प्राप्त होने वाला आनन्द हृदय को पूर्ण तृप्ति नहीं दे पाता। हृदय सदैव 'कुछ और' पाने को लालायित रहता है। इस प्रकार सोचता और सौन्दर्य के विविध रूपों, प्रकारों और रंगों का विस्मय-विमुग्ध होकर आनन्द लेता हुआ अपूर्व अपनी यात्रा पूरी करने लगा। सौन्दर्य का रसपान करता और उसकी विलक्षणता से अभिभूत होता, वह सहसा एक कठोर धक्के से जीवन के यथार्थ धरातल पर उतरा। भावुकता और कल्पना में खोया वह सहसा चौंक पड़ा। उसे अपने मित्र रामदास की बातें याद हो आयीं। इस देश में आने पर रामदास ने अनेक गुप्त और प्रकट कहानियों का अध्ययन करने के उपरान्त निकाले निष्कर्ष से उसे परिचित कराते हुए उससे कहा था, "बाबूजी! बर्मा देश की धरती ही प्राकृतिक सौन्दर्य की दृष्टि से समृद्ध एवं अद्वितीय नहीं, यहां धरती के नीचे जितनी विपुल सम्पदा छिपी पड़ी है, वैसा कुछ दूसरे देशों में नहीं। अभी तक इधर की धरती के नीचे दबी अमूल्य रत्नों की खानों की ओर लोगों का ध्यान नहीं गया। इसके अतिरिक्त यहां-जैसी विस्तृत, व्यापक और प्रचुर वन-सम्पदा—पर्वत-शिखर, जलप्रपात, कन्दराएं, विशाल, स्थूल और उन्नत वृक्षों की सुदीर्घ पंक्तियां, लता, गुल्म और दुर्लभ वनस्पतियां तथा अनेक दुर्गम एवं अन्धकार से ढके घने वन—पृथ्वी के किसी दूसरे भाग में मिलनी कठिन है।

तलवलकर का यह कथन अपूर्व को सत्य प्रतीत होने लगा कि जिस दिन अंगरेज बनियों की लालच से भरी दृष्टि इधर पड़ी, बस, फिर अटकी-की-अटकी ही रह गयी। उसका परिणाम भी सामने है। अभी कुछ दिनों की ही तो बात है। झूठा-सच्चा झगड़ा खड़ा किया गया। युद्ध छिड़ा, समुद्री और हवाईजहाज़ों और तोपों-बन्दूक़ों से हमला हुआ। अंगरेजों की प्रशिक्षित और विशाल सेना के सामने बर्मा के नरेश का टिकना सम्भव नहीं था। अतः उसकी पराजय हुई और उसे बन्दी बनाकर देश से निर्वासित कर दिया गया। युद्ध में हुए ख़र्च की भरपाई के लिए राजा की रानियों द्वारा पहने हुए गहनों को उतार लिया गया। देश की प्रगति, देश के साधनों के विकास देश की सभ्यता और संस्कृति के संरक्षण और देशवासियों के कल्याण की आड़ में अंगरेज इस देश के शासक बन बैठे। इसके उपरान्त यहां के लोगों को जो भुगतना पड़ा, उनके साथ जैसा अमानवीय व्यवहार हो रहा है, अकारण ही जिस प्रकार उन्हें प्रतिदिन अपमानित किया जा रहा है, उस सबका वह स्वयं भुक्तभोगी एवं प्रत्यक्ष साक्षी है। विजित देश का एक पुलिस कर्मचारी अपने ही जैसे किसी अन्य पराधीन देश के सम्मानित नागरिक को बार-बार नींद से जगाने और परेशान करने में अपने अहम् की तुष्टि और झूठी शान समझता है। क़ायदा-क़ानून की याद दिलाने पर अकड़कर कहता है, "तुम कोई साहब थोड़े ही हो, तुम्हारा क्या मान और क्या अपमान!" इसे याद कर अपूर्व की सारी देह जलने लगी और वह सोचने लगा कि वह धूर्त इससे अधिक मेरा और क्या अपमान कर सकता था? फिर, ऐसे घटिया आदमी से मुझे किसी शिष्ट व्यवहार की अपेक्षा करनी भी नहीं चाहिए थी।"

पर्वत-शिखरों पर फैली सूर्य की किरणें परिवेश को पूर्ववत् मोहक, मनोरम, कनक-रजतमय और आकर्षक बना रही थीं। सर्वत्र वही सौन्दर्य विद्यमान था, किन्तु अब अपूर्व की दृष्टि बदल गयी थी। इसीलिए उसे सब कुछ कान्तिहीन, निष्प्रभ और मलिन-सा लग रहा था। जिस समुन्नत पर्वतमाला को और हरी-भरी विशाल एवं स्थूलकाय गगनचुम्बी वृक्षों की पंक्ति को देखकर कुछ देर पहले उसका मन-मयूर नाचने लगा था, अब वही सब कुछ उसे सामान्य-सा प्रतीत होने लगा था। उसे उनमें ऐसा कुछ लगा, जिससे वह अपने को सम्मोहित अनुभव करे। उसे अपनी कनक-श्यामला बांग्ला भूमि का स्मरण हो आया और उसके नेत्र अश्रुपूर्ण हो गये। देश में अथवा विदेश में अपनी मातृभूमि के प्रति कोरे ममत्व को रखने वाले अपने-जैसे देशवासियों की भर्त्सना करता हुआ और अपने को कोसता हुआ अपूर्व अपने आप से बोला, 'अरे! हमें अपने देश को अपना कहने का क्या अधिकार है ? जब हम उसकी स्वतन्त्रता, उसकी अस्मिता और उसके मान-सम्मान की रक्षा नहीं कर सकते, तो फिर 'हमारा देश', 'हमारी जन्भूमि'-जैसी अनर्गल बातें करना तथा अपना अधिकार जतलाना व्यर्थ नहीं, तो क्या है ?'

भारतीयों को शक्तिहीन और कायर बताने के रूप में उनकी निन्दा करता हुआ अपूर्व बोला, 'इस तत्य से सभी सहमत हैं कि स्वतन्त्रता मानव-मात्र का ऐसा जन्मसिद्ध अधिकार है, जिसे स्वयं भगवान् भी अपने बन्दे से नहीं छीन सकते, किन्तु क्या हम भारतीयों ने इस सत्य को पहचाना है ? क्या दूसरों के इशारों पर पशु के समान नाचने को ही हमने मनुष्य-जीवन की संज्ञा नहीं दे रखी है ? क्या अपने को ग़ुलाम बनाने वाले की प्रशंसा में गीत गाने से बढ़कर बड़ी कोई मूर्खता और इससे बड़ी कोई दूसरी ग़लती हो सकती है ?'

इस प्रकार के चिन्तन में खोये अपूर्व को समय बीतने का होश ही न रहा। अचानक गाड़ी की रफ़्तार के धीमी होने से वह चौंका और खिड़की से मुंह बाहर निकालकर उसने देखा, तो उसे पता चला कि गाड़ी अपने गन्तव्य स्टेशन पर पहुंच चुकी है।

: 8 :

अपूर्व बचपन से ही लड़कियों में कोई रुचि नहीं लेता था। यदि यह कहा जाये कि वह उनसे किनारा करता था, तो इसमें कुछ भी असत्य अथवा अत्युक्ति नहीं थी। यहां तक कि वह भाभियों द्वारा कभी-कभार किये गये मज़ाक़ से भी बिगड़ जाता था और उनके द्वारा घनिष्ठता जोड़ने के किसी भी प्रयास के समर्थन का तो प्रश्न ही नहीं उठता था। मां के सिवा किसी अन्य स्त्री की सेवा अथवा उसका लाड़-प्यार उसे स्वीकार नहीं था। किसी लड़की द्वारा विश्वविद्यालय की परीक्षा में विशिष्टता प्राप्त करने के किसी समाचार

से अथवा विलायत में स्त्रियों को अधिकार दिलाने के लिए पुरुषों के कमर कसकर संघर्ष करने के समाचार से उसे कोई प्रसन्नता प्राप्त न होती थी। सत्य तो यह था कि वह इस सबसे कोई सरोकार ही नहीं रखता था, किन्तु फिर भी उसका हृदय कोमल और करुणा से छलकता था। स्त्री-पुरुष के भेद को भूलकर वह सभी के हित-चिन्तन में तत्पर रहता और किसी को उससे किसी प्रकार का कोई दु:ख न पहुंचे, इस ओर विशेष सजग रहता था। उसकी इसी दुर्बलता ने भारती को दोषी मानते हुए भी उसे किसी प्रकार दण्डित नहीं होने दिया। अपूर्व इस तथ्य से परिचित था, परन्तु इस तथ्य से आज तक परिचित नहीं था कि पुरुष के हृदय में स्त्री के प्रति कुछ अन्य दुर्बलताएं भी छिपी रहती हैं। यह सत्य है कि उस क्रिश्चियन लड़की भारती को किसी प्रकार का कठोर दण्ड देना अपूर्व के लिए न सहज था और न ही सम्भव था, किन्तु इस सत्य को भी स्वीकार करना होगा कि भारती को स्त्रियों के प्रति अपूर्व की वितृष्णा को हटाने अथवा घटाने में अथवा दूसरे शब्दों में अपने प्रति किसी प्रकार का आकर्षण जगाने में कोई सफलता नहीं मिली थी, तभी तो आज अपूर्व के मन में उस मिथ्याचारिणी भारती के विरुद्ध घृणा और विद्वेष का सागर उमड़ रहा है। इस सत्य को या वह स्वयं जानता है या उसके अन्तर्यामी जानते हैं।

भामो आये हुए अपूर्व को पन्द्रह दिन बीत गये हैं और यहां का काम लगभग निपटा लिया गया है, अत: अब कल-परसों मिकथिला जाना होगा। आज शाम को ऑफ़िस से लौटा और अपने कमरे में बैठा अपूर्व मन-ही-मन किसी जटिल समस्या को सुलझाने में उलझा था। वह कभी नारी की स्वतन्त्रता का पक्षधर नहीं रहा। उसकी जन्मजात रुचि-प्रवृत्ति—यहां तक कि उसके संस्कार भी—नारी की स्वाधीनता का विरोध करते और उसमें समाज के लिए अमंगल देखते थे, किन्तु शास्त्रकारों ने दुर्भावनाग्रस्त नारी के प्रति अत्यधिक असहिष्णुता का भाव दिखाया है, उसे न्यायसंगत अधिकारों से वञ्चित किया है—इस सत्य को भी वह अनदेखा नहीं कर पा रहा था। इस सबसे वह समय-समय पर दुखी अवश्य हो उठता था, किन्तु उसके लिए किसी निष्कर्ष पर पहुंचना सम्भव न था। आज अचानक उसकी यह सारी दुविधा एकदम सदा के लिए दूर हो गयी। वह कैसे? इसका विवरण इस प्रकार है—

अपूर्व के दुमंज़िले आवास के निचले तले में रहने वाले एक भद्रपुरुष ब्रह्मदेशीय महाशय चार विवाहिता पुत्रियों के पिता थे। उनकी चारों पुत्रियों ने पिता के अनुभव की अवज्ञा करके अपनी इच्छा से अपनी पसन्द के युवक से विवाह किया था। उनका एक दामाद मद्रासी चूलिया मुसलमान है, एक चटगांव का पुर्तगीज़ है, एक ऐंग्लो इण्डियन साहब है और सबसे छोटा दामाद मूलत: चीन देश का है, किन्तु पीढ़ियों से इसी शहर रंगून में रहता और चमड़े का व्यापार करता है। इस प्रकार संसार-भर की जातियों के युवकों का ससुर होने की असम्भव कल्पना यहां यथार्थ बनकर सामने आ गयी है। पिता ने सभी लड़कियों को सम्बन्ध बनाने से पूर्व सावधान ही नहीं किया था, अपितु दबे स्वर

से विरोध भी किया था, किन्तु स्त्री-स्वातन्त्र्य के नाम पर लड़कियों ने अपने मन की करने की ठान ली थी। परिणाम वही निकला, जिसकी आशंका थी। एक-एक करके लड़कियां मायके लौट आयीं और फिर धीरे-धीरे दामाद भी ससुराल आने-जाने लगे। उन चारों की भाषा भिन्न-भिन्न थी, धर्म, प्रथा, परम्परा, रीति-रिवाज तथा आचार-विचार आदि सब कुछ भिन्न था। कुछ भी समान नहीं था, फिर भी भारत के हिन्दू-मुसलमानों के समान वे सब एक-साथ रहने को विवश थे।

आज परिवार में किसी उत्सव का दिन था, अत: सभी दामाद आमन्त्रित थे। भोजन के समय अग्रपूजा के अधिकार के प्रश्न पर पहले लड़कियों ने और फिर दामादों ने लाठी तान ली। सभी एक-दूसरे से इस प्रकार भिड़ गये कि भारी ख़ून-ख़राबा हो गया। यह सारा अनर्थ सवेरे अपूर्व के ऑफ़िस में जाने से पहले हुआ।

इस घटना ने अपूर्व के मन को क्रोध, क्षोभ और विरक्ति के भावों से उद्विग्न कर दिया। उसे पक्का विश्वास हो गया कि हमारे ऋषियों ने स्त्रियों को स्वाधीनता न देकर बहुत अच्छा काम किया है। इस विषय में उनके विवेक और दूरदृष्टि की जितनी भी प्रशंसा की जाये, वह थोड़ी है। स्त्री-स्वतन्त्रता के नाम पर आज यूरोप और बर्मा जिस विनाश के कगार पर खड़े हैं, उससे लोगों की आंखें खुल जानी चाहिए। मेरा विश्वास है कि समानता और सुधार के नाम पर यह रोग हमारे देश में फैल गया, तो हमारे देश को रसातल में पहुंचते देर नहीं लगेगी।

अपूर्व को लगा कि हमारे स्मृतिकार सचमुच दिव्यदृष्टि रखते थे। समाज की रचना करते समय उनके द्वारा किये गये विधि-निषेधों से स्पष्ट हो जाता है कि वे नारी को भली प्रकार से पहचानते थे। उनके द्वारा किया गया विधान भले ही कठोर लगे, किन्तु फिर भी कल्याणकारी होने के कारण वही उपादेय एवं ग्रहणीय है। यदि आज हमने पूरी ईमानदारी से पुरातन एवं शाश्वत मूल्यों के महत्त्व को न पहचाना और उनकी अवहेलना की, तो हमारा पतन एवं विनाश निश्चित है।

इसी प्रकार के विचारों में उलझा अपूर्व एकान्त अंधेरे में अकेला बैठा इधर-उधर की सोचता रहा। आश्चर्य तो इस बात का था कि वह इस तथ्य की ओर ध्यान नहीं दे पा रहा था कि उसकी सोच किस प्रकार एकदम एकांगी थी। उसने उन चार लड़कियों को ही अन्तिम प्रमाण मान लिया था, इसीलिए स्त्रियों को पुरुषों के समान सामाजिक और राजनीतिक अधिकार न मिलने के अपने पूर्वाग्रह को न्यायोचित मान बैठा था। उसका इस ओर ध्यान ही नहीं गया था कि हाथ की पांचों अंगुलियां बराबर नहीं होतीं, कुछ उच्छृंखल स्त्रियों के समान, कुछ ही नहीं, अनेक संस्कारी, सुशिक्षित और सुरुचि-सम्पन्न महिलाएं भी होती हैं, जो अधिकार प्राप्त करने पर भी, अपनी मर्यादा का अतिक्रमण नहीं करतीं, सच पूछिये, तो अधिक संख्या इन्हीं की होती है। इस दूसरे सत्य को भी वह देख नहीं पा रहा था। वस्तुत: अप्राप्य के प्राप्त होने पर प्रारम्भ में कुछ अति हो जाना स्वाभाविक होता है, किन्तु इस अति को प्रवृत्ति समझना भी भारी भूल होती है। कुछ

समय के लिए हुई अव्यवस्था समय बीतने पर अपने आप थम जाती है और स्थिति फिर से यथापूर्व स्थिर हो जाती है। इन दोनों तथ्यों के अतिरिक्त एक अन्य महत्त्वपूर्ण तथ्य यह भी है कि स्त्री केवल पत्नी ही नहीं, वह मां, बहिन, पुत्री, सहचरी और सहायिका आदि भी तो है। उन रूपों में उसकी सेवा और तपस्या तथा उसके त्याग और अहैतुक स्नेह का उदाहरण क्या कहीं ढूंढ़ने पर मिलता है ? वस्तुतः स्त्री समुद्र के समान विशाल, अगाध और गहरी है। जिस प्रकार 'हौज़' में उतरकर समुद्र की गहराई और विशालता को नहीं नापा जा सकता, उसी प्रकार इक्के-दुक्के उदाहरणों में सम्पूर्ण स्त्री-जाति को भी नहीं समेटा जा सकता। समुद्र की गहराई को ठीक से नापने के लिए जिस प्रकार डूबने आदि के ख़तरों से जूझना पड़ता है, ठीक इसी प्रकार स्त्री को समझने के लिए भी काफ़ी गहरे उतरना पड़ता है और ख़तरों से जूझना एवं सावधान रहना पड़ता है, फिर आख़िर मानव के लगभग आधे भाग को उसके न्यायसंगत अधिकार से कब तक वञ्चित रखा जा सकेगा ? यह भी एक विचारणीय तथ्य है। इस प्रकार विचार-मग्न अपूर्व के समीप आकर अरदली रामशरण ने कहा, ''बाबूजी! आपका भोजन तैयार है ?''

सुनकर अपूर्व एकदम चौंक पड़ा और रामशरण को एक बत्ती लाने का आदेश देते हुए बोला, ''देखो, मैनेजर को सूचित कर दो। हमें कल ही मिकथिला के लिए प्रस्थान करना है।''

अरदली बोला, ''आपने तो परसों चलने की कही थी।''

वह बोला, ''नहीं, नहीं, परसों नहीं, कल ही चलना है। जा, एक बत्ती ले आ।'' उसका मन लड़कियों की स्वाधीनता के परिणाम को देखकर काफ़ी विचलित हो उठा था, किन्तु उसका एक दूसरा स्वस्थ रूप भी है, अर्थात् इस स्वाधीनता से स्त्री जाति मानवता के लिए सुख व शान्ति के और मानव-विकास के पथ को प्रशस्त भी कर सकती है। वह इस अन्धकार-मग्न संसार को नये प्रकाश से आलोकित कर सकती है। इसकी वह कल्पना ही नहीं कर पा रहा था।

अगले दिन यथासमय अपूर्व मिकथिला को चल दिया, किन्तु वहां पहुंचकर उसका मन बिल्कुल नहीं लगा। शहर सुन्दर है, देसी और विदेशी जवानों की छावनी है। इस प्रकार नये आदमी के लिए 'दर्शनीय' कहा जा सकने वाला बहुत कुछ है, किन्तु उसे कुछ भी अच्छा नहीं लगा। उसका मन रंगून जाने के लिए छटपटाने लगा। भामो में उसे अपनी मां द्वारा रंगून के पते पर भेजा पत्र मिल गया था। दस-बारह दिन पहले लिखे रामदास के दो पत्र भी उसे मिल चुके थे। एक पत्र में रामदास ने लिखा था कि उसे घर बदलने के विषय में सोचना ही नहीं चाहिए। वह स्वयं उसके घर जाकर अपनी आंखों से सब कुछ ठीक-ठाक होना देख आया है। तिवारी भी शान्तिपूर्वक रह रहा है, किसी प्रकार की चिन्ता की कोई आवश्यकता नहीं। इस सबसे अपूर्व को तसल्ली हुई, किन्तु वह सोचने लगा कि यह सारी स्थिति दस-बारह दिन पहले की है। पिछले दस-बारह दिनों में क्या हुआ—इसे जानने का तो कोई साधन नहीं। क्या अब भी सब कुछ

ठीक-ठाक है और शान्ति क़ायम है अथवा नहीं। उसके पास सब कुछ सही होने को मान लेने के सिवा और कोई चारा नहीं था। अतः ऐसा मान लेने से ही उसे सन्तोष करना पड़ा। भामो की तरह यहां भी अपूर्व ने अचानक स्टेशन के लिए गाड़ी बुलाने और सारा सामान समेट-बांधकर लादने का आदेश दिया। यहां ऐसा कुछ भी नहीं घटा, जिसे याद रखने योग्य मानकर संजोकर रखा जाये, किन्तु मिकथिला छोड़ने के लगभग पन्द्रह मिनट पूर्व एक ऐसी घटना घटी, जिसका वर्तमान में भले ही कोई महत्त्व न हो, दूसरे लोगों की दृष्टि में भी वह साधारण एवं उपेक्षणीय हो, किन्तु अपूर्व के लिए वह भविष्य में आसानी से न भुलायी जा सकने वाली घटना थी।

रेलवे कर्मचारियों ने पागल-से दिखने वाले एक बंगाली को गाड़ी से उतार लिया था। उसने फटा हुआ मैला-कुचैला कोट और हैट पहन रखे थे और साथ में एक टूटा-फूटा बक्सा हाथ में थाम रखा था। इसे छोड़कर उसके पास और कोई सामान—बिस्तरा तक—नहीं था। उसने टिकट की रक़म से शराब पी ली थी। इस प्रकार उसका अपराध यह था कि वह बिना टिकट गाड़ी में सवार था। पुलिस के चंगुल में फंसे युवक को बंगाली जानकर अपूर्व ने उसका किराया चुकाकर उसे पुलिस से मुक्त करा दिया और फिर पांच रुपये उसके हाथ में और धरकर शीघ्रता से ज्यों ही चलने को उद्यत हुआ, त्यों ही शराबी ने हाथ जोड़कर उससे उसका बक्सा लेने की अनुनय-विनय करते हुए कहा, "इसे बेचकर आप अपना रुपया वसूल कर लीजिये और कुछ बचे, तो मुझे भेज दीजिये।" उस पर शराब का थोड़ा-बहुत प्रभाव अवश्य था, किन्तु फिर भी बातचीत करते समय वह पूरे होश में लग रहा था।

अपूर्व ने पूछा, "बक़ाया कहां लौटाना होगा?"

वह बोला, "आप अपना पता-ठिकाना लिखवा दीजिये। मैं आपको पत्र द्वारा सूचित कर दूंगा कि मुझे कहां पैसा पाना है।"

अपूर्व ने कहा, "भैया! तुम अपना बक्सा अपने पास रखो। इसे बेचना मेरे बस का नहीं। मेरा नाम अपूर्व हालदार है। मैं रंगून की बोथा कम्पनी में काम करता हूं। जब कभी तुम्हें सहूलियत हो, तो मेरी रक़म मुझे लौटा लेना।"

उसने स्वीकृति में गरदन हिलाकर कहा, "ठीक है, महाशय! अच्छा, नमस्कार। मैं आपका पैसा आपको अवश्य लौटा दूंगा। निकलने का रास्ता इधर है न? लगता है कि बहुत बड़ा शहर है, इसीलिए यहां सब कुछ मिलता होगा।" यह कहकर उसने एक बार फिर नमस्कार किया और अपने बक्से को बग़ल में दबाकर चल दिया।

अपूर्व ने इस समय उसके चेहरे-मोहरे को ध्यान से देखा। उसकी आयु अधिक तो नहीं, किन्तु कितनी है, यह भी ठीक से बताना सम्भव नहीं। लगता है कि तरह-तरह के नशों ने उसे समय से पहले ही कम-से कम दस साल अवश्य अधिक आयु का अथवा बूढ़ा बना दिया है। उसके सिर के लम्बे और रूखे बाल माथे पर लटक रहे थे। उसके गोरे चेहरे को गरमी की तपिश ने जलाकर तांबा बना दिया था, आंखों की दृष्टि पैनी,

नाक तलवार की तरह खड़ी, तीखी, शरीर छरहरा, हाथ की अंगुलियां लम्बी और पतली थीं। शरीर पर भूख और अत्याचार के लक्षण स्पष्ट चिह्नित थे। उसके चले जाने पर अपूर्व भीतर-ही-भीतर दुःख अनुभव करता हुआ सोचने लगा—ऐसे व्यक्ति को अधिक रुपया देना व्यर्थ ही नहीं, अपितु अन्याय होता, किन्तु यदि किसी और प्रकार से उसका कोई उपकार किया जा सकता, तो अच्छा होता, किन्तु इस उधेड़-बुन में खोये रहने के लिए उसके पास समय नहीं था। अतः उसने टिकट ख़रीदा और गाड़ी में बैठने के लिए चल दिया।

दूसरे दिन दोपहर बारह बजे के आस-पास अपूर्व रंगून पहुंचा। दोनों—धूप और उमस—अपने पूरे यौवन पर थे। उस पर एक और नया संकट यह उपस्थित हो गया कि एक बेवुक़ूफ़, जाहिल मुसलमान कुली ने अपूर्व के खाने-पीने के सामान से भरे टिफ़िन-कैरियर को छू दिया था और इसीलिए वह 'सकल पदारथ हैं जग मांहीं, करमहीन नर पावत नांहीं' का जीता-जागता उदाहरण बन गया था। उस दिन न नहाना हुआ और न ही खाना-पीना। भूख, प्यास, गरमी और थकावट के कारण उसका सारा बदन टूट रहा था। उसने सोचा, घर जाकर, नहा-धोकर सुस्ता लूंगा, तो कुछ चैन मिलेगा। घोड़ागाड़ी पर सामान लादकर घर पहुंचने में दस मिनट और लग गये होंगे, किन्तु घर पहुंचने पर सड़क की ओर से तिवारी द्वारा किवाड़ न खोले जाने और सामान उठाने के लिए नीचे न आने पर अपूर्व आग-बबूला हो उठा। उसे इस बात पर भारी क्रोध आ रहा थ। कि गाड़ी की आवाज़ सुनकर भी तिवारी ऊपर कैसे डटा रहा, एकदम दौड़कर, नीचे उतरकर क्यों नहीं आया? क्रोध के आवेश में भरा अपूर्व जल्दी से ऊपर जाकर किवाड़ों को ज़ोर से धक्का देने लगा और तिवारी को आवाज़ देने लगा, "अरे ओ तिवारी! क्या भांग फांक ली है?" थोड़ी देर में किसी ने बहुत धीरे से और सावधानी से किवाड़ खोल दिये।

क्रोध में अन्धा बना अपूर्व घर के भीतर पैर रखने ही वाला था कि सामने खड़ी भारती को देखकर हक्का-बक्का रह गया। भारती के चिन्तित और मुरझाये चेहरे—कई दिन के भूखे-प्यासे, राह चलने से थके-मांदे और ज़रा-सी बेपरवाही से गिर पड़ने वाले पथिक-जैसे रूप—को देखकर वह बुरी तरह परेशान हो उठा। उसने काली-मैली साड़ी पहन रखी थी, पैरों में जूता नहीं था और सिर के बाल गुंथे हुए नहीं थे। ऐसे लगता था, मानो उसे अपने सामान्य रूप से सजने-संवरने की भी फ़ुरसत नहीं मिली। इस स्थिति में उसे किसी पर अपना गुस्सा उतारना एकदम अनुचित लगा, अतः वह अपने को संभालने में लग गया। भारती ने उसे सामने देखकर कहा, "आप आ गये, स्वागत है। चलो, अब कोई चिन्ता नहीं, अब तिवारी बच जायेगा।"

घबराहट से परेशान अपूर्व ने पूछा, "क्यों, क्या हुआ तिवारी को?" भारती ने शान्त और कोमल स्वर में उत्तर दिया, "कुछ नहीं, शहर में चेचक का प्रकोप फैला था, सो तिवारी उसकी गिरिफ़्त में आ गया। आप काफ़ी थके-मांदे हैं, अतः इस समय तिवारी से न मिलें, तो अच्छा होगा। अभी आप ऊपर के कमरे में चलिये, नहा-धोकर थोड़ा

आराम कर लीजिये। वैसे तिवारी अभी सो रहा है। उसके जागने पर मैं आपको सूचित कर दूंगी।''

''ऊपर का कमरा,'' अपूर्व के आश्चर्य प्रकट करने पर भारती ने उत्तर दिया, ''अभी तक वह कमरा मेरे क़ब्ज़े में है। वैसे मैंने उसे ख़ाली कर दिया है, एकदम साफ़-सुथरा है, नल में पानी भी है, आपको किसी प्रकार का कोई कष्ट अथवा असुविधा नहीं होगी। ऊपर चलिये, किन्तु आपका सामान उठाने वाले कुली लोग कहां हैं?''

''अपने साथ के सेवकों को मैंने स्टेशन से ही छुट्टी दे दी थी; क्योंकि मैंने सोचा कि आख़िर वे बेचारे भी मेरी तरह थक गये होंगे।''

''चलो, वह तो अच्छा किया, किन्तु इस समय कुली कहां मिलेंगे?''

अपूर्व बोला, ''आप चिन्ता न करें, थोड़ा-सा सामान है, नीचे जाकर मैं स्वयं उठा लाता हूं। इसमें मुझे कोई परेशानी नहीं होगी।''

यह कहकर वह नीचे जाने ही लगा था कि नीचे खड़े गाड़ीवान ने सिर ऊपर उठाकर भाड़े के भुगतान का तक़ाज़ा किया, तो भारती ने संकेत से उसे ऊपर बुला कर कहा, ''देखो, तुम्हें कहना बुरा लगता है, किन्तु इस समय कुली का मिलना सम्भव नहीं। तुम सामान ऊपर रखने का कष्ट करो, तो तुम्हें इनाम देने में कंजूसी नहीं बरती जायेगी।''

एक महिला की मनुहार से प्रसन्न हुए गाड़ीवान ने नीचे से सामान उठाकर ऊपर पहुंचा दिया। सामान आ जाने पर भारती ने सड़क की ओर खुलने वाले कमरे में अपूर्व का बिस्तर लगा दिया और फिर उससे स्नान कर आने का अनुरोध किया।

अपूर्व को नहाकर लौटने पर भारती ने उससे कहा, ''देखिये, ऊपर काग़ज़ में चीनी रखी है, अपना गिलास उठाकर मेरे साथ नल पर चलिये और मेरे निर्देशानुसार अपने हाथ से शरबत बनाकर पीजिये।''

अपूर्व की छाती मारे प्यास के फटी जा रही थी, अतः उसने किसी प्रकार की बहस करना उचित नहीं समझा। गिलास उठाया और शरबत बनाकर गटक गया, फिर बोला, ''यदि नीबू होता, तो और भी अधिक अच्छा होता।''

भारती बोली, ''मुझे अभी आपकी और भी सेवा करनी है।'' यह कहकर वह अपूर्व के चेहरे पर ताकने लगी।

अपूर्व को चोरी के दिन उसके द्वारा की गयी अयाचित सेवा-सहायता का स्मरण हो आया। अतः वह कृतज्ञता का अनुभव करता हुआ शालीनता से बोला, ''और कौन-सी सेवा करने को रह गयी है?''

भारती बोली, ''आपके आने की सूचना पाकर मैंने सामने वाले मकान में रहने वाले उड़िया ब्राह्मण लड़के से आपकी सिगड़ी मांज-धोकर रखवा दी है। नीचे से कोयले भी लाकर रखे हैं। दाल, चावल, आलू, परवल, नमक और तेल आदि सब हाज़िर है। आप पीतल की बटलोई को पानी से धोकर चूल्हे पर चढ़ा दीजिये, कोई कठिन काम नहीं है। मैं बताती जाती हूं और आप वैसा करते जाइये। केवल आप इतना कष्ट उठा

लीजिये। कल से दूसरा प्रबन्ध हो जायेगा।''

भारती की विनम्रता, उसके कण्ठ की कोमलता और मधुरता के आगे अपूर्व को 'न' कहने का साहस नहीं हुआ। कुछ देर मौन रहकर अपूर्व ने पूछा, ''आपके भोजन की क्या व्यवस्था रहती है और आप अपने घर कब लौटती हैं?''

''इन प्रश्नों की चर्चा इस समय न करें, तो अच्छा है। सच पूछो, तो न मुझे घर जाने की और न ही खाने-पीने की कोई चिन्ता है।'' यह कहती हुई भारती आवश्यक सामग्री लेने चल दी।

थोड़ी देर में अपूर्व रसोई बनाने बैठा और भारती आवश्यक निर्देश देने के लिए चौखट के बाहर खड़ी हो गयी। फिर भी उसने पूछ ही लिया, ''मेरे यहां खड़े होने से आपका चौका तो भ्रष्ट नहीं होगा?''

''आप भली प्रकार जानती हैं। यदि कोई ऐसी आशंका होती, तो आप ऐसा कभी न करतीं।''

जीवन में पहली बार आज अपूर्व रसोई बनाने बैठा था, अतः उसके द्वारा असंख्य ग़लतियों का होना और भारती का यह सब देखकर कुढ़ना स्वाभाविक ही था, परन्तु जब बटलोई से कटोरे में दाल उंडेलते समय अपूर्व ने लापरवाही से बहुत कुछ बाहर नीचे गिरा दिया, तो भारती अपने क्रोध पर नियन्त्रण न रख सकी। वह अधीर एवं असंयत होकर बोली, ''अब खायेंगे क्या? क्या भगवान् ने हम-जैसों को परेशान करने के लिए ही आप-जैसों को लापरवाह बनाया है? क्या इतनी-सी भी सावधानी नहीं बरती जा सकती थी?''

वस्तुतः अपूर्व स्वयं भी अपने को लज्जित अनुभव कर रहा था। बोला, ''मुझे क्या मालूम था कि दाल कटोरे में न गिरकर यहां बिखर जायेगी। अच्छा, ऊपर-ऊपर से थोड़ी-थोड़ी उठा लेने में क्या हर्ज है?''

भारती हंसकर बोली, ''नीचे से उठाने पर तो आचार भ्रष्ट हो जायेगा। चलिये, जितनी उठा सकते हैं, उठा लीजिये। पानी से धोकर आलू-परवल के साथ तेल में छौंक लीजिये। पिसा हुआ नमक शीशी में रखा है, अनुमान से थोड़ा-सा डाल दीजिये। भात का मांड अभी तक भात में है, अतः खाना स्वाद-हीन नहीं होगा। आज तो आपको इसी पर सन्तोष करना होगा।''

वहां से हटने से पहले अपूर्व की अनभिज्ञता पर व्यंग्य करती हुई भारती बोली, ''आपको रसोई बनाना देखने की अपेक्षा, तो नरक की यात्रा कहीं अधिक सुखद होगी।''

खाने-पीने और एक-डेढ़ घण्टा विश्राम करने के उपरान्त अपूर्व शिष्टतापूर्वक कोमल वाणी में भारती से बोला, ''समझ में नहीं आता, आपसे कैसे कहूं। अब मैं आ गया हूं, आप चाहें, तो घर जा सकती हैं, आपको थोड़ा आराम करना चाहिए। यहां मैं भली प्रकार देख-भाल कर सकता हूं।''

भारती ने सब सुना, किन्तु कुछ नहीं बोली, चुप्पी साधे रही। अपूर्व भी कुछ देर ख़ामोश रहा, फिर बोला, ''शहर में चेचक फैली और तिवारी उसका शिकार हो गया, यहां तक तो ठीक है, किन्तु उसके आगे की बात समझ में नहीं आती। आप लोग, तो यहां से चले गये थे और फिर आप लोगों से हमारा किसी प्रकार से कोई रिश्ता-नाता होना तो दूर, सामान्य सम्बन्ध भी मधुर नहीं। इसके अलावा स्वयं आप यहां विदेशी हैं, इस स्थिति में आपका यहां अपने प्राणों को संकट में डालकर इतना बड़ा त्याग करना, यहां तक कि अपने जीवन को ख़तरे में डालना मेरी समझ से एकदम बाहर है। क्या जोज़फ़ साहब ने यह सब करने से आपको मना नहीं किया? क्या उन्होंने अनुमति दे दी?''

भारती ने कहा, ''अनुमति देने-न देने के लिए वे जीवित नहीं हैं। अस्पताल में ही उनका देहान्त हो गया।''

'वे मर गये' जानकर अपूर्व को जैसे झटका लगा। बहुत देर तक वह सुध-बुध खोये चुपचाप बैठा रहा, फिर बोला, ''वस्तुतः आपके काले वस्त्रों को देखकर मुझे पहले से ही इस प्रकार की किसी भयंकर दुर्घटना का अनुमान कर लेना चाहिए था।''

भारती बोली, ''उससे भी बड़ी भयंकर दुर्घटना और हो गयी। मेरी मां भी चल बसी।''

'मां भी नहीं रही' सुनकर अपूर्व सचमुच दुखी हो उठा और उसका मन उदास हो गया। अपनी मां का स्मरण कर और उसके न रहने की कल्पना-मात्र से वह अत्यधिक चिन्तित हो उठा। मां की निश्छल और निःस्वार्थ ममता को भुलाना कोई सरल कार्य नहीं। अपने नेत्रों में भरे अश्रुओं को छिपाने की ग़रज़ से भारती कुछ देर तक खिड़की के बाहर देखती रही और फिर उसने मुंह फेरकर अपूर्व को देखा। उसकी आंखें भी छलछला आयी थीं। किसी के सामने अपनी दुर्बलता को प्रकट करना उचित न मानते हुए अपूर्व अपने अश्रुओं को छिपाने के लिए खिड़की के बाहर देखने लगा। इस चुप्पी को तोड़ती हुई भारती बोली, ''तिवारी सचमुच बहुत भला आदमी है। मेरी मां बहुत दिनों से बीमार थी। हममें से किसी को भी उसके बचने की कोई आशा नहीं थी। उस संकट के समय तिवारी ने हमारी बड़ी सेवा-सहायता की। मेरे यहां से चले जाने पर वह बच्चों की तरह बिलखकर रोने लगा था, किन्तु मेरे सामने भाड़ा चुकाने की समस्या थी। मैं इतने सारे रुपयों का प्रबन्ध कहां से करती?''

यन्त्रवत् बैठा अपूर्व चुपचाप सब सुनता रहा। सहसा भारती बोली, ''अरे! मैं तो आपको बताना भूल गयी। आपका चोर पकड़ा गया है और चोरी का सामान—रुपये, सोने के बटन आदि—थाने में जमा हैं।''

अपूर्व ने उत्सुकता प्रकट करते हुए पूछा, ''चोर कैसे पकड़ा गया?''

''तिवारी को तमाशा दिखाने को ले जाने वाले शैतान ने ही अपने आदमियों को भेजकर चोरी करायी थी। यह उसका धन्धा था। उसने और भी न जाने, कहां-कहां मुंह

काला नहीं किया होगा? चोरी के सामान के बंटवारे के बारे में झगड़ा हो गया। स्थिति यहां तक पहुंच गयी कि एक चोर ने पुलिस को सूचना दे दी और फिर पुलिस किसी लाला की दुकान पर बिके चोरी के सारे सामान को उठाकर ले आयी। मैं इस घटना की साक्षी थी, इसलिए पुलिस मुझसे सामान की पुष्टि कराने के लिए मेरे पास आयी थी और मैं यह समाचार देने के लिए यहां आयी, तो तिवारी की बुरी हालत देखकर यहां से हिल न सकी। मुक़दमे के लिए निर्धारित तारीख़ मुझे मालूम नहीं, किन्तु इतना निश्चित है कि आपका सामान आपको मिल जायेगा।''

भारती इस अन्तिम वाक्य को न कहती, तो अच्छा होता; क्योंकि अपूर्व चोरी वाले दिन जिस प्रकार सर्वथा निर्दोष भारती को इस चोरी में किसी-न-किसी रूप में लिप्त मानकर उसके प्रति घृणा और उपेक्षा के भावों को पल्लवित करता रहा था, उस सबका स्मरण हो आने से वह अपने को काफ़ी लज्जित और ओछा अनुभव कर रहा था। अपूर्व के चेहरे पर आ-जा रहे भावों की ओर ध्यान न देकर, अपनी बात जारी रखते हुए भारती बोली, ''चोर मिलने का समाचार देने आयी, तो देखा, दरवाज़ा भीतर से बन्द है। बहुत खटखटाया, ख़ूब ज़ोर से पुकारा, किन्तु किसी प्रकार की कोई प्रतिक्रिया नहीं हुई। ऊपर वाले तले की चाबी मेरे पास थी, दरवाज़ा खोला और फ़र्श के छेद—जहां से आपके घर का सारा दृश्य उजागर हो जाता है—'' कहती हुई वह कुछ लज्जित हुई और अपनी झेंप मिटाने के लिए हंसकर बोली, ''में से देखा कि अंधेरे में ऊपर से नीचे तक चादर ओढ़े कोई व्यक्ति अचेत पड़ा है। लगा कि हो-न-हो, यह तिवारी ही है। बीस मिनट तक उस छेद में से गला फाड़कर चिल्लाती रही, तब कहीं जाकर तिवारी के कान में भनक पड़ी और उसने उठकर रेंगते हुए दरवाज़े के पास पहुंचकर किवाड़ खोले। नीचे उतरकर और कमरे में घुसकर उस बेचारे का चेहरा देखा, तो फिर कुछ पूछने-जानने को शेष न रहा। इसी चेचक का शिकार हो जाने से तीन-चार दिन पहले सामने वाले मकान के नीचे की कोठरियों में रहने वाले तेलगू कुलियों को पकड़कर पुलिस अस्पताल ले गयी थी। तिवारी ने अपने कानों से उनका रोना-बिलखना केवल सुना ही नहीं था, अपितु अपनी आंखों से उनकी दीनता और विवशता के दर्शन भी किये थे। इसीलिए कमरे में मेरे पैर रखते ही तिवारी मेरे पैरों से लिपटकर बिलखने-रोने लगा। छटपटाता हुआ तिवारी बोला, ''मांजी! मुझे प्लेग अस्पताल में भेजने से बचा लीजिये। वहां गया, तो जीवित नहीं लौटूंगा। उसका भय निर्मूल नहीं था। वास्तव में प्लेग अस्पताल गये किसी रोगी को स्वस्थ होकर लौटा देखा-सुना ही नहीं था। इसीलिए वह किवाड़, खिड़की और रोशनदान आदि सब कुछ बन्द कर चुपचाप पड़ा था, ताकि अड़ोस-पड़ोस में उसके चेचकग्रस्त होने की कानों-कान किसी को ख़बर न पहुंचे।''

काठ की मूर्ति बना अपूर्व यह सब सुनकर बोला, ''स्पष्ट है कि उस दिन से आप इस नरक को झेल रही हैं? मुझे ख़बर कर दी होती। मैं यहां नहीं था, तो मेरे ऑफ़िस के साथी तलवलकर को तो आप जानती हैं, उसे ही ख़बर कर दी होती?''

भारती ने कहा, "मेरे पास कोई आदमी कहां था, जो मैं उसे तलवलकर महाशय के पास भेजती। सोचा कि उनका इधर आना हुआ, तो बता दूंगी। उनका आना हुआ ही नहीं। उन्हें भी क्या मालूम कि यहां कौन-सा संकट उपस्थित हो गया है। इसके सिवा शोर करने से भेद खुल जाने का भी ख़तरा था।"

अपनी सहमति प्रकट करता हुआ अपूर्व विषाद-ग्रस्त और चिन्तित होकर कुछ देर तक चुपचाप बैठा रहा, फिर बोला, "आपने अपना क्या हाल बना रखा है, कभी इधर ध्यान दिया है?"

थोड़ा हंसकर भारती बोली, "इसका अर्थ है कि इससे पहले मैं कुछ अच्छी लगती थी।"

अपूर्व उत्तर में कुछ कह न सका, किन्तु उसकी कृतज्ञतापूर्ण मुग्ध दृष्टि ने उस युवती की सारी ग्लानि और क्लान्ति को मिटाकर उसे अभूतपूर्व शान्ति प्रदान की। अन्ततः काफ़ी देर के बार वह बोला, "आपने अपेक्षा से बहुत अधिक किया है, अब मेरी प्रार्थना को मानकर आप थोड़ा विश्राम कीजिये। तिवारी केवल मेरा नौकर ही नहीं, अपितु मित्र भी है, आत्मीय है। मैं उसकी गोद में खेलकर बड़ा हुआ हूं। अब उसकी सेवा-शुश्रूषा का दायित्व मैं संभालूंगा। आपको और अधिक कष्ट करने अथवा चिन्तित होने की आवश्यकता नहीं। आप ने अभी तक न स्नान किया है और न ही कुछ खाया-पिया है। अब आप घर जाइये। हां, आपका घर यहां से कितनी दूर है?"

सिर हिलाकर हामी भरती हुई भारती बोली, "ठीक है, जैसा आप कहते हैं। मेरा घर तेल के कारख़ाने के पास नदी-किनारे है। कल मैं फिर आऊंगी।"

दोनों चुपचाप नीचे उतरे और ताला खोलकर कमरे में प्रविष्ट हुए। तिवारी अचेत पड़ा है। कुछ बोलता-चालता नहीं। नींद खुल जाने पर ख़ुमारी में अर्ध-चेतन-सा पड़ा रहता है। अपूर्व तिवारी के बिस्तर के पास नीचे बैठ गया और भारती सामने पड़े जूठे बरतनों को धोने के लिए नल के पास चल दी। वह जाने से पूर्व अपूर्व को रोगी की ओषधि और उसका पथ्य आदि बताने के साथ-साथ इस असाध्य रोग से सावधान रहने के लिए सचेत करना चाहती थी, किन्तु अपना काम निपटाकर लौटी, तो वह क्या देखती है कि तिवारी के विकृत चेहरे को देखता अपूर्व स्वयं जड़ बना बैठा है। अपूर्व का अपना चेहरा पीला और सफ़ेद हो गया है। लगता है कि उसने अपने जीवन में चेचक की बीमारी को पहली बार देखा है और उसकी भीषणता से बुरी तरह घबरा गया है। भारती को कमरे में आया देखकर व्याकुलता अनुभव करता हुआ अपूर्व उठकर खड़ा हो गया और डबडबायी आंखों से भारती की ओर देखता हुआ बोला, "नहीं, यह सब मेरे बस का नहीं। मुझसे कुछ नहीं हो सकेगा?"

: 9 :

अपूर्व के वचन सुनकर भारती आश्चर्यचकित रह गयी। उसके लिए कुछ कह पाना कठिन हो गया। अत: कुछ देर सोच में पड़ी रही, फिर काफ़ी देर बाद बोली, ''यदि आप रोगी की सेवा और देखभाल नहीं कर सकते, तो फिर उसे अस्पताल भिजवा दीजिये।'' भारती के स्वर में एकदम सहजता थी। किसी प्रकार का व्यंग्य अथवा तीखापन नहीं था।

भारती का सीधा-सपाट उत्तर सुनकर, अपूर्व का मुख लज्जा से झुक गया। इसका एक कारण उसके द्वारा विज्ञापित उसकी असमर्थता और दुर्बलता थी। दूसरा कारण भारती के सपाट उत्तर से उसके प्रति संजोयी आशा तथा विश्वास का टूटना था। अपूर्व को एक बार फिर से स्वीकार करना पड़ा कि भारती सचमुच एक उलझी हुई पहेली थी, जिसे समझना एकदम टेढ़ी खीर था। भारती के उत्तर से अपूर्व को लगा, मानो किसी ने प्रचण्ड ज्योति से आलोकित असंख्य दीपों को एक ही फूंक से बुझा दिया हो अथवा अधूरे नाटक को बीच में ही समाप्त कर परदा गिरा दिया हो और फिर उस अंधेरे में भटकने के लिए रह गया वह और मौत की गोद में पड़ा, उस पर निर्भर, उसका बालसखा तिवारी।

भारती ने कहा, ''जो कुछ करना हो, दिन रहते कर लीजिये। आप कहें, तो नीचे जाकर मैं टेलीफ़ोन से अस्पताल को सूचित कर देती हूं। वे लोग आकर रोगी को ले जायेंगे।''

अब की बार सिर उठाने का साहस जुटाकर अपूर्व ने कहा, ''आप ही तो कहती थीं कि वहां जाकर कोई बचता नहीं।''

भारती बोली, ''कोई भी नहीं बचता—ऐसा तो मैंने नहीं कहा।''

अपूर्व ने उदास चेहरे और चिन्तित स्वर से कहा, ''अधिकतर मर ही जाते हैं न ?''

भारती ने कहा, ''हां, यह तो ठीक है, मर ही जाते हैं। इसीलिए तो होश रहते कोई उधर जाना नहीं चाहता।''

किंकर्तव्यविमूढ़ अपूर्व कुछ देर चुप बैठा रहा, फिर बोला, ''अच्छा, क्या तिवारी को कुछ होश है ?''

''हां, है क्यों नहीं ? सारा समय भले होश न रहता हो, किन्तु बीच-बीच में होश आ जाता है।''

इतने में सहसा तिवारी दु:ख से कुछ इस प्रकार चीख़ा कि अपूर्व डर गया। भारती ने तिवारी के पास आकर उसके बदन पर स्नेह का हाथ रखा और मृदु-मधुर स्वर में उससे पूछा, ''क्या चाहिए तिवारी ?''

तिवारी ने प्रत्युत्तर में क्या कहा, अपूर्व की समझ में कुछ नहीं आया, किन्तु भारती ने धीरे-से उसकी करवट बदली, उसके मुंह में लोटे से पानी डाला और फिर उसके कान के पास अपना मुंह ले जाकर कहा, ''तुम्हारे बाबू लौट आये हैं।''

तिवारी ने यह जानकर मुंह से कुछ कहा और अपने दायें हाथ को ऊपर उठाना

चाहा, किन्तु उठा न सका। शायद नमस्कार करना चाहता था। थोड़ी देर में अपूर्व ने तिवारी की आंखों से आंसू बहते देखे, तो सहानुभूति में वह भी रोने लगा, किन्तु अपनी इस दुर्बलता को छिपाने के लिए उसने धोती के किनारे से आंसू पोंछ डाले। लेकिन आंसुओं का गिरना जारी रहा, जिसे छिपाना सम्भव न हो सका। इस प्रकार विषाद ने दोनों को कुछ देर तक इस प्रकार घेरे रखा कि कोई कुछ बोल ही नहीं सका। श्मशान की-सी शान्ति छा गयी।

आख़िर भारती ने मौन तोड़ते हुए पूछा, ''हां, फिर क्या निर्णय लिया? तिवारी को अस्पताल भेजना है या नहीं?''

अपूर्व अभी तक विषाद की छाया से मुक्त नहीं हो सका था। अर्धचेतन-सा वह बोला, ''नहीं।''

भारती ने शान्त और संयत स्वर में कहा, ''ठीक है, अभी मैं जाती हूं। समय मिला, तो ख़बर लेने आ जाऊंगी।''

अपूर्व अभी तक पूरी तरह सचेत नहीं हो सका था। वह भारती के जाने को सुनकर भी सन्न बना बैठा रहा। भारती ने जाते-जाते कहा, ''और तो सब कुछ घर में मौजूद है, केवल मोमबत्ती समाप्त हो गयी है। जाने से पहले एक बण्डल नीचे से ख़रीदकर रख जाती हूं।'' कुछ देर बाद भारती के मोमबत्ती ख़रीदकर लौटने पर अपूर्व पूरी तरह सचेत हो चुका था। पूरे होश-हवास में आ चुका था। उसने अपनी गीली आंखें पोंछ डालीं और मुंह फेर लिया। भारती जाने से पहले कुछ कहना चाहती थी, परन्तु उसके उपेक्षापूर्ण व्यवहार को देखकर वह भी बिना कुछ कहे-सुने घर जाने के लिए तैयार हो गयी। ज्यों ही भारती ने किवाड़ खोलकर पैर बाहर रखे, त्यों ही अपूर्व ने पूछा, ''यदि तिवारी पानी मांगे, तो?''

''पानी पिला दीजियेगा।''

''और यदि वह करवट बदलना चाहे, तो?''

''तो उसकी करवट बदल दीजियेगा।''

''आपने कहने को तो कह दिया, परन्तु यह नहीं सोचा कि क्या यह सब करना मेरे लिए इतना आसान है? फिर आपने यह क्यों नहीं सोचा कि मैं सोऊंगा कहां? क्या इस विषय में आपने सोचा, बताइये?'' अपनों से की जाने वाली शिकायत-जैसे क्रोध से भरे स्वर में अपूर्व ने कहा, ''मेरा बिस्तर ऊपर पड़ा है।''

भारती ने अपूर्व के कथन को किस रूप में लिया, यह उसने अपने चेहरे पर आये भावों से प्रकट नहीं होने दिया। क्षण-भर शान्त और मौन बनी भारती मृदु और मुधर कण्ठ से बोली, ''क्या आपको मालूम नहीं कि आपकी खटिया पर बिस्तर बिछा हुआ है, आप उस पर आसानी से सो सकते हैं।''

अपूर्व बोला, ''चलो, इस झंझट से भी सहज में छुट्टी मिली, किन्तु मेरे खाने-पीने की किसी व्यवस्था के सम्बन्ध में आपने नहीं सोचा होगा?''

भारती चुप्पी साध गयी, किन्तु अपूर्व की इस अधिकारपूर्ण बेतुकी फ़रमाइश पर वह अपनी हंसी के आवेग को रोक न सकी। काफ़ी देर के प्रयास से अपने को संयत करती हुई उसने पूरी गम्भीरता से बेबाक उत्तर दिया, "क्या आपके सोने की और खाने-पीने की व्यवस्था का भार मुझ पर है?"

"मेरा कहने का अर्थ यह तो नहीं?"

"तो फिर क्या अर्थ है? आप मेरे प्रति क्रुद्ध होकर जो कह रहे हैं, इससे भिन्न उसका और क्या अर्थ हो सकता है?"

अपूर्व निरुत्तर हो गया, उससे कुछ कहते न बना, किन्तु उसके उदास और खिन्न चेहरे को देखकर उसके प्रति करुणा का भाव दिखाती हुई भारती बोली, "यदि आप मुझसे कुछ अनुरोध करना ही चाहते थे, तो आपको मुझसे कहना चाहिए था। कृपा करके मेरे खान-पान की कुछ व्यवस्था करने का कष्ट करें। यह मेरा निवेदन है।"

अपूर्व ने अपने झुके सिर को ऊपर उठाये बिना ही कहा, "ऐसा करने में मुझे कौन-सी आपत्ति हो सकती है भला?"

"तो फिर कहिये, ज़रा मैं भी सुनूं?"

अपूर्व ने अपनी उदासी को छिपाने के लिए दूसरी ओर मुंह करके कहा, "क्या अभी तक मैं झख मार रहा था?"

भारती ने पूछा, "क्या आपने अपने जीवन में कभी किसी रोगी की सेवा-शुश्रूषा की है?"

"नहीं।"

"इससे पूर्व कभी परदेश भी नहीं गये?"

"नहीं, मां ने कहीं बाहर जाने ही नहीं दिया।"

"इस बार मां ने कैसे इधर आने की अनुमति दे दी?"

इस प्रश्न का उत्तर देना अपूर्व को रुचिकर न लगा। किन परिस्थितियों में मां को अपनी छाती पर पत्थर रखना पड़ा, इसे दूसरों के सामने प्रकट कर वह अपने को लज्जित नहीं करना चाहता था।

भारती ने कहा, "शायद इतनी बड़ी नौकरी के प्रलोभन से मुंह मोड़ना सम्भव नहीं रहा होगा? क्यों, मेरा अनुमान सत्य है न? किन्तु वह स्वयं आपके साथ क्यों नहीं आयीं?"

भारती की इस जिज्ञासा पर अपूर्व असंयत हो उठा और फिर तीव्र स्वर में बोला, "यदि मेरी मां को आपने देखा होता, तो आप ऐसी टिप्पणी कदापि न करतीं। उन्होंने बड़ी कठिनाई से अपने दिल को कड़ा करके मुझे यहां भेजा है। इस म्लेच्छ देश में उस विधवा द्वारा आचार-नियम का पालन कैसे सम्भव था?"

"म्लेच्छों से आप लोग अत्यधिक घृणा करते हैं न?" मूल विषय को पकड़ती हुई भारती बोली, "किन्तु रोग-ग्रस्त होना, तो केवल म्लेच्छों अथवा निर्धनों की नियति

नहीं। आप भी उसके शिकार हो सकते हैं। ईश्वर न करे, आपको ऐसा कुछ हो जाये, तो क्या मांजी फिर भी यहां नहीं आयेंगी?

यह सुनते ही अपूर्व का चेहरा सफ़ेद पड़ गया और वह घबराहट प्रकट करता हुआ बोला, "आप इस प्रकार डरायेंगी, तो मुझसे यहां अकेले रहा नहीं जायेगा?"

भारती ने कहा, "आप तो पहले से ही काफ़ी डरपोक हैं। डर न दिखाये जाने पर भी आपके लिए अकेले रह पाने में मुझे सन्देह है।"

अपूर्व ने भारती के मन्तव्य का खण्डन नहीं किया, उलटे अपने मौन के रूप में उसने भारती की मान्यता को अर्धस्वीकृति दे दी।

भारती बोली, "अच्छा, एक बात बताइये, मेरे हाथ का पानी पीने से तिवारी की जाति तो भ्रष्ट हो गयी। यदि इस स्थिति में वह बच भी गया, तो जीकर क्या करेगा?"

अपूर्व को संकटकाल में हुए पाप की निवृत्ति के लिए शास्त्रोक्त किसी प्रायश्चित्त की जानकारी नहीं थी। फिर अपनी समझ से वह बोला, "तिवारी ने होश में रहते आपके हाथ से पानी नहीं पिया, मरणासन्न स्थिति में पिया है। न पीता, तो प्यास से मर जाता। प्राणरक्षा के लिए किये गये पाप से शायद जाति भ्रष्ट नहीं होती, प्रायश्चित्त से सुधार हो जाता है।"

भारती चिढ़कर बोली, "हूं। तिवारी के प्रायश्चित्त का ख़र्च आप उठायेंगे, अन्यथा उसके शुद्ध हुए बिना आप उसके हाथ का छुआ खा-पी नहीं सकेंगे।"

अपूर्व अपनी सहमति प्रकट करता हुआ बोला, "क्यों नहीं, शुद्धि का सारा ख़र्च मैं वहन करूंगा। पहले भगवान् उसे शीघ्रतिशीघ्र ठीक तो करे...।"

"और उसकी सारी तीमारदारी मैं करूं? क्यों, यही चाहते हैं न आप?"

अपूर्व ने भारती के स्वर में रूखेपन और उसकी झुंझलाहट पर ध्यान न देकर उसके प्रति कृतज्ञता प्रकट करते हुए कहा, "यह तो आपकी उदारता और कृपा होगी। वस्तुतः आपकी सेवा के फलस्वरूप ही तिवारी जीवित है, अन्यथा कब का यमलोक पहुंच गया होता। आपका उस पर और मुझ पर काफ़ी एहसान है।"

आश्चर्य प्रकट करती और व्यंग्य कसती हुई भारती हंसकर बोली, "वाह रे तुम्हारा धर्म! म्लेच्छ द्वारा प्राण बचाये जाने पर कोई दोष नहीं लगता, किन्तु उसके हाथ का पानी पीने में प्रायश्चित्त की आवश्यकता पड़ती है। ऐसा ही है न?" यह कहती हुई वह थोड़ा ज़ोर से हंसी और बोली, "इस समय मैं चलती हूं। समय मिलने पर, कल किसी समय तिवारी को देखने के लिए आने का प्रयास करूंगी।" यह कहती और प्रस्थान करती भारती ने मुड़कर कहा, "यदि न आ सकी, तो तिवारी के ठीक हो जाने पर उसे यह बताना मत भूलियेगा कि यदि आप न आते, तो मैं उसे अकेला छोड़कर कभी न जाती। म्लेच्छों के समाज के भी कुछ नियम होते हैं, कुछ मर्यादाएं होती हैं। किसी पुरुष के साथ किसी स्त्री के रात में अकेले एक छत के नीचे रहने का समर्थन तिवारी भी नहीं करेगा। कल सवेरे अपने प्यादे के आने पर उसके द्वारा तलवलकर महोदय को

सूचित कर दीजियेगा। वे अनुभवी और सहानुभूतिशील महानुभाव हैं, उपयुक्त व्यवस्था कर देंगे। अच्छा, नमस्कार।''

अपूर्व ने पूछा, ''तिवारी को करवट बदलने पर किसी प्रकार का कष्ट तो नहीं होगा?''

''नहीं, किसी कष्ट की कोई बात नहीं।''

''यदि रात को बिछौना बदलने की आवश्यकता पड़ जाये, तो क्या करना होगा?''

भारती बोली, ''करना क्या होगा? ज़रा सावधानी से बदल देना होगा, बस।''

अपने घर जाने के लिए दरवाज़ा खोल भारती ने बाहर पैर रखा ही था कि अपूर्व बोल पड़ा, ''यदि कहीं अचानक तिवारी उठकर बैठ जाये और रोने लगे, तो... ?''

भारती ने इस बेतुके प्रश्न का उत्तर देने की आवश्यकता नहीं समझी, अतः वह धीरे से बाहर निकली और उसने किवाड़ बन्द कर दिये। जब तक भारती के सीढ़ियां उतरने की आहट सुनाई देती रही, तब तक अपूर्व काठ की पुतली बना चुपचाप बैठा सुनता रहा। उस धीमी आवाज़ के बन्द होते ही अपूर्व को ऐसे लगा, मानो उसके सामने उतरे एक काले जाल ने उसके शरीर को जकड़ लिया है। उसने अपने शरीर में एक ऐसा खिंचाव अनुभव किया, जैसा उसने अब से पहले कभी नहीं किया था। उसने डर के मारे सामने वाले बरामदे के किवाड़ खोल दिये और वहां से भारती को लम्बे-लम्बे डग भरते हुए जाते देखा, तो मुंह से चीख़कर ज़ोर से आवाज़ दी, ''मिस जोज़फ़,'' किन्तु उसकी यह आवाज़ उसके मुंह में दबी रह गयी। फिर उसने पुकारा, ''भारती! ओ भारती मैडम!''

आवाज़ सुनकर भारती ने मुंह उठाकर देखा, तो अपूर्व दोनों हाथ जोड़कर ऊपर आने की प्रार्थना कर रहा था, किन्तु प्रयत्न करने पर भी वह मुंह से कुछ बोल नहीं पा रहा था। चिन्तित भारती अविलम्ब लौट आयी। उसने दरवाज़ा खोला, तो देखा कि तिवारी अकेला पड़ा है, अपूर्व वहां है ही नहीं। चिन्तित भारती ने आगे बढ़कर बरामदे में झांककर देखा, किन्तु वहां भी अपूर्व दिखाई न दिया। चारों ओर खोज करने पर स्नानघर का दरवाज़ा खुला मिला, तो भारती बाहर खड़ी होकर प्रतीक्षा करने लगी। पांच-छह मिनटों के गुज़रने पर भारती ने स्नानघर के भीतर झांककर देखा, तो उसका कलेजा मुंह को आ गया। अपूर्व छाती के बल औंधा गिरा पड़ा था। दोपहर का खाया वमन में निकल गया था, उसके नेत्र बन्द थे और सारे शरीर से पसीना छूट रहा था। भारती ने समीप जाकर आवाज़ दी, ''अपूर्व बाबू!''

आवाज़ सुनते ही अपूर्व ने आंखें खोल तो दीं, किन्तु खोले न रख सका, अगले ही क्षण अचेत-सा हो गया। क्षण-भर के लिए भारती असमंजस में पड़ गयी। उसके लिए कर्तव्य-निर्धारण करना कठिन हो गया। वह धरती पर बैठकर अपूर्व के सिर पर हाथ फेरती हुई धीरे-से बोली, ''बाबू! उठकर बैठना तो होगा।'' और फिर अपने से बोली, ''सिर और मुंह पर पानी डाले बिना तबीअत के सुधरने की आशा नहीं की जा

सकती। क्या करूं, कुछ समझ में नहीं आता?''

इसी बीच न मालूम, कैसे अपूर्व उठकर बैठ गया। उसका हाथ पकड़कर भारती उसे नल के पास ले गयी। नल खोल दिया गया। अपूर्व ने अच्छी तरह हाथ-मुंह धोया और कुल्ला किया। भारती ने उसे सहारा देकर धीरे से उठाया और अंगोछा-तौलिया आदि सुलभ न होने के कारण अपनी साड़ी के आंचल से उसके मुंह, हाथ और पैर आदि पोंछकर उसे चारपाई पर लिटा दिया। कहीं से पंखा ढूंढ़कर भारती उसके माथे पर कुछ देर तक हवा करती रही और फिर बोली, ''अब आप अपनी आंखें मूंदकर सोने का प्रयास कीजिये। मैं आपके स्वस्थ होने तक यहीं बनी रहूंगी। अतः निश्चिन्त होकर सो जाइये।''

अपने को लज्जित अनुभव करता हुआ अपूर्व कोमल और विनम्र स्वर में बोला, ''आपने तो अभी तक अन्न का एक दाना भी पेट में नहीं डाला?''

''आपने खाने ही कहां दिया? अच्छा, छोड़िये इस बहस को। आप इस समय सो जाइये।''

अपूर्व कुछ देर चुप पड़ा रहने के बाद अचानक बोला, ''यदि मैं आपको 'मिस भारती' पुकारूं, तो क्या आपको बुरा लगेगा?''

''हां, मिस भारती सम्बोधन मुझे पसन्द नहीं, भारती पुकारना ही ठीक रहेगा।''

''किन्तु दूसरों के सामने तो 'मिस भारती' पुकारना उचित होगा?''

''ऐसी कोई बात नहीं। आप मुझे दूसरों के सामने भी 'भारती' कहकर पुकार सकते हैं। इसमें मुझे कोई आपत्ति नहीं। अच्छा, छोड़िये इस बहस को, आप सोने का प्रयास कीजिये। मुझे और भी बहुत काम निपटाने हैं।''

''सोने में मुझे डर लगता है, कहीं आप चुपके से खिसक गयीं, तो...?''

''किन्तु यदि मैं आपके जागते रहने पर ही चल दूं, तो आप मुझे कैसे रोक सकेंगे?''

अपूर्व चुपचाप देखता रह गया। भारती बोली, ''हमारे म्लेच्छ समाज में भी उचित-अनुचित एवं अच्छे-बुरे की मीमांसा होती है। इसलिए मुझे अपने समाज द्वारा निर्धारित मान-मर्यादा एवं क़ायदे-क़ानून का पालन करते हुए ही व्यवहार करना होगा।''

अपूर्व की बुद्धि स्थिर नहीं थी। वह नहीं जानता था कि वह क्या कह रहा है। उसके मुंह से अचानक निकला, ''मेरी मां यहां नहीं है। यदि मैं बीमार पड़ जाऊं, तो क्या मुझे संभालने का दायित्व आप नहीं निभायेंगी?''

''मैं जानती हूं कि मुझे यह भार संभालना पड़ेगा। मैं यह भी जानती हूं कि आपके परममित्र तलवलकर साहब के बस का कुछ भी नहीं। अतः उन्हें सूचना देने का कोई लाभ नहीं होगा।''

अपूर्व अर्ध-उन्मत्त-सा बना बड़बड़ाता हुआ बोला, ''नहीं, नहीं। तलवलकर के बस का कुछ भी नहीं। मेरी मां या फिर आप ही मुझे इस बीमारी से बचा सकती हैं।

आप दोनों में से किसी एक को देखे बिना मैं नहीं जी सकूंगा। आप यह मत भूलिये कि कल मैं भी चेचक का शिकार हो सकता हूं। उस स्थिति में मुझे केवल आपका ही सहारा और भरोसा रहेगा।''

अपूर्व के कथन के अन्तिम भाग ने भारती को इस प्रकार द्रवित कर दिया कि चारपाई के एक कोने में बैठी वह सहानुभूति से अपूर्व के शरीर पर हाथ फेरती हुई मधुर कण्ठ में बोली, ''चिन्ता मत करो, मैं आपको कैसे भूल सकती हूं? आपकी सेवा को मैं सदैव प्रस्तुत हूं।'' कहने को तो भारती यह सब कह गयी, किन्तु अपनी सीमा पर ध्यान जाते ही वह सहसा उठ खड़ी हुई और अपनी ग़लती को सुधारती हुई हंसकर बोली, ''मेरी सेवा से ठीक हो जाने पर भी आपको प्रायश्चित्त नाम के दूसरे संकट से गुज़रना पड़ेगा, किन्तु मैं इस बात का ध्यान रखूंगी कि आपको इसकी आवश्यकता न पड़े। अच्छा, अब आप चुपचाप सो जाने की कृपा करें, ताकि मैं बहुत-सारे बिखरे कामों को शीघ्रता से निपटा दूं।''

''कौन-से काम निपटाने हैं आपको?''

''लो सुनो, क्या बताऊं? खाना-पीना तो दूर रहा, अभी तक नहाना-धोना भी नहीं हुआ है।''

''क्या शाम के समय नहाने से तबीअत बिगड़ने की आशंका नहीं रहती?''

''तबीअत बिगड़ सकती है, इसमें कोई सन्देह नहीं, किन्तु स्नानगृह में आपने जो वमन आदि कर रखा है, उसे साफ़ करने के उपरान्त नहाये बिना रहा नहीं जायेगा। फिर दो-चार ग्रास भी पेट में डालने आवश्यक हैं।

लज्जित अनुभव करता हुआ अपूर्व बोला, ''स्नानगृह को मैं साफ़ कर देता हूं। आपको वहां जाने की आवश्यकता नहीं।'' यह कहकर वह शीघ्रता से उठने लगा, परन्तु भारती ने डांटते हुए कहा, ''इस समय आपको वीरता दिखाने की नहीं, सोने का प्रयास करने की आवश्यकता है। मुझे इस बात पर आश्चर्य हो रहा है कि ऐसे वहमी लड़के को मां ने विदेश भेज कैसे दिया? इस समय आपकी मां यहां नहीं है, किन्तु उनके स्थान पर मैं आपको आदेश दे रही हूं। उठिये मत, लेटे रहिये। यदि आप ने मेरा कहा न माना, तो किसी भी अनर्थ के घटने का सारा ज़िम्मा आप पर होगा।'' यह कहकर वह कृत्रिम क्रोध का प्रदर्शन करती हुई उठकर चल दी।

शान्त-क्लान्त और एकदम निर्जीव बने अपूर्व की कब आंख लग गयी, इसका पता स्वयं उसे नहीं चला। भारती के पुकारने पर नींद से जागा वह आंखें मलता हुआ उठकर बैठ गया। सामने की दीवार-घड़ी पर दृष्टि पड़ी, तो पता चला कि रात के बारह बजे हैं। अपूर्व की पहली नज़र पास खड़ी भारती के खुले फैले और लम्बे केशों पर पड़ी। सद्यःस्नान से लौटी भारती के घने केश भीगकर काले-स्याह हो गये थे और लम्बाई में नीचे लटकते हुए धरती को छू रहे थे। कमरे में साबुन की भीनी महक फैल रही थी। उसने काली किनारी वाली सूती साड़ी पहन रखी थी और कुरती न पहनने से उसकी

बांहें एक तरह से नंगी थीं। अपूर्व ने भारती के इस रूप को, उसकी इस आभा से दीप्त सौन्दर्य को इससे पहले कभी नहीं देखा था। उसके मुंह से सहसा निकला, "अरे! इतने लम्बे बाल कैसे सूखेंगे ?"

भारती ने कहा, "आप इन केशों के सूखने-न सूखने की चिन्ता छोड़कर मेरे साथ आने का कष्ट करें।"

"तिवारी की हालत कैसी है ?"

"बेहतर है। कम से कम आज की रात तो आप उसकी ओर निश्चिन्त हो सकते हैं ?"

भारती का अनुसरण करते अपूर्व ने स्नानघर में पहुंचकर देखा कि एक टोकरी में कुछ फल रखे हैं। साथ में हंसिया और थाली भी रखी है। उन सबकी ओर संकेत करती हुई भारती बोली, "इस समय इतना ही जुटाया जा सका है। सब चीज़ों को भली प्रकार नल के पानी से धो लीजिये और गिलास में पानी भर लीजिये। साथ वाले कमरे में आसन बिछा हुआ है। आराम से बैठकर खा-पी लीजिये।"

आश्चर्य प्रकट करता हुआ अपूर्व बोला, "यह सब आप कब और कहां से लायी हैं ?"

भारती बोली, "आपके सो जाने पर पास की ही फल की एक दुकान से यह सब मिल गया। अधिक दूर नहीं भटकना पड़ा। टोकरी आपके यहां मौजूद थी, अतः कोई असुविधा नहीं हुई।" यह कहकर दूसरी ओर जाती भारती ने अपूर्व को सावधान करना आवश्यक समझा और बोली, "फल काटने में ज़रा सावधान रहियेगा। कहीं अपना हाथ न काट बैठियेगा।"

कुछ ही देर में अपूर्व आसन पर बैठकर हंसिए से फलों को छील-काटकर खाने लगा। उसके अनाड़ीपन को देखकर भारती अपनी हंसी नहीं रोक सकी, किन्तु अपूर्व को बुरा नहीं लगा। वह सामान्य स्वर में बोला, "आप जानती हैं कि पुरुषों को हंसिए का उचित प्रयोग करना नहीं आता। आपने मेरे खाने के लिए इतना अधिक कष्ट करके इतना कुछ जो जुटाया है, उसके लिए मैं आपका जितना अधिक धन्यवाद करूं, थोड़ा है। सच तो यह है कि मेरी मां के सिवा कोई दूसरा मेरी इस प्रकार चिन्ता करेगा, इसकी मैं कल्पना भी नहीं कर सकता।"

अपूर्व के अन्तिम वाक्य पर भारती का ध्यान नहीं गया। अपूर्व की शिकायत का उत्तर देती हुई वह बोली, "मेरी हंसी अकारण नहीं। माना कि पुरुष हंसिए के प्रयोग में कुशल नहीं होते, किन्तु आपके समान एकदम अनाड़ी भी कदापि नहीं होते। तिवारी के ठीक हो जाने पर मैं आपकी मां को अवश्य लिखूंगी कि या तो यहां आकर अपने लाड़ले को संभालें या फिर ऐसे अनाड़ी को वापस देश में बुला लें। ऐसे आदमी को अकेला परदेश में रखना कभी बुद्धिमत्ता का काम नहीं कहा जा सकता।"

अपूर्व बोला, "मां अपने बेटे को अच्छी प्रकार से जानती है। यदि मेरे स्थान पर

मेरे भाइयों में से कोई यहां होता, तो आपसे वह सब कुछ करा लेता और आप कुछ भी कह न पातीं।''

भारती कुछ समझ न सकी। अतः अपने कथन को स्पष्ट करता हुआ अपूर्व बोला, ''वस्तुतः ऐसा कुछ नहीं, जिसे मेरे भाई खाते और छूते न हों। मुर्ग़ी खाने में उन्हें परहेज़ नहीं और डिनर तो अक्सर वे होटलों से मंगवाया करते हैं। घर में पके खाने से उनकी तृप्ति ही नहीं होती।''

आश्चर्य प्रकट करती हुई भारती बोली, ''यह आप क्या कर रहे हैं ?''

''मैं सच कह रहा हूं। पिताजी को आधा ईसाई कहने में मुझे कुछ भी अनुचित नहीं लगता। लेकिन इस कारण मेरी मां को क्या-क्या झेलना पड़ा है, इसकी स्मृति भी कम दुःखद नहीं।''

''इसका अर्थ है कि आपकी मां कट्टर हिन्दू हैं ?''

''इसमें कट्टर होने-न होने की कोई बात नहीं। हिन्दू धर्म का पालन करने में स्त्रियों को जैसा होना चाहिए, वैसी ही वह है।'' मां की चर्चा करते हुए अपूर्व का दिल भर आया और कण्ठ करुणा से विगलित हो गया। वह भीगे स्वर में बोला, ''घर में दो-दो बहुओं के होने पर भी मां को अपना खाना अपने हाथ से बनाना पड़ता है। लेकिन मां किसी काम के लिए न तो कोई ज़बरदस्ती करती है और न किसी के विरुद्ध किसी प्रकार की कोई शिकायत ही करती है। उलटे पति का पक्ष लेती हुई कहती है—मैं भी अपने आचार-विचार से चिपटकर अपने पति का रुचि के अनुसार अपने को नहीं ढाल-बदल सकी। इस प्रकार सच्चे अर्थों में उनकी जीवनसंगिनी नहीं बन सकी। यदि वे लोग अपनी पसन्द पर अडिग हैं, उसे सही मानते और अपनाते हैं, तो विरोध अथवा शिकायत करने में औचित्य कहां है ? अपने संस्कारों और अपनी मान्यता के अनुरूप बहुओं को अपना जीवन ढालने के लिए विवश करना कभी न्यायसंगत नहीं। सबकी अपनी-अपनी राह है और पसन्द है, जिसे जो अच्छा लगे, उसके लिए वही ठीक है।''

अपूर्व के कथन को सुनकर उसकी मां के प्रति श्रद्धा-भक्ति का प्रदर्शन करती हुई भारती बोली, ''मां पुराने ज़माने की ठहरीं, तभी तो उनमें इतना अधिक धीरज और इतनी अधिक सहनशीलता है।''

अपूर्व उत्तेजित हो उठा और बोला, ''ये दोनों—धीरज और सहनशीलता— गुण तो उनमें कूट-कूटकर भरे हुए हैं। कुढ़ना और बिफरना-जैसे शब्दों से उनका परिचय ही नहीं। यदि एक बार आप उन्हें देख लेतीं, तो सच कहता हूं आश्चर्यचकित हुए बिना रह न पातीं।''

भारती विस्मय-विमुग्ध होकर अपूर्व के मुंह पर ताकने लगी। उत्साहित होकर अपूर्व बोला, ''क्या कहूं, मेरी मां ने तो पूरे जीवन में दुःख-ही-दुःख झेला है। वह देवी जीवनपर्यन्त पति और पुत्रों के म्लेच्छ आचरण को चुपचाप देखती-सहती रही है। उसे केवल मुझ पर विश्वास है। इसलिए दुःख-सुख में मेरे हाथ से थोड़ा-बहुत ग्रहण कर

लेती है।''

''इसका अर्थ हुआ कि आपके यहां आने से वे अकेली पड़ गयी हैं?''

''निस्सन्देह, दु:ख को झेलने में उन्हें कष्ट तो होता ही होगा। यही कारण है कि वह मुझे इधर भेजने को सहमत नहीं हुई, किन्तु सदा के लिए मेरा घर पर बैठा रहना सम्भव नहीं था, अत: अनुमति देनी पड़ी। अब उन्हें मेरी बहू के आने की प्रतीक्षा है, जिसके आने पर उन्हें स्वयं अपने हाथ से बनाकर नहीं खाना पड़ेगा।''

भारती ने हंसते हुए कहा, ''क्या मां की इस आशा को पूरा करने के पश्चात् आपका इधर आना उचित न होता?''

अपूर्व ने अनुमोदन करते हुए तत्काल कहा, ''बिल्कुल सही कहा आपने। मां ने स्वयं ही देखभाल और जांच-पड़ताल करके मेरे लिए एक लड़की पसन्द कर ली थी, किन्तु बीच में यहां से बुलावा आ गया और विवाह करने का समय ही नहीं मिला। मैं अपनी ओर से मां को आश्वस्त कर आया हूं कि सब कुछ ठीक-ठाक करके जब भी वह मुझे आदेश देगी, मैं तत्काल भाग आऊंगा और उसकी आज्ञा को शिरोधार्य करूंगा।''

भारती ने कहा, ''पुत्र को ऐसा ही आज्ञापालक होना चाहिए।''

अपूर्व के हृदय में मां के प्रति स्नेह का भाव उमड़ने और ठाठें मारने लगा। वह आवेश में आकर बोला, ''मैं उच्च ब्राह्मण परिवार की ऐसी बहू चाहता हूं, जो व्रत-उपवास तथा आचार-विचार को गौरव देती हो। सबसे बड़ी बात यह है कि जो अपनी सास की सेवा में अपने जीवन को धन्य समझती हो। मुझे कॉलेज में पढ़ी अथवा गाना-बजाना जानने वाली लड़की से क्या लेना-देना?''

''ठीक है, आपकी अपनी पसन्द और आवश्यकता है।''

एक समय अपूर्व सुशिक्षिता पत्नी को पाने का पक्षधर था। इसीलिए उसने एक बार भाभियों का पक्ष लेते हुए मां को एक प्रकार से डांटते हुए कह दिया था—यदि विवाह का झंझट ही निपटाना है, तो किसी भी ब्राह्मण-पण्डित की लड़की को मेरे पल्लू से बांध दीजिये। आज वह अपने इस कथन को भूल गया था। भारती को सम्बोधित करता हुआ अपूर्व बोला, ''देखो, मेरे कहे का बुरा न मनाना। आप न हमारे समाज की हैं और न ही हमारी जाति की हैं। आपके हाथ का पानी पीना हमारे लिए वर्जित है। यहां तक कि आपके द्वारा छुए जाने पर हमारे लिए स्नान करने और वस्त्र बदलने का विधान है। फिर भी मैं सच कहता हूं कि आप आचार-विचार के महत्त्व को जितना समझती हैं, उतना मेरे भाई और मेरी भाभियां नहीं समझतीं। प्रत्येक व्यक्ति का अपना धर्म होता है, जिसका पालन उसे करना होता है—यह छोटी-सी बात उनकी समझ में नहीं आती। इसीलिए उस भरे-पूरे घर में भी मेरी मां अकेली है। इससे बड़े दु:ख और दुर्भाग्य की बात क्या होगी? मैं तो भगवान् से सदैव केवल एक ही प्रार्थना करता रहता हूं कि मेरे किसी भी कर्म तथा आचरण से मेरी मां को कभी कोई कष्ट न पहुंचे।'' यह कहते-कहते उसका गला भर आया और उसकी आंखों से आंसू बहने लगे।

इसी समय दूसरे कमरे में सोये तिवारी की कुछ विचित्र-सी आवाज़ आयी, जिसे सुनते ही भारती उधर चल दी और अपूर्व फल निपटाने में जुट गया। मां के प्रति अपूर्व के मन में असीम श्रद्धा है, तभी तो कलकत्ता में रहते हुए, वह मां की प्रसन्नता के लिए चोटी रखता था। एकादशी के दिन दाल-भात न खाकर पूड़ी-साग खाने के नियम का पालन करता था तथा ब्राह्मण-सन्तान के लिए आचार-भ्रष्टता का इतना प्रबल विरोध करता था कि मां कभी सोच भी नहीं सकती थी कि उसका बेटा विदेश में जाकर आचार-नियम के पालन में किसी प्रकार की शिथिलता को प्रश्रय देगा। पता नहीं क्यों, आज उसका मन भय और चिन्ता से व्याकुल हो रहा था। वह मां को अपने पास पाने अथवा स्वयं मां के पास जाने की एक टीस-सी अनुभव कर रहा था। उसकी यह भावना इतनी उग्र और प्रबल हो गयी कि भगवान् से उसकी वेदना छिपी न रही, किन्तु भारती अपूर्व के कथन से अपने को अपमानित अनुभव करती हुई व्यथित हो उठी।

भारती ने लौटकर देखा, तो पूछा, "क्या फल अच्छे नहीं लगे, अभी तक निपटाये नहीं।"

"आपके लिए रखे बैठा हूं।"

"क्यों, स्वयं क्यों नहीं खा लिये?"

"कुछ आपको भी तो खाने चाहिए।"

"आप खाइये, मेरी चिन्ता मत कीजिये। मैंने अपनी आवश्यकता की पूर्ति के लिए कुछ फल अलग से रख दिये हैं।"

अपूर्व ने फल की टोकरी को एक ओर हटाकर रखते हुए कहा, "ऐसा कैसे हो सकता है? आपने सवेरे से कुछ भी नहीं खाया है।"

अभी अपूर्व अपनी बात पूरी तरह से कह भी नहीं सका था कि सूखी और दबी वाणी में भारती बोली, "यह भी अजीब मजबूरी है, भूख हो, तो खाओ, भूख न हो, तो भी खाओ। आप बहुत परेशान करते हैं। मुझे कुछ नहीं खाना। फल फ़ालतू हों, तो खिड़की से बाहर फेंक दीजिये।" यह कहती हुई वह उसी क्षण दूसर कमरे की ओर चली गयी।

अपूर्व ने उसके चेहरे को उस एक क्षण के लिए देखा, किन्तु वह चेहरा जीवन-भर के लिए उसके हृदय-पटल पर इस प्रकार अंकित हो गया कि उसे भुला पाना उसके लिए कभी सम्भव नहीं होगा। अपने आने के दिन से अनेक बार-झगड़े में, समझौते में, हास-परिहास में, मित्रता में, शत्रुता में तथा सम्पत्ति-विपत्ति में अपूर्व ने भारती के चेहरे के विविध रूपों को देखा है, परन्तु आज उसका चेहरा उन सभी चेहरों से एकदम भिन्न एवं विलक्षण था, जिसकी तुलना उसके चेहरे के किसी भी रूप से की जानी सम्भव नहीं।

भारती चली गयी, फल की टोकरी सामने धरी-की धरी रह गयी, अपूर्व जड़-पत्थर बना बैठा रहा, वह सोच ही नहीं सका कि उसे अब क्या करना चाहिए?

एक घण्टे के बाद अपूर्व तिवारी के कमरे में गया, तो वहां तिवारी के पास चटाई

पर अपनी बांह का सिरहाना बनाकर लेटी भारती को देखा। जिस प्रकार चुपचाप वह उस कमरे में घुसा था, उसी प्रकार चुपचाप लौट आया और अपनी चारपाई पर लेट गया। लेटते ही उसकी आंखें नींद से अपने आप मुंद गयीं। भोर होने पर उसकी नींद खुली।

भारती ने कहा, ''मैं जा रही हूं।''

हड़बड़ाकर उठ बैठे अपूर्व के कुछ कहने की स्थिति में आने से पूर्व ही भारती घर से बाहर चली गयी।

: 10 :

एक महीना बीतते-बीतते तिवारी स्वस्थ एवं रोगमुक्त हो गया, किन्तु अभी उसमें पहले-जैसी शक्ति नहीं आ सकी है। इसलिए अपूर्व के साथ भामो गया ब्राह्मण खाना बनाने का कार्य निपटाता है। तिवारी के जीवन की रक्षा के लिए अपूर्व के ऑफ़िस के सभी लोगों ने उपकार किया। तलवलकर महाशय तो कितने दिनों तक घर ही नहीं गये। नगर के एक डॉक्टर का योगदान भी भुलाने योग्य नहीं था। उसके इलाज से तिवारी जहां निरोग हुआ है, वहां उसकी सिफ़ारिश से अस्पताल जाने से भी बचा है। कुल मिलाकर बर्मा देश तिवारी को रास नहीं आया। अपूर्व ने उसे देश लौटने की अनुमति दे दी है, किन्तु थोड़ा समर्थ हो जाने पर ही वह यात्रा करना चाहता है। अगले सप्ताह वह यात्रा कर सकेगा—स्वयं तिवारी ऐसा समझता है।

भारती लौटकर अपूर्व के पास नहीं आयी। आश्चर्य तो इस बात का था कि संकट की घड़ी में एकमात्र सहारा बनी और अपने प्राणों को संकट में डालकर दो-दो रोगियों को नि:स्वार्थ भाव से संभालने का आदर्श बनी उस महिला के सम्बन्ध में वे दोनों चर्चा ही नहीं करते थे। तिवारी को इसलिए दोष नहीं दिया जा सकता; क्योंकि वह उसकी चर्चा करने से अपने स्वामी के रुष्ट होने की आशंका से भयभीत था। उसकी इस धारणा के पक्ष में अनेक कारण थे। वह विजातीय थी और यहां आने पर उसने इन लोगों को बहुत अधिक सताया था। यहां तक कि अपूर्व के विरुद्ध झूठी गवाही देकर उसे जेल भेजने की साज़िश भी की थी। अत: अपने स्वामी का अहित करने वाली स्त्री को बुलाने में तिवारी को लज्जा और संकोच का अनुभव होता था, किन्तु भीतर-ही-भीतर उससे मिलने के लिए वह तड़पता और छटपटाता था। कभी सोचता कि वह चालाक लड़की अपूर्व को आया देखकर पकड़ी जाने के भय से भाग खड़ी हुई है और कभी सोचता कि अपूर्व ने ही उसे अपमानित करके भगा दिया है। इन दोनों बातों में सत्य कुछ भी हो, किन्तु इतना निश्चित था कि भारती अपनी इच्छा से इस घर में लौटकर कभी नहीं आयेगी।

अपूर्व स्वयं भारती की कोई चर्चा नहीं करता था और तिवारी भारती के सम्बन्ध में अपूर्व से पूछताछ करने में इसलिए घबराता था कि इससे लड़ाई-झगड़ा हो जाने की तो कोई चिन्ता नहीं थी, किन्तु बीमारी में उस महिला के हाथ से पानी पीने, उसके हाथ से बने सागूदाने आदि के अतिरिक्त दूध, बार्ली आदि के खाने से जाति-भ्रष्ट होने के समाचार के अपूर्व द्वारा जगविदित करने की आशंका से वह भयभीत था। उसे लगता था कि कहीं उसकी भ्रष्ट हुई जाति का उद्धार प्रायश्चित्त ही न हो। यदि ये तथ्य अपूर्व की मां के कान तक किसी प्रकार पहुंच गये, तो न केवल उसे हालदार परिवार की नौकरी से हाथ धोना पड़ेगा, अपितु अपने गांव के समाज तक इस समाचार के प्रसारित होने को रोकना उसके लिए सम्भव नहीं हो सकेगा। इस भय से वह भारती के विषय में जानने को उत्सुक होने पर भी अपूर्व के चिढ़ जाने की आशंका से उस महिला के विषय में कोई बातचीत नहीं करता था। वह सोचता था कि वह किसी प्रकार यहां से कलकत्ता पहुंचकर वहां से सीधा घर चला जाऊं और वहां गंगा-स्नान, छिपकर गोबर-भक्षण और फिर किसी बहाने से ब्राह्मण-भोज करके अपने को शुद्ध कर लूं।

तिवारी के सामने आशा का एक और द्वार भी खुला है। उसमें न किसी स्वार्थ के हानि होने की आशंका है और न ही किसी प्रकार के भय के लिए अवकाश है। हां, इस आशा में सफलता के माधुर्य के साथ असफलता के दुःख की सम्भावना भी सन्निहित है। अपूर्व के ऑफ़िस चले जाने पर वह बेत के एक मूढे को बरामदे में डालकर उस पर बैठ जाता है और अपने दुर्बल शरीर को दीवार से टिका देता है। फिर दूर सड़क तक जा मिलने वाली अपने सामने की गली पर इस आशा से दृष्टि गड़ाये बैठा रहता है कि कभी भारती इधर से गुज़रेगी और सहज अभ्यासवश इधर झांककर देखेगी। तिवारी को विश्वास था कि भारती को इधर कभी आना न पड़े, ऐसा सम्भव नहीं था। अपूर्व के भामो चले जाने पर और भारती की मां की मृत्यु हो जाने पर वह रोती-बिलखती इधर ही आयी थी। वह दोपहर का समय था और तिवारी ने अभी तक खाना नहीं खाया था। उन्हीं दिनों उन दोनों में घनिष्ठता हुई थी। तिवारी द्वारा घर का द्वार खोलते ही भारती निश्शंक होकर भीतर चली आयी थी और उसके दोनों हाथों को पकड़कर फूट-फूटकर रोने लगी थी। उसके रोने-बिलखने को देखकर उसे म्लेच्छ अथवा ईसाई की लड़की समझने की मूर्खतापूर्ण भूल कोई नहीं कर सकता था। तिवारी का बना-बनाया दाल-भात बटलोई में ही पड़ा रह गया और वह उसे व उसके पत्रों को लिये, न जाने कहां-कहां नहीं भटकता रहा। दूसरे दिन जब लोग भारती की मां की अरथी को ले जाने लगे, तब भी न जाने वह बरामदे में खड़ा क्यों इतना रोया कि उसके आंसू थमने में ही न आये। उसी दिन से वह भारती को 'बिटिया' 'लल्ली' कहने लगा। चार-पांच दिनों तक तिवारी ने हठ करके भारती को खाना नहीं बनाने दिया, अपने हाथों से बनाकर बड़े प्यार से उसे खिलाया। भारती के किसी दूसरे मकान में जाने के विचार से तिवारी इतना दुखी हो उठा कि उसके लिए समय काटना कठिन हो गया। उसके अनुरोध पर भारती अपना सारा सामान

समेटकर यहीं आ गयी थी। फिर तिवारी के चेचक से ग्रस्त हो जाने पर भारती ने पूरे मनोयोग से उसकी जिस प्रकार सेवा की, उसे वह स्वयं भी नहीं जानता होगा। यहां तक कि उसका सोचना भी उसकी कल्पना से बाहर था। इन सब बातों को याद करते हुए उसे अपनी जाति से भ्रष्ट होने का विचार आ जाता। इसी समय अपने मन को बहलाने के लिए वह किसी दूसरे विचार में डूब जाता। वह सोचता कि भारती प्रात: नहा-धोकर अपने लम्बे-काले बालों के भार को पीठ पर डालकर उसकी खोज-ख़बर लेने आती थी। वह न कभी उसकी रसोई में घुसती थी और न ही उसकी किसी वस्तु को छूती थी। बस, चौखट के बाहर बैठकर पूछ लिया करती थी, "तिवारी! आज क्या-क्या बनाया, मैं भी देखूं ज़रा।"

तिवारी कहता, "एक आसन बिछा दूं लल्ली।"

भारती कहती, "नहीं, रहने दो तिवारी, फिर धोने का झञ्झट रहेगा।"

तिवारी कहता, "अरी बिटिया! आसन से कोई छूत नहीं लगती।"

भारती कहती, "लगती क्यों नहीं? तुम्हारे बाबू ऐसा मानते हैं या नहीं? मेरे रहने से तो सारा मकान ही अशुद्ध हो गया है। उनका बस चलता, तो सारे मकान को आग लगाकर उसे शुद्ध करते। मैं ठीक कहती हूं या नहीं?"

तिवारी हंसकर कहता, "तुम्हें यही हंसी-मज़ाक़ सूझा करता है। तुम स्वयं इस सबको मानती हो और ग़लत होता देख नहीं सकतीं, तभी तुम दूसरों से भी वैसी अपेक्षा रखती हो। मैं तुम्हें विश्वास दिलाता हूं कि यदि तुम एक बार हमारे बाबू को अच्छी प्रकार देख लोगी, तो तुम्हें यह मानने में संकोच नहीं होगा कि इनसे अच्छा कोई दूसरा आदमी हो ही नहीं सकता।"

भारती ने कहा, "यह तो मैं अब भी मानती हूं कि उन-जैसा कोई दूसरा आदमी हो ही नहीं सकता, जो चोरी रोकने वाले को चोर मानकर उसके विरुद्ध कोतवाली में रिपोर्ट लिखाने और उसे गिरिफ़्तार कराने जाये।"

इस बात से तिवारी सचमुच आहत और लज्जित हो उठा। अपनी वेदना को दबाते हुए वह बोला, "लल्ली! तुम लोगों ने भी तो हद कर दी थी। सब कुछ जानते हुए भी बेकार में झूठा केस बना दिया और बाबू पर बीस रुपये जुर्माना ठुकवा दिया।"

यह सुनकर भारती भी लज्जित हो उठी, फिर संभलकर बोली, "जुर्माना तुम्हारे बाबू को तो नहीं देना पड़ा, वह तो हमने ही चुका दिया।"

तिवारी आश्चर्य प्रकट करता हुआ बोला, "वाह! यह क्या कहती हैं आप? बाबू को जुर्माना देना कैसे नहीं पड़ा? मेरे सामने दो नोट जमा कराने के बाद ही वे कचहरी से बाहर निकले थे।"

वह बोली, "ठीक है, यह सब मैंने भी अपनी आंखों से देखा था, किन्तु घर में घुसते ही तुम्हें दरवाज़े के पास पड़े दो नोट मिले थे या नहीं? तुमने ही तो वे नोट उठाकर अपने बाबू को दिये थे। क्या तुम यह सब भूल गये हो?"

तिवारी के हाथ से कलछी का घूमना रुक जाता और वह कहता, ''अच्छा, तो यह बात है !''

उसका ध्यान भंग करती हुई भारती कहती, ''तिवारी ! कहां खो गये हो ? सब्ज़ी जली जा रही है, खाने योग्य नहीं रह जायेगी।''

कढ़ाई को चूल्हे से उतारते हुए तिवारी बोला, ''बाबू को इस विषय में अभी तक कुछ मालूम नहीं, उन्हें बताना होगा।''

भारती हंसकर बोली, ''कह दोगे, तो क्या वे मुझे खा जायेंगे, क्या मैं उनसे डरती हूं ?''

किन्तु तिवारी को इतनी बड़ी बात अपूर्व को बताने का अवसर ही नहीं मिला। कब और कैसे यह अवसर मिल सकेगा—यह भी उसकी समझ से बाहर था। उसे याद आया कि एक दिन उसके द्वारा बासी हलदी से साग बनाने पर भारती ने उसे फटकार दिया था और फिर एक दिन उसके द्वारा बिना नहाये रसोई बनाने पर भारती ने खाने से इनकार कर दिया था। इस पर तिवारी ने क्रोध में आकर कहा था, ''अरे ! तुम तो ईसाई लड़की हो। तुम इतना सोच-विचार कब से करने लगी हो ? तुम तो छूत-छात और पवित्रता-अपवित्रता के विषय में मांजी से भी कहीं आगे निकल गयी लगती हो।''

भारती बिना कोई उत्तर दिये केवल मुसकराकर चलती बनी थी। वास्तव में तिवारी सोच भी नहीं सकता था कि मांजी के सिवा कोई दूसरा उससे रसोई के सम्बन्ध में किसी प्रकार की पूछताछ कर सकता है। अत: उस दिन भारती द्वारा झकझोरे जाने पर उसे काफ़ी दु:ख पहुंचा था। फिर भी इसका एक लाभ यह हुआ था कि आचार-विचार के विषय में उसे इस लड़की से सावधान रहने की आवश्यकता का पता चल गया था। तब से उसे भारती का व्यवहार अच्छा नहीं लगा और जो अच्छा भी था, उसका वह आदर नहीं कर सका । इन्हीं सब बातों को सोचकर आज वह चिन्तित और व्यथित है। वह जानता है कि उसे कभी लौटकर बर्मा नहीं आना है और यहां से जाने से पहले भारती से भेंट होने की कोई सम्भावना भी नहीं दिखती। फिर, भेंट करने का कोई कारण भी नहीं। इसके अतिरिक्त जो कुछ वह कहना चाहती है, उसे वहां तक पहुंचाने का उसके पास कोई अन्य माध्यम भी नहीं है। इसी प्रकार प्रतिदिन वह सड़क के किनारे अपनी अर्थपूर्ण, परन्तु असफल दृष्टि गड़ाये चुपचाप अकेला बैठा रहता। इस समय उसका हृदय कितना व्यथित होता और उसमें कौन-कौन से और कैसे-कैसे भाव उमड़ते—इस सबको या तो स्वयं वह या फिर उसका अन्तर्यामी ही जानता था।

एक दिन ऑफ़िस से लौटने पर अपूर्व ने पूछा, ''तिवारी ! जानते हो, भारती का घर किधर है ?''

तिवारी ने रूखे और तीखे स्वर में उत्तर दिया, ''मुझे क्या मालूम कि वह कहां रहती है ?''

''जाते वक्त क्या वह तुम्हें अपना पता-ठिकाना बताकर नहीं गयी ?''

"मुझे किसलिए बताकर जाती?"

अपूर्व बोला, "मुझे उसने बताया तो था, किन्तु इस समय ठीक से याद नहीं आ रहा। कल इस विषय में खोजबीन करनी होगी।"

तिवारी खिन्न मन से सोचने लगा—लगता है कि कोई नयी समस्या उठ खड़ी हुई है। फिर भी इस विषय में उसे कुछ अधिक पूछने का साहस नहीं हुआ। थोड़ी देर में अपूर्व अपने आप बोला, "चोरी गया सारा सामान मिल गया है। पुलिस सभी वस्तुएं लौटाना चाहती है, किन्तु इसके लिए भारती की गवाही की आवश्यकता है।"

तिवारी इस विषय में बिना रुचि लिये दूसरी ओर देखता रहा। कुछ न बोला। अपूर्व ने ही कहा, "उस दिन यही सब बताने के लिए, तो वह यहां आयी थी, किन्तु तुम्हारी हालत को देखकर वह बेचारी लौट ही न सकी, रुकने को विवश हो गयी। यदि वह तुम्हारी जी-जान से सेवा न करती, तो तू कब का यमलोक पहुंच गया होता। यहां तक कि मेरे साथ तेरी भेंट ही न हो पाती।"

तिवारी ने हां-हूं अथवा न-नूं आदि कुछ भी न कहा, पत्थर की तरह जड़ बना बैठा रहा। अपूर्व बोला, "बाहर से लौटकर जब मैं आया, तो देखा भारती ने तुझे संभाल रखा था। वह न आयी होती, तो घर में और कौन था, जो दीया भी जलाता। वह बेचारी कहां सोती रही होगी, क्या खाती रही होगी, कैसे दिन बिताती रही होगी और कहां से तुम्हारे लिए दवा-दारू तथा खाने-पीने का प्रबन्ध करती रही होगी—यह सोचकर विशेषतः दो दिन पहले जिसके मां-बाप मरे हों—कलेजा मुंह को आता है। कैसी अजीब लड़की है, कितना सेवा और समर्पण का भाव है उसमें? सचमुच उसका अनोखापन आश्चर्यजनक है। उसने अपनी कोई चिन्ता न करके तुम्हें ठीक करने में अपने को झोंक दिया।"

अब तिवारी से चुप न रहा गया और उसने पूछ लिया, "वह कब चली गयी थी?"

अपूर्व ने उत्तर दिया, "मेरे आने के दूसरे ही दिन। अभी सवेरा भी नहीं हुआ था कि 'जाती हूं' कहकर वह ऐसे उड़न-छू हो गयी कि फिर उसका कोई पता ही नहीं चला।"

"क्या नाराज़ होकर चली गयी?"

"नाराज़ होकर! क्या कहते हो तिवारी? कह नहीं सकता, ऐसा हो भी सकता है। वास्तव में इस लड़की को समझना इतना सरल नहीं। देखो न, मेरे लिए इसने कितना कष्ट उठाया, मेरी कितनी सेवा की, मैं उसका वर्णन नहीं कर सकता, किन्तु एक बार गयी, तो फिर उसने खोज-ख़बर लेने की भी आवश्यकता नहीं समझी। मैं जीता हूं या मर गया, उसकी बला से।"

तिवारी को अपूर्व का कथन रुचिकर नहीं लगा। बोला, "क्या मालूम, वह बेचारी ख़ुद बीमार पड़ गयी हो?"

अपूर्व भारती के विषय में सदैव कुछ-न-कुछ सोचता अवश्य रहा है, किन्तु

भारती बीमार भी पड़ सकती है, ऐसी आशंका अपूर्व के मन में कभी नहीं उठी। वह यही सोचता रहा है कि जाते समय शायद वह रुष्ट होकर गयी है। अतः उसकी सोच भारती के क्रोध की प्रतिक्रिया के विभिन्न रूपों के चारों ओर ही मंडराती रही है। उसके दुखी और खिन्न मन ने इसके अतिरिक्त कुछ और हो सकने की कभी कल्पना तक नहीं की। सहसा तिवारी के मुख से भारती के बीमार होने की बात सुनकर उस रात बीमारी से सम्बन्धित सभी कल्पनाएं और आशंकाएं उसके मन में उठने और उसे चिन्तित-व्यथित करने लगीं; क्योंकि वह चेचक के सिवा किसी अन्य बीमारी की कल्पना भी नहीं कर पा रहा था और चेचक की भयंकरता-तीव्रता का वह स्वयं भुक्तभोगी था। वह सोचने लगा कि वह बेचारी नये मकान में रहती है, जहां उसका कोई परिचित नहीं, कोई देखभाल करने वाला तो क्या, पूछने वाला तक नहीं। क्या पता, उसे अस्पताल ही न भेज दिया गया हो? क्या पता, वह अब तक इस संसार में है भी या नहीं? यह सब सोचते हुए वह चिन्तित और असंयत हो उठा। उसे याद आया कि भामो से लौटने पर किस प्रकार कुर्सी पर बैठकर ऑफ़िस की ड्रेस उतारते हुए और नेकटाई खोलते हुए उसने उस लड़की से बातचीत शुरू की थी। कुछ देर के लिए वह उसी दृश्य में खोया जड़ बना, कुर्सी पर बैठा रहा। उसकी आंखों के आगे एक ऐसा निराशा-सूचक अंधेरा छा गया, जिसमें उसे लगने लगा, मानो संसार में उसके लिए अब कुछ भी करने योग्य नहीं रहा।

काफ़ी देर तक कमरे में ख़ामोशी छायी रही। बीस-पच्चीस मिनट तक जड़ बने बैठे अपूर्व ने जब हिलने तक का नाम नहीं लिया, तो तिवारी इस स्थिति पर चकित होने के साथ उद्विग्न भी हो उठा। धीरे-से बोला, "छोटे बाबू! मकान-मालिक का आदमी आया था। यदि ऊपर का कमरा लेने की इच्छा हो, तो इसी महीने बदल लेने को कह रहा था। मुझे इस बात की चिन्ता है कि देर करने पर कहीं दूसरा ग्राहक इस पर क़ब्ज़ा न कर ले!"

अपूर्व ने सिर उठाकर कहा, "अरे! यहां और कौन आ सकता है?"

तिवारी ने फिर कहा, "दरबान से लिखवाकर भेजा मांजी का एक पोस्टकार्ड भी आज आया है।"

"मां ने उसमें क्या लिखा है?"

"मांजी ने मेरे स्वस्थ होने पर अपनी प्रसन्नता प्रकट की है। दरबान के भाई के छुट्टी लेकर देश जाने पर मांजी ने उसके हाथ विश्वेश्वरजी की पूजा के लिए पांच रुपये भी भिजवाये हैं।"

अपूर्व बोला, "अरे! मां तुझे अपने लड़के की तरह मानती है। इसलिए तुम्हारे रोगमुक्त होने पर उसका प्रसन्न होना स्वाभाविक ही है।"

तिवारी ने श्रद्धा से झुककर मां को प्रणाम किया और बोला, "वह तो सचमुच मुझे अपने लड़कों से भी कहीं अधिक प्यार करती हैं। उनकी इच्छा है कि आप भी छुट्टी लेकर मेरे साथ चलें। यहां क्या रखा है? चारों ओर दुःख, रोग, पीड़ा के सिवा और कुछ देखने

को मिलता भी है?''

''अरे! दु:ख, रोग किस देश में नहीं? क्या कलकत्ता इससे मुक्त है? लगता है कि तुमने मां को डराने के लिए बहुत-कुछ ऊटपटांग लिख दिया होगा?''

''जी नहीं, मैंने ऐसा कुछ नहीं लिखा।'' वस्तुत: तिवारी सोचता था कि इतने अधिक महत्त्व की बात वह किसी अच्छे समय पर ही कहेगा, किन्तु अब अवसर उपस्थित हो गया, तो उसे कहना ही पड़ा। बोला, ''छोटे बाबू! कालीबाबू ज़िद कर रहे हैं और अन्य सबकी भी इच्छा है कि इस चैत-वैशाख में यह शुभकार्य हो ही जाना चाहिए। कालीबाबू शास्त्रमर्यादा पर दृढ़ निष्ठा रखने वाले आचारनिष्ठ ब्राह्मण हैं। उनके परिवार के उच्च चरित्र की दूर-दूर तक बड़ी प्रसिद्धि है। उन्हीं की छोटी लड़की को मांजी ने आपके लिए पसन्द किया है। इस तथ्य का संकेत मांजी ने अपने कई पत्रों में किया है।''

अपूर्व को तिवारी का यह सारा कथन रुचिकर नहीं लगा। वह बोला, ''मुझे इतनी जल्दी नहीं है। यदि कालीबाबू को अपनी कन्या के विवाह की बहुत उतावली है और वे प्रतीक्षा नहीं कर सकते, तो वे किसी और वर की खोज करने के लिए स्वतन्त्र हैं।''

तिवारी ने छोटे बाबू के मन को शान्त करने की इच्छा से हंसते हुए कहा, ''मैं यह नहीं कह सकता कि जल्दबाज़ी मांजी कर रही हैं या कालीबाबू। मुझे लगता है कि लोग उन्हें डराते होंगे कि बर्मा म्लेच्छ देश है और वहां अधिक समय तक रहने से लोग बिगड़ जाते हैं।''

इस पर अपूर्व अकारण ही जल-भुन उठा। वह संयम खोकर तिवारी को डांटता हुआ बोला, ''देख तिवारी! तू अपनी पण्डिताई अपने पास रख। यहां बघारने की कोई आवश्यकता नहीं। मां को रोज़-रोज़ तू जो इतने पत्र लिखता रहता है, उसमें इन बातों के सिवा और क्या लिखता होगा? मैं छोटा बच्चा नहीं, जो इतनी छोटी-सी बात को भी न समझूं?''

अपूर्व के अकारण क्रोध और रूखे व्यवहार से तिवारी पहले तो चकित रह गया, फिर वह भी क्रोधावेश में आ गया। वस्तुत: बहुत दिनों की लम्बी बीमारी ने उसके स्वभाव को चिड़चिड़ा बना दिया था। अत: कुढ़कर बोला, ''यदि यही कुछ करना था, तो आने से पहले मांजी से साफ़-साफ़ कह दिया होता। उस स्थिति में न मुझे जहाज़ की यात्रा करनी पड़ती और न ही अपना जाति-धर्म बिगाड़ना पड़ता। मैं अपना पिण्ड छूट जाने से बहुत अधिक प्रसन्न और सुखी होता।''

अपूर्व क्रुद्ध हो उठा और उसके नेत्र आग उगलते दिखाई दिये। वह शीघ्रता से कालर लगाने और नेकटाई बांधने लगा। इधर बहुत दिनों का अभ्यस्त तिवारी इसके अर्थ को समझता था। इसीलिए बोला, ''आज्ञा हो, तो कुछ पानी-वानी हाज़िर करूं?''

अपूर्व ने बिना कोई उत्तर दिये खूंटी से कोट उतारा और चलते-चलते ही उसे पहनकर दनदनाता हुआ बाहर निकल गया।

तिवारी के दिमाग़ का पारा भी सातवें आसमान को छूने लगा। वह उच्च स्वर में बोला, ''कल रविवार को एक जहाज़ चटगांव जाता है, मैं उसी से देश चला जाऊंगा। यह सुन लीजियेगा।''

सीढ़ी से उतरते हुए अपूर्व ने भी उसी तल्ख़ी से शपथ देते हुए कहा, ''न गया, तो अपने पिता का पुत्र नहीं।'' यह कहकर वह नीचे पहुंच गया।

किसी अनजान व्यक्ति के लिए स्वामी-सेवक में अकारण उत्पन्न इस तकरार को देखकर कुछ समझ पाना कभी सम्भव नहीं होता। जीवन का यथार्थ होते हुए भी व्यक्ति सिद्धान्त-रूप में यह मानने को शायद कभी सहमत नहीं होगा कि संसार में कुछ ऐसे मनुष्य भी होते हैं, जो कभी-कभी अपने व्यथित चित्त को स्थिर करने के उपाय के रूप में किसी दूसरे के चित्त को व्यर्थ ही चोट पहुंचाने लगते हैं और इससे उनका चित्त सामान्य अवस्था में आ जाता है। इस तथ्य को जीवन का कठोर सत्य कहना अनुचित न होगा।

: 11 :

तलवलकर के घर को छोड़कर अपूर्व और कहीं जा ही नहीं सकता था। रंगून में रहने वाले बंगालियों की संख्या काफ़ी बड़ी है, किन्तु अपने यहां पहुंचने के दिन से लेकर आज तक वह इस प्रकार से किसी-न-किसी झंझट में फंसा रहा है कि उसे किसी से परिचय करने का अवकाश ही नहीं मिला। घर से निकलकर वह आज भी रेलवे स्टेशन की ओर जा रहा था कि उसे अचानक याद आया कि आज शनिवार है और आज के दिन तलवलकर ने अपनी पत्नी के साथ सिनेमा देखने की बात कही थी। अतः उसे तलवलकर के घर जाने का विचार छोड़ना पड़ा और समय बिताने के लिए वह इधर-उधर व्यर्थ ही घूमने लगा। इस बीच उसे अचानक भारती की याद आयी। भारती की खोज-ख़बर न लेने को उसके प्रति अपनी अकृतज्ञता मानकर वह अपने को कोसने लगा। अपने दुखी मन को तसल्ली देने के लिए वह सोचने लगा—'अरे, उसे क्या होना है, वह एकदम ठीक-ठाक होगी। यदि कुछ गम्भीर अथवा अवाञ्छित हुआ होता, तो क्या वह हमें इसकी सूचना न देती? ऐसा कुछ अवाञ्छनीय उसके साथ नहीं हो सकता।' अपूर्व इससे अधिक कुछ सोच ही नहीं सका। उसे याद था कि भारती ने तेल के कारख़ाने के पास अपने घर का पता बताया था। यह सब याद आते ही वह भारती को ढूंढ़ने के लिए आतुर हो उठा, किन्तु फिर सहसा उसे ध्यान आया कि यदि उसने उपालम्भ देते हुए पूछ ही लिया, 'इतने दिनों बाद अचानक हमारी याद कैसे आयी?' तो वह इसका क्या उत्तर देगा तथा क्या इस उपेक्षा के लिए उसे लज्जित अनुभव नहीं करना पड़ेगा? उसने यह भी सोचा कि इतने दिनों तक उसके न मिलने का कारण यह भी हो सकता

है कि वह हमसे किसी प्रकार का कोई सम्बन्ध ही रखना न चाहती हो ? अतः अचानक मुझे उपस्थित देखकर वह परेशानी भी अनुभव कर सकती है। इस प्रकार चलते हुए अपूर्व के मन में सैकड़ों विचार आते-जाते रहे। अपने को समझाता हुआ अपूर्व अपने से बोला, 'पुलिस मेरा सामान मुझे लौटाने से पहले उसका साक्ष्य चाहती है, इसलिए मैं अपने काम से आया हूं, न कि यह देखने कि वह कहां और कैसे रहती है ? यह सब जानने में मेरी कोई उत्सुकता नहीं और फिर भारती किस आधार पर मुझसे कोई अपेक्षा कर सकती है ?'

अपूर्व इधर पहली बार आया है। इसके पहले वह इधर कभी नहीं आया। पूर्व की ओर सीधी जा रही चौड़ी सड़क पर कुछ दूर चलने के बाद नदी का किनारा आ जाता है। उस किनारे वाली सड़क पर पहुंचकर उसने किसी राहगीर से पूछा, "क्या आप बता सकते हैं कि इधर साहब-मेमों के घर किधर हैं ?" उत्तर में उस व्यक्ति ने आस-पास खड़े बड़े-बड़े आलीशान बंगलों की ओर इशारा किया। इससे अपूर्व समझ गया कि उसका पूछना कुछ ग़लत था। अतः अपने प्रश्न में संशोधन करके उसने फिर से पूछा, "इधर कुछ हिन्दुस्तानी—मिस्त्री, कारीगर और उनके बाल बच्चे—भी रहते हैं ?"

उस आदमी ने कहा, "कुछ क्यों, बहुत रहते हैं। मैं भी एक मिस्त्री हूं। मेरे नीचे पचास कारीगर काम करते हैं। मेरी यहां ख़ूब चलती है, जिसे चाहूं साहब से कहकर नौकरी दिला दूं और जिसे न चाहूं, उसकी नौकरी से छुट्टी करा दूं। आप किससे मिलना चाहते हैं ?"

अपूर्व ने सोच-समझकर कहा, "मैं एक बंगाली ईसाई लड़की से मिलना चाहता हूं।"

वह व्यक्ति आश्चर्य प्रकट करता हुआ बोला, "एक ओर आप उसे बंगाली कहते हैं और दूसरी ओर ईसाई ! बड़ी अजीब बात है। जब कोई ईसाई हो गया, तो फिर बंगाली कहां रहा ? मैं मानता हूं कि जिस प्रकार मुसलमान मुसलमान है, ईसाई इसाई है, उसी प्रकार बंगाली तब तक ही बंगाली है, जब तक वह बंगाली रहता है।"

अपूर्व बोला, "ठीक है, तुम्हारी सोच सही हो सकती है, किन्तु मेरा मानना है कि भले ही किसी ने धर्म-परिवर्तन कर लिया हो, फिर भी रहेगा वह बंगाली ही। इसके अतिरिक्त वह बंगला भाषा-भाषी भी है।"

उस व्यक्ति को क्रोध आ गया और वह तीव्र स्वर में बोला, "भाषा के प्रयोग से क्या होता है ? जब किसी ने अपनी जाति ही भ्रष्ट कर दी, फिर भाषा अथवा किसी अन्य तत्त्व से चिपके रहने से क्या होता है ? यदि कोई बंगाली ऐसे भ्रष्ट जाति वाले व्यक्ति से अपने खान-पान का सम्बन्ध रखता है, तो मैं उसे भी भ्रष्ट मानूंगा और कभी बंगाली नहीं कहूंगा। ऐसी एक मास्टरनी इधर आयी है, लड़कों को पढ़ा देती है, किन्तु उसके साथ खाने-पीने और उठने-बैठने-जैसा सम्बन्ध कोई नहीं रखता है, रखना भी नहीं चाहिए।"

यह सुनकर अपूर्व को लगा कि सफलता समीप है, अतः उत्साहित होकर वह

बोला, "क्या उसका पता-ठिकाना आपको मालूम है?"

"हां, हां, मैं सब जानता हूं। यहां से सीधे जाने पर गंगा का किनारा आ जायेगा। वहां पहुंचकर किसी से भी नये स्कूल के बारे में पूछ लीजियेगा। छोटा-सा बच्चा भी बता देगा। वास्तव में, जो डॉक्टर बाबू वहां रहते हैं, वे आदमी न होकर देवता हैं, देवता। उनमें तो मुरदे को भी जीवित करने का सामर्थ्य है।" यह सब बता कर उस व्यक्ति ने अपनी राह पकड़ी।

उस व्यक्ति द्वारा निर्दिष्ट मार्ग पर थोड़ी दूर चलने के बाद अपूर्व को एकदम नदी के किनारे लकड़ी का बना लाल रंग का दोमंज़िला मकान दिखाई दिया। उस समय तक रात हो चुकी थी, अतः अधिक लोगों का आना-जाना नहीं हो रहा था, किन्तु मकान की खिड़की खुली हुई थी। अनुमान से यह भारती का निवास लगता था, किन्तु फिर भी सुनिश्चित करने के लिए वह वहां खड़ा हो गया। उसे खिड़की से भारती के दिख जाने की आशा थी।

पन्द्रह मिनट बीते होंगे कि दो-तीन व्यक्ति उस घर से बाहर निकले और वे अपूर्व को उस घर के सामने खड़ा देखकर चौंक पड़े। उनमें से एक ने पूछा, "आप कौन हैं और आपको यहां किससे मिलना है?"

उस व्यक्ति के पूछने के ढंग से अपूर्व सकुचाते हुए बोला, "क्या मिस जोज़फ़ इसी मकान में रहती हैं?"

उत्तर में वह बोला, "हां, हां, यहीं रहती हैं। आप आइये।" अपूर्व घर के भीतर जाने को इच्छुक न होने के कारण चुपचाप खड़ा रहा। उसकी दुविधा को भांपकर वह व्यक्ति बोला, "मैडम घर पर ही हैं। आप इतनी देर से बाहर क्यों खड़े हैं? चलिये, आपकी उससे भेंट करा दी जाये।" यह कहकर वह व्यक्ति आगे बढ़ गया।

उस व्यक्ति की बातचीत से स्पष्ट था कि अपूर्व को भीतर ले जाने से पहले वह उसकी थोड़ी जांच-पड़ताल कर लेना चाहता है। अतः वह यह कहकर लौट गया, 'दरवाज़े से नहीं।' उस व्यक्ति को शायद यह अनुमान नहीं रहा होगा कि अपूर्व पर उसके इस कथन का कितना बुरा प्रभाव पड़ा होगा। वह व्यक्ति 'चलिये' कहकर अपूर्व के पीछे हो लिया और क्षण-भर में ही वे दोनों मकान के निचले कमरे में पहुंच गये। यहां एक ओर ऊपर जाने के लिए सीढ़ियां थीं। हॉल-जैसा एक बहुत बड़ा कमरा था। छत के नीचे एक लैम्प लटक रहा था और बहुत सारी टेबल-कुर्सियां पड़ी हुई थीं। दीवार पर एक काला बोर्ड लगा हुआ था और उसके साथ ही चारों ओर अनेक प्रकार के मानचित्र (नक़्शे) टंगे हुए थे। यह सब देखते ही अपूर्व को समझते देर न लगी कि यही नया स्कूल था। यहां बातचीत करते चार-पांच स्त्री-पुरुषों ने एक अपरिचित पुरुष को देखा, तो वे एकदम चुप हो गये। अपूर्व ने उन आदमियों पर सरसरी नज़र डाली और फिर अपने को इधर लाने वाले के पीछे-पीछे ऊपर चला गया। अपूर्व को देखते ही भारती का चेहरा चमक उठा। अपूर्व के समीप आकर भारती ने उसे हाथ से पकड़ने के रूप में आत्मीयता

दिखाते हुए उसे कुर्सी पर बिठाया और फिर स्नेह-सिक्त उपालम्भ देते हुए बोली, "इतने दिनों तक आपने मेरी कोई खोज-ख़बर नहीं ली।"

अपूर्व ने भी पलटकर भारती के उपालम्भ को दोहरा दिया, किन्तु वह शीघ्र ही समझ गया कि उसका पलटवार बचाव की दृष्टि से सही नहीं था।

भारती केवल हंस दी और फिर बोली, "तिवारी घर जाना चाहता है, उसे जाने दीजिये, अन्यथा यहां रहने पर उसका स्वस्थ होना सम्भव नहीं।"

"इसका अर्थ यह हुआ कि मेरा यह कथन सत्य नहीं कि आप हमारी खोज-ख़बर बिल्कुल नहीं लेतीं।"

भारती फिर हंसी और थोड़ी देर बाद बोली, "कल रविवार है, सरकारी छुट्टी रहने से कुछ कार्य नहीं होता। परसों बारह बजे तक आप कोर्ट में आकर अपना सारा सामान देख-भाल कर ले लीजियेगा।" अपूर्व को सावधान करती हुई भारती बोली, "ठगी और धोखाधड़ी से बचने के लिए अपने सामान को भली प्रकार से जांच लेना आवश्यक रहेगा।"

"किन्तु सामान छुड़ाने के लिए आपके हस्ताक्षर अपेक्षित हैं।"

"मुझे यह सब मालूम है।"

"आप कभी तिवारी से भी मिली हैं अथवा नहीं?"

भारती का उत्तर था, "नहीं, किन्तु आप इसके लिए उस बेचारे को झूठ-मूठ में डांटिये-फटकारियेगा नहीं।"

"झूठ-मूठ क्यों, मैं उसे सचमुच में ही डाटूंगा। अपने को प्राण देने वाले के प्रति कृतज्ञता ज्ञापित न करना पहले दरजे की मूर्खता है। उसमें इतनी समझ होनी चाहिए।"

भारती बोली, "आप ठीक कहते हैं। और कुछ नहीं, तो एक बार मुझे जेल भिजवाने के लिए, तो प्रयत्न कर ही सकता था?"

इस व्यंग्य से अपूर्व भीतर-ही-भीतर तिलमिला उठा। कुछ उत्तर देना उचित न समझकर वह सिर झुकाकर कुछ देर तक चुपचाप बैठा रहा। फिर बोला, "लगता है कि आप मुझ पर काफ़ी रुष्ट हैं?"

भारती ने संयत स्वर में उत्तर दिया, "दिन-भर बच्चों को पढ़ाने में और फिर समिति के असंख्य पत्रों का उत्तर देने में इस प्रकार थककर चूर हो जाती हूं कि बिस्तर पर पड़ते ही नींद आ जाती है। अतः नाराज़ होने का समय ही नहीं मिलता।"

अपूर्व ने कहा, "अच्छा, तो आपके पास नाराज़ होने का समय ही नहीं है।"

भारती बोली, "मैं झूठ नहीं बोल रही। आप किसी दिन प्रातःकाल आ जाइये और मेरी गतिविधि को देखते जाइये। आपके सामने सारी स्थिति अपने आप स्पष्ट हो जायेगी।"

अपूर्व के मुंह से सहसा अनजाने एक लम्बी सांस निकल गयी। फिर वह बोला, "मुझे यह सब देखकर क्या करना है?" फिर थोड़ी देर रुककर बोला, "अच्छा, यह बताइये कि आपको स्कूल से कितना वेतन मिलता है?"

भारती ने अपनी हंसी रोककर और गम्भीर होकर कहा, "आप भी कमाल के आदमी हैं। क्या कभी किसी से उसके वेतन के सम्बन्ध में भी पूछा जाता है? इससे व्यक्ति का अपमान होता है।"

अपूर्व ने विनम्र स्वर में खेद प्रकट करते हुए कहा, "मेरा इरादा अपमान करने का क़तई नहीं। मैंने वैसे ही पूछ लिया है। वस्तुतः जब आप नौकरी करती हैं, तो वेतन मिलता ही होगा।"

भारती बीच में बोल उठी, "भूखों मरने से बचने के लिए नौकरी करनी ही पड़ती है।"

अपूर्व ने कहा, "इस नौकरी को देखते हुए तो यह भूखों मरने-जैसा ही है। इससे अच्छी नौकरी, तो आपको हमारे ऑफ़िस में मिल सकती है। सौ रुपये महीना पगार मिलेगी और दो घण्टे से अधिक प्रतिदिन काम भी नहीं करना पड़ेगा।

भारती बोली, "आप मुझे ऑफ़िस की नौकरी करने को कहते हैं?"

अपूर्व बोला, "क्यों, क्या इस नौकरी में कोई दोष है?"

भारती ने गरदन हिलाने के रूप में अपनी अस्वीकृति का प्रदर्शन करते हुए कहा, "नहीं, मुझे यह नौकरी नहीं करनी। आप ही वहां प्रभारी हैं। काम में कहीं त्रुटि हुई, तो हाथ में डण्डा लेकर पीटने को तैयार हो जायेंगे।"

अपूर्व ने उत्तर देना उचित नहीं समझा। वह समझ गया कि भारती मज़ाक़ कर रही है, किन्तु अपने एक दिन के आचरण पर भारती द्वारा किये गये व्यंग्य को पचा पाना उसके लिए सम्भव नहीं हुआ। उसके मन में विद्रोह के भाव ने प्रचण्ड रूप धारण कर लिया, जिसे शिष्ट और विनम्र अभिव्यक्ति देते हुए अपूर्व ने कहा, "शायद आपके स्कूल के लगने का समय हो गया है और बच्चे पढ़ाई में ध्यान देने लगे हैं।"

अपूर्व के कथन को गम्भीरता से लेती हुई भारती बोली, "यदि ऐसा होता, तो यह शोर-गुल सुनाई न देता। लगता है कि शिक्षकों ने अभी तक पढ़ाने की ओर ध्यान नहीं दिया।"

"क्या आप क्लास लेने नहीं जायेंगी?"

"जाना चाहिए था, किन्तु आपको छोड़कर जाना उचित नहीं लगता।" यह कहकर वह थोड़ा मुसकरा दी। अपूर्व का चेहरा लाल हो उठा और वह अपना ध्यान दूसरी ओर करने के लिए बग़ल की दीवार पर कच्चे झाऊ के पत्तों से लिखे अक्षरों पर ध्यान गड़ाते हुए पूछने लगा, "यह यहां क्या लिखा है?"

"पढ़ने की चेष्टा कीजिये?"

क्षण-भर प्रयत्न करने और ध्यान देने के उपरान्त वह बोला, 'पथ के दावेदार' क्या अर्थ है इन शब्दों का?"

भारती बोली, "यह हमारी समिति का नाम है? यही हमारा आराध्य है और यही हमारी आराधना है। क्या आप हमारी समिति के सदस्य बनना चाहेंगे?"

"इसका अर्थ है कि आप पहले से ही इसकी सदस्या हैं ? अच्छा, आपकी इस समिति का सदस्य बनकर मुझे क्या करना होगा ?"

भारती ने कहा, "हमारा मानना है कि हम सब पथिक हैं, राहगीर हैं। हमें मनुष्यता की राह पर चलने वाले सभी मनुष्यों के सभी अधिकारों को स्वीकार करना है और किसी के मार्ग में आने वाले सभी विघ्नों और बाधाओं को दूर हटाकर उस मार्ग को निष्कण्टक और प्रशस्त बनाना है, ताकि आने वाली पीढ़ी बिना किसी परेशानी के, द्रुतगति से प्रगति के पथ पर अग्रसर हो सके और उनके आगे बढ़ने में कोई व्यवधान न डाल सके। यही हम लोगों का लक्ष्य एवं उद्देश्य है। बोलिये, कैसा लगा आपको ? क्या आप हमारे साथ जुड़ना पसन्द करेंगे ?"

अपूर्व ने कहा, "देखिये, न हम अंगरेज है, न फ्रांसीसी और न ही अमेरिकन हैं ? हम सर्वतन्त्र स्वतन्त्र नहीं, अपितु पराधीन जाति के लोग हैं। हमारे लिए पथ को बाधा-रहित एवं अकण्टक बनाना सम्भव ही कहां है ? अरे ! दूर क्यों जाती हो, स्टेशन पर पड़ी बेंच पर बैठने तक का हमें अधिकार प्राप्त नहीं। यहां तक कि अपमानित होने पर हमारी शिकायत की सुनवाई की कोई व्यवस्था नहीं।" यह सब कहते समय फिरंगी छोकरों द्वारा बूटों की मार से लेकर स्टेशन मास्टर द्वारा अपने कमरे से बाहर निकाले जाने तक की सारी अपमानजनक घटना अपूर्व की आंखों के सामने सजीव हो उठी और फिर उस अपमान से उत्पन्न वेदना की स्मृति से उसके नेत्रों से अंगारे बरसने लगे। दु:खित स्वर में वह बोला, "हमारे बैठने से बेंच अपवित्र हो जाते हैं, हमारे प्रवेश से घर की वायु दूषित हो जाती है, मानो हम लोग मनुष्य न होकर कुछ और हैं। हमारे भीतर न मुनष्य की आत्मा है और न ही मनुष्य का रक्त है। यदि आप लोग इस सबके विरुद्ध विद्रोह के स्वर को ऊंचा उठाने वाले हैं, इस अन्याय को मिटाने के लिए तत्पर हैं, तो मैं पूरे मनोयोग से आप लोगों के साथ हूं। आपकी समिति का सदस्य बनने को प्रस्तुत हूं।"

भारती ने कहा, "अपूर्व बाबू ! इसका अर्थ यह हुआ कि आप भी इस अन्यायपूर्ण भेदभाव का विरोध करते हैं और इसे मिटाने के लिए कुछ करने का संकल्प रखते हैं। जाति-पांति के आधार पर ऊंच-नीच का भाव रखना और एक मनुष्य द्वारा दूसरे मनुष्य से घृणा करना मानवता का अपमान करना है। विचारणीय यह है कि किसी मनुष्य के शरीर के वायु से किसी दूसरे के घर के वातावरण को दूषित होना मान बैठना कितनी बड़ी मूर्खता है, किन्तु आज समाज में यह सब चल रहा है।"

अपूर्व उत्तेजित होकर बोला, "मनुष्य के शरीर की चमड़ी के रंग को व्यक्ति की उत्कृष्टता-निकृष्टता का आधार मानने-जैसी कोई निरर्थक धारणा हो ही नहीं सकती। किसी देश-विशेष में उत्पन्न होना-न होना, व्यक्ति के अपने हाथ में नहीं और न इस आधार पर किसी को भाग्यशाली अथवा भाग्यहीन माना जा सकता है। जोज़फ़ साहब के केवल क्रिश्चियन होने के कारण ही, कोर्ट ने मुझ पर बीस रुपये का जुर्माना ठोक दिया। क्या धर्म भिन्न होने से ही कोई व्यक्ति घृणा अथवा विद्वेष का पात्र बनकर दण्डनीय

हो जाता है ? मैं समझता हूं कि धर्म के आधार पर व्यक्ति-व्यक्ति में भेद करने वाले और दूसरे धर्म के लोगों को अकारण कष्ट पहुंचाने वाले मरकर जब भगवान् के पास जायेंगे, तो भगवान् उनके इस अपराध के लिए उन्हें क्षमा न करके निश्चित रूप से दण्डित करेंगे।''

अपने मन की भड़ास को बाहर निकालते हुए अपूर्व कहने लगा, ''संसार में अपमान से बढ़कर मनुष्य की आत्मा को व्यथित और कुण्ठित करने वाला अन्य कोई तत्त्व नहीं।'' वस्तुतः अपने अपमान और उससे उत्पन्न वेदना से व्यथित होने के कारण ही अपूर्व सब कुछ भूलकर अपमान करने वाले शोषकों के विरुद्ध तथा दुष्ट शोषकों के अपमान का शिकार बने दीन-हीन शोषितों के प्रति सहानुभूतिशील हो उठा था। जब तक अपूर्व अपने भीतर की भड़ास को निकालता रहा, तब तक भारती चुपचाप बैठी सुनती रही, मानो उसके कथन में किसी नये सिद्धान्त का उद्‌घाटन हो रहा हो, किन्तु ज्यों ही अपूर्व ने अपना कथन समाप्त किया त्यों ही वह हलका-सा मुसकरायी और फिर उसने अपना मुंह दूसरी ओर कर लिया। भारती के इस व्यवहार पर अपूर्व का चौंकना स्वाभाविक था; क्योंकि इसमें उसे अपनी उपेक्षा और अपमान का आभास होता था। अब तक अपूर्व ने भारती की किसी चेष्टा एवं व्यवहार पर गहराई से ध्यान नहीं दिया था, किन्तु अब उसकी यह चेष्टा उसके मस्तक में अग्निशिखा के समान घूमती हुई उसे जलाने तथा परेशान करने लगी। स्थिति यहां तक जा पहुंची कि वह अपने मुख से एक शब्द भी नहीं निकाल सका।

थोड़ी देर बार भारती ने मुंह फेरकर अपूर्व की ओर देखा, तो उसके होठों पर हंसी का कोई चिह्न दृष्टिगोचर नहीं होता था। गम्भीर स्वर में वह बोली, ''देखिये! आज शनिवार है, आज के दिन स्कूल बन्द रहता है, किन्तु समिति का काम यथावत् चलता रहता है। यदि आपकी इच्छा हो, तो आप नीचे चलिये, मैं आपको डॉक्टर साहब से मिला भी दूंगी और आपको सदस्य भी बना लूंगी।''

''क्या डॉक्टर साहब सभापति हैं ?''

''सभापति नहीं, किन्तु फिर भी जड़-मूल एवं सर्वेसर्वा हैं। वे सार्वजनिक जीवन नहीं जीते, अतः सर्वसाधारण को उनके कार्य के महत्त्व की जानकारी नहीं होती।''

अपूर्व ने 'जड़-मूल' डॉक्टर महाशय के प्रति रञ्चमात्र भी अपनी उत्सुकता का प्रदर्शन नहीं किया। पूछा, ''क्या आपकी समिति के सभी सदस्य क्रिश्चियन हैं ?''

भारती ने प्रतिवाद करते हुए कहा, ''नहीं, ऐसा कुछ नहीं, मुझे छोड़कर शेष सारे हिन्दू ही हैं।''

आश्चर्य प्रकट करता हुआ अपूर्व बोला, ''इस समिति में सम्मिलित महिलाएं भी हिन्दू हैं ?''

अपूर्व क्षण-भर दुविधा में ग्रस्त रहा, फिर साहस जुटाकर बोला, ''क्या आपकी समिति की महिला सदस्याएं जाति-भेद, खान-पान, भेद-भाव तथा छूत-छात आदि में

विश्वास नहीं रखती होंगी?''

''नहीं, किन्तु यदि किसी के विचार ऐसे हों, तो हम उनके साथ खाने-पीने के मामले में कोई ज़ोर-ज़बरदस्ती नहीं करते। यहां प्रत्येक व्यक्ति अपनी निजता बनाये रखने के लिए स्वतन्त्र है। हम किसी की व्यक्तिगत प्रवृत्ति पर कभी कुठाराघात नहीं करते। अत: आपको डरने अथवा घबराने की कोई आवश्यकता नहीं।''

अपूर्व बोला, ''डरने की कोई बात नहीं। मैंने यूं ही पूछ लिया था? आप-जैसी शिक्षिता महिलाएं भी इस समिति की सदस्या होंगी?''

'आप-जैसी शिक्षिता' विशेषण पर हंसती हुई भारती बोली, ''हमारी सभानेत्री का नाम है—सुमित्रा। वह अकेली ही सारे विश्व का भ्रमण कर चुकी हैं। अपने समाज में डॉक्टर साहब को छोड़कर उनसे अधिक विद्वान् एवं बुद्धिमान दूसरा शायद कोई हो ही नहीं सकता।''

आश्चर्य में डूबे अपूर्व ने पूछा, ''आपके डॉक्टर महाशय भी बड़े भारी विद्वान् होंगे?''

डॉक्टर का नाम आते ही सम्मान और श्रद्धा से भारती के नेत्र सजल हो उठे। वह बोली, ''उनका परिचय देना, तो सूरज को चिराग़ दिखाने-जैसी मूर्खता होगी। आप स्वयं ही उनसे मिलकर सत्य की जानकारी और अपनी सन्तुष्टि कर लीजिये?''

इसके पश्चात् अपूर्व के लिए कुछ पूछना शेष नहीं रहा, अत: वह चुप हो गया। देशप्रेम का नशा उसके रक्त में समाया होने के कारण 'पथ के दावेदार' समिति उसे अपनी ओर आकृष्ट करने लगी। वस्तुत: संगी-साथियों तथा बन्धु-बान्धवों से सर्वथा रहित इस विदेशी धरती पर अतिविशिष्ट एवं अत्यन्त सुशिक्षित नर-नारियों की आशाओं-आकाक्षाओं, प्रयत्नों-उद्यमों तथा स्वप्नों-अपेक्षाओं को साकार रूप देने का माध्यम बनी इस समिति के साथ जुड़ने के लोभ का संवरण कर पाना आसान काम नहीं था। फिर भी, न जाने धर्महीनता तथा विजातीयता की अस्वास्थ्यकर प्रवृत्ति किस प्रकार उसके मन को विचलित करने एवं भीतर-ही-भीतर द्वन्द्व को जन्म देने लगी।

कोलाहल बढ़ता जा रहा था कि भारती ने अपूर्व से चलने का अनुरोध किया।

अपनी सहमति जतलाता हुआ अपूर्व भारती के साथ हो लिया। नीचे पहुंच- कर भारती ने अपूर्व को बेंत के सोफ़े पर बिठाया तथा इधर-उधर स्थान न पाकर स्वयं भी उसके साथ बैठ गयी। वह सोफ़ा इतना तंग था कि अन्य लोगों की उपस्थिति में उस पर दो व्यक्तियों का बैठना अशोभनीय लगता था। ऐसा अनुचित आचरण भारती ने अब से पूर्व कभी नहीं किया था। अपूर्व लज्जा के कारण धरती में गड़ा जा रहा था, किन्तु वहां उपस्थित लोगों के पास इस प्रकार की छोटी-छोटी बातों पर ध्यान देने का न अवकाश था और न ही उनका ऐसा अभ्यास था। अपूर्व का ध्यान एक अन्य तथ्य की ओर भी गया। भारती के साथ अपूर्व के वहां आने पर वहां उपस्थित सभी लोगों ने एक बार आंख उठाकर उस अपरिचित को देखा अवश्य था, किन्तु उसके पश्चात् वे उद्दाम

गति से चल रहे वाद-विवाद में पूर्ववत् संलग्न हो गये थे। उनकी गतिविधि में इन लोगों के आने से रञ्चमात्र भी बाधा नहीं पड़ी थी। इसी प्रकार उसकी ओर पीठ करके बैठा व्यक्ति भी यथावत् लिखने में व्यस्त रहा। अपूर्व के आने पर शायद उसने ध्यान ही नहीं दिया। अपूर्व ने वाद-विवाद में भाग लेते लोगों की गिनती की, तो पाया, उनमें आठ पुरुष और छह महिलाएं थीं। अपूर्व के लिए सभी चौदह एकदम अपरिचित थे। उसने एक व्यक्ति को पहचान लिया। उसकी वेशभूषा अवश्य भिन्न थी, किन्तु चेहरा-मोहरा देखकर उसे स्मरण हो आया कि उसने मिकथिला रेलवे स्टेशन पर बिना टिकट यात्रा करने के अपराध में पुलिस के चंगुल में फंसे इस व्यक्ति का जुर्माना चुकाकर इसे छुड़ाया था और इसने अपने आप रुपये लौटाने का वचन दिया था। उस व्यक्ति ने अपूर्व की ओर देखा, किन्तु एक दिन शराब के नशे में धुत होकर हाथ पसारने पर अपने को उपकृत करने वाले को आज शराब न पिये होने पर पहचान नहीं सका। उस व्यक्ति के व्यवहार से अपूर्ब को उसकी कृतघ्नता से शायद इतना अधिक दु:ख नहीं पहुंचा, जितना वह यह सोचकर दुखी हो उठा कि बेचारी भारती किन धूर्तों में आ फंसी है।

सामने खड़े व्यक्ति के बैठ जाने पर भारती ने अपूर्व के कान में धीरे-से कहा, ''यही हैं हमारी अध्यक्षा श्रीमती सुमित्रादेवी।''

अपूर्व ने इससे पहले ही अनुमान लगा लिया था कि उपस्थित महिलाओं में इस महिला को ही समिति की सञ्चालिका होना चाहिए। उसकी आयु तीस के आस-पास होनी चाहिए। रूप-रंग से राजरानी लगती है। सोने-जैसा चमकीला रंग है। दक्षिणी शैली में बंधा जूड़ा उसकी सुरुचि का प्रदर्शन कर रहा है। उसने दोनों कलाइयों में चार-चार सोने की चूड़ियां पहन रखी हैं। गले में पहना सोने का हार अपनी चमक से उसकी उपस्थिति को बताने के साथ उसकी कान्ति को द्विगुणित कर रहा है। कानों में हरे रंग के नगों से जड़े एयर-रिंग लटक रहे हैं। मूंगिया नगों पर प्रकाश पड़ने से उनकी चमक सांप की आंखों का स्मरण कराती है। इस महिला के नयन-नक़्श भी ब्रह्माजी द्वारा फुरसत में यत्न से तराशे गये लगते हैं। माथा, ठोडी, नाक, आंखें और भौंहें—कहीं भी किसी प्रकार का कोई दोष अथवा त्रुटि दिखाई नहीं देती। यह रूप अत्यन्त सुन्दर और आश्चर्यजनक ढंग से अत्यन्त मोहक है। अपना हाथ काले बोर्ड पर टिकाकर खड़ी उस महिला पर से अपूर्व की दृष्टि हटती ही नहीं थी। उसने अपने जीवन में काव्य की अपेक्षा गणित को ही अधिक महत्त्व दिया है। इसलिए वह कल्पनाजीवी एवं सौन्दर्यद्रष्टा होने की अपेक्षा व्यावहारिक तथा यथार्थवादी अधिक रहा है। आज उसे पहली बार इस तथ्य की सत्यता का ज्ञान हो रहा था कि काव्यजगत् में कवि लोग नारी-देह की तुलना तरुण लता के साथ क्यों करते हैं।

अपूर्व के सामने बीस-बाईस वर्षीया साधारण-सी एक अन्य महिला आखें झुकाये बैठी है। उसे लगा कि उपस्थित व्यक्तियों में चल रहे वाद-विवाद का केन्द्र-बिन्दु शायद यही महिला है। उसके पास ही एक प्रौढ़ व्यक्ति बैठा है। विलायती पहनावा उसके समृद्ध

होने का साक्ष्य दे रहा है। अनुमान से वह प्रतिवादी प्रतीत होता है। अपूर्व उन लोगों के तर्क-वितर्क को अच्छी तरह नहीं सुन रहा था। उसकी आवश्यकता भी प्रतीत नहीं हो रही थी। उसका मन समग्रत: सुमित्रा पर ही केन्द्रित था। अपूर्व उसके मुख से निकले मधुर स्वर-रूप अमृतरस को पीने के लिए उधर ही एकाग्र और एकतान होकर बैठा था। कुछ देर पहले यहां आने पर उसके मन में उठने वाला क्षोभ अब विस्मृत होकर अतीत के गर्त में समा चुका था। साहबी पोशाक पहने सज्जन के तर्क का उत्तर देती हुई सुमित्रा बोली, "यही नारी का आदर्श स्वरूप और चरित्र है भाई साहब।" अपूर्व इस तन्मयता से सुमित्रा के कथन को ध्यान देकर सुनने में लगा था, मानो कुछ न सुन पाने पर उसकी बहुत बड़ी हानि हो जायेगी। सुमित्रा ने कहा, "मनोहर बाबू! आप साधारण व्यक्ति नहीं। क़ानून के प्रयोक्ता, पण्डित-वकील हैं। सुन लीजिये, आपके तर्क के असम्बद्ध, विरुद्ध अथवा मिथ्या सिद्ध होने पर आप दण्ड से बच नहीं सकेंगे।" उत्तर में मनोहर बाबू ने कहा, "मैं असम्बद्ध तर्कों की प्रस्तुति में विश्वास नहीं रखता।" सुमित्रा ने हंसकर कहा, "आप-जैसे प्रबुद्ध व्यक्ति से ऐसी ही आशा की जाती है। अस्तु आपका वक्तव्य है कि आप नवतारा के पति के मित्र हैं। नवतारा अपने पति के पास जाने की अपेक्षा देश-सेवा में अपना जीवन समर्पित करना चाहती है, जबकि उसके पति बलपूर्वक उसे अपने पास ले जाना चाहते हैं। मुझे तो नवतारा के निर्णय में कोई अन्याय दिखाई नहीं देता।"

मनोहर बाबू ने कहा, "क्या स्त्री का अपने पति के प्रति कोई कर्तव्य नहीं? क्या देश-सेवा की बात करते ही, उसे अपने कर्तव्यपालन से एकदम मुक्ति मिल जाती है?"

सुमित्रा बोली, "मनोहर बाबू! नवतारा को क्या करना है अथवा क्या नहीं करना है, इस सबके निर्णय का अधिकार केवल नवतारा को है। फिर यहां आप यह क्यों भूल जाते हैं कि क्या नवतारा के पति ने पत्नी के प्रति अपने कर्तव्य का पालन किया है? उसने ऐसा नहीं किया, इस तथ्य से आप सब लोग भली प्रकार परिचित हैं। इस स्थिति में कर्तव्यपालन की एकतरफ़ा अपेक्षा कभी न्यायसंगत नहीं मानी जा सकती?"

मनोहर बाबू क्रुद्ध होकर बोले, "पति की भूल का अर्थ स्त्री को असती होने की छूट का मिलना कदापि नहीं। पति की भूल को ढाल बनाकर स्त्री के कर्तव्यविमुख होने को मैं अन्याय ही नहीं, अपितु पाप समझता हूं। आप ही बताइये कि क्या इस दल में रहकर इस आयु में देश-सेवा में प्रवृत्त होने वाली किसी युवती से सतीत्व की रक्षा कर पाने की अपेक्षा की जा सकती है? क्या कोई इस प्रकार की पक्की गारण्टी दे सकता है?"

मनोहर बाबू के तर्क को सुनकर सुमित्रा का चेहरा लाल हो गया, जिसे स्वाभाविक बनाती हुई वह बोली, "दावे के साथ किसी भी विषय में कुछ नहीं कहा जा सकता, परन्तु नवतारा के सम्बन्ध में मैंने जो देखा है, उसके आधार पर कह सकती हूं कि उसमें भावना की प्रबलता के साथ उत्साह की भी अधिकता है। उसकी उल्लेखनीय विशेषता यह है कि उसमें साहस के साथ-साथ धर्म-ज्ञान की परिपक्वता है। हमारी दृष्टि से इन

गुणों का होना चरित्र-रक्षा के लिए अपने आप में गारण्टी है। हां, आपकी मान्यता से सतीत्व की रक्षा वह कर सकेगी अथवा नहीं, इस बारे में मैं कुछ नहीं कह सकती।''

नवतारा के झुके हुए मुख की ओर घृणा से देखते हुए और उस पर गहरी चोट करते हुए मनोहर बाबू बोले, ''क्या पति की उपेक्षा को आप गहरा धर्म-ज्ञान कहती हैं? बलिहारी है इस धर्म-ज्ञान की! क्या देश की सेवा करती हुई यह महिला देश की अन्य महिलाओं के समक्ष यही आदर्श प्रस्तुत करेगी? क्या उन्हें यही शिक्षा देगी?''

सुमित्रा ने कहा, ''हमारी दृष्टि में नवतारा ने अपने कर्तव्य-निर्धारण में कोई भूल नहीं की। जिस पति ने अपनी पत्नी के प्रति अपने न्यायसंगत दायित्व का निर्वाह नहीं किया, यदि उस पति को वह एक महान् और उदात्त आदर्श की पूर्ति के लिए छोड़ना चाहती है, तो इसमें कुछ भी अनुचित नहीं। यदि यही सन्देश उसके माध्यम से दूसरी महिलाओं तक जाता है, तो इसमें भी हमें कोई दोष दिखाई नहीं देता।''

मनोहर बाबू ने पूछा, ''क्या सीता-सावित्री के देश में ऐसी शिक्षा चल सकेगी?''

सुमित्रा बोली, ''क्यों नहीं चल सकेगी? वस्तुतः आज औरतों को परम्परागत निरर्थक उदाहरण सुनाने की अपेक्षा इतिहास की यथार्थ जानकारी देने की आवश्यकता है। आज भारत की महिलाओं को यह बताने की आवश्यकता है कि एक दिन आत्मसम्मान की रक्षा के लिए सीता ने अपने पति को त्यागकर पाताल में प्रवेश कर लिया था। राजकुमारी सावित्री ने विवाह से पूर्व दरिद्र सत्यवान से इतना अधिक प्रेम किया था कि उसे अल्पायु जानकर भी उससे विवाह करने में वह नहीं हिचकिचायी थी। इसी शृंखला में नवतारा यह कहती है कि वह अपने दुराचारी पति को प्रेम नहीं कर सकी और दूसरों से भी कहती है कि यदि उनके पति दुराचारी हैं, तो उन्हें छोड़ने में संकोच नहीं करना चाहिए। इस प्रकार, यदि नवतारा महिलाओं को अपना उदाहरण देकर यह सन्देश देती है, तो हमारे विचार में वह महिलाओं का हित करती है, उनका सही पथ-प्रदर्शन करती है, वह कुछ भी अनुचित नहीं करती है। समझे मनोहर बाबू।''

मनोहर बाबू क्रोध से कांपने लगे और चाहकर भी कुछ बोल न सके। कुछ देर बाद स्थिर होने पर वे अत्यन्त कटुस्वर में बोले, ''सोचा है कभी, इससे देश रसातल को चला जायेगा।'' फिर हाथ जोड़कर बोले, ''भगवान् के लिए अपनी यह शिक्षा अपने तक रखिये। आप लोगों को जो अच्छा लगे, कीजिये, दूसरों को नरक के मार्ग पर मत धकेलिये। विलायती सभ्यता ने इस देश में अपने पांव जमा कर पहले ही यहां की सभ्यता और संस्कृति को काफ़ी क्षति पहुंचायी है। आप लोगों से प्रार्थना है कि स्त्रियों में दुष्प्रचार करके भारत को जहन्नुम मत बनाइये।''

सुमित्रा के चेहरे पर उभरे विरक्ति और क्लान्ति के भाव स्पष्ट दिखाई देने लगे, फिर भी वह संयत होकर बोली, ''वस्तुतः भारत को रसातल में जाने से बचाने का एकमात्र उपाय ही इस नये दृष्टिकोण को अपनाना है। मुझे लगता है कि आपको विदेशी सभ्यता के गुण-दोषों की सही जानकारी नहीं है, इसीलिए आप उसका विरोध कर रहे हैं। इस

सम्बन्ध में तर्क-वितर्क करना समय की बरबादी के सिवा और कुछ नहीं होगा। इस विवाद में पहले ही बहुत समय व्यर्थ जा चुका है। हमें इसके अलावा और भी बहुत सारे काम निपटाने हैं।''

मनोहर बाबू ने अपने क्रोध को दबाने की पूरी चेष्टा करते हुए कहा,''मेरे पास भी व्यर्थ गंवाने के लिए समय नहीं है। आप लोगों का क्या निर्णय रहा, बताइये नवतारा पति के पास जायेगी या नहीं जायेगी।''

अब तक मुंह लटकाये, बैठी और गूंगी बनकर सब कुछ सुनती नवतारा ने गरदन उठाकर दृढ़ स्वर में कहा, ''नहीं, नहीं जायेगी, भूलकर भी नहीं।''

सुमित्रा की ओर उन्मुख होकर मनोहर बाबू ने कहा, ''तो इसका ज़िम्मा अब आप लोगों ने संभाल लिया है?''

इसका उत्तर भी नवतारा ने दिया, ''मुझे किसी के सहारे की आवश्यकता नहीं। मैं अपना भार उठाने में समर्थ हूं। अतः आपको मेरी चिन्ता करने की आवश्यकता नहीं।''

मनोहर बाबू ने एक बार फिर सुमित्रा की ओर उन्मुख होकर उससे पूछा, ''आप ही बताइये कि क्या स्त्री के लिए, किसी और के यहां पति के घर-जैसा सम्मानित जीवन बिताना सम्भव है?''

सुमित्रा ने उत्तर में कहा, ''दूसरों के विषय में भले ही आपका कथन सत्य हो, किन्तु नवतारा के सम्बन्ध में मुझे यह कहने में अणुमात्र भी संकोच नहीं कि उसका विवाहित जीवन किसी भी रूप में सुखी, शान्तिपूर्ण तथा गौरवमय कदापि नहीं था।''

इस उत्तर ने मनोहर बाबू को इस प्रकार असंयत और विचलित कर दिया कि वह अत्यन्त कटु-कठोर स्वर में बोले, ''अब वह घर के बाहर जिस प्रकार का जीवन बितायेगी, क्या उसे आप सम्मानित जीवन मान सकेंगी?''

मनोहर बाबू का व्यंग्य बड़ा कठोर और तीखा था, किन्तु भले ही यह आश्चर्य लगे, फिर भी यह सत्य था कि उपस्थित लोगों में से किसी के चेहरे पर कोई मलाल दिखाई नहीं दिया। सुमित्रा ने शान्त स्वर में केवल इतना कहा,''हमारी समिति में असंयत होकर उच्छृंखलता बरतने की कोई परम्परा नहीं है। यहां संयम और मर्यादा बरतने की परिपाटी है।''

''यदि मैं इस नियम का पालन न कर सकूं, तो?''

''तो फिर आपके विरुद्ध अनुशासनात्मक कार्यवाही की जायेगी।''

यह सुनते ही मनोहर बाबू अपना विवेक खोकर विक्षिप्त-से हो उठे। धनुष से निकले तीर के समान तल्ख़ी से बोले, ''तो फिर मेरा प्रणाम स्वीकार करें।'' यह कहते हुए वह दरवाज़े के बाहर चल दिये। बाहर पहुंचते ही उनके क्रोध का लावा फूट पड़ा। वह हाथ-पैर पटकते और ज़ोर-ज़ोर से चिल्लाते हुए बोले, ''मैं तुम लोगों की सारी वास्तविकता को अच्छी प्रकार से जानता हूं। तुम लोग अंगरेजी शासन को उखाड़ फेंकना

चाहते हो, किन्तु यह तुम्हारे बस का काम बिल्कुल नहीं। मैं गंवार किसान नहीं, जो तुम्हारे मन्तव्य को न समझ सकूं। मैं एडवोकेट हूं, उड़ते पक्षी के पंख गिन लेता हूं। तुम लोगों को भी देख लूंगा।''

यह कहते हुए और अंधेरे में पैर पटकते हुए वह चल दिये।

इतने बड़े काण्ड के हो जाने पर भी किसी ने किसी प्रकार की प्रतिक्रिया प्रकट नहीं की और न कहीं किसी प्रकार की उत्तेजना दिखाई दी, किन्तु फिर भी सबके चेहरे पर एक प्रकार की उदासी स्पष्ट दृष्टिगोचर हो रही थी। केवल इस ओर पीठ किये, लिखने में व्यस्त एक व्यक्ति इस घटना से सर्वथा अप्रभावित था। उसने सिर उठाकर इधर देखा तक नहीं।

अपूर्व को लगा कि वह व्यक्ति या बहरा था अथवा यहां की गतिविधि से सर्वथा असम्बद्ध, पत्थर के समान जड़, उदासीन एवं निर्विकार था। भारती के चेहरे को देखने-पढ़ने की उसने बहुत चेष्टा की, किन्तु उसके द्वारा जान-बूझकर मुंह फेर लेने पर वह कुछ भी जानने में सफल नहीं हो सका। अपूर्व को लगा कि मनोहर बाबू भले ही उच्च शिक्षा प्राप्त क्यों न हों, किन्तु समिति के सम्बन्ध में उनके द्वारा की गयी टिप्पणी को सही नहीं माना जा सकता। अब वह सोचने लगा कि इस प्रकार के इतने कुलीन और सुशिक्षित लोग इकट्ठे कैसे हुए, कैसे इन्होंने समिति का गठन किया और इस समिति का वास्तविक उद्देश्य क्या है ? वह सोच में पड़ गया कि भारती इन लोगों के सम्पर्क में कैसे आयी ? इसके साथ रेलवे टिकट के पैसों से शराब ख़रीदकर पीने वाला और इसी अपराध में उसकी आंखों के आगे पकड़ा जाने वाला व्यक्ति तथा और भी अधिक विस्मय का विषय था—नवतारा का वहां आना। वह सोचने लगा कि ये सब इकट्ठे कैसे हुएं हैं और यह नवतारा भी अनोखी महिला है, जो देश-सेवा के लिए पति को छोड़ आयी है। अपने उद्देश्य के प्रति वह इस प्रकार समर्पित है कि सतीत्व-रक्षा के प्रश्न पर भी विचार करने के लिए उसके पास अवकाश नहीं। इससे भी अधिक आश्चर्य की बात यह है कि ये लोग स्त्री द्वारा पति को त्यागने-जैसे अन्याय का समर्थन ही नहीं करते, अपितु इसके लिए उसका अभिनन्दन करने के रूप में उसे प्रोत्साहित भी करते हैं। सभा की सञ्चालिका स्त्री होते हुए भी, इतने पुरुषों की उपस्थिति में सतीत्व की अवज्ञा करने तथा उसे पुरुषों द्वारा धर्म की आड़ में स्त्रियों पर थोपा मनमाना निरर्थक बन्धन बताने में थोड़ा-सा भी नहीं हिचकिचायी। उसे यह सब कहते हुए स्त्री-सुलभ लज्जा छू तक नहीं गयी। आख़िर यह स्त्री है कौन ?

कुछ देर तक कमरे में एक प्रकार का सन्नाटा छाया रहा, कोई किसी से कुछ नहीं बोला। बाहर अंधेरा था और सड़क भी सुनसान थी। इस स्थिति में अपूर्व अचानक बेचैनी एवं भारीपन अनुभव करने लगा।

अपूर्व ने सहसा सुमित्रा की आवाज़ सुनी। उसने अपूर्व को पुकारा था।

अपूर्व ने अपना नाम पुकारे जाने पर सिर ऊपर उठाकर सुमित्रा की ओर देखा।

सुमित्रा ने अपूर्व के चेहरे पर अपनी दृष्टि गड़ाते हुए कहा, "अपूर्व बाबू! आप शायद हमें नहीं जानते, किन्तु भारती के माध्यम से आपके विषय में पूरी जानकारी हमारे पास मौजूद है। सुना है कि आप हमारी समिति के सदस्य बनना चाहते हैं?"

अपूर्व 'नहीं' न कह सका। उसने गरदन हिलाकर अपनी स्वीकृति जतलायी। कोने में बैठे और एकाग्रचित्त होकर लिखने में खोये व्यक्ति को सम्बोधित करते हुए सुमित्रा ने कहा, "डॉक्टर! अपने सदस्यों की सूची में अपूर्व बाबू का नाम लिख लीजियेगा।" इसके उपरान्त अपूर्व की ओर उन्मुख होकर सुमित्रा बोली, "अपूर्व बाबू! इसे आप हमारी समिति की एक विशेषता ही समझियेगा कि यहां सदस्यों से किसी प्रकार का कोई शुल्क नहीं लिया जाता।"

यह सुनकर अपूर्व प्रयत्न करने पर भी हंस नहीं सका, अत: गम्भीर बना मौन बैठा रहा। जब उसका नाम सचमुच ही एक मोटे रजिस्टर में लिख लिया गया, तब वह पूछे बिना न रहा। वह बोला, "मुझे समिति के उद्देश्य और अपने द्वारा समिति के लिए करणीय की कोई जानकारी नहीं। इस सम्बन्ध में मुझे कुछ बताइये।"

"क्या भारती ने आपको कुछ नहीं बताया?"

कुछ सोचकर अपूर्व बोला, "कुछ-कुछ बताया है, किन्तु मैं एक बात सीधे आप लोगों से पूछता हूं कि क्या आपकी समिति की दृष्टि में नवतारा का व्यवहार एवं आचरण दोषपूर्ण नहीं?"

उत्तर में सुमित्रा बोली, "व्यक्तिगत रूप से मुझे इसमें कोई दोष दिखाई नहीं देता। मैं देश-सेवा से अधिक महत्त्व किसी अन्य कर्तव्य-कर्म को दे ही नहीं सकती।"

अपूर्व ने सुमित्रा के कथन के प्रति श्रद्धा का भाव दिखाते हुए विनम्र भाव से कहा, "मैं भी देश को अपने प्राणों से कहीं अधिक प्यार करता हूं। मैं यह भी मानता हूं कि स्त्रियों और पुरुषों को एक समान देश-सेवा करने का पूरा अधिकार है, किन्तु मैं यह नहीं मानता कि दोनों का कार्यक्षेत्र भी एक है। मेरे विचार से पुरुषों का कार्यक्षेत्र बाहरी दुनिया है और स्त्रियों का कार्यक्षेत्र घर के भीतर का संसार है। उनकी सार्थकता घर के भीतर, अन्त:पुर में रहकर पति-पुत्र की सेवा करना और उन्हें कर्तव्यपरायण बनाना है, न कि पुरुष के कन्धे से कन्धा मिलाकर भीड़ को बढ़ाना है। मेरे विचार में स्त्री घर के भीतर रहकर शुद्ध अन्त:करण से अपने कर्तव्य का निर्वाह करती हुई देश की जितनी सेवा कर सकती है, पुरुषों के साथ भीड़ में खड़ी होकर उसका शतांश भी नहीं कर सकती।"

यह सुनकर सुमित्रा हंसी, तो अपूर्व ने देखा कि सभी उपस्थित लोगों के चेहरों पर मुसकान फैल गयी। वह बोली, "अपूर्व बाबू! बहुत दिनों से बहुत लोग ऐसी धारणा प्रकट करते आ रहे हैं। इस तथ्य को नकारा भी नहीं जा सकता, परन्तु यह धारणा सर्वथा निर्दोष नहीं है। ऐसी बातें वे लोग कहते हैं, जिन्होंने देश-सेवा में कभी अपना योगदान नहीं दिया तथा जिनकी दृष्टि में निजी स्वार्थ-साधन देश-सेवा की अपेक्षा कहीं अधिक

महत्त्वपूर्ण है। थोड़ा गम्भीरता से विचार करके देखेंगे, तो इस धारणा में आपको सत्य के दर्शन नहीं होंगे। जब आप देश-सेवा के काम में जुट जायेंगे, तो यह सत्य आपके समक्ष स्वयं उजागर हो जायेगा। आज आप स्त्रियों के घर से बाहर निकलने को पुरुषों की भीड़ बढ़ाना कहते हैं। हमारे विचार में, यदि यह सपना किसी दिन साकार हो सका, तो आप स्वत: समझ जायेंगे कि देश का कितना बड़ा हित हो रहा है। यदि यह सपना सपना ही रहा, तो आपको यथाशीघ्र यह स्पष्ट हो जायेगा कि पुरुषों की भीड़ बालू की दीवार की तरह किस प्रकार झर-झर कर गिर पड़ती है, कभी जमने और पक्का होने का नाम ही नहीं लेती।''

अपूर्व मन-ही-मन अपने को लज्जित अनुभव करने लगा। फिर भी साहस करके पूछ बैठा, ''किन्तु क्या इससे अनैतिकता नहीं फैलेगी ? क्या चरित्र के कलुषित होने की आशंका नहीं बढ़ जायेगी ?''

सुमित्रा ने कहा, ''क्या स्त्री के चरित्र के भ्रष्ट होने की आशंका केवल उसके घर से बाहर निकलने पर उत्पन्न होती है ? क्या घर के भीतर अनीति एवं अनुचित कार्य नहीं होते ? अपूर्व बाबू! वस्तुत: दोष स्त्री के घर से बाहर आने में नहीं, अपितु दोष उस विधाता का है, जिसने नर-नारी की सृष्टि की है। एक को मनमानी करने का अधिकार दे दिया है और दूसरे को उसकी मनमानी सहने की विवशता दे दी है। इसके साथ ज़रा धैर्य धारण करके विश्व के दूसरे देशों की स्त्रियों की ओर देखने का कष्ट कीजिये। वहां कौन-सा आकाश गिर पड़ा है ?''

सुमित्रा के इस कथन से अपूर्व सन्तुष्ट नहीं हो सका। वह असंयत होकर बोला, ''देवीजी! क्या हमें दूसरे देशों की नक़ल करनी है अथवा अपने कल्याण की सोचनी है ? क्षमा करें, मैंने यह अनुभव किया है कि आप लोग 'विवाह' संस्था के प्रति गौरव का भाव नहीं रखते और इसीलिए विवाहित जीवन को उपयुक्त सम्मान नहीं देते। यहां तक कि नारीत्व के चरम-उत्कर्ष—सतीत्व और पतिव्रत धर्म—के सम्बन्ध में आपका दृष्टिकोण उपेक्षापूर्ण है। मैं नहीं समझता कि नारी को इस प्रकार की स्वतन्त्रता देने से देश का कल्याण हो सकता है।''

सुमित्रा कुछ देर तक कौतुकपूर्ण दृष्टि से अपूर्व के मुख पर देखती रही। फिर स्निग्ध-मधुर कण्ठ से बोली, ''अपूर्व बाबू! आपने मेरे मन्तव्य को ठीक से समझा नहीं, इसीलिए कुछ नाराज़ हो गये लगते हैं। मेरे कहने का अभिप्राय ऐसा कुछ नहीं था। अच्छा, आप ही बताइये, जिस समाज में स्त्री को पुत्र जनने की मशीन समझा जाता हो, पुत्र न जनने वाली स्त्री को अपमानित एवं तिरस्कृत किया जाता हो, स्त्री होने के नाते ऐसे समाज को मैं आदर की दृष्टि से कैसे देख सकती हूं ? आप सतीत्व के चरमोत्कर्ष की प्रशंसा में गीत गा रहे थे, किन्तु जिस देश में ऐसी अपेक्षा केवल स्त्री से की जाती हो, उस एकांगी दृष्टिकोण के प्रति श्रद्धा का भाव रखना कठिन है। सतीत्व को केवल शरीर तक सीमित करना भी उचित नहीं, उसका सम्बन्ध मन से भी स्वीकार करना

चाहिए। मन, वचन और कर्म से प्रेम हुए बिना सतीत्व के चरमोत्कर्ष की बात करना शून्य में दुर्ग-रचना-जैसा कार्य है। क्या आप यह मान सकते हैं कि पिता द्वारा किसी भी पुरुष को मन्त्रपाठ द्वारा सौंपी भारतीय कन्या अपने जीवन-साथी को प्रेम कर सकती है? प्रेम करना और प्रेम करने को विवश होना, दो भिन्न तत्त्व हैं। क्या स्त्री तालाब का पानी है, जो किसी भी पात्र में भरकर उस पात्र का मुंह ढक देने से काम चलाया जा सकता है? क्या कभी स्त्री से उसकी पतिविषयक पसन्द पूछने की चिन्ता की जाती है? नहीं, कदापि नहीं। उसे केवल पशु समझकर, किसी के भी पल्लू से बांध दिया जाता है।''

अपूर्व सुमित्रा के तर्क का प्रतिवाद न कर सका। केवल इतना बोला, ''यह सदा से चला आ रहा है।''

सुमित्रा हंसती और सिर हिलाती हुई बोली, ''हां, यही मैं भी कह रही हूं कि यह सदा से चला आ रहा है। अपने पति के लिए वह 'प्राणनाथ' 'प्राणाधिक प्रिय'-जैसे शब्दों का धड़ल्ले से प्रयोग करती है। पति के प्रति कर्तव्यपालन की दृष्टि से उसमें श्रद्धा-भक्ति रखने अथवा उसकी सेवा करने में भी उसे कोई संकोच नहीं होता। यदि सोचा जाये, तो व्यावहारिक दृष्टि से घर-गृहस्थी चलाने के लिए इससे अधिक कुछ और अपेक्षित भी नहीं, किन्तु क्या प्रेम की भिखारिन प्रेम की भीख न मिलने पर कभी सन्तुष्टि एवं सच्चा सुख अनुभव कर सकती है? आपने एक ब्राह्मण-पुत्र द्वारा चावल की धोवन को दूध समझकर पीने की कथा सुनी होगी। भले ही वह उस धोवन से अपने आपको बहलाता और झूठी तसल्ली देता रहा हो, किन्तु जो वस्तु प्राप्त नहीं है, उसकी प्राप्ति की झूठी कल्पना से वह अपने को और गौरवान्वित अनुभव नहीं कर सकता?''

सुमित्रा का यह विश्लेषण अपूर्व को बिल्कुल अच्छा नहीं लगा, किन्तु वह इसका खण्डन भी न कर सका। बोला, ''क्या आपके विचार में स्त्री को अपने पति से अपेक्षित प्रेम मिलता ही नहीं?''

सुमित्रा ने कहा, ''ऐसा मैं नहीं कहती; क्योंकि संसार में अपवादों का अभाव कदापि नहीं और इसीलिए 'क्वचित् या कुत्रचित्' जैसे शब्द जीवित हैं।''

अपूर्व ने कहा, ''स्त्री को प्रेम अपवाद रूप में और क्वचित् मिलने की बात को सत्य मान लेने पर भी मैं समाज के कल्याण के लिए और भावी पीढ़ी के विकास के लिए स्त्री के घर में रहने का पक्षधर हूं।''

सुमित्रा ने शान्त और दृढ़ स्वर में कहा, ''नहीं अपूर्व बाबू! स्त्री को घर की चारदीवारी में बन्द करने से आपके समाज का और भावी पीढ़ी का अन्ततोगत्वा कोई हित होने वाला नहीं। समाज और वंश-वृद्धि के नाम पर सुदीर्घकाल से स्त्री को बलि का बकरा बनाया जाता रहा है, किन्तु यह सब अब और अधिक चलने वाला नहीं। भावी पीढ़ी के लिए स्त्री में अनुराग, मोह और आसक्ति न होती, तो यह समाज कब का नष्ट हो चुका होता। अब नारी को विवाहित जीवन के प्रति संजोये व्यर्थ के मोह को छोड़ना होगा। उसे यह समझना होगा कि सड़ी-गली संस्था से चिपके रहना उसके लिए गौरव

का नहीं, अपितु लज्जा का विषय होगा।''

अपूर्व ने अपने को व्यथित अनुभव करते हुए कहा, ''क्या आपने कभी अपने इस आन्दोलन के परिणाम पर भी विचार किया है ? आपकी इन शिक्षाओं से व्यवस्थित समाज विश्रृंखलित हो जायेगा। सर्वत्र अशान्ति और विद्रोह के स्वर मुखरित होने लगेंगे। क्या इस ओर ध्यान दिया है ?''

सुमित्रा ने पूरी दृढ़ता से कहा, ''इस अशान्ति और विद्रोह का अर्थ समाज का अकल्याण कदापि नहीं। वास्तव में दुर्बल, अस्वस्थ और कृशकाय व्यक्ति ही अपने को धक्का न लगने देने के प्रति विशेष सावधानी बरतता है। दिन-रात इसी धक्के के डर से वह समाज के सम्पर्क में ही नहीं आता। अलग-थलग पड़ा रह जाता है और फिर एक दिन इस अकेलेपन को ही अपनी नियति मानने को विवश हो जाता है। यदि हमारा समाज इस स्थिति पर पहुंच चुका है, तो उसे एक-न-एक दिन धक्का लगना ही है, फिर दो दिन आगे-पीछे में अन्तर ही क्या पड़ता है ? निर्णायक संघर्ष होने दो, परिणाम जो भी निकलेगा, सुखद ही होगा।''

अपूर्व के पास कहने को कुछ नहीं था। इसलिए कुछ देर तक वह चुप रहा। सुमित्रा भी कुछ देर मौन बनी रही, फिर बोली, ''ऋषिपुत्र द्वारा चावल की धोवन को दूध के रूप में सेवन करने का उदाहरण सुनकर शायद आपको दुःख पहुंचा है, किन्तु इतिहास को अनदेखा नहीं किया जा सकता। इतिहास ही भविष्य के निर्माण के पथ को प्रशस्त करता है।''

सुमित्रा के अन्तिम मन्तव्य को अपूर्व समझ नहीं सका। वैसे, अब तक वह काफ़ी ऊब चुका था। विरक्त भाव से बोला, ''सुना है कि मिशनरी लोग जगन्नाथ-दर्शनों को जाने वाले यात्रियों को ख़ूब सताते और तंग करते हैं, किन्तु फिर भी भक्तगण हाथ-पैर-विहीन जगन्नाथ को छोड़कर ईसा को नहीं पूजने लग जाते। जगन्नाथजी में उनकी आस्था पूर्ववत् अडिग ही बनी रहती है।''

यह सब सुनकर सुमित्रा को क्रोध नहीं आया। वह हंसती हुई संयत स्वर में बोली, ''संसार में आश्चर्य है, तभी तो मनुष्य का जीना असम्भव नहीं हो सका। देखिये न, लोग नहीं जानते कि पेड़ के पत्तों का रंग हरा दिखाई नहीं देता, फिर भी लोग ऐसा मान लेते हैं। यह क्या कम आश्चर्य की बात है ? सतीत्व के सच्चे महत्त्व को जानने से क्या... ?''

अब तक चुपचाप बैठकर लिख रहा व्यक्ति उठकर खड़ा हो गया। उसके साथ दूसरे लोग भी उठकर खड़े हुए। उसने 'सुमित्रा' पुकारा, तो उसका अधूरा वाक्य उसके मुंह में ही रह गया।

अपूर्व ने देखा, ''यह तो गिरीश महापात्र है ?''

भारती ने अपूर्व के कान में कहा, ''ये हैं हमारे डॉक्टर साहब, आप भी खड़े हो जाइये।''

काठ की पुतली की भांति अपूर्व एकदम खड़ा हो गया, किन्तु क्रुद्ध मनोहर बाबू

के अन्तिम शब्दों की स्मृति होते ही उसका सारा उत्साह ठण्डा पड़ गया।

गिरीश ने अपूर्व के पास आकर कहा, "आप मुझे भली प्रकार जानते हैं। यह लोग मुझे डॉक्टर कहते हैं।" कहकर वह हंस पड़ा।

अपूर्व गिरीश के साथ हंस न सका। धीरे से बोला, "मेरे चाचा की नोटबुक में तुम्हारा एक अन्य भयानक-सा नाम लिखा हुआ है।"

गिरीश ने चुपके-चुपके अपूर्व के हाथों को अपने हाथों में लेते हुए कहा, "जानता हूं, 'सव्यसाची' लिखा होगा।" फिर हंसकर बोला—"रात हो गयी है, इधर का मार्ग ठीक नहीं है। पठान वर्कर शराब पीने पर होश में नहीं रहते। इसलिए चलिये, आपको थोड़ा आगे सुरक्षित स्थान तक पहुंचा दिया जाये।" यह कहता हुआ गिरीश मानो ज़बरदस्ती अपूर्व को घसीटकर बाहर ले गया।

अपूर्व न तो सुमित्रा को नमस्कार कर सका और न ही भारती से विदा ले सका। उसे इस सबकी चिन्ता नहीं थी। वह केवल मोटे रजिस्टर में अपना नाम लिखा जाने से चिन्तित लग रहा था।

: 12 :

कुछ दूर चलने पर अपूर्व ने सौजन्यवश डॉक्टर के प्रति कृतज्ञता का प्रदर्शन करते हुए कहा, "आप अस्वस्थ और दुर्बल लग रहे हैं, अतः अब आप लौट सकते हैं। मैं इस सीधे रास्ते पर चलकर आराम से बड़ी सड़क पर पहुंच जाऊंगा। अब आपको और अधिक कष्ट करने की आवश्यकता नहीं।"

डॉक्टर ने अपना चलना जारी रखते हुए मुसकराकर कहा, "आप आसानी से आ गये, इसलिए यह मत समझ लीजिये कि आप आसानी से चले भी जायेंगे? शाम के समय अवश्य यह मार्ग निरापद रहता है, किन्तु रात्रि में शराबी पठान और बेकार हब्शी ऊधम मचाकर गुज़रने वालों को परेशानी में डाल देते हैं। चलिये, रुकिये मत, मेरे चलने को आवश्यक समझकर हठ न कीजियेगा।"

अपूर्व ने डॉक्टर साहब का संकेत समझते हुए पूछा, "क्या ये आवारा लोग राहगीरों से लड़ाई-झगड़ा करते हैं?"

डॉक्टर ने उत्तर में कहा, "शराब का ख़र्च दूसरों की जेब से निकालने के लिए ये लोग जो न करें, थोड़ा है। ये अपनी बदमाशी को अभी तक छोड़ नहीं सके हैं। आपकी कलाई में बंधी सोने की घड़ी पर उनकी नज़र पड़ी नहीं कि हंगामा होते देर नहीं लगेगी। एक ही पल में वह घड़ी दूसरे के अधिकार में पहुंच जायेगी। विरोध करने के परिणाम की कल्पना आप सहज ही कर सकते हैं। अब आप समझ गये होंगे?"

अपूर्व ने गरदन हिलाकर कहा, "यह घड़ी, तो मेरे पास अपने पिताजी की निशानी है।"

डॉक्टर ने कहा, "इससे उन्हें क्या लेना-देना है ? क्या आप समझते हैं कि आपके द्वारा समझाने-बुझाने पर वे साधु महात्मा बन जायेंगे ?"

"आप कहना क्या चाहते हैं ?"

"यही कि आपको छोड़ देने पर उन्हें आज शराब पीने को कहां से मिलेगी ?"

अपूर्व कुछ देर चुप रहा। फिर चिन्तित स्वर में बोला, "क्या घूमकर किसी और सुरक्षित मार्ग से नहीं निकला जा सकता ?"

यह सुनकर डॉक्टर हंसे बिना न रह सका, किन्तु उसकी इस हंसी में किसी व्यंग्य अथवा आक्षेप का कोई भाव नहीं था, अपितु निश्छलता और सहजता थी। बोला, "इस आधी रात के समय घूम-फिर कर जाना और भी अधिक ख़तरनाक है। आप घबराइये नहीं, मैं आपके साथ हूं।" यह कहते हुए उस दुबले और बीमार डॉक्टर ने अपूर्व के हाथ को इस प्रकार ज़ोर से दबाकर पकड़ा कि क्रिकेट और हाकी खेलने तथा जिमनास्टिक करने के अभ्यस्त हाथ के भीतर की हड्डियां चरमराने के साथ-साथ दुखने लगीं।"

अपूर्व के लिए अपने हाथ को छुड़ाना आवश्यक हो गया। बोला, "ठीक है बाबा, ठीक है, समझ गया, चलते चलिये।" हंसने का प्रयास करते हुए वह बोला, "लगता है, उस दिन चाचाजी ने आपके विषय में हंसी में ही सही, किन्तु बिल्कुल ठीक ही कहा था, 'बेटाजी, उस महापुरुष को पकड़ने के लिए इतने लोगों का दल यों ही नहीं बनाया जाता है। हमारे रजिस्टर में यह तथ्य अंकित है कि वह अकेला और निहत्था पांच-सात का, तो भुरता बना ही सकता है।' चाचाजी के कथन पर और उनके कथन के ढंग पर उस दिन हम लोग अपनी हंसी नहीं रोक सके थे, किन्तु अब लगता है कि हमारा हंसना ठीक नहीं था। आप चाहें, तो सचमुच ही दो-चार को फूंक मारकर उड़ा सकते हैं।"

डॉक्टर के चेहरे का भाव एकदम बदल गया। वह गम्भीर होकर बोला, "अरे! नहीं, यह सब चाचाजी का अतिशयोक्तिपूर्ण वर्णन है। अच्छा, हम लोग से आपका क्या अभिप्राय है ? उस दिन आपके साथ और कौन लोग थे ?"

अपूर्व ने कहा, "उनके दो-चार पुलिसकर्मी थे।"

"अच्छा, ये लोग थे।" यह कहते हुए डॉक्टर ने एक गहरी-लम्बी सांस ली, जिसका अर्थ समझने में अपूर्व को कोई कठिनाई नहीं हुई, किन्तु काफ़ी देर तक उसे कहने को कुछ सूझा नहीं। सीधा रास्ता सीधा ही बना हुआ था; क्योंकि किसी चोर, उचक्के अथवा डाकू के दर्शन नहीं हुए। कारण चाहे कुछ रहा हो, किन्तु रास्ते में कोई झञ्झट उपस्थित नहीं हुआ। निर्जन और सूनी गली को लांघकर पक्की सड़क पर पहुंचकर अपूर्व बोला, "अब कोई ख़तरा नहीं, मैं बेखटके जा सकता हूं। आपका बहुत-बहुत धन्यवाद।"

डॉक्टर ने धीमे प्रकाश वाली सामने की चौड़ी सड़क पर गहरी निगाह डालने के

उपरान्त धीरे-से कहा, "हां, अब शायद कोई ख़तरा नहीं होना चाहिए।"

नमस्कार करके विदा होने से पूर्व अपने कुतूहल को दबा पाने में असमर्थ अपूर्व के मुंह से सहसा निकला, "अच्छा, सव्य...!"

डॉक्टर ने बीच में ही रोकते हुए कहा, "नहीं-नहीं, डॉक्टर कहिये, सव्य-वव्य शब्दों को रहने दीजिये।"

अपूर्व ने अपने को लज्जित अनुभव करते हुए कहा, "अच्छा डॉक्टर बाबू! यह हमारा सौभाग्य था अथवा संयोग कि रास्ते में कोई लुटेरा नहीं मिला। मान लीजिये कि वे अधिक संख्या में मिल जाते, तो फिर बचाव करना कठिन हो जाता, यह सत्य है न?"

डॉक्टर ने कहा, "प्राय: वे दो, चार और अधिक-से-अधिक दस लोग होते हैं, इससे अधिक संख्या में वे कभी नहीं देखे गये।"

"तो क्या आप कहना चाहते हैं कि वे दो होते अथवा दस, उनसे आपको कोई भय नहीं था?"

डॉक्टर ने कहा, "नहीं, बिल्कुल नहीं।"

बड़ी सड़क के चौराहे पर पहुंचकर अपूर्व ने उत्सुकता प्रकट करते हुए पूछा, "अच्छा डॉक्टर बाबू! क्या आपके पिस्तौल का निशाना सदैव अचूक होता है?"

डॉक्टर ने गरदन हिलाते और मुसकराते हुए कहा, "नहीं, ऐसा आपसे किसने कहा? किन्तु यह पिस्तौल बीच में कहां से आ गयी? इस समय तो मेरे पास है नहीं?"

अपूर्व बोला, "यह भी आश्चर्य की बात है कि मुझे बचाने के लिए निकले, किन्तु बग़ैर पिस्तौल लिये। सुनसान रास्ता है, चारों ओर रात का घना अंधेरा छाया हुआ है। बत्तियां नाममात्र के लिए टिमटिमा रही हैं। रास्ते में बचाव के लिए न पुलिस है और न कोई आता-जाता राहगीर है, फिर भी आप निहत्थे हैं। है न यह आश्चर्य की बात! अच्छा छोड़िये, यहां से मेरे मकान की दूरी एक कोस के लगभग होनी चाहिए।"

डॉक्टर ने कहा, "हां, ठीक है, इतनी ही दूरी लगती है।"

अपूर्व ने डॉक्टर का धन्यवाद किया और उससे जाने की अनुमति मांगी। प्रस्थान करने से पूर्व बोला, "क्यों डॉक्टर बाबू! ऐसा भी, तो हो सकता है कि आज लुटेरे अपने शिकार की खोज में किसी दूसरे रास्ते में खड़े हों।"

डॉक्टर ने सहमति में सिर हिलाते हुए कहा, "सम्भव है।"

अपूर्व बोला, "सम्भव नहीं, निश्चित है। अच्छा, नमस्कार।" जाते-जाते फिर बोला, "जहां पुलिस की आवश्यकता है, वहां वह नदारद है और जहां कोई आवश्यकता नहीं, वहां दनदनाती फिरती है। क्या यही है प्रशासन का कर्तव्य-बोध? अपनी सुरक्षा के लिए हम अपने ख़ून-पसीने की कमाई टैक्स में देते-देते आधे भूखे रह जाते हैं, लेकिन प्रशासन को हमारी सुरक्षा की चिन्ता ही नहीं। मैं सोचता हूं कि यह सब देखते हुए हमें टैक्सों का भुगतान बन्द कर देना चाहिए। क्या मेरी सोच ग़लत है?"

डॉक्टर ने हंसते हुए कहा, "एकदम ठीक सोचते हैं आप?" डॉक्टर की हंसी

स्त्रियों की हंसी-जैसी मीठी और कोमल थी। वे बोले, ''चलो, बातचीत करते हुए आपको थोड़ा और आगे पहुंचा दिया जाये।''

लज्जा के कारण अपूर्व के चेहरे पर उदासी छा गयी। कुछ देर तक धरती पर देखते रहने के उपरान्त वह धीरे से बोला, ''डॉक्टर साहब! मुझे यह स्वीकार करने में कोई संकोच नहीं कि मैं अत्यन्त डरपोक आदमी हूं। कोई और होता, तो कब का आसानी से खिसक लिया होता, किन्तु मेरी बात अलग है। इसीलिए आपको इतना अधिक कष्ट दे रहा हूं।''

अपूर्व की विनम्र और निरभिमान आत्मस्वीकृति पर डॉक्टर एकदम गम्भीर हो गया। उसे अपना हंसना छिछोरापन लगा। स्नेह से उसके कन्धे पर अपना हाथ रखकर डॉक्टर बाबू बोले, ''आपके साथ चलने का मुझे आदेश हुआ है, अध्यक्षा द्वारा सौंपी गयी यह काली वस्तु इसका प्रमाण है।''

यह सुनते ही अपूर्व चौंक पड़ा, बोला, ''क्या सुमित्राजी ने आदेश दिया है? इसका अर्थ है कि आप पर भी उनका अनुशासन चलता है।''

डॉक्टर ने कहा, ''क्यों नहीं, उनका हुक्म सब पर चलता है।''

अपूर्व ने कहा, ''वे आपके स्थान पर किसी अन्य को भी तो यह दायित्व सौंप सकती थीं?''

''उन्होंने जो ठीक समझा, वही किया और जो किया, वही ठीक है।'' चलते-चलते और बातों-ही-बातों में डॉक्टर बाबू ने अपूर्व को बतलाया, ''सुमित्राजी इस दल की सञ्चालिका हैं। अत: उन्हें चारों ओर दृष्टि रखकर काम करना पड़ता है। जहां ख़ून-ख़राबा होने तथा छुरा-छुरी चलने की आशंका हो, वहां हर किसी को नहीं भेजा जा सकता। मैं यदि अनुपस्थित होता, तो आपको आज रात वहीं रुकना पड़ता, वे आपको आने ही नहीं देतीं।''

अंधेरी गली में छुरेबाज़ी होने की बात सुनकर अपूर्व का कलेजा मुंह को आ गया। घबराया हुआ वह धीरे-से बोला, ''किन्तु लौटते समय आप अकेले ही रहेंगे?''

डॉक्टर ने कहा, ''हां, अकेले ही लौटना होगा।''

अपूर्व ने एकदम चुप्पी साध ली। उसे उससे भी डर सताने लगा कि उसकी बातचीत को सुनकर कहीं लुटेरे उस पर झपट न पड़ें। अत: वह अपनी सभी इन्द्रियों को एक लक्ष्य पर केन्द्रित करके चुपचाप रास्ते पर चलने लगा। पन्द्रह मिनट तक चलने पर, पहला पुलिस स्टेशन पार कर बस्ती में प्रविष्ट होने पर थोड़ा निश्शंक बना अपूर्व फिर बात करने लगा। बोला, ''डॉक्टर बाबू! मेरा घर, अब समीप आ गया है। आज रात यहां गुज़ारने में आपको कोई आपत्ति नहीं होनी चाहिए।''

डॉक्टर बाबू उसके मन की बात को भली प्रकार समझते हुए बोले, ''प्रत्येक कार्य में आपत्ति-अनापत्ति का विचार करना मना है। अत: यहां रहने में कोई आपत्ति न होने पर भी मुझे यहां से लौटना पड़ेगा।''

"क्या आप लोग कुछ भी अनावश्यक नहीं करते?"

"करने की मनाही है, अच्छा, मैं चलता हूं।"

चारों ओर फैले अन्धकार और सूनेपन में इस आदमी को अकेला जाता देख अपूर्व के रोंगटे खड़े हो गये। वह विनम्र स्वर में बोला, "डॉक्टर बाबू! क्या किसी के वचन का सम्मान रखने की भी आपके यहां मनाही है?"

डॉक्टर ने आश्चर्य प्रकट हुए कहा, "आप अचानक ऐसा हठ क्यों कर रहे हैं?"

अपूर्व खिन्न भाव से बोला, "मुझ-जैसे डरपोक व्यक्ति का गुण्डों के झुण्ड में से अकेला गुज़रना असम्भव न जानकर मुझे सकुशल पहुंचाने के लिए आपने इतना कष्ट किया। अपने उपकारी को अकेले विपत्ति के मुंह में धकेलते हुए क्या मुझे बुरा नहीं लगेगा? यदि आपको कुछ हो गया, तो क्या मैं कभी अपने को क्षमा कर सकूंगा?"

अपूर्व के स्नेह से द्रवित होकर डॉक्टर ने प्रेमवश उसके दोनों हाथ अपने हाथों में लेते हुए मधुर स्वर से कहा, "आपका ऐसा अनुरोध है, तो मैं आज की रात आपका अतिथि बनकर रहना स्वीकार करता हूं, किन्तु आप सोच लीजिये कि मुझे अतिथि बनाकर आप अपने को किसी झंझट में तो नहीं डाल रहे।"

अपूर्व डॉक्टर के कथन के मर्म को ठीक ढंग से समझ नहीं सका। कुछ पग चलने पर अपने हाथों में खिंचाव के बढ़ जाने पर घूमकर देखा, तो उसने डॉक्टर लंगड़ाते हुए चलता पाया। अपूर्व ने कहा, "आपके पैरों में पड़ा जूता शायद काटने लगा है, इसीलिए आप लंगड़ा रहे हैं।"

डॉक्टर ने सहज भाव से उत्तर दिया, "कुछ नहीं हुआ, बस्ती के पास पहुंचते ही मेरे पैर इसी प्रकार लंगड़ाने लगते हैं। गिरीश महापात्र के चलने को ज़रा स्मरण करेंगे, तो आपके सामने सब कुछ अपने आप स्पष्ट हो जायेगा।"

अपूर्व का चलना रुक गया और वह स्थिर होकर बोला, "तो यह निश्चित हो गया कि अब आपको लौटना नहीं है।"

"ठीक है, किन्तु आप यह ख़तरा क्यों मोल लेते हैं? आपके लिए, तो मैं ऐसे सैकड़ों ख़तरे मोल लेने के लिए तैयार हूं। आपके त्याग के सामने यह कुछ भी नहीं। देश के लिए अपने जीवन का समर्पण करने वाले की चरण-धूलि चन्दन से भी कहीं अधिक सुवास देने वाली होती है।

वस्तुतः डॉक्टर के जीवन के विषय में अपूर्व स्पष्ट रूप से कुछ भी नहीं जानता था। यदि जानता होता, तो एक दिन का आतिथ्य देने के लिए अपने को इतना अधिक सौभाग्यशाली समझने की भूल न करता। वह नहीं जानता था कि इस व्यक्ति के लिए वापस लौटना कोई विशेष महत्त्व नहीं रखता; क्योंकि उसके लिए, तो ख़तरों से खेलना ही जीवन है। सव्यसाची के रूप में विख्यात जिस व्यक्ति को पुलिस वाले आज तक नहीं पकड़ सके, दस-बारह गुण्डे मिलकर भला उसका क्या बिगाड़ सकते हैं?

डॉक्टर ने अपनी हंसी पर नियन्त्रण रखते हुए भद्र पुरुष के समान कहा, "अपूर्व

बाबू! आपके यहां रात बिताने की अपेक्षा अच्छा है कि हम दोनों वापस लौट चलें। आपके मेरे साथ रहते कोई मुझ पर प्रहार करने का साहस ही नहीं जुटा सकेगा।''

अपूर्व वापस लौटने की बात सुनते ही असमंजस में पड़ गया और बोला, ''यह आप क्या कह रहे हैं ?''

''क्यों, इसमें ग़लत क्या है ? मेरे अकेले जाने से आपको मुझ पर किसी संकट के आने की सम्भावना दिखती है। आपके साथ रहने से वह निर्मूल हो जायेगी ?''

''रात-भर मैं कहां रहूंगा ?''

''मेरे पास, और कहां ?''

ऑफ़िस से लौटने पर अपूर्व ने कुछ खाया-पिया नहीं था, इसलिए अब उसे ज़ोर की भूख सताने लगी थी। अतः विनम्र होकर बोला, ''देखिये, मैंने अभी तक कुछ खाया-पिया नहीं है, इसलिए आज क्षमा कर दें, तो...।''

डॉक्टर ने हंसते हुए कहा, ''चलिये न, देखते हैं कि लोगों के कथन में सत्य कितना छिपा है—'दाने-दाने पर लिखा है खाने वाले का नाम।' हां, बेचारा तिवारी अवश्य आपकी चिन्ता में तड़प रहा होगा।''

तिवारी का उल्लेख आते ही अपूर्व के मन में प्रतिशोध लेने की भावना जाग उठी। अतः उसके प्रति अपना रोष प्रकट करता हुआ बोला, ''उस महाराज के बच्चे को मरने दीजिये। चलिये, मैं आपके साथ चलता हूं।'' यह कहता हुआ वह एक प्रकार से ज़बरदस्ती डॉक्टर बाबू के साथ अंधेरे-उजाले रास्ते से वापस लौटने लगा। डर की बात उसके दिमाग़ में आयी ही नहीं। अतः पुलिस स्टेशन पार कर वह सहसा डॉक्टर बाबू से पूछ बैठा, ''डॉक्टर बाबू! आप सच बोलना, क्या आप *एनार्किस्ट*, अर्थात् अराजकता फैलाने वाले हैं ?''

अंधेरे में ही अपूर्व के चेहरे पर तीखी नज़र डालते हुए डॉक्टर ने पूछा, ''मेरे विषय में आपके चाचा की क्या राय है ?''

अपूर्व ने स्पष्ट शब्दों में कहा, ''उनके विचार में आप ऊंचे दरजे के उग्रवादी हैं।''

''इसका अर्थ है कि मैं ही सव्यसाची हूं, इस विषय में आपको अब कोई सन्देह नहीं रहा।''

''नहीं।''

''*एनार्किस्ट* शब्द से आप क्या अर्थ लेते हैं ?''

अपूर्व सहसा इसका उत्तर न दे सका, थोड़ा सोचकर बोला, ''मेरी समझ में *एनार्किस्ट* का अर्थ राजद्रोही, अर्थात् राजा का शत्रु है।''

डॉक्टर ने कहा, ''आप जानते हैं कि हमारे राजा इस देश में नहीं रहते, विलायत में रहते हैं। बहुत लोगों के अनुसार वे बहुत भद्र पुरुष हैं। न मैंने उन्हें कभी देखा है और न ही उन्होंने मेरा कुछ बिगाड़ा है, फिर आप सोचकर बताइये कि मैं उनसे क्यों वैर मोल लूंगा और किसलिए उनका विरोध करूंगा ?''

अपूर्व ने पूछा, ''जो विरोध करते हैं, उनके पास भी कोई कारण नहीं होता। राजा ने उनको भी कोई हानि नहीं पहुंचायी होती। वस्तुतः विरोध के लिए किसी कारण का होना अनिवार्य नहीं।''

डॉक्टर ने प्रतिवाद करते हुए कहा, ''विरोध अकारण हो सकता है, किन्तु इस देश में राजद्रोह-जैसा कुछ भी नहीं। सरकार के विरोध का आरोप सरासर झूठा और निराधार है।''

डॉक्टर ने जिस दृढ़ता और कण्ठस्वर की प्रबलता से अपूर्व के कथन का खण्डन किया था, उससे वह चौंक पड़ा और उस पर विश्वास न करने का वह साहस नहीं जुटा सका। लेकिन इस तथ्य को वह एकदम नकार भी नहीं सका कि देश में ऐसा कुछ है ही नहीं। इसका एक कारण स्वयं उसका बचपन में इसी प्रकार के किसी आन्दोलन से जुड़ने पर गहरे संकट में पड़ना था। उसे आज भी स्मरण है कि उसके पिता के डिप्टी मैजिस्ट्रेट होने के कारण ही उसका उद्धार हो सका था। दूसरे बड़ा होने पर भी वह इस लक्ष्य को पग-पग पर अनुभव करता आया है। अतः अपने मन में उठ रहे संशय के निवारण के लिए उसने पूछ ही लिया, ''डॉक्टर बाबू! राजा के विरुद्ध न सही, राजकर्मचारियों के विरुद्ध किसी-न-किसी षड्यन्त्र के चलने को आप भी नहीं नकार सकते?''

डॉक्टर ने काफ़ी देर तक चुप्पी साधे रखी, फिर धीरे से बोला, ''राज- कर्मचारी राजा के नौकर हैं, राजा से वेतन प्राप्त करते हैं, अतः राजा के आदेश का पालन करना उनका कर्तव्य हो जाता है। इसके अतिरिक्त स्थानान्तरण तथा सेवानिवृत्ति और नयी नियुक्ति आदि के रूप में इन राजकर्मचारियों का आना-जाना लगा रहता है। आज एक अधिकारी है, तो कल उसके स्थान पर दूसरा बैठा मिलता है। यह एक सीधी-सादी और सहज रूप से समझ में आने वाली बात है, जिसे न समझना ग़लती ही नहीं, बहुत बड़ी मूर्खता है। अतः जो लोग इन राजकर्मचारियों पर आघात करने को ही राजशक्ति को जड़ से उखाड़ फेंकना समझते हैं, वे अपने आपको धोखा देते हैं। मुझे लगता है कि इससे बड़ी ग़लती दूसरी कोई हो ही नहीं सकती।''

अपूर्व कुछ देर तक सोच में पड़ गया, फिर बोला, ''यह सब होते हुए भी हिन्दुस्तान में ऐसे मूर्खतापूर्ण कार्य अक्सर होते देखे जाते हैं।''

डॉक्टर बाबू ने शान्त स्वर में उत्तर देते हुए कहा, ''जब संसार में सब कुछ सम्भव है, तो ऐसा होना भी कोई बड़ी बात नहीं।''

मानो अपूर्व ने सब कुछ स्पष्ट रूप से जान लेने का हठ ठान लिया था, इसलिए वह पूछा बैठा, ''डॉक्टर बाबू! क्या आप जानते हैं कि ऐसे लोग कहां रहते हैं और क्या करते हैं?''

अपूर्व की व्यग्रता और उत्सुकता पर डॉक्टर बाबू हंस दिये। इस पर अपूर्व ने कुरेदने की इच्छा से पुनः पूछा, ''आपने कुछ बताया नहीं, केवल हंस दिये।''

डॉक्टर बाबू ने उसी प्रकार हंसते हुए कहा, ''आपकी इस जिज्ञासा का निवारण

आपके चाचाजी सही ढंग से कर सकते थे। अब वे यहां नहीं हैं और फिर जब मुझे आप *एनार्किस्टों* का मुखिया समझते हैं, तो इस स्थिति में मुझसे इस प्रश्न का उत्तर पाने की आशा आप कैसे कर सकते हैं।''

अपूर्व यह सुनकर कच्चा पड़ गया और डॉक्टर बाबू से यह सब जानने की मूर्खतापूर्ण चेष्टा के लिए अपने को लज्जित अनुभव करने लगा। इसके साथ ही उसे डॉक्टर के व्यवहार पर क्रोध भी आया। पहले मन-ही-मन और फिर प्रकट में बोला, ''यदि आपकी समिति का सदस्य न बन गया होता, तो सचमुच ही मेरे लिए इस प्रश्न का उत्तर पाना असम्भव होता, किन्तु क्या आप यह नहीं मानते कि प्रत्येक सदस्य को यह सब जानने का अधिकार है ? आपके दल का सदस्य बनना कोई बच्चों का खेल नहीं है, अपितु बहुत बड़े उत्तरदायित्व का निर्वाह करना है।''

''एकदम सही बात है,'' कहकर डॉक्टर बाबू फिर हंस दिये। डॉक्टर की हंसी और स्पष्टोक्ति अपूर्व को एक प्रकार से कटाक्ष-सी लगी। वह सोचने लगा कि विद्रोहियों के रजिस्टर में अपना नाम लिखवाने वाले की जिज्ञासा की इस प्रकार उपेक्षा को उचित कदापि नहीं कहा जा सकता। क्या समिति के सदस्यों को इससे अधिक जानने की कोई आवश्यकता नहीं ? अपूर्व मन-ही-मन सोचने लगा कि डॉक्टर बाबू को समझने में उससे निश्चित रूप से ग़लती हो गयी लगती है। आगे चलकर उसने अपनी इस ग़लती को सुधारने का कई बार प्रयास किया, किन्तु उसे सफलता नहीं मिली। न तो डॉक्टर की हंसी से अपूर्व के मन में उद्विग्नता उत्पन्न हुई और न ही उसके मधुर कण्ठ ने किसी प्रकार की उत्तेजना को जन्म दिया।

डॉक्टर के तर्क का यथोचित उत्तर देने के लिए मौन रहकर चिन्तन और आत्ममन्थन करता हुआ अपूर्व बिना कुछ बोले कुछ दूर तक चलता रहा, किन्तु अब उसके लिए अपने ऊपर संयम रखना सम्भव न रहा। डॉक्टर की बात तीखे बाण की तरह उसकी छाती को छेदने लगी, अतः वह आक्रोश-भरे तीव्र स्वर में बोला, ''समित के सदस्यों के रजिस्टर में नाम लिख देना काफ़ी नहीं होता, सदस्यों को समिति से जुड़ने के हानि-लाभ की जानकारी देना भी आवश्यक होता है।''

''किन्तु क्या आपको कुछ भी नहीं बताया गया है ?''

''नहीं, किसी ने कुछ नहीं बताया। 'पथ के दावेदार' मुझे नहीं मालूम कि सदस्य के लिए इन शब्दों के प्रचलित अर्थ को जान लेना पर्याप्त है ? डॉक्टर बाबू! आप भी वहां उपस्थित थे। क्या रजिस्टर में मेरा नाम लिखने से पूर्व मुझे कुछ बताना-समझाना और फिर मेरी राय को जानना आवश्यक नहीं था ?''

डॉक्टर बाबू अपने को थोड़ा लज्जित अनुभव करने लगे। फिर संभलकर बोले, ''लड़कियां ही इस क्षेत्र और दायित्व को संभालती हैं, अतः किसे सदस्य बनाना है अथवा नहीं, इसकी सारी जानकारी भी उन्हें ही रहती है। मैं अचानक इधर आ गया हूं, अतः मुझे समिति के सम्बन्ध में विशेष जानकारी नहीं।''

अपूर्व ने डॉक्टर के इस कथन को भी मज़ाक़ समझकर गम्भीरता से नहीं लिया। इससे न उसकी आशंका दूर हुई थी और न ही उत्कण्ठा शान्त हुई थी। इस भद्देपन पर जला-भुना अपूर्व तीखे स्वर में बोला, ''डॉक्टर बाबू! आपको इस प्रकार से छल करना शोभा नहीं देता, आप चाहे सुमित्रादेवी को अध्यक्ष बनायें अथवा किसी और को, किन्तु दल आपका है, आप ही इसके सर्वेसर्वा हैं, इसमें किसी को रञ्चमात्र भी सन्देह नहीं है। आप पुलिस की आंखों में धूल झोंक सकते हैं, किन्तु मुझे धोखा नहीं दे सकते। मैं आपकी सारी वास्तविकता को भली प्रकार से जानता हूं।''

दुबले-पतले और रहस्यमय बने डॉक्टर बाबू ने इस बार वास्तव में आश्चर्यचकित होकर और अपनी दोनों आंखें फाड़कर अपूर्व के चेहरे पर दृष्टि गड़ाते हुए कहा, ''मेरे दल से क्या आपका अभिप्राय *एनार्किस्ट* दल से है? यदि ऐसा है, तो आपका ऐसा सोचना एकदम निराधार है। *एनार्किस्ट* अपने प्राणों को हथेली पर रखकर चलते हैं और मृत्यु को गले लगाने के लिए सदैव उत्सुक रहते हैं। यदि हमारा दल जीने-मरने का खेल खेलने वाला होता, तो क्या हम आप-जैसे डरपोक आदमी को भूलकर भी उसका सदस्य बनाते? क्या वे पागल हैं, जो ऐसा करेंगे?''

यह सुनकर अपूर्व लज्जित अवश्य हुआ, किन्तु उसकी छाती पर से एक भार उतर गया। डॉक्टर ने बताया कि 'पथ के दावेदार' नामक समिति सुमित्रा के मस्तिष्क की उपज है। वह अनुभव करती है कि प्रत्येक व्यक्ति को अपनी इच्छानुसार जीवन-पथ पर अबाध रूप से चलने का अधिकार है। आज व्यक्ति इस तथ्य को भूल गया है कि उसका अपनी इच्छा से अपना जीवन निर्विघ्न जीने का अधिकार कितना पवित्र, उत्कृष्ट एवं उदात्त है। समिति के सदस्यों का दायित्व अपना सर्वस्व होम कर मनुष्य को इस तथ्य का स्मरण कराना है। सुमित्रा ने मुझसे अनुरोध किया है कि मैं अपने यहां के निवास की अवधि में इस समिति को संगठित कर दूं। मैं इसके लिए तत्पर हो गया। बस, आप लोगों के साथ मेरा इतना ही सम्बन्ध है, इससे अधिक और कुछ भी नहीं। आप लोगों को समाज-सुधार की चिन्ता है, किन्तु मुझे न इस कार्य में रुचि है और न ही मेरे पास इसके लिए समय है। मेरे रहने का भी कुछ निश्चित नहीं। हो सकता है कि एक-दो सप्ताह टिक जाऊं? इसके उलट यह भी हो सकता है कि झोला उठाकर कल ही चल दूं और फिर जीवन-भर हमारी कभी एक-दूसरे से भेंट ही न हो। यहां तक कि मेरे जीने-मरने का पता भी आपको कभी न चल सके।''

डॉक्टर बाबू के कथन में शान्ति, संयम और धैर्य था। कहीं भी रोष, आक्रोश, उद्वेग तथा उत्तेजना का नाम तक नहीं था। अपूर्व को लगा कि यह व्यक्ति भले ही कुछ भी हो, परन्तु अपने चाचा द्वारा सव्यसाची के निरूपित लक्षणों का स्मरण आते ही वह उसके प्रति द्रवित हो उठा। उसके हृदय में उस व्यक्ति के प्रति करुणा का सागर उमड़ने लगा, किन्तु सहसा उसे ध्यान आया कि इस पाषाण के लिए वेदना से आकुल होना व्यर्थ है। इसके लिए मुझे चिन्तित होने की कोई आवश्यकता नहीं। इस प्रकार विचारों में खोये

अपूर्व ने कुछ देर बाद पूछा, "डॉक्टर बाबू! यह सुमित्रा देवी कौन हैं और आपका इनसे परिचय कैसे हुआ?"

डॉक्टर ने कोई उत्तर न दिया। वह केवल चुपचाप हंस दिया। अपूर्व समझ गया कि उसका प्रश्न असंगत था। इस थोड़े समय में प्राप्त जानकारी के आधार पर वह इस विचित्र समाज के विशिष्ट आचरण पर चिन्तन करने लगा। इसी चिन्तन में खो जाने के कारण वह भारती के सम्बन्ध में अपने मन में उत्पन्न कुतूहल को भी दबाने में सफल हो गया।

पांच-छह मिनटों तक दोनों के चुपचाप चलते रहने पर डॉक्टर ने बात छेड़ते हुए कहा, "यह आपका सौभाग्य था कि आज रास्ता एकदम साफ़ मिला। प्रायः ऐसा कभी होता नहीं, किन्तु आप किस सोच में पड़े हैं, कुछ बताइये तो सही।"

"सोच तो बहुत कुछ रहा हूं, किन्तु छोड़िये इस सबको। आपने अभी बताया कि प्रत्येक व्यक्ति को जीवन-पथ पर निर्विघ्न चलने का अधिकार है। जिस प्रकार आज हम अपनी राह पर चल रहे हैं, इसी प्रकार दूसरों को भी अधिकार है। यही आप कहना चाहते हैं न?"

"शायद यही अभिप्राय होगा।"

"किन्तु अपने पति को छोड़कर समिति का सदस्य बनने के लिए आयी महिला के सम्बन्ध में, मैं ठीक से समझ नहीं पा रहा।"

"मुझे भी ठीक से समझ नहीं आया। वस्तुतः सुमित्रा को ही इन सब बातों का अधिकृत ज्ञान है।"

अपूर्व ने पूछा, "शायद उसका पति नहीं है?"

डॉक्टर ने कोई उत्तर नहीं दिया। अपूर्व को अपनी सीमा का अतिक्रमण करने के लिए अपने को पुनः लज्जित तथा अपमानित अनुभव करना पड़ा। उसे यह भी याद करना पड़ा कि उसके साथ चल रहा व्यक्ति उसकी अनावश्यक एवं अकारण उत्सुकता के प्रति कोई ध्यान नहीं देगा। अपनी इस धारणा की सत्यता की परख के लिए अपूर्व ने साथी के चेहरे पर देखा, तो उसके आश्चर्य का कोई ठिकाना न रहा। उसे लगा, मानो उसने अपने साथी के सर्वथा अनजाने-अनपहचाने जीवन का कोई एक कोना देख लिया हो। वह सब क्या है? यह कहना, तो उसके लिए सरल नहीं था, परन्तु इतना निश्चित था कि अब तक जिस सबसे वह परिचित रहा है, यह उससे नितान्त भिन्न था। ऐसे लगता था कि उसका मन कहीं किसी सुदूर प्रदेश में निकल गया हो और आसपास देखने-समझने योग्य कुछ भी न हो। उसने पास के लैम्पपोस्ट के क्षीण प्रकाश में स्पष्ट देखा कि सदा सावधान रहने वाले इस व्यक्ति की आंखों के सामने एक धुंधलका छा गया है और अब ऐसे लगता है, मानो क्षण- भर के लिए ही सही, वह किसी गुम हो गये पदार्थ की खोज में व्यस्त है।

अपूर्व किसी प्रकार की पूछताछ किये बिना ही चुपचाप चलता रहा । दो-तीन

मिनट बीते होंगे कि डॉक्टर अकस्मात् और अचानक हंस दिया और बोला, "अपूर्व बाबू! मेरे कथन को सत्य समझना और उस पर विश्वास करना। मैं स्त्रियों के प्रेम-प्रसंगों, प्रणयजन्य मान, कलह आदि विविध क्रिया-कलापों तथा चेष्टाओं को अभिनय के अतिरिक्त और कुछ नहीं मानता। मुझे न स्त्रियों में रुचि है और न ही उनकी प्रवृत्तियों को समझने की मेरी कोई इच्छा है। मैं समझता हूं कि इन्हें समझने की चेष्टा निरर्थक है। मनुष्य के पास इन्हें समझने के लिए अपेक्षित समय ही कहां है?"

अपूर्व ने अनुभव किया कि यह उसके प्रश्न का उत्तर नहीं था, इसलिए वह चुप हो गया। डॉक्टर ने अपना वक्तव्य जारी रखते हुए कहा, "मुश्किल यह है कि इनके बिना काम भी नहीं चलता और इन्हें अपने साथ लेकर चलने से उठने वाले बखेड़ों से भी नहीं बचा जा सकता।"

डॉक्टर का यह कथन भी अपूर्व के प्रश्न से असम्बद्ध था, अत: उसने अपनी कोई प्रतिक्रिया व्यक्त नहीं की।

इस पर चकित डॉक्टर ने पूछा, "क्यों बाबू! क्या हुआ, जो आपने एकदम चुप्पी साध ली?"

"कुछ समझ में नहीं आता कि क्या कहूं?"

"जो जी में आये, बोलिये। देखिये, भारती बड़ी अच्छी लड़की है। वह जितनी समझदार है, उतनी ही भद्र और परिश्रमी भी है।"

अपूर्व को यह सब व्यर्थ लगा, किन्तु उसने जान-बूझकर डॉक्टर से यह नहीं पूछा कि भारती के गुणों से उसका परिचय कब और कैसे हुआ? वह केवल 'हां' कहकर चुप हो गया। यदि श्रोता ने इस 'हां' कहने के ढंग पर ध्यान दिया होता, तो वह आश्चर्यचकित हुए बिना न रहता, किन्तु डॉक्टर का ध्यान कहीं और था। इस तथ्य से अपूर्व पहले से परिचित था। डॉक्टर ने अपने कथन के अन्त में कहा, "वह कह रही थी कि आप कट्टर हिन्दू ब्राह्मण हैं और उसे ऐसे कट्टर हिन्दू ब्राह्मण की जाति को भ्रष्ट करने का अफ़सोस था।"

उत्तर में अपूर्व केवल इतना बोला, "हो सकता है।" वस्तुत: कहीं दूसरी ओर खोये व्यक्ति के साथ बातचीत करना उसे अच्छा नहीं लग रहा था। इस बीच बड़ी सड़क समाप्त हो गयी थी और गली के मोड़ पर आमने-सामने जलती दो बत्तियां दिखाई दे रही थीं। दस-एक मिनट चलने की दूरी पर घर था। इतने में डॉक्टर ने अपने को संभालते और सतर्क करते हुए अपूर्व को पुकारा, "बाबू!"

अपूर्व ने तलख़ी से उत्तर दिया, "हां-हां, बोलिये, क्या कहना है आपको?"

डॉक्टर ने कहा, "मेरे यहां रहते, आपको कष्ट करने की आवश्यकता नहीं, किन्तु मेरे चले जाने पर आपको नि:संकोच भाव से सुमित्रा की सहायता करनी होगी। सारा संसार घूमने पर भी सुमित्रा-जैसा अमूल्य रत्न आपको ढूंढ़ने पर भी कहीं नहीं मिलेगा। उसकी समिति उपेक्षा के कारण कहीं मिट न जाये, इस ओर आपको ध्यान देना और

प्रयत्न करना होगा। आप स्वयं सोचिये कि क्या इतने उच्चतम, महत्तम, उत्कृष्टतम तथा उदात्त आदर्श की पूर्ति कुछ गिनी-चुनी स्त्रियों के बस की बात हो सकती है? इसमें आपके समग्र सहयोग तथा पूर्ण समर्पण की भारी आवश्यकता है।''

डॉक्टर बाबू ने सुमित्रा की प्रशंसा करते हुए उसे जिस प्रकार बहुत ऊंची और अत्यधिक बुद्धिमती महिला बतलाया था, अपूर्व उस पर सहसा विश्वास न कर सका। उत्सुक होकर उसने पूछा, ''जिस *आइडिया* को आप इतना बड़ा बता रहे हैं, उसे बीच में अधूरा छोड़कर आप जाने की क्यों सोच रहे हैं?''

डॉक्टर ने हंसकर उत्तर दिया, ''बाबू! कभी-कभी यह भी करना पड़ता है; क्योंकि किसी आदर्श से चिपके रहना कभी अकल्याणकर भी सिद्ध होता है और उसके उलट उसे छोड़ देना शुभ एवं मंगलमय बन जाता है। मेरी सहायता की अपेक्षा किये बिना ही आप स्वयं इसकी पूर्ति में संलग्न हो जाइये। आप यह मानकर चलिये कि इस प्रकार आप देश की बहुत बड़ी सेवा कर रहे हैं।''

''डॉक्टर बाबू! नवतारा के मामले के परिप्रेक्ष्य में, मैं आपकी समिति की गतिविधि से अपने को जोड़ने को देश-भक्ति के रूप में नहीं देख सकता।''

''अपूर्व बाबू! इस मामले को अधिक तूल न दीजिये। सुमित्रा के सामर्थ्य पर विश्वास कीजिये। मैं दृढ़ता से कहता हूं कि ऐसी गुणवती महिला आपको कहीं अन्यत्र नहीं मिलेगी।''

सांस लेने के लिए थोड़ा रुककर डॉक्टर बाबू पुनः बोले, ''वैसे मैं आपके सामने इस तथ्य को स्वीकार कर चुका हूं कि स्त्रियों के सम्बन्ध में मेरी जानकारी अत्यन्त सीमित है, किन्तु सुमित्रा की योग्यता का मैं क़ायल हूं। वह जब यह उद्घोष करती है कि प्रत्येक व्यक्ति को बिना किसी बाधा और बन्धन के जीवन- पथ पर चलने का जन्मसिद्ध अधिकार है, तो उसके इस दावे के विरुद्ध किसी तर्क अथवा युक्ति को प्रस्तुत नहीं किया जा सकता। मनोहर बाबू की बात छोड़ भी दें, तो अन्य ऐसे अनेक लोग हैं, जो नवतारा के लिए अपनी सोच के मार्ग का निर्देश करेंगे। उन लोगों में से कुछ के सुझाव उच्चकोटि के और सुलझे हुए भी हो सकते हैं। उनमें से किसी एक मार्ग पर चलने से नवतारा का जीवन सुखमय भी हो सकता है—यह मैं मानता हूं। इसके साथ ही यह भी स्वीकार करता हूं कि नवतारा ने अपने लिए जिस मार्ग को चुना है, वह सीधा और सुखमय नहीं है, किन्तु स्वयं विपत्तियों से घिरा मैं, भला दूसरे के विपत्ति से उद्धार की चिन्ता कैसे कर सकता हूं? इस सम्बन्ध में सुमित्रा का मानना है—नवतारा द्वारा अपने लिए चुने मार्ग पर सफलतापूर्वक चलना ही इस आदर्श की उत्कृष्टता की परख है। वस्तुतः व्यक्ति का स्वयं का चिन्तन उसके जीवन को सही रूप में नियन्त्रित करता है। देखा जाये, तो दूसरों के विचार व्यक्ति के स्वतन्त्र चिन्तन में बाधक बन जाते हैं और फिर स्वयं न चाहते हुए भी व्यक्ति दूसरों के इशारे पर नाचने को और उनके द्वारा सुझाये मार्ग पर चलने को विवश होता है। मैं इसे मनुष्य की आत्महत्या के अतिरिक्त कोई दूसरा और

नाम नहीं दे सकता।''

अपूर्व ने कहा, ''यदि सभी लोग अपने-अपने विचार से चलने लगें,'' डॉक्टर ने बीच में टोकते हुए और हंसते हुए इस प्रकार वाक्य पूरा किया, ''अर्थात् यदि सभी लोग मनमानी करने लगें, तो क्या परिणाम निकलेगा? इस विषय में सुमित्रा से पूछेंगे, तो वह आपको बतायेगी कि कैसी दुर्घटनाएं घट सकती हैं।'' अपूर्व को लगा कि शायद उसका प्रश्न ग़लत था, इसीलिए वह अपने को थोड़ा लज्जित अनुभव करने लगा। वह अपने प्रश्न में कुछ संशोधन करना चाहता था, किन्तु प्रयत्न करने पर भी वैसा कुछ कर नहीं सका। डॉक्टर बाबू बीच में ही बोल पड़े, ''हम लोग घर पहुंच गये हैं, अब बहस को आगे बढ़ाने का समय नहीं। अतः इस चर्चा को किसी और दिन के लिए यहीं छोड़ देते हैं।''

अपूर्व ने गरदन उठाकर देखा, तो पता चला कि वह लाल रंग के स्कूल वाले मकान के सामने खड़ा है और भारती के दूसरे तले पर स्थित कमरे में जल रहे लैम्प का प्रकाश खिड़की से बाहर आ रहा है।

डॉक्टर ने आवाज़ देकर भारती को पुकारा।

भारती ने खिड़की में से मुंह निकालकर चिन्तित स्वर में पूछा, ''विजय आपको बुलाने आया था। उससे आपकी भेंट हुई या नहीं?''

डॉक्टर ने पूछा, ''क्या अध्यक्षा ने ऐसा आदेश दिया है? अब इतनी रात गये उस भयानक पथ पर जाने की आज्ञा का पालन करना मेरे लिए सम्भव नहीं। अच्छा, इधर देखो, किसे वापस लाया हूं?''

यद्यपि अंधेरा छंटा नहीं था, फिर भी ग़ौर से देखते ही भारती ने अपूर्व को पहचान लिया और फिर बोली, ''यह आपने अच्छा नहीं किया। अब छोड़िये। शराब के नशे में धुत नरहरि ने कुदाली से अपनी स्त्री का सिर फोड़ डाला है। न मालूम, वह बेचारी बचेगी भी या नहीं। सुमित्रा बहिन उधर गयी हैं, आप भी जल्दी से उधर जाइये।''

डॉक्टर ने कहा, ''नरहरि ने कुछ बुरा नहीं किया। ऐसी स्त्री को जीने का क्या अधिकार है? अच्छा, मैं चला जाऊंगा। मेरे इस अतिथि का क्या होगा?''

भारती ने कहा, ''न मालूम, आप स्त्रियों से इतने विमुख क्यों हैं? यदि नरहरि की स्त्री ने पति की मरम्मत की होती, तो आप सुनकर यहां खड़े न रहते, उलटे पांव भाग गये होते।''

''चलो, तुम चाहती हो, तो मैं उलटे पांव दौड़ा चला जाता हूं।'' डॉक्टर बोला।

''मैं आ रही हूं,'' कहती हुई भारती लैम्प हाथ में लिये तत्काल नीचे उतर आयी और दरवाज़ा खोलकर बोली, ''डॉक्टर बाबू! अब देर करने की गुंजाइश नहीं है, सचमुच जल्दी कीजिये। हां, इनसे पूछिये कि क्या ईसाई के आतिथ्य को स्वीकार करने में गुरेज़ तो नहीं करेंगे।''

डॉक्टर झुंझलाकर बोले, ''इन्हें छोड़कर मेरा जाना नहीं हो सकेगा, भारती। उस

स्त्री को अस्पताल भेजने का प्रबन्ध क्यों नहीं किया?''

भारती ने रुष्ट होकर कहा, ''जो करना हो, स्वयं आप जाकर कीजिये। मैं आपके पैर छूती हूं, समय मत गंवाइये। मैं इन्हें संभाल लूंगी, आप इनकी चिन्ता छोड़कर फ़ौरन प्रस्थान कीजिये।''

अब तक चुप खड़ा अपूर्व अपने कारण किसी के प्राणों पर आये संकट को देखकर कुछ कहने की चेष्टा कर ही रहा था कि डॉक्टर बाबू बिजली की गति से नौ-दो ग्यारह हो गये और फिर कुछ ही क्षणों में अदृश्य भी हो गये।

: 13 :

भारती नीचे के दरवाज़े और खिड़कियां बन्द करने में लग गयी और अपूर्व सीढ़ियां चढ़कर भारती के कमरे में पहुंच गया। वहां वह एक आरामकुर्सी पर हाथ-पांव पसारकर लेट गया और फिर आंखें बन्द कर लम्बी सांस लेता हुआ बोला, ''अब पता चल रहा है कि मैं कितना थक गया हूं।''

थोड़ी देर में ऊपर आयी भारती ने हाथ में पकड़े लैम्प को मेज़ पर रखा। अपूर्व को अपना इस प्रकार पसरना लज्जाजनक लगा, लेकिन अपनी निर्लज्जता को छिपाने के लिए उसके पास सोने का बहाना बनाने के सिवा और कोई चारा नहीं था। इससे पहले भी इन दोनों को एक ही कमरे में रात बितानी पड़ी थी, किन्तु उस समय स्थिति भिन्न थी। उस समय दोनों में से किसी के भी लज्जित होने की कोई बात नहीं थी। मन-ही-मन इस भिन्न स्थिति पर विचार करते हुए अपूर्व को सहसा तिवारी का स्मरण हो आया। उस समय वह मरणासन्न था, उसे होश नहीं था, अतः वह रहना न रहने-जैसा ही था। स्थिति के इस विश्लेषण से उसे कुछ तसल्ली हुई।

कमरे में आयी भारती ने अपूर्व की ओर देखा और फिर अधूरे काम को निपटाने में जुट गयी। उसने अपूर्व की बहाने की नींद में ख़लल डालने की कोई चेष्टा नहीं की, किन्तु दरवाज़ों और खिड़कियों को बन्द करने से होने वाला शोर असली नींद को भी भंग करने के लिए काफ़ी था। अतः जमुहाई लेता और आंखें मलता हुआ अपूर्व उठकर बैठ गया और बोला, ''यह भी अजीब तमाशा है कि इतनी रात गये जाकर फिर से लौटना पड़ा।''

खिड़की को खींचकर उसे बन्द करने की चेष्टा में लगी भारती बोली, ''जाते वक्त लौटने की कह जाते, तो महाराज से कहकर आपके लिए खाना मंगवा रखती।''

अपनी नाराज़गी प्रकट करता हुआ अपूर्व बोला, ''आपके कथन का अभिप्राय यह है कि मैं लौटने की योजना बनाकर गया था।''

खिड़की की चिटकनी को बन्द करती हुई भारती बोली, ''मुझसे भूल हो गयी बाबा। वस्तुत: भोजन पहले ही मंगवा लेना चाहिए था। रात में परेशान न होना पड़ता। अच्छा, अब तक आप दोनों कहां थे ?''

अपूर्व बोला, ''यह सब उनसे ही पूछ लीजियेगा। यदि दो-तीन कोस चलने को बैठा रहना कहते हैं, तो अवश्य हम दोनों बैठे ही रहे होंगे ?''

खिड़कियों को बन्द करने के साथ छींट के परदे को खींचने के काम को निपटाती भारती ने आश्चर्य प्रकट करते हुए कहा, ''इसका अर्थ हुआ कि किसी गोरखधन्धे में फंस गये और चलना बेकार गया।'' अपूर्व की ओर मुड़कर खड़ी भारती ने हंसते हुए पूछा, ''सन्ध्या-पूजा करने के नियम में पहले-जैसी कठोरता बनी हुई है या कुछ परिवर्तन आ गया है ? अभी सन्ध्या करने की इच्छा हो, तो कपड़े निकाल देती हूं, धोती पहन लीजिये।'' यह कहती हुई वह तालियों के गुच्छे को हाथ में लेकर अलमारी खोलने लगी और बोली, ''आज ऑफ़िस से आपके घर न लौटने पर तिवारी बेचारा चिन्ता से परेशान हो रहा होगा।''

अपूर्व अपने क्रोध पर क़ाबू पाने की चेष्टा करता हुआ बोला, ''मैं स्वीकार करता हूं कि मेरे सम्बन्ध में आप शायद मुझसे कहीं अधिक जानती हैं। जो कुछ मैं नहीं जानता, वह भी आप जानती हैं, किन्तु आपको मेरी सन्ध्या-पूजा के लिए नयी धोती निकालने की आवश्यकता नहीं; क्योंकि उससे मुझे कोई सहूलियत नहीं होगी। जहां तक सन्ध्या-पूजा के छूटने अथवा उससे चिपके रहने का प्रश्न है, समझ लीजिये कि यह अभी तक नहीं छूटी है और सच तो यह है कि इस जन्म में, तो इसने छूटना भी नहीं है। जीवन का रोग है, जीवन-भर लगा ही रहेगा।''

भारती ने कहा, ''देखिये, मैं आपको कैसी धोती दे रही हूं।''

अपूर्व ने बीच में ही उसकी बात को काटकर कहा, ''भले ही आप टसर की धोती दें अथवा रेशम की, किन्तु मुझे लेनी ही नहीं है, अत: आप निकालने का कष्ट न करें।''

''तो क्या सन्ध्या-पूजा नहीं करेंगे ?''

''नहीं।''

''तो क्या फिर ऑफ़िस की ड्रेस—कोट, पतलून—पहनकर ही सोयेंगे।''

''हां, यही पहने सो लूंगा।''

''तो इसका अर्थ हुआ, भोजन भी नहीं करेंगे ?''

''नहीं।''

''सच!''

वस्तुत: अपूर्व के कथन में वैसे भी स्वाभाविकता दिखाई नहीं देती थी, किन्तु अब वह एकदम रुष्ट होकर बोला, ''क्या आप समझती हैं कि मैं मज़ाक़ कर रहा हूं।''

भारती ने सिर उठाकर कहा, ''आपको भूखा रहने अथवा उपवास करने का अभ्यास है, इसीलिए आप ऐसा कह रहे हैं। विचार करके देखा जाये, तो यह मज़ाक़

ही लगता है।''

यह कहकर उसने अलमारी से एक बढ़िया धोती निकालकर अपूर्व को थमा दी और बोली, ''एकदम पवित्र है, मैंने इसे कभी नहीं पहना। साथ वाली कोठरी में जाकर बदल लीजिये। नीचे नल है, मैं बत्ती से दिखा देती हूं। उसके जल से मुंह-हाथ धोकर चुपचाप मन-ही-मन सन्ध्या कर लीजिए। संकटकाल में इस प्रकार से काम चलाने का शास्त्रीय विधान है। अतः किसी नियम के भंग होने का पाप नहीं लगेगा।''

अपूर्व ने भारती के स्वर में सहसा आये परिवर्तन पर ध्यान दिया, तो वह आश्चर्यचकित रह गया। उसे याद हो आया कि उस दिन घर से निकलते समय भी उसके स्वर में ऐसा ही माधुर्य और विनय था। अपूर्व ने धोती लेने के लिए हाथ बढ़ाया और कहा कि उसे कष्ट करने की कोई आवश्यकता नहीं। वह स्वयं बत्ती लेकर नल पर चला जायेगा, किन्तु किसी ऐरे-ग़ैरे के हाथ का बना भोजन नहीं खायेगा।

भारती ने शान्त और शिष्ट भाव से बताया, ''सरकार महाशय बहुत अच्छा ब्राह्मण है। ग़रीब होने के कारण उसने होटल अवश्य खोल रखा है, किन्तु कुछ भी अनाप-शनाप नहीं बनाता। वह स्वयं अपने हाथ से भोजन बनाता है और कोई भी उसके हाथ के बने खाने में आपत्ति अथवा संकोच नहीं करता। सभी सहर्ष खाते-पीते हैं। यहां तक कि हमारे डॉक्टर बाबू के लिए भी वही रसोई तैयार करता है।''

इतने पर भी अपूर्व को तसल्ली नहीं हुई। वह उदास भाव से बोला, ''मैं दूसरों की बात नहीं करता, किन्तु प्रामाणिक महाराज के सिवा किसी ऐरे-ग़ैरे के हाथ से बना खाना मेरे गले से नीचे नहीं उतरता।''

भारती हंसकर बोली, ''क्या मैं आपको नहीं जानती? क्या आपको मुझ पर विश्वास नहीं? क्या मैं ऐसे-वैसे के हाथ का बना खाना आपको खाने दूंगी? मैं स्वयं खड़ी होकर अपने सामने ठीक से रसोई तैयार कराऊंगी। इस पर आपको किसी प्रकार की कोई आपत्ति नहीं होनी चाहिए।''

अपूर्व ने कुछ कहना उचित न समझा। बत्ती और धोती लेकर स्नान करने चल दिया, किन्तु उसके चेहरे पर उभरे भावों को देखकर यह अनुमान लगाना कठिन नहीं था कि होटल का खाना उसे रास नहीं आ रहा। उसके संस्कार उसे ऐसा भोजन खाने की अनुमति नहीं देते।

नहा-धोकर और वस्त्र बदलकर अपूर्व सन्ध्या-वन्दन के लिए चौकी पर बैठ गया। इस बीच भारती चुपके से दरवाज़ा खोलकर अंधेरे में बाहर निकल गयी। बाहर जाकर वह अपूर्व को सुनाती हुई बोली, ''मैं सरकार महाशय को लेकर लौटती हूं, तब तक आप नीचे ही रहियेगा।''

अपने कथन के अनुसार अपूर्व के सन्ध्या-वन्दन से निवृत्त होने के पूर्व ही भारती महाराज को लेकर लौट आयी। भारती ने अपने हाथ में लैम्प पकड़ रखा था और सरकार मोशाय के हाथ में ढक्कन से ढकी थाली थी और उसके पीछे आ रहे व्यक्ति ने बग़ल

में आसन तथा हाथ में जल-पात्र ले रखा था। उस व्यक्ति ने भारती के निर्देशानुसार कमरे में पानी छिड़ककर आसन बिछा दिया और फिर सरकार ने वहां हाथ में थामी थाली को रख दिया। उन दोनों के वहां से चले जाने पर भारती ने आंचल से अपने सिर को ढककर और हाथ जोड़कर विनम्र स्वर में कहा, ''इसका ख़र्च डॉक्टर बाबू ने चुकाया है, मुझ म्लेच्छ का इस अन्न से कुछ लेना- देना नहीं है। अत: आप से अनुरोध है कि आप निश्शंक होकर इसका सेवन करें।''

अपूर्व को भारती का परिहासपूर्ण स्पष्टीकरण रुचिकर नहीं लगा। यह सत्य है कि वह जाति-पांति में विश्वास रखता है। यह भी सत्य है कि वह प्रत्येक व्यक्ति के हाथ के छुए भोजन को ग्रहण नहीं कर सकता और यह भी सत्य है कि होटल में बना भोजन उसे स्वीकार नहीं होता, किन्तु फिर भी इस सबका यह अर्थ कदापि नहीं कि वह इतना अधिक पोंगापन्थी और दक़ियानूसी हो कि खाना खाने से पहले वह इस तथ्य की जांच करना आवश्यक समझे कि उसका दाम किसने चुकाया है ? किसी म्लेच्छ ने अथवा किसी सदाचारी ब्राह्मण ने चुकाया है ? भारती इस तथ्य से पर्याप्त परिचित थी कि उसके भाइयों ने उसकी सदाचारिणी मां की भावनाओं के साथ खिलवाड़ करने और उसे सताने में कोई कोर-कसर नहीं छोड़ रखी थी। अपूर्व के लिए भाइयों का यह व्यवहार अत्यन्त क्लेशप्रद था। अत: भारती के इस प्रकार के व्यवहार से अपूर्व का दुखी होना और झुंझलाना स्वाभाविक था, फिर भी उसने अपने ऊपर संयम रखा, बिना कुछ बोले चुपचाप आसन पर बैठ गया। भारती सब प्रकार की छूत को सावधानी से बचाती हुई, थोड़ा दूर हटकर धरती पर बैठ गयी और थाली में रखी खाद्य-सामग्री को देखकर मन-ही-मन उद्विग्न और चिन्तित हो उठी। ईसाई होने के कारण वह होटल में प्रवेश न करके बाहर ही खड़ी रह गयी थी, किन्तु उसने ऐसा स्वप्न में भी नहीं सोचा था कि धूर्त महाराज बचे-खुचे व्यंजनों को इकट्ठा करके थाली सजाकर लायेगा ? घर में काफ़ी प्रकाश न होने पर भी थाली के ढक्कन के हटाने पर व्यंजनों को देखते ही भारती के चेहरे पर हवाइयां उड़ने लगीं। उसने इससे पहले अपने कमरे के छेद में से कितनी ही बार अपूर्व के लिए तिवारी द्वारा तैयार की जाने वाली रसोई के स्तर को और अपूर्व के खाने के ढंग को भली प्रकार देखा था। उसने तिवारी की छोटी-मोटी ग़लती पर अपूर्व को भोजन का बहिष्कार करते हुए भी कितनी ही बार देखा था। उन्नत प्रकृति और उच्च स्तर वाले अपूर्व को चुपचाप घटिया स्तर का भोजन खाते देख भारती से रहा न गया। वह व्याकुल होकर बोली, ''रहने दीजिये, यह भोजन आपके खाने योग्य नहीं है। इसे छोड़ दीजिये, आप इसे खा नहीं सकेंगे ?''

अपूर्व ने सिर ऊंचा करके भारती की ओर देखते ही कहा, ''क्यों नहीं खा सकूंगा ?''

भारती ने दृढ़ता से कहा, ''मैं कहती हूं कि आप नहीं खा सकेंगे।'' अपूर्व ने बिना कुछ ध्यान दिये खाना जारी रखा और बोला, ''बहुत मज़ा आ रहा है इस खाने में।'' किन्तु भारती नहीं मानी। अपूर्व एक ग्रास बनाकर ज्यों ही उसे मुंह में डालने को हुआ,

त्यों ही भारती उसके अत्यन्त समीप आकर बोली, ''आप खाना भी चाहेंगे, तो मैं आपको खाने नहीं दूंगी। यह भोजन न पौष्टिक है और न ही स्वास्थ्यकर। इसे खाकर आप कहीं परदेश में बीमार पड़ गये, तो मैं अपने आपको कभी माफ़ नहीं कर सकूंगी।''

अपूर्व उठ खड़ा हुआ और फिर धीरे से बोला, ''तो फिर क्या खाऊंगा? आज तलवलकर भी ऑफ़िस में टिफ़िन नहीं लाये थे, अतः काफ़ी भूख लगी है, थोड़ा-बहुत इसमें से खा लूंगा, तो कुछ तसल्ली हो जायेगी। क्यों, क्या कहना है तुम्हारा?'' यह कहते हुए अपूर्व ने भारती के मुंह पर इस मासूमियत से देखा कि उसकी भूख और खाने की प्रबल इच्छा—दोनों ही छिपी न रह सकीं।

भारती का चेहरा कुम्हला गया। वह हंसने की चेष्टा करती हुई बोली, ''लेकिन जब यह कचरा आपके खाने के योग्य है ही नहीं, तो फिर मैं कैसे आपको यह सब खाने दे सकती हूं। छोड़िये, इधर देखिये भी नहीं। हाथ धोकर आप ऊपर चलिये, मैं कोई दूसरी व्यवस्था करती हूं। अपूर्व एक अनुशासित बालक के समान भारती के निर्देश के अनुसार ऊपर चल दिया। दस ही मिनटों के पश्चात् सरकार मोशाय और उसके सहायक के पुनः दर्शन हुए। इस समय एक के हाथ में मुरमुरे और दूध का गिलास था, तो दूसरे के हाथ में फलों की टोकरी और पानी का लोटा था। दाल-भात के बदले यह व्यवस्था अपूर्व को अत्यन्त रुचिकर एवं प्रिय लगी। इतने कम समय में ऐसी बढ़िया व्यवस्था के लिए वह भारती की मन-ही-मन प्रशंसा करने और उसे धन्यवाद देने लगा। खाद्य-सामग्री को रखकर उन दोनों के चले जाने पर अपूर्व ने प्रसन्न मन से डटकर भोजन किया। भारती को किवाड़ के बाहर सीढ़ी के पास खड़ा देखकर अपूर्व उसे भीतर बुलाता हुआ बोला, ''आप निश्चिन्त होकर भीतर आ जाइये। काठ के फ़र्श में दोष मानने से, तो बर्मा में एक दिन गुज़ारना भी सम्भव नहीं हो सकेगा।''

भारती बोली, ''यह क्या कह रहे हैं आप? आपमें इतनी उदारता कहां से आ गयी?''

अपूर्व बोला, ''मैं सचमुच ही आपकी उपस्थिति में कोई दोष नहीं देखता। वस्तुतः डॉक्टर बाबू के लौट आने के निर्देश पर लौट आया। मुझे मालूम था कि यहां रात को शराबियों के ऊधम से राहगीरों का आना-जाना नहीं हो सकता।''

''यदि आपको पहले से ही मालूम होता, तो आप क्या करते?''

''यदि मुझे यह ज्ञात होता कि मेरे आने से आपको इतना अधिक कष्ट उठाना पड़ेगा, तो मैं कदापि लौटने को सहमत न होता।''

''सम्भव है, आप सही कह रहे हों, किन्तु मेरा तो अब भी यही मानना है कि आप अपनी इच्छा से लौटे हैं।''

अपूर्व क्रुद्ध हो उठा और मुंह में ठूंसे ग्रास को बाहर निकालकर भारती के कथन का खण्डन करते हुए बोला, ''हरगिज़ नहीं। विश्वास नहीं, तो कल डॉक्टर बाबू से पूछ लीजियेगा।''

शान्त और विनम्र स्वर में भारती ने कहा, "आपकी बात पर विश्वास न करने तथा पूछताछ करने-जैसा, तो कोई मामला ही नहीं है।"

अपूर्व के वापस लौटने पर भारती द्वारा बनायी धारणा से अपूर्व के तन-मन में आग की ज्वाला भड़कने लगी। भारती की विनम्रता से अपूर्व ने अपने स्वर को थोड़ा कोमल बनाते हुए कहा, "आपको विश्वास करना हो, तो कीजिये, न करना हो, न कीजिये, किन्तु इतना स्पष्ट रूप से जान लीजिये कि मुझे झूठ बोलने की आदत नहीं।"

भारती ने कहा, "मैं विश्वास क्यों नहीं करूंगी?"

"क्या मालूम, प्रत्येक व्यक्ति का अपना-अपना स्वभाव होता है।" यह कहकर वह फिर खाने लगा।

कुछ देर चुप रहने के बाद भारती बोली, "आप व्यर्थ ही नाराज़ हो रहे हैं। मान लो, यदि मैंने समझ लिया कि आप डॉक्टर बाबू के कहने से नहीं, बल्कि अपनी इच्छा से इधर वापस लौटे हैं, तो मेरी इस प्रकार की सोच अथवा समझ में कौन-सा दोष उत्पन्न हो गया? जिस प्रकार आप उस दिन मेरा पता पूछते-पूछते इधर आ गये, उसी प्रकार लौट भी आये। यदि प्रथम स्थिति में कोई दोष नहीं, तो द्वितीय स्थिति में भी दोष ढूंढ़ने की चेष्टा निरर्थक ही होगी।"

खाना खाने में व्यस्त अपूर्व बोला, "दिन के उजाले में ख़बर लेने के लिए आने को और रात के अंधेरे में अकारण लौट आने को एक नहीं माना जा सकता।"

भारती पलटकर बोली, "मेरे कहने का अभिप्राय यह था कि मुझे आपके आने की जानकारी पहले से हो जाती, तो न फिर आपको और न ही मुझे कष्ट उठाना पड़ता। सब कुछ पहले से ही व्यवस्थित कर लिया जाता।"

अपूर्व बिना कुछ बोले चुपचाप खाता रहा। खाने से निपट लेने पर उसने अपना सिर ऊपर उठाया, तो भारती को अपनी ओर स्नेह और उत्सुकता-भरी दृष्टि से टुकर-टुकर देखते देखा। भारती बोली, "देखिये न, आपको कितना कष्ट भोगना पड़ा है?"

अपूर्व बोला, "अब न मालूम, आपको क्या हो गया है, जो सीधी बात भी आपके दिमाग़ में नहीं बैठती। आपको भला समझाऊं, तो कैसे समझाऊं?"

खिलखिलाकर हंसती हुई भारती बोली, "हो सकता है कि जिसे आप सीधी बात कह रहे हैं, वास्तव में वह सीधी बात न हो और इसीलिए मेरे दिमाग़ में न बैठ रही हो।"

भारती को हंसता देखकर अपूर्व भी हंसने लगा। अब उसे सन्देह होने लगा कि शायद भारती उसे जान-बूझकर तंग कर रही है। फिर भी उसे इस बात का विश्वास था कि भारती के मन में किसी प्रकार का कोई विद्वेष का भाव नहीं था, अपितु विशुद्ध परिहास था। उसकी इस सोच का स्पष्ट कारण यह था कि उसने हृदय से यह मान लिया था कि बन्धुविहीन इस परदेश में किसी भी दुःख-संकट के आ पड़ने पर यही वह सुरक्षित स्थान है, जहां उसे बिन मांगे शरण मिल सकती है। अतः वह भारती के द्वारा अपने को किसी प्रकार का दुःख पहुंचाने की कल्पना भी नहीं कर सकता था।

अपूर्व ने गिलास का पानी गटककर ख़ाली गिलास ज्यों ही धरती पर रखा, त्यों ही घबरायी भारती के मुंह से 'उफ़' निकल गया। इस पर अपूर्व ने पूछा, ''क्या और पानी नहीं है ?''

उत्तर में भारती बोली, ''है क्यों नहीं ? शिबू नीचे स्टूल पर पानी से भरा लोटा छोड़ गया है, किन्तु मेरा दिमाग़ खराब हो गया, जो उधर मेरा ध्यान ही नहीं गया। अब, उस लोटे को लाने का कोई उपाय नहीं। आचमन करते समय उस लोटे के जल को पी लीजियेगा। देखिये, ग़लती मेरी अवश्य है, किन्तु आपसे मेरा अनुरोध है कि आप नाराज़ नहीं होंगे।''

अपूर्व ने हंसकर कहा, ''इसमें नाराज़ होने की कोई बात ही नहीं है।''

हृदय से पछताती हुई भारती बोली, ''नाराज़ होने की बात क्यों नहीं ? खाना खाते समय पानी न मिलने से एक प्रकार की अतृप्ति-सी बनी रहती है। लगता है, मानो पेट भरा ही नहीं है। खाना अधूरा छोड़कर पानी के लिए उठ खड़ा होना भी अच्छा नहीं लगता। मैं अभी शिबू को बुलाकर लाती हूं।''

अपूर्व ने उसके चेहरे पर देखते और हंसते हुए कहा, ''इस छोटे से काम के लिए अंधेरे में शिबू को बुलाने जाना ठीक नहीं। क्या आपने मुझे एकदम निठल्ला समझ रखा है ?''

अपूर्व का पेट भर गया था, फिर भी दो-चार ग्रास और निगल गया और निपटकर खड़ा होने पर अपने को लज्जित-सा अनुभव करता हुआ बोला, ''सच मानियेगा, मुझे किसी क़िस्म की कोई परेशानी नहीं हुई। मैं अब हाथ-मुंह धोने के पश्चात् जल पीऊंगा। आपको व्यर्थ में दुखी होने की कोई आवश्यकता नहीं।''

हंसती हुई भारती बोली, ''मैं दुखी क्यों होने लगी ? मैं यह भली-भांति जानती हूं कि मेरे लिए दुखी होने-जैसा कुछ है ही नहीं।'' यह कहकर उसने लैम्प उठाया और अपना मुंह दूसरी ओर कर लिया। फिर बोली, ''मैं लैम्प से प्रकाश करती हूं। आप नीचे जाकर लोटे में रखे पानी से मुंह-हाथ धो आइये।''

अपूर्व नीचे जाकर और मुंह-हाथ धोकर जब ऊपर लौटा, तो उसने देखा कि भारती ने उसकी जूठी थाली ही नहीं हटा ली, अपितु उसके बैठने के लिए बनाये स्थान को भी साफ़ करके उसे यथापूर्व बना दिया है। इसके अतिरिक्त आरामकुर्सी के पास पड़ी तिपाई पर सौंफ़, इलायची और सुपारी से भरी तश्तरी रखी है। अपूर्व ने भारती के हाथ से तौलिया लेकर अपना हाथ-मुंह पोंछा और फिर इलायची-सुपारी से मुंह भरकर आरामकुर्सी पर पसर गया तथा तृप्ति का अनुभव करता हुआ बोला, ''कैसी ज़ोर की भूख लगी थी ? लगता है कि अब शरीर में जान पड़ गयी है।''

भारती अपूर्व के आगे रखे लैम्प को उठाकर दूसरी ओर रख रही थी। लैम्प के उजाले में उसके चेहरे पर दृष्टि डालता हुआ अपूर्व बोला, ''आपको सर्दी लग गयी लगती है।''

प्रतिवाद करती हुई भारती बोली, "नहीं?"

"नहीं कैसे? गला भारी है, आंखें लाल और फूली हुई हैं, काफ़ी ठण्ड लग गयी है। इस सम्बन्ध में लापरवाही अच्छी नहीं होती।"

भारती चुप रही, कुछ नहीं बोली।

अपूर्व ने कहा, "ठण्ड का भी क्या क़ुसूर? इतनी सर्दी में इतनी दौड़-धूप करोगी, तो सर्दी लग जाना स्वाभाविक ही है।"

भारती ने इसका भी कोई उत्तर नहीं दिया, मौन साधे रही। अपूर्व ने दुःख प्रकट करते हुए कहा, "न लौटता, तो आपको इतना कष्ट न झेलना पड़ता, किन्तु इसमें मेरा क्या दोष, मुझे कहां मालूम था कि डॉक्टर बाबू मुझे लौटा कर ले आयेंगे और आप पर सारा और भार डालकर स्वयं चुपचाप खिसक जायेंगे। सारा कष्ट तो आपको ही भोगना पड़ रहा है।"

भारती खिड़की की ओर मुंह किये कुछ निपटाने में लगी थी। अपूर्व की बात सुनकर बोली, "आप सत्य कहते हैं, परेशान, तो काफ़ी होना पड़ा, किन्तु भगवान् द्वारा दिये कष्ट के लिए शिकायत भी भला किससे की जाये?"

चकित हुआ अपूर्व बोला, "आप कहना क्या चाहती हैं?"

पूर्ववत् काम को निपटाती भारती बोली, "क्या कहना चाहती हूं, यह तो स्वयं मुझे भी मालूम नहीं, किन्तु इतना स्पष्ट है कि जब से आपने बर्मा में अपने पैर रखे हैं, तब से आपको एक-न-एक मुसीबत से उलझना पड़ा है और इसका सर्वाधिक प्रभाव मुझ पर पड़ा है। पिताजी के साथ लड़ाई आपने की, दण्ड मुझे भुगतना पड़ा। अपने घर की रखवाली का ज़िम्मा तिवारी को आपने सौंपा, उसकी सेवा मुझे करनी पड़ी। आपको लौटाकर वापस बुला लाये डॉक्टर साहब और खिलाने-पिलाने का झञ्झट मुझे करना पड़ा। मुझे इस बात की आशंका है कि कहीं जीवन-भर मुझे आपका भार न उठाना पड़े। अच्छा, छोड़ो यह सब। अब रात बीतने में थोड़ा समय रह गया है, सोने की इच्छा है, तो समुचित प्रबन्ध किया जाये।"

"मैं इस सम्बन्ध में क्या कह सकता हूं?"

भारती बोली, "होटल में डॉक्टर बाबू वाले कमरे में आपका बिस्तर लगाने को कह आयी थी, अब तक बिछा दिया गया होगा।"

"मुझे वहां की कोई जानकारी नहीं। कौन मार्ग-दर्शन करेगा और कौन ले जायेगा?"

"मैं ही ले चलती हूं, चलिये?"

भारती के 'चलिये' शब्द को सुनकर अपूर्व उठकर खड़ा हो गया। फिर बोला, "अपना तकिया और चादर मुझे दे दीजिये, लेता चलूं, दूसरे के बिस्तर पर मुझसे सोया नहीं जायेगा।" यह कहकर चारपाई पर से बिस्तर उठाने को लपकते अपूर्व को रोकती हुई भारती बोली, "यह बिस्तर मेरा नहीं, किसी और का है।" इस कथन के साथ अपने चेहरे पर छाये अवसाद को मिटाने के लिए वह खुलकर मीठी हंसी हंसने लगी। 'दूसरे

के बिस्तर पर सोने को मन नहीं करता, किन्तु विवशता में सब करना पड़ता है। इस स्थिति से समझौता कर सकते हों, तो आपको होटल में जाने की कोई आवश्यकता नहीं। आप यहीं, इसी बिस्तर पर, सो सकते हैं।' कहना चाहती हुई भारती यह नहीं कह सकी कि मेरी साड़ी पहनने में आपको संकोच नहीं हुआ, फिर बिछौने के उपयोग में दोरंगी नीति कैसे ?

अपूर्व दुविधा में पड़ गया और बोला, ''यदि मैं यहां सो गया, तो फिर आप कहां सोयेंगी, आपको कष्ट होगा, मैं यह अन्याय कैसे कर सकता हूं ?''

''इससे मुझे कुछ भी कष्ट नहीं होगा। साथ वाली कोठरी में कुछ भी बिछाकर मैं आराम से सो सकती हूं। वैसे बिना कुछ बिछाये तख़्त पर भी तिवारी के पास न जाने कितनी रातें बितायी हैं ? इस सब पर आपने शायद कभी विचार नहीं किया होगा।''

महीने-भर पहले की घटना का स्मरण करते हुए अपूर्व ने कहा, ''एक रात मैंने देखा था और आपके उस त्याग का मुझे स्मरण नहीं, ऐसा तो आप नहीं कह सकतीं।''

भारती ने हंसते हुए कहा, ''चलो, एक रात की याद तो है। जैसे उस रात बिना बिस्तर का मेरा सोना सहन कर लिया था, वैसा आज की रात भी सहन कर लीजियेगा।''

अपूर्व सिर नीचे झुकाकर सोच में पड़ गया और फिर बोला, ''तब की बात और थी, तिवारी बीमार था, किन्तु अब की बात और है। आपको इस प्रकार सोता देखकर, न जाने लोग क्या समझेंगे और क्या कहेंगे ?''

भारती बोली, ''आप चिन्ता न करें, कोई कुछ नहीं कहेगा। यहां दूसरों के मामले में अनावश्यक रुचि लेने वाला ओछा आदमी कोई भी नहीं।''

अपूर्व बोला, ''नीचे की बेंच पर बिस्तर लगाकर भी मैं आराम से सो सकता हूं।''

भारती ने कहा, ''आपको मैं नीचे सोने दूंगी, तो आप सो सकेंगे। मैं आपके लिए अस्पृश्य हूं, अतः आपसे मुझे किसी प्रकार की हानि पहुंचने की कोई आशंका नहीं।''

अपूर्व ने भी उसी आवेग से कहा, ''मेरे हाथों आपका रञ्चमात्र भी अनिष्ट होने की, तो मैं स्वप्न में भी कल्पना नहीं कर सकता, किन्तु आपके अपने को अस्पृश्य बताने पर मुझे अत्यधिक दुःख होता है। अस्पृश्य शब्द में घृणा का भाव है। मैं आपसे घृणा कैसे कर सकता हूं ? मैं आपके प्रति श्रद्धा और सम्मान की भावना रखता हूं। अलग जाति का होने के कारण मैं आपका छुआ नहीं खाता, यह सत्य है, किन्तु इसका कारण घृणा कदापि नहीं। ऐसा समझने का अर्थ मेरी समझ में यह है कि उलटे आप मुझसे भीतर-ही-भीतर घृणा करती हैं। मैं समझता हूं कि उस दिन मुझे संकट में देखकर आपके द्वारा छोड़कर चले आने के पीछे भी कदाचित् आपके भीतर की छिपी घृणा काम कर रही थी।''

''आप मेरी और सभी बातें भुला सकते हैं, किन्तु लगता है कि मेरे उस दिन के अपराध को कभी नहीं भुला सकेंगे।''

''नहीं, कभी नहीं।''

"क्या आपने उस दिन मेरे चेहरे पर घृणा का भाव देखा था?"

"हां, निश्चित रूप से।"

अपूर्व के चेहरे की ओर देखते हुए भारती हंस दी और फिर गम्भीर होकर बोली, "आप शायद अपने को दूसरे के मन के भावों को समझने में काफ़ी कुशल समझते हैं? आप सफल मनोवैज्ञानिक हैं अथवा नहीं, आज मैं इस विवाद को नहीं छेड़ूंगी। इस समय आप चुपचाप सो जाइये। मुझे रात-भर जागने का अभ्यास है, किन्तु आपने विश्राम न किया, तो मेरे लिए फिर एक नया संकट खड़ा हो सकता है।"

यह कहकर अपूर्व के उत्तर की प्रतीक्षा किये बिना, भारती ने रैक पर से दो कम्बल उठाये और बग़ल वाली कोठरी की ओर चल दी।

थोड़ी देर बाद भारती अपूर्व के पलंग की मसहरी को खोलकर और उसे चारों ओर ठीक-ठाक फैलाकर स्वयं भी सोने को चल दी।

अपूर्व ने आंखें अवश्य मीच रखी थीं, किन्तु नींद का कहीं नाम तक नहीं था। कमरे के एक कोने में रखी बत्ती टिमटिमा रही थी। बाहर गहरा अंधेरा था और चारों ओर सन्नाटा छाया हुआ था। उसे लगा कि शायद उसके सिवा दूसरा कोई नहीं जाग रहा है। वह कह सकता था कि उसे नींद आयेगी भी या नहीं और यदि आयेगी, तो कब आयेगी। फिर भी उसे नींद न आने और जागते रहने में कुछ भी विचित्र नहीं लगा। वह मन और शरीर से तथा भावनात्मक रूप से यह अनुभव कर रहा था कि इस घर में, इस चारपाई पर और इस अर्धरात्रि के समय इस प्रकार चुपचाप सोने से अधिक सुन्दर, मधुर और सुखद इस संसार में दूसरा कुछ हो ही नहीं सकता। उसे लगा, मानो निश्चिन्त भाव के एकान्त विश्राम के आनन्द का उपयोग वह अपने जीवन में पहली बार कर रहा है।

सवेरे जब भारती ने पुकारा, तो उसकी नींद खुली। आखें खोलते ही उसने अपने पैरों की ओर भारती को खड़े देखा। खिड़की से छनकर आती प्रभात की धूप उसके अभी-अभी धोये-गीले बालों पर, उसकी सफ़ेद रेशमी साड़ी की लाल किनारी पर और उसके सांवले-सलोने मुखड़े पर पड़ रही थी। भारती के अपूर्व सौन्दर्य को देखकर अपूर्व मन-ही-मन पुलकित हो उठा और अपने को धन्य अनुभव करने लगा।

भारती ने कहा, "उठिये, आपको ऑफ़िस भी जाना होगा।"

अपूर्व बोला, "हां, जाना है। आपका नहाना-धोना इतनी जल्दी निपट गया?"

"आप भी झट से नहा-धोकर तैयार हो जाइये। कल रात अतिथि-सेवा ठीक से नहीं हो सकी, काफ़ी त्रुटियां हुई हैं। आज सभानेत्री ने किसी क़िस्म की भूल-चूक किये बिना अत्यन्त सावधानी के साथ आपको खिलाने-पिलाने का आदेश दिया है।"

अपूर्व ने पूछा, "क्या कल वाली महिला बच गयी?"

"उसे चिकित्सालय भेज दिया गया है, बच जाने की आशा है।"

अपूर्व ने उस महिला को कभी अपनी आंखों से देखा नहीं था, फिर भी उसके बच जाने के समाचार से वह प्रसन्नता अनुभव करने लगा। आज उसे कुछ ऐसा लग

रहा था, मानो किसी भी प्राणी के दुःख-कष्ट को सुनना और सह पाना उसके बस का नहीं।

स्नान-सन्ध्या से निवृत्त होकर और ऑफ़िस की ड्रेस पहनकर अपूर्व जब ऊपर पहुंचा, तो उस समय नौ बज चुके थे। सरकार महाशय चौका लगाकर भोजन की थाली रख गया था। अपूर्व ने आसन पर बैठते ही भारती से सभानेत्री के सम्बन्ध में पूछते हुए कहा, "क्या अतिथि को भोजन कराते समय आतिथेय के उसके सामने उपस्थित रहने की परिपाटी का पालन यहां नहीं होता?"

"आपके जाने से पूर्व वे आपसे अवश्य भेंट करेंगी। उन्हें शायद आपसे कोई विशेष प्रयोजन भी है।"

"मुझे बुलाकर लाने वाले डॉक्टर बाबू शायद अभी सोकर नहीं उठे?" यह कहकर वह थोड़ा हंस दिया।

भारती इस हंसी में योग न दे सकी, बोली, "उन्हें बिस्तर पर लेटने का समय ही कहां मिलता है। अभी-अभी अस्पताल से लौटे हैं। उनके लिए, तो श्रम ही विश्राम है।"

यह सुनकर अपूर्व खिसिया गया और बोला, "निरन्तर श्रम करने से क्या उन्हें अपने बीमार पड़ने का डर नहीं सताता?"

"उन्हें कभी बीमार पड़ते देखा नहीं। लगता है कि दोनों—रुग्णता और स्वास्थ्य—ही उनके संकल्प के सामने न टिक पाने से उनसे हार गये हैं। सामान्य व्यक्ति से उनकी तुलना की ही नहीं जा सकती।"

अपूर्व को कल रात उनके साथ बिताये समय और की गयी बातचीत की याद हो आयी और वह बोला, "आप लोग शायद उनके प्रति अत्यन्त श्रद्धा और सम्मान का भाव रखते हैं?"

भारती बोली, "श्रद्धा तो साधारण-सी बात है। बहुतों की बहुतों के प्रति श्रद्धा होती है।" यह कहते हुए भारती का गला सहसा भारी हो गया और वह अत्यन्त भावुक होकर तथा आंखें मीचकर व हाथ जोड़कर बोली, "जी करता है कि हम उनके रास्ते की धूल बन जायें और वे हमारे ऊपर अपने पैर रखकर चलें। फिर भी हमें ऐसा नहीं लगेगा कि हम उनकी कोई सेवा कर सके हैं अथवा उनका अवदान उन्हें चुका सके हैं।" यह कहकर वह चुप हो गयी और मुंह फेरकर आंखों से निकले आंसू पोंछने लगी।

अपूर्व ने इसके पश्चात् और कुछ नहीं पूछा। चुपचाप भोजन निपटाने लगा। उसे बार-बार यही विचार परेशान करने लगा कि सुमित्रा और भारती-जैसी सुशिक्षिता एवं बुद्धिमती महिलाओं ने जिस महाशय को इतना अधिक गौरवपूर्ण महत्त्व दे रखा है, वह व्यक्ति वास्तव में किस धातु का बना है, उसमें ऐसी कौन-सी विशेषता है और न जाने भगवान् उससे कौन-सा विशेष कार्य सम्पन्न कराना चाहते हैं?

अपूर्व भोजन करता रहा और भारती दूर हटकर दरवाज़े के पास बैठी रही। दोनों में कोई वार्तालाप नहीं हुआ। चुप्पी छायी रही, इसलिए कुछ भी अप्रिय एवं अरुचिकर

नहीं घटा। फिर भी लगा, मानो प्रभात में छायी प्रसन्नता पर राहु की छाया पड़ गयी हो।

ऑफ़िस की ड्रेस पहनकर और तैयार होकर अपूर्व भारती से बोला, "चलिये, जाने से पहले डॉक्टर बाबू से मिल लिया जाये।"

"चलिये, उन्होंने आपको बुला भी भेजा है।"

सरकार महाशय के पुराने खंडहर-जैसे होटल के पिछली ओर एक कोठरी में डॉक्टर बाबू रहते हैं। इस कोठरी में न उजाला है, न स्वच्छ वायु का प्रवेश है, उलटे आस-पास जमा हुए पानी से दुर्गन्ध आती है। फ़र्श की लकड़ी भी इतनी पुरानी है कि पैर रखते हुए डर-सा लगता है कि कहीं दरार न पड़ जाये। भारती जब उसे ऐसी गन्दी और सीलन-भरी कोठरी में ले गयी, तो अपूर्व हक्का-बक्का रह गया। काफ़ी देर तक कोठरी में फैले अंधेरे के कारण वह कुछ भी स्पष्ट देख नहीं सका।

डॉक्टर बाबू ने स्वागत करते हुए कहा, "आइये अपूर्व बाबू!"

अपूर्व से रहा न गया, बोला, "यह किस नरक में आपने अपने को धकेल रखा है ?"

डॉक्टर ने हंसते हुए कहा, "किन्तु आपने इस ओर ध्यान नहीं दिया कि यह कोठरी कितनी सस्ती है। केवल दस आने महीने का किराया है।"

"दस आने को आप थोड़ा किराया कहते हैं ? यह कोठरी, तो दस पैसे प्रतिमास किराये के योग्य भी नहीं।"

"हम सब दरिद्र किस स्थिति में जीवन निर्वाह करने को विवश हैं, इसे आपको अपनी आंखों से देखना भी आवश्यक है। अपूर्व बाबू! बहुतों के लिए यह गन्दी कोठरी राजमहल है, फिर यह सबको सुलभ कहां है ?"

"भगवान् ऐसे महल से मुझे बचाये।"

डॉक्टर ने कहा, "सुना है कि कल रात आपको परेशानी हुई, इसके लिए हमें खेद है।"

"किन्तु आपका खेद मुझे तब स्वीकार होगा, जब आप इस कोठरी को छोड़ देंगे।"

डॉक्टर मुसकराते हुए बोले, "ठीक है, यह भी कर लेंगे। सहसा अपूर्व की दृष्टि कोठरी के कोने में दीवार के पास मूढ़े पर बैठी सुमित्रा पर पड़ी, तो वह अचकचाकर बोला, "क्षमा कीजियेगा, मैं आपको देख नहीं सका।"

सुमित्रा ने सहज स्वर में कहा, "इसमें आपका कोई दोष नहीं, अंधेरा ही इतना है।"

अपूर्व को सुमित्रा के स्वर में विवशता, करुणा और अवसाद का मिश्रण लगा। इससे वह किसी दुर्घटना के घटित होने का अनुमान लगाने लगा और साथ ही एक अकल्पित भय भी अनुभव करने लगा। धीरे से बोला, "डॉक्टर बाबू! आज आपने कैसी ड्रेस पहन रखी है, क्या कहीं जाने की तैयारी है ?"

डॉक्टर ने सिर पर पगड़ी बांध रखी थी, लम्बा कोट और ढीला पाजामा पहन रखा था और पैरों में सलीमशाही जूते डाल रखे थे। इसके अतिरिक्त कुछ बण्डलों से लदे चमड़े के एक सूटकेस को हाथ में ले रखा था। बोले, ''मैं चला, ये देवियां यहां हैं, जिनकी देखभाल का ज़िम्मा आप पर है। इस समय मैं इससे अधिक कुछ कहने की स्थिति में नहीं।''

आश्चर्य प्रकट करता हुआ अपूर्व बोला, ''यह जाने का कार्यक्रम अचानक कैसे बन गया और आप जा कहां रहे हैं ?''

डॉक्टर का स्वर प्रत्येक स्थिति में अपरिवर्तित और एक रूप लिये रहता है। अत: वह इस समय पूर्ववत् शान्त स्वर में बोला, ''हमारे शब्दकोश में 'अचानक' शब्द है ही नहीं। अभी भामो के रास्ते उत्तर की ओर जा रहा हूं। थोड़ा-सा सच्ची ज़री का माल है, वहां सिपाहियों में अच्छे दाम में बिक जाता है।'' यह कहकर वे मुसकरा दिये।

अब तक चुप बैठी सुमित्रा बोली, ''यह माल पेशावर से मंगाया गया है। आपको शायद मालूम नहीं कि आजकल आप पर कितनी कड़ी नज़र रखी जाती है। आप यह नहीं कह सकते कि आपको कोई नहीं पहचानता। बहुत लोग आपको पहचान गये हैं और आप सदैव सभी को आंखों में धूल झोंक सकेंगे, ऐसा सोचना भी आपकी ज़्यादती है। इसीलिए कहती हूं कि जल्दी क्या है, कुछ दिन और रुक जाते, तो क्या बिगड़ जाता ?'' यह कहती हुई सुमित्रा का स्वर भारी हो उठा।

डॉक्टर ने हंसते हुए उत्तर दिया, ''तुम तो जानती हो कि बिना गये निर्वाह नहीं हो सकता।''

सुमित्रा फिर कुछ नहीं बोली। इधर अपूर्व पल-भर में ही सारे मामले को समझ गया। उसके कान और नेत्र गरम हो उठे तथा सारे शरीर से आग निकलने लगी। वह न चाहते हुए भी पूछ बैठा, ''मान लीजिये कि किसी ने पहचान लिया और पकड़ लिये गये, तो ?''

डॉक्टर ने कहा, ''पकड़ लेंगे, तो अधिक-से-अधिक क्या करेंगे ? फांसी पर ही तो लटका देंगे, इससे अधिक भारी दण्ड और क्या देंगे ? छोड़ो इस अगर-मगर को। मेरी गाड़ी दस बजे छूटती है, मेरे पास प्रतीक्षा करने का समय नहीं है। अपूर्व बाबू, मैं तो चला।'' यह कहते हुए उन्होंने स्ट्रैप में बंधे भार को पीठ पर रखा, चमड़े के बैग को हाथ में पकड़ा और फिर चल दिये।

अब तक एकदम मौन बैठी भारती ने अब भी मौन ही साधे रखा, अपने मुंह से एक शब्द का भी उच्चारण नहीं किया। केवल डॉक्टर के चरणों में अपना सिर टिकाकर श्रद्धापूर्वक उन्हें प्रणाम किया। एक मिनट तक वह माथा टिकाये इस प्रकार पड़ी रही, मानो उसे उठने की सुध ही न रही हो और जब सिर उठाया, तो फिर वह मुंह लटकाये चुपचाप कोठरी से बाहर खिसक गयी।

कोठरी से बाहर निकले डॉक्टर ने पिछली रात की भांति अपूर्व के हाथ को अपनी

मुट्ठी में लेकर उसे दबाते हुए कहा, "अपूर्व बाबू! सव्यसाची चल दिया। समझे, मैं ही सव्यसाची हूं।"

यह सुनते ही अपूर्व का गला सूख गया और चेहरा भय से सफ़ेद पड़ गया। वह चाहकर भी कुछ बोल न सका, अतः विस्मयविमुग्ध हुए उसने धरती पर सिर रखकर डॉक्टर के चरणों का स्पर्श किया। डॉक्टर ने अपना एक हाथ अपूर्व के सिर पर और दूसरा हाथ भारती के सिर पर रखकर अस्फुट स्वर में कुछ कहा, जो सुना नहीं जा सका। इसके बाद वह लम्बे डग भरते हुए अपने मार्ग पर चल दिया।

धरती पर माथा टिकाये पड़ा अपूर्व जब उठकर खड़ा हुआ, तो उसने अपने को अकेला पाया। उसे यह पता न चला सका कि उस टूटी-फूटी कोठरी के बन्द दरवाज़े के भीतर बुद्धिमती, कर्तव्यपरायणा एवं तेजस्विनी सभानेत्री किस कार्य को निपटाने में व्यस्त है।

: 14 :

भारती और अपूर्व, दोनों ने पीछे के बन्द दरवाज़े को देखा, किन्तु दोनों में कोई कुछ नहीं बोला। अपूर्व को यह समझते देर न लगी कि जान-बूझकर संकटों को गले लगाने वाले इस महापुरुष के सम्बन्ध में किसी प्रकार की विस्तृत जानकारी प्राप्त करने का कुतूहल एकदम व्यर्थ है। होटल से बाहर आने पर भारती ने अपूर्व को सम्बोधित करते हुए कहा, "चलिये, अब हम भी चलें।"

"किन्तु मेरा तो ऑफ़िस जाने का समय हो रहा है।"

"तो क्या आज रविवार को भी ऑफ़िस जाना है?"

अपूर्व खुशी से उछलता हुआ बोला, "अच्छा, आज रविवार है। पता नहीं, मेरा इधर ध्यान क्यों नहीं गया? सवेरे आप इस तथ्य की ओर ध्यान दिलातीं, तो नहाने-धोने और खाने-पीने में हड़बड़ी न करनी पड़ती। आपको सब कुछ याद रहता है, फिर यह याद दिलाना कैसे भूल गया?"

भारती बोली, "जो नहीं भूलना होता है, वह मैं नहीं भूलती हूं। देखिये न, कल रात आप ठीक से नहीं खा सके थे। यह मुझे अब भी ठीक से याद है।"

अपूर्व सहसा उठकर खड़ा हो गया और बोला, "मुझे और अधिक समय यहां बिल्कुल नहीं रुकना चाहिए; क्योंकि बेचारा तिवारी मेरे लिए काफ़ी चिन्ता कर रहा होगा।"

"आप उसकी चिन्ता न करें। मैंने आपके जागने से पहले, प्रातःकाल ही आपके यहां सकुशल होने की सूचना तिवारी के पास भिजवा दी है।"

"तो तिवारी को पता चल गया है कि मैं यहां आपके पास हूं।"

"हां, कहा न, प्रातः ही ख़बर करा दी है।"

यह जानकर अपूर्व के मन का बोझ उतर जाने से उसे शान्ति मिली। कल रात से वह सोते-जागते, खाते-पीते तथा उठते-बैठते इसी चिन्ता में ग्रस्त था कि न मालूम तिवारी उसके रात-भर घर से बाहर रहने के स्पष्टीकरण पर विश्वास करेगा भी या नहीं? इस बर्मा देश में लोगों द्वारा रात बिताने सम्बन्धी अनेक बातें प्रचलित हैं और तिवारी ने कहीं झूठ-मूठ में भी मां को कुछ ऊटपटांग लिख दिया अथवा घर पहुंचने पर मुंह से कुछ बोल दिया, तो मेरे लाख बार स्पष्टीकरण दिये जाने पर भी मां के मन में उत्पन्न सन्देह कभी मिट नहीं सकेगा। यह आशंका कांटे के समान उसके मन को व्यथित कर रही थी, किन्तु भारती के कथन ने उसे इस प्रकार आश्वस्त कर दिया कि वह निश्चिन्तता से क़दम बढ़ाने लगा। उसे इस बात का भरोसा था कि तिवारी कभी भारती के कथन पर विश्वास न करे, ऐसा हो ही नहीं सकता था। भारती ने सन्देश भेजकर तिवारी के मन में उत्पन्न हो रहे अथवा उत्पन्न हो सकने वाले सभी सन्देहों को निर्मूल करने का बड़ा ही साहसी कार्य किया है। इस प्रकार अपनी निष्कलंकता के प्रति आश्वस्त हुए अपूर्व ने प्रसन्न भाव से भारती की प्रशंसा करते हुए उससे कहा, "आप भी कमाल की महिला हैं। सब ओर ध्यान रखना आपकी बहुत बड़ी विशेषता है। मैंने अनेक स्त्रियों को देखा है, भाभियों को देखा है, मां को देखा है, किन्तु इस प्रकार चारों ओर की खोज-ख़बर रखने में आपके समान सावधान किसी को नहीं देखा। आपका यह गुण सचमुच आपकी सराहनीय विशेषता है। मैं दावे के साथ कह सकता हूं कि आप जिस घर की बहू बनेंगी, उस घर के लोग एकदम निश्चिन्त होकर और आंखें मीचकर सुख की नींद सो सकेंगे, उन्हें किसी प्रकार का कष्ट नहीं होगा। आपके द्वारा सभी कार्यों का निपटाया जाना देखकर उन्हें अपने सौभाग्य पर ईर्ष्या होगी, यह मैं लिखकर दे सकता हूं।"

अपनी प्रशंसा को सुनकर भारती के हृदय का उल्लास उसके चेहरे पर बिजली की चमक के समान स्पष्ट दिखाई देने लगा, किन्तु अपूर्व के भारती पीछे चल रहा था, वह अपने द्वारा की गयी भारती की प्रशंसा के प्रभाव को देख न सका। पीछे से ही बोला, "अब आप ही बताइये कि यदि आप इस परदेश में मुझे न मिलतीं, तो मेरी क्या दुर्दशा होती? सारा सामान चोरी चला जाता, तिवारी घर में मरा पड़ा मिलता, और-तो-और उस ब्राह्मण को भी डोम-मेहतर खींच-खींचकर ले गये होते।" इन भंयकर सम्भावनाओं का स्मरण आने पर वह कांपने लगा। कुछ देर रुककर और अपने को सामान्य बनाकर वह बोला, "मान लो कि मैं बच भी जाता, तब भी क्या यहां रह सकता था? नौकरी छोड़कर कब का भाग खड़ा होता। इसका परिणाम यह होता कि वहां कलकत्ता में फिर से निठल्ला होता। भाभियों के उलाहने और व्यंग्य सुनता तथा मां के आंसू देखता। यह सब अनिष्ट नहीं हुआ, इसका श्रेय आपको ही जाता है। आपने ही मुझे सहारा देकर डूबने से बचाया है। मैं आपका चिरकृतज्ञ हूं। आपकी जितनी प्रशंसा करूं, थोड़ी है।"

"फिर भी आप मुझसे लड़ रहे थे?"

अपने को लज्जित अनुभव करता हुआ अपूर्व बोला, "यह सब उस दुष्ट तिवारी के कारण हुआ। इसके लिए मैं अपने को भी दोषी मानता हूं, किन्तु जब मां अपने बेटे की जीवन-रक्षक और उस पर उपकार करने वाली के सम्बन्ध में सुनेगी, तो आशीर्वादों की झड़ी लगा देगी। वह कितनी प्रसन्न होगी और कैसी-कैसी असीसें देगी, इसकी आप कल्पना भी नहीं कर सकतीं।"

"मैं कैसे जान सकती हूं? मांजी यहां आयें, उनके मुंह से कुछ सुनूं, तो मैं जान सकूंगी न?"

असमंजस का प्रदर्शन करता हुआ अपूर्व बोला, "मां इस म्लेच्छ देश में आयेंगी—यह आप क्या कहती हैं?"

भारती ने दृढ़ता से कहा, "इसमें विचित्रता क्या है? कितनों की माएं प्रतिदिन यहां आती रहती हैं। यहां आने मात्र से ही किसी की जाति थोड़े भ्रष्ट हो जाती है।"

इस प्रकार बातचीत करते हुए दोनों ऊपर के कमरे में पहुंच गये और कमरे में घुसते ही अपूर्व आरामकुर्सी पर पसर गया। बग़ल की खिड़की से आती धूप को अपूर्व के चेहरे पर पड़ता देखकर भारती ने झटपट खिड़की को बन्द कर दिया और बोली, "आप कहते हैं कि आपकी भाभियां आपकी मां की सेवा नहीं करतीं और आपको नौकरी के कारण घर से बाहर रहना पड़ रहा है, तो फिर आपने अपनी मां को किसके सहारे घर पर छोड़ रखा है? क्या इस उम्र में उन्हें इस प्रकार अकेला छोड़ना उचित है, बताइये?"

"मां को छोटी बहू से सेवा मिलने की आशा है।" अपूर्व ने कहा।

भारती बोली, "यदि जेठानियों की देखा-देखी छोटी बहू भी बिगड़ जाये, मां की सेवा न करे या फिर मां की आशा पर खरी न उतरे अथवा भगवान् न करे उलटे उसे कष्ट देने लगे, जबकि आप वहां नहीं होंगे, उस स्थिति में बेचारी मां के लिए आप क्या कर सकेंगे?"

भारती के तर्क से अपूर्व डर गया। घबराकर बोला, "ऐसा कभी नहीं हो सकता। उच्च कुल की सुशिक्षिता और संस्कारी लड़की मां की सेवा न करे, उलटे उसे कष्ट दे, ऐसा कभी हो नहीं सकता।"

"आपको धर्मात्मा घरानों पर बड़ा भरोसा है न? रहने दीजिये, मैं आपका दिल नहीं तोड़ना चाहती, आवश्यकता पड़ने पर इन कुलीन-धर्मात्मा परिवारों का कच्चा चिट्ठा फिर कभी आपके सामने खोलूंगी।" कुछ देर चुप रहकर वह फिर बोली, "कभी आपने यह भी सोचा है कि यदि विवाह करके आपने मां की सेवा के लिए पत्नी को वहां छोड़ दिया, तो क्या यह उसके प्रति घोर अन्याय नहीं होगा?"

भारती के चेहरे पर देखता हुआ अपूर्व बोला, "वह तो होगा, इसमें कोई सन्देह नहीं।"

"फिर भी आप आशा करेंगे कि आपके अन्याय को सहती हुई आपकी पत्नी धर्म

के मार्ग पर अटल रहे ?''

चिन्तामग्न अपूर्व काफ़ी देर तक मौन बैठा रहा और फिर धीरे से बोला, ''इसके सिवा और चारा ही क्या है ?''

भारती ने कहा, ''मैं किसी अन्य उपाय के सम्बन्ध में तो कुछ नहीं कह सकती, किन्तु इतना निश्चित रूप से कह सकती हूं कि इस व्यवस्था में धर्मात्मा घराने की संस्कारी लड़की से धर्म के निर्वाह की आशा नहीं की जा सकती। आपकी निष्ठुरता की उपेक्षा करके उसके द्वारा अपने कर्तव्यपालन के प्रति दृढ़ता का अर्थ होगा, आपका उसके सामने छोटा पड़ जाना। अपूर्व बाबू ! यह मत भूलियेगा कि स्त्री की दृष्टि में तुच्छ और असम्मानित होने से बढ़कर पुरुष के लिए इस संसार में दूसरा कोई दुर्भाग्य हो ही नहीं सकता।''

भारती का तर्क अकाट्य था। उसमें जीवन का यथार्थ था और कठोर वास्तविकता थी, जिसका विरोध करना न सम्भव था और न उचित था। अपूर्व आज तक अपने मित्रों के सामने स्त्री के शास्त्रसम्मत कर्तव्यों के, पतिव्रता के महत्त्व के, स्त्री द्वारा सास-ससुर की निःस्वार्थ सेवा के, गौरव के तथा पति की प्रत्येक इच्छा के पालन से स्त्री को मिलने वाले पुण्य के सम्बन्ध में अनेक पौराणिक आख्यानों को ही उदाहरण के रूप में प्रस्तुत करता आ रहा है और इसी शस्त्र से आधुनिकता का खण्डन करता रहा है। अपनी भाषण कला से उसने अनेक बार अपने मित्रों को पराजित एवं प्रभावित ही नहीं किया है, अपितु उन्हें प्राचीन परम्परा की श्रेष्ठता का पक्षधर भी बनाया है, किन्तु इस ईसाई लड़की के सामने उसकी बोलती बन्द हो गयी है। उसके तर्कों के विरुद्ध अपूर्व के लिए कुछ कहना सम्भव ही नहीं रहा। काफ़ी देर तक गुमसुम रहने के बाद वह अपने आप से बोला, 'वास्तव में आज के समय में त्याग की ऐसी किसी देवी का मिलना कदापि सम्भव नहीं।'

हंसती हुई भारती बोली, ''कोई आदर्श स्त्री है ही नहीं, ऐसा आप नहीं कह सकते। हां, धर्मात्मा परिवार में न होकर कहीं और मिल जाये, परन्तु क्या उसे अपनाने के लिए आप अपने संकीर्ण, रूढ़ एवं जड़ संस्कारों को तिलाञ्जलि दे सकेंगे ? फिर एक समस्या और भी है, ऐसी लड़की को ढूंढ़ना भी सरल नहीं होगा।''

अपनी चिन्ता में खोया अपूर्व भारती के कथन पर ठीक से ध्यान ही नहीं दे सका। अन्यमनस्क-सा वह बोला, ''हां, यह तो है।''

भारती ने पूछा, ''आपको देश कब जाना है ?''

अन्यमनस्क अपूर्व ने उपेक्षा से उत्तर दिया, ''क्या पता, मां कब बुलाती है ?'' कुछ देर चुप रहकर वह फिर बोला, ''वास्तव में पिताजी के साथ मन न मिलने के कारण मेरी मां को जीवन में कभी सुख सुलभ नहीं हुआ। दुःखों की मारी ऐसी मां को अकेला छोड़ना मुझे कभी अच्छा नहीं लगा। मैं यह भी नहीं कह सकता कि एक बार मेरे घर लौट जाने पर वह मुझे वापस आने भी देगी या नहीं।'' इसके उपरान्त भारती के चेहरे पर अपनी दृष्टि गड़ाकर रहस्य की भाषा में वह बोला, ''देखो भारती ! ऊपर से हमारे

घर की आर्थिक स्थिति भले ही सन्तोषजनक लगती हो, परन्तु वास्तविकता यह नहीं है। हमें भीतर से तंगी है। हमारे समान नगर के अधिकांश परिवारों की यही स्थिति है। भाभियां जब चाहें, परिवार का बंटवारा कर सकती हैं। उस स्थिति में, यदि मां ने मुझे पुनः नौकरी पर न लौटने दिया, तो हमारे कष्टों की कोई सीमा नहीं रहेगी।''

भारती ने कहा, ''इसका अर्थ हुआ कि आपको नौकरी पर इधर आना ही होगा, अर्थात् मां से सदैव अलग रहना होगा। मेरा सुझाव है कि उन्हें समझा-बुझाकर अपने साथ लेते आइये। मुझे विश्वास है कि वे इनकार नहीं कर सकेंगी।''

हंसता हुआ अपूर्व बोला, ''तुम मां को नहीं जानती, इसलिए ऐसा कह रही हो। वह हरगिज़ मानने वाली नहीं। मान लो कि वह आ भी गयी, तो उसे यहां कौन संभालेगा ?''

भारती बोली, ''इसकी चिन्ता आप मत करें। मैं संभाल लूंगी।''

''आप, आप घर में घुसेंगी, तो मां को हंडिया-बरतन आदि सब बाहर फेंकने पड़ेंगे।''

भारती बोली, ''देखूंगी, यह सब कितनी बार चलता है ? मैं तो रोज़ ही घुस जाया करूंगी।''

इस पर दोनों का हंसना स्वाभाविक था। थोड़ी देर में भारती ने गम्भीर होकर कहा, ''आप भी हंडिया आदि बाहर फेंकने में विश्वास रखने वालों में हैं। बाबू! यदि हंडिया फेंक देने से समस्याओं का समाधान हो जाता, तो संसार में कलह-क्लेश आदि कुछ भी न होता। मेरी बात पर आपको विश्वास न आता हो, तो इस सम्बन्ध में तिवारी से ही बात कर देखिये।''

अपूर्व ने कहा, ''आप ठीक कहती हैं। वह हंडिया तो अवश्य फेंक देगा, किन्तु आंखों से झरते आंसुओं को नहीं रोक सकेगा। वास्तव में वह आपका इतना बड़ा भक्त बन गया है कि मुझे लगता है कि आपके द्वारा ज़रा-सा फुसलाये जाने पर वह ईसाई बनने में भी संकोच नहीं कर सकेगा।''

भारती ने कहा, ''नौकर हो या मालिक, किसी के सम्बन्ध में कुछ निश्चित कह पाना कभी सम्भव नहीं होता।'' यह कहकर उसने हंसी को छिपाने के लिए मुंह नीचा कर लिया।

भारती की बात सुनकर अपूर्व का चेहरा तमतमाने लगा। फिर भी वह संयत होकर बोला, ''इतना निश्चित है कि नौकर और मालिक की बुद्धि के विकास में तथा चिन्तन के स्तर में धरती-आकाश का अन्तर होता है। इस तथ्य से, तो आप अपरिचित नहीं होंगी।''

इसमें किसी प्रकार का कोई सन्देह नहीं। क्या इसका अर्थ यह निकाला जा सकता है कि नौकर अपने उपकारी के कथन पर चलने को तत्काल उद्यत हो जाता है और मालिक को काफ़ी देर तक समझाना-बुझाना पड़ता है अथवा वह काफ़ी देर तक सोच-विचार करने के उपरान्त ही निर्णय ले पाता है।'' यह कहते हुए वह अपनी हंसी के वेग

को रोक न सकी, अतः खुलकर हंस पड़ी।

अपूर्व इसे मज़ाक़ समझकर ख़ूब आनन्द लेता रहा और फिर गम्भीर होकर बोला, "क्या आप मेरे धर्म-परिवर्तन की कभी कल्पना कर सकती हैं?"

"क्यों नहीं कर सकती?"

"आप सच कहती हैं? मेरे विषय में ऐसा सोच सकती हैं?"

"क्यों, इसमें न सोचने-जैसा क्या है?"

"किन्तु मैं प्राणों का संकट उपस्थित होने पर भी ऐसा करना तो दूर रहा, सोच भी नहीं सकता।"

"प्राणों का संकट क्या होता है, इसे आप जानते नहीं, तभी ऐसा कह रहे हैं। इस तथ्य को आपकी अपेक्षा तिवारी अच्छी तरह जानता है। वह मुक्तभोगी है, किन्तु इस विषय में विवाद करना व्यर्थ है। वस्तुतः आपके-जैसे अन्धकार में भटकते लोगों को प्रकाश दिखाने से बढ़कर महत्त्व के कई अन्य आवश्यक काम मुझे निपटाने हैं। अतः अब आप शान्ति से सो जाइये।"

"मैं दिन में नहीं सोया करता, किन्तु आपको ऐसा कौन-सा महत्त्वपूर्ण कार्य निपटाना है?"

भारती बोली, "आपसे बेकार की गपशप करने के साथ-साथ मुझे और भी कई काम करने होते हैं। कुछ खाने-पीने का आयोजन करना होता है। आपको सोना नहीं है, तो मेरे साथ नीचे चलकर बैठियेगा। जब आपको एक-न-एक दिन मेरे हाथ का बना खाना ही है, तो मैं कैसे बनाती हूं, इसकी थोड़ी जानकारी प्राप्त कर लेने में कोई बुराई नहीं।" यह कहकर वह खुलकर हंस दी।

"मैं भूखों मरने पर भी आपके हाथ का बना कभी नहीं खा सकता।" अपूर्व ने कहा।

"परन्तु मैं आपको सामान्य अवस्था में अपने हाथ का बना खिलाने की शर्त लगाती हूं।" यह कहकर फिर से उन्मुक्त हंसी हंसती हुई भारती नीचे उतर गयी।

भारती को पुकारता हुआ अपूर्व बोला, "अब मैं घर जा रहा हूं, तिवारी बेचारा चिन्ता कर रहा होगा।" कुछ देर तक वह उत्तर की प्रतीक्षा में सतर्क बैठा रहा। फिर पीठ टेककर चुपचाप लेट गया। भारती ने शायद सुना नहीं या सुनकर उत्तर नहीं दिया। अपूर्व को उत्तर न मिलने की अपेक्षा घर जाने की जल्दी थी। उसे किसी भी कारण से होने वाली देर अच्छी नहीं लग रही थी, किन्तु भीतर से उतावलापन लिये रहने पर भी शरीर की शिथिलता उसे उठने नहीं दे रही थी। इसलिए वह मन मारकर व मुंह पर हाथ रखकर चुपचाप कुर्सी पर लेट गया।

: 15 :

''बहुत देर सो लिये, अब उठियेगा।''

आंखें मसलता-रगड़ता हुआ अपूर्व उठकर बैठ गया। दीवार-घड़ी पर नज़र पड़ते ही बोला, ''अरे! मैं तीन-चार घण्टे सोता ही रहा। आपने मुझे पहले क्यों नहीं जगा दिया?'' सिर के नीचे रखे तकिये की ओर देखकर बोला, ''यह किसने रख दिया? ऐसी सुविधा में गहरी नींद का आना स्वाभाविक है।''

भारती ने कहा, ''नींद खुलनी होती, तो सिर के नीचे तकिया रखते समय खुल जाती। मुझे डर था कि आपकी गरदन कहीं व्यर्थ में दुखने न लग जाये, इसीलिए सिरहाना रख दिया। चलिये, अब उठकर मुंह-हाथ धो लीजिये। सरकार महाशय भोजन की सामग्री लेकर उपस्थित हैं। उन्हें और भी बहुत सारे काम निपटाने हैं। अतः शीघ्रता से छुट्टी दे दीजिये।''

दरवाज़े के बाहर खड़े सरकार ने मुंह भीतर करते हुए कहा, ''मांजी ठीक कहती हैं, मुझे बहुत जल्दी है।''

अपूर्व ने नीचे जाकर मुंह धोया और फिर परोसा भोजन खाकर मुंह में इलायची-सुपारी ठूंसी और प्रसन्न मन से घर जाने के लिए अनुमति देने का अनुरोध करने लगा।

भारती ने कहा, ''ऐसा नहीं हो सकता। आप कल यहां से ही ऑफ़िस जायेंगे और हां, लौटते समय घर जाने की स्वतन्त्रता है। तिवारी को सारी सूचना भिजवा दी गयी है और वह घर की रखवाली की व्यवस्था करने के उपरान्त मस्ती मार रहा होगा। अतः आपको इस विषय में चिन्तित होने की कोई आवश्यकता नहीं।''

''किन्तु यह सब आपने क्यों किया?''

''इसका कारण यह है कि इस समय आप हमारे अभिभावक हैं। सुमित्रा दीदी आज अस्वस्थ हैं। नवतारा मन्मथ बाबू को लेकर उस पार गयी है। अतः मेरे साथ आपको जाना है, अध्यक्षा का ऐसा आदेश है। मैंने धोती लाकर रखी है, आप इसे पहनिये और मेरे साथ चलिये।''

''हमें कहां जाना होगा?''

''मज़दूरों की बस्ती में। बड़े-बड़े कारख़ानों के करोड़पति मालिकों द्वारा अपने मज़दूरों के निवास के लिए पंक्तिबद्ध बनाये नरक-स्थलों का निरीक्षण करना है। आज छुट्टी का दिन होने से श्रमिकों से मुलाक़ात सम्भव है।''

''वहां जाने का कार्यक्रम किसने बनाया?''

भारती ने कहा, ''अधिकार समिति का काम घर पर बैठे रहने से नहीं हो सकता। प्रत्येक स्थिति की प्रत्यक्ष जानकारी लेना आवश्यक होती है। आप इस समिति के विशेष सम्मानित सदस्य हैं। ख़ास मौक़े पर अपनी आंखों से देखे बग़ैर आप अधिकार के लिए किये जाने वाले संघर्ष की आवश्यकता और महत्ता को समझ ही नहीं सकेंगे।''

"अच्छा, तो-चलिये।" कहकर अपूर्व ऑफ़िस की ड्रेस बदलकर पांच मिनटों में तैयार हो गया।

भारती को अलमारी से कुछ निकालते और जेब में छिपाकर कुछ रखते हुए देखकर अपूर्व ने पूछा, "यह आप क्या ले रही हैं?"

"भरी हुई पिस्तौल।"

"किसलिए?"

"आत्मरक्षा के लिए।"

"इसका लायसेंस है?"

"नहीं।"

"यदि पुलिस ने पकड़ लिया, तो आपके साथ मेरी भी रक्षा हो जायेगी। जानती हैं, बिना लायसेंस के पिस्तौल रखने के लिए कितने साल की जेल हो सकती है?"

"कुछ नहीं होगा, आप चलिये।"

अपूर्व ने लम्बी सांस छोड़ते हुए, "काली मां, रक्षा करना" कहा और बोला, "चलिये।"

दोनों बड़ी सड़क से उत्तर की ओर बसी बर्मी और चीनियों की बस्ती को पार करके और फिर लगभग एक मील पैदल चलकर बड़े कारख़ाने के पास पहुंचे। फाटक बन्द होने के कारण छोटी-सी खिड़की के मार्ग से भीतर घुसे। दायीं ओर टिन की चादरों से बने गोदाम थे और उसके सामने दूसरी ओर मज़दूरों के रहने के लिए चीड़ के तख़्तों और टिन की पुरानी चादरों से बनी कोठरियों की लाइन थी। शुरू में शायद इन कोठरियों के किवाड़ रहे होंगे, किन्तु अब तो फटे टाट से बने परदे ही झूल रहे थे। सामने ही नल हैं और पीछे की तरफ टिन से बने शौचालय हैं। भारतीय श्रमिकों की यह बस्ती 'कुली लाइन' कहलाती है। इसमें पंजाबी, मद्रासी, बर्मी, बंगाली, मराठा, गुजराती, बिहार तथा अन्य सभी प्रदेशों के हिन्दू, मुसलमान, स्त्री-पुरुष सब मिलाकर लगभग एक हज़ार लोग वर्षों से अपना जीवन बिताते आ रहे हैं।

भारती ने कहा, "आज छुट्टी का दिन है। काम का दिन होता, तो इन नलों पर पानी के लिए ख़ून-ख़राबा होता दिखाई देता।

अपूर्व ने कहा, "छुट्टी के दिन की जमा भीड़ से काम के दिनों में होने वाली आपा-धापी का अनुमान लगाना कठिन नहीं।"

आते-जाते लोगों के सामने ही एक मद्रासी स्त्री को टाट के परदे को हटाकर शौचालय में घुसते तथा परदे की हालत को देखकर लाज और क्रोध से अपूर्व का मुख लाल हो गया। वह बोला, "यहां खड़े रहकर मुझसे यह दृश्य देखा नहीं जाता है। 'अधिकार समिति' का काम किसी अन्य स्थान पर चलकर कीजिये।"

भारती स्वयं भी इस सबको सहन नहीं कर पा रही थी, किन्तु उत्तर में हंसकर वह केवल यह बोली, "जिन मनुष्यों को पशु के स्तर पर पहुंचा दिया गया हो, उनसे मानवीय

आचरण की अपेक्षा कहां की जा सकती है ?''

दोनों वहां से चलकर एक बंगाली मिस्त्री के घर पहुंचे। अधेड़ उम्र का मिस्त्री कारख़ाने में पीतल की ढलाई का काम करता है। आज छुट्टी के दिन शराब पीकर काठ के फ़र्श पर औंधा पड़ा किसी को गन्दी गालियां बक रहा था। भारती ने पुकारा, ''मानिक! किसे गालियां दे रहे हो ? सुशीला कहां है ? दो दिन से पढ़ने नहीं आयी।''

बड़ी कठिनाई से अपने को संभालने की चेष्टा करता मानिक उठकर बैठ गया और भारती को पहचानकर बोला, ''बहिनजी आयी हैं, आओ बैठो। सुशीला स्कूल कैसे जा सकती है ? खाना पकाना, झाड़ू-बरतन करना और लड़के को संभालना, सब कुछ उसी को करना पड़ता है। बहिनजी ! मेरे दिल में आग की भट्ठी जल रही है। जदुआ साले को मैंने हलाल न किया, तो मैं अपने को कायस्थ की सन्तान ही नहीं समझूंगा। बड़े साहब को उसके विरुद्ध ऐसी दरख़्वास्त दूंगा कि साले की नौकरी ही जाती रहेगी।''

भारती ने हंसकर कहा, ''ज़रूर देना। यदि चाहो, तो मैं सुमित्रा दीदी से कहकर तुम्हारी दरख़्वास्त लिखवा दूंगी। कल शाम को फयार के मैदान में सभा होने की जानकारी तुम्हें है न ? कल वहां अवश्य आना, भूलना नहीं।''

इतने में दस-ग्यारह साल की एक लड़की वहां आ पहुंची। उसने अपनी धोती के पल्लू में लपेटी बोतल निकालकर सावधानी से एक ओर रखी और बोली, ''बापू! घोड़ा मार्का नहीं थी, टोपी मार्का ले आयी हूं। चार पैसे बच गये। शराब के नशे में धुत रमैया क्या बक रहा था, सुनोगे ?''

बिना कुछ सुने मानिक ने रमैया को एक मोटी-भद्दी गाली थी। भारती ने लड़की के सिर पर हाथ रखकर कहा, ''सुशीला! ऐसी गन्दी जगह तुम्हें बिल्कुल नहीं जाना चाहिए। अच्छा, तुम्हारी मां कहां है ?''

''मां परसों जद्दू चाचा के साथ रहने के लिए लाइन के बाहर किराये के मकान में चली गयी है।''

लड़की आगे और कुछ कहना चाहती थी, किन्तु मानिक बीच में ही उसे रोककर गरज उठा, ''देखता हूं, कैसे रहती है साली वहां ? ब्याहता औरत है या बाज़ारू वेश्या ?'' यह कहकर वह बोतल का ढक्कन खोलने में जुट गया।

भारती ने अपने आंचल में पड़े खिंचाव के कारण मुड़कर देखा, तो अपूर्व का चेहरा एकदम स्याह हो गया था। आज तक उसने भारती को कभी छुआ नहीं था, किन्तु अब होश खो चुका, वह उसे धकेलता हुआ बोला, ''चलो यहां से!''

''ज़रा ठहरिये।''

''नहीं, एक मिनट के लिए भी नहीं।'' यह कहता हुआ उसे एक तरह से घसीटता हुआ बाहर खींच ले गया। घर में बोतल और कड़छी हाथ में लिये मानिक बक-बक किये जा रहा था। वह घमण्ड के साथ ज़ोर से चिल्लाकर कह रहा था, ''सालों को मालूम नहीं कि मैं दासू गुण्डे का लड़का हूं, फांसी-वांसी की कोई परवाह नहीं करता। जद्दू

साले को तो मुझे कत्ल करना है। इसके लिए भले ही मुझे फांसी के तख्ते पर क्यों न झूलना पड़े, कोई चिन्ता नहीं।''

बाहर आते ही अपूर्व आग उगलने लगा। अपने क्रोध पर संयम न रख पाता हुआ बोला, ''बदमाश, हरामज़ादा, कमीना, नीच, शराबी कहीं का। यह घर है या राक्षस का नरककुण्ड! इधर आने का आपका मन कैसे करता है, क्या घिन नहीं आती?''

अपूर्व के मुंह की ओर देखती हुई भारती बोली, ''इसमें घृणा की क्या बात है? सोचने की बात यह है कि इनके सुखी घर को नरककुण्ड किसने बनाया? मैं यहां आकर इनके पापों का प्रायश्चित्त करती हूं।''

पहले की तरह क्रोध में उफनता अपूर्व बोला, ''क्या ये लोग साधु-महात्मा हैं? क्या मैंने इनके घर को नरककुण्ड बनाया है? लड़की को सुना था, निर्लज्ज, शैतान, किस गर्व से कह रही थी, मानो उसकी मां तीर्थयात्रा करने गयी हो। निर्लज्जता की भी कोई सीमा होती है। अच्छा, अब यहां नहीं आना, कहे देता हूं, आप यहां आयीं, तो अच्छा नहीं होगा।''

भारती ने हलके-से हंसकर कहा, ''मैं म्लेच्छ ईसाई हूं। यहां आने से मेरा क्या बिगड़ता है?''

अपूर्व ने उसी क्रोधावेश में कहा, ''क्या ईसाई होने से तुम्हें सब प्रकार की छूट मिल जाती है? क्या ईसाई समाज में किसी को भी अपने आचरण का कोई जवाब नहीं देना पड़ता?''

भारती ने शान्त और संयत स्वर में कहा, ''कौन है मेरा, जिसकी मुझे चिन्ता करनी चाहिए। कौन सिर-फिरा मेरे अच्छे-बुरे आचरण की समीक्षा के लिए अपना अमूल्य समय नष्ट करेगा?''

अपूर्व कोई उत्तर न दे सका, फिर भी बोला, ''माना कि आप तर्क करने में निपुण हैं, किन्तु मैं आपकी बातों में आने वाला नहीं। आप घर लौट चलिये।''

''मुझे और भी कितने स्थानों पर जाना है। आपको मेरे साथ चलना ठीक नहीं लगता, तो आप लौट सकते हैं।''

''आपके कहने से मैं आपको यहां अकेला छोड़कर नहीं जा सकता, इसे आप अच्छी तरह जानती हैं।''

''तो फिर मेरे साथ चलिये और अपनी खुली आंखों से देखिये कि एक मनुष्य कैसे दूसरे मनुष्य पर अत्याचार और अन्याय कर रहा है? आप छुआछूत को ही बड़ा पाप समझकर उससे बचने पर अपने को भाग्यशाली समझने लगे होंगे और सोचा होगा कि मरने पर स्वर्ग का द्वार खुला मिलेगा। ऐसा कुछ भी नहीं।'' यह कहते हुए भारती का चेहरा कठोर और स्वर तीखा हो गया। अपनी बात जारी रखती हुई वह बोली, ''अपूर्व बाबू! उस लड़की की मां और जदुनन्दन द्वारा किये अपराध का उन्हें दण्ड मिल जाने से क्या अपराध का अन्त हो जायेगा? क्या इनके इस पापकर्म से आपको अथवा

मुझे कुछ लेना-देना नहीं है? डॉक्टर बाबू से परिचय न होने तक मैं भी यही समझती थी कि 'अपनी करनी, अपनी भरनी', किन्तु आज यह स्थिति नहीं है। समाज का प्रत्येक व्यक्ति बराबर का भागीदार है। जिस नरककुण्ड से आप घृणा कर रहे हैं, उसका भार आपको स्वर्गद्वार से वापिस खींचकर उसी नरककुण्ड में डुबोने वाला है। इस सत्य से आंख मींचने से काम चलने वाला नहीं। इनके दुष्कर्मों का ऋण चुकाये बिना हमारा उद्धार सम्भव नहीं। इस तथ्य पर आपको विचार करना है। अपूर्व बाबू! अधिकार समिति हमें यह सिखाती है कि हम यहां आकर इन पर उपकार नहीं करते, अपितु अपने पापों का प्रायश्चित्त करते हैं। इसीलिए, अपनी गरज से ही हम यहां आते हैं।

अपूर्व काठ के उल्लू की तरह गूंगा बना चकित होकर सब कुछ सुनता रहा। वह भारती की धारणा को न तो ठीक से समझ सका और न ही उस पर विश्वास कर सका।

कुछ दूरी पर खड़े साखू वृक्ष की ओर अपनी अंगुलि से संकेत करती हुई भारती बोली, "इधर बंगालियों के घर हैं, आओ चलें।"

अपूर्व ने पूछा, "क्या आपके कार्यक्षेत्र में केवल बंगाली ही आते हैं? देश के अन्य प्रान्तों के लोगों में आपकी कोई रुचि नहीं?"

"नहीं, ऐसा कुछ नहीं। हमें सभी की सेवा करनी है, किन्तु हमारी समस्या यह है कि हमारी अध्यक्षा को छोड़कर दूसरा कोई इनकी भाषा को नहीं जानता। वे स्वस्थ होतीं, तो अपना काम स्वयं संभालतीं, हमें यह सब न करना पड़ता।"

"क्या वे भारत की सभी भाषाएं जानती हैं?"

"हां, जानती हैं।"

"और डॉक्टर बाबू?"

"लगता है कि उनके सम्बन्ध में आपको बहुत उत्सुकता है। आप मानें या न मानें, किन्तु यह अक्षरश: सत्य है कि इस संसार में जो भी कुछ जानने योग्य हो सकता है, उस सबको डॉक्टर बाबू भली प्रकार जानते हैं। इतना ही नहीं, इस संसार में ऐसा कोई काम नहीं, जिसे वे न कर सकते हों। उनका 'सव्यसाची' नाम किसने रखा, यह मैं नहीं जानती, किन्तु यह दावे के साथ कह सकती हूं कि उनके लिए इस संसार में अज्ञात और असाध्य कुछ भी नहीं।" यह कहती हुई भारती आगे को चल दी, किन्तु अपूर्व ठिठककर वहीं खड़ा हो गया और किसी गहरे विचार में खो गया। अचानक उसके मन में यह बात आयी, 'पराधीन देश का यह कितना बड़ा दुर्भाग्य है कि इतने बड़े सिद्ध पुरुष तथा देश के प्रति समर्पित एवं कर्मयोगी के प्राणों का कोई मूल्य नहीं। ऐसा विलक्षण महापुरुष किसी क्षण किसी की भी गोली का शिकार हो सकता है, कुत्ते की मौत मर सकता है! विश्व के इतिहास में इससे बड़ा और निष्ठुर अन्याय कोई दूसरा क्या हो सकता है! हे करुणामय, मंगलरूप भगवान्! यदि यह सब सत्य है, तो समझ नहीं आता कि भारतवासियों के किस दुष्कर्म का फल उन्हें भोगना पड़ रहा है?"

दोनों एक साथ एक घर में घुसे। भारती ने पुकारा, "पञ्चकौड़ी, आज तबीअत

कैसी है ?''

अंधेरे कमरे से आवाज़ आयी, ''आज कुछ ठीक हूं।'' यह कहता हुआ एक बूढ़ा आदमी दायें हाथ को ऊपर उठाये सामने आ खड़ा हुआ। उसने अपने शरीर पर ऊपर से नीचे न जाने कितने लेप लगा रखे थे। रुंधे गले से बोला, ''बिटिया रानी! लड़की को खून के दस्त लग रहे हैं, उसके बचने की कोई आशा नहीं।'' लड़का भी कल से तीव्र ज्वर से तड़प रहा है। मेरे पास एक फूटी कौड़ी नहीं, जिससे उसके लिए कोई दवा ला सकूं अथवा सागूदाना मंगवाकर उसे खिला सकूं।'' यह कहता हुआ बूढ़ा आंसुओं की वर्षा करने लगा।

अपूर्व के मुंह से निकला, ''पैसे क्यों नहीं हैं ?''

भारती कुछ देर तक उस अपरिचित की ओर देखती रही और फिर उसकी ओर से बोली, ''पुली की सांकल से दायें हाथ में हुए घाव के कारण महीने-भर से काम नहीं कर सका फिर पैसे कहां से आते ?''

अपूर्व बोला, ''क्या कारख़ाने के मालिक संकट में सहायता नहीं करते ?''

पञ्चकौड़ी ने बायें हाथ को कमर पर रखते हुए दुखी स्वर में कहा, ''दैनिक श्रम करने वाले की कौन परवाह करता है बाबू ? वह तो कह रहा है कि काम नहीं कर सकते, तो क्वार्टर ख़ाली कर दो। जब काम करने योग्य हो जाओ, तब आ जाना, काम भी मिल जायेगा और मकान भी। ऐसी स्थिति में भला कहां जाऊं और क्या करूं ? छोटे बाबू के हाथ-पांव जोड़ने पर एक सप्ताह की मोहलत मिली है। बीस साल से मेहनत कर रहा हूं, किन्तु इन पाजियों की आंख में ज़रा भी शर्म-हया अथवा लिहाज़ नहीं। अब आप ही बताइये बाबूजी, मैं करूं, तो क्या करूं ? जाऊं, तो कहां जाऊं ?''

अपूर्व के तन-बदन में आग लग गयी और उसका मन कहने लगा कि उस मैनेजर के बच्चे को कान से पकड़कर इधर खींच लाऊं और उसे बताऊं कि जिनके श्रम से उसने अपना वैभव उत्तरोत्तर बढ़ाया है, वे ही लोग इस संकट में किस प्रकार अभाव से पीड़ित हैं और कितने दुःखों को सहने को विवश हैं ?

अपूर्व को कलकत्ता में अपने मकान के समीप स्थित बैलगाड़ियों के अड्डे का स्मरण हो आया। जीवन-भर गाड़ी खींचने वाले दो बैलों के बूढ़े हो जाने पर गाड़ीवान ने उन्हें क़साई के हाथ बेच दिया। कितनी बड़ी क्रूरता और हृदयहीनता है ? किन्तु लोग इसके विरुद्ध कुछ नहीं करते। यदि कोई कुछ करने को आगे बढ़ता है, तो दूसरे उसे पागल कहकर उसका मज़ाक़ उड़ाते हैं। उस रास्ते से गुज़रने पर सदैव उसकी आंखें अश्रुपूर्ण हो उठी हैं। उसकी चिन्ता का विषय यही है कि धन के लिए, मनुष्य की अन्धी दौड़ ने उसे इतना निष्ठुर, निर्मम और बर्बर बना दिया है कि निरन्तर पतन की ओर जाता व्यक्ति इस सत्य को देख ही नहीं पाता।

भारती के कथन को स्मरण करके वह मन-ही-मन कहने लगा, 'लगता है कि हमारी सोच अस्वस्थ एवं रोगग्रस्त हो गयी है, हमारा चिन्तन पक्षाघात का शिकार हो

गया है। इसीलिए हम निम्नोक्त वाक्यों से अपना काम ही नहीं चला लेते, अपितु एक प्रकार की आत्मतुष्टि भी अनुभव करते हैं, 'सब ठीक है,' 'ऐसे ही चलता आया है,' 'कौन कहां क्या कर रहा है, इससे मुझे क्या लेना-देना', 'मैं, तो यह सब नहीं कर रहा।' 'मेरे हस्तक्षेप करने से क्या हो जायेगा', 'यही भगवान् की इच्छा है, 'तुझे परायी क्या पड़ी, अपनी निबेड़ तू,' आदि-आदि। क्या इस तरह की कपोतवृत्ति अपनाने से, अर्थात् वास्तविकता से आंख मूंदने से हम उसके परिणाम से अपने को बचा सकते हैं ? बैल और घोड़े, तो उदाहरण मात्र हैं, यह पञ्चकौड़ी भी एक प्रतीक है, जो अपने और अपने प्रियजनों की असामयिक मृत्यु से न बचा पाने की विवशता से पीड़ित है और इधर समाज के किसी व्यक्ति को ऐसे अभागे, तिल-तिल कर मरते लोगों की न जानकारी है और न ही इनकी व्यथा-कथा को सुनने के लिए कोई अवकाश है। इसी का परिणाम है कि दिन-रात अभाव की चक्की में पिसते लोग मौत की गोद में सो रहे हैं। उनकी दुर्दशा पर अपने आंसू का अर्घ्य चढ़ाने वाला भी कोई नहीं। न जाने इस अराजकता का अन्त कब होगा ? कब अन्तर्यामी का हृदय इनकी दीन-हीन दशा पर द्रवित होगा ?'

कोठरी के एक कोने में मैले-कुचैले तथा फटे-पुराने चिथड़ों पर दोनों बच्चे मुरदे की तरह मूर्च्छित अवस्था में पड़े हुए थे। भारती उनके समीप जाकर और उनके शरीर को छूकर उनके ताप की जांच-परख करने लगी। डर के मारे अपूर्व उधर न जा सका, परन्तु उसके हृदय में उनके प्रति उत्पन्न सहानुभूति और कुछ न कर पाने की वेदना उसे बुरी तरह व्यथित करने लगी। वह दोनों बच्चों और पञ्चकौड़ी की विवशतापूर्ण व्यथा के लिए समाज के साथ अपने को दोषी और उत्तरदायी मानता हुआ गहरे श्वास लेने लगा और अपने से कहने लगा, 'यह कैसा समाज है, जो मानता है कि सदा से ऐसे ही चला आता है। क्या तुम कोई भगवान् हो, जो संसार को बदल दोगे ?'

वह सोचने लगा कि क्या मनुष्य इन्हीं पुराने संस्कारों से आत्मतुष्टि करता रहेगा ? क्या वह कभी नयी कल्पना करने और नये दृष्टिकोण को अपनाने के लिए उद्यत नहीं होगा ? मनुष्य अपने को उन्नतिशील मानता है, परन्तु मेरे विचार में पञ्चकौड़ी-जैसे दीन-हीन लोग आज के तथाकथित सभ्य एवं उन्नत समाज के चेहरे पर गहरा और भद्दा धब्बा हैं।

अपूर्व के कान में आवाज आयी, ''चलिये।''

उसने चौंककर देखा। सामने खड़ी भारती पञ्चकौड़ी को आश्वासन देती हुई कह रही थी, ''घबराओ मत, धीरज रखो, तुम सब शीघ्र ही ठीक हो जाओगे। कल सवेरे मैं डॉक्टर से दवाई लेकर भेज दूंगी। पञ्चकौड़ी की दशा पर द्रवित होकर अपूर्व अपनी जेब में हाथ डालकर उसे देने के लिए रुपया निकालने लगा, तो भारती ने इशारे से उसे रोक दिया। संयोगवश पञ्चकौड़ी का ध्यान दूसरी ओर होने से वह इस इशारे को नहीं देख सका, किन्तु अपूर्व के लिए भारती की मनाही एक पहेली बन गयी। भारती ने अपनी जेब से चार आने (पच्चीस पैसे) निकालकर पञ्चकौड़ी को देते हुए कहा, ''बच्चों के

लिए एक आने की मिस्री और एक आने का सागूदाना मंगवा लेना, शेष दो आने के दाल-चावल ख़रीदकर तुम इस समय का काम चलाना। कल सवेरे तुम्हारा कुछ पक्का प्रबन्ध कर दिया जायेगा। अब हम लोग जाते हैं।'' यह कहकर भारती अपूर्व के साथ वहां से निकलकर मुख्य मार्ग पर आ गयी।

मार्ग में अपूर्व ने रुष्ट होकर कहा, ''आप कंजूस होने के साथ विचित्र भी हैं। समझ में नहीं आता कि न मुझे कुछ देने दिया और न ही स्वयं कुछ विशेष दिया।''

भारती बोली, ''जितना ठीक लगा, दे दिया।''

''इसे आप 'देना' कहती हैं। इस प्रकार किसी के संकट में पाई-पैसों का हिसाब करना और इतना कम देने को, मैं एक प्रकार का अपमान मानता हूं।''

भारती ने पूछा, ''आप कितना देने जा रहे थे?''

अपूर्व ने जेब में हाथ डालते वक्त कुछ निश्चित नहीं किया था। हाथ में जितना आ जाता, दे देता, किन्तु अब थोड़ा सोचकर बोला, ''अधिक नहीं, पांच रुपये तो देता।''

भारती ने अपनी जीभ को दांतों तले दबाकर कहा, ''बाप रे बाप! आप सारी कहानी ही समाप्त कर डालते। जानते हो क्या होता, बाप शराब पीकर और नशे में धुत होकर अचेत पड़ा रहता और दोनों बच्चे भगवान् को प्यारे हो जाते।''

''क्या मेरे दिये रुपयों से पञ्चकौड़ी शराब पीता?''

''तो क्या करता? हाथ में पैसा आने पर उसे शराब में न उड़ाने वाले समझदार व्यक्ति यहां कितने हैं?''

यह सुनकर अपूर्व कुछ देर तक विश्वास न करने और चकित होने की स्थिति में पहुंचा स्तब्ध-सा खड़ा रहा, फिर बोला, ''आप भी अच्छा मज़ाक़ कर लेती हैं। बीमार बच्चों के इलाज की उपेक्षा करके बाप शराब में पैसा उड़ायेगा, क्या कोई ऐसी कल्पना भी कर सकता है?''

भारती बोली, ''यह मेरी कल्पना अथवा मेरा अनुमान नहीं, अपितु शत-प्रतिशत सत्य है। इसके लिए मुझसे किसी देवी-देवता की क़सम ले लो, मां मनसा अथवा औला बीबी की।'' यह कहते हुए वह सहसा हंस पड़ी। फिर एकदम संभल कर बोली, ''यदि ऐसा न होता, तो दाता को किसी दुःखी की सहायता करने से रोककर मैं पाप की भागी क्यों बनती? क्या आप मुझे इतनी ओछी और निर्दय समझते हैं?''

अपूर्व ने पूछा, ''क्या इन बच्चों की मां नहीं है?''

''नहीं।''

''कोई अन्य निकट सम्बन्धी अथवा प्रियजन भी नहीं होगा?''

''होगा भी, तो इस संकट में काम आने वाला नहीं होगा। दस-बारह वर्ष पूर्व पञ्चकौड़ी देश गया था और वहां से पड़ोसी की विधवा को भगाकर ले आया था। लड़की-लड़का उसी के हैं। दो साल पूर्व वह गले में फन्दा डालकर मर गयी। संक्षेप में यही पञ्चकौड़ी की आत्मकथा है।''

एक दीर्घ श्वास लेता हुआ अपूर्व बोला, ''सचमुच ही यह नरककुण्ड है।''

भारती ने सहमति में सिर हिलाकर कहा, ''इसमें रत्ती-भर भी सन्देह नहीं, किन्तु विचारणीय तथ्य यह है कि भले ही हमारा इनसे रक्त-सम्बन्ध न हो, फिर भी ये सब अपने ही भाई-बहिन हैं। अपूर्व बाबू! ऊपर बैठा अन्तर्यामी सब कुछ देख रहा है और किसी का भी अपने अच्छे-बुरे कर्म का फल भोगे बिना छुटकारा नहीं होगा।''

''अब समझ में आया कि आपका सोचना ग़लत नहीं।''

क्षण-भर पहले पञ्चकौड़ी के घर में खड़े अपूर्व ने जो कुछ सोचा था, वह सब बिजली की चमक के समान उसके दिमाग़ में कौंधने लगा। थोड़ा रुककर वह बोला, ''सोचता हूं कि इनसान होने के नाते हमारा भी इनके प्रति कुछ कर्तव्य बनता है।''

भारती सहमत होती हुई बोली, ''प्रारम्भ में मुझे भी कुछ स्पष्ट दृष्टिगोचर नहीं होता था। क्रोधावेश में आकर मैं इनसे झगड़ा किया करती थी, किन्तु अब स्पष्ट होने लगा कि इन भोले, अभागे, अनजान तथा नासमझ भाई-बहिनों को नरककुण्ड में धकेलने और दुर्व्यसनों का शिकार बनाने का दोषी हमारे सिवा और कौन है?''

पास की कोठरी में एक उड़िया मिस्त्री रहता है। उसकी बग़ल वाली कोठरी से बातचीत और बीच-बीच में हंसी की ज़ोर से आती आवाज़ सुनाई पड़ रही है। पञ्चकौड़ी की कोठरी में खड़े इन दोनों को यह शोरगुल उस समय भी सुनाई पड़ रहा था। दोनों उस कोठरी की ओर चल दिये। भारती को सब जानते थे, अतः सबने एक साथ उसका स्वागत किया। एक आदमी उठकर इन दोनों के बैठने के लिए एक स्टूल और एक मूढ़ा ले आया। लकड़ी के नंगे फ़र्श पर बैठे छह-सात पुरुष और आठ-दस स्त्रियां मिलकर शराब पी रहे थे। एक टूटा-फूटा हारमोनियम, पुराना तबला और रंग-बिरंगी, छोटी-बड़ी ख़ाली बोतलें आस-पास पड़ी थीं। एक बूढ़ी-सी औरत कुछ अधिक पी जाने से एक ओर इस प्रकार लुढ़की पड़ी थी कि उसे अपने नंगेपन को छिपाने का होश तक नहीं था। इस मण्डली में पच्चीस से साठ वर्ष तक की आयु के स्त्री-पुरुष सम्मिलित थे। आज रविवार होने से छुट्टी का दिन था, अतः सबको फ़ुरसत थी। प्याज़-लहसुन और तरकारी के साथ सस्ती जर्मन शराब की गन्दी दुर्गन्ध से अपूर्व का जी मिचलाने लगा। एक छोटी आयु की महिला ने शराब से भरा गिलास हाथ में थाम रखा था। लगता था कि अभी वह नयी पियक्कड़ बनी है। इन दोनों को देखते ही उस औरत ने नाक को दबाकर सारी शराब हलक़ से पेट में डाल दी और फिर तख़्त के सुराख़ों से बार-बार थूकने लगी। एक मर्द ने जल्दी से उठकर उसके मुंह में खीरा, ककड़ी-जैसी तरकारी ठूंस दी। एक भारतीय स्त्री को इस प्रकार दूसरे पुरुषों के सामने शराब पीता देखकर अपूर्व हक्का-बक्का रह गया, किन्तु इतने बड़े बीभत्स दृश्य को देखकर भी भारती के चेहरे पर विकृति का कोई चिह्न दिखाई नहीं दिया। वस्तुतः यह सब उसके लिए कुछ नया-जैसा नहीं था, किन्तु कुछ देर बीतने पर घर के मालिक की फ़रमाइश पर टुनिया ने गाना शुरू किया, बग़ल वाले आदमी ने हारमोनियम खींच लिया और साथ वाला तबले पर संगत करने

लगा, तो भारती के लिए यह सब सहना कठिन हो गया। वह व्यथित होकर उच्च स्वर में बोली, ''मिस्त्री साहब! आप लोगों को याद होगा कि कल हम लोगों की सभा है, आप सबको वहां आना है।''

''अवश्य, हम अवश्य आयेंगे बहिनजी।'' कहते हुए कालीचरण ने शराब का एक और गिलास ख़ाली कर दिया।

भारती ने कहा, ''बचपन में कभी तुम लोगों ने सुना होगा कि एक-एक सूत को जोड़ने-बंटने से मज़बूत रस्सा बनाया जाता है। तुम लोग भी अकेले बिखरे रहने पर कुछ नहीं कर सकते। तुम लोग संगठित होकर अपने मालिकों से अपने अधिकारों की मांग कर सकते हो। तुम्हीं लोगों की भलाई के लिए सुमित्रा बहिनजी इतना परिश्रम कर रही हैं।''

भारती के कथन पर सबने अपनी सहमति जतलायी। भारती बोली, ''ज़रा सोचो, क्या तुम लोगों के बिना इतने बड़े-बड़े कारख़ाने कभी एक दिन के लिए भी चल सकते हैं? इन कारख़ानों के सच्चे और असली मालिक तुम लोग हो। यह सीधी-सी बात तुम समझते क्यों नहीं कालीचरण! इतना भी तुम लोग नहीं समझोगे, तो फिर काम कैसे चलेगा?''

सभी उपस्थित मज़दूर एक साथ बोल उठे, ''आपका कहना सोलह आने सच है। हमारे बिना, तो कारख़ाने की एक भी कल हरकत में नहीं आ सकती।''

''फिर भी तुम लोग भारी तकलीफ़ में रहते हो। इसका कारण कभी सोचा है?'' भारती ने पूछा, ''मालिक जब चाहे, तुम लोगों को बिना किसी अपराध के लात-घूंसे मारकर कारख़ाने से निकाल बाहर कर देते हैं। अपने बग़ल की कोठरी में भूखों मरते पञ्चकौड़ी को देखो। काम करते हुए उसका हाथ कट गया। क्या मालिक का फ़र्ज़ मुआवज़ा देना नहीं बनता? काम न कर सकने की हालत में कुछ भत्ता-अनुदान देना नहीं बनता? सो, तो अलग बात रही, उलटे मालिक उसे कोठरी ख़ाली करने की धमकी दे रहा है, जबकि उस बेचारे के पास बच्चों की दवाई और पथ्य के लिए भी पैसा नहीं है। मालिक लोग किसकी बदौलत लाखों-करोड़ों कमाते हैं? केवल तुम्हारी मेहनत के बल पर और बदले में तुम्हें क्या मिलता है? भूख, अभाव और अपमान। उस दिन छोटे मालिक ने धक्का देकर श्यामलाल को गिरा दिया। चोट लगने से वह बेचारा अभी तक अस्पताल में पड़ा सड़ रहा है। मालिकों की इस ज़्यादती और मनमानी को तुम लोग क्यों सहन करते हो? एक बार संगठित होकर कहो, बहुत हो चुका, अब और अत्याचार नहीं सहेंगे, फिर देखते हैं कि वे तुम पर कैसे हाथ उठाने का साहस करते हैं। एक बार, केवल एक बार अपनी शक्ति को पहचानना सीखो कालीचरण! इससे अधिक तुम लोगों से और कुछ नहीं चाहिए।''

एक मतवाला मुंह खोले बड़े ध्यान से भारती के भाषण को सुन रहा था। वह बोला, ''हम करना चाहें, तो बहुत कुछ कर सकते हैं। एक पेंच को ज़रा सा ढीला छोड़ दें,

तो सारा कारख़ाना धड़ाम से नीचे गिर पड़े, सारी मशीनरी काम करना बन्द कर दे और नकारा हो जाये।''

भारती घबराकर बोली, ''दुलाल! यह करना ठीक नहीं। मैं तुम्हें ऐसा कुछ करने के लिए न कह रही हूं, न ऐसा करने की आवश्यकता है और न ही ऐसा कुछ तुम्हें करना है; क्योंकि इससे, स्वयं तुम्हीं लोगों की हानि होगी। इससे बहुत से व्यक्तियों के प्राण भी जा सकते हैं। ऐसी बात सपने में भी न सोचना। इससे बड़ा पाप कोई और हो ही नहीं सकता। यह तो अपनी रोटी-रोज़ी गंवाने-जैसी मूर्खता है।''

मतवालों की हंसी हंसता हुआ दुलाल बोला, ''मैं सब जानता हूं कि क्या करना चाहिए और क्या नहीं। इसकी मुझे पूरी समझ है। बात करने के लिए यह सब कह दिया है, आप चिन्ता न करें।''

भारती ने कहा, ''तुम लोगों को सचाई और ईमानदारी का पल्ला कभी नहीं छोड़ना चाहिए। सत्य के मार्ग पर अडिग रहने से ही तुम अपने अधिकार पा सकते हो। सचाई पर चलते हुए तुम्हारी मेहनत को हड़पने वालों से तुम एक-एक पाई वसूल कर सकते हो। सत्य के मार्ग पर भटक जाने से तुम्हें कभी सफलता नहीं मिलने वाली है।''

उपस्थित सभी स्त्री-पुरुष समर्थन में शोर मचाने लगे। भारती ने कहा, ''शाम हो रही है, एक और जगह भी जाना है, इसलिए अभी चलती हूं, किन्तु कल के कार्यक्रम में भाग लेना तुम बिल्कुल न भूलना।'' यह कहती हुई वह उठ खड़ी हुई।

कालीचरण के घर में हुई लज्जाजनक एवं अशिष्टतापूर्ण हुल्लड़बाज़ी ने अपूर्व को बेहद परेशान कर दिया। चलने से पहले हुई बातों ने उसे क्रोध से आगबबूला कर दिया। अपने क्रोध को रोकने में असमर्थ अपूर्व ने बाहर आते ही बड़े तीखे स्वर में आरती से कहा, ''तुम्हें इन पशुओं से बातचीत करने की भला क्या आवश्यकता थी?''

भारती ने आश्चर्य प्रकट करते हुए सहज भाव से पूछा, ''कौन-सी बातचीत?''

क्रोध में भरा अपूर्व बड़बड़ाता हुआ बोला, ''इन नासमझ, कमीने, पाजी, हरामज़ादे शराबियों से लड़कियों को बातचीत करना शोभा नहीं देता। सुना था, क्या कह रहा था वह, क्या नाम है उसका दुलाल। यदि उसके मुंह से निकली बात साहब के कान तक पहुंच गयी, तो जानती हो, कैसा अनर्थ हो जायेगा?''

''साहब के कानों तक कैसे पहुंचेगी?''

''इन शराबियों का क्या भरोसा? क्या तुम इन्हें धर्मराज युधिष्ठिर समझती हो? फिर शराब के नशे में कोई कहां क्या बकता है, इसका इन्हें कोई होश रहता है। यदि कहीं बात बिगड़ गयी, तो तुम्हारी आफ़त आ जायेगी, तुम पर इन लोगों को सिखाने का दोष मढ़ दिया जायेगा।''

''किन्तु यह बात सत्य हरगिज़ नहीं थी?''

अपूर्व बोला, ''बात झूठी है अथवा सच्ची, कह रहा है न? आज कह रहा है, कल कर भी सकता है। क्या अंगरेजी राज्य में इसी सन्देह में दण्ड नहीं मिल सकता?''

"क्या तुम्हारे कहने का अभिप्राय यह है कि मुझे भी दण्ड भुगतना पड़ेगा।"

अपूर्व अधीरता से बोला, "भले ही तुम्हें दण्ड न मिले, किन्तु मुझे तुम्हारा यहां आना और इन लोगों से मिलना क़तई पसन्द नहीं। तुम यहां बिल्कुल नहीं आओगी।"

अपने आज के कार्यक्रम के अन्तर्गत भारती एक अन्य व्यक्ति से भी मिलना चाहती थी, किन्तु उसके घर पर ताला पड़ा हुआ था। अतः दोनों को वापस लौटना पड़ा। कालीचरण के घर से गुज़रते समय देखा कि गाने-बजाने का स्थान तर्क-वितर्क ने ले लिया है। नशे में चूर एक स्त्री अपने पति की मृत्यु पर शोकमग्न होकर बिलख रही थी, तो पास बैठा पुरुष उसे सान्त्वना देता हुआ कह रहा था, "देश की बातों को याद करके अपने को दुखी मत कर। यहां फिर से तेरा घर बस जायेगा। तू हर महीने की पूर्णमासी को केवल सत्यनारायण का व्रत करना और मन्नत मांगना प्रारम्भ कर दे।" कुछ और आदमी इस बात पर झगड़ रहे थे, "ईसाई महिला कारख़ानों में हड़ताल कराना चाहती है। हड़ताल हो गयी, तो हमारी तबाही का कोई अन्त नहीं रहेगा। अब हमें इसकी बातों में नहीं आना चाहिए। मैं कहता हूं कि इन लोगों को अपनी लाइन में आने ही नहीं देना चाहिए।" अपने साथियों को इस प्रकार समझाता और सम्बोधित करता हुआ कालीचरण मिस्त्री बोला, "मैं बेवकूफ़ नहीं हूं, सब समझता हूं। मैं इनके रंग-ढंग देख रहा हूं।" इस बीच एक अत्यन्त होशियार औरत ने गम्भीरता बरतते हुए सलाह दी, "बच्चा साहब को सब कुछ बताकर पहले से ही होशियार कर देना चाहिए।"

भारती को बलपूर्वक खींचता हुआ अपूर्व तीखे स्वर में बोला, "लो, इनकी और भलाई कर लो।" उन्हें गालियां देता हुआ अपूर्व क्रोधावेश में बोला, "ये साले हरामज़ादे, पाजी, बदमाश, पक्के नमकहराम हैं। बग़ल की कोठरी में दो अनाथ बच्चे मर रहे हैं, उनकी ओर आंख उठाकर कोई देखता तक नहीं, किसी को भी कोई चिन्ता नहीं। सब मज़े उड़ा रहे हैं। इससे बड़ा नरक और कहां होगा?"

अपूर्व के मुंह की ओर ताकती हुई भारती बोली, "अचानक आपको यह क्या हो गया है?"

अपूर्व ने कहा, "मुझे कुछ नहीं हुआ, मैं इनके चरित्र को पहले से जानता था। किन्तु तुम बताओ, तुमने उनकी बकवास सुनी या नहीं?"

भारती ने कहा, "इसमें कौन-सा नयापन है? यह तो हम रोज़ाना भुगतते ही रहते हैं। अतः इससे घबराने अथवा चिन्तित होने को कुछ भी नहीं।"

क्रोधावेश में उफनता हुआ अपूर्व बोला, "ऐसे कृतघ्न और कमीने आदमियों का तुम उपकार करना चाहती हो, इन्हें अपने दल में सम्मिलित करना चाहती हो?"

अपूर्व के व्यवहार से भारती तनिक भी उत्तेजित नहीं हुई। पूर्ववत् शान्त और संयत बनी, वह फीकी एवं उदास हंसी हंसती हुई बोली, "बाबू! आप यह क्यों भूल जाते हैं कि ये लोग कौन हैं? ये लोग भी हम हैं, हमारे में से हैं। वस्तुतः इस मूल तथ्य को भूलने से ही सारी गड़बड़ी पैदा होती है। जहां तक उपकार का प्रश्न है, मेरे विचार में उपकार

शब्द का यदि कोई अस्तित्व, महत्त्व और आवश्यकता है, तो उसकी सम्पूर्ण सार्थकता यहीं है। इन्हीं लोगों का उपकार किया जा सकता है। आप डॉक्टर बाबू का उपकार करने नहीं जायेंगे अपूर्व बाबू ?''

भारती के इस तर्क का अपूर्व ने कोई उत्तर नहीं दिया, अतः वह चुप हो गया।

फाटक से बाहर आकर वे दोनों बर्मी मुहल्ले के भीतर से गुज़रते हुए मुख्य मार्ग पर आ गये। सन्ध्या बीतने और रात का अंधेरा घिरने के कारण घरों में बत्तियां जल उठी थीं। सड़क के दोनों किनारों पर रात में लगने वाली दुकानें सज चुकी थीं तथा ग्राहकों की आवाजाही तथा ख़रीद-फ़रोख्त शुरू हो गयी थी। भारती ज़रा-सा घूंघट लम्बा कर उन लोगों के बीच में से लम्बे डग भरते हुए चलने लगी।

बस्ती से बाहर खुले मैदान में पहुंचने पर भारती ने पीछे की ओर देखते हुए अपूर्व से कहा, ''यह सड़क दाहिनी ओर से सीधे आपके घर की ओर जाती है, आप जाना चाहें, तो जा सकते हैं।''

अपूर्व किसी और विचार में खोया हुआ था, इसलिए बोला, ''क्या आपने कुछ कहा ?''

भारती ने कहा, ''लगता है कि अब आपका क्रोध शान्त हुआ है, इसीलिए आपके सम्भाषण में सामान्यता आ गयी है।''

''अर्थात् ?''

''क्रोधावेश में आप यह भूल गये थे कि आपको मेरे लिए आप शब्द का प्रयोग करना है अथवा तुम शब्द का। अब आपके सही प्रयोग से आपके सन्तुलित होने का अनुमान होता है।''

अपनी ग़लती को स्वीकार करते और इसके लिए पछताते एवं लज्जित होते हुए अपूर्व ने कहा, ''मेरा व्यवहार आपको बुरा लगा, मुझे इसका हृदय से खेद है।''

भारती हंसकर बोली, ''थोड़ी नाराज़ हो भी जाऊंगी, तो क्या हो जायेगा ? अच्छा छोड़िये इस विषय को और चलिये।''

अपूर्व ने किसी प्रकार की कोई आपत्ति नहीं की, किन्तु वह कालीचरण और अन्य शराबियों के व्यवहार को भूल नहीं सका था। उसके हृदय में उनके विरुद्ध क्रोध की ज्वाला धधक रही थी। अतः उससे रहा न गया, चलते हुए बोला, ''यह काम सुमित्रा का है, उसे करने दो। आपको यहां चौधरी बनने की क्या पड़ी है ? इन लोगों का क्या भरोसा, कब कौन-सा शराबी कौन-सी शरारत कर बैठे ? आप क्यों जान-बूझकर अपने को संकट में डालती हो ?''

भारती ने कहा, ''जो मुसीबत आनी है, आने दो।''

अपूर्व ने कहा, ''यह भी कोई बात है ? मुझे लगता है कि आपको चौधरी बनने का काफ़ी शौक़ है। यदि ऐसा है, तो क्या इस शौक़ को पूरा करने के लिए यही एक स्थान रह गया है ?''

"अच्छा, फिर कोई दूसरा स्थान बताइये, जहां मैं अपनी चौधराहट चला सकूं ?"

"अरे! मैं क्यों इस झंझट में पड़ूं ?"

यहां पर सड़क की मरम्मत चल रही थी। आते समय उजाला होने से कोई परेशानी नहीं हुई थी, किन्तु अब तक, हलका अंधेरा था, फिर दोनों किनारों के वृक्षों ने अंधेरा और भी गहरा कर दिया था, अतः संभलकर चलना आवश्यक था। भारती ने अपूर्व के हाथ को अपने हाथ में पकड़ा और बोली, "यह तो आप जानते हैं कि प्रत्येक व्यक्ति अपनी आदत से मजबूर होता है। मैं भी अपनी आदत को छोड़ नहीं सकती। मुझे करने को कोई काम चाहिए, किन्तु इस चौधराहट को पाने का भार कहीं आपके कन्धे पर डाल दिया जाये, तो आप सब कुछ चौपट कर देंगे।"

"मैं जानता हूं कि आपको तर्क में हराना आसान नहीं," यह कहता हुआ अपूर्व संभलकर चलने लगा।

: 16 :

दूसरे दिन, तीसरे पहर, फयार मैदान में सुमित्राजी के नेतृत्व में आयोजित सभा में श्रोता अपेक्षित संख्या में नहीं आये। व्याख्यान देने को वचनबद्ध कुछ वक्ता भी अनुपस्थित रहे। कुछ अनिवार्य कारणों से सभा की कार्यवाही देर से प्रारम्भ हुई, अतः प्रकाश की समुचित व्यवस्था न हो पाने के कारण शाम का अंधेरा फैलते ही सभा भंग कर देनी पड़ी। सभा में सुमित्रा के भाषण के सिवा और कुछ भी उल्लेखनीय नहीं था। फिर भी 'अधिकार समिति' द्वारा सभा के आयोजन को व्यर्थ नहीं कहा जा सकता। मज़दूरों को दूर-दूर तक अपने संरक्षक के रूप में 'अधिकार समिति' नामक संस्था के अस्तित्व की जानकारी मिल गयी। कारख़ानों के मालिकों को भी यह पता चल गया कि मज़दूरों के हित के लिए लड़ने वाली और उन्हें संगठित करने वाली संस्था अस्तित्व में ही नहीं आयी, अपितु सक्रिय हो उठी है। चारों ओर जंगल की आग की तरह यह ख़बर फैल गयी कि सारी दुनिया घूम चुकी एक बंगाली स्त्री अब बर्मा आ पहुंची है। उसका बाह्य रूप-रंग ही अद्‌भुत नहीं, अपितु उसकी बुद्धि और कार्यक्षमता भी अद्वितीय है। उसके बढ़ते चरणों को रोकने की सामर्थ्य किसी भी प्राणी में नहीं है। उसने स्वयं अपने मुंह से सभा में श्रमिकों को आश्वासन दिया है कि वह साहबों से बातचीत करके तथा आवश्यकता होने पर लड़-झगड़कर उन्हें उनके न्यायसंगत अधिकार दिलायेगी और मज़दूरों की पगार दुगुनी करा देगी। इसी सभा की परम्परा में अगले शनिवार को उसी समय और उसी स्थान पर दूसरी सभा के आयोजन की घोषणा के साथ श्रमिकों का अधिक-से-अधिक संख्या में पहुंचने का आह्वान भी किया गया था।

बीस-पच्चीस कोस की परिधि में स्थित सभी कारख़ानों में 'अधिकार समिति' की चर्चा होने लगी। सुमित्रा के रूप-सौन्दर्य और उसकी प्रतिभा तथा शक्ति का इस अतिरंजित रूप में प्रचार होने लगा कि अशिक्षित मजदूर उसे 'देवी' समझने लगे और अपने बुरे दिनों के बदलने की आशा करने लगे। भोले-भाले, अशिक्षित, रूढ़िवादी तथा अन्धविश्ववासी मज़दूरों को लगा कि संसार में सदा से अन्याय व अत्याचार का शिकार होते आ रहे दुर्बलों, पीड़ितों, पददलितों और अपने जन्मसिद्ध अधिकारों से वञ्चितों के उद्धार के लिए इस महिला के रूप में स्वयं काली मां ने अवतार लिया है। सुमित्रा की प्रसिद्धि मज़दूरों में इतनी फैल गयी कि उसकी एक झलक देखने के लिए और उसके मुख से अपने कल्याण की योजना को सुनने के लिए मज़दूरों ने फ़ैक्टरी में एक दिन नागा करने का फ़ैसला भी कर लिया। मज़दूरों को लगा कि क्या पता कि इस देवी के हाथ में कोई जादू की छड़ी हो, जिसके चमत्कार से वह हमारे दुर्भाग्य को सौभाग्य में बदल दे। जो भी हो, एक बार सुनें तो सही कि वह किस प्रकार हमारा उपकार करना चाहती है।

उस दिन आयोजित सभा में वक्ताओं की अनुपस्थिति के कारण बार-बार अनुरोध किये जाने पर अपूर्व-जैसे अनाड़ी को भी दो-चार शब्द कहने पड़े। अपूर्व को न बोलने का अभ्यास था और न ही सन्तोषजनक ढंग से वह कुछ कह सका था, फिर भी जब उसे पता चला कि सभा का आयोजन व्यर्थ नहीं गया तथा मज़दूरों में इतनी अधिक जागृति आ गयी है कि उन्होंने अगले शनिवार को काम का नागा करने, अर्थात् वेतन गंवाकर भी सभा में सम्मिलित होने का निश्चय कर लिया है, तो प्रसन्नता से उसकी छाती फूल उठी। उसके हृदय का उल्लास समा नहीं पा रहा था। उस दिन सभा में बोलते समय उसके पैर कांप रहे थे और वाणी लड़खड़ा रही थी, किन्तु अब वह अपने में एक नया विश्वास अनुभव कर रहा था। उसे लग रहा था कि कुछ लोगों की भीड़ में खड़े होकर बोलने का मज़ा ही कुछ और है। अब वह इस मज़े से अपने को वञ्चित रखने को तैयार नहीं था। अत: ऑफ़िस में पहुंचने पर, सुमित्रा द्वारा लिखे पत्र में अपने भाषण की प्रशंसा के साथ अगली सभा में भाषण देने का स्नेहपूर्ण निमन्त्रण पाकर वह फूला न समाया। इस निमन्त्रण से वह इस प्रकार उत्तेजित हो उठा कि ऑफ़िस के काम को निपटाने में उसका मन ही न लगा। वह पहले से अधिक साफ़, दिल को छूने वाला, सुन्दर और रोचक भाषण तैयार करने में लग गया।

दोपहर को लञ्च करते समय अपूर्व ने रामदास को सारी बातें बतायीं। एक दिन रामदास ने अपूर्व के लिए ही भारती का अपमान किया था, किन्तु अब अपूर्व को यह बताने में शर्म आती थी कि भारती के साथ उसका लेशमात्र भी मनमुटाव नहीं है। अभी कल ही उसने अदालत में जुर्माना चुकाया है। यह बात अलग है कि धूर्त एवं उद्दण्ड साहब अब इस संसार में नहीं रहा, उसकी बंगालिन पत्नी भी भगवान् को प्यारी हो गयी है और उसकी क्रिश्चियन लड़की भी उस मकान को छोड़कर कहीं और चली गयी है।

यह सब रामदास को मालूम था, किन्तु उसी लड़की के साथ अपूर्व की अब गहरी छनने लगी है, वह उसके साथ मिलकर समाजसेवा करने लगा है और यहां तक कि 'अधिकार समिति' द्वारा आयोजित जन-सभाओं में भाषण भी करने लगा है—रामदास को इस सबकी कोई जानकारी नहीं थी। आज अपूर्व इतना अधिक प्रसन्न था कि भारती के साथ अपने सुधरे हुए सम्बन्धों को गुप्त बनाये रखना उसके लिए सम्भव न रहा। वह भारती, सुमित्रा, डॉक्टर, नवतारा—यहां तक कि शराबियों के साथ बिताये क्षणों का, 'अधिकार समिति' के लक्ष्य और कार्यक्षेत्र का तथा कुली लाइन में भारती के साथ घूमने का सारा विवरण उसे सुनाता रहा। रामदास सब कुछ चुपचाप सुनता रहा। न उसने अपूर्व को कहीं बीच में रोका और न कोई प्रश्न ही किया।

रामदास ने देश के लिए कारावास का दण्ड भुगता है, बेतों की मार खायी है और इस प्रकार के न जाने और कितने अन्यान्य अत्याचार सहे हैं। इस कारण अपूर्व उसके प्रति श्रद्धा और सम्मान का भाव रखता था। यद्यपि रामदास ने ऑफ़िस में केवल एक बार इन बातों की चर्चा की थी, दोबारा कभी नहीं की थी, तथापि ऑफ़िस वाले बढ़ा-चढ़ा कर यह चर्चा नित्य-प्रति किसी-न-किसी बहाने करते ही रहते थे और इसीलिए रामदास को अपने साथियों से सम्मान और प्यार भी मिलता था। दफ़्तर के साथियों की दृष्टि में अपूर्व का स्थान रामदास के स्थान से नीचा था। यद्यपि रामदास को वह अपना मित्र समझता है, उसके प्रति किसी प्रकार से विद्वेश का भाव नहीं रखता, तथापि अपने छोटेपन का भाव उसे बुरी तरह सालता रहता था। दो मित्रों के बीच एक प्रकार से भेद-भाव की दीवार खड़ी हो गयी थी। अब सुमित्रा द्वारा लिखे पत्र में की गयी अपनी प्रशंसा, 'अधिकार समिति' की सदस्यता की प्रसिद्धि, समिति के कार्य में विशिष्ट योगदान तथा सभा में वक्ता के रूप में अपना परिचय देना आदि रामदास को बताकर वह हीनता की भावना से मुक्त हो गया था। अब वह अपने आपको रामदास के समान सम्मानित देशभक्त समझने लगा था।

अंगरेजी में लिखे सुमित्रा के पत्र को दो-तीन बार पढ़ने के उपरान्त आश्चर्य प्रकट करते हुए तलवलकर ने कहा, "बाबूजी! आपने इन सब बातों की चर्चा अब से पहले कभी क्यों नहीं की?"

"कहता, तो क्या आप भी सम्मिलित हो जाते?"

"यह बात आप क्यों पूछ रहे हैं? क्या आपने मुझे अपने साथ चलने के लिए कभी कहा?"

अपूर्व को लगा कि तलवलकर के स्वर में अहंकार का पुट है। उसके अहंकार पर चोट करता हुआ वह बोला, "आपसे चर्चा न करने का कारण है। आप जानते हैं कि देश-भक्ति का काम कितना जोखिम भरा है। आप ठहरे गृहस्थ। आपकी पत्नी है, पुत्री है, आप पर इनका दायित्व है, अतः ख़तरे के काम में आपको घसीटना मैंने उचित नहीं समझा।"

आश्चर्य प्रकट करते हुए तलवलकर बोला, ''तो क्या गृहस्थ को देश-सेवा का अधिकार नहीं ? क्या जन्मभूमि केवल आपकी है, हमारी नहीं है।''

लज्जित होकर अपूर्व बोला, ''मेरे कहने का अभिप्राय यह नहीं था। मैं केवल यह समझता था कि गृहस्थ एक बन्धन है और उसके अन्तर्गत विवाहित पुरुष को अनेक दायित्व निभाने पड़ते हैं। पुरुष के संकटग्रस्त होते ही पत्नी और बाल-बच्चों को भी साझीदार बनना पड़ता है।''

तलवलकर ने कहा, ''हां, यह ठीक है, किन्तु पराधीन देश की सेवा बिना विपत्ति झेले नहीं की जा सकती। मैं इस तथ्य को अपने जन्मकाल से जानता हूं। हिन्दुओं में विवाह को सन्तानोत्पत्ति के दायित्व का निर्वाह करने के लिए धर्म माना जाता है, किन्तु मैं देश-सेवा को उससे भी बड़ा धर्म मानता हूं। एक धर्म का निर्वाह करने से दूसरे धर्म के निर्वाह में बाधा पड़ती है या पड़ सकती है, यदि इस तथ्य को मैं पहले से जानता, तो सत्य कहता हूं कि मैं कभी भूलकर भी विवाह न करता।''

तलवलकर के चेहरे को देखकर अपूर्व कुछ कह न सका, चुप हो गया। अपूर्व जानता था कि इस व्यक्ति ने देश के लिए बहुत कष्ट झेले हैं और आज भी वह उसी उत्साह से किसी भी प्रकार के त्याग से पीछे हटने को तैयार नहीं, किसी भी प्रसंग में उसकी गहरी देश-भक्ति के प्रमाण को ढूंढ़ने की आवश्यकता नहीं पड़ती। इन तथ्यों के परिप्रेक्ष्य में वह भीतर-ही-भीतर उस महापुरुष के प्रति श्रद्धा से नतमस्तक हो गया था, किन्तु वह यह मानने को तैयार नहीं हुआ कि देश के लिए वह विवाह को भी ठुकरा सकता है। बुलाने पर, वह अपने परिवार के प्रति अपने दायित्व को, अपनी ममता को, उनके भरण-पोषण की चिन्ता को ताक पर रखकर 'अधिकार समिति' की सदस्यता ग्रहण कर सकता है, इस बात पर वह विश्वास न कर सका। इधर देश-सेवा के प्रति महत्त्व, प्रदर्शन और 'अधिकार समिति' का सदस्य बनने पर गौरव अनुभव करने की उसकी प्रवृत्ति इतनी अधिक प्रबल हो गयी थी कि इस प्रसंग को समाप्त कर, अपूर्व अपने साथी को आगामी सभा के कार्यक्रम और 'अधिकार समिति' के उद्देश्य की जानकारी देने लगा। इसी प्रवाह में वह यह भी कह गया कि उसने जीवन में पहली बार उस सभा में भाषण दिया था। वस्तुतः सुमित्रा के अनुरोध को ठुकराना, उसके बस में था ही नहीं। उसने यह भी स्वीकार किया कि उसमें श्रोताओं को प्रभावित करने की कला और लच्छेदार भाषा बोलने की योग्यता का अभाव है।

''तो फिर अब कैसे भाषण देंगे ?''

अपूर्व बोला, ''मेरा ज्ञान अत्यन्त सीमित है। आज तक मैंने केवल एक कारख़ाना देखा है। वहां मैंने कुली-मज़दूरों को पशु-तुल्य जीवन बिताते देखा है। इस तथ्य को मैंने अपनी आंखों से देखा है, किन्तु इसका दिल पर गहरी चोट करने वाला वर्णन कैसे करूं, इस कला से मैं अपरिचित हूं।''

रामदास ने हंसते हुए कहा, ''फिर भी बोलने के लिए बेचैन हो रहे हो ? न बोलोगे,

तो क्या हो जायेगा ?''

अपूर्व चुप हो गया, किन्तु उसके चेहरे पर उभरते भावों को पढ़ने से स्पष्ट हो जाता था कि इतने बड़े सम्मान को छोड़ना उसके लिए इतना आसान नहीं था।

रामदास बोला, ''मैं इन लोगों के विषय में बहुत कुछ जानता हूं।''

''सो कैसे ?''

''क्योंकि मैं इन लोगों के बीच बहुत दिनों तक रहा हूं। आपको मेरी नौकरी के प्रार्थनापत्र के साथ संलग्न मेरे प्रमाणपत्रों को देखने से स्पष्ट हो जायेगा कि इस ऑफ़िस में आने से पहले मैंने अपना काफ़ी समय कल-कारख़ानों में ही बिताया है। यदि आपकी रुचि हो, तो मैं आपको इनके दुःखों, कष्टों और संकटों की अनेक सत्यकथाएं सुना सकता हूं। दरअसल, इन लोगों के दुःख-दर्द को देखे-समझे बिना, देश की वास्तविक स्थिति का अनुमान ही नहीं लगाया जा सकता।''

''सुमित्रा की भी यही राय है।'' अपूर्व बोला।

रामदास ने कहा, ''वह जानती है कि यही शाश्वत सत्य है और इसे जाने बिना देश को जाना ही नहीं जा सकता। इस तथ्य को स्वीकार करने के कारण ही, वह 'अधिकार समिति' की सञ्चालिका है। अपूर्व बाबू! इन मज़दूरों की दशा के सुधार में अपने को खपाना ही त्याग है और इस पर ही देश-सेवा की नींव रखी जा सकती है। जब तक देश का यह वर्ग उपेक्षित है, तब तक देश-सेवा का उद्यम मरुभूमि में वर्षा की दो-चार बूंदों के समान निरर्थक है।''

अपूर्व के लिए यह जानकारी नयी नहीं थी, किन्तु रामदास के कथन की शैली ऐसी मार्मिक थी कि उसके मुख से निकला प्रत्येक शब्द तीखे बाण के समान अपूर्व की छाती को भेदने लगा था। रामदास कुछ और कहना चाहता था कि परदा उठाकर साहब भीतर आ गये, तो दोनों चौंककर उठ खड़े हुए। अपूर्व को सम्बोधित करते हुए साहब ने कहा, ''आपकी टेबल पर एक पत्र रखा है, उसका उत्तर कल तक जाना आवश्यक है। अच्छा, मैं जा रहा हूं।'' यह कहकर साहब उलटे क़दम वापस हो लिये। दोनों की दृष्टि घड़ी पर गयी, तो पता चला, चार बज चुके हैं।

: 17 :

साहब के चले जाने पर ऑफ़िस की छुट्टी थोड़ी पहले ही करके अपूर्व और रामदास फायर मैदान की ओर चल पड़े। पांच बजे मीटिंग होने का कार्यक्रम था। एक तो समय होने वाला था और दूसरे यहां से उधर के लिए सवारी नहीं मिलती थी, अतः तेज़ी से क़दम बढ़ाये बिना निश्चित समय पर वहां पहुंचना सम्भव नहीं था। अपूर्व पूरा रास्ता

चुपचाप चलता रहा, उसने कोई बातचीत नहीं की। वह आज काफ़ी खुश और ख़ूब उत्तेजित था। आज उसे जीवन में पहली बार अपने मन से स्टेज पर खड़े होकर बोलना था, इसलिए उसका मन शंकित भी था। उसने अपने भाषण के विषय की कुछ सामग्री कुली-मज़दूरों और कारीगरों के जीवन पर लिखी पुस्तकों से और कुछ रामदास के साथ हुई बातचीत से संग्रहीत-सञ्चित की थी। उस सामग्री को मन में दुहराता और आगे-पीछे प्रस्तुत करने की व्याख्या करता हुआ अपूर्व अपने में ही खोया-सा आगे बढ़ता जा रहा था। उसने स्मरण किया कि सर्वप्रथम सन् 1863 में बम्बई में रुई का एक कारख़ाना खुला था। उसके बाद इन कारख़ानों की एक बाढ़-सी आ गयी थी। उस समय मज़दूरों की स्थिति कितनी शोचनीय थी, किस प्रकार इन मज़दूरों को दिन-रात पिसना पड़ता था, फिर भी उन्हें बदले में मिलने वाली पगार से उनके परिवार का पेट नहीं भरा जा सकता था। भारत के मिल-मालिकों का इंगलैण्ड के रुई मिलों के मालिकों से किस प्रकार झगड़ा हुआ और कौन-कौन-सी बाधाएं पार करके भारत में कब और कैसे मिल क़ानून लागू हुआ, इस क़ानून में क्या विशेष था और यह क़ानून परिवर्तित होकर आज किस रूप में चल रहा है, भारत में मज़दूरों को संगठित करने का विचार किसके मस्तिष्क की उपज है, सर्वप्रथम इस क्षेत्र में किसने पहल की, उसे किन-किन समस्याओं और कठिनाइयों से जूझना पड़ा, उसे कितनी सफलता-विफलता मिली, विलायत के और भारत के मज़दूरों में व्याप्त गुण-दोषों की तुलना तथा आलोचना का क्या लाभ है तथा श्रमिकों की स्थिति में सुधार आने से समाज किस प्रकार प्रभावित होता है, इत्यादि बातों को वह बार-बार दोहरा रहा था; क्योंकि उसका प्रयत्न था कि उसके भाषण में कुछ आवश्यक एवं महत्त्वपूर्ण तथ्य छूट न जाये। अतः वह इस विषय में अपने को निरन्तर सावधान करता आ रहा था। उसकी स्मरणशक्ति तेज़ थी। बहुत सारी परीक्षाओं में विशिष्ट स्थान प्राप्त करने से इस तथ्य की पुष्टि हो गयी थी और इससे उसका आत्मविश्वास भी परिपक्व हो गया था। उसे विश्वास था कि व्याख्यान देते समय कुछ भी नहीं भूलेगा और विषय के अनुरूप अपने स्वर को कभी ऊंचे और कभी नीचे ले जायेगा। कभी गम्भीरता और कभी हलका-फुलकापन बरतते हुए अपने भाषण को जब समाप्त करेगा, तो सम्मोहित जन-समुदाय की प्रशंसासूचक करतल-ध्वनि रुकने का नाम ही नहीं लेगी। सुमित्रा की प्रसन्न और प्रशंसक दृष्टि भी उसके नेत्रों के समक्ष घूमने लगी। भारती तो इतने समय में मेरे द्वारा अर्जित ज्ञान और अनुभव पर विस्मय-विमुग्ध होकर दांतों तले अंगुली दबा लेगी। मेरी सफलता के आनन्द से उसका चेहरा उज्ज्वल और आंखें सजल तथा हृदय उल्लसित हो उठेगा। इस समग्र दृश्य की कल्पना से अपूर्व की नसों में दौड़ते रक्त की गति तेज़ हो गयी और वह उतावली में इतनी तेज़ी से चलने लगा कि तलवलकर के लिए आज उसके साथ क़दम मिलाकर चलना कठिन हो गया।

मैदान पहुंचने पर इन दोनों ने वहां भारी भीड़ को जुटा देखा। यहां तक कि कहीं तिल धरने को भी स्थान नहीं था। उपस्थित लोगों की संख्या आशा से कहीं अधिक थी।

पिछली सभा में उपस्थित कुछ लोगों ने अपूर्व को 'वक्ता' रूप में पहचानकर मञ्च पर पहुंचने के लिए रास्ता छोड़ दिया। न पहचानने वाले भी उनकी देखा-देखी पीछे हट गये। जनता के ठीक मध्य में मञ्च था। डॉक्टर अभी तक लौटे नहीं थे, अतः उन्हें छोड़कर अधिकार समिति के सभी सदस्य उपस्थित थे। अपूर्व भीड़ को पार करता हुआ रामदास के साथ मञ्च पर पहुंच गया। मञ्च पर पड़ी एक बेंच अभी तक ख़ाली थी। सुमित्रा ने इन दोनों से वहां बैठने का अनुरोध किया। मञ्च के सामने की ओर खड़ा एक पंजाबी बड़ी कड़वी भाषा में बोल रहा था। वह किसी कारख़ाने की नौकरी से ताज़ा-ताज़ा निकाला गया मिस्त्री या मज़दूर-जैसा कोई कर्मचारी लगता था। अपूर्व को आया देखकर, पहले, तो वह थोड़ा घबराया, किन्तु फिर साहस जुटाकर दुगुनी तेज़ी से अपना भाषण जारी रखता हुआ चिल्लाकर बोला, "जनता किसी अच्छे वक्ता से युक्तियां और तर्क नहीं सुनना चाहती। वह कितना बुरा है, इसे भली प्रकार समझना चाहती है।" पंजाबी मिस्त्री भाषण कला के इस गुण से समृद्ध था। श्रोताओं के चेहरों से उसके उस भाषण से प्रभावित होने के संकेत स्पष्ट रूप से मिल रहे थे। इतने में अचानक एक भंयकर विघ्न सामने आ खड़ा हुआ। मैदान के एक कोने से डरे लोगों के दबे कण्ठों से 'बचो' 'भागो' की ध्वनियां निकलने लगीं और देखते-ही-देखते लोग एक-दूसरे को धक्का देते हुए भागते दिखाई देने लगे। इस बीच लोगों की भीड़ को इधर-उधर करके बीच में से गुज़रकर आते घोड़ों पर सवार बीस-पच्चीस पुलिस कर्मचारी दिखाई पड़े। तेज़ी से आगे बढ़ते हुए इन सिपाहियों के एक हाथ में घोड़े की लगाम और दूसरे हाथ में चाबुक थे तथा इन्होंने कमर में पिस्तौल लटका रखी थी और अपने कन्धों पर लोहे की जालियां लटका रखी थीं। उनके चेहरे क्रोध से तमतमा रहे थे। भाषण देने वाला पंजाबी मिस्त्री कब चुप होकर भीड़ में घुसा और कहां ग़ायब हो गया, इसका कुछ पता नहीं चल सका।

गोरे सिपाहियों के सरदार ने मञ्च के बिल्कुल समीप पहुंचकर कठोर वाणी में आदेश देते हुए कहा, "मीटिंग बन्द करनी होगी।"

सुमित्रा अभी तक पूर्णतः स्वस्थ नहीं हो सकी थी। कई दिनों के उपवास से उसका चेहरा कुम्हला गया था। फिर भी वह उठकर आगे आयी और पूछने लगी, "मीटिंग क्यों बन्द करनी होगी? किसका हुकुम है?"

"गर्वनमेण्ट का।"

"किसलिए?"

"मज़दूरों को हड़ताल के लिए भड़काना मना है।"

सुमित्रा ने कहा, "हम यहां मज़दूरों को हड़ताल के लिए उकसाने नहीं आये हैं। इस प्रकार की फ़ुज़ूल बातों के लिए हमारे पास समय भी नहीं। हमारी इस मीटिंग का उद्देश्य इन मज़दूरों को यूरोप के मज़दूरों के समान संगठित होने की आवश्यकता से परिचित कराना है।"

गोरे साहब ने चौंककर कहा, "संगठित करना, कारख़ानों के विरुद्ध कार्यवाही

के लिए एकजुट होना, यह इस देश में बहुत बड़ी ग़ैरक़ानूनी बात है। इससे शान्ति-भंग होने की आशंका है।"

सुमित्रा ने कहा, "यह आशंका सत्य है; क्योंकि जिस देश में सरकार का अर्थ सारे देश के मज़दूरों का ख़ून चूसने वाले बड़े-बड़े व्यवसायियों का विराट तन्त्र हो, वहां मज़दूरों के संगठित होने से उनके हितों को हानि पहुंच सकती है।"

सुमित्रा पूर्ववत् गम्भीर बनी गोरे साहब के मुंह की ओर एकटक देखकर थोड़ा मुसकराकर बोली, "देखिये, मैं काफ़ी दिनों से बीमार चल रही हूं और इसलिए बहुत कमज़ोर हो गयी हूं, अन्यथा मैं अपनी इस बात को एक बार नहीं, सौ बार ऊंचे स्वर में चिल्लाकर इन लोगों को सुनाती, किन्तु क्या करूं, मुझमें शक्ति नहीं रही।" यह कहती वह फिर मुसकरा दी।

इस रोगपीड़ित महिला के शान्त, संयत और गम्भीर आचरण से साहब अपने को लज्जित अनुभव करता हुआ बोला, "ठीक है, मैंने आपको सावधान कर दिया है।" फिर घड़ी देखकर बोला, "मेरे पास मीटिंग को तोड़ने का नहीं, अपितु बन्द करने का हुकुम है। अतः इन्हें दो-चार इधर-उधर की बातें कहकर चुपचाप चलता कीजिये और फिर कभी इस प्रकार का आयोजन नहीं कीजियेगा।"

बीमारी के कारण आजकल सुमित्रा का खाना-पीना बन्द था। इसलिए दुर्बलता आ जाना स्वाभाविक था। आज भी वह ज्वर से पीड़ित थी और उसने कुछ खाया-पीया भी नहीं था। सभा में वह चली आयी, किन्तु इस समय थकावट और परेशानी के कारण उसके लिए अपने आपको संभालना कठिन हो गया था। चौकी की पीठ पर सिर रखकर उसने अपूर्व को अपने पास बुलाया और उससे अस्फुट स्वर में बोली, "अपूर्व बाबू! हमारे पास अधिक-से-अधिक केवल दस मिनट अथवा उससे थोड़ा समय है। ख़ूब ऊंची आवाज़ में ज़ोर से चिल्लाकर इन मज़दूरों से कहिये, 'संगठित हुए बिना तुम अपना उद्धार नहीं कर सकते। तुम्हारे उद्धार का एकमात्र उपाय तुम्हारा संघबद्ध होना है। आज कारख़ानों के मालिकों ने तुम्हारा जो अपमान किया है, यदि तुम अपने पिता की सन्तान हो, तो संघबद्ध होकर इसका बदला लो।' यह कहती सुमित्रा का कमज़ोर गला बैठ गया। इधर सभानेत्री की इस आज्ञा को सुनकर अपूर्व घबरा ही नहीं गया, अपितु भय से कांपता हुआ सुमित्रा से बोला, "क्या मज़दूरों को इस प्रकार से उत्तेजित करना क़ानून का उल्लंघन नहीं होगा?"

सुमित्रा ने दुःख और क्रोध से मिश्रित स्वर से कहा, "पिस्तौल की शक्ति से सभा को तोड़ने का आदेश देना क़ानून का पालन है? मैं बेकार में ख़ून-ख़राबा नहीं चाहती, इसलिए इस गोरे साहब का कहना मान रही हूं, किन्तु आप गला फाड़कर और अपनी पूरी शक्ति लगाकर इन्हें बताइये, मज़दूर भाइयों को आज के अपमान को भूलना कभी नहीं है, उन्हें इसका बदला अवश्य लेना है।"

मञ्च पर बैठे अधिकार समिति के पांच पुरुष सदस्यों के चेहरों से ही उनका

साधारण एवं तुच्छ व्यक्ति होना साफ़ झलकता था। वे कारीगर अथवा इसी श्रेणी के बड़े कर्मचारी होने चाहिए। उनके मुक़ाबले अपूर्व समिति का नया सदस्य होने पर भी सुरक्षित होने के कारण विशिष्ट थां। अतः जनता को सम्बोधित करने का भार उसी को सौंपा गया। अपूर्व ने सूखे गले से निकलती मरियल आवाज़ में कहा, ''मैं हिन्दी अच्छी तरह नहीं बोल सकता।''

सुमित्रा के लिए एक-एक शब्द बोलना भारी पड़ रहा था, फिर भी वह बोली, ''अपूर्व बाबू! जैसा भी बोलना आता है, बोल दीजिये, अमूल्य समय व्यर्थ बीता जा रहा है।''

अपूर्व सुमित्रा के मुंह को ताकने लगा। भारती मुंह फेरे खड़ी थी, अतः उसके चेहरे को नहीं पढ़ा जा सका, किन्तु गोरे साहब के चेहरे से यह स्पष्ट हो गया कि वह बहुत जल्दी में है। अपूर्व बड़ी कठिनाई से साहब की आंखों से आंखें मिला सका। साहस जुटाकर अपूर्व बोलने के लिए उठकर खड़ा हो गया। उसके होठ भी हिले, किन्तु हिन्दी, अंगरेजी अथवा बंगला भाषा का एक भी शब्द उसके मुंह से न निकला। भय से सफ़ेद-पीले पड़ गये उसके मुख से निकली वाणी 'अधिकार समिति' के विशिष्ट-सदस्य की वाणी कहलाने योग्य कदापि नहीं थी।

स्थिति की गम्भीरता को भांपकर तलवलकर उठकर खड़ा हो गया और सुमित्रा को सम्बोधित करता हुआ बोला, ''मैं अपूर्व बाबू का मित्र हूं और हिन्दी बोल सकता हूं। आपकी आज्ञा हो, तो इनके स्थान पर मैं आपका सन्देश मज़दूर लोगों तक पहुंचा दूं।''

मुंह घुमाकर भारती ने सुमित्रा को आश्चर्यचकित और चिन्तित अवस्था में देखा, तो वह भी स्तब्ध रह गयी। इन दोनों स्त्रियों की दृष्टि में हीन बना अपूर्व किंकर्तव्यविमूढ़ होने से अपने को लज्जित एवं अपमानित अनुभव करता हुआ सिर झुकाकर और जड़ बनकर बैठ गया।

मञ्च पर खड़े रामदास ने घूमकर अपने चारों ओर फैले, डरे-घबराये और चिन्तित होने पर भी सुनने को उत्सुक जनसमूह को देखा और फिर उन्हें सम्बोधित करता हुआ उच्च स्वर में बोला, ''भाइयो! आज मुझे आपसे बहुत सारी बातें करनी थीं, किन्तु तुम्हारे मालिकों ने अपने बाहुबल से हमसे यह अवसर छीन लिया है।'' पुलिस के सिपाहियों की ओर इशारा करते हुए रामदास ने कहा, ''तुम लोग भली प्रकार जानते हो कि इन कुत्तों को इधर किसने भेजा है। तुम्हारे कारख़ानों के मालिक यह कदापि नहीं चाहते कि तुम्हें कोई संघबद्ध करने का प्रयत्न करे। कोई तुम्हारे दुःखों और कष्टों का वास्तविक कारण तुम्हें समझाये। तुम्हारी ग़रीबी और दुर्दशा पर विचार कर उन्हें दूर करने का उपाय तुम्हें बताये। तुम्हारे कारख़ानों के मालिक तुम्हें कारख़ानों को चलाने वाले और बोझा ढोने वाले जानवर समझते और बनाकर रखना चाहते हैं। उनकी सदैव यही इच्छा और चेष्टा रहती है कि तुम कभी अपने को मनुष्य न समझ बैठो, जबकि सत्य यह है कि तुम

भी अपने मालिकों के समान इनसान हो। तुम्हें भी उनके समान पेट भरकर खाने का, अच्छा पहनने का और अच्छे स्थान पर रहने का जन्मसिद्ध अधिकार है। यदि एक बार तुमने इस सत्य को समझ लिया, एक बार तुम लोग नींद से जाग गये, एक बार अंधेरे से उजाले में आ गये, तो फिर कोई भी तुम्हें तुम्हारे अधिकारों से वञ्चित नहीं कर सकता। तुम्हें केवल यह जानना है कि तुम ग़रीब, दुखी और अशिक्षित होने पर भी मनुष्य हो। मनुष्य होने के नाते तुममें और तुम्हारे मालिकों में कोई अन्तर नहीं। तुम्हें यह भी समझना होगा कि तुम न हिन्दू हो, न मुसलमान, न जैन, न सिक्ख और न ही किसी जाति-विशेष से सम्बन्ध रखने वाले हो। तुम केवल कारख़ानों में काम करने वाले अभावपीड़ित मज़दूर और कारीगर हो। तुम्हारी मेहनत की कमाई से ही तुम्हारे मालिकों ने अपनी तोंदें बढ़ा रखी हैं। कारख़ानों की सारी कमाई मालिकों की जेबों में जाती है और तुम्हारे बहाये पसीने का तुम्हें कुछ भी नहीं मिलता। तुम्हारे मालिक तुम्हें अपनी इच्छा से कुछ दे देंगे, ऐसी आशा करना भी व्यर्थ है। संसार का इतिहास साक्षी है कि अधिकार मांगने से नहीं मिलते, वे तो छीने जाते हैं, इसके लिए संघर्ष किया जाता है, बलिदान दिया जाता है।

"बन्धुओ! आप लोग अपने मालिकों की जीवन-शैली की तुलना अपनी जीवन-शैली से करके देखो, दोनों के रहन-सहन में कितना अन्तर है? वहां साफ़-सुथरे महल में दो आदमी रहते हैं, यहां सीलन और बदबू से भरी कोठरी में दस-दस आदमी भरे पड़े रहते हैं। तुम्हें इन सारी सचाइयों और वास्तविकताओं से परिचित होना है। तुम्हें इन सचाइयों का पता न चले, इसलिए तुम्हारे मालिकों ने सभा न करने देने के लिए इन गोरों को यहां भेजा है। क्या हम लोग बैठकर आपस में बातचीत भी नहीं कर सकते? यह कैसी धींगामुश्ती है? क्या यह हमारा अपमान नहीं? हमारे मौलिक अधिकार का हनन नहीं? अब आप लोगों को सोचना है कि अपने इस अपमान का बदला कैसे लेना है। आपको इतना अवश्य याद रखना है कि अकेला चना भाड़ नहीं फोड़ सकता, संगठन में ही शक्ति है। कच्चे धागों को, तोड़ना आसान है, किन्तु उससे बने रस्से को गजराज भी नहीं तोड़ सकता। यही बात आप लोगों पर लागू होती है। अकेले लड़ोगे, तो असफल रहोगे, कुछ हाथ नहीं लगेगा। संगठित होकर लड़ोगे, तो आकाश को भी अपने चरणों में झुका दोगे। अब आप सोचकर बताइये कि आप संघबद्ध होना चाहते हैं अथवा नहीं?"

गोरे साहब ने इस देश में रहकर जितनी हिन्दी सीखी थी, उसके आधार पर, तो उसके पल्ले कुछ नहीं पड़ा, किन्तु श्रोताओं के चेहरों पर उत्तेजना, विस्मय और हर्ष के भावों को देखकर वह चिन्तित हो उठा। अपनी कलाई-घड़ी पर नज़र डाल कर वह बोला, "बस, पांच मिनट शेष हैं—इससे अधिक समय नहीं मिलेगा।"

"मैं पांच मिनटों में ही अपना भाषण समाप्त करूंगा, एक मिनट भी अधिक नहीं लूंगा।" गोरे साहब को आश्वस्त कर रामदास तलवलकर श्रमिक वर्ग की ओर उन्मुख होकर बोला, "मेरे प्यारे भाइयो! आप लोगों को हम पर पूरा विश्वास रखना चाहिए यह

ठीक है कि हम शिक्षित हैं, अच्छे परिवारों से हैं। यह भी ठीक है कि हम आप लोगों के साथ कारख़ानों में काम नहीं करते, किन्तु हम आपके कल्याण के लिए समर्पित हैं। आपको अपने न्यायसंगत अधिकार दिलाने के लिए कृतसंकल्प हैं। आपकी दशा में सुधार लाने के लिए वचनबद्ध हैं। आपसे हमारी विनती है कि 'अधिकार समिति' को अपना सच्चा शुभचिन्तक समझें और इस पर पक्का भरोसा रखें। यह मत भूलें कि यही पहली संस्था है, जिसने श्रमिक वर्ग को नींद से जगाने का संकल्प लिया है और देश-भर में शंखध्वनि की है। तुम्हारे मालिक तुम्हें इसके विरुद्ध भड़कायेंगे, किन्तु उन स्वार्थी शोषकों की बातों में नहीं आना है। अपने हित-अहित में विवेक रखना है।''

रामदास का गला सूखने लगा था, किन्तु फिर भी उसने बोलना जारी रखा। चिल्लाकर बोला, ''भाइयो! तुम लोग शायद मुझे भूल गये हो, किन्तु मैं तुम लोगों को नहीं भूला। बहुत दिनों से मैं तुम लोगों में ही काम करता आया हूं। जिन्हें तुम लोग अपना मालिक समझते हो, एक दिन मैं भी उनमें से एक था। मैं तुमसे यही कहता हूं कि तुम्हारे मालिक कभी सपने में भी तुम्हें आदमी बना नहीं देखना चाहेंगे। तुम्हें पशु बनाकर रखने में ही उनके स्वार्थ की सिद्धि है। वे हमेशा तुम्हें 'नीच' 'इन्द्रियलम्पट' 'शैतान' 'धूर्त' और न जाने क्या-क्या कहकर सदैव अपमानित करते आ रहे हैं। तुमने जब कभी अपने आधिकार मांगे हैं, उन्होंने तुम्हें तुम्हारी बुराइयां बताकर तुम्हारी वर्तमान दुर्दशा के लिए तुम्हें ही उत्तरदायी ठहराया है। इस प्रकार उन्होंने मूल समस्या से तुम्हारा ध्यान हटाकर, सदैव अपना उल्लू सीधा किया है। तुम्हें उनकी इस चालाकी को समझना चाहिए और उनके बिछाये मायाजाल से बाहर निकलना चाहिए। मैं तुम्हारी बुराइयों का समर्थन नहीं करता, किन्तु तुम्हारी दरिद्रता का कारण तुम्हें तुम्हारे अधिकारों का न मिलना ही मानता हूं। तुम्हें अपने मालिकों को इस सत्य से परिचित कराना होगा और उनके गले में अपना हाथ डालकर अपने श्रम का फल छीनना होगा।''

इस बीच किसी पंजाबी ने गोरे के कान में कुछ कहा, जिसे सुनते ही कड़कती आवाज़ में गोरा बोला, ''स्टाप, यह नहीं चलेगा। मैं शान्ति भंग होने की अनुमति नहीं दे सकता।''

अपूर्व ने रामदास के कुरते को खींचते हुए कहा, ''बहुत हुआ, अब बस करो। तुम विवाहित हो, एक पुत्री के पिता हो, पत्नी और बेटी पर तरस खाओ। सोचो, हमारा यहां कौन अपना है? इस विदेश में हमें अकेले ही भुगतना है, अतः रुको और चुपचाप बैठ जाओ।''

रामदास ने सब सुना, किन्तु कुछ भी ध्यान नहीं दिया। अपना चिल्लाना जारी रखते हुए वह बोला, ''ये कायर, डरपोक लोग तुम्हें सत्य से परिचित नहीं होने देना चाहते, किन्तु ये लोग यह नहीं जानते कि सत्य का गला घोटा नहीं जा सकता। जिस प्रकार गेंद को जितना ज़ोर से दूर फेंका जाता है, उतने ही ज़ोर से वह वापस लौटती है, उसी प्रकार दबाया गया सत्य भी मौक़ा मिलते ही उछलकर बाहर आ जाता है।''

गोरा सरदार इस भाषा को समझ तो नहीं सका, किन्तु श्रोताओं में बढ़ते उत्साह और उनके चेहरों पर उभरते जोश को देखकर वह कड़ककर बोला, ''यह राजद्रोह है, हम इसे नहीं चलने देगा।''

पलक झपकते ही पांच-छह गोरों ने घोड़ों से उतरकर रामदास को मञ्च से नीचे उतार लिया। रामदास ने फिर भी चिल्लाना जारी रखते हुए कहा, ''अभिव्यक्ति की स्वतन्त्रता को कुचलना कितना बड़ा अन्याय है, इसे तुम समझो। तुम्हारे मालिक कितने नीच और गिरे हुए हैं कि वे तुम्हें एक साथ मिल-बैठता नहीं देख सकते। यदि तुम में ज़रा भी आत्मसम्मान है, यदि थोड़ा-सा स्वाभिमान है, तो आज के अपमान का बदला अवश्य लेना। यह मेरा अपमान नहीं, 'अधिकार समिति' का अपमान नहीं, अपितु सारे मज़दूरों-कारीगरों का अपमान है। मुझे विश्वास है कि अब मज़दूर जाग उठा है, उसकी आंखें खुल गयी हैं, वह अपने अच्छे-बुरे को समझने के योग्य हो गया है, अतः समिति का श्रम और हमारा त्याग व्यर्थ नहीं जायेगा। मज़दूर एकता-जिन्दाबाद, अधिकार समिति-जिन्दाबाद।''

इस बीच गोरों ने चाबुक बरसाने शुरू कर दिये, जिससे भगदड़ मच जाना स्वाभाविक था। लोग एक-दूसरे के ऊपर गिरते-पड़ते और अपना बचाव करते भागने-दौड़ने लगे।

थोड़े-से दबे, कुचले, घायल हुए तथा असमर्थ बने मज़दूरों को छोड़कर सारा मैदान लगभग ख़ाली हो चुका था। लंगड़ाते और धीरे-से क़दम बढ़ाते बेबस मज़दूरों की ओर बेबसी की दृष्टि से देखती सुमित्रा स्तब्ध बनी बैठी थी। इसी प्रकार अत्यन्त निराश, खिन्न और उदास बनी बैठी थी भारती। इन्हीं दोनों के पास किंकर्तव्यविमूढ़ बना अपूर्व बैठा था।

गाड़ी लेने गये व्यक्ति के गाड़ी लेकर लौट आने पर सुमित्रा ने भारती का हाथ पकड़ा और दोनों गाड़ी में जाकर बैठ गयीं। निरर्थक प्रश्न करने और गतिविधि में बाधा डालने की परम्परा न होने से, दोनों महिलाओं में से कोई कुछ नहीं बोला। सुमित्रा न केवल रुग्ण होने के साथ थकी-मांदी थी, अपितु स्थिति के अप्रत्याशित रूप में बदल जाने से बेहद परेशान और उदास भी थी। अतः भारती ने सुमित्रा की मौन शान्ति को भंग करना उचित नहीं समझा। वह चुपचाप वापस लौटकर आयी और अपूर्व से बोली, ''क्या आपको यहीं बैठे रहना है, उठिये, चलिये।''

अपूर्व ने सिर ऊपर उठाया, किन्तु सोच में पड़ गया और फिर बोला, ''कहां चलने के लिए आप मुझे कह रही हैं?''

भारती ने कहा, ''मेरे घर पर और कहां?''

थोड़ी देर चुप रहने के उपरान्त वह बोला, ''अब यह सिद्ध हो गया है कि मैं 'अधिकार समिति' का सदस्य बनने के योग्य नहीं। अब मेरे लिए आप लोगों के यहां कोई स्थान नहीं होना चाहिए।''

भारती ने पूछा, ''आप कहां जाना चाहते हैं? क्या आप घर जाना चाहते हैं?''

"अपने घर! हां, एक बार उधर जाना ही होगा," यह कहते हुए उसकी आंखों में आंसू भर आये। उन्हें छिपाने और रोकने की चेष्टा करता हुआ अपूर्व बोला, "इस परदेश में किसी और के घर जाने का अधिकारी मैं कहां रहा हूं? मुझे कुछ समझ ही नहीं आता कि क्या कहूं, कहां जाऊं और क्या करूं?"

इतने में गाड़ी में बैठी सुमित्रा का क्षीण स्वर सुनाई दिया, "अरे! कितनी प्रतीक्षा कराओगे?"

भारती ने अपूर्व से पुनः अनुरोध किया, "चलिये।"

भारती के मन में आया कि उसका हाथ अपने हाथों में लेकर उसे खींचकर उठा ले, किन्तु सहसा वह संभल गयी। अपूर्व की आंखों में अपनी आंखें डालती हुई वह बोली, "'अधिकार समिति' में आपके लिए स्थान का होना-न होना विवाद का विषय हो सकता है, किन्तु आपका एक अन्य स्थान पर ऐसा अधिकार है, जहां से आपको हटाने की संसार के किसी व्यक्ति में कोई शक्ति नहीं।"

प्रतीक्षा करने से अधीर हुई सुमित्रा ने व्याकुल स्वर में पुनः आवाज़ दी, "ऐसा कौन-सा काम अटक गया है, जो इतनी देर लग रही है।"

भारती ने गाड़ीवान को हाथ के इशारे से कहा कि वह सुमित्रा को लेकर चल दे। हम लोग पैदल आ जायेंगे।

भारती के साथ चलता अपूर्व सहसा उसकी ओर उन्मुख होकर बोला, "भारती! तुम मेरे साथ चलोगी?"

भारती ने कहा, "क्या अब तुम्हारे साथ नहीं चल रही हूं?"

अपूर्व ने कहा, "मेरा अभिप्राय इस चलने से नहीं। मैं तलवलकर की स्त्री का सामना कैसे करूंगा, कैसे उसे इस घटना की जानकारी दूंगा और उन लोगों की क्या व्यवस्था करूंगा, यह सब मेरी समझ में नहीं आता। मैं रामदास को अपने साथ सभा में लाने की अपनी मूर्खता पर पछता रहा हूं।"

भारती सुनती रही। अपना कहना जारी रखते हुए अपूर्व बोला, "परदेश में अचानक हुए इस अनर्थ की न मैंने कभी कल्पना की थी और न अब सोच पा रहा हूं कि इससे कैसे निपटूं?"

भारती ने अपनी कोई राय प्रकट नहीं की। अतः कुछ देर तक दोनों चुपचाप चलते रहे। अपूर्व को लगा कि उसकी इस दुश्चिन्ता का न कोई अन्त है और न ही इसके पार जाने का कोई उपाय है, अतः वह अधीर होकर बोला, "देखा जाये, तो इसमें मेरी क्या ग़लती है, बार-बार सावधान किये जाने पर और बार-बार खींचे-रोके जाने पर भी यदि कोई कुएं में छलांग लगाने से बाज़ नहीं आता, अपने गले में फन्दा डालकर लीडर बनने के शौक़ को पूरा करना चाहता है, तो इसमें मेरा क्या क़ुसूर है? क्या मैंने उसे भाषण देने के लिए कहा था? मेरे चेताने पर भी जो अपनी स्त्री और बिटिया की परवाह नहीं करता, जिसे अपनी घर-गृहस्थी की चिन्ता नहीं, ऐसा आदमी मरता है, तो मरे। बच्चू,

भुगतो दो साल की सजा! मैं क्यों निरर्थक अपराध-बोध से दुखी हो रहा हूं? मेरा इसमें रत्ती-भर भी दोष नहीं।''

''तो क्या आप इस समय तलवलकर की स्त्री के पास नहीं जा रहे?''

अपूर्व भारती के मुंह की ओर देखता हुआ चुपचाप खड़ा रहा, फिर बोला, ''यह कैसे हो सकता है? वहां तो जाना ही होगा, किन्तु चिन्ता का विषय यह है कि मैं कल साहब को क्या बताऊंगा। मैंने भी अपने मन में यह ठान ली थी कि यदि साहब ने थोड़ा-सा भी कड़ा रुख़ अपनाया, तो मुझसे सहा न जायेगा। मैं नौकरी छोड़ दूंगा।''

''फिर क्या करोगे?''

''घर चला जाऊंगा। मैं सोचता हूं कि यह देश मेरे-जैसे आदमी के रहने योग्य है ही नहीं।''

''क्या तलवलकर को जेल से छुड़ाने का कोई प्रयास नहीं करोगे?''

सुनकर अपूर्व थोड़ा ठिठककर रुक गया, फिर अधीर होकर बोला, ''भारती! चलो, किसी अच्छे वकील के पास चलकर सलाह करें। मेरे पास हज़ार रुपये हैं। अपनी घड़ी आदि बेचकर पांच सौ रुपये और जुटाये जा सकते हैं। पन्द्रह सौ रुपये वकील की फ़ीस के लिए काफ़ी होंगे। चलो, अभी उधर चलते हैं।''

''बाबू! सर्वप्रथम आपका तलवलकर की पत्नी के पास जाना आवश्यक है। अब मेरा साथ छोड़कर और गाड़ी पकड़कर सीधे स्टेशन चले जाइये और वहीं से रामदास के घर जाकर उसकी पत्नी से मिलिये। एक बार उसे खोज-ख़बर देकर उसके घर की आवश्यकता की पूर्ति कीजिये।'' भारती ने कहा।

''आप ठीक कहती हैं। मुझे रामदास की पत्नी के पास जाने को प्राथमिकता देनी चाहिए।'' यह कहता-मानता हुआ ही अपूर्व भारती के साथ चलता रहा।

भारती ने कहा, ''यहां से अब मैं अकेली जा सकती हूं, अत: आप स्टेशन की राह पकड़िये।''

कहने में सकुचाता हुआ अपूर्व विवश भाव से रुआंसे स्वर में बोला, ''मुझसे अकेला नहीं जाया जायेगा?''

भारती तुनककर बोली, ''तो घर जाकर तिवारी को अपने साथ ले लीजिये।''

''नहीं, तुम मेरे साथ चलो।''

''मुझे और ज़रूरी काम निपटाने हैं।''

''उन्हें बाद में कर लेना। अभी मेरे साथ चलो।''

''किन्तु मेरी ऐसी क्या आवश्यकता है?''

अपूर्व बोल नहीं सका।

अपूर्व के चेहरे की उदासी से द्रवित होकर भारती मुसकरा दी और बोली, ''अच्छा, तो फिर मैं अपना काम निपटाकर तुम्हारे साथ चलती हूं।''

रास्ते में चलती हुई भारती के मुंह से अचानक निकला, ''मुझे लगता है कि जिन

लोगों ने आपको परदेश में नौकरी के लिए भेजा है, उनसे आपको पहचानने में अवश्य भूल हुई है। भले ही वह आपकी मां ही क्यों न हो। तिवारी देश जा रहा है। आपको अपना सामान बांधकर उसके साथ चले जाना चाहिए। मैं इस सम्बन्ध में आपकी सहायता करने को तैयार हूं।''

अपूर्व के मौन रहने पर भारती उसे झकझोरती हुई बोली, ''आपकी बोलती क्यों बन्द हो गयी है, कुछ तो उत्तर दो।''

अपूर्व बोला, ''उत्तर देने को कुछ होता, तो चुप क्यों रहता? यदि मेरी मां जीवित न होती, तो मैंने संन्यास ले लिया होता।''

भारती चकित हो उठी और बोली, ''मां तो अभी जीती हैं, अतः अभी संन्यास नहीं लिया जा सकता न?''

''देश के एक छोटे-से गांव में हमारा एक पैतृक मकान है। मां को उधर ले जाने की सोचता हूं।''

''वहां जाकर आप क्या करोगे?''

''मेरे पास एक हज़ार रुपये हैं। गांव में मोदी की एक छोटी-सी दुकान खोल लूंगा और उसकी आय से हम दोनों मां-बेटों का जीवन-निर्वाह हो जायेगा।''

भारती ने कहा, ''योजना तो ठीक है, किन्तु आपको इस समय यह सूझ कैसे आयी? इसकी आवश्यकता कैसे उत्पन्न हुई?''

अपूर्व ने कहा, ''आज मैं इस सत्य को पहचान गया हूं कि मां के सिवा मेरा इस संसार में और कोई अपना नहीं। दरअसल मुझे किसी से कोई अपेक्षा रखनी भी नहीं चाहिए।''

भारती कुछ क्षणों तक अपूर्व के चेहरे पर देखती रही और फिर बोली, ''क्या आपकी मां आपसे बहुत प्यार करती है?''

स्वीकृति में सिर हिलाता हुआ अपूर्व बोला, ''किन्तु दुःख इस बात का है कि मां ने जीवन-भर दुःख-ही-दुःख देखा है और डरता हूं कि कहीं मेरे कारण मेरी मां के दुःख में वृद्धि न हो जाये। इसीलिए मेरे द्वारा किये जाने वाले सभी कार्यों में मां के सुख-दुःख का विचार अवश्य बना रहता है। मैं इस चिन्तन से कभी मुक्त न हो पाने के कारण ही भीरु और कायर बन जाता हूं और इससे मुझे दूसरों की उपेक्षा और तिरस्कार का पात्र बनना पड़ता है।'' यह कहते हुए उसके मुंह से एक लम्बा-गरम सांस निकल गया।

भारती ने अपनी कोई प्रतिक्रिया व्यक्त नहीं की। वह अपूर्व के हाथ को अपने हाथ में थामे चुपचाप चलती रही।

शाम का अंधेरा धीरे-धीरे बढ़ता जा रहा था। अपूर्व ने व्याकुल कण्ठ से पूछा, ''भारती! रामदास के परिवार का क्या प्रबन्ध किया जा सकता है? जहां तक मेरी जानकारी है, एक नौकरानी के सिवा उनके देश का कोई दूसरा आदमी यहां नहीं है और यदि किसी के होने का पता चल भी जाये, तो वह इस मुसीबत को अपने गले से लगाने

को भला क्यों तैयार होगा ?''

भारती सोचकर भी इस विषय में कुछ निश्चित नहीं कर पा रही थी, फिर भी साहस बंधाने की दृष्टि से वह बोली, ''कुछ-न-कुछ प्रबन्ध तो हो ही जायेगा, पहले उनसे भेंट हो जाये !''

भारती ध्यान हटाने के लिए यह सब कह रही है, अपूर्व को यह तथ्य समझने में देर नहीं लगी। अतः वह भारती के वचन को विशेष गौरव नहीं दे सका। बोला, ''हो सकता है कि वहीं रहना पड़ जाये ?''

''किन्तु मैं ईसाई हूं। मेरा वहां रहना उन्हें कैसे रास आयेगा ?''

''हां, यह बाधा तो है।'' यह सत्य अपूर्व को नये सिरे से बींधने लगा। दोनों के रामदास के घर पहुंचने तक काफ़ी रात बीत चुकी थी। रात के इस अंधेरे में क्या कुछ किया जा सकेगा, इस चिन्ता से दोनों उद्विग्न हो उठे। नीचे के खुले कमरे के भीतर पैर रखते ही भारती ने खिड़की के पास आरामकुर्सी पर किसी को बैठे देखा। समीप पहुंचकर उस व्यक्ति को पहचानकर भारती अपनी प्रसन्नता को समेट न सकी। उछलती-कूदती बोली, ''डॉक्टर बाबू ! आप कब आये और क्या आप सुमित्रा दीदी से मिले हैं ?''

डॉक्टर ने उत्तर दिया, ''नहीं।''

अपूर्व बोला, ''डॉक्टर बाबू ! एक अत्यन्त भयंकर दुर्घटना हो गयी है। पुलिस हमारे लेखापाल तलवलकर को पकड़कर ले गयी है।''

भारती ने कहा, ''इनसिन में उनका निवास है। घर में उनकी पत्नी और पुत्री हैं। इन लोगों को इस घटना के विषय में कुछ भी मालूम नहीं।''

अपूर्व बोला, ''डॉक्टर बाबू ! इस अंधेरी रात में इतनी दूर हमें आना पड़ा है। हम भारी संकट में फंस गये हैं ?''

डॉक्टर दोनों बाज़ू ऊपर उठाकर, आलस्य तोड़ते हुए सावधान होकर बैठ गये और हंसते हुए भारती से बोले, ''देखो, मैं काफ़ी थक गया हूं। क्या मुझे चाय बनाकर पिलाने का कष्ट करोगी ?''

''कोई इनकार नहीं, किन्तु मुझे अपूर्व बाबू के साथ अभी बाहर जाना है।''

''कहां जाना है ?''

''इनसिन। तलवलकर के घर।''

''उधर जाने की कोई आवश्यकता नहीं।''

डॉक्टर बाबू के चेहरे पर देखता अपूर्व चकित भाव से बोला, ''कैसे कोई आवश्यकता नहीं ? इस संकट की घड़ी में परिवार की सहायता करना, कम-से- कम खोज-ख़बर लेना, तो मानवीय कर्तव्य है।''

डॉक्टर ने हंसते हुए कहा, ''आपके कथन से मैं पूर्ण सहमत हूं। निस्सदेह हमें उनके लिए कुछ करना चाहिए, किन्तु इसका दायित्व मैं लेता हूं। आप लोग इस समय उधर जाकर, चाहकर भी कुछ नहीं कर सकेंगे। इनसिन की अंधेरी गलियों में चक्कर

काटते फिरेंगे, किन्तु उनका घर नहीं ढूंढ़ सकेंगे। थोड़ा रुककर हंसते हुए वे बोले, ''इससे अच्छा है कि आप लोग इस समय यहां रुकें और भारती को चाय बनाने दें। अरे! ध्यान आया, आप उसकी बनायी चाय नहीं पियेंगे। चलो, आपके लिए होटल के महाराज द्वारा पवित्रता से बनी रसोई मंगाते हैं। आप खा-पीकर आराम कीजिये।''

निश्चिन्त और प्रसन्न हुई भारती चाय बनाने में जुट गयी, किन्तु अपूर्व डॉक्टर के कथन पर आश्वस्त न हो सका। उसे तो डॉक्टर की बातें पहेली-जैसी लगीं और इस पर उसने थोड़ा बुरा भी मनाया। भारती को सम्बोधित करता हुआ अपूर्व बोला, ''ऐसी अंधेरी रात में उधर चलने के कष्ट से तुम तो बच गयीं, किन्तु मैं अपने आपको नहीं रोक पा रहा। रात चाहे जितनी अंधेरी क्यों न हो, मुझे तो अपने कर्तव्य का पालन करना ही है।''

अपूर्व के कथन को सुनकर भारती पल-भर के लिए ठिठककर रुक गयी किन्तु डॉक्टर की आंख के संकेत से आश्वस्त हुई वह पुनः अपना काम निपटाने लगी।

डॉक्टर बाबू ने जेब से मोमबत्ती निकालकर जलायी और उसके प्रकाश में कोट की दूसरी जेब से निकाले पत्रों का उत्तर लिखने लगे। इससे झुंझलाकर अपूर्व बोला, ''क्या पत्रों का उत्तर लिखना अधिक आवश्यक है?''

अपने काम में खोये डॉक्टर ने बिना सिर उठाये कहा, ''निस्सन्देह।''

अपूर्व बोला, ''उस परिवार का प्रबन्ध करना भी कम महत्त्वपूर्ण नहीं। क्या आपने उधर किसी को जाने का निर्देश दिया है?''

''इतनी रात में किसी का उधर जाना सम्भव नहीं। कल प्रातः इस विषय पर विचार करेंगे।''

''कल प्रातः तो मैं ही चला जाऊंगा, अतः आपको इस विषय में चिन्ता करने की आवश्यकता नहीं। आप भारती को न रोकते, तो हम लोग इस समय जा ही रहे थे। मैं समझता हूं कि हमारा इस समय वहां जाना अच्छा ही रहता।''

पत्र का उत्तर लिखने में व्यस्त डॉक्टर बाबू ने बिना मुंह उठाये केवल इतना कहा, ''इस समय यह आवश्यक नहीं था।''

अपने क्रोध को नियन्त्रण में रखने का प्रयास करते हुए अपूर्व ने कहा, ''मैं आपके विचारों से सहमत नहीं। वे मेरे मित्र हैं, इसलिए आवश्यकता की आपकी धारणा को मैं स्वीकार नहीं करता।''

चाय का सामान लेकर नीचे उतरी भारती दो प्यालों में चाय उंडेलकर चुपचाप बैठ गयी। डॉक्टर पत्र लिखने के साथ-साथ चाय पीने लगे। दो-तीन मिनट शान्ति रही, फिर भारती बोल उठी, ''आप सदैव इतने व्यस्त रहते हैं कि आपके पास हम लोगों के साथ बातचीत करने के लिए समय ही नहीं रहता, फिर यहां बैठने का लाभ क्या है?''

अपने काम में मग्न होने पर डॉक्टर द्वारा भारती के उलाहने को अनसुना न किया जा सका। चाय की चुस्की लेकर भारती की ओर देखता हुआ डॉक्टर बोला, ''बहिन!

समय का अभाव सचमुच मेरी विवशता है। देखो न, अभी रात के दो बजे छूटने वाली गाड़ी मुझे पकड़नी होगी।''

यह सुनते ही भारती चौंक पड़ी और अपूर्व अपने मित्र रामदास के परिवार के सम्बन्ध में और अधिक चिन्तित हो उठा। भारती ने चिन्तित स्वर में कहा, ''क्या आप कभी एक रात भी चैन की नींद नहीं सो सकेंगे?''

चाय समाप्त कर डॉक्टर बोला, ''भारती! मुझे केवल एक उस दिन फ़ुरसत मिलेगी, किन्तु मुझे नहीं मालूम कि वह एक दिन कब आयेगा?''

भारती समझ न पाने से पूछने लगी, ''कब आयेगा का क्या अर्थ है?''

डॉक्टर ने मौन धारण कर लिया।

अपूर्व को घूम-फिरकर केवल एक बात व्यथित एवं विचलित कर रही थी, इसीलिए वह बोल उठा, ''रामदास के हमारे समिति का सदस्य न होने पर भी उसका दण्डित होना क्या विचारणीय विषय नहीं?''

''सम्भव है, दण्ड न भी मिले,'' डॉक्टर ने कहा।

अपूर्व बोला, ''दण्ड न मिलना, तो ईश्वर की कृपा और उसका सौभाग्य होगा, किन्तु दण्ड मिलने पर, उसके लिए मैं ही उत्तरदायी हूं। न उन्हें अपने साथ ले जाता, न यह बवण्डर खड़ा होता।''

सुनकर डॉक्टर केवल मुसकराता रहा।

अपूर्व बोला, ''देश के लिए दो वर्षों के कारावास का दण्ड भुगतने वाले तथा अपनी पीठ पर लगे बेंतों के अमिट दाग़ों को ढोने वाले इस महापुरुष द्वारा परदेश में केवल अपने ऊपर निर्भर अपनी पत्नी और पुत्री की चिन्ता न करके देश-भक्ति का इतना त्यागपूर्ण उदाहरण प्रस्तुत करना सचमुच अतुलनीय है।''

अपूर्व द्वारा की गयी अपने मित्र की निश्छल एवं निःस्वार्थ प्रशंसा का भारती और डॉक्टर बाबू पर कोई विशेष प्रभाव नहीं पड़ा। डॉक्टर ने प्रसन्न भाव से केवल इतना कहा, ''पराधीनता की ज्वाला से अपने को दिन-रात झुलसता अनुभव करने वाले दीवाने चैन से बैठ ही कहां सकते हैं? सच्चे देश-भक्तों को किसी साहब के छोटे-बड़े नौकर अथवा स्त्री-पुत्र आदि के भरण-पोषण की चिन्ता अपने कर्तव्य-पालन से विमुख कहां कर सकती है? बलिदानी के सामने सदैव एक ही लक्ष्य रहता है।''

दुश्चिन्ता और सन्देह ने अपूर्व के विवेक को पूरी तरह से नष्ट कर दिया था। इसीलिए वह डॉक्टर के कथन को व्यंग्य समझकर, उन पर दोषारोपण करता हुआ बोला, ''आप भले ही रामदास के त्याग को उसकी छोटी नौकरी के आधार पर महत्त्व न दें, किन्तु इतना तो आप भी मानेंगे कि आर्थिक दृष्टि से सम्पन्न व्यक्ति के त्याग में तथा विपन्न व्यक्ति के त्याग में कोई अन्तर नहीं होता। त्याग त्याग ही है, उलटे मैं समझता हूं कि छोटे लोगों के त्याग का महत्त्व बड़े लोगों के त्याग के महत्त्व से कहीं अधिक है; क्योंकि छोटे अर्थ लोगों के त्याग का अर्थ है, सचमुच में कुछ खोना, जबकि बड़े लोगों के त्याग

में ऐसा कुछ नहीं होता।''

डॉक्टर बाबू ने विस्मित होकर कहा, ''मैंने तलवलकर को न कभी छोटा समझा है और न ही ऐसा कहा है।''

अपूर्व का विवेक नष्ट हो चुका था। उसे स्वयं मालूम नहीं था कि वह क्या बके जा रहा है। बोला, ''आप उसका और मेरा मज़ाक़ उड़ा रहे हैं, किन्तु मुझे भली प्रकार ज्ञात है कि वे अपनी जन्मभूमि को अपने प्राणों से भी अधिक प्यार करते हैं। वे धीर, वीर और निर्भीक पुरुष हैं, सदैव छाती तानकर सामने खड़े रहते हैं। न आपकी तरह पुलिस के डर से लंगड़ाकर चलते हैं और न ही लुकते-छिपते-फिरते हैं। आप-जैसे डरपोक उस वीर की तुलना कहां करेंगे?''

भारती अपने पर अधिक समय तक संयम न रख सकी। आवेश में आकर बोली, ''होश में हो कि नहीं, मालूम है किससे क्या कह रहे हो? कहीं आप पागल तो नहीं हो गये?''

पहले-जैसी तीव्रता से अपूर्व बोला, ''नहीं, मैं पागल नहीं हुआ, पूरे होश- हवास में हूं। ये अपने आपको कितना भी महान् क्यों न समझते हों, किन्तु मेरी दृष्टि में ये रामदास के चरणों की धूलि के बराबर भी नहीं। उसकी निर्भीकता, वक्तृत्वकला और तेजस्विता से ईर्ष्या होने के कारण ही इन्होंने हमें छल-कपट करके वहां जाने से रोक दिया।''

भारती उठकर खड़ी हो गयी और अपने रोष और आवेश पर नियन्त्रण रखने की पूरी चेष्टा करती हुई सहज स्वर में बोली, ''अपूर्व बाबू! मैं आपका अपमान नहीं करना चाहती, इसलिए आपसे कह रही हूं कि आप इस समय यहां से चले जाइये। हमने आपको समझने में ग़लती की है। जिस व्यक्ति को उचित-अनुचित का और अपने हित-अहित का ज्ञान नहीं, उसे उन्मत्त अथवा विक्षिप्त नहीं, तो भला और क्या कहा जा सकता है? आपने ठीक कहा है कि 'अधिकार समिति' में आपके लिए कोई स्थान नहीं और आज के बाद भूलकर भी मेरे घर आने का कष्ट न कीजियेगा।''

अपूर्व बिना कुछ बोले उठ खड़ा हुआ, किन्तु डॉक्टर ने उसका हाथ पकड़कर उससे बैठने का अनुरोध करते हुए कहा, ''इस अंधेरे में अकेले मत जाइयेगा। स्टेशन जाते समय मैं आपको आपके घर छोड़ता जाऊंगा।''

अपूर्व की समझ वापस लौटने लगी थी। वह अपने को लज्जित अनुभव करता हुआ, सिर को नीचे झुकाकर बैठ गया।

डॉक्टर को बचे बिस्कुटों को जेब में रखता देखकर चकित होती भारती ने पूछा, ''यह क्या कर रहे हैं आप?''

''अपने कल के नाश्ते का जुगाड़ कर रहा हूं।''

''क्या सचमुच आज रात चले जाना है?''

''न जाना होता, तो अपूर्व बाबू को पहुंचाने का वचन ही क्यों देता?'' कहते हुए डॉक्टर बाबू ने कृत्रिम क्रोध का प्रदर्शन किया। भारती ने अधिकारपूर्ण स्वर से कहा,

''नहीं, डॉक्टर बाबू! आप बहुत थके हुए हैं। आज रात आराम के लिए रुक जाइये। इधर सुमित्रा दीदी भी अस्वस्थ हैं। आप बार-बार इधर-उधर आते-जाते रहने से न अपना दुःख-सुख किसी को सुना पाते हैं और न ही किसी दूसरे के सुख-दुःख को सुन पाते हैं। आपका मार्गदर्शन न मिलने से अकेले मेरे लिए समिति को चलाना सम्भव नहीं। यदि आप हमारी नहीं मानेंगे, तो मैं भी, जहां मेरा जी चाहेगा, चली जाऊंगी।''

लिखे पत्रों को भारती के हाथ में थमाते हुए डॉक्टर बाबू हंसकर बोले, ''एक पत्र तुम्हारे नाम है, एक सुमित्रा के नाम है और एक 'अधिकार समिति' के नाम है। इसे मेरा उपदेश, पथ-प्रदर्शन, सुझाव अथवा आदेश-निर्देश समझो। जो कुछ है, यही है, इसे ही सब कुछ समझो।''

पत्रों को संभालती भारती उदास स्वर में बोली, ''क्या अबकी बार अधिक दिनों के लिए जा रहे हैं?''

''यह सब अन्तर्यामी ही जाने।'' कहकर डॉक्टर मुसकराने लगे।

''हम लोग, तो आपके चेहरे, आपकी बातचीत अथवा आपकी किसी गतिविधि से आपके मनोभाव को समझ ही नहीं पाते, कैसी उलझन है?''

डॉक्टर ने पूछा, ''समझने की आवश्यकता ही क्या है?''

भारती ने कहा, ''पता नहीं क्यों, अब की बार मन घबरा रहा है, डर लग रहा है, जैसे सब कुछ चरमराकर चकनाचूर हो जायेगा।'' कहती हुई भारती सहसा आंसू बहाने लगी।

भारती के माथे पर हाथ रखकर, उसे तसल्ली देते हुए डॉक्टर बाबू बोले, ''बहिन! ऐसा कुछ नहीं होगा। भगवान् सब ठीक-ठाक रखेंगे।'' यह कहकर डॉक्टर हंसने लगे और बोले, ''यदि अपूर्व बाबू से झूठ-मूठ में भी लड़ाई करोगी, तो रोने से बच नहीं सकोगी। बाबू क्रोध में विवेक अवश्य खो बैठते हैं, किन्तु वे प्रेम करना ही नहीं, उसे निभाना भी ख़ूब जानते हैं। हमारी संगत में रहकर भी इनका हृदय अभी तक हमारे हृदय के समान जड़-पाषाण नहीं हो गया। इसके सर्वथा विपरीत वह अभी तक खिले कमल के समान एकदम ताज़ा है।''

भारती कुछ बोलना चाहती थी, किन्तु अपूर्व को मुंह उठाकर अपनी ओर ताकता देखकर वह मौन हो गयी।

इसी समय घर के सामने एक घोड़ागाड़ी आकर रुकी और दो आदमी घर के भीतर प्रविष्ट हुए। इनमें से एक ने साहबी पोशाक पहन रखी थी और वह केवल डॉक्टर बाबू का परिचित था। दूसरा व्यक्ति रामदास तलवलकर था। उसे देखते ही अपूर्व का चेहरा चमक उठा, किन्तु वह अतिरिक्त उत्साह का प्रदर्शन तथा उसके स्वागत के लिए कोलाहल मचाना-जैसा कुछ न कर सका। रामदास ने आगे बढ़कर डॉक्टर बाबू के चरण स्पर्श कर उनकी पैरों की धूलि अपने माथे पर ली। अपूर्व को यह सब विचित्र लगा, किन्तु वह मौन रहा।

साहबी पोशाक वाला आदमी अंगरेजी में बोला, "क्षमा करना, ज़मानत कराने में थोड़ी देर लग गयी है, किन्तु सरकार मुक़द्दमा नहीं चलायेगी। इस बारे में निश्चिन्त रहें।"

डॉक्टर ने हंसते हुए कहा, "डियर किसन! इसका अर्थ यह है कि तुमने इस सरकार को अभी तक ठीक से पहचाना नहीं।"

रामदास ने हंसते हुए डॉक्टर बाबू का समर्थन किया और फिर उनसे पूछा, "मैदान से थाने तक तो आप साथ-साथ चल रहे थे, फिर पता ही नहीं चला कि आप अचानक कहां लापता हो गये।"

डॉक्टर ने हंसते हुए उत्तर दिया, "लापता होने का कारण उपस्थित हो गया था और अब रात में ही यहां से भी लापता होना है।"

रामदास ने कहा, "मैंने उस दिन रेलवे स्टेशन पर ही आपको पहचान लिया था।"

डॉक्टर ने कहा, "मुझे भी यह मालूम हो गया था, किन्तु इतनी रात गये सीधे घर न जाकर इधर क्यों चले आये हो?"

रामदास ने कहा, "आपके चरण-स्पर्श करने। पूना की सेण्ट्रल जेल में मेरे पहुंचते ही आप चल दिये थे। अतः वहां चरण-स्पर्श करने का अवसर नहीं मिल सका था। नीलकान्त जोशी आपके साथ था, उसके विषय में आपके पास कोई जानकारी है क्या?"

डॉक्टर ने कहा, "वह बेचारा बैरक की दीवार न फांद सकने के कारण पकड़ा गया और सिंगापुर में फांसी पर चढ़ा दिया गया।"

अपूर्व के लिए यह सब कुछ एकदम अनोखा एवं स्वप्न-जैसा था। वह असंयत होकर बोला, "डॉक्टर बाबू! क्या आपको भी फांसी हो सकती है?"

डॉक्टर बाबू उसके चेहरे पर देखते हुए इस प्रकार हंसे कि अपूर्व का अंग-अंग थर्रा उठा।

रामदास ने उत्सुकतावश पूछा, "उसके पश्चात्?"

डॉक्टर ने कहा, "फिर क्या, वह बैंकाक के मार्ग से पहाड़ लांघकर रेवॉब आ गया। सौभाग्यवश वन में उसे एक हाथी का बच्चा मिल गया। कुछ दिन उसके साथ रहा, फिर उसे बेचकर मिले रुपयों से देसी जहाज़ पर नारियल के बोरों के साथ यात्रा करता हुआ तीन महीनों में अराकान पहुंच गया। वे दिन भी कैसी मौज-मस्ती में कटे थे कि उन दिनों की याद आज भी ताज़ा है। आज थाने में अचानक चेलिया नाम के एक पुराने साथी से मुलाक़ात हो गयी। आज भी मेरे प्रति उसका वही पुराना प्यार है। इसीलिए मुझे ढूंढ़ता हुआ वह सिंगापुर से बर्मा आ पहुंचा है। हाव-भाव से हम दोनों एक-दूसरे से मिल लिये। भीड़ में किसी को भनक पड़ जाती, तो सारा मामला गड़बड़ा जाता।"

यह सब कहते और हंसते हुए डॉक्टर बाबू ने अपूर्व के चेहरे पर दृष्टि डाली, तो वे चौंक उठे और बोले, "अरे! क्या हो गया है आपको?"

अपूर्व अपने होठों को दांतों तले चबाकर अपने को संभालने की चेष्टा कर रहा था। डॉक्टर के वक्तव्य के समाप्त होने से पूर्व ही, अपने दोनों हाथों से अपने मुंह को ढके अपूर्व कमरे से बाहर चला गया।

: 18 :

अपूर्व के इस प्रकार रूठकर चले जाने से सबको आश्चर्य होना स्वाभाविक था। यद्यपि कमरे में पर्याप्त प्रकाश नहीं था, तथापि उसके बहते आंसू, रुंधा गला और उदास चेहरा आदि सब को साफ़ दिख गया था। कुछ देर से चुप बैठे बैरिस्टर कृष्ण अय्यर ने आख़िर पूछ ही लिया, ''डॉक्टर बाबू! यह महाशय कौन हैं? बड़े भावुक लगते हैं।'' भावुक शब्द का उच्चारण उन्होंने कुछ इस ढंग से किया, मानो आरोप लगा रहे हों और आश्चर्य प्रकट कर रहे हों कि ऐसे व्यक्ति का यहां क्या काम?

डॉक्टर केवल हंसकर रह गये, किन्तु तलवलकर ने शीघ्रता से उत्तर देते हुए कहा, ''महाशय! इनका नाम अपूर्व मुखर्जी है। हम दोनों एक ही कार्यालय में काम करते हैं। ये मेरे वरिष्ठ अधिकारी हैं।'' कुछ देर रुककर अपूर्व के प्रति स्नेह और सम्मान का भाव प्रकट करते हुए बोले, ''हम दोनों एक-दूसरे के घनिष्ठ एवं अन्तरंग मित्र हैं। निस्सन्देह यह महाशय भावुक हैं, किन्तु मैं समझता हूं कि इसका कारण इनके साथ रंगून में पहले ही दिन घटी घटना है, जिसे कटु अनुभव कहना अनुचित न होगा। इस सम्बन्ध में शायद आपको कुछ भी जानकारी नहीं। वह एक...।''

सहसा भारती के सामने आ जाने से तलवलकर के लिए इस घटना का वर्णन करना सम्भव न हुआ। अतः संकुचित होते हुए वह रुक गये और फिर बोले, ''उस घटना का सुपरिणाम यह निकला कि पहली भेंट में ही हमारी मित्रता हो गयी, जो अभी तक चली आ रही है। मैं इन्हें वास्तव में परम मित्र मानता हूं।'' तलवलकर की असहिष्णुता और उसके मुख से अपूर्व की अत्यधिक प्रशंसा सुनकर बैरिस्टर महोदय ने उसकी भावुकता पर पुनः आक्षेप करना उचित नहीं समझा, किन्तु उन्हें तलवलकर का व्यवहार अच्छा नहीं लगा। यह उनके चेहरे की मुद्रा से स्पष्ट हो गया था।

डॉक्टर ने अय्यर को सम्बोधित करते हुए हंसकर कहा, ''महाशय! मैं भावुकता को बुरा नहीं समझता, लेकिन तुम्हारी यह धारणा भी एकांगी है कि तुम्हारी तरह संवेदनाशून्य और जड़-पत्थर बनने पर ही संसार की गाड़ी आगे बढ़ सकती है।''

डॉक्टर बाबू की टिप्पणी से कृष्ण अय्यर विचलित होकर बोला, ''मैं ऐसा कुछ नहीं समझता, फिर भी ऐसा समझने में मुझे कोई दोष दिखाई नहीं देता। मेरा मानना है कि बिना अधिक भावुक हुए भी संसार का काम न चल सके, ऐसा कुछ नहीं है।''

तलवलकर को अय्यर का कथन रुचिकर नहीं लगा। वह मन में सोचने लगा कि मेरे द्वारा बार-बार अपना परम मित्र बताये जाने पर भी मेरे ही सामने उसकी कटु आलोचना को शिष्ट व्यवहार नहीं कहा जा सकता। इसे अपना अपमान समझते हुए वह बोले, ''अय्यर साहब! मैं अपूर्व को काफ़ी अच्छी तरह से जानता हूं। वे हमारी 'अधिकार समिति' के अभी-अभी नये सदस्य बने हैं और अपने मित्र के अचानक संकट में पड़ने से विचलित अवश्य हो उठे हैं, किन्तु इसका अर्थ यह नहीं होना चाहिए कि वे हमारे परिवार को छोड़कर अलग हो चुके हैं अथवा हम पर से उनका विश्वास मिट चुका है।''

अय्यर ने अपूर्व को भीड़ में भीगी बिल्ली बनकर खड़े देखा था, वहां पर उसे कुछ कहने का अवसर नहीं मिला था, अत: तब की भड़ास वह अब निकाल रहा था, किन्तु डॉक्टर ने स्थिति को संभालते हुए शान्त स्वर में कहा, ''नहीं, ऐसी कोई बात नहीं। अपूर्व बाबू हमारे परिवार के ही सदस्य हैं।'' इसके उपरान्त वे चुपचाप कुछ देर तक सभी के चेहरों पर देखते रहे। फिर सहसा गम्भीर होकर भारती को सम्बोधित करते हुए बोले, ''भारती! जिस मित्रता पर हम गर्व करते हैं, उसे टूटते कितनी देर लगती है, यह भी कभी सोचा है? आज जिस मित्रता के विच्छिन्न होने की कभी कल्पना भी नहीं की जा सकती, कल अचानक किसी कारण से उसका सदा के लिए अन्त हो जाता है। संसार में ऐसा होता है। यह अस्वाभाविक नहीं।''

तलवलकर को सम्बोधित करते हुए डॉक्टर बाबू बोले, ''बन्धो! व्यक्ति को इस स्थिति के लिए भी तैयार रहना चाहिए। मनुष्य अत्यन्त दुर्बल प्राणी है। अय्यर बाबू! इस दुर्बल प्राणी को इस अवाञ्छित स्थिति में भावुकता ही सहारा देती है, वही इस चोट को सहन करने का सामर्थ्य प्रदान करती है।''

डॉक्टर बाबू द्वारा प्रस्तुत सत्य के पक्ष-विपक्ष में कुछ भी कहना उचित न समझते हुए किसी ने कुछ भी उत्तर न दिया। सभी मौन हो गये, किन्तु भारती का चेहरा उदास हो गया। उसे यह भली प्रकार से विदित है कि वास्तव में दोनों—अय्यर और तलवलकर—डॉक्टर बाबू की बुद्धि का लोहा मानते हैं और उनके प्रति अविचल श्रद्धा का भाव रखते हैं। भारती यह भी जानती है कि डॉक्टर बाबू अनावश्यक और अप्रासंगिक कुछ भी नहीं कहते। अत: इस समय मित्रता की बात कहने का उनका क्या उद्देश्य हो सकता है, इसे न समझ पाने के कारण वह अत्यधिक चिन्तित एवं उद्विग्न हो उठी।

डॉक्टर ने घड़ी पर दृष्टि डाली, तो बोले, ''भारती! मेरा जाने का समय होने वाला है। तलवलकर! मैं आज रात की गाड़ी से ही प्रस्थान कर रहा हूं।''

कौन, कहां और किसलिए जायेगा, 'अधिकार समिति' के सदस्यों में इस प्रकार के प्रश्नों को पूछने की प्रथा नहीं है। वक्ता द्वारा स्वयं यत्किञ्चित् प्रकाश डालने की बात अलग है। तलवलकर कुछ देर तक डॉक्टर बाबू की ओर अर्थपूर्ण दृष्टि से देखते रहे, फिर बोले, ''मेरे लिए क्या आदेश है?''

''इसे आदेश समझो अथवा सुझाव, मुझे आपसे केवल यही कहना है कि यदि

बर्मा में काम करना सम्भव नहीं होता, तो अपने देश को ही कार्यक्षेत्र बनाया जा सकता है, किन्तु मज़दूरों के कल्याण के कार्य को छोड़ना कदापि नहीं।'' मुसकराते हुए डॉक्टर ने कहा।

तलवलकर ने स्वीकृति में सिर हिलाया और पूछा, ''पुनः कब भेंट होगी?''

ठहाका मारकर हंसते हुए डॉक्टर ने कहा, ''नीलकान्त जोशी के शिष्य से ऐसे प्रश्न की आशा नहीं की जा सकती।''

यह सुनकर तलवलकर चुप हो गये। डॉक्टर ने उन्हें सम्बोधित करते हुए कहा, ''अब जाओ। अधिक देर करना ठीक नहीं। पहुंचते-पहुंचते सवेरा हो जायेगा।'' अय्यर बाबू की ओर उन्मुख होकर वे बोले, ''क्या यहां प्रैक्टिस करने का निश्चय कर लिया है?''

अय्यर ने गरदन हिलाकर स्वीकृति का संकेत दिया। बाहर किराये की गाड़ी के आने पर दोनों उठ खड़े हुए और उधर को चल दिये। इस बीच तलवलकर ने चिन्तित स्वर में कहा, ''अपूर्व बाबू! अंधेरे में कहां चले गये, इस ओर किसी ने ध्यान ही नहीं दिया।''

तलवलकर की चिन्ता पर ध्यान देना आवश्यक न समझकर ही शायद कोई कुछ नहीं बोला। कुछ देर बाद गाड़ी की आवाज़ से उसके चले जाने के सम्बन्ध में कोई सन्देह न रहा। डॉक्टर ने भारती की ओर देखते हुए पूछा, ''तुम्हारा इस सम्बन्ध में क्या कहना है? अपूर्व घर चला गया या किसी अन्य स्थान पर गया है?''

सिर हिलाते हुए भारती बोली, ''घर जाने का तो प्रश्न ही नहीं उठता। मैं नहीं समझती कि एक बार मुझसे मिले बिना वे घर जा सकते हैं। मेरा विचार है कि थोड़ा आस-पास देखा जाये, तो उनका मिल जाना कठिन नहीं।''

डॉक्टर ने हंसते हुए कहा, ''यदि यह सच है, तो मेरे पास अभी दस-पन्द्रह मिनट का समय है। इसका उपयोग उन्हें ढूंढ़ने में ही कर लेते हैं।''

भारती बोली, ''मेरे विचार में ढूंढ़ने की आवश्यकता नहीं पड़ेगी। वे स्वयं ही आ जायेंगे।'' उत्तर देती हुई भारती ने एक प्रकार से अपने विश्वास को प्रकट किया। उसका विश्वास था कि अंधेरे में अकेले बहुत दूर जाना अपूर्व के बस का नहीं, अतः उन्हें कहीं आस-पास ही होना चाहिए। न जाने क्यों वह इतनी आश्वस्त थी कि उसके मन में किसी प्रकार का कोई संशय नहीं था। इसके अतिरिक्त उसे यह भी विश्वास था कि डॉक्टर बाबू अपनी सहज उदारता से अपूर्व की अशिष्टता को अधिक तूल न देकर उसे क्षमा कर देंगे, किन्तु वह चाहती थी कि अपूर्व आकर क्षमा-याचना कर ले, शुद्ध अन्तःकरण से अपना अपराध स्वीकार कर ले, अन्यथा अपराध-बोध से ग्रस्त भारती शान्ति का अनुभव कदापि नहीं कर सकेगी। अमूल्य समय व्यर्थ जा रहा था। नियत समय पर डॉक्टर बाबू को चले जाना था, किन्तु अपूर्व का कुछ पता नहीं लग रहा था। भारती दरवाज़े के बाहर अंधेरे में नज़र टिकाये हुए थी कि सहसा उसके कानों में परिचित पैरों की आहट पड़ी,

तो वह एकदम चौकन्नी हो उठी, किन्तु उसे इस सम्बन्ध में अपनी अधीरता को प्रकट करना अत्यन्त तुच्छ एवं लज्जाजनक प्रतीत हो रहा था। स्ट्रैप में बंधे सामान की ओर देखते और जम्हाई लेते हुए डॉक्टर बाबू उठकर खड़े हो गये। इधर दीवारघड़ी बता रही थी कि कठिनाई से पांच-छह मिनट ही शेष हैं। भारती ने पूछा, ''डॉक्टर बाबू! क्या आप पैदल जायेंगे?''

सिर हिलाने के रूप में डॉक्टर ने 'नहीं' कहने के साथ बताया कि दो बजकर बीस मिनट के आसपास बड़ी सड़क से निकलती चालू घोड़ागाड़ी छह-सात आने का भाड़ा चुकाने पर स्टेशन पहुंचा देगी।

भारती बोली, ''बिना भाड़ा चुकाये भी पहुंचा जा सकता है। लेकिन क्या आप सुमित्रा दीदी से बिना मिले ही चले जायेंगे, विशेषतः जब आपको उनके बीमार होने की जानकारी है?''

डॉक्टर बोले, ''मैंने उनके बीमार होने से कब इनकार किया है, किन्तु बीमारी डॉक्टर को दिखाने और दवाई लेने से ही ठीक होगी।''

''आपसे बड़े किसी अन्य डॉक्टर के सम्बन्ध में तो कभी सोचा ही नहीं जा सकता।''

''फिर वह स्वस्थ होने से रही। बहिन! क्यों भूलती हो, मुझे प्रैक्टिस छोड़े ज़माना बीत चुका है। अभ्यास न रहने से, तो अब वह विद्या ही छूमन्तर हो गयी। मेरे पास इलाज के लिए रुकने का समय ही कहां है?''

डॉक्टर अपनी बात समाप्त भी न कर सके थे कि भारती तिलमिलाकर बीच में ही बोल उठी, ''समय कहां है? सदैव आपके मुंह से यही सुनती आयी हूं। कोई मरे अथवा जिये, आपकी बला से। किस काम की ऐसी देशसेवा, जहां देशभक्तों के इलाज के लिए समय न निकाला जा सके? देखिये डॉक्टर बाबू! आप ऐसे डल दिमाग़ नहीं कि आपको डॉक्टरी का ए.बी.सी. तक स्मरण न रहे। मेरे हिसाब से, तो आपके दिमाग़ से यदि कुछ छूमन्तर हुआ है, तो वह है, मोह, ममता तथा अपनापन।''

डॉक्टर का चेहरा क्षण-भर के लिए गम्भीर अवश्य हो गया, किन्तु उन्होंने तत्काल संभलते हुए अपने को सामान्य बना लिया। इधर आवेश में कहे वचनों के लिए भारती भी पछताने लगी। यद्यपि डॉक्टर के साथ उसके काफ़ी अच्छे और स्नेहपूर्ण सम्बन्ध हैं, तथापि आलोचना का अधिकार उसे प्राप्त था या नहीं, इस तथ्य पर उसका ध्यान कभी नहीं गया था। भारती को यह भी पता नहीं था कि सुमित्रा कौन है। इस दल की रीति-नीति के अनुसार किसी भी सदस्य के सम्बन्ध में व्यक्तिगत रुचि लेने की मनाही थी, इसलिए किसी के भी विषय में जितना सहज में जाना जा सकता है, उसी से सन्तोष करना पड़ता है। स्त्री होने के कारण सुमित्रा से उसके घुल-मिल जाने के कारण वह उसके मनोभावों को कुछ-कुछ जान सकी थी, किन्तु उसी आधी-अधूरी जानकारी के आधार पर उसका डॉक्टर पर व्यंग्य करना उसे अपना ओछापन ही लगा। उसे इस बात के

सुमित्रा के कानों तक पहुंचने और उसके द्वारा बुरा मनाने का भय भी सताने लगा। सुमित्रा के सम्बन्ध में किसी को और कुछ भले ही मालूम न हो, किन्तु इतना सभी जानते हैं कि वह उच्चस्तर की सुशिक्षिता, अत्यन्त शालीन, नितान्त गम्भीर तथा उच्चकोटि की भद्र महिला है। वह न केवल रूप-सौन्दर्य में विलक्षण रूप से अपवाद नहीं, केवल मितभाषण ही नहीं करती है, अपितु अपने प्रत्येक आचरण में एक ऐसी गम्भीरता अपनाये रहती है कि उसके सभी संगी-साथी अथवा सहकर्मी भी उसके साथ व्यवहार करते समय लक्ष्मण रेखा के अतिक्रमण का साहस नहीं जुटा पाते। यही कारण है कि उसके इस दल में होते हुए भी दल के सदस्य उससे एक निश्चित दूरी बनाये रखना आवश्यक समझते हैं। यहां तक कि उसके रोग-शोक के सम्बन्ध में भी अपने आप किसी को कुछ पूछने का साहस नहीं होता, किन्तु उस दिन अपूर्व और भारती के सामने ही एक व्यक्ति-विशेष को विदा करते समय यही सुमित्रा अपनी संस्कारगत कठोरता को सुरक्षित नहीं रख सकी थी। उसके नारीत्व ने उसे इस प्रकार दुर्बल बना दिया था कि उसके लिए अपने को संभाल पाना सम्भव नहीं रहा था। उसी दिन से वह इतनी कमज़ोर पड़ गयी थी कि दूसरों की दृष्टि से अपने को छिपाती फिरती थी। उसकी यह दुर्बलता किसी की अयाचित सहानुभूति से आग की चिनगारी की भांति कहीं अचानक भड़क न उठे, यही आशंका भारती को इस समय अत्यन्त व्याकुल कर रही थी।

डॉक्टर सामने पड़ी टेबल पर पैर फैलाकर आरामकुर्सी पर बैठ गये और फिर उनके मुंह से अचानक 'आह' शब्द के साथ एक ठण्डी सांस निकल गयी।

भारती ने आश्चर्य प्रकट करते हुए कहा, "आप सो गये लगते हैं।"

डॉक्टर रुष्ट स्वर में बोला, "क्या मैं घोड़ा हूं, जो चलते-फिरते नींद ले लूंगा? लेटने से नींद आ रही है, तो इसमें क्या बुरा है?"

भारती ने कहा, "खड़े-खड़े अथवा चलते-फिरते हुए हम भी नहीं सो सकते, किन्तु यदि आपके सम्बन्ध में कोई कहे कि आप दौड़ते हुए भी सो लेते हैं, तो इसमें कोई आश्चर्य नहीं होगा। आप क्या नहीं कर सकते, इसका अनुमान लगा पाना सरल नहीं। अच्छा, अब समय हो गया है, थोड़ी-सी भी देर करने से गाड़ी नहीं पकड़ी जा सकेगी।"

"न पकड़ी जा सके।"

"यह कैसी बात करते हैं आप? क्यों जाने दी जाये?"

"उफ़! बड़ी ज़ोर की नींद लग रही है। चाहकर भी आंखें खुल नहीं पा रहीं।" यह कहकर डॉक्टर ने आंखें बन्द कर लीं और ऊंघने लगे।

भारती प्रसन्न चित्त से सोचने लगी कि चलो, मेरे कारण इनका जाना टल गया, अन्यथा नींद की कौन कहे, बिजली गिरने पर भी, इनके कार्यक्रम को बदलना कभी सम्भव नहीं होता। भारती ने उनसे कहा, "बाबू! सचमुच नींद करनी है, तो ऊपर चलकर आराम से सो जाइये।"

आंखें बन्द किये डॉक्टर बोले, ''फिर तुम अकेली क्या करोगी ? क्या अपूर्व की प्रतीक्षा में पूरी रात आंखों में ही बिताओगी ?''

''मेरी चिन्ता मत कीजिये। मैं बग़ल की कोठरी में बिस्तर बिछाकर सो जाऊंगी।''

डॉक्टर ने कहा, ''कुपित-चिन्तित व्यक्ति लेट भले जाये, किन्तु वह सो नहीं सकता। बिस्तर पर पड़े करवटें बदलते रहने से बड़ी कोई दूसरी सज़ा नहीं हो सकती। इससे अच्छा यह है कि तुम अपूर्व को ढूंढ़ लाओ। विश्वास करो, मैं किसी से कुछ नहीं कहूंगा।''

भारती का चेहरा तमतमाने अवश्य लगा, किन्तु वह तत्काल संभल गयी और पलटकर पूछने लगी, ''डॉक्टर बाबू! सच बताना, आपको यह कैसे मालूम कि किसी की प्रतीक्षा करने वाला व्यक्ति सो नहीं पाता और बिस्तर पर लेटे-लेटे तड़पना एक बड़ी कला है ?''

''लोगों के मुख से ऐसा सुनने में आया है ?''

''अर्थात् इस सम्बन्ध में आपका अपना अनुभव कुछ भी नहीं ?''

डॉक्टर ने मीची आंखों को खोलने का प्रयत्न करते हुए कहा, ''प्यारी बहिना! हम-जैसे अभागों को बिस्तर नसीब कहां होता है, जो उस पर लेट सकें और फड़फड़ायें ? ऐसी रईसी के लिए न हमारे पास फ़ुरसत है और न ही साधन हैं।'' यह कहते हुए वे पुनः मुसकराने लगे।

भारती ने फिर से प्रश्न पूछा, ''डॉक्टर बाबू! लोग कहते हैं कि आपने अपने क्रोध पर पूर्ण विजय प्राप्त कर ली है, क्या यह सच है ?''

डॉक्टर ने प्रतिवाद करते हुए कहा, ''यह कोरी बकवास है। वास्तव में लोग मुझे अपमानित करने के लिए मुझ पर झूठे आरोप लगाते हैं और मेरे विरुद्ध झूठी बातें प्रचारित करते हैं।''

हंसते हुए भारती बोली, ''यह भी हो सकता है कि आप अपनी प्रसिद्धि के लिए झूठी एवं अतिरञ्जित अफवाहें उड़ाने-जैसे हथकण्डे अपनाते हों। लोग यह भी कहते हैं कि आप मान-अपमान से ऊपर उठ गये हैं, दया-माया और मोह-ममता को छोड़कर एकदम जड़ बन गये हैं।''

''यह किसी ने प्रेम का प्रदर्शन किया है। चलो, क्या और कुछ भी कहना है ?''

भारती ने कहा, ''उस निर्मम एवं जड़ हृदय पर केवल एक ही वाक्य जीवन के लक्ष्य के रूप में अंकित है, 'जननी जन्मभूमिश्च... ।' इस संकल्प की पूर्ति के लिए आप और आपका पूरा जीवन समर्पित है। इसमें कहीं, किसी प्रकार का आलस्य, सुस्ती अथवा ढील नहीं। सदैव निरन्तरता और क्रियाशीलता है। आपके त्याग और समर्पण को न देख पाने के कारण हम लोग आपको ठीक से नहीं समझ पाते हैं।'' कहते हुए भारती अचानक रुक गयी और थोड़ा विराम लेने के उपरान्त बोली, ''डॉक्टर बाबू! एक दिन मैं सुमित्रा दीदी के साथ बर्मा आयल कम्पनी के कारख़ाने के पास से गुज़र रही थी, तो

हम दोनों ने नये बायलर की जांच-परख होते देखी। इधर-उधर खड़े बहुत सारे आदमी उस तमाशे को देख रहे थे। उसका एक दरवाज़ा खुल जाने से ऐसा लगा, मानो उसमें सारी पृथ्वी को जलाकर राख कर देने वाला आग का सागर हो। पता चला कि वह बायलर अकेला ही इतने बड़े कारख़ाने को चलाता है। दरवाज़ा बन्द होते ही वह पुन: पूर्ववत् जड़ पिण्ड के समान शान्त हो गया। उसकी ऊष्मा का कोई भी अंश बाहर निकलकर नहीं आया। इस दृश्य को देखकर दीदी के मुख से सहसा एक गहरी आह निकली! मैंने कारण पूछा, तो दीदी ने कहा, 'आंखों देखे इस यन्त्र की विशेषता को सदैव स्मरण रखना। इस यन्त्र से डॉक्टर बाबू के व्यक्तित्व की तुलना करने पर तुम्हारे लिए उनके चरित्र का विश्लेषण करना सरल हो जायेगा।'"

यह कहकर भारती डॉक्टर के मुख पर देखने लगी, तो डॉक्टर ने अधमुंदी आंखों पर दबाव डालते हुए कहा, "मैं क्या जानूं कि कुछ लोग मुझसे इतना अधिक प्रेम क्यों करते हैं?" फिर विषय बदलते हुए बोले, "भारती! नींद के मारे आंखें खोलना मुश्किल लग रहा है। सोने की कोई व्यवस्था क्यों नहीं करतीं? लेकिन इससे पूर्व अपूर्व बाबू को ढूंढ़ निकालना अधिक आवश्यक है।"

"आप किसी से कुछ न कहने का वचन देते हैं?"

"हां, किन्तु तुम्हें मुझसे शरमाने तथा कुछ छिपाने की क्या आवश्यकता है?"

"क्यों, क्या एक मनुष्य का दूसरे मनुष्य से अपने रहस्य को छिपाना उसकी मूल प्रवृत्ति नहीं?" यह कहते हुए भारती हाथ में हरिकेन लालटेन लिए अपूर्व को ढूंढ़ने बाहर चल दी।

दस-पन्द्रह मिनट बाद लौटी, तो बोली, "लगता है, अपूर्व बाबू चले गये।"

आश्चर्यचकित डॉक्टर उठकर बैठ गये और बोले, "ऐसे अंधेरे में, वह भी अकेले?"

"यही मालूम होता है।"

"विश्वास नहीं होता!"

"मैंने बिस्तर पहले से बिछा रखे हैं। आप चलिये और सो जाइये।"

"और तुम?"

"मैं धरती पर कम्बल बिछाकर रात बिता लूंगी।"

डॉक्टर उठकर खड़े हो गये और बोले, "लज्जा-संकोच मनुष्यों का आभूषण है। मैं ठहरा जड़-पत्थर, मुझे इस औपचारिकता में पड़ने की क्या आवश्यकता है?"

डॉक्टर ऊपर के कमरे में जाकर सो गये। भारती ने चारों ओर मसहरी फैलाकर उसके किनारों को बिस्तर के नीचे दबा दिया और फिर अपने लिए फ़र्श पर बिस्तर बिछा लिया। डॉक्टर ने भारती को इस प्रकार धरती पर पड़ा देखकर दुखी स्वर से कहा, "मेरे लिए दूसरों को इस प्रकार दु:ख उठाता देख, मैं अपने को लज्जित एवं अपमानित अनुभव करता हूं। इससे मेरे आत्मसम्मान को गहरी चोट लगती है।"

उन्मुक्त हंसी हंसते हुए भारती बोली, "हम लोगों ने आपको मनुष्य के स्तर से ऊपर उठाकर पत्थर का देवता बना दिया है।"

"अर्थात् अब किसी को मुझसे कोई ख़तरा नहीं।" डॉक्टर ने कहा।

भारती ने तत्काल बिना संकोच के उत्तर दिया, "निःसन्देह, रत्ती-भर भी भय नहीं। आपसे हमें किसी प्रकार की कोई हानि हो सकती है, इसकी हम स्वप्न में भी कल्पना नहीं कर सकते।"

डॉक्टर ने हंसते हुए कहा, "कोई बात नहीं। एक दिन इस तथ्य की भी जांच-परख कर लेंगे।"

बिस्तर पर लेटने से पहले भारती बोली, "डॉक्टर बाबू! एक अन्य जिज्ञासा मन को विचलित कर रही है। आपको 'सव्यसाची' नाम किसने दिया, बताने की कृपा करेंगे?"

हंसते हुए डॉक्टर बाबू बोले, "मेरा असली नाम चाहे जो भी हो, किन्तु यह नक़ली नाम मुझे पाठशाला के पण्डितजी से मिला है। पण्डितजी के घर में आम का एक ऊंचा पेड़ था, जिस पर पत्थर मारकर केवल मैं ही आम गिरा सकता था। एक बार पकड़ा जाने से बचने के लिए मैं छत से कूद गया, जिससे दायें हाथ में चोट आ गयी। डॉक्टर से मरहम-पट्टी करानी पड़ी। इससे मेरे साथी, सम्बन्धी तथा दूसरे सभी परिचित सहानुभूतिवश दुखी हुए, किन्तु पण्डितजी की प्रसन्नता की कोई सीमा नहीं थी। उन्होंने सोचा कि अब पत्थरों का शिकार न होने से, पकने पर आम खाने को नसीब होंगे।"

"इसका अर्थ हुआ कि आप काफ़ी शरारती थे?"

डॉक्टर ने कहा, "कुछ तो था, किन्तु बदनाम अधिक था। पण्डितजी की आशा के विपरीत अगले ही दिन मैं बायें हाथ से पत्थर फेंककर पहले की तरह आम गिराने लगा। उन्होंने मुझे रंगे हाथों पकड़ लिया, कुछ देर तक वे हक्का-बक्का होकर मेरे चेहरे पर अपनी दृष्टि गड़ाये देखते रह गये, फिर बोले, 'बेटा सव्यसाची! तुम्हारा कोई क़ुसूर नहीं। आम मेरे भाग्य में लिखे ही नहीं लगते। दायां हाथ तुड़ा बैठे, अब यदि बायां भी टूट गया, तो क्या पैरों से पत्थर फेंकोगे? तुम मुझे एक दिन का समय दे दो, मैं किसी आदमी से बचे-खुचे कच्चे-पक्के सारे आम तुड़वा लेता हूं, फिर तुम्हें प्रलोभन नहीं रहेगा।'"

"इसका अर्थ हुआ कि यह पण्डितजी द्वारा दुःख के भाव से दिया गया नाम है?" कहती हुई भारती हंस दी।

डॉक्टर को भी हंसी आ गयी। वे बोले, "बिल्कुल सही कहा तुमने, दुखी मन से दिया नाम है, किन्तु तब से लोग मेरा असली नाम लेना भूल गये।"

कुछ देर मौन रहकर भारती ने पुनः पूछा, "लोगों की धारणा—आप और देश में अभिन्नता—के सम्बन्ध में आप क्या कहना चाहेंगे?"

डॉक्टर ने गम्भीर होकर कहा, "भारती! बचपन के दिन भी क्या दिन थे? पता

नहीं कितना कमाया और फिर कितना ख़र्च किया या खाया और कितना गंवाया, किन्तु कभी अभाव का मुंह नहीं देखा। एक घटना तुम्हें सुनाता हूं। हमारे गांव के समीप बने वैष्णवों के मठ पर डाकुओं ने धावा बोल दिया। हमने बहुत प्रयत्न करके गांव के कुछ लोगों को डाकुओं से लोहा लेने को तैयार किया, किन्तु डाकुओं के पास बन्दूक़ थी, जिसके भय से कोई आगे बढ़ने को तैयार नहीं हुआ। मेरे एक चचेरे भाई भी वहां उपस्थित थे, वे बड़े साहसी, निडर और वीर पुरुष थे। अपनी मृत्यु निश्चित जानकर भी वह आगे बढ़ने को फड़फड़ा रहे थे। लोगों ने ज़बरदस्ती उन्हें रोक रखा था। अपने साथियों के बाहुओं में फंसे, वह चिल्लाकर डाकुओं को ललकारने और गालियां देने लगे। डाकुओं ने उधर ध्यान नहीं दिया और इकट्ठे हुए दो-तीन सौ लोगों के सामने मठ के महन्त को खूंटी से बांधकर जीवित जला दिया। मैं उस समय बच्चा था, किन्तु महन्तजी का उस समय का चीत्कार, रोना-गिड़गिड़ाना, टुकुर-टुकुर देखना आज भी मेरे सामने प्रत्यक्ष एवं सजीव है। उस दृश्य को भुला पाना मेरे लिए कदापि सम्भव नहीं।''

सांस रोके सुन रही भारती ने उत्सुक होकर पूछा, ''फिर?''

''महन्तजी की जीवन-लीला की समाप्ति के साथ उनकी 'त्राहि' 'त्राहि' भी शान्त हो गयी। डाकुओं के सरदार ने मेरे उस भैया से सम्बोधित होकर कहा, 'आज हम थक गये हैं, जा रहे हैं, किन्तु हम अपने बाप की सन्तान हैं। एक महीने के भीतर ही तुम्हारी चुनौती का उत्तर देने लौटेंगे।' भैया ने ज़िला मजिस्ट्रेट को सारी घटना सुनाकर उनसे एक बन्दूक़ की मांग की, तो उनकी यह मांग इस आधार पर ठुकरा दी गयी कि उन्होंने दो महीने पहले एक उच्छृंखल एवं अत्याचारी पुलिस इन्सपेक्टर की जमकर पिटाई की थी, जिसके फलस्वरूप उन्हें जेल की हवा भी खानी पड़ी थी। अतः पुलिस द्वारा विरोध किया जाना स्वाभाविक था। भैया ने कहा, 'इसका अर्थ यह हुआ कि हम निहत्थे और बेमौत मर जायें', किन्तु मैजिस्ट्रेट के कानों पर जूं न रेंगी।'''

उत्तेजित भारती उठकर बिस्तर पर बैठ गयी और बोली, ''संकट सामने रहते हुए भी इनकार कर दिया?''

''यही सत्य है। इतना ही नहीं, भैया ने अपने बचाव के लिए तीर और बरछा बनवाया, जिसकी ख़बर पुलिस को लग गयी और वह उनसे सब छीनकर ले गयी।''

''फिर क्या हुआ?'' भारती ने उत्सुकता से पूछा।

''उसके बाद की घटना अत्यन्त संक्षिप्त है। डाकुओं के सरदार ने महीने के भीतर अपनी प्रतिज्ञा पूरी की। अब की बार वह एक नयी और बढ़िया बन्दूक़ लेकर आया था। घर के सब लोग भाग गये, किन्तु भाई को पीठ दिखाने की अपेक्षा गोली का शिकार बनना स्वीकार था और वही हुआ।''

सुनते ही भारती का चेहरा भय से एकदम पीला पड़ गया।

डॉक्टर ने कहना जारी रखा, बोले, ''गोली लगने के पश्चात् भैया चार घण्टे तक

जीवित रहे। सारा गांव इकट्ठा हो गया और हो-हल्ला करने लगा। कुछ लोग डाकुओं को, तो कुछ पुलिस व मजिस्ट्रेट को कोसने और गालियां देने लगे, किन्तु भैया एकदम शान्त पड़े रहे। गांव से अस्पताल काफ़ी दूर होने से गोली निकालना सम्भव नहीं हुआ। डॉक्टर मरहम-पट्टी के लिए आया, तो भैया ने यह कहकर मना कर दिया कि वे इस पराधीन देश में जीवित नहीं रहना चाहते।" यह कहते हुए पाषाण बने डॉक्टर का गला भर आया और आवाज़ लड़खड़ाने लगी, फिर भी अपनी कहनी पूरी करते हुए वे बोले, "भैया ने मुझे एक ओर खड़े होकर रोते देखा, तो इशारे से पास बुलाकर बोले, 'क्या तू भी भेड़-बकरियों के दल में शामिल हो गया? काहे को रिरियाता है, शेर बन, शेर। हां, मेरी ओर देख, राज्य करने के लिए जिन विदेशियों ने हमें रौंदना अपना धर्म बना रखा है, उन दुष्टों को इस धरती से निकाले बिना तू सुख की नींद नहीं सोयेगा।' बस, यह कहकर भैया ने प्राण त्याग दिये। भारती! आश्चर्य की बात यह है कि गोली लगने के बाद भैया चार घण्टे तक जिये, किन्तु उन्होंने एक बार भी 'उफ़' या 'आह' नहीं की। वे सिंह बनकर जिये और सिंह बनकर मरे। उस दिन कितने महान् बलिदानी ने इस संसार से विदा ली, इसे केवल मैं ही जानता हूं या फिर मेरे अन्तर्यामी जानते होंगे!"

भारती चुपचाप सुनती हुई स्थिर बनी बैठी रही। उसने सोचा कि यदि देखा जाये, तो उसमें अनोखा अथवा आश्चर्यजनक कुछ भी नहीं। आये दिन डकैतों द्वारा कितने ही निर्दोष एवं निरीह ग्रामीणों की हत्या के समाचार पढ़ने-सुनने को मिलते रहते हैं। ऐसी घटनाओं को कोई किसी प्रकार का महत्त्व नहीं देता। उलटे ऐसी घटनाओं को साधारण मानकर आया-गया कर दिया जाता है, किन्तु डॉक्टर-जैसे पाषाण-हृदय व्यक्ति पर इस प्रकार गहरा प्रभाव डालने वाली यह घटना अवश्य विशिष्ट बन गयी है। भारती ने गहरी दृष्टि से डॉक्टर के मुख पर देखा, तो उसके हृदय की गहन और सम्पूर्ण वेदना को वहां अंकित पाया। वह सोचने लगी कि क्या डॉक्टर के गहन-असीम दुःख का कारण केवल महन्त और भैया की शोचनीय मृत्यु है? उसे स्पष्ट प्रतीत हुआ कि नहीं, ऐसा कदापि नहीं। वस्तुतः इसका कारण था—आत्मरक्षा में समर्थ होने पर भी कुछ न कर पाने की विवशता, प्रशासन की निर्मम उपेक्षा तथा कर्तव्य की अवज्ञा। वस्तुतः विदेशी शासन के सामने भारतीयों के जीवन का कोई मूल्य और महत्त्व नहीं था। प्रजा के प्रति राजा के इस सौतेले व्यवहार ने डॉक्टर को उद्विग्न एवं परेशान बना रखा था। मरने वाले ये दो व्यक्ति, तो केवल उदाहरण मात्र थे, अन्यथा राजा की उपेक्षा का पात्र तो सारी प्रजा बनी हुई थी। इससे किसी भी सजग देशभक्त का दुःख और ग्लानि से व्यथित होना स्वाभाविक था।

डॉक्टर के चेहरे पर व्याप्त और घनीभूत वेदना को सहन न कर सकी भारती सहसा चीत्कार कर उठी, "भैया!"

डॉक्टर ने गरदन उठाकर चकित होते हुए पूछा, "क्या मुझे पुकार रही हो?"

भारती ने कहा, "हां।" फिर बोली, "क्या अंगरेजों के साथ आपका समझौता

नहीं हो सका?''

''नहीं, उनसे बढ़कर इस संसार में भारतीयों का कोई दूसरा शत्रु हो ही नहीं सकता।''

भारती भीतर से हिल गयी और खिन्न कण्ठ से बोली, ''तुम किसी से शत्रुता कर सकते हो अथवा किसी का अहित कर सकते हो, इसकी मैं कभी कल्पना भी नहीं कर सकती।''

डॉक्टर कुछ देर तक चुपचाप भारती के चेहरे पर देखते रहे, फिर मुसकराते हुए बोले, ''तुम मेरे प्रति इस प्रकार की सद्भावना रखती हो, इसके लिए मैं तुम्हें आशीर्वाद देता हूं और तुम्हारा धन्यवाद भी करता हूं।'' कुछ देर विचारमग्न और मौन रहकर डॉक्टर फिर बोले, ''किन्तु हमें यह कभी नहीं भूलना चाहिए कि जब से हमारा देश अंगरेजों के हाथ में गया है, तब से हम भारतीयों के नैतिक पतन की गति निरन्तर बढ़ती गयी है। यह देश मुसलमानों के भी अधीन रहा है, किन्तु अंगरेजों-जैसा मानवता का इतना बड़ा शत्रु विश्व में कोई दूसरा शासक कहीं नहीं मिलेगा। मनुष्य को पशु-स्तर पर लाना और उसका सब प्रकार से शोषण करना, इन अंगरेजों के रक्त में बसा संस्कार एवं धर्म है। यही इनकी वृत्ति है, यही इनका धन्धा है, यही इनका व्यवसाय है और यही इनका लक्ष्य है। विश्व के सभी मनुष्यों को इस सत्य से परिचित कराना आवश्यक है।''

नीचे लगी घड़ी ने चार बजाये। सामने खुले जंगले के बाहर अभी काफ़ी गहरा अंधेरा फैला हुआ था। उस अंधेरे में दृष्टि गड़ाकर बैठी भारती न जाने किस सोच में डूबी थी। डॉक्टर ने अंगरेजों की जिस आधार पर भर्त्सना की थी, उस लाञ्छन को सत्य मानते हुए, वह सम्पूर्ण अंगरेज जाति को एक लाठी से हांके जाने के पक्ष में अपना मन स्थिर नहीं कर पा रही थी।

: 19 :

कल पूरी रात भारती सो नहीं सकी थी, इसलिए वह तन और मन से अपने को अस्वस्थ अनुभव कर रही थी। आज यथाशीघ्र खाना-पीना निपटाकर पिछली रात की नींद की कमी को पूरा करने, अर्थात् समय से पूर्व ही सो जाने की योजना बना रही थी। वह सायंकाल से ही रसोई बनाने में जुटी थी कि इस बीच उसके दल का एक व्यक्ति सुमित्रा के हाथ का लिखा एक पंक्ति का पत्र लेकर आया, जिसमें सभी आवश्यक-अनावश्यक कार्यों को छोड़कर इसी समय पत्रवाहक के साथ चले आने का अनुरोध था।

सुमित्रा के आदेश को न मानने का कोई प्रश्न ही उत्पन्न नहीं होता था, फिर भी आश्चर्य और उत्सुकता प्रकट करते हुए भारती ने उस व्यक्ति से पूछा, ''सुमित्राजी

अचानक किसी कष्ट में तो नहीं पड़ गयीं?''

उत्तर मिला, ''नहीं।''

नीचे उतरकर दरवाज़े के सामने जानी-पहचानी किराये की गाड़ी को खड़ा देखकर भारती और भी आश्चर्य में पड़ गयी; क्योंकि सुमित्रा के घर पर पहुंचने के लिए गाड़ी की अपेक्षा नहीं रहती। केवल तीन मिनट पैदल चलकर ही वहां पहुंचा जा सकता है। लेकिन गाड़ी जानी-पहचानी थी, किन्तु गाड़ीवान बदला हुआ था। उसे देखने से यह नहीं लगता था कि वह पेशेवर गाड़ीवान है। अत्यधिक आश्चर्यचकित भारती ने पूछा, ''हीरासिंह! सुमित्राजी कहां हैं? सब कुशल तो है?''

पंजाबी सिख हीरासिंह हांगकांग में पुलिस की नौकरी में था और अब वह रंगून के तारघर में प्यादा के रूप में नियुक्त है। वह समिति का सदस्य नहीं था, किन्तु फिर भी समर्पित देशभक्त होने के कारण अत्यन्त विश्वस्त था। उसने चुपके से कहा, ''यहां से लगभग चार मील की दूरी पर आयोजित एक अत्यन्त आवश्यक एवं गुप्त सभा में आपको भाग लेना है।'' उसके पश्चात् भारती बिना कुछ पूछताछ किये, चुपचाप गाड़ी में बैठ गयी और हीरासिंह अपनी सरकारी यूनीफ़ार्म में साइकिल पर दूसरे मार्ग से चल दिया। रास्ते में भारती के मन में बार-बार लौटकर रिवाल्वर ले लेने का विचार आया, किन्तु देरी हो जाने की आशंका से वह आगे बढ़ती गयी। अपने विचार पर अमल न कर सकी। इस प्रकार आत्मरक्षा के किसी शस्त्र को हाथ में लिये बिना, एक प्रकार से अरक्षित रहकर ही उसे अनिश्चत स्थान की ओर प्रस्थान करना पड़ा। गाड़ी के भीतर बैठी होने पर भी भारती को गाड़ी के बार-बार मुड़ने का पता चल रहा था। इसके अतिरिक्त रास्ते का ऊंचा-नीचा और ऊबड़-खाबड़ होना भी उससे छिपा न रहा। इस सबसे उसे यह अनुमान लगाते देर न लगी कि सम्भवतः गाड़ी शहरी सड़क को छोड़कर देहात के कच्चे रास्ते पर चल रही है, किन्तु अभी तक वह गन्तव्य स्थान के सम्बन्ध में निश्चित नहीं थी। घड़ी पास में न होने के कारण ठीक से समय जानना भी सम्भव नहीं था, फिर भी अनुमान से दस-साढ़े दस बजे के आसपास गाड़ी एक बग़ीचे में जाकर रुकी। हीरासिंह भी वहां पहुंच चुका था, उसी ने गाड़ी का दरवाज़ा खोला। आस-पास खड़े विशाल वृक्षों के कारण रात का अंधेरा और अधिक घना हो गया था। यहां तक कि दायें हाथ को बायां हाथ न दिखने का मुहावरा यथार्थ बन गया था। बग़ीचे की घास भी काफ़ी लम्बी और घनी थी, जिसके बीच पतली-सी पगडण्डी थी। हीरासिंह लैम्प की रोशनी दिखा रहा था और संभलकर साइकिल चला रहा था। उस ख़तरनाक राह पर रात के अंधेरे में अकेली और निहत्थी आने के अपने निर्णय के लिए भारती अपने को बार-बार कोसने लगी।

थोड़ी देर में दोनों एक टूटे-फूटे पुराने खंडहर में पहुंचे। अंधेरे में उसकी हलकी-सी झलक पाते ही भारती समझ गयी कि यह स्थान कभी प्राचीनकाल में बौद्ध भिक्षुओं का मठ रहा होगा। यहां बौद्ध श्रमण साधना करते होंगे, किन्तु आज बहुत दिनों से उनके

द्वारा छोड़ा और उजाड़ा पड़ा 'चाउंग' है। इसका अर्थ है कि इसके आसपास कोई बस्ती नहीं है।

मकान बहुत बड़ा था, किन्तु कोई खिड़की, दरवाज़ा, जंगला आदि कुछ नहीं था। लगता था कि जिसके हाथ जो लगा, वह चुरा-उठाकर ले गया। इस सुनसान जंगल में खड़े इस मठ में न कोई आदमी था और न ही किसी प्रकार के प्रकाश की व्यवस्था थी। सामने के कमरे में उछल-कूद करते चूहों और चमगादड़ों की दुर्गन्ध से भारती का सिर फटने लगा। वह सोचने लगी यदि इसी कमरे से गुज़र कर जाना है, तो क्या पता विषैले सांप-बिच्छुओं से भी भेंट करनी पड़ जाये?

हॉल कमरे के एक कोने में ऊपर जाने की लकड़ी की सीढ़ी है, जिसके कुछ तख़्ते गल जाने से आधे-अधूरे रह गये हैं। हीरासिंह के हाथ को थामे भारती संभलकर उस टूटी-फूटी सीढ़ी से ऊपर चढ़ गयी और कठिनाई से निर्दिष्ट स्थान पर पहुंचने में सफल हो सकी।

सभास्थल वाले कमरे में एक चटाई बिछी थी, दो मोमबत्तियां जल रही थीं और सभानेत्री के आसन पर सुमित्रा बैठी थी। उसी के पास बैठे डॉक्टर ने भारती को आया देखकर उसका स्वागत करते हुए उससे अपने पास आकर बैठने का अनुरोध किया।

किसी अज्ञात आशंका से धड़कती छाती को संभाले और बिना कुछ बोले भारती डॉक्टर बाबू के समीप जाकर चुपचाप बैठ गयी। डॉक्टर ने अपना बायां हाथ भारती के कन्धे पर रखा, जो एक प्रकार से भारती को आश्वस्त करने का संकेत था। हीरासिंह दरवाज़े के पास ही खड़ा रहा, भीतर नहीं आया। भारती ने उपस्थित लोगों पर नज़र डाली, तो उनमें से पांच-छह व्यक्ति उसे एकदम अपरिचित लगे। चार आदमी परिचित थे, डॉक्टर बाबू, सुमित्रा, कृष्ण अय्यर और तलवलकर। एक भीषण आकृति वाले व्यक्ति ने गेरुए रंग का चोग़ा पहन रखा था और उसी रंग का साफ़ा बांध रखा था। उसका चेहरा बड़ी हंडिया-जैसा गोल, शरीर गैंडे-जैसा स्थूल, मांसल और कर्कश, नेत्र गन्दे-फटे और भद्दे, उन पर भौहों का कोई चिह्न तक नहीं, मूंछें सींक के समान सीधी खड़ी हुई और रंग तांबे-जैसा था। इन लक्षणों से वह प्रथम दृष्टि में ही अनार्य मंगोलियन प्रतीत होता था। भारती चाहकर भी उस डरावनी और घृणोत्पादक आकृति पर अपनी दृष्टि स्थिर न कर सकी। दो-एक मिनट तक सारे कमरे में एकदम चुप्पी और ख़ामोशी छायी रही। सुमित्रा ने भारती को सम्बोधित करते हुए कहा, "मैं तुम्हारे मनोभावों से परिचित होने के कारण तुम्हें बुलाना नहीं चाहती थी। मुझे अब भी पूर्ण विश्वास है कि अपूर्व के प्रति तुम्हारा दृष्टिकोण दुराग्रहपूर्ण और पक्षपातयुक्त रहेगा, किन्तु डॉक्टर साहब के हठ के कारण तुम्हें यहां बुलाया गया है। जानती हो, तुम्हारे अपूर्व ने क्या किया है?"

भारती पहले ही ऐसी किसी अनिष्ट की आशंका से अपने को विचलित-व्यथित अनुभव कर रही थी। सुमित्रा के वचन को सुनते ही उसका गला सूख गया और चेहरा एकदम सफ़ेद पड़ गया। उसके मुंह से शब्द न निकल पाने के कारण वह करुण दृष्टि

से सुमित्रा की ओर देखने लगी।

सुमित्रा ने कहा, "अपूर्व की रिपोर्टिंग पर बोथा कम्पनी ने रामदास को नौकरी से निकाल दिया है। अपूर्व का भी डिसमिस होना निश्चित था, किन्तु पुलिस कमिश्नर के सामने हम लोगों द्वारा सफ़ाई दिये जाने से उसकी नौकरी बच गयी। हमने सोचा कि हाथ आयी इतनी बड़ी नौकरी—शायद पांच सौ रुपल्ली प्रतिमाह मिलते होंगे—को गंवाना ठीक नहीं।"

रामदास ने समर्थन में अपनी गरदन हिला दी।

"भारती! हम सब लोग विद्रोही हैं, बिना लाइसेंस पिस्तौल आदि छिपाकर रखते हैं। ये सारी बातें अपूर्व ने पुलिस को बतायी हैं। अब तुम ऐसे *इन्फ़ॉर्मर* के लिए किस दण्ड का सुझाव देती हो?"

भीषण आकृति वाला सज्जन ऊंचे स्वर में चिल्लाकर बोला, "*डैथ*।" भारती ने उस पर दृष्टि डाली, तो उसे देखती रह गयी।

रामदास ने कहा, "अपूर्व ने पुलिस को यह भी बताया है कि डॉक्टर बाबू ही सव्यसाची हैं और उन्हें होटल की अमुक कोठरी से पकड़ा जा सकता है। मेरे सम्बन्ध में भी अपूर्व ने पुलिस को बताया है कि दो साल पहले मैं एक राजनीतिक अपराध में दण्ड भुगत चुका हूं।"

सुमित्रा ने कहा, "भारती! डॉक्टर के पकड़े जाने के परिणाम से तुम अपरिचित नहीं हो। पकड़े जाने पर इन्हें फांसी मिलना निश्चित है और यदि किसी चमत्कार से बचाव हो भी गया, तो इस देश में रहने देने का तो प्रश्न ही उत्पन्न नहीं होता।" यह कहकर सुमित्रा उपस्थित लोगों की ओर उन्मुख होकर बोली, "बन्धुओ! आपके विचार में इस अपराध के लिए क्या दण्ड मिलना चाहिए।"

सबका सर्वसम्मत एवं सामूहिक उत्तर था, "*डैथ*।"

सुमित्रा ने पूछा, "भारती! तुम क्या कहती हो?"

भारती इतनी अधिक घबरा गयी थी कि वह कुछ बोल नहीं पा रही थी। बड़ी कठिनाई से उसने संकेत से सूचित किया कि उसे कुछ नहीं कहना है।

वह भयानक व्यक्ति अब बंगला भाषा का प्रयोग करने लगा। अपने उच्चारण से वह चटगांव की ओर का लगता था। वह बोला, "मृत्युदण्ड देने का भार मैं लेने को तैयार हूं। इसके लिए मुझे किसी शस्त्रास्त्र—बन्दूक, पिस्तौल, छुरा-चाकू आदि—के प्रयोग की कोई आवश्यकता नहीं। मेरा कभी व्यर्थ न जाने वाला शस्त्र, तो मेरा यह पंजा है।" यह कहते हुए उसने अपने हाथ के भारी पंजे को हवा में हिलाया। दरवाज़े की ओर देखते और हीरासिंह को सम्बोधित करते हुए कृष्ण अय्यर बोला, "इस बाग़ के उत्तरी कोने में एक अन्धा कुआं है। लाश को उसमें डालकर काफ़ी मिट्टी डालनी होगी, ताकि दुर्गन्ध बाहर न आये। इसके अतिरिक्त कुएं के मुंह को थोड़ा चौड़ा करके उसे सूखी डाल-पत्तियों से भर देना होगा, ताकि किसी प्रकार के गढ़े के होने का सन्देह न रहे।"

हीरासिंह ने कहा, "आप लोग चिन्ता न करें। कहीं किसी प्रकार की कोई त्रुटि नहीं छोड़ूंगा।"

इस प्रकार न्यायाधीश के रूप में उपस्थित सभासदों ने पांच-सात मिनटों में ही अपूर्व के अपराध का दण्ड निश्चित करके घोषित कर दिया। विचारकों का निर्णय एकदम स्पष्ट, संक्षिप्त और सर्वसम्मत था। कहीं किसी प्रकार का कोई मतभेद अथवा विरोध नहीं था। भारती ने सब सुना, किन्तु उसे लगा, मानो सुनकर भी उसने कुछ नहीं सुना। उसका मन अशान्त था और दिमाग़ चकरा रहा था। वह जिसे बोलता देखती, पागलों की तरह कातर दृष्टि से उसे ही देखने लगती। वह समझ नहीं पा रही थी कि यह सब क्या हो रहा है लेकिन इतना वह समझ गयी कि अपूर्व का अपराध सचमुच ही अक्षम्य है और उपस्थित सभी लोग उसकी हत्या के लिए तैयार हैं। उसे यह भी समझ आ गया कि इस देश में उसके सामने प्राणों का संकट उपस्थित है, किन्तु उसके आश्चर्य का विषय यह था कि संकट इतने समीप आ पहुंचा है, इसका उसे अनुमान नहीं था।

सुमित्रा के संकेत से उठकर खड़ा हुआ एक व्यक्ति बाहर गया और फिर भारती ने जो देखा, उसकी उसने कभी दुःस्वप्न के रूप में भी कल्पना न की होगी। वह आदमी अपूर्व को लेकर आया। अपूर्व के दोनों हाथ पीछे की ओर रस्सी से ख़ूब कसकर बांधे हुए थे और उसकी कमर में बंधा भारी पत्थर लटक रहा था। इस दृश्य को देखते ही मूर्च्छित हुई भारती अपने को संभालने में असमर्थ होने से डॉक्टर पर लुढ़क पड़ी। सब का ध्यान अपूर्व की ओर होने से भारती की इस स्थिति पर किसी की दृष्टि नहीं गयी।

भारती के आने से पहले ही अपूर्व से स्पष्टीकरण मांगा जा चुका था। उसने सब कुछ स्वीकार किया और बताया कि उसके अपने ऑफ़िस के मुख्य अधिकारी को और पुलिस के उच्चाधिकारी को 'अधिकार समिति' के सम्बन्ध में ज्ञात गुप्त सूचनाएं सम्प्रेषित की हैं, किन्तु उसने देशद्रोह का यह कुकर्म क्यों किया, इसे वह अब भी नहीं जानता था, अतः कुछ कहने में असमर्थ था।

रामदास ने प्रातः दस बजे अपूर्व के कुकर्म की सूचना सुमित्रा को दी, फिर दण्ड निर्धारित कर दिया गया और अपूर्व को निम्नोक्त ढंग से अपनी गिरिफ़्त में लिया गया।

यह सोचा गया कि इतनी बड़ी घटना के बाद डरपोक अपूर्व पैदल चलकर घर कभी नहीं जायेगा। अतः हीरासिंह की सहायता से इस जाल में फंस गया। गाड़ीवान ने थोड़ी दूर आगे बढ़ने पर सीधे मार्ग के बन्द होने का बहाना बनाकर घूमकर जाने की बात कही, जिसे अपूर्व को मानना ही था। अपूर्व निश्चिन्त होकर गाड़ी में आराम करने लगा और घण्टे-भर बाद उसने पिस्तौल हाथ में लिये हीरासिंह द्वारा अपने को बन्धक बनाकर किसी अज्ञात स्थान को ले जाते हुए देखा।

सुमित्रा ने कहा, "अपूर्व बाबू! हमने आपके अपराध के लिए आपको मृत्युदण्ड देने का निश्चय किया है। क्या आपको इस सम्बन्ध में कुछ कहना है ?"

अपूर्व ने सिर हिलाकर कहा, "नहीं।" उसके मुंह पर देखने से स्पष्ट था कि वह

एकदम किंकर्तव्यविमूढ़ हो चुका है। उसे स्वयं को मालूम ही नहीं था कि उसके सामने उसके सम्बन्ध में यह सब क्या हो रहा है।

डॉक्टर बाबू अब तक ख़ामोश बैठे थे। पीछे की ओर मुड़कर हीरासिंह से बोले, "तुम्हारी पिस्तौल कहां है?"

हीरासिंह ने सुमित्रा की ओर संकेत किया, तो डॉक्टर ने सुमित्रा को सम्बोधित करते हुए कहा, "ज़रा पिस्तौल दिखाना।"

सुमित्रा ने बेल्ट में बंधी पिस्तौल खोलकर डॉक्टर के हाथ में थमा दी।

डॉक्टर ने पूछा, "क्या उपस्थित महानुभावों में से किसी और ने भी पिस्तौल अथवा रिवॉल्वर-जैसा कुछ ले रखा है?"

किसी के पास कोई शस्त्र नहीं, डॉक्टर बाबू को यह बता दिया गया। डॉक्टर ने पिस्तौल को अपनी जेब में रखा और सुमित्रा से कहा, "हमने अपूर्व को मृत्युदण्ड दिया है। तुम्हारे इस हम में भारती सम्मिलित नहीं है न?"

सुमित्रा ने भारती के चेहरे पर दृष्टि गड़ाकर कहा, "भारती यह कर ही नहीं सकती।"

डॉक्टर ने कहा, "मृत्युदण्ड देना भी नहीं चाहिए। क्यों भारती?"

भारती अपने मुंह से एक शब्द भी न निकाल सकी। लुढ़कती हुई वह डॉक्टर की गोदी में मुंह छिपाकर सुबकने लगी।

भारती के सिर पर हाथ फेरते हुए डॉक्टर ने कहा, "इसमें कोई सन्देह नहीं कि अपूर्व का अपराध अक्षम्य है और उसके किये को अनदेखा नहीं किया जा सकता। उसके किये का फल हमें भुगतना ही पड़ेगा। अपूर्व को दण्डित करने पर भी और दण्डित न करने पर भी। मेरा सुझाव है कि अपूर्व को दण्ड न दिया जाये। इस दुर्बल व्यक्ति को सबल बनाने का भार भारती को सौंप दिया जाये। क्यों सुमित्रा! इस विषय में तुम्हारी क्या राय है?"

सुमित्रा बोली, "मैं आपसे सहमत नहीं।"

उपस्थित सभी सदस्य एक स्वर में बोले, "क्षमा नहीं, बिल्कुल नहीं।"

भद्दा, बेडौल आदमी, तो और भी अधिक उछला और अपने हाथ के पंजे को भारती को दिखाता तथा हवा में उछालता हुआ वह कुछ ऐसा बोल गया, जो अच्छा हुआ कि दूसरों को सुनाई नहीं दिया।

सुमित्रा ने कठोरता से और दृढ़स्वर में कहा, "हमारा यह निर्णय सर्वसम्मत है। इतने बड़े अपराध को अनदेखा करने का परिणाम यह होगा कि दल में पनपी अनुशासनहीनता को नियन्त्रित नहीं किया जा सकेगा।"

डॉक्टर ने कहा, "यदि थोड़ी-सी शिथिलता आती है, तो आने दो।"

सुमित्रा के साथ सभी उपस्थित सदस्य चिल्लाकर बोले, "देश की स्वतन्त्रता के आड़े आने वाले किसी व्यक्ति को दण्ड न देना स्वयं अपराध में भागीदार बनना है। इतने

लोगों के सामने आप अकेले की हम नहीं चलने देंगे।"

लोगों की चिल्ल-पों के शान्त हो जाने पर डॉक्टर असाधारण रूप से शान्त और संयत वाणी में बोले, "मैं जानता हूं कि अपराध अक्षम्य है और इसे अनदेखा करने का परिणाम भी शुभ नहीं, पुनरपि जब मैं कुछ कह रहा हूं, तो सोच-विचार कर ही कह रहा हूं। तुम सब यह जानते हो कि मैं तुम सबसे अधिक समझदार हूं और कभी देश के विरुद्ध नहीं जा सकता तथा बेतुकी बात नहीं करता।"

इसके उपरान्त अधिक उछल-कूद मचाते उस भयंकर रूप-रंग वाले व्यक्ति को सम्बोधित करते हुए डॉक्टर बाबू बोले, "बिरजू! एक बार पहले भी तुम मुझे बाटविया में अपनी उद्दण्डता के लिए दण्डित करने के लिए विवश कर चुके हो, अब इसकी आवृत्ति न होने देना तुम्हारे अपने ही हित में होगा।"

भारती डॉक्टर की गोदी में सिर छिपाये ज्यों की त्यों पड़ी थी। उसका शरीर थर-थर कांप रहा था। डॉक्टर ने उसकी पीठ पर स्नेह का हाथ रखते हुए कहा, "भारती! धीरज रखो। मैं अपूर्व को अभयदान देता हूं।"

भारती ने फिर भी सिर ऊपर नहीं उठाया। वास्तव में पूरा भरोसा करने योग्य कुछ था ही नहीं। डॉक्टर के हाथ को अपने हाथ में थामती हुई वह बोली, "किन्तु इन लोगों ने उसे क्षमा नहीं किया।"

डॉक्टर बाबू बोले, "क्षमा करना इतना आसान भी नहीं, किन्तु फिर भी ये इतना समझते हैं कि मेरे विरुद्ध कभी नहीं जा सकते। मैंने जिसे अभयदान दे दिया, उसका कोई बाल भी बांका नहीं कर सकता। भारती! यह ठीक है कि मुझे न ठीक ढंग से खाने को मिलता है और न ही मैं ठीक ढंग से सो पाता हूं, फिर भी, इन हाथों से बिरजू के फ़ौलादी पंजे को तोड़ने का सामर्थ्य रखता हूं। क्यों बिरजू, सच कहता हूं या ख़ाली डींग हांकता हूं?"

बिरजू का चेहरा एकदम काला-स्याह पड़ गया। डॉक्टर बोले, "भारती! मैं जानता हूं कि अपूर्व देशद्रोही नहीं, वह देश से अत्यधिक प्रेम करता है, किन्तु उसका आचरण...। छोड़ो, किन्तु अब उसे यहां नहीं रहना है, देश को लौट जाना है। अपूर्व को दृढ़ और सबल बनाने का भार तुम्हें सौंप दिया, किन्तु मुझे विश्वास नहीं कि तुम उसे सुधार सकोगी। घर जाते ही वह इस सबको भूल जायेगा। उसे कुछ भी स्मरण नहीं रहेगा। चलो, बाद की बाद में देखी जायेगी, अभी, तो सभानेत्री से सभा भंग करने का अनुरोध करना है।" यह कहकर डॉक्टर सुमित्रा की ओर देखने लगे।

सुमित्रा डॉक्टर बाबू का बड़ा सम्मान करती थी और उन्हें आप कहकर सम्बोधित करती थी, किन्तु वह डॉक्टर के निर्णय से सहमत न हो सकी। फिर भी शिष्टता की रक्षा करते हुए बोली, "जहां एक व्यक्ति के मत के सामने बहुमत का कोई असर नहीं, उस सभा को मैं सभा नाम देना ही उचित नहीं समझती। आपको यदि इस प्रकार का अभिनय करना था, तो फिर पहले ही बता देते। सभा के आयोजन का झंझट क्यों करना पड़ता?"

डॉक्टर ने सहज भाव से उत्तर दिया, "सुमित्रा! क़ानून अन्धा होता है, उसके प्रयोग के लिए विवेक के चक्षु अपेक्षित होते हैं। फिर भी किसी कार्य के शुभ-अशुभ होने की जांच उससे निकलने वाले परिणाम से की जाती है। इस दृष्टि से यदि मेरे अभिनय का परिणाम अच्छा निकला है, तो मुझे अपने व्यवहार को अभिनय नाम देने में कोई आपत्ति नहीं।"

रामदास ने कहा, "मैं स्वप्न में भी नहीं सोच सकता था कि अपूर्व बाबू ऐसा कुछ कर सकते हैं ?"

डॉक्टर ने कहा, "तलवलकर! प्रगाढ़ मैत्री इतनी क्षणभंगुर हो सकती है—इसकी तुमने कभी कल्पना की थी ? किन्तु संसार में ऐसा भी होता है। यह तथ्य तुम्हारे सामने है।"

कृष्ण अय्यर ने कहा, "अब हम बर्मा में कोई गतिविधि नहीं कर सकेंगे। कोई नया कार्यक्षेत्र चुनना होगा।"

डॉक्टर ने कहा, "हां, स्थान बदलना होगा, किन्तु स्थान छोड़ना और गतिविधि छोड़ना दोनों एक बात नहीं। मिस्टर अय्यर! यदि एक स्थान पर अधिक समय तक सुविधा उपलब्ध नहीं हो, तो इसके लिए कुढ़ते रहना और शिकायत करते रहना उचित नहीं।" यह कहकर डॉक्टर भारती को उठने के लिए कहते हुए स्वयं भी उठ खड़े हुए। हीरासिंह से अपूर्व को बन्धनमुक्त करने के लिए कहने के उपरान्त डॉक्टर बाबू भारती से बोले, "चलो, तुम दोनों को सुरक्षित पहुंचा दूं।"

हीरासिंह अपूर्व की ओर बढ़ा ही था कि सुमित्रा ने कठोर वाणी में उसे रोकते हुए कहा, "नाटक के इस अन्तिम दृश्य में तालियां बजाने का मन करता है। यह कोई नयी बात नहीं। बचपन में शायद मैंने किसी उपन्यास में पढ़ा था, किन्तु यहां थोड़ी-सी कमी रह गयी है, उसे भी पूरा कर दीजिये। परदा गिराने से पहले मंच पर दो प्रेमियों का मिलन भी हो जाता, तो दृश्य पूर्ण एवं सजीव बन जाता।"

सुमित्रा के इस कथन को सुनते ही भारती इस प्रकार लज्जित हो गयी कि काटो, तो ख़ून नहीं।

डॉक्टर ने सहज भाव से कहा, "भारती! इसमें लज्जित होने की क्या बात है ? मैं चाहता हूं कि इसे अभिनय समझने वाले अपने मन की कर लें, तो अच्छा है। इससे उनके भीतर की भड़ास निकल जाने से उनके मन के रुग्ण होने की आशंका भी दूर हो जायेगी।" इसके उपरान्त सुमित्रा का पिस्तौल उसे सौंपते हुए डॉक्टर बाबू बोले, "मैं इन्हें सुरक्षित स्थान पर पहुंचाने जा रहा हूं। चिन्ता की कोई बात नहीं, मेरे पास दूसरी पिस्तौल है।" इसके पश्चात् ब्रजेन्द्र की ओर देखते हुए डॉक्टर ने कहा, "तुम लोग अंधेरे में भी देख सकने की मेरी सामर्थ्य को उपहास के रूप में लेते थे, आज मैंने इसे भी सिद्ध कर दिखाया है।" इसके पश्चात् वह अपूर्व और भारती को गुप्त संकेत देकर उन्हें साथ लेकर चलने को तैयार हो गये।

अकस्मात् खड़ी हुई सुमित्रा ने कर्कश स्वर में कहा, "क्या फांसी का फन्दा अपने हाथ से अपने गले में डाले बिना काम नहीं चल सकता था?"

डॉक्टर ने हंसते हुए कहा, "इस प्रकार के छोटे-मोटे फन्दों से डर गये, तो जीवन की गाड़ी आगे कैसे बढ़ेगी?"

किसी काम से व्यक्ति को रोकने के लिए प्रायः मृत्यु का भय दिखाना सार्थक सिद्ध होता है, किन्तु इस तथ्य की विफलता को देखकर सुमित्रा अपने को लज्जित अनुभव करने लगी। वह अत्यन्त व्याकुल होकर बोली, "अब तक का सारा उद्यम गुड़-गोबर हो गया, अब फिर कब भेंट होगी?"

डॉक्टर ने कहा, "जब आवश्यकता होगी, तब हो जायेगी।"

"क्या इस समय ऐसी आवश्यकता नहीं है?"

"होती, तो भेंट अवश्य हो जाती।"

यह कहते हुए चौकन्ने हुए डॉक्टर उन दोनों को साथ लेकर सीढ़ी से नीचे उतर गये।

भारती को लाने वाली गाड़ी अभी तक नीचे खड़ी थी। गाड़ीवान को जगाकर तीनों उसमें बैठ गये और गाड़ीवान को चलने का आदेश दिया। अब तक सहमी बैठी भारती ने साहस करके पूछा, "हम किधर जा रहे हैं?"

"अपूर्व के घर," कहते हुए डॉक्टर खिड़की से सिर निकालकर घने-गहरे अन्धकार में देखने लगे। दो मील चुपचाप चलने के पश्चात् डॉक्टर बाबू को उतरता देख भारती ने चकित होकर पूछा, "यहां कैसे?"

"अब लौटना होगा, वे सब प्रतीक्षा में होंगे, कुछ निर्णय, तो लेना ही होगा।" डॉक्टर ने कहा।

"कैसा निर्णय?" व्याकुलता से डॉक्टर के हाथ को पकड़ती भारती ने पूछा। "आपको मेरे साथ चलना होगा, आप मुझे बीच में नहीं छोड़ सकते।" यह कहते हुए वह झिझक में पड़ गयी; क्योंकि डॉक्टर का कुछ कहना उनके निश्चय का सूचक होता है और अपने निश्चय को कार्यरूप देने में उन्हें कोई भी रोक नहीं सकता। यह जानती हुई भी मनुहार करती हुई भारती बोली, "भैया! मुझे आपकी बड़ी भारी आवश्यकता है।"

"मैं जानता हूं," डॉक्टर ने कहा। फिर अपूर्व से पूछा कि क्या वह परसों के जहाज़ से देश लौटना चाहेगा?

अपूर्व ने अपनी स्वीकृति में गरदन हिला दी।

भारती विक्षिप्त-सी होकर बोली, "भैया! अभी मुझे एक बार अपने घर जाना है।"

डॉक्टर ने गरदन हिलाकर मना कर दिया और बोले, "तुम्हें अपने घर जाने की कोई आवश्यकता नहीं। नवतारा ने अब तक तुम्हारे घर पर पड़े सारे रिकार्ड, समिति

के रजिस्टर तथा तुम्हारा पिस्तौल और कारतूस आदि सब कुछ वहां से हटा दिया होगा। प्रातःकाल पुलिस पार्टी को घर की तलाशी के लिए आना है। उस पार्टी में शायद अतुल भी शामिल होगा। पुलिस के हाथ में देसी शराब की बोतल और टूटे बक्से के सिवा और कुछ नहीं लगना है। कल नौ-दस बजे के बाद तुम्हारा घर लौटना ठीक रहेगा। उस समय आराम से रसोई बनाना, खाना-पीना और लेटना आदि सम्भव हो सकेगा। मैं तुम्हारे घर पर रात के दो-तीन बजे आऊंगा। मेरे खाने-पीने के लिए भी कुछ जुगाड़ करके रखना। अच्छा, मैं चला।''

भारती चकित रह गयी। वह मन-ही-मन कहने लगी, 'बताइये, क्या बिना सावधान हुए कोई इस प्रकार मौत के कुएं में छलांग लगाने की सोच भी सकता है?' फिर डॉक्टर बाबू की ओर देखकर बोली, ''भैया! मेरा इस संसार में अपना कहलाने वाला कोई भी नहीं। तुम कभी ग़लती नहीं करते और तुम्हारी दृष्टि से कुछ ओझल भी नहीं हो पाता। इसके अतिरिक्त तुम सबके हित की चिन्ता भी करते हो। देखो, मुझे 'अधिकार समिति' से बाहर न निकाल देना। इससे मैं एकदम अकेली पड़ जाऊंगी।''

अंधेरे में जाते डॉक्टर ने भारती को बार-बार तसल्ली देते हुए कहा, ''भगवान् के काम में कोई किसी को अलग नहीं कर सकता, किन्तु हां, तुम्हें अब इसमें बने रहने के लिए अपनी दशा और दिशा बदलनी होगी।''

''इसके निर्देशन का दायित्व भी मैं तुम पर छोड़ती हूं।'' भारती बोली।

डॉक्टर ने तेज़ी से अंधेरे में कदम बढ़ाते हुए कहा, ''अभी इस विषय पर चर्चा के लिए समय नहीं। अच्छा, मैं चला।''

यह कहते हुए डॉक्टर महाशय कुछ देर में ही अन्धकार में विलीन होते हुए अदृश्य हो गये।

: 20 :

गाड़ी के चलते ही गाड़ीवान को अपूर्व के घर का पता बताने के लिए भारती ने मुंह खोला ही था कि गाड़ीवान अंगरेजी में बोला, 'आई नो, आई नो।' गाड़ी में सीट छोटी होने से भारती और अपूर्व एक-दूसरे से सटे बैठे थे। गाड़ीवान की अंगरेजी सुनकर अपूर्व पसीने-पसीने हो गया। भारती ने उसकी घबराहट को स्पष्ट रूप से अनुभव किया। गाड़ी शोर मचाती चलती रही और दोनों एक-दूसरे से बिना कुछ बोले चुपचाप दुबककर बैठे रहे। पथरीले रास्ते पर चलती गाड़ी के पहियों से उठते कर्कश-कठोर शब्द से भी अपूर्व रह-रहकर कांप उठता था। उसे लोगों से आंख मिलाने का साहस नहीं हो पा रहा, जबकि गाड़ी के शोर से सोये हुए लोगों का जाग जाना सम्भव था।

अपूर्व के घर के आगे आकर रुकी गाड़ी का दरवाज़ा खोलकर नीचे उतरती भारती ने कोमल स्वर में अपूर्व से उतरने का अनुरोध किया। उसके उतर आने पर भारती ने विनम्रता से गाड़ीवान से भाड़े के विषय में पूछा, तो गाड़ीवान ने हंसते हुए अंगरेजी में कहा, *'नाट ए सिंगल पैनी ?'* इन शब्दों के साथ, *'गुड नाइट टु यू'* कहकर गाड़ीवान ने तत्काल अपनी राह पकड़ी।

भारती ने अपूर्व से तिवारी के सम्बन्ध में पूछा, तो स्वीकृति में सिर हिलाता अपूर्व सीढ़ियां चढ़कर और दरवाज़े पर हाथ मारकर तिवारी को आवाज़ देने लगा। किवाड़ खोलते ही तिवारी की पहली दृष्टि भारती पर क्या पड़ी, वह भीतर-बाहर से जल-भुन गया। उसे स्मरण हो आया कि अपूर्व कल प्रात:काल घर से निकला है और कल का पूरा दिन और पूरी रात बिताकर अब इस समय भारती को साथ लेकर घर लौटा है, जिसका स्पष्ट अर्थ था कि अपूर्व ने सारा समय भारती की संगति में ही बिताया है। अत: क्रोध से जला-भुना तिवारी स्वागत-सत्कार का एक भी शब्द बोले बिना चुपचाप चादर से अपना मुंह ढंककर बिस्तर पर लेट गया। तिवारी भारती से असीम स्नेह करता है, उसके प्रति कृतज्ञ होने के कारण उसे सम्मान भी देता है और उसके प्रति श्रद्धा का भाव भी रखता है। वह यह नहीं भूला कि इसी लड़की ने दिन-रात सेवा करके उसे मृत्यु से बचाया और नया जीवन दिया है। अत: उस लड़की के ईसाई होने पर भी वह उसे अपनी बेटी मानता है, किन्तु इधर कुछ दिनों से इस लड़की के रंग-ढंग को देखकर वह अपूर्व और इस लड़की के उचित-अनुचित सम्बन्धों की कल्पना करके इससे घृणा करने लगा है। उसे इस लड़की द्वारा अपूर्व की जाति के भ्रष्ट किये जाने तक का पूरा विश्वास है। इसलिए आज वह भारती को देखते ही इस प्रकार असन्तुलित हो उठा कि उसे भारती का मुंह देखना अपशकुन-जैसा लगा। इसीलिए वह इन दोनों की उपेक्षा करता हुआ बिस्तर पर जा पड़ा। उसे इस प्रकार सोता देख अपूर्व ने थोड़ा कुढ़कर कहा, ''तिवारी! किवाड़ बन्द नहीं करोगे ?'' अपनी सोच के कारण तिलमिलाये तिवारी ने अपूर्व के कथन पर ध्यान ही नहीं दिया। भारती को तिवारी के रोष को समझते देर न लगी। वह अपूर्व से बोली, ''सोने दो उसे, किवाड़ मैंने बन्द कर दिये हैं।''

अपने बेडरूम में जाने पर अपूर्व ने देखा कि बिस्तर ज्यों-का-त्यों लिपटा पड़ा है, चारपाई पर बिछाया ही नहीं गया। लगता है कि बेचारे तिवारी ने बरामदे में बैठकर अपूर्व की प्रतीक्षा में आंखों में ही सारी रात बितायी है, जिससे बिस्तर लगाने की ओर उसका ध्यान ही नहीं गया। इस विवाद में पड़ना उचित न समझते हुए भारती कोमल स्वर में बोली, ''आप एक मिनट के लिए आरामकुर्सी पर बैठ जाइए, मैं आपका बिस्तर ठीक से बिछा देती हूं।''

आरामकुर्सी पर बैठे अपूर्व ने तिवारी को एक गिलास पानी लाने का आदेश दिया।

आरामकुर्सी के पास ही स्टूल पर पानी की सुराही और गिलास को रखा देखकर भारती ने धीरे से कहा, ''बाबू! सोते को क्यों परेशान करते हो, आप स्वयं ही थोड़ा-

सा कष्ट कर लो न?''

अपूर्व ने अपना हाथ बढ़ाकर सुराही को उठाना चाहा, किन्तु सफलता न मिलने पर उठा और सुराही को नीचा कर पानी से भरे गिलास को एक ही सांस में गटक गया। पानी पीकर वह आरामकुर्सी पर बैठने ही जा रहा था कि भारती ने बिस्तर पर लेटने का अनुरोध किया। आज्ञाकारी बालक के समान अपूर्व बिस्तर पर लेट गया और आंखें मीचकर सोने का प्रयत्न करने लगा। मसहरी ठीक करने में लगी भारती से सहसा अपूर्व ने पूछा, ''तुम कहां सोओगी?''

भारती ''मैं'' कहकर रह गयी, कुछ स्पष्ट उत्तर न दे सकी। इस घर में वह पहली बार नहीं आयी थी। उसे यहां की प्रत्येक वस्तु के रखे होने की पूरी-पूरी जानकारी है, फिर भी अपूर्व ने ऐसा प्रश्न किया, तो आरामकुर्सी की ओर संकेत करते हुए वह बोली, ''दो-तीन घण्टों की बात है, कितनी रात बाक़ी है? यहीं आरामकुर्सी पर सो लूंगी। आप मेरी चिन्ता न करें, आराम से सो जाइये।''

अपूर्व ने अपने हाथ को बढ़ाकर भारती के हाथ को पकड़ते हुए कहा, ''वहां नहीं, इधर मेरे पास बैठो।''

आश्चर्यचकित भारती अपूर्व के चेहरे पर देखती हुई बोली, ''आपके पास!'' भारती जानती थी कि अपूर्व में और चाहे कितने दोष हों, परन्तु वह चरित्र की दृष्टि से कदापि दुर्बल नहीं था। उन दोनों ने न जाने कितने कारणों से कितनी रातें एक छत के नीचे बितायी हैं, किन्तु अपूर्व की किसी एक भी चेष्टा को निम्न स्तर की नहीं कहा जा सकता। उसके किसी भी आचरण को मानहानि का प्रयास कहना सूर्य को शीतल मानना होगा।

अपूर्व ने अपनी बांह को दिखाते हुए भारती से कहा, ''यह देखो, इन लोगों ने मेरा हाथ तोड़ डाला है। तुम मुझे ऐसे लोगों के पास क्यों ले गयी थीं?'' यह कहते हुए अपूर्व की घिग्घी बंध गयी और उसका गला रुंध गया। भारती मसहरी के भाग को एक ओर हटाकर चुपके से अपूर्व के पास बैठ गयी। ध्यान देकर देखने पर भारती को स्पष्ट हो गया कि अधिक समय तक रस्सी से बंधा रहने के कारण अपूर्व के हाथ की कलाइयों में ख़ून जम गया था और सूजन उभर आयी थी। पीड़ा के कारण अपूर्व के नेत्रों से आंसू झरने लगे थे। भारती ने अपने हाथ से अपूर्व की भुजा को सहलाते हुए और उसे धीरज बंधाते हुए कहा, ''डर की कोई बात नहीं। मैं तौलिया भिगोकर बांध देती हूं। दो-तीन दिनों में सब ठीक हो जायेगा।'' यह कहती हुई वह उठकर स्नानघर में गयी और वहां से भिगोकर लाये तौलिये को अपूर्व की बांह पर बांधकर बोली, ''अब आप सोने का प्रयास कीजिये।'' यह कहकर वह उसके माथे पर धीरे-धीरे अपना हाथ फेरने लगी।

रुंधे कण्ठ से अपूर्व बोला, ''जहाज़ कल जाता होता, तो मैं कल ही निकल लेता।''

''ठीक है, कल और परसों में फ़र्क़ ही कितना है। भगवान् कृपा करेंगे, एक दिन

में आपका कुछ अमंगल नहीं होगा।''

कुछ देर चुप रहकर फुसफुसाता हुआ अपूर्व बोला, ''बड़े-बूढ़ों के कथन की अवज्ञा करने का यही परिणाम निकलता है। मां ने मुझे कितनी बार इधर आने से मना किया था।''

''मां शायद आपके इधर आने के पक्ष में नहीं थीं।''

''हां, उसने मुझे बार-बार समझाया था। उसकी आज्ञा को न मानने का ही यह परिणाम है कि मैं कुछ भयंकर लोगों की दृष्टि में उनका स्थायी शत्रु बन गया हूं। अस्तु, जो होना था, वह तो हो लिया। अब भगवान् से एक ही प्रार्थना है कि किसी प्रकार जहाज़ में बैठ जाऊं।'' यह कहकर उसने एक लम्बी-गहरी सांस ली। साथ खड़ी भारती के मुंह से भी अचनाक उससे भी अधिक लम्बी और अधिक गहरी सांस निकल गयी, किन्तु उसे अपूर्व जान नहीं सका। भारती ने भी भगवान् से यही विनती की कि अपूर्व बिना किसी विघ्न-बाधा के जहाज़ में बैठ जाये। एक भी दिन की देर न होने पाये। वह सोचने लगी कि अपूर्व का बर्मा आना एकदम निष्फल सिद्ध हुआ। वह यहां से कुछ लोगों की अपने प्रति शत्रुता की स्मृति के सिवा और क्या लेकर जायेगा ? किसी के त्याग, निःस्वार्थ सेवा तथा निश्छल एवं अतीन्द्रिय प्रेम के प्रति, कभी उसका ध्यान जायेगा भी या नहीं, यह कौन जानता है।

अपूर्व ने कहा, ''इस मकान में पैर रखते ही तुम्हारे पिता से झगड़ा हुआ। अदालत में जुर्माना भरना पड़ा। इस प्रकार जो कुछ जीवन में कभी नहीं भुगता था, वह यहां आकर भुगतना पड़ा। इसीलिए मुझे कुछ सीखना और कुछ सावधान हो जाना चाहिए था, किन्तु ऐसा कुछ नहीं हुआ।''

भारती चुप्पी साधे रही। अपूर्व भी कुछ देर चुप रहा, फिर अपने दुर्भाग्य का रोना रोता हुआ बोला, ''तिवारी ने भी मुझे बार-बार चेताते हुए कहा था—बाबूजी! हमारी और उनकी जाति अलग-अलग है। इनके साथ तकरार मत मोल लीजिये, किन्तु भाग्य के लिखे को भला कौन मेट सकता है ? इस आयु में कितनों को पांच सौ रुपये प्रतिमास की नौकरी सुलभ होती है ? वह नौकरी भी गयी और अब यह हाथ भी नाकारा हो गया। समझ नहीं आता कि इसके लिए किसे क्या सफ़ाई दूंगा।''

''कुछ ही दिनों में हाथ ठीक हो जायेगा।'' भारती ने कहा। इससे अधिक वह कुछ न बोल सकी। अपने सिर पर भारती के हाथ के स्पर्श से अपूर्व स्थिर-शान्त होने लगा था। अपूर्व-जैसे तुच्छ व्यक्ति से प्रेम करने के लिए भारती अपने को कोसने लगी। उसके लिए लज्जा की बात यह थी कि उसके इस प्रेम को दल के सभी सदस्य जान गये थे। अपूर्व-जैसे ओछे व्यक्ति को उसके अपराध के दण्ड से मुक्त कराकर वह न केवल दल के सदस्यों की दृष्टि में अपराधिनी बन गयी थी, न केवल सुमित्रा की दृष्टि में नीची हो गयी, अपितु अपनी दृष्टि में भी एकदम गिर गयी थी। उसी समय उसके मन में एक दूसरा विचार उत्पन्न हुआ कि चलो, इस तुच्छ मेमने की असम्मानजनक मृत्यु के दोष

से वह बच गयी।

अपूर्व ने निराकरण करते हुए कहा, ''न हाथ का दाग़ जल्दी मिटना है और न ही हाथ से काम किया जाना सम्भव है। किसी के द्वारा पूछे जाने पर क्या उत्तर दूंगा, यह नहीं सूझ रहा।'' फिर अपने को कोसता हुआ बोला, ''लोग कहेंगे कि मेरी अयोग्यता के कारण ही मुझे निकाल दिया गया है। लोगों को अपनी इस धारणा पर विश्वास होने लगेगा कि बी. ए., एम.ए. पास बंगाली उच्चपद को प्राप्त कर लेने पर उसके प्रति न्याय नहीं कर पाते। डिग्रियां लेना एक बात है, योग्य होना दूसरी बात है। इस प्रकार अपने कॉलेज के साथियों की इस प्रकार की अपमानजनक टिप्पणियों का उत्तर देना मेरे लिए सम्भव ही नहीं होगा।''

''अरे! चिन्ता क्यों करते हो, सोच-समझकर कुछ कह दीजियेगा। देश की देश में देख लेना। अब, तो आराम कीजिये।'' यह कहती हुई भारती उठ खड़ी हुई।

''थोड़ा और हाथ फेर दो न।''

''नहीं, मैं बहुत थक गयी हूं।''

''तो रहने दो। रात भी, अब थोड़ी-सी शेष है।''

बग़ल की कोठरी में पहुंची भारती ने देखा कि बत्ती टिमटिमा रही है और तिवारी चादर ओढ़े सोया पड़ा है। वह वहां पड़ी *डेक-चेयर* पर बैठ गयी। अपूर्व के कमरे में पड़ी आरामकुर्सी बढ़िया थी, किन्तु उस तुच्छ व्यक्ति का एक क्षण के लिए भी सामना करना उसे अप्रिय एवं अरुचिकर ही नहीं, अपितु लज्जाजनक लगता था। अपूर्व के संग एक ही कमरे में रात बिताना उसे कदापि सहन नहीं था। *डेक-चेयर* पर पीठ टेककर बैठी भारती के मन में उथल-पुथल होने लगी। वह सोचने लगी कि इतना भारी अपराध करने पर भी यह असहाय एवं तुच्छ प्राणी न जाने किसकी कृपा से नया जीवन पा गया? यह भी आश्चर्य का विषय है कि इतनी थोड़ी देर में वह इस तथ्य को भूल गया कि कुछ घण्टे पहले वह जीवन की अन्तिम घड़ियां गिन रहा था। इस नीच व्यक्ति को इस बात की ज़रा भी चिन्ता नहीं कि इसने अपने मित्र तलवलकर को आजीविका से वञ्चित करके कितना बड़ा अन्याय किया है? समिति के गुप्त रहस्यों की पुलिस को जानकारी देकर कितना बड़ा विश्वासघात किया है? डॉक्टर के सम्बन्ध में पुलिस को सूचना देकर अपने उपकारी के प्रति किस प्रकार कृतघ्नता का परिचय दिया है? इन सब बातों की इस दुष्ट को ज़रा भी चिन्ता नहीं। इसे चिन्ता है केवल अपने हाथ के घाव की और इतनी बड़ी नौकरी के जाने की। इस प्रकार के विचारों में खोयी भारती की दृष्टि सामने की ओर खुली खिड़की से बाहर गयी, तो उसे पता चला कि सवेरा हो गया है। वह उठकर खड़ी हो गयी और जिस प्रकार नशा टूटने पर किसी भयंकर अथवा घृणास्पद अथवा नितान्त गन्दे-मैले स्थान पर पड़ा शराबी नाक पर कपड़ा रख और मुंह ढककर वहां से भाग खड़ा होता है, ठीक उसी प्रकार वह भी दरवाज़ा खोलकर और सीढ़ियां उतरकर एकदम सड़क पर आ पहुंची।

दूसरे दिन तीसरे पहर भारती ने डॉक्टर बाबू के सामने एक-एक करके सभी घटनाओं का विस्तृत विवरण प्रस्तुत करने के बाद स्पष्ट किया, ''मैंने अपूर्व बाबू को महान् व्यक्ति समझने की भूल कभी नहीं की, किन्तु वह इतना तुच्छ और इतना साधारण व्यक्ति है, इस तथ्य को समझने-परखने में अवश्य चूक गयी।''

भारती के कमरे में बैठे और किसी पुस्तक के पन्ने उलटते डॉक्टर बाबू भारती के चेहरे पर कुछ देर तक देखते रहने के उपरान्त गम्भीर होकर बोले, ''किन्तु मैं यह सब जानता था। वस्तुत: तुच्छ व्यक्ति द्वारा मित्रता जोड़ने का कुछ कारण भी होता है और उस मित्रता को तोड़ने का कारण भी कुछ होता है। अपूर्व बाबू ने तुम्हारे नि:स्वार्थ एवं निगूढ़ प्रेम की उपेक्षा करके अपनी तुच्छता का ही परिचय दिया है। अस्तु, उसके प्राणों को बचाकर तुमने अपनी महानता और प्रेम की अनन्यता को सिद्ध कर दिया है। मैं समझता हूं कि जो कुछ हुआ, अच्छा ही हुआ। कोयले को हीरा समझने का तुम्हारा भ्रम मिट गया।''

इधर-उधर बिखरे पड़े घर के सारे सामान को और विशेष रूप से उलटी-पुलटी पड़ी पुस्तकों को देखकर यह अनुमान लगाया जा सकता था कि तलाशी के नाम पर पुलिस अपनी कारसाज़ी दिखा चुकी है। सामान को संभालकर यथास्थान रखते और बातचीत करते हुए भारती सहसा रुककर और हैरान होकर बोली, ''भैया! मुझे लगता है कि तुम हंसी-मज़ाक़ कर रहे हो।''

''नहीं, बिल्कुल नहीं।''

''मुझे यही लगता है।''

''बम-पिस्तौल से खेलने वाले तथा आदमी का ख़ून करने को सदैव उद्यत रहने वाले मुझ-जैसे ख़तरनाक आदमी द्वारा तुम हंसी-मज़ाक़ किये जाने की आशा कैसे कर सकती हो?''

भारती ने कहा, ''मैंने तो कभी यह नहीं माना कि तुम किसी का ख़ून करते फिरते हो। उलटे, मेरा निश्चित मत है कि ऐसा काम तुम कभी कर ही नहीं सकते। मैं, इसे तुम्हारा कोरा मज़ाक़ ही समझती हूं। भला, तुम ही बताओ कि मज़ाक़ के सिवा यह और क्या हो सकता है? दो-तीन घण्टे के भीतर जो व्यक्ति केवल अपने हाथ के दाग़ को और पांच सौ रुपये की नौकरी के चले जाने को छोड़कर और कुछ याद ही नहीं रख सकता, अर्थात् इसीलिए अधिक कुछ और को महत्त्व ही नहीं दे पाता, उससे बढ़कर अधम, निकृष्ट और तुच्छ कोई और व्यक्ति हो सकता है? यह मेरी कल्पना से भी बाहर है। तुम शायद मेरे प्रेम को मोह का नाम देते थे, जो ठीक ही था। अब सदा के लिए मेरी तुम से विनती है कि भगवान् से मेरे इस मोह के भंग होने की प्रार्थना करो, ताकि मैं देशसेवा के लिए अपने को पूर्णत: और समग्रत: समर्पित कर सकूं। पूरे तन-मन के साथ देश के

काम आ सकूं।''

हंसते हुए डॉक्टर ने अपने होठों को फैलाकर कहा, ''भारती! कहने के लिए तुम देशभक्ति और समर्पण की बात कह रही हो, किन्तु तुम्हारा गला तुम्हारे कथन की पुष्टि नहीं करता। मेरी बात तुम्हें कड़वी अवश्य लगेगी, किन्तु सत्य यह है कि तुमसे देशसेवा का कोई काम नहीं हो सकता। तुम्हारी अपेक्षा, मैं अपूर्व को अच्छा समझता हूं। मैं इस सम्भावना से भी इनकार नहीं करता कि एक-दूसरे की आलोचना करने पर भी तुम दोनों पुनः एक-दूसरे के समीप आ सकते हो, तुम दोनों में समझौता हो सकता है। मैं इसमें कोई बुराई भी नहीं देखता।''

भारती ने कहा, ''तुम्हारे विचार में मैं देश से प्रेम नहीं कर सकती।''

डॉक्टर ने मुसकराते हुए कहा, ''भली प्रकार जांच-परख किये बिना मैं कुछ कहना उचित नहीं समझता।''

क्षण-भर में अपने को स्थिर करती हुई भारती सधे कण्ठ से दृढ़ स्वर में बोली, ''मैं तुम्हारी सभी परीक्षाओं में खरी उतरने का तुम्हें पक्का विश्वास दिलाती हूं। मेरे प्रति सन्देह करना, क्षुद्रता का भाव रखना तथा मुझे स्वार्थी ठहराना आदि तुम्हें कदापि शोभा नहीं देता।''

भारती की उत्तेजना पर मुसकराते हुए डॉक्टर ने शान्त भाव से कहा, ''भारती! देश का अर्थ तुम क्या समझती हो, लम्बी-चौड़ी धरती, नदी-नद और वन-पर्वत आदि। एक अपूर्व के कारण ही जब तुम्हें अपने जीवन से घृणा हो गयी, तुम संसार को छोड़ वैरागिन बनने को तत्पर हो गयीं, तब यहां पग-पग पर मिलने वाले असंख्य अपूर्वों का सामना भला कैसे करोगी? पराधीन देश का सबसे बड़ा दुर्भाग्य यह है कि यहां लोगों में चरित्र का अभाव है। कृतज्ञता और आभार-प्रदर्शन वायवी तत्त्व हैं। यहां जिसकी भी सेवा करोगी, वही तुम्हारा प्राणलेवा बना होगा। यहां पग-पग पर तुम्हें छल-कपट, धोखा, विश्वासघात और कृतघ्नता मिलेगी। श्रद्धा, विश्वास, करुणा, दया, ममता और सहानुभूति-जैसे शब्द अपना अर्थ खो चुके मिलेंगे। तुम्हें अपना कहने वाला, तुम्हारे प्रति आत्मीयता का भाव रखने वाला तथा सहायता करने वाला एक भी प्राणी नहीं मिलेगा। पराधीन देश का सबसे बड़ा अभिशाप ही यह है कि जिसका तुम उपकार करोगी, वहीं तुम्हें ज़हरीला सांप बनकर हमेशा डसेगा, तुम्हारे विरुद्ध घृणित प्रचार करेगा, तुम पर गन्दे और भद्दे आरोग लगायेगा। यही देश से प्रेम करने का पुरस्कार है। भारती! बोलो, इतनी बड़ी परीक्षा देने के चक्कर में तुम क्योंकर पड़ोगी? मैं अब भी तुम्हें अपूर्व के साथ रहने की सलाह देता हूं और तुम्हारे सुखी जीवन की मंगल कामना करता हूं। मुझे पूर्ण विश्वास है कि अपूर्व अपने संस्कारों तथा प्रवृत्तियों से ऊपर उठकर एक दिन तुम्हारे महत्त्व को समझेगा। मैं तुम लोगों को आशीर्वाद देने के लिए उस दिन की प्रतीक्षा कर रहा हूं।''

सुनते ही भारती की आंखों से पानी बहने लगा और वह कुछ देर तक सिर झुकाये

बैठी रही। बड़ी कठिनाई से अपने को संभालते हुए वह बोली, "भैया! क्या मैं इसका अर्थ यह समझूं कि मुझ पर विश्वास न कर पाने के कारण तुम सदा के लिए मुझसे अपना पिण्ड छुड़ा लेना चाहते हो?"

भारती के इस सीधे-सादे, किन्तु सपाट प्रश्न का उत्तर देना डॉक्टर को सहज न लगा। अपने स्वर में मिठास घोलते हुए वह बोले, "तुम सरीखी बिटिया से मोह-ममता को तोड़ना क्या इतना सरल है? किन्तु कल तुमने प्रत्यक्ष अनुभव किया होगा कि सम्बन्धों के प्रति लोगों के मन में ईर्ष्या, द्वेष, क्रोध और उपेक्षा के भावों ने कितनी गहरी जड़ जमा रखी है। तुम्हें देखकर मुझे लगता है कि तुम इस छल-कपट, ईर्ष्या-द्वेष और धोखा-द्रोह आदि दुर्गुणों से भरी इस दुनिया के योग्य कदापि नहीं हो। ऐसी दुनिया के कल्याण को देशसेवा का नाम देकर तुम्हें उसमें प्रवृत्त करना मुझे ठीक नहीं लगता। हां, जब मुझे यमलोक से निमन्त्रण आ जायेगा, उस दिन तुम्हें सेवा-कार्य से रोकने की धृष्टता अवश्य नहीं करूंगा।"

यह सब सुनने पर भारती के लिए अपने आंसुओं को रोक पाना सम्भव न रहा, फिर भी बड़े प्रयत्न से आंसुओं को पोंछती और अपने में स्फूर्ति का सञ्चार करते हुए वह बोली, "फिर तुम्हें भी देशसेवा के झंझट में नहीं पड़ना है भैया।"

डॉक्टर ने ज़ोर का ठहाका लगाया और बोला, "लो, सुनो एक और मूर्खतापूर्ण सुझाव!"

भारती विचलित नहीं हुई और स्थिर होकर बोली, "तुम मानते हो न कि तुम जिनकी सेवा-सहायता करते हो, वे भयंकर रूप से क्रूर ही नहीं, अपितु देश के लिए कलंक भी हैं।"

"और मैं क्या हूं?"

"तुम एकदम निर्मम हो।"

"सुमित्रा के सम्बन्ध में तुम्हारी क्या राय है?"

इस प्रश्न का उत्तर न देकर भारती ने अपना सिर झुका लिया। लज्जा अनुभव करती हुई वह कुछ बोल न सकी। उत्तर के लिए डॉक्टर ने आग्रह भी नहीं किया। दोनों ओर चुप्पी छायी रही। कुछ देर में दोनों की कुछ कहने की इच्छा हुई, परन्तु दोनों को कुछ कहना अनुपयुक्त लगा, इसलिए दोनों का मुंह बन्द रहा।

डॉक्टर ने विषय को पलटते हुए कहा, "भारती! तुमने अपूर्व के साथ बड़ा अन्याय किया है। उसने कभी कल्पना नहीं की होगी कि उसके इस कुकृत्य का इतना घातक परिणाम हो सकता है? अन्यथा मुझे अब भी विश्वास नहीं होता कि वह इतना क्षुद्र एवं नीच हो सकता है। उसके घर में उसकी मां है, उसके भाई और बन्धु-बान्धव हैं, उसने पढ़-लिखकर बड़ी-बड़ी डिग्रियां प्राप्त की हैं, विदेश में नौकरी करने आया है, समाज में अपना सम्मानित स्थान बनाना चाहता है। इस दृष्टि से देखें, तो वह एक सभ्य परिवार का शिष्ट सदस्य है तथा देश के दूसरे लोगों के समान देश का हित चाहता

है। यही कारण है कि देशभक्ति करने और 'अधिकार समिति' का सदस्य बनने के तुम्हारे प्रस्ताव को उसने एकदम स्वीकार कर लिया। यहां मैं यह स्पष्ट कर देना आवश्यक समझता हूं कि उसे पक्का भरोसा था कि तुम्हारे प्रस्ताव को स्वीकार करने से उसे किसी प्रकार की कोई हानि नहीं पहुंचेगी। उस समय बन्धुविहीन इस विदेश में उसके सुख-दु:ख का एकमात्र सहारा तुम्हीं थीं, किन्तु तुम्हारे निर्देश को मानने का अर्थ अपनी मृत्यु को समय से पूर्व निमन्त्रण देना होगा, इस तथ्य से भला वह कब परिचित था?''

अपने बहते आंसुओं को छिपाने के लिए अपने सिर को झुकाकर दुखी स्वर में भारती बोली, ''भैया! समझ नहीं आता कि आप उसका पक्ष लेकर उसकी इतनी वकालत क्यों कर रहे हैं? कल जो कुछ मैंने उसके मुंह से सुना, उसके आधार पर मैं निश्चित रूप से कह सकती हूं कि उसमें ऐसा कोई गुण नहीं, जिसकी प्रशंसा की जा सके। इस स्थिति में मेरे लिए उस पर श्रद्धा रखना कदापि सम्भव नहीं।''

डॉक्टर ने हंसकर कहा, ''मान लिया कि उसने अपने जीवन में एक अत्यन्त अनुचित एवं निकृष्ट काम किया है। अब यदि किसी से एक ग़लती हो गयी, तो हो गयी। इसके लिए क्या किया जा सकता है?'' यह कहकर डॉक्टर कुछ देर के लिए मौन हो गये। फिर बोले, ''भारती! अच्छा हुआ कि तुम्हें नहीं देखना पड़ा, किन्तु मैंने अपनी आंखों से देखा है। जब अपूर्व को रस्सी से बांध दिया गया, तब वह भौंचक्का होकर शून्य दृष्टि से देखता रह गया। उन लोगों द्वारा पूछने पर उसने अपने अपराध को स्वीकार किया और उन लोगों के यह कहने पर, 'इस अपराध के लिए उसे मृत्युदण्ड पाना होगा,' वह आंखें फैलाये शून्य में देखता रहा। उस समय उसकी सूनी आंखें केवल तुम्हें ढूंढ़ रही थीं। इसीलिए मैंने तुम्हें बुलवा भेजा। उसने तुमसे क्या ग़लत-सही कहा अथवा नहीं कहा, मुझे नहीं मालूम, किन्तु यह तो सोचना चाहिए कि उसके लिए इस धक्के से उभर पाना क्या इतना आसान है?''

भारती यह सब सुनने को प्रस्तुत नहीं थी, अत: उसके बहते आंसू रुकने का नाम नहीं ले रहे थे। वह अत्यन्त दुखी स्वर से बोली, ''यह सब कहकर पहले से ही दुखी को और अधिक दु:खी क्यों बना रहे हो? उसकी दुष्टता से सर्वाधिक हानि तुम्हें हुई है, तुम्हारे प्राणों पर संकट आने की सम्भावना बढ़ गयी है, फिर भी तुमने केवल मेरे लिए अपने प्रिय सदस्यों को भी अपना शत्रु बना लिया और उस पर भी उस नीच के बचाव में तर्क और युक्तियां दिये जा रहे हो?''

''तुम्हारे इस कथन से मैं पूर्णत: सहमत हूं।''

''अपने लिए बाहर-भीतर शत्रु उत्पन्न करने वाले उस नीच को बचाने की क्या आवश्यकता थी?''

''अरे नहीं, मैंने अपूर्व को बचाने की चेष्टा नहीं की। मैंने भगवान् की अमूल्य सृष्टि को बचाने का प्रयास किया है। नर-नारी के द्वन्द्व से सृष्टि का क्रम आगे बढ़ता है। एक के बिना दूसरा अधूरा है, यह तथ्य तो स्वत: सिद्ध है। इसके पक्ष-विपक्ष में कुछ भी

कहना व्यर्थ है। अत: क्या ब्रजेन्द्र–जैसे बर्बर के हाथों अपूर्व–जैसे सुशिक्षित एवं श्रेष्ठ व्यक्ति को मरने के लिए छोड़ देता? केवल यही विचार मुझे सता रहा था, अन्यथा तुम तो जानती हो कि हम लोगों के लिए किसी एक आदमी के प्राणों का मूल्य क्या है? एक फूटी कौड़ी के मूल्य जितना भी नहीं।'' यह कहकर डॉक्टर क़हक़हा लगाने लगे।

आसूं पोंछती हुई भारती बोली, ''भैया! मुझे आग लग रही है और तुम हंस रहे हो। मेरा मन करता है कि तुम्हें अपने पल्लू में बांधकर और एकान्त निर्जन में ले जाकर कहीं सदा के लिए छिपा दूं। तुम्हीं बताओ, क्या तुम्हारे प्राणों के शत्रु तुम्हारे जीवन के महत्त्व को समझते हैं? क्या वे जानते हैं कि तुम्हें फांसी पर चढ़ाकर संसार का कितना बड़ा अनिष्ट कितना बड़ा अनर्थ और कितनी बड़ी हानि करेंगे? दु:ख तो यह है कि अपने देश के लोग ही तुम्हारे ख़ून के प्यासे बने फिरते हैं और वे लोग न जाने कैसी–कैसी बातें बका करते हैं। मुझे इस बात पर आश्चर्य होता है कि ऐसे लोगों के प्रति भी तुम्हारे हृदय में स्नेह और करुणा का सागर उमड़ा करता है। ऐसा विरोधी आचरण कैसे हो पाता है?''

भारती के कथन का तत्काल उत्तर न दे पाने के कारण डॉक्टर इधर–उधर देखने लगे। थोड़ा समय बीतने पर उन्होंने हंसने का प्रयास किया, परन्तु स्पष्ट लग रहा था कि यह हंसी स्वाभाविक एवं सार्थक कदापि नहीं थी। उन्होंने बातचीत भी जारी रखी, परन्तु अब उसमें भी सहजता का अभाव था। बोले, ''निष्ठुरता से क्या कभी...अच्छा, रहने दो इस चर्चा को। मैं तुम्हें एक घटना सुनाता हूं। नीलकान्त नामक मराठा युवक को तुमने नहीं देखा, परन्तु मैंने देखा है और उसे भुला पाना मेरे लिए कठिन है। वह युवक किसी भी शवयात्रा को देखकर रोने लग जाता था। एक रात हम दोनों कोलम्बो के एक पार्क की रेलिंग को फांदकर वहां छिपे हुए थे। वृक्ष के नीचे पड़ी बेंच पर एक सोये व्यक्ति को हमारे पैरों की आहट पड़ी, तो वह 'पानी' 'पानी' चिल्लाने लगा। वहां चारों ओर दुर्गन्ध फैली थी। दियासलाई से प्रकाश करने पर उस व्यक्ति को हैज़ा से ग्रस्त पाया, तो जोशी तत्काल उसकी सेवा में लग गया। प्रभात होने पर मैंने उससे कहा, 'नीलकान्त! यह रोगी व्यक्ति रात के अंधेरे में चौकीदार की नज़र से बचकर पार्क में रह गया है, पर दिन के उजाले में इसका यहां रहना नहीं हो सकेगा। हमारे नाम गिरिफ़्तारी का वारण्ट निकला हुआ है। हम यदि इसकी सेवा में लगे रहे, तो निश्चित रूप से पकड़ लिये जायेंगे, अत: यहां से खिसकने में ही भलाई है।' मेरी बात सुनकर नीलकान्त रोने लगा और बोला, 'इसे इस हालत में कैसे छोड़ा जा सकता है? तुम्हें जाना हो, तो चले जाओ। मैं इसे छोड़कर नहीं जा सकता।' बहुत समझाया, किन्तु वह नहीं माना।''

''फिर क्या हुआ?'' भारती ने उत्सुक होकर पूछा।

''वह रोगी समझदार निकला, प्रभात होने से पहले ही उसने प्राण छोड़ दिये, तब कहीं जोशी वहां से हिल सका।''

कुछ देर मौन रहने और फिर गहरी सांस लेने के पश्चात् डॉक्टर बोले, ''सिंगापुर में पकड़े जाने पर जोशी को फांसी की सज़ा हो गयी। यदि वह पलटन के सिपाहियों

के नाम बता देता, तो उसे माफ़ी मिल जाती। सरकार ने पूरा ज़ोर लगाया, कई प्रकार के लालच दिये, किन्तु उस शेर ने सदैव एक ही उत्तर दिया, 'मैं नहीं जानता।' इसी उत्तर पर वह डटा रहा। उसने प्राण देना मंजूर किया, किन्तु देश के साथ विश्वासघात नहीं किया। जिन लोगों के लिए उस वीर ने प्राण दिये, उन्हें वह अथवा उसे वे पहचानते तक नहीं थे।" जोशी के इस आख्यान को सुनाकर डॉक्टर बोले, "भारती! देश में अब भी ऐसे वीर पुरुष जन्म लेते हैं, जिन्हें मैं अपना प्रेरणास्त्रोत मानता हूं। जिस दिन इनका अभाव हो जायेगा, उस दिन शायद मैं तुम्हारे आंचल में छिपकर गुमनाम जीवन बिताने को सहमत हो जाऊंगा।"

भारती क्या उत्तर देती, एक गहरी व ठण्डी सांस लेकर रह गयी। डॉक्टर ने कहा, "बहिन! तुम सच कहती हो। मनुष्य की हत्या करना मुझे कभी रुचिकर नहीं रहा। वस्तुतः यह कार्य, मैं कर ही नहीं सकता।"

भारती बोली, "पसन्द नहीं, परन्तु आवश्यकता पड़नें पर...।"

बीच में रोकते हुए डॉक्टर ने कहा, "किन्तु सव्यसाची और ब्रजेन्द्र की आवश्यकता में अन्तर रहेगा या नहीं। दोनों के चिन्तन का स्तर समान नहीं है।"

"यह तो सत्य है, किन्तु मैं केवल तुम्हारी आवश्यकता की बात कर रही थी भैया।"

इस पर डॉक्टर कुछ इस प्रकार चुप हो गये, मानो उन्हें इस प्रश्न के उत्तर के लिए कुछ सोचना पड़ रहा हो। फिर उदासीनता के भाव से बोले, "कौन जाने, इस प्रकार की आवश्यकता का कोई दिन मेरे जीवन में आयेगा भी या नहीं ? भारती! तुम यह सब जानने के चक्कर में मत पड़ो; क्योंकि ऐसी आवश्यकता को देख अथवा सह पाना सबके बस का नहीं होता।"

यह सुनकर भारती भीतर से हिल गयी और घबराकर बोली, "क्या इसे छोड़कर कोई दूसरा मार्ग ग्रहण नहीं किया जा सकता ?"

"नहीं।"

संशयहीन एवं एक प्रकार से निश्चित इस उत्तर को सुनकर भारती हक्का-बक्का रह गयी, फिर भी वह ऐसे भयंकर रास्ते को अन्तिम रास्ता मानने को सहमत न हो सकी, अतः चिन्तित एवं परेशान होकर बोली, "ऐसा कैसे हो सकता है कि देशसेवा का यही एकमात्र मार्ग हो, इसके अतिरिक्त दूसरा कोई मार्ग हो ही नहीं सकता ? मैं यह नहीं मान सकती।"

हंसते हुए डॉक्टर बोले, "बहिन! अपने को बहलाने अथवा धोखा देने के लिए मार्गों की कोई कमी नहीं है। जिधर चल पड़ो, वही राह है, किन्तु सत्य तक पहुंचने का केवल एक ही मार्ग है।"

भारती अपनी असहमति जतलाती हुई बोली, "मानती हूं कि तुम बहुत बड़े ज्ञानी हो, तुम्हारे साथ मेरी कोई तुलना नहीं। अपने इस निश्चित लक्ष्य को लेकर तुम विश्व-

भ्रमण कर चुके हो। इस रूप में तुम्हारा अनुभव भी समृद्ध है। सत्य तो यह है कि तुम्हारे-जैसे किसी महापुरुष को अपने जीवन में देखने की मैं कल्पना भी नहीं कर सकती। अतः मैं तुम्हारे साथ किसी प्रकार का विवाद करना पसन्द नहीं करती। तुम्हारी सेवा में अपने को खपाकर मैं अपने जीवन को सार्थक बनाना चाहती हूं। भैया! मेरी प्रार्थना है कि आप मेरा अपराध क्षमा कर दें।''

डॉक्टर ने हंसकर कहा, ''पहले अपराध का पता तो चले?''

भारती पहले-जैसी शिष्टता और विनम्रता से बोली, ''जन्म से मैं ईसाई हूं और संस्कारों के कारण मेरा अंगरेजों को आत्मीय एवं शुभचिन्तक समझना स्वाभाविक है, किन्तु सत्य की प्रतीति होने पर भी उनके प्रति सहसा घृणा के भावों को स्थान देना सरल नहीं लगता। मेरी विवशता यह है कि मैं अपने मन की इस दुर्बलता का ढिंढोरा भी नहीं पीट सकती। लेकिन मैं भारतीय हूं, अपने देश से प्रेम करती हूं, देश के प्रति समर्पण का भाव रखती हूं। आप मुझ पर विश्वास कर सकें, तो मुझे बड़ा सुख मिलेगा।''

भारती के कथन से विस्मित डॉक्टर ने अपने स्नेह का हाथ उसके सिर पर रखते हुए मधुर स्वर से कहा, ''अविश्वास की आशंका तुम्हारे मन में कहां से आयी? मैं तुम से कितना स्नेह करता हूं और तुम पर कितना विश्वास करता हूं, क्या यह सब मुझे बताना पड़ेगा?''

भारती बोली, ''हम दोनों एक-दूसरे के प्रति अनुराग और विश्वास होने के तथ्य से भली प्रकार परिचित हैं। भैया! मैं जानती हूं कि तुम्हारा 'डर' शब्द से न परिचय है और न तुम्हें किसी प्रकार से डराया जा सकता है, इसलिए मैं चाहकर भी तुमसे इस मकान में न आने के लिए कह नहीं सकती, किन्तु फिर भी यह जानती हूं कि आज रात के बाद शायद बहुत दिनों तक तुमसे भेंट न हो सकेगी। एक दिन तुम्हारे मुंह से पूरी अंगरेज जाति के प्रति रोष-आक्रोश की बात सुनकर भी मैंने तुम्हें कुछ नहीं कहा, किन्तु ईश्वर से प्रार्थना अवश्य करती रही कि तुम्हारा यह पूर्वाग्रह से ग्रस्त विद्वेष कहीं तुम्हें सत्य से कोसों दूर न धकेल ले जाये। भैया! तुम्हारे मुंह से यह सब सुनकर भी मैं तुम्हारी हूं, भारत के साथ जुड़ी हूं। इसे नितान्त सत्य समझना।''

डॉक्टर ने कहा, ''मैं जानता हूं कि तुम पहले भारतीय हो और उसके बाद कुछ और हो।''

''तो फिर मेरी मानो, इस मार्ग को छोड़ दो।''

सहसा चौंककर डॉक्टर ने पूछा, ''किस मार्ग को?''

''क्रान्तिकारियों के निर्मम मार्ग को।''

''ऐसा तुम किसलिए कहती हो?''

भारती बोली, ''मैं तुम्हें मरता नहीं देख सकती। सुमित्रा में भले ही धैर्य हो, किन्तु मुझमें यह देखने का धैर्य नहीं है। भारत को स्वतन्त्र कराने की हमारी इच्छा तुम्हारी इच्छा से किसी भी रूप में शिथिल अथवा मन्द नहीं। हम जानती हैं कि भूखे, नंगे और अभाव-

पीड़ित भारतीयों की मूल आवश्यकताओं की पूर्ति अवश्य होनी चाहिए और निस्सन्देह विदेशी शासन इस पूर्ति के मार्ग में बाधक है। देश को स्वतन्त्र कराना ही है, किन्तु इसके लिए इस निष्ठुर मार्ग को छोड़कर दूसरा और कोई मार्ग नहीं है, यह मानने को मैं तैयार नहीं। तुम सारा संसार घूमकर भी क्या किसी अन्य मार्ग की खोज नहीं कर सके हो? सृष्टि के प्रारम्भ से लेकर आज तक तुमने केवल शत-सहस्र स्वतन्त्रता-प्रेमियों को आत्मबलिदान करते देखकर इसी मार्ग को अन्तिम और एकमात्र मानने की भूल कर ली है, किन्तु मैं ऐसा नहीं मानती। यदि मेरे विचार में बुद्धिजीवी ईमानदारी से मन्थन करें, मिल-बैठकर विचार-विमर्श करें, तो रक्तपात के स्थान पर किसी अन्य उपाय का मिल जाना असम्भव नहीं।

"भैया! मैं सत्य कहती हूं कि तुममें मुझे विकसित एवं परिपूर्ण मनुष्य के दर्शन होते हैं। पवित्र उद्देश्य के नाम पर क्षण-भर में इस जीवन को मिटा देना मानवता के विकास को शताब्दियों पीछे धकेलने-जैसा अक्षम्य एवं भयंकर अपराध होगा। ऐसा निष्ठुर कार्य तुम मत करो, अपना मार्ग बदलो। देशप्रेमियों को स्नेह, विश्वास और आत्मीयता का नया मार्ग दिखाओ, जिससे एक-दूसरे के प्रति निजता, सहयोग, सह-अस्तित्व और सौमनस्य-जैसे श्रेष्ठ तत्त्वों का विकास हो और शान्ति के पथ पर चलकर मानव प्रगतिशील बने।"

डॉक्टर अपने चेहरे पर उदासी लिये उठ खड़े हुए और भारती के सिर पर स्नेह से हाथ फेरते हुए बोले, "इस चर्चा के लिए अब समय नहीं, फिर कभी देखा जायेगा। अब मैं चला।"

"अपने मन की कुछ तो बताते जाते भैया?"

डॉक्टर केवल इतना बोले, "भगवान् तुम्हारा भला करे।"

यह कहते हुए वह धीरे से बाहर निकल गये।

: 22 :

समुद्री मार्ग से आने वाले शत्रुओं के पोतों पर निगरानी रखने के लिए शहर की सीमा के बाहर नदीतट पर एक छोटा-सा मिट्टी का क़िला बना हुआ है। आजकल यहां सिपाही-सन्तरी अधिक संख्या में नहीं रहते। बैटरी चलाने के लिए गोला दाग़ने वाले कुछ गोरे बैरकों में रहते हैं। बहुत दिनों से उधर किसी गतिविधि के न होने से विशेष सख़्ती भी नहीं बरती जाती। सामान्यत: उधर जाने की मनाही होने पर भी किसी मनचले के उधर पहुंच जाने पर उसे आड़े हाथों नहीं लिया जाता, केवल हड़काकर भगा दिया जाता है। इसी नदी के किनारे पर एक घाट बना है, जो शायद किसी समय किसी

उच्चाधिकारी के आने पर उनकी आवश्यकता की पूर्ति के लिए बना होगा, किन्तु आज उसका कोई उपयोग नहीं होता।

भारती कभी-कभी अकेली इस एकान्त में आकर बैठती है। यह नहीं हो सकता कि क़िले के पहरेदारों को उसकी उपस्थिति का पता न चला हो, किन्तु लगता है कि उन्होंने शायद एक स्त्री—विशेषत: कुलीन और सुशिक्षित—की उपस्थिति को आपत्तिजनक नहीं समझा और इसीलिए अनदेखा कर दिया है। अभी-अभी सूर्य अस्त हुआ है, किन्तु फिर भी अंधेरा घिरा नहीं है। समीप के वृक्षों पर अस्त होते सूर्य की लाली छिटक रही थी, पक्षियों के झुण्ड के झुण्ड क्रीड़ा करते हुए इधर-उधर मंडरा रहे थे। कौओं के काले शरीर पर, बगुलों के सफ़ेद पंखों पर और घुग्घुओं की पीली काया पर सूर्य के अरुणिम प्रकाश के पड़ने से वे अपने मूल रूप में पहचाने नहीं जाते थे, कुछ के कुछ दिखते थे। भारती टकटकी लगाये इस आकर्षक दृश्य का आनन्द ले रही थी। वह सोचने लगी कि न जाने इन पक्षियों के नीड़ किधर हैं। घर जाने का समय हो जाने पर इधर के आकर्षण से बंधे ये लौटने का नाम ही नहीं ले रहे। इस सोच से भारती के नेत्रों में अश्रु भर आये। उन्हें पोंछकर उसने अपनी नज़र दूसरी ओर घुमायी। इस ओर वृक्षों पर सूर्य की बुझती लाली कालिमा के लिए स्थान बना रही थी और पेड़ों की छाया के बढ़ने से नदी का स्वच्छ जल श्याम वर्ण का प्रतीत होने लगा था। उसे लगा, मानो अन्धकार अपनी जीभ फैलाकर सारे प्रकाश को चाटे जा रहा है।

नदी की दायीं ओर से अचानक एक छोटी-सी शैम्पेन नाव किनारे पर आ लगी। नाव में अकेला मल्लाह ही था, जो वेशभूषा से चटगांव का मुसलमान प्रतीत होता था। भारती के चेहरे पर कुछ देर तक देखने रहने के बाद उसने चटगांवी भाषा में कहा, ''क्या उस पार जाना है ? सिर्फ़ एक आना मजूरी लूंगा।''

भारती ने सिर हिलाकर उधर जाने की अपनी अनिच्छा का संकेत दिया।

मल्लाह ने कहा, ''एक आना ज़्यादा लगता है, तो दो पैसे दे देना, चलो।''

भारती ने चिढ़कर कहा, ''मेरा घर इस पार है, मुझे उस पार जाने का कोई काम नहीं।''

मल्लाह वहीं डटा रहा और हंसकर बोला, ''पल्लू में पैसा नहीं, तो कोई बात नहीं, मुफ़्त में ही घुमा लाऊंगा, चलो तो सही।'' यह कहकर वह अपनी नाव को भारती की ओर लाने लगा। भारती डर गयी, पेड़-पौधों से घिरा सुनसान और अंधेरा स्थान था। बहुत दिनों से इधर रहने के कारण वह चटगांव के मुलमानों की भाषा समझने लगी थी, किन्तु बोलने का अभ्यास उसे नहीं था। वह यह भी जानती थी कि ये मल्लाह बड़े ही शैतान क़िस्म के लोग होते हैं। यह सोचकर वह उठ खड़ी हुई और क्रुद्ध स्वर में बोली, ''जाते हो या पुलिस को बुलाऊं ?''

भारती के क्रोध और पैनी दृष्टि से डरकर मल्लाह वहीं रुक गया। भारती ने उसकी ओर ध्यान से देखा, तो लगा कि मल्लाह की आयु पचास से ऊपर होनी चाहिए। सोचने

लगी, 'मोया, बूढ़ा हो गया, किन्तु शौक़ ने इसका पीछा नहीं छोड़ा। क्या बेल-बूटों वाली लुंगी पहन रखी है? तेल से चिकटी एवं अत्यन्त मैली यह लुंगी पुराने कपड़े बेचने वालों से ख़रीदी हुई लगती है। सिर पर रखी बेलदार टोपी सामने की ओर झुकी हुई है। उसकी ओर क्रुद्ध दृष्टि से देखती भारती थोड़ी देर में हंस पड़ी और बोली, "भैया! चेहरा-मोहरा बदलना ठीक है, लेकिन तुमने तो आवाज़ तक बदलने में महारत हासिल कर ली है। क्या मजाल कि चटगांवी मुसलमान भी धोखा न खा जाये?"

मल्लाह ने कहा, "आऊं या फिर पुलिस को बुलाती हो?"

भारती ने कहा, "मौक़ा अच्छा है, पुलिस को बुलाकर तुम्हें पकड़वा देना चाहिए। इससे अपूर्व की इच्छा भी पूर्ण हो जायेगी।"

मल्लाह बोला, "उसी की बात सुनने के लिए इधर आ जाओ। दो कोस जाना है, ज्वार जल्दी थम जाने वाला है।"

भारती नाव में बैठ गयी और मल्लाह खेने लग गया। वे इस तेज़ी से दोनों हाथों से डांड़ चलाने लगे, मानो पेशेवर मल्लाह हों। डॉक्टर बोले, "मालूम है न, लामा जहाज़ चला गया।"

"हां।"

"अपूर्व इसी ओर मुंह किये प्रथम श्रेणी के डेक पर खड़ा था। क्या तुम्हें दिखाई दिया?"

"नहीं।"

"मेरे लिए उसके घर अथवा ऑफ़िस जाना तो सम्भव नहीं था, अतः इस नाव को एक किनारे पर लगा दिया और उस पर खड़ा होकर हाथ के संकेत से उसे 'हैलो, शुभयात्रा' कहा।"

व्याकुल हुई भारती ने बीच में ही टोककर कहा, "इतना बड़ा ख़तरा मोल लेने की क्या आवश्यकता थी? क्या तुम्हारे लिए अपने प्राणों का कोई मूल्य नहीं?"

"नहीं, बिल्कुल नहीं, जहां तक मेरे जाने के प्रयोजन का प्रश्न है। मैं पूछता हूं बहिन, तुम यहां किसलिए बैठी थीं?"

भारती अपने रुदन को रोकने का विशेष प्रयास करने पर भी सफल न हो सकी। उसे रुलाई आ ही गयी। रोती हुई वह बोली, "यहां मैं पहली बार नहीं आयी हूं, आती ही रहती हूं। मेरे आने का न पहले कभी कोई उद्देश्य रहा है और न आज है। अच्छा, क्या अपूर्व ने तुम्हें पहचाना?"

डॉक्टर बोले, "एकदम नहीं। मैं अपने को छिपाने की विद्या में माहिर हूं। इस दाढ़ी-मूंछ के पीछे के चेहरे को पहचान पाना आसान काम नहीं। मैं चाहता अवश्य था कि अपूर्व मुझे पहचान ले, किन्तु वह अपने में इस प्रकार खोया हुआ था कि इधर ठीक से ध्यान ही नहीं दे सका।"

भारती चुपचाप डॉक्टर के मुंह पर देखती रही और डॉक्टर भी उसे ताकता हुआ

चुप रहा।

भारती ने पूछा, "फिर क्या हुआ?"

"विशेष कुछ भी नहीं हुआ।"

भारती ने हंसने का प्रयास करते हुए कहा, "यह मेरा सौभाग्य है कि विशेष कुछ नहीं हुआ। यदि कहीं अपूर्व तुम्हें पहचान लेता और पकड़वा देता, तो मेरे लिए आत्महत्या करने के सिवा और कोई चारा न रहता। चलो, नौकरी गयी, जान तो नहीं गयी।" इसी सन्तोष से दूर तक देखती भारती ने एक लम्बी-गहरी सांस ली।

डॉक्टर बिना कुछ बोले चुपचाप नाव चलाते रहे। थोड़ी देर में चुप्पी तोड़ती भारती बोली, "किस सोच में पड़े हो भैया?"

"तुम्हीं बताओ, मैं क्या सोच रहा हूं।"

"अच्छा बताती हूं। तुम सोच रहे हो कि भारती है तो लड़की, किन्तु आदमी को पहचानने में मुझसे कहीं आगे है। कोई शिक्षित एवं कुलीन व्यक्ति अपने प्राणों की रक्षा के लिए इस प्रकार चोरों के समान भागकर जा सकता है, इतनी क्षुद्रता कर सकता है? विश्वास ही नहीं होता। कुछ लज्जा नहीं, कृतज्ञता का प्रदर्शन नहीं, किसी के प्रति दया-माया-ममता का भाव नहीं, किसी की खोज-ख़बर लेने और किसी को अपनी खोज-ख़बर देने का विचार नहीं, बन्धन से छूटे पशु के समान भागकर चले जाने-जैसे व्यवहार की कल्पना नहीं की जा सकती थी, किन्तु भारती को निश्चित रूप से इस सबका पहले से ही आभास हो गया था। सच बताना,यही सोच रहे थे या और कुछ?"

डॉक्टर नाव खेने में लगे रहे, एक भी शब्द नहीं बोले।

"भैया! एक बार मेरी ओर देखो तो सही।"

डॉक्टर के अपनी ओर देखते ही भारती के होठ थर-थर कांपने लगे। बोली, "अपूर्व मनुष्य अवश्य है, किन्तु उसमें मनुष्यता का नितान्त अभाव है।" यह कहती भारती ने दांतों से होठों की कम्पन को रोक लिया, किन्तु वह आंखों से बहते आंसुओं को न रोक सकी।

डॉक्टर ने उसके कथन के पक्ष-विपक्ष में एक भी शब्द नहीं कहा, किसी प्रकार की सान्त्वना भी नहीं दी। हां, काजल लगी उनकी आंखों की चमक कुछ मन्द अवश्य पड़ गयी।

इरावती नदी की इधर बहती एक धारा न अधिक चौड़ी है और न ही अधिक गहरी है। इसलिए इसमें स्टीमर अथवा बड़ी नावें नहीं चलायी जातीं। मल्लाहों की मछली पकड़ने वाली छोटी-छोटी नावें ही किनारे पर लगी मिलती हैं। आकाश में तारे चमकने लगे थे, अन्धकार के फैलने से नदी का पाट काले रंग का हो गया था। डांड़ चलाने से उठने वाले शब्द के सिवा और कहीं से आती कोई आवाज़ सुनाई नहीं देती थी। भारती आस-पास खड़े घने वृक्षों से फैलते अन्धकार को देखती नाव में चुपचाप बैठी थी। उसकी नाव उसे कहां लिये जा रही थी, इसकी न उसे जानकारी थी और न ही उसे जानने

की उत्सुकता थी। सहसा नाव को नदी को छोड़कर नाले में घुसती देखकर भारती चौंक पड़ी और पूछने लगी, ''मुझे कहां ले जा रहे हो?''

''अपने डेरे पर।''

''वहां और कौन-कौन हैं?''

''कोई भी नहीं।''

''मुझे वापस कब लाओगे?''

''आज रात को सम्भव न हुआ, तो कल सुबह चली जाना।''

''भैया! यह ठीक नहीं। जहां से मुझे लाये हो, वहीं छोड़ दो।''

''किन्तु अभी तुमसे बहुत-सारी बातें करनी हैं।''

इसका उत्तर दिये बिना वह वापस जाने की हठ करने लगी।

''भारती! इस हठ का कारण तो सुनूं? क्या तुम्हें मुझ पर विश्वास नहीं है?''

भारती सिर झुकाकर चुप हो गयी।

''बहिन! तुमने न जाने ऐसी कितनी रातें अपूर्व के साथ अकेले में ही बितायी होंगी। क्या मैं उस-जितना भी विश्वासपात्र नहीं?''

भारती एकदम चुप्पी साधे बैठी रही। उसके मुंह से 'हां' अथवा 'न' कुछ भी न निकला। दोनों किनारों पर खड़े वृक्षों की झुकी डालियों का स्पर्श सुखद अनुभूति थी। नदी के भाटे के खिंचाव से पानी उलटा जाने लगा था। डॉक्टर ने लालटेन नाव के बीच में रख दी। फिर लग्गी से नाव खेते हुए डॉक्टर ने कहा, ''आज मैं तुम्हें उस स्थान पर लिये जा रहा हूं, जहां से तुम्हारा उद्धार कोई नहीं कर सकता। आशा है कि तुम मेरे मन की बात को समझ गयी हो।'' इसी के साथ डॉक्टर क़हक़हा लगाते हुए हंस दिये। अंधेरे में भारती द्वारा डॉक्टर के चेहरे को देख पाना, तो सम्भव नहीं रहा, किन्तु डॉक्टर की हंसी में अपने को कोसने का भाव स्पष्ट रूप से उभरा हुआ था। डॉक्टर की ओर देखती हुई भारती बोली, ''तुम्हारे मन की बात को समझने जितनी बुद्धि भगवान् ने मुझे नहीं दी, तुम्हारे चरित्र के प्रति मैं पूर्णतः आश्वस्त-विश्वस्त हूं, फिर भी पता नहीं क्यों, मुझे अकेला रहना अच्छा नहीं लग रहा, इसलिए तुमसे छोड़ आने को कह रही हूं।''

''भारती! तुम्हें छोड़ने में मैं परेशानी अनुभव करता हूं। तुम्हें मैं अपनी बहिन, मां और बेटी समझता हूं और उसी दृष्टि से देखता हूं। यदि मुझे अपने ऊपर विश्वास न होता, तो तुम्हें लाने की धृष्टता कदापि न करता। तुम इस बात को शीघ्र समझ जाओगी कि तुम्हारे महत्त्व को आंकने वाला मुझसे बढ़कर कोई अन्य व्यक्ति तुम्हें इस पूरे संसार में नहीं मिलेगा। यदि मेरे समान पूर्ण रूप से न सही, एक प्रतिशत भी अपूर्व तुम्हारे महत्त्व को कहीं समझ पाता, तो उसे जीवन में यह दिन न देखना पड़ता। जीजी, तुम्हारा सही स्थान हम लोगों में नहीं है। तुम अपनी घर-गृहस्थी बसाकर सुख का जीवन जियो, यही सब कहने के उद्देश्य से मैं आज अपूर्व से मिलने गया था।''

भारती चुप्पी साधे बैठी रही। वह सोचने लगी कि अपूर्व बिना भेंट किये चुपचाप

चला गया। यह भी कैसा विचित्र संयोग है ! फिर वह अपनी और अपूर्व की तुलना करते हुए सोचने लगी, 'नौकरी करने बर्मा आये अपूर्व से उसका कुछ दिनों का साधारण परिचय ही तो था। कहां वह आचारनिष्ठ ब्राह्मण की सन्तान, एक प्रतिष्ठित समाज का प्राणी, एक सभ्य देश का नागरिक, कुलीन परिवार एवं सुशिक्षित अत्मीयजनों एवं बन्धु-बान्धवों से जुड़ा व्यक्ति और कहां इस सबसे एकदम विपरीत, अस्पृश्य, ईसाई कन्या भारती, जिसका न कोई बाप, न कोई मां, न घर, न परिवार और न ही अपना कोई देश तथा अपना कहलाने वाला कोई बन्धु। दोनों की भला क्या तुलना ? इस स्थिति में भारती किसी से शिकायत अथवा किसी को उपालम्भ ही क्या दे सकती है। यह सोचती हुई वह अंधेरे में आंसू बहाने लगी।

नाव के थोड़ा आगे बढ़ने पर वृक्षों के मध्य नज़र आ रहे उजाले की ओर इशारा करते हुए डॉक्टर ने कहा, "भारती ! यह रहा मेरा डेरा। ज़रा-सा इधर मुड़ते ही नाव से उतर जायेंगे। पहले मैं पूर्णत: स्वतन्त्र था, अब किसी अनोखी ममता का शिकार हो गया हूं। तुम्हारे प्रति न जाने क्यों मुझे इतना अधिक लगाव है कि मैं जाने से पहले तुम्हें किसी सुरक्षित आश्रय में व्यवस्थित हुआ देखना चाहता हूं।"

अपने आंचल से आंसू पोंछती भारती बोली, "भैया! मैं अच्छी तरह से हूं।"

डॉक्टर ने एक गहरी सांस ली, जिसका स्पष्ट संकेत यह था कि वह अपने को झूठी तसल्ली दे रही है। वह बोले, "क्यों झूठ बोलती हो ? मैंने आदमी भेजा, उसने बताया कि तुम घर पर नहीं थीं। सोचा, शायद तुम जहाज़ में बैठी मिलोगी, किन्तु ऐसा भी नहीं हुआ। उसी समय दिमाग़ में आया कि तुम्हें ढूंढ़ने का तीसरा स्थान नदी का किनारा हो सकता है, वहीं मिल जाओगी, सो इधर चला आया। भारती ! मैं जानता हूं कि वह अभागा तुम्हारी आशा-आकांक्षा को ही मटिया-मेट नहीं कर गया, अपितु तुम्हारे आत्मविश्वास को भी पलीता लगा गया है।"

भारती डॉक्टर के इस वक्तव्य के स्पष्ट अर्थ को न समझ पाने से चुप बैठी रही। डॉक्टर ने अपना वक्तव्य जारी रखते हुए कहा, "उस दिन तुम बेखटके मेरे लिए बिस्तर छोड़कर स्वयं नीचे सो गयी थीं। हंसकर बोली थीं, तुम साधारण मनुष्य थोड़े हो, जो तुमसे भय अथवा लज्जा की आशंका हो, तुम निश्चिन्त होकर सो जाओ, किन्तु आज तुम्हारा मनोभाव एकदम बदला हुआ है। आज मेरे साथ चलने में तुम्हारा संकोच तुम्हारे आत्मविश्वास के चुक जाने का संकेत दे रहा है। मैं नहीं समझता कि तुम्हारी दृष्टि में अपूर्व विशेष विश्वसनीय था अथवा मेरी अपेक्षा उस पर अधिक भरोसा किया जा सकता था, किन्तु फिर भी तुम्हें उसके साथ रहने में आपत्ति नहीं हुई, जबकि तुम अच्छी प्रकार से जानती थीं कि उस-जैसा बेपेंदी का लोटा तुम्हारे सम्मान के साथ खिलवाड़ कर सकता था, तुम-जैसी असहाय लड़की की स्वाधीनता का दुरुपयोग कर सकता था।"

भारती बोली, "उस समय, यह सब सूझा ही नहीं था।"

डॉक्टर बोला, "यही वास्तविकता है। देखो, इस समय ऐसा कोई नहीं, जो तुम्हारे

चरित्र पर अंगुलि उठा सके। हां, यदि तुम्हारा अपना मन तुम्हें दोषी मानता है, तो फिर तुम्हारे लिए जीना कठिन हो जायेगा। घुट-घुटकर जीना भी कोई जीना होता है ? इस प्रकार कब तक जी सकोगी, यह भी कभी सोचा है ?''

भारती ने कभी आज तक अपने जीवन के सम्बन्ध में इस दृष्टि से विचार ही नहीं किया था, वस्तुतः ऐसी सूझ कभी उसके मन में आयी ही नहीं थी। डॉक्टर द्वारा इस प्रकार पथ-प्रदर्शन करने पर उनके प्रति भारती के मन में श्रद्धा और सम्मान की भावना उत्पन्न हुई, परन्तु अपने ऊपर संयम रखती हुई वह मौन बनी रही।

डॉक्टर ने अपना वक्तव्य जारी रखते हुए कहा, ''तुम्हारे-जैसी एक रूसी लड़की को भी मैं जानता हूं। चलो, छोड़ो, उसकी कहानी सुनाकर मैं तुम्हें 'बोर' नहीं करना चाहता। मैं नहीं कह सकता कि तुम लोगों से फिर कब भेंट होगी, किन्तु भेंट होगी अवश्य। इतना निश्चित है। भगवान् से भी मैं यही प्रार्थना करता हूं। भारती! तुम्हारे प्रेम की तुलना किसी दूसरे के प्रेम से नहीं की जा सकती। मैं जानता हूं कि तुम्हारे लिए अपने हृदय से अपूर्व को हटा पाना कदापि सम्भव नहीं। आज से लेकर जीवनपर्यन्त अपने को उसकी पत्नी बनने के योग्य होने की साधना तुम प्रारम्भ करोगी, परन्तु मुझे भय इस बात का है कि इसके लिए प्रतिदिन होने वाले कटाक्षों, लगने वाले आरोपों-अभियोगों तथा होने वाली आलोचना से कुढ़कर कहीं ऊपर उठने की बजाय साधारण स्त्री के स्तर से भी नीचे, तो नहीं गिर जाओगी ? जन-साधारण की दृष्टि में हृदय की पवित्रता का कोई महत्त्व नहीं। यहां तो शरीर की शुद्धता ही सब कुछ है। ऐसे लोगों के बीच में अपनी साधना को चलाते रहने की क्या कोई सार्थकता रह जाती है, जबकि संसार के बहुसंख्यक साधारण प्राणी स्त्री को केवल भोग की सामग्री समझकर अपनी वासना की आग को बुझाने में ही उसका उपयोग करते हैं ? उसकी विवशता का सदैव अनुचित लाभ उठाना उनकी सहज प्रवृत्ति बन चुकी है। और फिर ऐसी स्त्री को अग्राह्य मानते हैं। ऐसे लोगों की धूर्तता के लिए उन्हें दण्डित करने पर भी क्या उनकी वासना की शिकार बनी स्त्री को समाज में उसका पहले वाला सम्मानित स्थान पुनः दिलाया जा सकता है ? स्त्री की यही नियति है भारती! उसे समझने के लिए पुरुष आज भी तैयार नहीं है। चलो, छोड़ो, इन बेकार की बातों को। अब पता नहीं, मेरे जाने में कितने दिन शेष हैं, यहां से जाने के बाद सव्यसाची के पास गर्व के साथ स्मरणीय केवल एक ही बात रहेगी कि भारती-जैसी उसकी एक प्यारी बहिन थी।''

भारती ने पूछा, ''तुम मुझे बार-बार संसार में लौट जाने की कह रहे हो, तो इस विषय में मुझे तुम्हारे पथ-प्रदर्शन की आवश्यकता है, बताइये, मैं क्या करूं ?''

''मैंने तुम्हें लज्जा से सिर झुकाने के लिए नहीं कहा।''

''किन्तु स्त्रियों द्वारा सिर उठाने को लोग निर्लज्जता नाम देकर पसन्द भी नहीं करते।'' भारती बोली।

''दुनिया की इतनी परवाह है, तो फिर कहीं नहीं जा सकती हो।''

उदास हंसी हंसती हुई भारती बोली, ''तुमने समझाया, तो ख़ूब, किन्तु फिर भी मैं कहीं जा नहीं सकूंगी। मेरे लिए अन्यान्य सभी मार्गों को बन्द करके आपने यही एक मार्ग खुला रखा था। चलो, आज स्वयं आपने उसे भी बन्द कर दिया। अब तुम मुझे जिस भी राह को पकड़ने के लिए कहोगे, मैं उसी मार्ग पर चल पड़ूंगी। हां, एक प्रार्थना अवश्य है, अपने द्वारा अपनाये भयंकर मार्ग का राही बनने के लिए मुझे मत कहना; क्योंकि मेरा अब भी दृढ़ विश्वास है कि भगवान् ने सभी दुर्लभ पदार्थों की प्राप्ति के लिए जब एकाधिक मार्ग निर्धारित किये हैं, तब देश की स्वतन्त्रता की प्राप्ति के तुम्हारे हत्या एवं रक्त-पात के मार्ग को छोड़कर दूसरा कोई मार्ग न हो, ऐसा नहीं हो सकता। यदि एक मिनट के लिए मान भी लिया जाये कि अभी तक दूसरा कोई मार्ग नहीं है, तो भी इसका यह अर्थ कदापि नहीं कि मनुष्य की बुद्धि, जो आज तक नहीं सोच सकी, वह कल भी नहीं सोच सकेगी। निरन्तर विकासशील बुद्धि द्वारा किये जा रहे नित्य नये आविष्कारों से इस क्षेत्र में भी हमें निराश नहीं होना पड़ेगा। अब मैं इस खोज में लगूंगी। उस रात भयंकर दुःख से मेरा परिचय हो गया है, अतः इस खोज में होने वाले किसी भी दुःख से मुझे कोई परेशानी नहीं होगी।''

डॉक्टर मुसकरा पड़े और बोले, ''लो, मेरा डेरा आ गया।'' यह कहते हुए डॉक्टर ने नाव को ऊपर ले जाकर छोड़ दिया और उससे उतर पड़े। लालटेन दिखाते हुए वह भारती से बोले, ''जूतों में कीचड़ लगा होगा, उन्हें वहीं नाव में उतार देना।''

भारती चुपके से नाव से उतरी। उसने देखा कि सागवान की मोटी-मोटी चार-पांच लकड़ियों की खूंटियां बनाकर उन्हें धरती में गाड़ दिया गया है और उनके ऊपर पुराने-बेकार तख़्तों को डालकर एक प्रकार से उस स्थान को छतकर घर बना लिया गया है। ज्वार का पानी उतर जाने से उस स्थान पर जमा कीचड़ उभर आया था। सड़े-गले पेड़-पौधों की दुर्गन्ध से नाक जलने लगी थी। सामने के रास्ते के दोनों ओर इतनी घनी और ऊंची झाड़ियां थीं कि सांप-बिच्छू आदि की तो बात ही क्या है, छिपे हुए शेर, भालू और हाथी तक का पता चलना सम्भव नहीं था। यदि उसने अपनी आंखों से न देखा होता, तो ऐसे स्थान पर किसी व्यक्ति के रह पाने पर विश्वास ही न कर पाती, किन्तु इस व्यक्ति के सम्बन्ध में, न कुछ अविश्वसनीय है और न ही कुछ असम्भव।

रस्सी के सहारे टूटी-फूटी लकड़ियों से बनी सीढ़ी से ऊपर जाने पर सात-आठ साल के बच्चे ने किवाड़ खोले। भीतर धरती पर चटाई बिछाकर बर्मी युवती को सोते और तीन-चार बच्चों को खेलते देखकर भारती के होश उड़ गये। भारती ने देखा कि एक बच्चे ने, वहां गन्दगी कर रखी थी, उसकी सफ़ाई की चिन्ता किये बिना अन्य बच्चे खेल में मस्त थे और युवती ने भी इस ओर ध्यान देना आवश्यक नहीं समझा था। कमरे में फैली दुर्गन्ध एकदम असह्य थी। कमरे में चारों ओर दाल, भात और प्याज़ के छिलके बिखरे पड़े थे। समीप ही दो-तीन मिट्टी की काली हंडियां पड़ी थीं, जिनमें हाथ डालकर बच्चे दाल-भात निकालकर कुछ खा रहे थे और कुछ बिखेर रहे थे। डॉक्टर के पीछे

चलती भारती यहीं से गुज़र कर दूसरी कोठरी में पहुंची। यहां कोई सामान नहीं था। धरती पर चटाई बिछी थी। एक ओर लपेटी हुई एक दरी रखी थी। डॉक्टर ने दरी बिछाकर भारती से बैठने को कहा। चुपके से बैठती भारती की दृष्टि एक किनारे पड़ी चिर-परिचित भारी बक्से पर गयी, जिससे उसे इस स्थान के डॉक्टर का निवास होने का पक्का विश्वास हो गया। थोड़ी देर में बर्मी स्त्री और डॉक्टर का बर्मी भाषा में प्रश्नोत्तर हुआ और इसके थोड़ी देर के बाद एक लड़का भात और तरकारी एक कोने में रख गया।

नाव से साथ लायी लालटेन की रोशनी में यहां की खाद्य-सामग्री को देखकर भारती का जी मिचलाने लगा।

डॉक्टर ने कहा, "भारती! तुम्हें भूख तो लगी होगी, किन्तु तुम शायद ये सब... ।"

भारती कुछ बोल नहीं सकी, किन्तु संकेत से उसने स्पष्ट जतला दिया कि यहां की किसी भी वस्तु को वह ग्रहण नहीं कर सकेगी। यह ठीक है कि वह ईसाई जाति की है, जात-पात और छुआछूत में विश्वास नहीं करती, फिर भी जिस कोठरी से खाद्य सामग्री आयी है, उसे वह देख चुकी है।

डॉक्टर ने कहा, "मेरे पेट में चूहे कूद रहे हैं। बुरा न मानो, तो मैं कुछ खा-पी लूं।" यह कहकर डॉक्टर हाथ-मुंह धोकर प्रसन्न भाव से खाने में जुट गये। भारती ने आंख उठाकर उधर देखा तक नहीं। घृणा और उदासीनता से उसने मुंह फेर लिया। खाद्य-सामग्री को देखकर भारती का हृदय वेदना से छलनी हो गया और उसके नेत्रों से अश्रुधारा बह निकली। वह सोचने लगी, यह कैसी स्वाधीनता की चाह है कि इन लोगों ने संसार की किसी भी वस्तु पर अपना अधिकार नहीं जतलाया। यह घर, यह खाना और यह परिसर, क्या इस प्रकार के जीवन को जीवन कहना उचित होगा? इस जीने से तो शायद मरना कहीं अधिक अच्छा होगा। मरने पर देह और मन को पीड़ित नहीं होना पड़ता। पग-पग पर ख़तरा, भय, दुःख और परेशानी से भरा यह जीवन भी कोई जीवन है? इससे तो मृत्यु कई गुना अच्छी है। देश की पराधीनता की वेदना ने, इनके जीवन के रस को निचोड़-सोख लिया है। इन बेचारों के लिए सुख-सुविधा, प्रेम, विलासिता, स्वाद और भोग आदि शब्द एकदम अर्थहीन हो गये हैं।

भारती को अपूर्व का ध्यान आ गया। उसे दुःख था केवल अपनी नौकरी के चले जाने का और मित्रों के सामने हाथ न दिखा पाने का। भारत माता की करोड़ों सन्तानों का प्रतीक है अपूर्व, जिनके जीवन का उद्देश्य खाना-पीना, पढ़ना-लिखना, डिग्रियां पाकर ऊंची नौकरी प्राप्त करना और घर-गृहस्थ बनकर आराम का जीवन जीते हुए एक दिन मर जाना। ये लोग देश की रीढ़ कहलाते हैं, जिनके पास देश की दुर्दशा को देखने के लिए न समय है, न जिन्हें ऐसी कोई आवश्यकता प्रतीत होती है और न ही इनकी ऐसी कोई मानसिकता है।

इन लोगों से हटकर एक यह व्यक्ति है, जो इस भात को खाते हुए एक विलक्षण तृप्ति का अनुभव कर रहा है। उसे लगा कि वह हिमालय के एक शिखर के नीचे पड़ी

एक शिला पर दृढ़ता से पैर जमाये खड़ी है और फिर आत्मकेन्द्रित, स्वार्थी व्यक्तियों में से ऐसे किसी एक से उसने प्रेम किया, किन्तु उसकी गृहिणी न बन पाने के दु:ख से अपनी छाती पीट रही है।

सहसा भारती का ध्यान भंग हुआ और वह चीख़कर बोली, "भैया! तुम्हारा रक्त-पात का रास्ता एकदम ग़लत है। अपने मत के समर्थन में तुम कितने तर्क और पुराने इतिहास से कितने ही उदाहरण क्यों न प्रस्तुत करो, किन्तु मैं इसे कभी सही नहीं मान सकती। कल जो सच था, आज भी वही सत्य होगा, भविष्य में भी वह अटल सत्य बना रहेगा, ऐसी गारण्टी देना कदापि उचित नहीं होगा। तुम्हारा मार्ग एकदम ग़लत है। फिर भी तुम्हारे त्याग, बलिदान की भावना, देश के लिए अपना सर्वस्व न्योछावर करने की प्रवृत्ति तथा सदैव सिर पर कफ़न बांधे रहने के अभ्यास को मैं सादर प्रणाम करती हूं। अपूर्व सुख से रहे, अपना जीवन जिये, मैं अब उसके लिए चिन्ता और शोक से नहीं घुलूंगी। मैंने जीवन जीने के रहस्य को प्रत्यक्ष देख लिया है।"

भात के ग्रास को मुंह में ठूंसते हुए डॉक्टर ने सिर ऊपर उठाकर भारती की ओर देखते हुए आश्चर्य से पूछा, "क्यों, क्या हुआ?"

: 23 :

हाथ-मुंह धोकर डॉक्टर अपने बक्से पर बैठ गये। भात लाने वाला लड़का चुरुट पीता और मुंह से धुआं निकालता कोठरी में आया और चुरुट डॉक्टर के हाथ में थमाकर चलता बना। भारती को चकित होता देखकर डॉक्टर ने स्पष्ट किया, "मुफ़्त में मिलती किसी भी वस्तु के प्रयोग से मुझे कोई परहेज़ नहीं। अपूर्व के चाचा ने जब मुझे पहले-पहल जहाज़ से उतरने पर गिरफ़्तार किया था, तो उस समय मेरे पास गांजा पीने की चिलम थी और उसी से शायद छुटकारा मिलना आसान हो गया।" यह कहकर वह हंसने लगे।

भारती इस घटना से पहले से परिचित थी, अत: बोली, "मुझे सब मालूम है। उसके कारण भले ही छुटकारा मिला हो, किन्तु इतना निश्चित है कि तुम गांजा नहीं पीते। हां, यह मकान किसका है?"

"मेरा।"

"यह बर्मी स्त्री और बच्चे?"

डॉक्टर ने हंसते हुए कहा, "मेरा एक मुसलमान मित्र है, उसे किसी मामले में फांसी होनी है। इस समय वह यहां नहीं है, होता, तो तुम से मिला देता।"

"मुझे ऐसे लोगों से मिलने का कोई शौक़ नहीं। अब तुम कृपा करके मुझे अपने इस स्वर्गलोक से विदा करो। मेरा यहां दम घुट रहा है। मुझे मेरे घर पहुंचा दो।"

डॉक्टर ने हंसते हुए कहा, "तुम्हें यहां लाने से पहले ही मुझे मालूम था कि मेरा स्वर्गधाम तुम्हें पसन्द नहीं आयेगा, किन्तु इतनी सारी बातें कहीं और बैठकर नहीं की जा सकती थीं। भारती! आज तुम थोड़ा-सा कष्ट और थोड़ी-सी असुविधा सहन कर लो।"

"क्या तुम्हें जल्दी से कहीं जाना है?"

डॉक्टर ने स्वीकृति में सिर हिलाते हुए कहा, "उत्तर और पूर्व देशों की यात्रा करनी है। इसमें दो वर्षों का समय लग सकता है। तुम्हें आज जो दुःख पहुंचा है, उसके लिए मैं तुमसे क्षमा मांगता हूं। इस समय, मुझे तुमसे बातचीत करने में शर्म लग रही है, किन्तु आज की रात के बाद तुमसे कभी मिलना हो भी सकेगा या नहीं, कुछ कहा नहीं जा सकता।"

यह सुनकर उदास हुई भारती ने पूछा, "क्या तुमने कल ही चले जाने का निश्चय कर लिया है?"

डॉक्टर ने कोई उत्तर नहीं दिया। भारती समझ गयी कि उनका कार्यक्रम पहले से निश्चित है, जिसका अर्थ है कि कल का प्रभात होने के बाद वह इस देश में अकेली रह जायेगी। उसकी खोज-ख़बर लेने वाला कोई नहीं होगा।

डॉक्टर ने बताया, "हमें पैदल मार्ग से दक्षिणी चीन के भीतर से गुज़रते हुए कैण्टन जाना पड़ेगा। वहां से कार्यवश अमेरिका जाना न हो सका, तो प्रशान्त महासागर के द्वीप में घूम-फिरकर इधर लौटना होगा। उसके उपरान्त स्थिति शान्त रहने तक यहीं टिका रहना होगा।" इतना कहकर डॉक्टर हंस दिये और बोले, "यदि न लौट सका, तो समाचार-पत्र के द्वारा मेरे पकड़े जाने अथवा मारे जाने की जानकारी तुम्हें मिल जायेगी।"

शान्त स्वर से सहज रूप में बोलता यह व्यक्ति देखने में भले ही साधारण प्रतीत हो, किन्तु उसके भयंकर इरादों का प्रतिबिम्ब बने उसके चेहरे को देखते ही डर लगता है। कुछ देर चुपचाप बैठी भारती ने कहा, "मैंने सुना है कि चीन देश का पैदल मार्ग अत्यन्त दुरूह और विषम होने से भयंकर एवं दुःखप्रद है। यह कहकर मैं तुम्हें डरा नहीं रही; क्योंकि मैं जानती हूं कि डर शब्द तुम्हारे शब्दकोश में ही नहीं है। इसके अतिरिक्त तुम-जैसे निष्ठावान् कर्मयोगी को अपने संकल्प से गिराना भी सम्भव नहीं। तुम भले ही हंसो, फिर भी मैं यह कहने से नहीं रुक सकती कि वहां का पैदल मार्ग सुरक्षित नहीं। एक और बात भी मेरी समझ में नहीं आती कि जब तुम यहां से जा रहे हो, फिर यहां लौटने में क्या तुक है? क्या तुम अपने देश में रहकर जन्मभूमि की सेवा नहीं कर सकते?"

"अपनी जन्मभूमि की सेवा के निमित्त ही मैं इस देश को सहज में छोड़ नहीं पा रहा। इस देश की स्त्रियों को स्वाधीनता प्राप्त है, इसीलिए वे स्वाधीनता के महत्त्व को समझती हैं। अतः ये स्त्रियां मेरे उद्देश्य की सिद्धि में अत्यन्त सहायक सिद्ध होती हैं। भारती! यदि विश्व के किसी भी कोने में कहीं विद्रोह भड़कता है, तो निश्चित समझना

कि इसके पीछे किसी-न-किसी रूप में तुम्हारे भैया-जैसे किसी देशभक्त का योगदान है। इस तथ्य को कभी भूल न जाना।''

भारती ने स्मरण रखने का आश्वासन देते हुए कहा, ''भैया! तुम भली प्रकार जानते हो कि मैं तुम्हारे राह की राही अथवा समर्थक नहीं हूं।''

डॉक्टर ने कहा, ''मुझे यह सब भली प्रकार से मालूम है। तुम्हारी राह भले ही बिल्कुल अलग क्यों न हो, किन्तु भैया की बात को याद रखने में यह अलगाव आड़े नहीं आता? फिर इसी बहाने भैया का स्मरण भी हो जाया करेगा।''

हंसती हुई भारती बोली, ''भैया को स्मरण करने के लिए मेरे पास और भी बहुत सारी बातें हैं। क्या केवल स्मरण दिलाने के लिए ख़तरे मोल लेना तथा विपत्तियों से जूझना आवश्यक है? मेरे लिए तुम्हें इस प्रकार कष्ट झेलने की कोई आवश्यकता नहीं।'' यह कहते हुए भारती खड़ी हो गयी और अपने लिए बिछाने और ओढ़ने के लिए अपेक्षित वस्त्रों की यथोचित व्यवस्था करती हुई धीरे से बोली, ''अपूर्व बाबू के संसर्ग ने मुझे जो मार्ग दिखाया है, मैं समझती हूं कि इस जीवन में वही मेरे लिए सही मार्ग है। मुझे विश्वास है कि जिस दिन तुमसे दोबारा भेंट होगी, तुम भी इस सत्य को स्वीकार करोगे।''

बेचैनी अनुभव करते हुए डॉक्टर ने कहा, ''भारती! यह तुमने क्या किया, इस फटे कम्बल को तुमने क्यों ले लिया? इसे मेरे लिए छोड़ देतीं। क्या तुम मुझे नीचा दिखाने पर तुली हो?''

भारती बोली, ''मैं बढ़िया बिस्तर पर सोऊं और तुम फटे कम्बल का प्रयोग करो, यह मैं कैसे सहन कर सकती हूं? सच तो यह है कि तुम्हारा खान-पान और फटे कम्बल का बिछौना मैं कभी भुला नहीं सकूंगी। यदि स्त्रियां त्याग नहीं करेंगी, तो फिर उनके जीवन का महत्त्व ही क्या रह जायेगा? त्याग से बढ़कर स्त्री के लिए कुछ और करणीय हो सकता है? तुम ही बताओ।''

डॉक्टर हंस दिये और बोले, ''बहिन! सचमुच इसका उत्तर मैं नहीं दे सकता और अपनी पराजय स्वीकार करता हूं, किन्तु आज तक इतनी बड़ी बात किसी और स्त्री ने मुझे कभी नहीं बतायी और इसीलिए मैंने भी कभी किसी स्त्री से हार नहीं मानी।''

भारती ने हंसते हुए पूछा, ''सुमित्रा दीदी से भी नहीं?''

भारती द्वारा बिस्तर बिछा दिये जाने पर डॉक्टर बक्से से उठकर बिस्तर पर आ बैठे। भारती भी हटकर बिस्तर पर बैठ गयी और कुछ देर चुपचाप सिर झुकाकर बैठे रहने के पश्चात् बोली, ''जाने से पहले एक बात पूछने की मेरी धृष्टता को क्या आप क्षमा कर सकेंगे?''

''हां, क्षमा कर दूंगा, जो पूछना हो, पूछो।''

''बताइये, सुमित्रा दीदी कौन हैं और आपसे उनका क्या सम्बन्ध है?''

डॉक्टर इस प्रश्न पर काफ़ी देर तक मौन चिन्तन करते रहे, फिर हंसते हुए बोले, ''मेरे साथ उसके सम्बन्ध की सही जानकारी स्वयं वही दे सकती है, दूसरे किसी के

वश का ही नहीं। वस्तुत: जब हम एक–दूसरे से नितान्त अपरिचित थे, उस समय मैंने पुलिस के सामने उसे अपनी पत्नी बताकर छुड़ाया था। सुमित्रा नाम भी उसे मेरा दिया हुआ है। आज शायद उसके पास मेरी यही एक निशानी रह गयी है।''

भारती सावधान होकर उत्सुकता से डॉक्टर को सुन रही थी। डॉक्टर ने आगे कहा, ''सुना है कि वह बंगाली ब्राह्मण की यहूदिन पत्नी की सन्तान है। एक बार सर्कस पार्टी के साथ ये लोग जावा गये थे। वहां सरवाया रेलवे स्टेशन पर पण्डित को नौकरी मिल गयी। पिता के जीवित रहने तक सुमित्रा मिशनरियों के स्कूल में शिक्षा प्राप्त करती रही। पण्डित के देहावसान के पश्चात् पांच–छह साल इन लोगों ने कैसे बिताये, यह सब न सुनो, तो अच्छा है।''

भारती ने उत्सुकता प्रकट करते हुए अनुरोध किया, ''नहीं भैया! परिचय को अधूरा मत छोड़ो। तुम्हें पूरा इतिहास सुनाना ही होगा।''

हंसते हुए डॉक्टर ने कहा, ''प्रामाणिक तौर पर मैं भी कुछ नहीं जानता। जो सुना है, वह बता देता हूं। पण्डितजी के मर जाने के बाद मां–बेटी, दो मामा, एक चीनी और दो मद्रासी मुसलमानों की टोली, जावा में छिपे तौर पर अफ़ीम की तस्करी का धन्धा करती थी। उस समय मुझे इनके इस धन्धे में लिप्त होने की कोई जानकारी नहीं थी। मैं केवल सुमित्रा को रेलमार्ग से बटाविया और सरवाया आता–जाता देखा करता था। सुमित्रा बेहद ख़ूबसूरत थी। कुछ अन्य लोगों की तरह उसकी ओर आकृष्ट होकर मैं भी उसे चाहने लगा था। एक दिन तेग स्टेशन के वेटिंगरूम में उससे भेंट हो गयी और तब पता चला कि वह बंगाली ब्राह्मण की लड़की है।''

''सुमित्रा के सौन्दर्य के कारण आप के लिए उसे भुला पाना सम्भव नहीं हुआ। यह सच है न भैया?''

डॉक्टर ने कहा, ''चलो, तुम्हारी प्रसन्नता के लिए यह भी मान लेता हूं। एक दिन जावा छोड़कर मैं कहीं और चला गया, तब शायद सुमित्रा का ध्यान ही नहीं आया। एक साल के पश्चात् सुमात्रा के बेंकुलेन शहर के जहाज़ पर अचानक उससे पुन: भेंट हो गयी। अफ़ीम की एक पेटी के साथ पकड़ी गयी सुमित्रा को पुलिस ने घेर रखा था। मुझे देखते ही वह आंसू बहाने लगी, जिससे द्रवित होकर मैंने उसे बचाने का निश्चय कर लिया। अफ़ीम की पेटी से अपना अपरिचय प्रकट करते हुए सुमित्रा को अपनी पत्नी घोषित कर दिया। मेरा यह निर्णय उसकी कल्पना से परे होने के कारण उसे काफ़ी चौंकाने वाला लगा। घटनास्थल सुमात्रा होने के कारण मैंने उसे सुमित्रा नाम दे दिया। उसका पुराना नाम रोज़ दाऊद—भूल–भाल गया। उन दिनों बेंकुलेन के मुक़द्दमों की सुनवाई पावांग शहर में हुआ करती थी। मैंने सुमित्रा को वहा रहने वाले अपने एक मित्र—पाल क्रूगर—के घर पर रखा। सुमित्रा मुक़द्दमे में छूट गयी, परन्तु मैं उसके बन्धन में फंस गया।''

भारती ने हंसते हुए कहा, ''यह बन्धन कभी छूटेगा भी नहीं।''

डॉक्टर ने कहा, "सुमित्रा के बरी होने की जानकारी पाकर उसके सौन्दर्य के पुजारी उसके आस-पास मंडराने लगे। मेरे मित्र क्रूगर भी उसके रूप के दीवाने बन गये थे। अतः मैं सुमित्रा को उनके हवाले कर चुपचाप सुमात्रा से भाग खड़ा हुआ।"

भारती ने आश्चर्य प्रकट करते हुए कहा, "उसे बिना बताये छोड़ना तो धोखा देना ही हुआ। तुम ऐसे निष्ठुर तो नहीं हो भैया।"

डॉक्टर ने कहा, "बस, समझ लो, मैं भी अपूर्व-जैसा ही निकला। एक साल के बाद मैं सेलिबिस द्वीप के अन्तर्गत मैकासर शहर में एक छोटे-से गुमनाम होटल में ठहरा हुआ था। एक दिन शाम को लौटा, तो अपने कमरे में सुमित्रा को बैठे देखा। उसने हिन्दू स्त्रियों की तरह टसर की साड़ी पहन रखी थी और उस दिन पहली बार उसने हिन्दू स्त्रियों की तरह मेरे चरण छूकर मुझे प्रणाम किया। उसने कहा, "मैं अपना अच्छा-बुरा पिछला जीवन अतीत के गड्ढे में दफ़न कर आयी हूं और अब मैं अपने अपराधों का प्रायश्चित्त करने के लिए नया जीवन प्रारम्भ करना चाहती हूं। मुझे अपने काम में अपनी सहचरी बना लो, यह मेरी प्रार्थना है। मैं आपको विश्वास दिलाती हूं कि मुझे अपनाकर आपको जीवन में कभी पछताना नहीं पड़ेगा।"

दम साधे सुन रही भारती बोली, "हां, तो फिर क्या हुआ?"

डॉक्टर ने कहा, "फिर क्या होना था, संक्षेप में बात इतनी है कि मैंने उसकी बात मान ली और सच कहता हूं कि आज तक उसने मुझे शिकायत का कोई मौक़ा नहीं दिया। ऐसा कोई काम नहीं, जिसे वह न कर सकती हो। इक्कीस साल की बुराइयों को एकदम छोड़ देने वाली तथा अपने संकल्प को दृढ़ता से निभाने वाली इस महिला को मैं शत-शत नमन करता हूं। भारती! एक बात और बताऊं, वह स्त्री अत्यन्त निष्ठुर है।"

भारती चुप रही। उसकी इच्छा कई बार हुई कि वह पूछे कि क्या सुमित्रा तुम से भी अधिक निष्ठुर है, परन्तु लज्जा एवं संकोचवश वह अपनी जिज्ञासा पर अंकुश लगाने को विवश हो गयी। उसे सन्तोष था कि रूप-सौन्दर्य के साथ गुणों की स्वामिनी उस महिला के जीवन की काफ़ी जानकारी उसे मिल गयी थी। इसलिए उस महिला की निर्ममता अथवा निष्ठुरता के लिए उत्तरदायी कारणों को समझना उसके लिए कठिन नहीं हुआ।

डॉक्टर के मुंह से सहसा एक लम्बा-गहरा सांस निकल गया, जो उसके भीतर की गहरी पीड़ा का सूचक था। अपने मन के रहस्य के प्रकट हो जाने से लज्जित डॉक्टर ने अपने को एकदम संभाला और सामान्य बना लिया। सहज रूप से सधे और शान्त स्वर में वह बोले, "सुमित्रा को अपने साथ लेकर मैं कैण्टन चला आया।"

भारती ने शिष्टता का प्रदर्शन करते हुए अपनी हंसी पर नियन्त्रण किया और कुछ देर के लिए मुंह भी फेर लिया। थोड़ी देर में वह बोली, "भैया! दीदी को अपने साथ क्यों लाये? क्या किसी ने इसके लिए विवश किया था?"

डॉक्टर कुछ देर तक चुपचाप हंसते रहे, फिर बोले, "ऐसी कोई विवशता नहीं

थी और सोचा यह भी था कि किसी से इस बात की चर्चा कभी नहीं करूंगा, किन्तु तुम्हारे हठ के आगे मुझे अपने वचन को तोड़ना पड़ रहा है। बिना पूरी बात सुने तुम्हारा कुतूहल शान्त नहीं हो रहा था। पूरी बात न बताता, तो न जाने, क्या-क्या अनुमान लगाती रहतीं। इसलिए पूरी बात बता दी, क्या कुछ ग़लत किया?''

भारती बोली, ''मैं भी यही चाहती हूं भैया कि अपने दिल का भार हलका कर डालो।''

डॉक्टर बोले, ''तो सुनो, सुमित्रा ने मेरे उसी होटल के दूसरे तले पर किराये पर एक कमरा ले लिया। मैंने उसे वहां रहने से बहुत मना किया, पर वह नहीं मानी। जब मैंने वहां से चले जाने का विचार बनाया, तो वह बुरी तरह रोने लगी और आश्रय देने के लिए गिड़गिड़ाने लगी। अगले दिन दाऊद का दल—एक अरब और एक नीग्रो समेत आठ-दस लोगों का झुण्ड—वहां आ पहुंचा और उसे अपनी बीवी बताकर अपने साथ चलने को विवश करने लगा।''

भारती ने कहा, ''तुम्हारे सामने उन्होंने यह दुस्साहस किया? फिर तो तुमने उनकी ख़ूब ठुकायी की होगी?''

''हां, तुम ठीक कहती हो। सुमित्रा रो-रोकर उनके दावे को झुठलाने लगी। वह इसे षड्यन्त्र और झूठा आरोप कहकर उन्हें गालियां बकने लगी। उसने यह भी कहा कि ये लोग उससे अफ़ीम का धन्धा कराना चाहते हैं। प्रशान्त महासागर के सब द्वीपों में इनके अड्डे हैं, जहां ये सभी गन्दे काम करते हैं। इनका बहुत बड़ा नेटवर्क है, जिसमें एक बार फंसा आदमी बाहर निकलने की सोच ही नहीं सकता। अब मुझे सुमित्रा के अपने प्रति गिड़गिड़ाने का रहस्य समझ में आ गया और साथ ही यह भी समझ गया कि सुमित्रा को इनके जाल से छुड़ाना आवश्यक है, किन्तु वे दस थे और मैं अकेला था। मैंने बुद्धि से काम लेते हुए उन्हें पुलिस से पकड़वाने का डर दिखाया, तो वे चले अवश्य गये, किन्तु जाते-जाते चेतावनी दे गये कि उनके हाथों से आज तक कोई नहीं बचा। उनकी यह चेतावनी कोरी धमकी ही नहीं थी, अपितु एकदम सच थी।''

कुतूहलवश भारती ने पूछा, ''फिर?''

''रात-भर सावधान रहना पड़ा; क्योंकि उनके द्वारा दलबल सहित हमला करने की पूरी सम्भावना थी।'' डॉक्टर ने कहा।

परेशानी अनुभव करती हुई भारती बोली, ''क्या डच सरकार के पास सुरक्षाकर्मी नहीं हैं? यदि हैं, तो फिर तुम लोगों ने उसी समय पुलिस-सुरक्षा क्यों नहीं ली और पुलिस को सूचना क्यों नहीं दी?''

डॉक्टर ने कहा, ''पहले तो डच सरकार के पास काफ़ी पुलिस ही नहीं, फिर न, सुमित्रा का और न ही मेरा बीता हुआ कल बेदाग़ था। चलो, पुलिस-वुलिस की छोड़ो, आगे की सुनो। रात चैन से कट गयी, कोई मुसीबत खड़ी नहीं हुई। इधर समुद्र के किनारे व्यापार-धन्धे की बहुत सारी किश्तियां चला करती हैं। सवेरे एक किश्ती वाले से

बातचीत कर ली, किन्तु अचानक ज्वर-पीड़ित हो जाने के कारण सुमित्रा से उठा नहीं जा रहा था, लिहाज़ा रुकना पड़ा, देर रात शोर से आंख खुली और खिड़की से देखा कि होटल वाले ने दरवाज़ा खोल दिया है और आठ-दस गुण्डे भीतर घुसे आ रहे हैं। उनकी योजना थी कि वे मुझे कोठरी में बन्द कर देंगे और फिर बग़ल की सीढ़ी से ऊपर चढ़कर सुमित्रा को ज़बरदस्ती उठाकर ले जायेंगे।''

सांस रोके सुनती भारती बोली, ''फिर तुम लोग किस तरह बचे?''

डॉक्टर ने कहा, ''बाद में अंधेरे में क्या हुआ, उसका ठीक वर्णन करना, तो सम्भव नहीं। हां, मैं अपने विषय में जानता हूं। एक गोली मेरे कन्धे पर और एक गोली मेरे घुटने में लगी। दोनों ओर से रह-रहकर निशाने लगते रहे। पुलिस को ख़बर मिल गयी और बाहर वालों को हमलावर ठहराकर पुलिस पकड़कर ले गयी। होटल वाले ने भी उन्हें डाकू बताया था। तीन-चार लाशों को बिना पोस्टमार्टम के दफ़ना दिया गया। पकड़े गये लोगों का क्या हुआ, मालूम नहीं। अंगरेजी राज्य में यह सब हुआ होता, तो मामला बहुत तूल पकड़ता, गहरी छान-बीन होती, किन्तु सेलिबिस का क़ायदा-क़ानून कुछ अलग ही क़िस्म का था। इससे मामला आसानी से निपट गया।''

स्तब्ध बैठी भारती कुछ देर तक कुछ भी बोल नहीं सकी, फिर रुंधे कण्ठ से बोली, ''गाड़े-दबाये शव तुम्हारी गोलियों के शिकार हुए होंगे?''

''मैं तो निमित्त मात्र था। वास्तव में, वे अपनी गोलियों के आप ही शिकार बने थे।''

कुछ न समझ पाने से हैरान भारती कुछ नहीं बोली, चुप बैठी रही। हां, वह अपने मुंह से निकलती गहरी सांस को अवश्य नहीं रोक सकी। डॉक्टर भी कुछ देर तक चुप बैठे रहे, फिर बोले, ''अगले दिन कहीं नाव से, तो कहीं घोड़ा-गाड़ी से और कहीं स्टीमर से यात्रा करते हुए हम दोनों मेनेडा शहर पहुंच गये। फिर वहां से अपनी पहचान बदलकर एक चीनी जहाज़ द्वारा कैण्टन आ गये। उसके बाद की कहानी से तुम परिचित हो। तुम समझती हो कि शायद मेरे हाथ भी ख़ून से रंगे हुए हैं।''

भारती ने रुचि न लेते हुए अनुरोध किया, ''भैया! मुझे घर वापस कब पहुंचाओगे?''

''अभी जाना चाहती हो?''

''हां, मुझे पहुंचा ही आओ।''

''ठीक है, चलो।'' डॉक्टर ने नीचे के तख़्ते को हटाकर कुछ उठाया और चुपचाप उसे जेब में रख लिया। भारती समझ गयी कि डॉक्टर ने पिस्तौल उठायी है। भारती ने भी पिस्तौल ले रखी थी। सुमित्रा के आदेशानुसार भारती बिना पिस्तौल हाथ में लिये घर से बाहर निकलती ही नहीं थी। पिस्तौल अत्याचारी को मारने का यन्त्र है। इसकी जानकारी भारती को आज हुई लगती है। डॉक्टर द्वारा अभी-अभी अपनी जेब में रखे गये इस पिस्तौल से न जाने कितनों का काम तमाम हो चुका है, इस बात का ध्यान आते ही भारती रोमाञ्चित हो उठी।

नाव पर चढ़ते हुए भारती बोली, ''भैया! तुम कैसे भी हो और कैसे भी काम करते हो, फिर भी मैं सच कहती हूं कि मेरे एकमात्र आश्रय तुम्हीं हो। जब तक मैं मानसिक रूप से स्वस्थ और सन्तुलित नहीं हो जाती, तब तक तुम नहीं जाओगे। क्या बहिन के इस अनुरोध को मानोगे भैया?''

डॉक्टर ने कहा, ''ठीक है, कुछ ऐसी ही सेटिंग करूंगा और तुमसे अनुमति लेकर ही प्रस्थान करूंगा।''

: 24 :

नाव पर बैठी और नदी पार करती भारती न जाने किस सोच में खोयी हुई थी। समय बिताने के लिए दोनों इधर-उधर की बातें कर रहे थे। भारती के दिल और दिमाग़ पर सुमित्रा का इतिहास मंडरा रहा था। वह उसके यौवन के दुर्भाग्यपूर्ण होने पर मन-ही-मन दु:ख प्रकट करती हुई उसके प्रति सहानुभूति रखने लगी थी। वह इस तथ्य को भली-भांति जानती थी कि किसी स्त्री के लिए—यहां तक कि भारती के लिए भी—सुमित्रा को मित्र मानना अपनी औक़ात को न पहचानने-जैसी मूर्खता होगी; क्योंकि सुमित्रा सभी दृष्टियों से दूसरी स्त्रियों से अतिविशिष्ट थी, अत: उसके प्रति श्रद्धा और सम्मान के भाव ही रखे जा सकते हैं। भारती भी आज तक सुमित्रा को विशेष ग़ौरव देती रही है, किन्तु उस दिन अपूर्व के अपराध—अक्षम्य ही सही—के लिए एक स्त्री द्वारा दिखायी निर्ममता से मृत्यु-दण्ड सुनाने की घटना ने भारती को झकझोर दिया। वह अब सुमित्रा से डरने लगी। सुमित्रा के प्रति भारती की भक्ति ने घृणा का रूप ले लिया। जिस प्रकार बलि का पशु ख़ून से रंगे शस्त्र को देखते ही निढाल हो जाता है, उसी प्रकार भारती सुमित्रा की छाया तक से किनारा करने लगी।

भारती सोचने लगी कि सुमित्रा जानती है, मैं अपूर्व को प्राणों से भी अधिक चाहती हूं, फिर भी सुमित्रा ने—एक स्त्री ने—दूसरी स्त्री के प्रणय के महत्त्व को अनदेखा करके प्राणदण्ड की आज्ञा सुनाने में तनिक भी संकोच नहीं किया। एक पल के लिए भारती अपने को समझाने लगती—कर्तव्यनिष्ठा के सामने भावुकता को न आने देने के कारण ही वह सभानेत्री-जैसे उच्चपद को सुशोभित करने की अधिकारिणी बनी है। देश के लिए अपने प्राण हथेली पर लिये रहने वाले, क़ानून की दृष्टि में घोषित अपराधी तथा अभाव और संकटों से जूझने वाले संघर्षशील देशभक्त, ऐसे नेता पर ही निर्भर कर सकते हैं। सुमित्रा के जन्म, शिक्षा-दीक्षा, किशोर अवस्था और यौवन के अनोखेपन, कर्तव्यबोध, दृढ़निश्चय, टूटने की अपेक्षा मरने की स्वीकृति तथा अनासक्ति आदि में भारती एक विलक्षण संगति के दर्शन करने लगी। उसे लगा कि नारी की ममता और मृदुता का अर्थ

कर्तव्य की उपेक्षा कदापि नहीं। अत: वह समझ गयी कि सुमित्रा से किसी प्रकार की उदारता की अपेक्षा करना उसकी मूर्खता थी। सुमित्रा के चरित्र को ठीक से न समझना उसकी भारी भूल थी।

ज्यों ही नाव घाट पर लगी, त्यों ही ओट में छिपकर खड़ा व्यक्ति सामने आ गया। डॉक्टर का हाथ पकड़कर नाव से उतरती भारती की दृष्टि उस व्यक्ति पर गयी, तो वह ठिठककर वापस लौटने लगी।

डॉक्टर ने कोमल कण्ठ से कहा, ''भारती! यह अपना हीरासिंह है, तुम्हें घर पहुंचाने के लिए प्रतीक्षा कर रहा है।''

''क्यों हीरासिंह, सब ठीक-ठाक है न?''

''हां, सब ठीक है,'' हीरासिंह बोला।

''क्या मैं भी चल सकता हूं?''

''क्या आपको कहीं भी जाने से रोकने की संसार के किसी भी व्यक्ति में सामर्थ्य है?'' यह कहकर वह हंसने लगा।

डॉक्टर समझ गया कि पुलिस भारती के घर पर नज़र रखे हुए है, अत: उसके लिए ख़तरा मोल लेना ठीक नहीं।

हाथ को न छोड़ते हुए भारती चुपके से बोली, ''भैया! मैं भी नहीं जाऊंगी।''

''किन्तु तुम्हें भागने-फिरने की क्या आवश्यकता है?''

''आवश्यकता होने पर भी मैं भागना पसन्द नहीं करूंगी, किन्तु इस व्यक्ति के साथ नहीं जाऊंगी।''

डॉक्टर को भारती के इनकार का कारण समझते देर नहीं लगी। अपूर्व के अपराध के न्याय-विचार वाले दिन भी यही हीरासिंह उसे घर से सभास्थल पर ले गया था। डॉक्टर ने समझाते हुए कहा, ''तुम्हें मालूम है कि रात का समय है और वह इलाक़ा काफ़ी बदनाम है। तुम्हारे साथ किसी को होना चाहिए।''

भारती बीच में ही चीख़कर बोली, ''मैं पागल हो जाऊंगी, मुझे आप ही पहुंचा दो।''

यह कहते हुए भारती नाव के बीच में ही रुक गयी। रात के समय उस मुहल्ले में से किसी स्त्री का अकेले जाना सर्वथा अवाञ्छनीय था और फिर डॉक्टर का उसके साथ जाना भी निरापद नहीं था। इधर हीरासिंह का संग उसे स्वीकार नहीं। इसीलिए वह नाव से उतरने को तैयार नहीं। यह स्थिति देखकर डॉक्टर ने कहा, ''तुम्हें अपने यहां वापस ले जाने को कहना भी मुझे अच्छा नहीं लगता। हां, एक और स्थान है। नदी के उस पार मेरे एक कवि मित्र रहते हैं, उनके यहां चलना पसन्द करोगी?''

भारती ने कवि मित्र का परिचय पूछा, तो डॉक्टर ने बताया, ''बेहाला बजाने वाले उस्तादजी।''

भारती ने पूछा, ''उनके घर पर मिलने-न मिलने का क्या भरोसा? हो सकता है

कि शराब पीकर नशे में धुत कहीं पड़े हों।''

डॉक्टर ने हंसते हुए कहा, ''कोई बड़ी बात नहीं, किन्तु एक बात है, मुझे देखते ही उनका नशा काफ़ूर हो जाता है। अरे हां, उधर समीप ही नवतारा भी रहती है, उससे कुछ खाने को भी मिल सकता है।''

भारती ने बेचैनी से कहा, ''इतनी रात गये मुझे खाने की कोई इच्छा नहीं। आप मुझे जहां भी ले चलना चाहते हैं, ले चलिये।''

डॉक्टर फिर नाव खेने लगे। हीरासिंह अंधेरे में अदृश्य हो गया। भारती ने उत्सुक होकर पूछा, ''यह व्यक्ति पुलिस के शक के घेरे में अपने को न आने देने में कैसे सफल हो जाता है ?''

डॉक्टर ने बताया, ''यह तारघर का चपरासी है। लोगों के पास तार पहुंचाना इसका काम है। इसलिए इसका किसी भी वक्त, कहीं भी आना-जाना हो सकता है। अत: सन्देह के लिए गुंजायश ही कहां है ?''

ज्वार के अभी-अभी शुरू होने से स्पष्ट था कि खाड़ी से निकलकर नदी में स्रोत से थोड़ी दूर उलटा जाने पर ही दूसरे किनारे पर जाना सम्भव होगा। यह देखकर डॉक्टर लग्गी से नाव को किनारे-किनारे ठेलते हुए सावधानी से ले जाने लगे। डॉक्टर को काफ़ी श्रम करता देखकर भारती ने उधर न चलने का और बहाव की दिशा में घर लौटने का अनुरोध करते हुए कहा, ''घर पहुंचने में आधा घण्टा भी नहीं लगेगा।''

डॉक्टर ने कहा, ''मैं उससे निरर्थक भेंट करने नहीं जा रहा। एक विशेष प्रयोजन भी है।''

भारती हलकी हंसी हंसती हुई बोली, ''मुझे आज पता चला है कि उस-जैसे व्यक्ति से भी किसी को कोई काम हो सकता है। यह बात मेरे गले के नीचे उतरती ही नहीं।''

कुछ देर तक चुप रहने के उपरान्त डॉक्टर बोले, ''लगता है कि तुमने उसे ठीक से पहचाना नहीं, अन्यथा सत्य तो यह है कि उस-जैसा गुणी व्यक्ति ढूंढ़ने पर भी संसार में कहीं नहीं मिलेगा। इस टूटे-फूटे बेहाला के दम पर वह विश्वभ्रमण कर चुका है। इसके अतिरिक्त वह बड़ा भारी विद्वान् है। किस पुस्तक में कहां क्या लिखा है, इन सब की उसे पूरी और सही जानकारी है। मैं इस तथ्य से परिचित हूं। वास्तव में वह हम लोगों से एकदम अलग है।''

अपने को लज्जित अनुभव करती हुई भारती बोली, ''तो तुमने उससे शराब की लत छुड़वाने की चेष्टा क्यों नहीं की ?''

''मैं किसी से कुछ छोड़ने-ओड़ने के लिए नहीं कहता। फिर कवियों और गुणीजनों का संसार हम लोगों के संसार से भिन्न होता है। उनके गुण-दोषों का ढांचा भी अलग होता है, किन्तु इसका अर्थ यह कदापि नहीं कि वे गुण-दोष के निर्धारक क़ानून की सीमा से भी बाहर हैं। क़ानून उन पर भी लागू होता है, किन्तु अन्तर यह है कि वे अपने गुणों

का फल संसार के लोगों में बांटते हैं और दोषों का फल अकेले भुगतते हैं। ऐसे व्यक्ति के लिए जब सीमा को लांघने के कारण दु:ख सर्वथा असह्य हो जाता है, तो उस समय वह जिस दूसरे व्यक्ति से कुछ अपेक्षा करता है, वह दूसरा व्यक्ति मैं हूं।''

''भैया! तुमने सबके दु:खों को बांटने का ठेका ले रखा है। वस्तुत: तुम्हारा मन स्त्रियों के मन से भी कहीं अधिक कोमल है, किन्तु विचारणीय यह है कि ऐसे शराबी नशे में सभी गुप्त रहस्यों को अनजाने ही प्रकट भी कर देते हैं। तुम इन लोगों पर विश्वास कैसे कर सकते हो?''

''नशे में धुत होने पर भी उसमें विवेक का नितान्त अभाव नहीं हो जाता। दूसरे, उसकी अण्ट-शण्ट बकवास पर कोई विश्वास नहीं करता।''

''अच्छा, ठीक है, उस महाशय का नाम क्या है?''

''उसका असली नाम है, शशीपद भौमिक, किन्तु लोग उसे अतुल, धीरेन्द्र, सुरेन्द्र आदि न जाने किस-किस नाम से पुकारते हैं।''

''मेरा अनुमान है कि वे नवतारा के कथन का आदर करते हैं।''

डॉक्टर ने मुसकराते हुए भारती की धारणा से अपनी सहमति जतलायी और नाव को दूसरे किनारे की ओर मोड़ दिया। अनुकूल स्रोत और डांड़ के बल से छोटी-सी नाव तेज़ी से चलने लगी और क्षण-भर में ही दूसरा किनारा आ गया। इस किनारे चारों ओर विलायती कम्पनियों की लकड़ी के ढेर लगे हुए थे और उनके छिद्रों से ज्वार का पानी भीतर प्रवेश कर रहा था। डॉक्टर ने नाव को किनारे पर लगाकर भारती का हाथ पकड़ा और उसे नीचे उतार दिया। काई लगे तख़्तों पर सावधानी से चलती हुई भारती छोटे-बड़े गड्ढों वाली एक पतली-सी सड़क पर आ पहुंची। चारों ओर खड़े घने पेड़ों के कारण फैले अन्धकार से यह जानना कठिन हो गया कि यह सड़क किधर जा रही है?

भारती ने कहा, ''भैया! आपने तो 'खाई से निकले और कुएं में जा गिरे' वाली कहावत को चरितार्थ कर दिया। एक भयानक स्थान को छोड़कर दूसरे भयानक स्थान पर ले आये। क्या तुम लोगों को सिंह, भालू-जैसे जंगली जानवरों से भरे जंगल को छोड़कर कुछ नहीं सूझता? ऐसे स्थान पर और कुछ न सही, क्या सांप-बिच्छुओं के भय की भी चिन्ता तुम्हें नहीं सताती?''

डॉक्टर ने हंसते हुए कहा, ''बहिन! सांप-बिच्छू विलायत से नहीं आये, वे इसी देश में जन्मे-पले हैं। उन्हें इस देश की रीति-नीति—जियो और जीने दो—का ज्ञान है। इसलिए वे बिना छेड़े किसी को नहीं सताते।''

बिजली की चमक के समान भारती को एक दिन की घटना का स्मरण हो आया, जब एक दिन डॉक्टर ने इसी प्रकार यूरोप के विरुद्ध टिप्पणी की थी। डॉक्टर ने फिर कहा, ''रही बाघ-भालुओं की बात, तो मेरा मानना है कि यदि भारत में मनुष्यों की बजाय जंगली पशु ही होते, तो विलायती बाबू अधिक-से-अधिक कभी-कभार शिकार खेलने यहां आते-जाते रहते। यहां के लोगों का दिन-रात शोषण न होता? उनके ख़ून-पसीने

की कमाई पर वे गुलछर्रे न उड़ाते।''

भारती चुप रही। उसे समूची अंगरेज जाति के विरुद्ध डॉक्टर का विषवमन सहन न हुआ। इतने बड़े आदमी के विशाल हृदय से गरल के उछलने पर उसे रोना आ गया। वस्तुतः उसकी पक्की और निश्चित धारणा थी कि पांचों अंगुलियां कभी एक समान नहीं हो सकतीं।

थोड़ी देर में उनके कानों में संगीत की स्वर-लहरी गूंजी, तो डॉक्टर ने एकदम उछलकर कहा, ''भारती! लगता है कि उस्तादजी जाग रहे हैं और पूरे होश में हैं। क्या तुमने ऐसा मधुर संगीत पहले कभी सुना है?''

थोड़ा आगे बढ़ने पर भारती स्तब्ध रह गयी। अन्धकार में से आता करुण संगीत अपने आप में अद्वितीय और हृदयविदारक था। कुछ देर के लिए, तो भारती मूर्च्छा की स्थिति में पहुंच गयी। उसका हाथ पकड़कर दबाते हुए डॉक्टर ने कहा, ''चलते-चलते सो गयी हो क्या?''

भारती चौंक पड़ी और बोली, ''संगीत की ऐसी मादकता की मैंने कभी कल्पना भी नहीं की थी। ऐसा संगीत पहले कभी नहीं सुना।''

डॉक्टर ने कहा, ''मैं भी विश्व के अनेक देशों में घूमा हूं, किन्तु मैंने भी इससे अधिक तो क्या, इस-जैसा मधुर एवं मादक संगीत कहीं नहीं सुना।'' इसके बाद हंसते हुए डॉक्टर ने कहा, '' किन्तु इस पागल के हाथ में पड़कर वाद्य यन्त्र की जो दुर्गति हुई है, वह एकदम अवर्णनीय है। मैंने दस-पन्द्रह बार इसकी मरम्मत करायी होगी। सुना है कि इस पगले ने इस बेहाले को अपूर्व के पास पांच रुपये में गिरवी रख दिया था।''

भारती ने कहा, ''उसकी ओर से मैं अपूर्व के पास पांच रुपये भेज दूंगी।''

वृक्षों की ओट में खड़ा लकड़ी का एक दोमंज़िला मकान है, जिसके निचले तल पर कीचड़, ज्वार के पानी, वृक्षों के पत्तों और जंगली झाड़ियों ने अपना अधिकार जमा रखा है। सामने लकड़ी की सीढ़ी है, जिसके ऊपर एक गेट बना हुआ है। वहां एक लालटेन लटक रही है, जिसके प्रकाश से रोमन अक्षरों में लिखा 'शशीतारा लॉज' साफ़ पढ़ा जा सकता है।

भारती ने कहा, ''क्या यह घर का नाम है? लाज का अर्थ तो स्पष्ट है, किन्तु 'शशीतारा' का क्या अभिप्राय है?''

डॉक्टर ने मुसकराते हुए कहा, ''लगता है कि शशीपद से 'शशी' को और 'नयनतारा' से तारा को लेकर घर का नाम—'शशीतारा लाज'—रख दिया गया है।

सुनकर भारती गम्भीर हो गयी और बोली, ''तुम ऐसा घोर अन्याय कैसे सहन कर लेते हो?''

डॉक्टर हंसकर बोले, ''इसमें न्याय-अन्याय की बात कहां से आ गयी? कोई अपने घर का नाम 'शशीतारा लाज' रखे अथवा 'अपूर्व-भारती' रखे। मैं किसी को रोकने वाला मैं कौन होता हूं? क्या सारे विश्व का नियन्त्रण मेरे हाथ में है?''

भारती क्रुद्ध स्वर में बोली, "भैया! तुम इन लोगों को इस प्रकार के नाम रखने से रोक दो। नहीं तो मैं इन के घर नहीं जाऊंगी।"

डॉक्टर ने कहा, "सुना है कि वे दोनों शीघ्र ही विवाह-बन्धन में बंधने वाले हैं।"

"यह विवाह कैसे हो सकता है? नवतारा का पति जीवित है।"

"भाग्य अच्छा हो, तो अवाञ्छित पति के मरने में देर ही कितनी लगती है? सुना है, पन्द्रह दिन पहले नवतारा का पति मर गया है।"

भारती इससे प्रसन्न नहीं हुई, फिर भी वह हंस दी और बोली, "यह झूठी सूचना होगी। सच भी हो, तो भी दूसरे विवाह के लिए उसे साल-भर रुकना चाहिए। इतनी जल्दी पुनर्विवाह! यह तो बेशर्मी की हद है।"

भारती की गम्भीरता को देखकर डॉक्टर ने कहा, "तुम्हारे विचारों से उन्हें अवगत करा दूंगा, किन्तु पुनर्विवाह के लिए रुकना और प्रतीक्षा करना अच्छा है अथवा अपने निश्चय को तत्काल अमल में लाना अच्छा है—यह सब उनके सोचने की बात है।"

डॉक्टर की इस टिप्पणी से भारती अपने को लज्जित अनुभव करने लगी। डॉक्टर ने कहा, "यह पागल भी बड़ा विचित्र प्राणी है। सुना है कि नवतारा को सचमुच दिल से चाहता है। यदि किसी और स्त्री से प्रेम करता होता...।" रुककर डॉक्टर ने गहरी सांस ली और फिर बोले, "भारती! दिल के मामले में दुनिया की चिन्ता, भले-बुरे का विवेक, मित्रों का परामर्श आदि कुछ भी कोई महत्त्व नहीं रखता। मैं हृदय से कामना करता हूं कि यदि सचमुच इन दोनों का प्रेम सच्चा है, तो यही प्रेम इनके जीवन की नैया को किनारे लगाने वाला बने।"

चौंककर भारती ने पूछा, "भैया! ऐसा क्यों होता है?"

डॉक्टर ने एक बार अंधेरे में भारती के मुंह की ओर देखा और अपने मुंह से निकलते गहरे-लम्बे ठण्डे सांस को प्रयत्नपूर्वक रोककर कवि के घर के बन्द दरवाज़े के सामने जा खड़े हुए।

पुकार सुनकर यन्त्र का बजना बन्द हो गया और शशीपद किवाड़ खोलकर बाहर आ खड़ा हुआ। डॉक्टर को उसने एकदम पहचान लिया, किन्तु भारती को पहचानने के लिए वह कुछ देर तक उसके चेहरे पर देखता रहा। पहचानते ही प्रसन्नता से उछल पड़ा और बोला, "भारती! आप! आइये, स्वागत है। भीतर कमरे में चलिये।" कहते हुए वह उसका हाथ पकड़कर उसे भीतर ले गया। शशीपद के अकृत्रिम स्नेह, सहर्ष स्वागत और आत्मीयतापूर्ण व्यवहार से भारती का क्रोध एकदम शान्त हो गया। शशीपद ने बिस्तर के नीचे से एक लिफ़ाफ़ा निकाला और उसे भारती के हाथ में देते हुए बोला, "खोलिये और पढ़िये इसे। परसों दस हज़ार रुपये का ड्राफ़्ट आ रहा है। एक पैसा भी कम नहीं। मुझे लोग जुआरी और झूठा कहकर अपमानित करते थे, किन्तु अब वे देखेंगे, दस हज़ार रुपयों का ड्राफ़्ट।"

इन दस हज़ार रुपयों का इतिहास इस प्रकार है—शशी ने अपने सभी इष्ट- मित्रों,

बन्धु-बान्धवों, प्रियजनों, आत्मीयों और मिलने-जुलने ालों से एक मोटी रक़म मिलने की सम्भावना का वर्णन किया था, किन्तु किसी को विश्वास नहीं आता था। सभी इसे कवि के दिमाग़ का फ़ितूर समझकर हंस दिया करते थे। इधर उस्तादजी अपने इस मूलधन की ज़मानत पर जिस किसी से निस्संकोच उधार मांग लिया करते थे और सूद समेत चुकाने का आश्वासन दिया करते थे। इस धनराशि पर उस्तादजी की न जाने कितनी आशाएं और आकांक्षाएं टिकी हुई थीं। वस्तुतः पांच-सात वर्ष पहले इनके धनवान् मामा ने मरते समय अपने पुत्रों के साथ धेवते को भी अपनी सम्पत्ति क़ा भागीदार बनाया था। इतने दिनों तक उस सम्पत्ति के बेचे जाने की बात चल रही थी, जो एक महीने पहले ठीक हो गयी थी।

कलकत्ता के अटार्नी ने इस लिफ़ाफ़े में इस घटना की उसे सूचना दी थी और दो-एक दिनों में रुपया मिल जाने का आश्वासन दिया था।

भारती जब पत्र पढ़ चुकी, तो डॉक्टर ने शशीपद को सम्बोधित करते हुए पूछा, ''अरे! तुम तो बीस हज़ार मिलने की बात कर रहे थे?''

शशी ने हाथ हिलाते हुए कहा, ''डॉक्टर बाबू! दस हज़ार भी कम नहीं होते। जितना मिला, वही बहुत है। आख़िर अपने ममेरे भाई ही तो हैं। सम्पत्ति घर की घर में रह गयी है—यही बात मझले भैया ने अपने पत्र में लिखी है।'' शशी मझले भैया का पत्र दिखाने के लिए उठने ही लगा था कि डॉक्टर ने उसका हाथ पकड़कर बिठाते हुए कहा, ''रहने दीजिये। हमें आपके भैया के पत्र को पढ़ने का कोई शौक़ नहीं है।'' फिर भारती से बोले, ''अपना भी कोई ऐसा बावरा ममेरा भाई होता, तो अपना भी जीवन सुधर जाता।''

शशी यह सिद्ध करना चाहता था कि सम्पत्ति को बिना बेचे ही उसे इतनी धनराशि भेजी जा रही है, अतः डॉक्टर की पत्र पढ़ने की अनिच्छा से वह उद्विग्न हो उठा, फिर बोला, ''आज भी संसार में भैया-जैसे आदर्श पुरुष विद्यमान हैं।''

भारती ने मुसकराते हुए कहा, ''हमें आपके कथन पर विश्वास है। आपके भाई सचमुच महान् हैं, इसे सिद्ध करने के लिए आपको हमें पत्र दिखाने की कोई आवश्यकता नहीं।''

उसी समय शशी बोला, ''मुझे कल के लिए दस रुपये चाहिए। हां, कल के लिए आज लिये जा रहे दस। उस दिन लिये दस और अपूर्व बाबू से लिये साढ़े आठ। कुल साढ़े अट्ठाईस की बजाय पूरे तीस रुपये मैं परसों-तरसों लौटा दूंगा। रुपये दे ही दीजिये, इनकार करके निराश मत कीजिये।''

भारती हंसने लगी। शशी बोला, ''कोई मुझे शराबी, तो कोई जुआरी और कोई फ़ुजूलख़र्च कहता था, जिसके जी में जो आता था, कह देता था। अब देखूंगा कि कोई मेरा अपमान कैसे करता है? असल को, तो सुरक्षित रखूंगा, ब्याज से ही घर का ख़र्च चलाऊंगा। सोचता हूं कि उसमें से भी कुछ बचा लूंगा। डाक़खाने में एक खाता खोलना

होगा। घर में इतना धन रखना ठीक नहीं होगा। सम्भव है कि चार-पांच वर्षों में एक मकान भी ख़रीद लूं। ख़रीदना ही पड़ेगा; क्योंकि अब तक घर-गृहस्थी थी नहीं। आजकल के ज़माने में बिना मकान के गुज़ारा भी नहीं।

भारती की ओर देखते हुए डॉक्टर ने ज़ोर का क़हक़हा लगाया, किन्तु भारती ने डॉक्टर की हंसी में योग न देकर अपना मुंह दूसरी ओर फेर लिया।

शशी ने कहा, ''आपको मालूम ही होगा कि मैंने शराब छोड़ दी है।''

डॉक्टर ने कहा, ''अच्छा? मुझे, तो अब पता चल रहा है।''

शशी बोला, ''हमेशा के लिए छोड़ दी है, नवतारा ने प्रतिज्ञा करा ली है।''

एक के कौतुक-भरे प्रश्नों और दूसरे के उत्साह-भरे उत्तरों से दोनों की बातचीत को लम्बा होता देखकर भारती परेशान हो उठी। इस चर्चा में उसकी अरुचि को देखकर डॉक्टर ने प्रसंग बदलते हुए कहा, ''शशी! तुम जल्दी से यह मकान छोड़ तो नहीं रहे?''

''नहीं, एकदम नहीं।''

''ठीक है, तो यहां मेरा एक स्थायी ठिकाना रहा।''

शशी बोला, ''यह सम्भव नहीं। अब मैं आप लोगों से सम्बन्ध बनाये रखकर अपने जीवन को ख़तरे में नहीं डाल सकता।''

डॉक्टर ने भारती की ओर देखा और हंसते हुए कहा, ''हमारे उस्तादजी में भले ही और कोई दोष हो, किन्तु बात को घुमा-फिराकर अथवा लाग-लपेटकर कुछ कहने की उनकी आदत नहीं। जो कुछ कहना होता है, बिना लिहाज़ के कह देते हैं। इनसे यह गुण सीख लो।''

शशी का पक्ष लेती हुई भारती बोली, ''भैया! झूठी तसल्ली देने की अपेक्षा साफ़ इनकार कर देना अच्छी बात है। यदि अतुल बाबू के इस गुण को मैंने अपनाया होता, तो मैं समझती हूं कि मैं अधिक सुखी होती।''

भारती के अन्तिम वाक्य में निहित व्यंग्य को अतुल समझ नहीं सका या फिर उसने ध्यान नहीं दिया। हां, जिन्हें समझने की आवश्यकता थी, उन्होंने सब समझ लिया।

दो मिनट के मौन के बाद डॉक्टर ने कहा, ''शशी! दो दिन के भीतर मैं यहां से जा रहा हूं। चीन के रास्ते पैसिफ़िक के सारे द्वीपों को एक बार देख आना चाहता हूं। जापान से अमेरिका भी जा सकता हूं। कब लौटूंगा, इसका कोई पता नहीं। लौटूंगा अथवा नहीं, यह भी नहीं जानता, किन्तु यदि लौटा, तो क्या तुम्हारे घर में आश्रय पा सकूंगा?''

शशी कुछ देर तक बावलों की भांति डॉक्टर के मुख को टकटकी लगाकर देखता रहा, फिर अपने चेहरे और स्वर में एक अनोखा परिवर्तन लाते हुए बोला, ''मेरे घर को सदैव अपना घर समझना और जब जी चाहे बेझिझक चले आना।''

डॉक्टर ने कहा, ''शशी! होश में तो हो? मुझे आश्रय देने से बड़ी विपत्ति कोई और नहीं हो सकती। क्या इधर तुम्हारा ध्यान नहीं गया?''

बिना किसी उलझन अथवा सोच-विचार में पड़े शशी तत्काल बोला, ''मैं सब

जानता हूं। तुम्हें आश्रय देने से जेल भी जाना पड़े, तो उसके लिए भी तैयार हूं।'' यह कहकर वह चुप हो गया। थोड़ी देर बाद भारती को सम्बोधित करता हुआ बोला, ''भारती! ऐसा बढ़िया मित्र और कहां मिलेगा? सन् 1911 में जापान के टोकियो शहर पर बम गिराने के दण्ड के रूप में कोटूको के दल के सभी सदस्यों को फांसी पर चढ़ाने का आदेश हुआ था। उन दिनों डॉक्टर उनके समाचारपत्र के उपसम्पादक थे। पुलिस द्वारा मकान के घिर जाने पर मैं रोने लगा। डॉक्टर ने मुझे धीरज बंधाते हुए कहा, 'शशी रोने से काम नहीं चलेगा। हमें भागना होगा।' पिछली खिड़की से रस्सी लटकाकर मुझे नीचे उतार दिया और फिर ख़ुद भी नीचे उतर आये।'' यह सब सुनाकर शशी बोला, ''डॉक्टर बाबू! वह दृश्य आप भूले तो नहीं होंगे।'' यह कहता हुआ वह अतीत का स्मरण कर रोमाञ्ति हो उठा।

डॉक्टर ने हंसते हुए कहा, ''सब कुछ ठीक-ठीक याद है।''

शशी बोला, ''बात ही याद रखने की है। यदि उस समय आप सहायता न करते, तो हमारा बचना असम्भव था। शंघाई जाने की हिम्मत नहीं होती। वे नाटे जापानी सिपाही कितने बदमाश थे। ऐसे शैतान दुनिया में कहीं नहीं मिलेंगे। सच्ची बात तो यह है कि मैं आपके बमबाज़ों में नहीं था। बासे में रहकर संगीत सिखाया करता था, किन्तु वहां मेरी सुनने वाला कौन था? उन शैतानों के यहां न कोई क़ानून है, न क़ायदा, न अपील और न फ़रियाद। पकड़ा जाता, तो फांसी पर चढ़ाया जाना निश्चित था। आज जीवित हूं, चल-फिर रहा हूं और बातचीत कर रहा हूं, यह सब डॉक्टर बाबू की कृपा से ही है। यह जीवन डॉक्टर का ही दिया हुआ है।'' डॉक्टर की ओर इशारा करता हुआ शशी बोला, ''भारती! ऐसा सच्चा निःस्वार्थ मित्र दुनिया में दूसरा मिल ही नहीं सकता। इस व्यक्ति में जितनी दया-ममता है, वह किसी दूसरे में मिलने की सोचना भी मूर्खता है।''

आंखों में आंसू भरकर भारती बोली, ''भैया! किसी दिन अपनी पूरी कहानी मुझे सुनाओ न। जब भगवान् ने तुम्हें इतनी बुद्धि दी है, तो अपने प्राणों का मूल्य क्यों नहीं समझते? जापानियों के देश में फिर जाने की ठान रखी है।''

शशी ने कहा, ''मेरा भी यही विचार है भारती। ये जापानी स्वार्थी, लोभी और एकदम ओछे हैं। इनसे सहायता की आशा करना एकदम ग़लत है। ये लोग कभी किसी के काम नहीं आते।''

डॉक्टर ने कहा, ''शशी इन जापानियों को क्षमा नहीं कर सका। इनके द्वारा भुगती यातना को नहीं भुला सका, किन्तु जापानियों के सम्बन्ध में शशी की धारणा एकपक्षीय है। ऐसी अद्‌भुत और गुणसम्पन्न जाति संसार में दूसरी कोई नहीं है। ढाई सौ वर्ष पूर्व जिस जाति ने यह क़ानून बनाया था कि सूर्य-चन्द्र के रहने तक ईसाई इस देश में प्रवेश नहीं करेंगे, प्रवेश करने पर मृत्युदण्ड के भागी बनेंगे, ऐसा क़ानून बनाने वाली जाति में कुछ दोष होने पर भी वह जाति हमारे लिए प्रणाम करने योग्य है।''

डॉक्टर के नेत्र क्षण-भर के लिए अग्निशिखा के समान प्रदीप्त हो उठे। शशी उस

दृष्टि का सामना न कर सका। भयभीत हुआ वह सिर हिलाकर बोला, "हां-हां, यह सब तो है।"

भारती यह सब सुनकर भौचक्की रह गयी। उसकी छाती ज़ोर से धड़कने लगी। उसे इस बात का सन्तोष था कि डॉक्टर बाबू की जीवनी के कुछ अन्य पृष्ठ उसकी आंखों के सामने उजागर हो गये थे।

डॉक्टर ने अपनी छाती की ओर संकेत करते हुए कहा, "भारती! तुम क्या कहती हो कि भगवान् ने मुझे अपने प्राणों का मूल्य समझने की बुद्धि नहीं दी। सुनोगी मेरी पूरी कथा? कैण्टन की एक गुप्त सभा में एक बार सनयात सेन ने मुझसे कहा था...।"

भारती सहसा डरती हुई बोली, "कोई सीढ़ी से आ रहा है।"

डॉक्टर चौकन्ना हो गये और उन्होंने जेब से पिस्तौल निकाल ली और बोले, "इस अंधेरे में मुझे पकड़ने की सामर्थ्य तो किसी में दिखाई नहीं देती।" यह कहते हुए वे उठ खड़े हुए, किन्तु उनके चेहरे पर उभरी चिन्ता की रेखाएं स्पष्ट दिखाई देने लगीं।

शशी निश्चिन्त बैठा रहा और बोला, "मुझे लगता है कि नवतारा आयी होगी, उसका इधर आने का विचार था।"

डॉक्टर हंस दिये और बोले, "लगता ही नहीं, सचमुच वही है, किन्तु उसके साथ और कौन है?"

शशी ने कहा, "आपको शायद मालूम नहीं, हमारी प्रेज़िडेण्ट साहिबा उसके साथ आयी हैं।"

भारती ने आश्चर्य से पूछा, "कौन प्रेज़िडेण्ट? क्या सुमित्रा दीदी?"

"हां," कहता हुआ शशी जल्दी से दरवाज़ा खोलने लगा। भारती ने डॉक्टर के मुंह पर देखा और संकेत दिया कि अब वह उनके द्वारा अपने को यहां लाने के प्रयोजन को समझी है। आज की रात का अच्छा उपयोग होगा। 'अधिकार समिति' के मार्ग में आने वाली विघ्न-बाधाओं और कठिनाइयों पर चर्चा होगी। सम्भव है कि अय्यर और तलवलकर के साथ शायद इन जंगलों में छिपा ब्रजेन्द्र भी इस सभा में सम्मिलित हो। डॉक्टर को अपने बायें हाथ में पिस्तौल थामे देखकर किसी भावी संकट की आशंका से भारती का चेहरा डर के मारे एकदम पीला पड़ गया।

: 25 :

एक-एक करके कमरे में प्रवेश करने वाले सभी एक-दूसरे से भली प्रकार परिचित थे। डॉक्टर ने कहने के लिए, तो 'स्वागतम्' कह दिया, किन्तु भारती उनके चेहरे के भाव से समझ गयी कि वह इस समय इन लोगों के आने पर प्रसन्न कदापि नहीं हैं।

सुमित्रा के आने की उन्हें पहले से जानकारी थी, किन्तु उसके पीछे-पीछे इतने सारे और लोग भी आ पहुंचेंगे, इसका उन्हें अनुमान नहीं था। वह इसे आकस्मिक संयोग मानने को कदापि तैयार नहीं थे। इसके विपरीत उनकी निश्चित धारणा थी कि इन्होंने अवश्य गुप्त मन्त्रणा एवं विचार-विमर्श किया है, जिसकी उन्हें कोई पूर्व-सूचना नहीं थी। सभी लोग चुपचाप फ़र्श पर बैठ गये। सभी शान्त और गम्भीर थे। डॉक्टर ने अनुमान लगाया कि इन्हें भारती की न सही, किन्तु मेरे यहां होने की जानकारी निश्चित रूप से थी। अपूर्व के मामले को लेकर दल के टूटने की आशंका डॉक्टर को पहले से ही थी। आज ही इस प्रकार के किसी निर्णय के होने की सम्भावना से भारती का दिल बुरी तरह से धड़कने लगा।

उदास और शुष्क मुंह लेकर आयी सुमित्रा ने भारती से 'हैलो' कहना तो दूर रहा, उसकी ओर देखा तक नहीं। ब्रजेन्द्र ने सिर पर बंधे गेरुआ रंग की पगड़ी को उतारकर हाथ में थामे सोटे के नीचे दबाकर रख दिया और तख़्ते की दीवार का सहारा लेकर आराम से पसरकर बैठ गया। वह रह-रहकर अपनी गोल-गोल आंखों से बारी-बारी से भारती और डॉक्टर को देखने लगा। रामदास तलवलकर एकदम ख़ामोश और खोया-खोया-सा बैठा रहा। बैरिस्टर कृष्ण अय्यर ने सिगरेट सुलगा ली और नवतारा इन सब से दूर हटकर इस प्रकार अलग बैठ गयी, मानो किसी के साथ उसका कोई सम्बन्ध नहीं और भारती से तो कोई जान-पहचान ही नहीं। सबके चेहरे गम्भीर थे और उनके माथों पर चिन्ता की रेखाएं खिंची थीं। किसी के भी चेहरे पर हंसी तो दूर, सहजता तक का नाम नहीं था। यह भावी विध्वंस की पूर्वसूचना-जैसी स्थिति थी। इस प्रकार इस रात्रि सम्मेलन में बहुत देर तक गहरा सन्नाटा छाया रहा।

डरी-सहमी भारती पिछली बार की भांति इस बार भी खिसककर डॉक्टर के साथ सटकर बैठ गयी। डॉक्टर ने हंसते हुए कहा, "मेरे सिवा तुम लोगों से भारती डरने लगी है।"

डॉक्टर के इस कथन पर किसी ने ध्यान नहीं दिया। ब्रजेन्द्र शायद कुछ कहना चाहता था। सुमित्रा ने गुप्त संकेत से उसे रोकना चाहा, जिसकी भनक केवल भारती को ही पड़ गयी, किन्तु परिणाम अनुकूल नहीं रहा। ब्रजेन्द्र ने या तो संकेत को समझा नहीं या फिर उसकी परवाह नहीं की। वह अपने कठोर, रूखे और फटे स्वर में सबको चौंकाता हुआ बोला, "आपकी डिक्टेटरी का हम प्रबल विरोध ही नहीं, अपितु उसकी घोर निन्दा भी करते हैं। यदि कहीं अपूर्व मेरे हत्थे चढ़ गया..." इस अधूरे वाक्य को पूरा करते हुए डॉक्टर बोले, "तो वह जीवित नहीं बचेगा।" यह कहते हुए डॉक्टर ने सुमित्रा की ओर देखकर पूछा, "क्या यह उसका अकेले का मत है अथवा तुम सब का साझा फ़ैसला है?"

सुमित्रा ने मुंह नीचे झुका लिया तथा और कोई कुछ नहीं बोला। कुछ देर प्रतीक्षा करने के पश्चात् डॉक्टर बोले, "तुम्हारी चुप्पी तुम्हारी स्वीकृति एवं समर्थन की सूचक

है। लगता है, इस विषय पर तुम काफ़ी चिन्तन भी कर चुके हो।''

ब्रजेन्द्र बोला, ''आप ठीक कहते हैं। हमने इस पर ख़ूब सोच-विचार किया है और आपके निर्णय को पलटना चाहते हैं।''

डॉक्टर ने कहा, ''मैं आप लोगों से सहमत हूं, परन्तु क्रोधावेश में आप लोग एक अत्यन्त महत्त्वपूर्ण विषय की ओर ध्यान नहीं दे सके। अहमद दुर्रानी-जैसे निर्भीक और कार्यकुशल किसी दूसरे व्यक्ति का मिलना असम्भव है। उत्तर चीन में चलाये जा रहे आन्दोलन का वह सेक्रेटरी था। जब जापान ने कोरिया पर अधिकार कर लिया, तो एक महीने के भीतर, मंचूरिया के एक रेलवे स्टेशन पर वह पकड़ा गया और उसे मृत्युदण्ड मिला।'' सुमित्रा की ओर उन्मुख होकर डॉक्टर ने पूछा, ''शायद तुमने दुर्रानी को देखा था?''

सुमित्रा ने हामी भरते हुए सिर हिला दिया।

डॉक्टर ने आगे कहा, ''उस दिनों मैं छिता में बिखरे-टूटे दल को पुनर्गठित करने में लगा था। मुझे पता ही नहीं चला कि मेरा एक हाथ टूट गया। अदालत में उसके विरुद्ध न्याय के हो रहे अभिनय के समय उसे बचाना कठिन नहीं था। अनेक साथी उस समय वहां उपस्थित थे, फिर भी न बचाये जाने की इस दुर्घटना के कारण को जानना चाहोगे? तो सुनो, उन दिनों फ़ैज़ाबाद के निवासी मथुरा दुबे ने सच्ची-झूठी अफ़वाहें फैलाकर और शिकायतें करके लोगों के मन को ऐसा गन्दा-विषैला बना दिया था कि वे दुर्रानी की मृत्यु से प्रसन्न हो उठे। मेरे लौटने के बाद कैण्टन में हुई मीटिंग में इस रहस्य से परदा उठा, किन्तु तब तक दुर्रानी की मृत्यु के साथ मथुरा दुबे भी टायफ़ाइड का शिकार होकर इस संसार को छोड़ चुका था। इस स्थिति में प्रतिशोध किससे लिया जाता और सत्य की पुष्टि किस प्रकार की जाती? उस रात भविष्य के पथ-प्रदर्शन के लिए गुप्त सभा ने दो अत्यन्त कठोर निर्णय लेकर उन्हें क़ानून का रूप दिया था। मिस्टर अय्यर! तुम उस सभा में उपस्थित थे, तुम्हीं आगे बोलो।''

अय्यर महाशय का चेहरा पीला पड़ गया और वह घबराकर बोला, ''आप किस ओर संकेत कर रहे हैं, मैं कुछ समझा नहीं।''

थोड़ा-सा भी विचलित हुए बिना डॉक्टर ने कहा, ''एक क़ानून का सम्बन्ध ब्रजेन्द्र से था, अर्थात् मेरी अनुपस्थिति में सदस्यों को मेरी आलोचना करने की मनाही थी।''

ब्रजेन्द्र ने तल्ख़ी से कहा, ''अभिव्यक्ति की स्वतन्त्रता के हमारे अधिकार पर भी आप प्रतिबन्ध लगा देना चाहते हैं?''

डॉक्टर ने सहज स्वर में कहा, ''आलोचना पर कोई प्रतिबन्ध नहीं, लेकिन पीठ पीछे आलोचना करने की मनाही है। मैं जानता हूं कि आलोचना की जाती है। इसका कारण यह है कि उस सभा में उपस्थित सदस्य दुर्रानी की मृत्यु से जितने दुखी थे, उतना दुखी मैं नहीं था। इसलिए आलोचना चलती आ रही है और मैं भी उसे अनदेखा करता

आ रहा हूं। बिरजू! तुमने एक और भी बड़ा भारी अपराध किया है।''

ब्रजेन्द्र लापरवाही से बोला, ''उसे भी साफ़-साफ़ प्रकट कर दीजिये।''

डॉक्टर ने कहा, ''साफ़-साफ़ ही कहूंगा। तुम जानते हो कि मेरे विरुद्ध विद्रोह को पार्टी भयंकर अपराध मानती है। दुर्रानी की मृत्यु के बाद मुझे अधिक कठोर हो जाना चाहिए था।''

ब्रजेन्द्र ने उसी तल्खी से उत्तर दिया, '' आपके समान दूसरे भी कठोर होना जानते हैं। आपके समान दूसरों को भी इसकी आवश्यकता पड़ सकती है ?'' कहते हुए ब्रजेन्द्र ने सभी सदस्यों की ओर आशा-भरी दृष्टि से देखा, किन्तु उसे कहीं से समर्थन नहीं दिखा। सब मौन धारण किये बैठे रहे।

कुछ देर तक डॉक्टर भी चुप रहे, फिर धीरे से बोले, ''बिरजू! जानते हो, इस अपराध के लिए भारी दण्ड का विधान है। जाने से पहले मैं ऐसा कुछ नहीं करना चाहता था, किन्तु तुममें धैर्य का नितान्त अभाव है। दूसरों के प्राण लेने को सदैव आतुर तुम्हारे अपने प्राणों पर आ पड़े, तो तुम्हें कैसा लगेगा ?''

ब्रजेन्द्र का चेहरा काला-स्याह हो गया, किन्तु अपने को तत्काल संभालता हुआ वह गर्व से बोला, ''मैं अराजकतावादी और क्रान्तिकारी हूं। मेरे लिए प्राणों का कुछ भी मूल्य नहीं। जहां दूसरों के प्राण ले सकता हूं, वहां मैं अपने प्राण दे भी सकता हूं।''

डॉक्टर ने शान्त स्वर से कहा, ''तो फिर आज रात यही हो जाने दो। ब्रजेन्द्र! तुम अपनी जेब से पिस्तौल नहीं निकाल सकोगे। मैं तुम्हें वर्षों से जानता हूं और अब भी मैं तुम पर पूरी चौकसी रखे हुए हूं।'' यह कहते हुए डॉक्टर ने पिस्तौल थामने वाले बायें हाथ को ऊपर उठाया, तो व्याकुलता अनुभव करती हुई भारती ने उस हाथ को दबाने की चेष्टा की। डॉक्टर ने दायें हाथ से उसे पीछे धकेलते हुए कहा, ''छिः, यह क्या करती हो ?''

क्षण-भर में कमरे में दहशत फैल गयी।

कांपते होठों से सुमित्रा बोली, ''क्या अपने ही लोगों में यह सब शोभा देता है ? क्या ऐसा आवश्यक है ?''

अब तक मौन बैठा तलवलकर बोला, ''क्या आपके दल के सभी नियमों से मैं परिचित नहीं, अतः जानना चाहता हूं कि क्या आपके दल के सभी सदस्यों को आपसे मतभेद होने पर मृत्युदण्ड भुगतना पड़ता है ? अपूर्व के बच जाने पर व्यक्तिगत रूप से मैं प्रसन्न हूं, परन्तु फिर भी मुझे यह कहने पर विवश होना पड़ता है कि दल के क़ायदे-क़ानून की दृष्टि से आपका निर्णय न्यायसंगत कदापि नहीं कहा जा सकता।''

कृष्ण अय्यर ने तलवलकर का समर्थन किया। इससे ब्रजेन्द्र को बल और साहस मिला। उसे लगा कि उसने सदस्यों की सहानुभूति प्राप्त कर ली है। वह विश्वास-भरे स्वर में बोला, ''जब दो में से किसी एक के प्र.ग जाने ही हैं, तो फिर मेरे प्राण ले लीजिये। मैं आत्मबलिदान के लिए उद्यत हूं।''

सुमित्रा ने व्यंग्य-भरे स्वर में कहा, ''डॉक्टर! यदि विद्रोही के प्राणों के बदले समर्पित देशभक्त के प्राण ही लेने हैं, तो उसके लिए मैं तैयार हूं।''

डॉक्टर पहले की भांति स्थिर और शान्त बने बैठे रहे। उन्होंने सुमित्रा के कथन का कोई उत्तर नहीं दिया। थोड़ी देर बाद मुसकराते हुए बोले, ''किन्तु वह समय अब कहां रहा? उन दिनों तुम लोग थे ही कहां? किन्तु इस समर्पित देशभक्त की वास्तविकता को मैं भली प्रकार से जानता हूं। चलो, इन बातों को जाने दो। टोकियो के एक होटल में बैठे सनयात सेन ने एक बहुत अच्छी और ऊंची बात कही थी—'निराशा को सहने की सामर्थ्य न रखने वालों को क्रान्ति के मार्ग से दूर ही रहना चाहिए।' अतः मैं आज की आलोचना को सह लूंगा।'' फिर ब्रजेन्द्र को सम्बोधित करते हुए डॉक्टर बोले, ''मैंने झूठ-मूठ डराने की चेष्टा नहीं की थी। वस्तुतः मुझे दूसरी जगह जाना पड़ा है, अतः मैं बात को बढ़ाना नहीं चाहता, किन्तु मैं अनुशासन को भंग होता भी नहीं देख सकता। यदि तुम सुमित्रा को भी अपने गुट में समझते हो, तो मेरी शुभकामनाएं तुम्हारे साथ हैं। हां, एक बात अवश्य ध्यान में रखना, मेरे रास्ते में आने का दुस्साहस न करना। एक बार सुरवाया में और परसों फिर यहां, तुम मेरे प्राण लेने की चेष्टा कर चुके हो। यदि तुमने फिर कुछ ऐसा किया, तो...''

सुमित्रा दुखी और परेशान होकर बोली, ''प्राण लेने की चेष्टा...तुम कहना क्या चाहते हो?''

सुमित्रा के कथन को अनसुना करके डॉक्टर ने कृष्ण अय्यर की ओर उन्मुख होकर कहा, ''बहुत हो लिया, राम-राम।''

अय्यर ने कुछ उत्तर दिये बिना सिर नीचे कर लिया। डॉक्टर ने जेबघड़ी से समय देखा और भारती का हाथ पकड़कर उसे खींचते हुए बोले, ''चलो, तुम्हें तुम्हारे घर छोड़कर अपनी राह पकड़ूं।''

भारती अर्धनिद्रा से जागे व्यक्ति के समान लड़खड़ाती हुई उठ खड़ी हुई। उसे आगे करके डॉक्टर कमरे से बाहर निकल गये। दरवाज़े से बाहर आने पर एक बार मुड़कर सबको 'शुभ रात्रि' कहना नहीं भूले।

डॉक्टर के अभिवादन का किसी ने प्रत्युत्तर नहीं दिया। सभी सपना देख रहे व्यक्ति के समान घटित घटना से दंग रह गये। भारती के नीचे उतर जाने के पश्चात् ऊपर की ओर देखते और नीचे उतरते डॉक्टर को पुकारता हुआ शशी बोला, ''बाबू! मुझे आपसे एक अत्यन्त आवश्यक कार्य है।'' यह कहता हुआ वह नीचे उतरकर सामने आ खड़ा हुआ और बोला, ''डॉक्टर बाबू! वैसे तो मैं न आदमियों में गिना जाने योग्य हूं और न ही मुझमें आपके किसी काम आ सकने योग्य कोई गुण अथवा सामर्थ्य है, किन्तु आपके उपकार को मैं कभी भूलूंगा नहीं, आपके प्रति सदैव कृतज्ञता का भाव बनाये रखूंगा।''

डॉक्टर ने स्नेहसिक्त स्वर में कहा, ''तुम्हें मनुष्य न मानने की धृष्टता कौन कर सकता है? तुम कवि हो, गुणी हो। तुम दूसरों से उत्कृष्ट एवं श्रेष्ठ प्राणी हो। यदि तुम

अपने ऊपर मेरा कोई ऋण समझते हो, तो उसे स्मरण रखना बहुत बड़ी बात है।''

शशी ने कहा, ''आपका उपकार न भुलाने का है और न ही मैं कभी भूलूंगा। आप जहां-कहीं भी रहें, इस तथ्य को कभी न भूलना कि जो कुछ भी मेरा है, उस पर मेरे ही समान आपका भी पूरा-पूरा अधिकार है।''

बातचीत करते-करते जब दोनों भारती के पास पहुंचे, तो उसने उत्सुक होकर पूछा, ''क्या बात है भैया?''

डॉक्टर ने हंसते हुए कहा, ''अपने बुरे दिनों में कवि को हमारी याद नहीं आयी। अब जब इन्हें अच्छे दिन देखने को मिले हैं, तो अपने सौभाग्य में हमें भागीदार बनाना चाहते हैं। दौड़े-दौड़े यही कहने आये हैं कि जो कुछ इनका है, उसे हम भी अपना समझें।''

भारती ने पूछा, ''शशीबाबू! क्या यही बात है?''

शशी कुछ भी न बोला। डॉक्टर ने चुटकी लेते हुए कहा, ''भारती! शशी उन विरले लोगों में है, जिन्हें चाहकर भी भुला पाना सरल नहीं होता।''

शशी ने पूछा, ''आपको कब जाना है, क्या जाने से पहले भोर होने की सम्भावना है?''

डॉक्टर ने कहा, ''समझ लो, यही अन्तिम भोर है। तुम आयु में मुझसे छोटे हो। इसलिए तुम्हें जीवन में सुखी होने का आशीर्वाद देता हूं। भगवान् तुम्हें सुखी रखे।''

भारती बोली, ''हां, शनिवार को इनका विवाह होना है।''

डॉक्टर बिना कुछ बोले मुसकरा दिये।

सामने नदी में लकड़ी के एक ढेर के पास भाटे के कीचड़ में टेढ़ी होकर पड़ी एक छोटी-सी नाव को सीधा करके डॉक्टर ने उसमें पहले भारती को बिठाया और फिर स्वयं भी बैठ गये। शशी ने हाथ जोड़कर कहा, ''शनिवार तक रुक जाइये। अब तक आपने हमारी कोई प्रार्थना नहीं ठुकरायी, तो इस अनुरोध को भी गौरव दे दीजिये। हां भारती, विवाह में तुम्हें भी आना है।''

भारती चुप रही। डॉक्टर ने कहा, ''शशी! भारती नहीं आयेगी, किन्तु यदि मैं तब तक इधर रहा, तो लुक-छिपकर आशीर्वाद देने अवश्य आऊंगा, यह मेरा वचन रहा। यदि नहीं आया, तो समझ लेना कि यह सम्भव नहीं हो सका होगा। मैं कहीं भी रहूं, उस दिन भगवान् से तुम्हारे शेष जीवन के सुख से कटने के लिए प्रार्थना अवश्य करूंगा।'' यह कहते हुए डॉक्टर ने लग्गी से नाव को कीचड़ से निकाला और नदी की धारा में डाल दिया।

ज्वार प्रारम्भ नहीं हुआ था और भाटे का खिंचाव भी कुछ ढीला पड़ गया था। उस पार जाने में अभी कोई जल्दी नहीं थी। इसलिए यह छोटी-सी नाव धीमे बहाव में किनारे-किनारे चल रही थी। डॉक्टर चप्पुओं को यथास्थान रखकर थोड़ी देर के लिए बैठ गया।

थकी हुई भारती डॉक्टर की गोद में अपनी कोहनी टिकाकर बैठ गयी और बोली, "आज अकेली होती, तो इतना रोती कि नदी में बाढ़ आ जाती। भैया! सभी को भावी जीवन में सुखी होने का अधिकार है, किन्तु तुमको नहीं है? आपने निकृष्ट काम करने जा रहे शशी बाबू को भी आशीर्वाद दे दिया, किन्तु तुम्हें आशीर्वाद देने वाला कोई नहीं? मैं तुमसे छोटी हूं अथवा बड़ी, इस विवाद में पड़े बिना मैं तुम्हें आशीर्वाद देती हूं कि तुम्हारा शेष जीवन एकदम सुखमय हो।"

डॉक्टर ने कहा, "छोटों का आशीर्वाद लगता ही नहीं। कभी-कभी, तो उलटा भी पड़ जाता है।"

भारती तत्काल प्रतिवाद करती हुई बोली, "यह सब झूठ और बकवास है, फिर मैं एक तरह से बड़ी भी हूं। तुम अपने सभी साथियों से बिगाड़ करके—यहां तक कि सुमित्रा के साथ भी सभी नाते-रिश्तों को तोड़कर—बाहर जाना चाहते हो, मैं यह सब नहीं होने दूंगी।" कुछ देर चुप रहने के बाद वह फिर बोली, "तुम सुमित्रा से प्रेम न करने की कह सकते हो, कहते रहो, कहने से क्या होता है? वैसे भी तुम पुरुषों के प्रेम में अनन्यता कहां होती है? फिर जो कल नहीं था, वह आज भी नहीं होगा, ऐसा कोई नियम नहीं है। आपने भले ही सुमित्रा दीदी से प्रेम न किया हो, किन्तु वह तो आपसे प्रेम करती हैं। मैंने अपूर्व बाबू से प्रेम किया, वे मुझसे प्रेम नहीं कर सके। मैं अपने प्रेम करने को ही सब कुछ मानती हूं। वस्तुतः मधुसञ्चय की शक्ति न रखने से भ्रमर को ठुकराया नहीं जा सकता। मेरी बात सुनो! मेरा पक्का विश्वास है कि यदि इस संसार में भगवान् है, तो नारी-हृदय के अनन्य और गहन प्रेम का ऋण चुकाने के लिए उसे अपूर्व बाबू को मेरे पास भेजना ही होगा।"

डॉक्टर से कुछ सुनने की आशा से कुछ देर तक भारती चुप रही और फिर बोली, "भैया! लगता है कि मेरे कथन पर तुम मन-ही-मन हंस रहे हो।"

"नहीं।"

"झूठ। यदि हंस नहीं रहे थे, तो फिर उत्तर क्यों नहीं दिया?" यह कहते हुए भारती अंधेरे में सव्यसाची के चेहरे को ग़ौर से देखने लगी।

डॉक्टर ने झुककर भारती को देखते हुए कहा, "तुम ही बताओ कि तुम्हारी बात का मैं क्या उत्तर देता? यदि तुम्हारे भगवान् को तुम्हारी इच्छानुसार चलना पड़ता, तो जानती हो, तुम्हारी सुमित्रा दीदी का क्या हाल होता? ब्रजेन्द्र के हाथ अपने को सौंपने पर ही चैन से जी पाती?"

इस पर भारती चौंकी नहीं; क्योंकि आज की घटना से उसके मन में भी सन्देह उत्पन्न हुआ था। उसने पूछा, "क्या ब्रजेन्द्र सुमित्रा को तुमसे अधिक प्रेम करता है?"

डॉक्टर सहसा उत्तर नहीं दे सके। कुछ देर में बोले, "इस विषय में कुछ पक्का नहीं कहा जा सकता, किन्तु यदि इसे कोरा आकर्षण ही कहा जाय, तो भी मानव-समाज में इसका कोई दूसरा उदाहरण मिलना कठिन है। उसमें न लज्जा है, न संकोच, न भय

है, न लिहाज़, न सम्मान-हानि की चिन्ता और न ही लोक-लाज का विचार। इतना ही नहीं, समय, अवसर, स्थान तथा उचित-अनुचित तक का विवेक नहीं। पशु के समान लज्जा से धरती में गड़ जाता है। ऐसे अन्धेपन को देखे बिना उसकी पशुता पर किसी को विश्वास ही नहीं होता और एक बार देख लेने पर मुंह से स्वतः धिक्कार का शब्द निकले बिना नहीं रहता। भारती! यदि तुम्हारे भाई के इन हाथों में दम न होता, तो बेचारी सुमित्रा ने कब की आत्महत्या कर ली होती। तुम्हारे भगवान् भी कब तक इसके सम्मान की रक्षा कर पाते?'' कहते हुए वे भारती के सिर पर अपने हाथ से थपकियां देने लगे।

डॉक्टर के कथन से सन्त्रस्त भारती उपालम्भ-भरे स्वर में बोली, ''भैया! यह सब जानते हुए भी तुम सुमित्रा को उस नरपशु के भरोसे छोड़े जा रहे हो। तुमसे ऐसी निष्ठुरता की मैं कल्पना भी नहीं कर सकती।''

''इसीलिए आज जाने से पहले इस झगड़े को सदा के लिए मिटा देना चाहता था, किन्तु सुमित्रा ने ऐसा करने ही नहीं दिया।''

भारती भय प्रकट करती हुई बोली, ''भैया! क्या सचमुच आज आप ब्रजेन्द्र को मार डालना चाहते थे?''

डॉक्टर ने सिर हिलाकर कहा, ''हां, तुम ठीक समझी हो। मेरा यही इरादा था। यदि मेरे लौटने तक वह पुलिस द्वारा पकड़ा जाकर जेल की सलाखों के पीछे नहीं डाल दिया जाता, तो उसे यमलोक पहुंचाने का पुण्य कार्य मुझे ही करना होगा।''

डॉक्टर की गोद में कोहनी टिकाकर बैठी हुई भारती यह सुनते ही उठकर सीधी बैठ गयी और एकदम हक्का-बक्का रह गयी। उसका हृदय बुरी तरह घायल हो गया था। डॉक्टर को उसकी मनोदशा को समझते देर नहीं लगी, किन्तु उन्होंने किसी स्पष्टीकरण की आवश्यकता नहीं समझी। अतः मुंह फेरकर वे नाव को उस पार ले जाने के लिए हाथ में लिये डांड़ को घुमाने लगे।

काफ़ी देर तक चुप रहने के पश्चात् भारती ने डॉक्टर से पूछा, ''यदि मैं आपकी सुमित्रा होती, तो क्या तब भी मुझे इसी प्रकार छोड़कर चल देते?''

डॉक्टर ने हंसकर कहा, ''किन्तु तुम सुमित्रा न होकर भारती हो, अतः तुम्हें छोड़कर नहीं जाऊंगा। तुम्हें कुछ करने के लिए दे जाऊंगा।''

भारती बेचैन होकर बोली, ''अपने ख़ून-ख़राबे वाले कामों में मुझे लिप्त मत करो भैया! तुम्हारी गुप्त समिति के कामों में अब मेरी कोई रुचि नहीं। मैं इस सबसे दूर ही भली।''

डॉक्टर ने कहा, ''क्या मैं इसका यह अर्थ समझूं कि इन लोगों के समान तुम भी मुझे छोड़ देना चाहती हो?''

डॉक्टर के इस कथन से दुःखित हुई भारती झुंझलाकर बोली, ''यह कहकर तुम मुझे लज्जित कर रहे हो भैया! तुम्हारा ऐसा सोचना मेरे प्रति अन्याय होगा। तुम जो चाहो, वह सब प्रसन्नतापूर्वक करने को स्वतन्त्र हो, किन्तु तुम्हें छोड़ने के विचार से मैं जी नहीं

सकूंगी। स्वयं तुम्हारे द्वारा छुट्टी दिये जाने तक, मैं तुम्हारे द्वारा सौंपे काम को पूरा करने में ही अपने जीवन की सार्थकता समझूंगी।''

इसके उपरान्त कुछ देर तक चुप रहकर, वह फिर बोली, ''मैं यह अच्छी प्रकार से जानती हूं कि किसी व्यक्ति की हत्या करना तुम्हारे जीवन का लक्ष्य कदापि नहीं हो सकता। तुम्हारे जीवन का लक्ष्य है, मनुष्य को मनुष्य के रूप में जीना सिखाना। इस लक्ष्य की प्राप्ति में, मैं तुम्हारे किसी काम आ सकूं, यही सोचकर एक दिन मैं तुम लोगों में सम्मिलित हुई थी।''

डांड़ खेने को कुछ देर के लिए रोकते हुए डॉक्टर ने पूछा, ''मेरा कौन-सा काम है भारती?''

उत्तर में भारती बोली, ''हमें अपनी 'अधिकार समिति' को गुप्त समिति में परिवर्तित करने की कोई विशेष आवश्यकता नहीं थी। कारख़ानों के कर्मचारियों की हालत मैंने अपनी इन खुली आंखें से देखी है। उनके दुर्व्यसन, उनकी अशिक्षा, उनके अन्धविश्वास तथा उनके दूषित संस्कार—सब कुछ मैंने प्रत्यक्ष देखा है। यदि मैं इनकी बुराइयों को मिटाने और दशा को सुधारने में रञ्चमात्र भी सहायक हो सकी, तो अपने जीवन को धन्य मानूंगी, अपने को कृतकृत्य समझूंगी। भैया! सच बताना, क्या तुम अपना ऐसा कोई काम मुझे सौंप रहे हो?''

डॉक्टर ने कोई उत्तर नहीं दिया, चुपचाप कुछ सोचते रहे, फिर दोनों डांड़ों को पानी से उठाकर सहसा बोले, ''भारती! यह काम मैंने सुमित्रा को सौंप रखा है। उसी को इस दिशा में यथोचित करना है। तुम्हारे करने के लिए मैंने कुछ और सोचा है।''

नदी का भाटा थम गया था और ज्वार उठने लगा था, फिर भी सागर का पानी अभी पूरे वेग से उफन रहा था। उस शान्त नदी में डॉक्टर की छोटी-सी नौका धीमी गति से मज़े-मज़े में चली जा रही थी। डॉक्टर ने पहले-जैसे शान्त और कोमल स्वर में कहा, ''भारती! तुम्हें सब कुछ बता देना ही ठीक रहेगा। मैंने 'अधिकार समिति' की स्थापना मुट्ठी-भर कुलियों और मज़दूरों के कल्याण के लिए नहीं की। इस समिति की स्थापना का लक्ष्य इससे भी कहीं अधिक ऊंचा और बड़ा है। उस उद्देश्य की प्राप्ति के लिए इन श्रमिकों की भेड़-बकरियों के समान बलि भी दी जा सकती है। बलि का बकरा बनने से तुम अपने को बचाये रखना भारती!''

भारती आश्चर्य प्रकट करते हुए बोली, ''यह तुम आदमियों को बलि चढ़ाने की कैसी बेतुकी बात कर रहे हो?''

डॉक्टर ने कहा, ''इन जानवरों को तुम आदमी समझती हो? ये आदमी के नाम पर कलंक हैं।''

घबरायी हुई भारती बोली, ''इनसानों का इस तरह अपमान मुझसे सहा नहीं जायेगा। इसलिए तुम्हें यह सब कहने से मना करती हूं। वास्तव में मैं तुम्हारी बातें समझ ही नहीं पाती, शायद समझना भी नहीं चाहती। सत्य तो यह है कि मैं तुम्हारी बातों की

अपेक्षा तुम्हें ज़्यादा अच्छी तरह समझती हूं। मुझे डराने की तुम्हारी चेष्टा एकदम बेकार है।''

डॉक्टर ने कहा, ''मैंने सचमुच ही जान-बूझकर तुम्हें डराने की कोई चेष्टा नहीं की। वस्तुतः मैं नहीं चाहता कि मेरे चले जाने पर तुम मिल-मज़दूरों के कल्याण-कार्य से जुड़ो। बात यह है कि सुधार के मार्ग से इन्हें स्थायी लाभ नहीं पहुंचाया जा सकता। क्रान्ति को अपनाकर ही इनका हित साधा जा सकता है। 'अधिकार समिति' की स्थापना क्रान्ति के उद्देश्य से की गयी है। क्रान्ति शान्ति कदापि नहीं। इसका मार्ग हिंसा से ही निकलता है। यही इसका गुण है और यही इसका दोष है। यूरोप का उदाहरण हमारे सामने है। हंगरी हो, चाहे रूस हो, सभी देशों में हिंसक क्रान्ति से ही लक्ष्य-प्राप्ति हुई है। जून 1757 की क्रान्ति फ्रांस के इतिहास में आज भी गौरवपूर्ण स्थान बनाये हुए है। उस दिन पेरिस की सड़कें कुली-मज़दूरों के ख़ून से रंग गयी थीं। जापान भी इसका अपवाद नहीं। कोई व्यक्ति बिना पराजित हुए किसी दूसरे के छीने स्वत्व को उसे कभी नहीं लौटाता। भारती! इसे संसार का अनुभवसिद्ध सिद्धान्त समझना।''

भारती डर से कांपने लगी और बोली, ''थोड़ा-बहुत मैं समझती हूं, किन्तु क्या तुम अपने देश में भी उन देशों-जैसे भयंकर उपद्रव कराना चाहते हो? जिनकी थोड़ी-सी भलाई के लिए हम सदैव व्यग्र और यत्नशील रहते हैं, उनके ख़ून की नदियां बहाने को, मैं कभी बुद्धिमत्तापूर्ण कार्य नहीं समझती।''

डॉक्टर सहज भाव से बोले, ''भारती! तुम नहीं समझोगी। मेरा सपना ही यही है कि एक-एक देश के श्रमिकों के रक्त की नदी मिलकर सागर का रूप ले ले और फिर उस सागर की लहरें इतनी ऊंची उठें कि दूर-दूर तक किनारे टूट-टूटकर उसमें डूब जायें और प्रलय का दृश्य उपस्थित हो जाये। इसी से यह पहाड़-जैसा पाप धुलेगा। हां, यदि रक्त की इस नदी के प्रवाह को वेग देने में तुम्हारे भैया के रक्त की आवश्यकता पड़ी, तो विश्वास रखो, वह कदापि पीछे नहीं हटेगा।''

भारती बोली, ''इसका मुझे पूरा भरोसा है, किन्तु क्या देश में इस प्रकार अशान्ति लाने के लिए तुम यह सारा जाल बिछा रहे हो? क्या इससे अधिक ऊंचा कोई और आदर्श तुम्हारे सामने नहीं है?''

डॉक्टर ने कहा, ''अभी तक मैं किसी और ऊंचे आदर्श को नहीं ढूंढ़ सका। मैं बहुत घूमा हूं, बहुत लोगों से मिला हूं, स्वाध्याय भी मैंने ख़ूब किया है, किन्तु मैं अभी तक क्रान्ति से अधिक उपयोगी किसी अन्य आदर्श साधन की खोज नहीं कर सका। रक्तपात अथवा अशान्ति फैलाने का अर्थ अकल्याण कदापि नहीं। यह ग़लत धारणा और झूठा प्रचार है। शान्ति शब्द को सुनते-सुनते, मेरे कान पक गये हैं। इस झूठे प्रचार के पीछे उन लोगों का हाथ है, जो गुप्त रूप से दूसरों की शान्ति को भंग करके, ऊंची-ऊंची अट्टालिकाओं में बैठकर मदिरा की चुस्कियां लेते हैं। उन्होंने अशान्ति को हव्वा बनाकर इन लोगों को इतना भयभीत कर दिया है कि ये लोग शान्ति और अशान्ति में

अन्तर करना अथवा समझना ही भूल गये हैं। इन दुष्ट पूंजीपतियों के दुष्प्रचार का ही यह परिणाम है कि आज शोषित श्रमिक अशान्ति को अमंगल और पाप समझने लगा है और शान्ति की आड़ में सभी दु:खों को सहर्ष झेलता आ रहा है।

"भारती! तुमने कभी खूंटे पर बंधी गाय को देखा है? वह धूप में खड़ी तड़पती रहेगी, भूख-प्यास से बेहाल हो जायेगी, यहां तक कि खड़ी-खड़ी प्राण दे देगी, किन्तु पतली-सी कमज़ोर रस्सी को तोड़कर मालिक की शान्ति भंग नहीं करेगी। यही शोषित श्रमिकों की स्थिति है। अशान्ति के हव्वे ने उनकी प्रगति का, स्थिति में सुधार का तथा जीवन में सुख-प्राप्ति का मार्ग सदा के लिए अवरुद्ध कर दिया है। यदि अपने को भटकाने वाले पूंजीपतियों के बहकावे में आकर और अशान्ति के परिणाम से भयभीत होकर श्रमिक उनकी अट्टालिकाओं और ऊंचे भवनों को गिराने से चूक गये, तो फिर पूंजीपति लोग क्यों बदलेंगे? श्रमिकों को उनके अधिकार कैसे मिलेंगे? अमीर-ग़रीब को मान्यता देने वाली विचारधारा कितनी पुरानी, कितनी गहरी और कितनी व्यापक क्यों न हो, मनुष्य-जाति के लिए घातक होने के कारण संरक्षण पाने की अधिकारिणी कभी नहीं बन सकती। इस खाई को पाटना ही होगा। इस विचारधारा के महल को गिराना ही होगा। यदि गिरते भवन की एक-आध ईंट किसी राहगीर को लग गयी, तो इसमें न कुछ अस्वाभाविक है और न किसी डर से कुछ रुकने की बात है।"

भारती ने कहा, "तुम भले ही क्रान्ति को एकमात्र उपयुक्त मार्ग समझते रहो, किन्तु यदि शान्ति से अभीष्ट प्राप्त किया जा सकता हो, तो अशान्ति के मार्ग पर क्यों बढ़ा जाये?"

डॉक्टर ने कहा, "इसका कारण यह है कि वास्तव में कथित प्राचीन आदर्श तथा सर्वोच्च सभ्यता ने शान्ति के मार्ग को कसकर बन्द कर रखा है। अत: क्रान्ति के सिवा दूसरा कोई मार्ग है ही नहीं।"

भारती ने पूछा, "पिछले दिनों हम मज़दूरों को संगठित करके उन्हें शान्तिपूर्ण हड़ताल करने के लिए प्रेरित कर रहे थे, क्या वह सब उनके हित में नहीं था? क्या तुम्हारे चले जाने पर 'अधिकार समिति' को इस प्रकार के कार्य बन्द कर देने होंगे?"

डॉक्टर ने कहा, "नहीं, कुछ भी बन्द नहीं करना है, किन्तु यह काम तुम्हारा नहीं, सुमित्रा का है। तुम्हारा काम दूसरा है। 'हड़ताल' शब्द मैंने सुना है, किन्तु हड़ताल शान्तिपूर्ण होती है—ऐसा कभी नहीं सुना। जब तक उपद्रव न हो, हड़ताल का लक्ष्य प्राप्त ही नहीं हो सकता। श्मशान की शान्ति-जैसी हड़ताल की ओर किसी का ध्यान कहां जाता है? लक्ष्य प्राप्त करने के लिए अपना बाहुबल दिखाना ही पड़ता है?"

"किन्हें, श्रमिकों को?"

"हां, श्रमिकों को। तुम इसे नहीं समझोगी, किन्तु सुमित्रा इस सत्य को जानती है। भारती! धनिक के धन की हानि और ग़रीब का उपवास दोनों को एक समझने की भूल कभी नहीं करनी चाहिए। ग़रीब की बेकारी उसे भुखमरी के कगार पर ले जाती

है। उसके बीवी-बच्चे जब भूख से बिलबिलाते हैं, तो उनकी बेहाली मर्द को इस प्रकार पागल बना देती है कि अपनी और बीवी-बच्चों के पेट की भूख को मिटाने के लिए वह अन्य कोई उपाय न देखकर चोरी और छीना-झपटी पर उतर आता है। पूंजीपति उसी दिन की प्रतीक्षा में स्थिर बैठा रहता है। उसके पास बुद्धि-बल और धन-बल के साथ-साथ शस्त्र-बल भी है। सब कुछ उसके हाथ में है। उस दिन वह धूर्त शान्त नहीं बैठता, अपितु उन भूखों-नंगों, अभावग्रस्त ग़रीबों के ख़ून से होली खेलता है।''

भारती बोली, ''उसके पश्चात्?''

डॉक्टर ने कहा, ''उसके पश्चात् वही होता है, जो दुष्ट पूंजीपति ने सोच रखा होता है। वे ग़रीब, शोषित, पीड़ित एवं अभावग्रस्त लोग अपने हाथ में कटोरा लेकर उन्हीं हत्यारों के द्वार पर भीख मांगते दिखाई देते हैं। उन्हें भीख मिल जाती है और शान्ति का साम्राज्य स्थापित हो जाता है।''

''फिर?''

''फिर कभी अत्याचारियों के व्यवहार से दुखी होकर श्रमिक संघबद्ध होकर हड़ताल कर बैठते हैं, तो वही पुराना इतिहास फिर से दोहराया जाता है।''

निराशा से दुखी हुई भारती ने चिन्तित स्वर में पूछा, ''तो फिर ऐसी हड़तालें कराने का क्या लाभ है?''

अंधेरे में आंखें चमकाता हुआ डॉक्टर बोला, ''भारती! यहीं से क्रान्ति का मार्ग प्रशस्त होता है। क्या यह कोई छोटा-सा लाभ है? अन्न-हीन, धन-हीन एवं ज्ञान-हीन होने के साथ-साथ साधन-हीन श्रमिकों को जब पराजय का मुंह देखना पड़ता है, अपने शान्तिमय आन्दोलन को अवहेलित देखना पड़ता है, तो इनके मन में शोषकों के विरुद्ध घृणा की ज्वाला धधकने लगती है, प्रतिशोध की भावना प्रचण्ड रूप धारण कर लेती है। बस, असफलता से उत्पन्न यही निराशा क्रान्ति को जन्म देती है। किसी भी देश में क्रान्ति के लिए क्रान्ति नहीं की जाती, उसके लिए किसी आधार का होना आवश्यक होता है। इस तथ्य को न समझने वाले तथा छोटे-मोटे कारणों के लिए हड़ताल कराने वाले और हड़ताल की सफलता पर डींग मारने वाले वास्तव में श्रमिकों का अहित करते हैं। ऐसे लोग पूंजीपतियों के दलाल होते हैं और श्रमिकों के छिपे शत्रु होते हैं।''

भारती का ध्यान सहसा नाव की ओर गया, तो वह बोल उठी, ''लगता है कि हमारी नाव कुछ पीछे की ओर चली गयी है।''

''मेरा ध्यान उधर भी है, गन्तव्य स्थान को मैं भूला नहीं, तुम चिन्ता मत करो बहिन।'' डॉक्टर ने कहा।

भारती ने कहा, ''अब मुझे समझ आया कि तुम मुझे इस नाव में बिठाकर क्यों विदा कर देना चाहते थे। शायद मैं भी काफ़ी दुर्बल हूं। आज भी तुम सुमित्रा पर भरोसा करते हो, किन्तु मैं यह मानने के लिए तैयार नहीं कि श्रमिकों के उद्धार का एकमात्र उपाय क्रान्ति है। मनुष्य के चिन्तन को पूर्ण विराम नहीं लग गया। एक के घर चिराग़ जलाने

के लिए दूसरे का घर जला देने को मैं बुद्धिमत्ता नहीं समझती। तुम्हारे कहने पर मैं इसे अन्तिम सत्य मानने को प्रस्तुत नहीं।''

''मैं इसे जानता हूं।''

''किन्तु मेरी विवशता यह है कि मैं न तुम्हारा काम छोड़ सकती हूं और न पूरे मनोयोग से उसे कर सकती हूं। यदि तुम लौटकर नहीं आये, तो मैं कैसे जीती रह सकूंगी?''

''इस सत्य से भी मैं परिचित हूं।''

''तुम्हें सब कुछ मालूम है, किन्तु मैं क्या करूं?''

कुछ देर तक सन्नाटा छाया रहा, कोई कुछ नहीं बोला। थोड़ी देर में भारती धीरे से बोली, ''क्रान्ति के स्वरूप और उसके महत्त्व का आकलन करना मेरे सामर्थ्य से बाहर है। तुम्हारे मुंह से यह सब सुनकर मुझे रोना आ जाता है। लगता है कि इस विषय में तुम्हारा अनुभव बहुत बड़ा है। तुमने आदमी के द्वारा आदमी को पिसता हुआ बहुत समीप से देखा है, तभी तुम पाषाण-हृदय बन गये हो। अच्छा, क्या तुम मुझे अपने साथ नहीं ले जा सकते?''

डॉक्टर ने हंसते हुए कहा, ''भारती! कहीं तुम पागल तो नहीं हो गयी।''

''हां, मैं पागल हो गयी हूं। यदि नहीं हुई, तो अवश्य हो जाऊंगी। मुझे लगता है कि तुम मुझे अपने काम में बाधा समझते हो, इसीलिए मुझे अपने साथ नहीं ले जाना चाहते, किन्तु क्या मैं देश के किसी काम नहीं आ सकती और क्या मेरे करने के लिए कुछ भी नहीं है?''

डॉक्टर ने कहा, ''देश में करने के लिए अच्छे कामों की कोई कमी नहीं, किन्तु व्यक्ति को अपने लिए स्वयं ही चुनाव करना पड़ता है।''

भारती बोली, ''यह चुनाव मेरे बस का नहीं। तुम ही कुछ निश्चित करके निर्धारित कर जाओ।''

डॉक्टर क्षण-भर चुप रहे। अंधेरे के कारण भारती उनके चेहरे की गम्भीरता को नहीं देख सकी। फिर वह बोले, ''देश में जनकल्याण के कार्यों से जुड़ी अनेक संस्थाएं हैं, जो पीड़ितों की सेवा, रोगियों की चिकित्सा, बाढ़-पीड़ितों को आश्रय, अन्न-जल तथा हताश लोगों को सान्त्वना देना-जैसे पुण्यकार्य करती हैं। इन संस्थाओं में से किसी एक से भी सम्पर्क बना लो, मार्ग अपने आप मिल जायेगा। मैं केवल क्रान्ति का पुजारी हूं। दया-ममता तथा पाप-पुण्य को मैं कुछ नहीं समझता। मेरी दृष्टि में अच्छे कहे जाने वाले काम बच्चों के खेल हैं। मेरा एकमात्र लक्ष्य और मेरी एकमात्र साधना भारत की स्वाधीनता-प्राप्ति को सुनिश्चित करना है। मेरे इस उद्देश्य की प्राप्ति में सहायक मेरे लिए पुण्य है और बाधक मेरी दृष्टि में पाप है। पाप-पुण्य अथवा अच्छे-बुरे को परखने की कसौटी मेरी अपनी है। अब मुझे तुम अपनी ओर खींचने का प्रयत्न मत करो।''

अंधेरे में डॉक्टर के चेहरे पर आंखें गड़ाये देखती हुई भारती गहरा सांस छोड़कर

विचार-मग्न हो गयी।

: 26 :

आज शशी और नवतारा के विवाह के लिए निश्चित किया गया दिन शनिवार है। शशी ने डॉक्टर से विनम्र निवेदन किया था कि वे किसी भी समय लुक-छिपकर वर-वधू को आशीर्वाद देने के लिए भारती के साथ आने का कष्ट अवश्य करें। आज पंचमी तिथि है और खण्ड चन्द्रमा वृक्षों की ओट में चला गया है। इसी समय काली शाल ओढ़े भारती नदी के सूने किनारे पर चुपचाप आ खड़ी हुई है। अपनी प्रतीक्षा करते डॉक्टर को नाव में बैठा देखकर भारती नाव में सवार हो गयी और बोली, "न जाने मैं क्या-क्या सोचती हुई आ रही थी। मुझे विश्वास था कि तुम मुझे साथ लिये बिना नहीं जाओगे, फिर भी डर लगा था। तुम्हें मिले कुछ अधिक समय तो नहीं हुआ, किन्तु फिर भी युग बीतने-जैसा लगता है। भैया! मैं तुम्हारे साथ चीन अवश्य चलूंगी।"

डॉक्टर ने हंसते हुए कहा, "मैं भी तुम्हें बता रहा हूं कि इस प्रकार का स्वप्न भी न देखना।" यह कहकर डॉक्टर नाव चलाने लगे और फिर बोले, "यह भाटा आसानी से पार कर लिया जायेगा, किन्तु नदी के उलटे बहाव में जाने से वहां पहुंचने में काफ़ी देर लग जायेगी।"

भारती बोली, "चिन्ता काहे की? कौन-से शुभ-कर्म में सम्मिलत होने जा रहे हैं, जो मुहूर्त टल जाने की चिन्ता में घुलते रहें। सच पूछो, तो मेरी वहां जाने की कोई इच्छा ही नहीं थी। मैं केवल तुम्हारी कम्पनी के लिए चल रही हूं। कैसा भद्दा और गन्दा मज़ाक़ करने जा रहे हैं ये लोग?"

डॉक्टर बाबू कुछ देर चुप बैठे रहे, फिर बोले, "कुछ लोगों को शशी और नवतारा का गठबन्धन अनुचित लगता है और देखा जाये, तो भारत के क़ानून के विरुद्ध भी है, किन्तु मेरे विचार में इसके लिए शशी को दोषी ठहराने की अपेक्षा क़ानून बनाने वालों को दोष देना उचित होगा। मुझे इस बात का दुःख है कि क्या शशी के सामने प्रेम करने के लिए केवल नवतारा ही रह गयी थी।"

हंसती हुई भारती बोली, "यदि शशी किसी और स्त्री से प्रेम करता, तो यह कैसे कहा जा सकता है कि वह स्त्री भी उससे प्रेम करती? जबकि वास्तविकता यह है कि उस-जैसे व्यक्ति को अपने पूरे होश-हवास में कोई स्त्री कभी प्रेम कर ही नहीं सकती। क्या इस विषय पर तुम मुझसे सहमत हो या नहीं? क्या कोई समझदार स्त्री उससे प्रेम करने की बात कभी सोच सकती है?"

डॉक्टर हंस दिये और बोले, "तुम सच कहती हो भारती। किसी स्त्री द्वारा उससे

प्रेम करना सचमुच कठिन है। अतः उन्हें आशीर्वाद देने के लिए ही मैंने अपने कार्यक्रम में फेरबदल किया है। मैंने सोचा कि यदि व्यक्तिगत रूप से शुभकामना प्रकट करने से कुछ अन्तर पड़ता हो, तो भगवान् शशी के भावी जीवन को ख़ुशियों से भर दे। यही सोचकर चल रहा हूं।''

डॉक्टर का स्वर अचानक गम्भीर हो उठा। भारती काफ़ी देर तक चुप बैठी रही, फिर बोली, ''भैया! तुम शशी से सचमुच स्नेह करते हो?''

''हां।''

''क्यों?''

''तुमसे भी तो प्रेम करता हूं, क्या इसका कोई कारण है? वस्तुतः प्रेम कभी सकारण नहीं होता, वह सदैव अकारण ही होता है।''

भारती ने भोलेपन से पूछा, ''क्या तुम हम दोनों को एक समान समझते हो?'' थोड़ी देर में वह अपने आप हंस पड़ी और बोली, ''चलो, इतने दिनों के बाद ही सही, मुझे अपनी क़ीमत का पता चल गया। चलिये, मैं भी आज प्रसन्न मन से उन्हें आशीर्वाद दे आती हूं, नहीं-नहीं, प्रणाम कर आती हूं।''

हंसते हुए डॉक्टर ने कहा, ''चलो।''

ज्वार की प्रतीक्षा में रुकना उचित न समझते हुए डॉक्टर ने भाटे के विरुद्ध स्रोत में ही चलना जारी रखा। खाड़ी के पास कुछ दिनों से बंधे-खड़े जहाज़ को चुपचाप लांघ लेने पर डॉक्टर को सम्बोधित करती हुई भारती बोली, ''भैया! कुछ दिनों से रह-रहकर ऐसा लगता है कि समुद्र के समान ही तुम भी दुर्बोध हो। किसी प्रकार का स्नेह अथवा उपेक्षा का सम्बन्ध तुम्हारे निकट नहीं पहुंच सकता।''

डॉक्टर बोला, ''समुद्र की थाह पा ली गयी है, अतः तुम्हारा यह कथन ठीक नहीं।''

भारती बोली, ''भैया! मैं तुमसे हज़ार बार कह चुकी हूं कि इस संसार में तुम्हारे बिना मेरा कोई दूसरा नहीं है। तुम्हारे यहां से चले जाने पर अकेली पड़ी, मैं भला कहां रहूंगी, किन्तु पता नहीं, क्यों मेरी गुहार तुम्हारे कानों तक नहीं पहुंचती। पहुंचेगी कैसे? तुम्हारे पास तो हृदय ही नहीं। मुझे लगता है कि यहां से जाते ही तुम मुझे एकदम भूल जाओगे।

डॉक्टर ने कहा, ''नहीं, ऐसा नहीं हो सकता, तुम्हें नहीं भुलाया जा सकेगा।''

''मैं यहां किसके सहारे रहूंगी?''

''सौभाग्यवती स्त्रियां जिस पति, पुत्र, धन-सम्पत्ति और घर-द्वार आदि के सहारे रहती हैं, तुम भी उसमें से किसी एक को अपना सहारा बना लेना।'' डॉक्टर ने कहा।

भारती ने बिगड़कर कहा, ''अपूर्व बाबू के प्रति अपने प्रेम को मैंने तुमसे कभी नहीं छिपाया। उनसे मेरा मिलन हो जाता, तो मेरा जीवन धन्य हो जाता। इस तथ्य से तुम भली प्रकार परिचित हो। वस्तुतः तुमसे छिपाना कुछ सम्भव नहीं, किन्तु इसका अर्थ

तुम्हें मेरा अपमान करने की खुली छूट मिल जाना नहीं है।

डॉक्टर ने आश्चर्य प्रकट करते हुए कहा, ''मैं किसलिए तुम्हारा अपमान करूंगा ?''

सहसा भारती का गला भर आया। वह रोती हुई बोली, '' अपमान और कैसे किया जाता है ? तुम भली प्रकार जानते हो कि अपूर्व बाबू मुझे कभी अपना नहीं सकते। हम दोनों के मार्ग में सैकड़ों बाधाएं और कठिनाइयां हैं, फिर भी आप ऐसी बातें करते हैं ?''

डॉक्टर ने मुसकराते हुए कहा, ''स्त्रियों में यही बड़ा भारी दोष है। एक दिन स्वयं कोई बात कहेंगी, दूसरे दिन उसी बात को किसी पुरुष के कहने पर उसके विरुद्ध हाथ में झाड़ू लेकर खड़ी हो जायेंगी। एक दिन सुमित्रा के सम्बन्ध में तुमने कहा था कि वह किसी को लाकर मेरे पैरों में डाल देगी। आज, जब मैंने वही सब तुम्हारे सम्बन्ध में कह दिया, तो तुम रोने-बिलखने लग गयी हो।''

भारती उत्तर में कुछ न बोल सकी। कुछ देर चुप रहे डॉक्टर भारती की शैली में बोले, ''उस दिन तुमने सुमित्रा की चर्चा की थी, तो मैं उत्तर देने में असमर्थ था; क्योंकि यह राह मेरे लिए अनजानी थी, फिर भी तुम्हारे मुंह से यह सब सुनकर मैं डर गया था। विश्वभ्रमण करते हुए मैंने बहुत सारी गुत्थियों के रहस्यों की जानकारी प्राप्त की है, किन्तु आज तक मैं स्त्री-पुरुष के प्रेम के मर्म को नहीं समझ सका। मेरा मानना है कि स्त्री-पुरुष के प्रेम के क्षेत्र में असम्भव शब्द का प्रवेश ही नहीं। यहां कुछ भी अकल्पित नहीं।

भारती ने इस विषय में अधिक जानने की कोई उत्सुकता प्रकट नहीं की। उदासी और परेशानी से भरे स्वर में बोली, ''मैं चाहती हूं कि तुम्हारा कथन सत्य हो और यह असम्भव शब्द तुम्हारे शब्दकोश से भी मिट जाये, ताकि सुमित्रा दीदी के दिन बदलें और उनके जीवन में आनन्द और प्रसन्नता का शुभागमन हो।''

थोड़ी देर विराम लेकर, वह फिर बोली, ''अपूर्व बाबू जैसे भी हैं, अच्छे हैं अथवा बुरे, किन्तु मैं उन्हें हृदय से चाहती हूं। अतः उन्हें भुला पाना मेरे लिए सम्भव नहीं, किन्तु इसका यह अर्थ कदापि नहीं कि यदि मुझे उनकी पत्नी बनने का सौभाग्य सुलभ नहीं होता, तो मैं अपने जीवन को ही व्यर्थ मानने लगूं। भैया! मैं तुमसे बिना किसी छल-कपट के अपने हृदय की बात कहती हूं कि ऐसा होने पर मुझे शोक से सन्तप्त नहीं होना पड़ेगा। मैं तुमसे शान्त और शुद्ध चित्त से मार्ग-प्रदर्शन देने की प्रार्थना करती हूं, ताकि तुम्हारे समान मैं भी लोक-कल्याण और परोपकार के लिए अपना जीवन समर्पित कर उसे सार्थक बना सकूं ? तुम्हारी यह असहाय बहिन तुम्हारा साथ चाहती है, मुझे निराश न करो भैया, मुझे अपना साथी बना लो।''

चुपचाप नाव चलाते डॉक्टर ने अनुनय-विनय-भरे इस प्रबल अनुरोध की ओर कोई ध्यान न देने के कारण कुछ भी उत्तर नहीं दिया। अंधेरे के कारण भारती के लिए डॉक्टर के चेहरे को देखना सम्भव न हुआ। उसने डॉक्टर की चुप्पी को ही उनकी स्वीकृति समझ ली। अपनी घनी वेदना को संजोते और स्वर में ढालते हुए भारती बोली, ''भैया! ले चल रहे हो न अपने साथ। तुम्हारे सिवा मुझे कहीं भी प्रकाश की कोई रेखा

दिखाई नहीं देती।''

डॉक्टर ने भारती के अनुरोध को नकारने के लिए सिर हिलाते हुए कहा, ''यह सम्भव नहीं है। तुम्हारी बातों ने मेरे मस्तिष्क में ज़ोया की स्मृति को ताज़ा कर दिया है। अकारण ही उसने अपने जीवन को नष्ट कर दिया। तुम जानती हो कि देश को स्वाधीन कराना ही मेरे जीवन का एकमात्र लक्ष्य है, फिर भी मैंने यह ग़लती न आज तक की है और न ही कभी करूंगा। मेरा मानना है कि मानव-जीवन से अधिक उपयोगी एवं महत्त्वपूर्ण कुछ और हो ही नहीं सकता। मैं जानता हूं कि स्वाधीनता का उद्देश्य धर्म, शान्ति, काव्य, संगीत और कला के संरक्षण और संवर्धन द्वारा मानव-जीवन को आनन्दमय बनाना है। इस उद्देश्य की सिद्धि न होने पर स्वतन्त्रता का कोई मूल्य नहीं रह जाता। अत: तुम्हें अपने साथ लेकर मैं नैतिक एवं मानवीय मूल्यों की हत्या करने का दोषी नहीं बनना चाहता। तुम्हारे हृदय में छलकते स्नेह, दया, करुणा, ममता, मधुरता और सहानुभूति-जैसे दिव्य गुणों के शोषण का दुस्साहस मैं कभी नहीं कर सकता। जिन गुणों के विकास के लिए मैं देश को स्वाधीन कराना चाहता हूं, तुम्हें साथ लेने का अर्थ, उन्हीं गुणों का गला घोटना होगा। ऐसा अन्यायपूर्ण कार्य मैं कदापि नहीं कर सकता।''

भारती का अंग-अंग उल्लसित हो उठा। उसे आज भाई के हृदय की एक और परत को खोलने और उसके भीतर छिपे अपूर्व एवं मधुर रूप को देखने का अवसर मिल गया था। भक्ति और आनन्द से विह्वल होकर वह बोली, ''मैं ठीक ही सोचती थी कि तुम्हारा ज्ञान असीम, अगाध और व्यापक होने के साथ-साथ व्यावहारिक भी है, किन्तु विचारणीय यह है कि इस सत्य से भली प्रकार परिचित होने पर भी तुम इन षड्यन्त्रों, गुप्त समितियों तथा तोड़-फोड़ की कार्यवाहियों से क्यों लिपटे हुए हो ? तुम्हें यह भली प्रकार से ज्ञात है कि इनसे मानव-समाज के कल्याण की कोई आशा नहीं की जा सकती।''

डॉक्टर ने कहा, ''भारती ! चरम कल्याण, तो उस अन्तर्यामी के हाथ में है। वही विधाता है। हम लोग, तो छोटे स्तर पर अपनी सामर्थ्य के अनुरूप मानव-कल्याण की दिशा में यथासाध्य को सिद्ध करने में यत्नशील हैं। अपने देश में स्वाधीनता से चल सकें, रह सकें, बोल सकें और व्यवहार कर सकें, इसी दिशा में हमारा मामूली-सा प्रयत्न है। इससे अधिक का हम कोई दावा नहीं करते। सच पूछो, तो फ़िलहाल इससे अधिक की हमारी कोई इच्छा भी नहीं है।''

भारती बोली, ''आपकी चाहत से, किसी का कोई मतभेद नहीं, किन्तु अपनी इस चाहत की पूर्ति के लिए नरहत्या के षड्यन्त्र-जैसे जो साधन तुम अपनाते हो, उन्हें तुम किसी प्रकार न्यायसंगत सिद्ध नहीं कर सकते। क्या इन सबकी कोई उपयोगिता सिद्ध कर सकते हो ?'' भावावेश में भारती यह सब कह तो गयी, किन्तु अपने कथन की अप्रियता और उसके अनौचित्य पर वह अपने को लज्जित अनुभव करने लगी। इसलिए दु:ख और ताप से मिश्रित स्वर में वह बोली, ''भैया ! क्षमा करना, आवेश में मेरे मुख

से यह सब निकल गया। वस्तुतः मेरे दुःख और क्रोध का कारण यह था कि मैं मान नहीं पा रही थी कि तुम मुझे छोड़कर जा सकते हो।''

डॉक्टर बोले, ''मुझे सब मालूम है।''

इसके पश्चात् काफ़ी देर तक दोनों चुप बैठे रहे।

उन दिनों भारत में स्वदेशी आन्दोलन अपने पूरे जोश पर था। नेता के रूप में जनता से श्रद्धा और सम्मान पाने के इच्छुक लोग क़ानून की मर्यादा में रहते हुए कुछ जोशीले भाषण दे देते थे। अख़बारों में छपे उन भाषणों को पढ़कर भारती उनके प्रति श्रद्धा और सम्मान रखने लगी थी। पिछली रात ऐसी ही एक रोमांचकारी रचना को पढ़कर वह अत्यधिक उत्तेजित हो उठी थी। उसकी स्मृति में खोयी हुई भारती बोली, ''यह ठीक है कि अंगरेजी राज्य में तुम लोगों के लिए कुछ कर पाना कठिन है, किन्तु सारी दुनिया पर अंगरेजों का शासन नहीं है। तुम उन दूसरे देशों में अपने प्रयोजन की सिद्धि के लिए प्रयत्न कर सकते हो।'' अपने इस सुझाव के उत्तर की आशा में कुछ देर के लिए चुप रहकर भारती बोली, ''अंधेरे के कारण तुम्हारे चेहरे पर उभरते मनोभावों को देख नहीं पा रही हूं, किन्तु लगता है कि मन-ही-मन तुम हंस रहे हो। अच्छा, यह बताओ, क्या तुम्हारे समान कुछ अन्य समझदार एवं देशभक्त राजनीतिज्ञ व्यक्ति तथा दल देश की स्वाधीनता के लिए प्रयत्नशील होंगे? अच्छा भैया! तुमने कल का अख़बार...।''

उसे बीच में ही काटते हुए डॉक्टर बोले, ''भारती! उन लोगों से हमारी तुलना करना, उन महान् देशभक्तों का अपमान करना कहलायेगा।''

भारती बोली, ''मुझे लगता है कि तुम उन पर व्यंग्य कस रहे हो।''

डॉक्टर ने भारती के कथन को नकारते हुए कहा, ''बिल्कुल नहीं, एकदम नहीं। हम उन देशभक्तों के प्रति पूर्ण श्रद्धा का भाव रखते हैं और उनके भाषणों को बड़े चाव से पढ़ते हैं।''

भारती ने दुखी स्वर में कहा, ''तुम्हें यह नहीं भूलना चाहिए कि तुम लोगों के रास्ते अलग-अलग होने पर भी उद्देश्य एक ही है।''

डॉक्टर बोले, ''भारती! अब तक मैं तुम्हारी बातों को मज़ाक़ में ले रहा था, किन्तु अब तुमने और अधिक कहा, तो मैं बुरा मनाने लगूंगा। यह स्पष्ट है कि हम लोगों के मार्ग भिन्न-भिन्न हैं, किन्तु उद्देश्य भी एक नहीं। इसे तुम अब तक नहीं समझ सकी हो। संसार की बहुत सारी जातियों का स्वाधीन होना मानव-समाज के लिए गर्व और गौरव का विषय है, किन्तु ब्रिटिश राज्य में स्वाधीनता के लिए प्रयत्न के रूप में किसी आन्दोलन का चलाना तो दूर रहा, स्वाधीनता की चर्चा करना, इस सम्बन्ध में चिन्तन करना तथा इस पर बहस करना 'राजद्रोह' कहलाता है और मैं इसी अपराध के कारण उनकी आंख का कांटा हूं। सदा के लिए इस देश को पराधीन बनाये रखना ही यहां का क़ानून है और इस क़ानून का समर्थन ही देशभक्ति है। तुम्हारे लिए परम आराध्य बने देशभक्त क़ानून की सीमा का उल्लंघन कदापि नहीं करते। यदि चीन देश के मंचू राजाओं के अनुकरण

में ब्रिटिश शासक ढाई हाथ की चोटी रखने का कोई क़ानून बना देते, तो हमारे ये प्रवीण एवं पूज्य राजनेता उसका पालन करने में भी गर्व और गौरव का अनुभव करते। पहले तो ये विरोध करते ही नहीं और यदि करते भी, तो इनके विरोध का स्वरूप इस प्रकार होता—मेरे आक़ा! आपने क़ानून बढ़िया बनाया है, किन्तु ढाई फीट के स्थान पर यदि सवा दो फ़ीट रखने का संशोधन कर दें, तो जनता आपके प्रति चिरकृतज्ञ रहेगी।'' नेताओं के इस व्यवहार पर डॉक्टर इतने जोर हंस दिये कि उसकी प्रतिध्वनि से सारा वातावरण सजीव हो उठा।

हंसी रुकने पर भारती बोली, ''तुम कुछ भी क्यों न कहो और मैं भी बात नहीं कर रही, किन्तु कुछ लोग अवश्य ऐसे हैं, जो देश के प्रति समर्पित हैं, देश के हित-चिन्तन में निरत हैं, अपने सुख-दुःख की चिन्ता न करके देशवासियों के कल्याण की योजनाओं की पूर्ति में दिन-रात प्रयत्नशील हैं, ऐसे लोग निश्चित रूप से सम्मान के योग्य हैं। मार्ग भिन्न होने से उनके श्रम को नकारना और उनकी ईमानदारी पर सन्देह करना, तो सरासर अन्याय होगा।

भारती को गम्भीर होता देखकर डॉक्टर चुप हो गये। पीछे से शोर करती आ रही एक स्टीमबोट ने उनकी छोटी-सी नाव को डांवांडोल कर दिया। नाव के स्थिर हो जाने पर डॉक्टर धीरे से बोले, ''भारती! मेरे कथन का उद्देश्य तुम्हें दुःख पहुंचाना कदापि नहीं था और न ही किसी का मज़ाक़ उड़ाना था। मैं उनकी राजनीतिक चातुरी का भी प्रशंसक हूं, किन्तु वास्तविकता क्या है, यह तुम्हें बतलाता हूं, सुनो। एक गृहस्थ द्वारा गाय को छोटी रस्सी से बांधने का क्या उद्देश्य होता है, यही न कि वह सानी से भरी नांद तक न पहुंच सके। गाय जी-जान से वहां पहुंचने की कोशिश करती है, जीभ लपलपाती है, उसका यह सारा प्रयत्न अपनी जगह पर ठीक कहा जायेगा। कोई व्यक्ति उसके उद्यम को प्रोत्साहन भी दे सकता है, किन्तु ईमानदारी से कहना चाहें, तो गाय के परिश्रम को उपहास का विषय ही कहा जायेगा।''

हंसती हुई भारती ने चुटकी ली, ''तुम बड़े शैतान हो भैया।'' फिर एकदम संयत होकर बोली, ''समझ नहीं आता कि जिसके सिर पर सदैव मृत्यु की तलवार लटकती रहती है, वह व्यक्ति दूसरों का मज़ाक़ कैसे उड़ा सकता है?''

डॉक्टर सहज स्वर में बोले, ''इसका कारण यह है कि परिणाम की जानकारी तो पहले से ही है। इस क्षेत्र में पैर रखने से पहले ही सिर पर कफ़न बांध लिया है। अब, न किसी से कोई शिकवा है और न किसी से कोई शिकायत है। मैं सोचता हूं कि मेरे पकड़े जाने पर मुझे छोड़ देने वाली राजशक्ति या तो मूर्ख है अथवा एकदम असमर्थ है।''

भारती ने कहा, ''इसीलिए मैं तुम्हारे साथ रहना चाहती हूं। मेरे जीवित रहते किसी के द्वारा तुम्हारी ओर आंख उठाकर देखने के दुस्साहस को मैं कभी सहन नहीं करूंगी।'' कहते-कहते उसका गला रुंध गया और उसके नेत्रों से आंसू बहने लगे।

डॉक्टर ने लम्बा सांस लिया और फिर वे बोले, ''अब ज्वार आ गया है, जल्दी

से घर पहुंच जायेंगे।''

भारती ने जल्दी घर पहुंचने को कोई महत्त्व नहीं दिया। उसने गम्भीर होकर पूछा, ''क्या तुम्हें सचमुच विश्वास है कि इतनी बड़ी साधन-सम्पन्न राजशक्ति को तुम केवल अपने शारीरिक बल से पराजित कर सकोगे?''

डॉक्टर ने तत्काल सधे हुए स्वर में उत्तर दिया, ''शत-प्रतिशत विश्वास है। यदि ऐसा दृढ़ विश्वास न होता, तो कब का अपने व्रत को छोड़ चुका होता।''

''इसीलिए शायद धीरे-धीरे मुझे अपने कार्यक्षेत्र से बाहर कर देना चाहते हो। क्यों, ठीक कह रही हूं न भैया?''

मुसकराते हुए डॉक्टर ने कहा, ''नहीं, ऐसा कुछ नहीं। विश्वास में ही शक्ति निहित है। बिना विश्वास, अर्थात् संशययुक्त होकर किया जाने वाला कर्तव्य-कर्म भार-रूप हो जाता है। तुम्हारे करने के लिए संसार में सैकड़ों कल्याणकारी काम हैं। हार्दिक विश्वास वाले कार्य-विशेष को करने से दोनों—सफलता और प्रसन्नता—मिलती हैं।

भारती के प्रति असीम स्नेह के कारण डॉक्टर उसे क्रान्ति-मार्ग का राही नहीं बनाना चाहते थे। इस तथ्य को जानकर भारती की आंखों में आंसू भर आते थे। अंधेरे में आंसू पोंछकर और अपने को यथासम्भव सामान्य बनाकर वह बोली, ''भैया! तुमसे एक बात पूछती हूं। नाराज़ न होना। इतने बड़े सैन्यबल, इतने अधिक साधनों तथा युद्ध के आधुनिकतम शस्त्रास्त्रों एवं अन्यान्य साधनों से सम्पन्न विश्व की महत्तम राजशक्ति के सामने तुम्हारा क्रान्ति-दल समुद्र के सामने गाय के खुर जितना भी नहीं। प्राण देने की तुम लोगों की ललक को, मैं संसार का ससबे बड़ा पागलपन समझती हूं। तुम कह सकते हो कि क्या देश के उद्धार का प्रयास छोड़ दें? प्राणों के भय से एक ओर खड़े तमाशा देखते रहें? मेरे कहने का यह तात्पर्य कदापि नहीं। तुम्हारे साथ रहकर जन्मभूमि की सेवा के महत्त्व को मैं समझने लगी हूं। मैं मानती हूं कि देशसेवा से बढ़कर मनुष्य-जीवन की कोई सार्थकता नहीं। ऐसा न मानना, तो अधमता और देश के प्रति कृतघ्नता होगी, किन्तु आत्महत्या करने से देश को स्वाधीनता नहीं मिल जायेगी। तुम कभी ऐसा समझने की भूल न करना कि भारती इस प्रकार के मूर्खतापूर्ण आचरण को देशभक्ति मानने की ग़लती कर सकती है।

डॉक्टर ने लम्बी सांस छोड़ते हुए कहा, ''अच्छा?''

''अच्छा क्या?''

''तुम्हें समझने में मुझ से ग़लती हुई है।'' कहकर डॉक्टर कुछ देर के लिए चुप हो गये और फिर बोले, ''क्रान्ति का अर्थ रक्तपात, हत्या और मार-काट नहीं, अपितु इसका अर्थ है व्यवस्था में शीघ्रता से आमूल-चूल परिवर्तन करना, एकदम परिवर्तन। मैं अंगरेजों की सैन्यशक्ति, युद्ध-सामग्री तथा साधन-सपन्नता से परिचित हूं, किन्तु हमारा उद्देश्य शक्ति-परीक्षा कदापि नहीं। हम मानते हैं कि आज का शत्रु कल मित्र भी हो सकता है। नीलकान्त शक्ति-परीक्षण करने नहीं गया था, मित्र बनाने गया था, फिर

भी उसके प्राण चले गये।'' यह कहते हुए डॉक्टर के मुख से लम्बा-गहरा सांस निकल गया और वह दु:ख-भरे स्वर में बोले, ''हाय रे नीलकान्त! तुम्हारे त्याग की कौन कहे ? तुम्हारे तो नाम की भी किसी को जानकारी नहीं।''

भारती समझ गयी कि जिस युवक ने देश के बाहर देशवासियों की आंखों से ओझल रहकर देश के लिए प्राण दिये हैं, उसकी याद में इस निर्विकार एवं निर्मम तपस्वी का पाषाण हृदय द्रवित होकर रो उठा है।

अचानक सीधे होकर बैठते हुए डॉक्टर बोले, ''भारती! तुम क्या कह रही थीं, समुद्र के सामने गाय के खुर-जितना। तुम ठीक कहती हो, किन्तु शहर-भर को पहर-भर में राख का ढेर बना देने वाली चिनगारी आकार में कितनी बड़ी होती है ? जब शहर जलने लगता है, तो ईंधन कहां से आता है ? ईंधन अपने आप इकट्ठा होता जाता है और आग बढ़ती जाती है। प्रकृति का यह नियम राजशक्ति पर भी लागू होता है। एक बार चिनगारी को भड़कने और फैलने की देर है, बस।''

भारती बोली, ''भैया! तुम्हारी बातें सुनकर मुझे डर लगता है। तुम्हारी बात मानें, तो यह भी मानना होगा कि विदेशी शक्ति को जलाने की जो बात तुम कर रहे हो, उसका ईंधन भी अपने देशवासियों को ही बनना होगा। इतने बड़े विनाश की कल्पना से तुम्हारा हृदय कांप नहीं उठता ?''

डॉक्टर ने निर्विकार भाव से उत्तर दिया, ''मेरा हृदय कुछ भी विद्रोह नहीं करता और मैं प्रायश्चित्त शब्द में भी विश्वास नहीं करता। विध्वंस नहीं होगा, तो फिर हमारे पूर्वजों के सञ्चित पापों का अन्त कैसे होगा ? न्याय को निष्करुण होना ही पड़ता है। यदि करुणा आड़े आयेगी, तो सच्चे अर्थों में न्याय हो ही नहीं सकेगा।''

भारती ने कहा, ''यह सब तुम्हारा पुराना राग है। देश की स्वतन्त्रता के लिए तुम्हारा इतना अधिक निष्ठुर होना, मेरी कल्पना के बाहर है। समझ में नहीं आता कि रक्तपात को छोड़कर तुम और कुछ सोच क्यों नहीं पाते। यदि रक्तपात का उत्तर रक्तपात से दिया जायेगा, तो उसकी प्रतिक्रिया भी, फिर रक्तपात में ही होगी और फिर यह सिलसिला क्रिया की प्रतिक्रिया, अर्थात् रक्तपात का बदला रक्तपात, कब तक चलता रहेगा ? क्रिया की प्रतिक्रिया का पहले से अपेक्षाकृत अधिक उग्र होने का नियम आदिकाल से चला आ रहा है। इसका अन्त कहीं तो करना होगा, अन्यथा मानव-सभ्यता के अस्तित्व के आगे एक प्रश्नचिह्न लग जायेगा। यह ठीक है कि देश चला गया है, उसे वापस लेना है, किन्तु तुम यह क्यों भूल जाते हो कि मनुष्य देश से बड़ा है। देश की स्वाधीनता भी मनुष्य के लिए ही है। क्या एक मनुष्य दूसरे मनुष्य के साथ संघर्ष किये बिना सह-अस्तित्व की भावना को अपनाकर प्रेमपूर्वक नहीं रह सकता है ?''

डॉक्टर ने उत्तर में अंगरेजी के एक कवि को उद्धृत करते हुए सहज भाव से कहा, ''यह मेरा नहीं, उस कवि का कथन है, पूर्व और पश्चिम कभी एक-साथ नहीं रह सकते।''

भारती ने कहा, ''ऐसी धारणा रखने वाला व्यक्ति कवि नहीं हो सकता। यह किसी पत्थर-दिल की उक्ति है। ऐसे कथन को तुम अन्तिम प्रमाण क्यों मानते हो? तुम, विवेकशील पुरुष हो, फिर तुम ऐसे संकीर्ण विचार को क्यों महत्त्व देते हो? भले ही कोई पश्चिम का हो अथवा पूर्व का, यूरोप का हो अथवा एशिया का, हैं तो सभी एक-जैसे इनसान ही। क्या एक मनुष्य दूसरे मनुष्य के साथ मैत्री नहीं कर सकता? भैया! मैं ईसाई हूं, मुझमें अंगरेजों के संस्कार हैं। मैंने अंगरेजों में अनेक सद्‌गुण भी देखे हैं। जब तुम उन्हें एकदम अधम, निकृष्ट और तुच्छ बतलाते हो, तो मेरे हृदय को चोट पहुंचती है। मेरे इस कथन से तुम मुझे ग़लत समझने की भूल बिल्कुल मत करना। मेरा दिल पूर्णत: हिन्दुस्तानी है और तुम्हारी यह बहिन समग्रत: हिन्दुस्तान के प्रति समर्पित है। भारत भूमि और यहां के निवासियों के प्रति मैं स्नेह और सम्मान के भाव रखती हूं, मैं उन्हें अपने प्राणों से भी कहीं अधिक मानती हूं। तुम्हारे द्वारा अपनाये जीवन को देखते हुए, तो यह आशा ही नहीं संजोयी जा सकती कि कभी हमारी अगली भेंट हो भी सकती है। कहीं आज की मुलाक़ात ही तो अन्तिम नहीं? आज तुम मुझे शान्त चित्त से मेरे प्रश्न का उत्तर देते जाओ, ताकि उसके आधार पर मैं सिर ऊपर उठाकर अपना जीवन बिता सकूं।'' यह कहते हुए भारती का गला भर आया और वह रोने लगी।

डॉक्टर को चुपचाप नाव चलाते देखकर भारती को लगा कि डॉक्टर उसके प्रश्न का उत्तर देना नहीं चाहते। नदी के पानी से अपने मुंह को भली प्रकार धोने-पोंछने से स्वस्थ-संयत बनी, वह फिर से कुछ पूछने ही वाली थी कि उत्तेजना अथवा विद्वेष से सर्वथा रहित, स्निग्ध, कोमल और शान्त स्वर में डॉक्टर बोल उठे। डॉक्टर की इस सहजता, सरलता और सहज शालीनता को देखकर भारती को मास्टर के रूप में डॉक्टर से हुए प्रथम परिचय का स्मरण हो आया। उस दिन मास्टरजी के अशुद्ध अंगरेजी उच्चारण और अशुद्ध व्याकरण पर भारती को अपनी हंसी पर नियन्त्रण करने में काफ़ी श्रम करना पड़ा था। बाद में इस सबके लिए वह न जाने, कितनी बार डॉक्टर पर बिगड़ी है और कितनी बार उनका तिरस्कार किया है। आज वह फिर उसी उदासीन, नि:स्पृह और उद्वेगरहित कण्ठ को सुन रही थी।

डॉक्टर ने कहा, ''भारती! तुमने कभी सांप को खाकर जीवित रहने वाला एक प्रकार का सांप देखा है?''

''न मैंने देखा है और न ही सुना है?''

''चिड़ियाघर में मिलता है। कलकत्ता जाने पर अपूर्व को कहोगी, तो वह तुम्हें दिखा लायेगा।''

भारती बोली, ''बार-बार का हंसी-मज़ाक़ अच्छा नहीं लगता भैया! अच्छा, मैं कहती हूं कि ऐसा सांप नहीं होता।''

''नहीं, मैं भी यही बात कहता हूं। वे दोनों पास-पास अथवा एक-दूसरे के पास नहीं रह सकते, किन्तु एक के पेट में दूसरा आसानी से समा जाता है। मेरी बात पर

विश्वास नहीं आता, तो चिड़ियाघर के अध्यक्ष से सत्य की पुष्टि कर सकती हो।''

भारती को चुप देखकर डॉक्टर ने अपना कथन जारी रखते हुए कहा, ''तुम अंगरेजों के ईसाई धर्म की हो, उनके अनेक ऋणों से दबी हुई हो और तुमने अपनी आंखों से उनके अनेक सद्‌गुण देखे हैं, ठीक है, परन्तु क्या सारे विश्व को अपने अधीन बनाने की लपलपाती उनकी जीभ देखी है ? सारे विश्व को निगल जाने की उनकी भूख के परिणाम को देखा है ? आज वे इस देश के स्वामी हैं। उनके स्वामी बनने की तिथि याद है ? इस अवधि में उनके द्वारा अर्जित सम्पत्ति की कोई गणना है ? कितने पोत, वायुयान, कल-कारख़ाने और हज़ारों-लाखों अट्टालिकाएं तथा मनुष्यों के मारने के उपकरण आदि उनके पास हैं। क्या इस सबका कहीं कोई अन्त है ? अपनी सभी आवश्यकताओं की पूर्ति और सभी प्रकार के अभावों से निपटने के पश्चात् अंगरेजों ने सत्तर वर्षों की अवधि—1810 से 1880—में बाहर के देशों को तीन हज़ार करोड़ रुपयों का ऋण दिया था। यह विशाल सम्पत्ति कहां से आयी थी ? तुम अपने को हिन्दुस्तान के बेटी कहती हो, हिन्दुस्तान और हिन्दुस्तानियों से अपने प्राणों से अधिक प्रेम करने की बात कहती हो, किन्तु कभी सोचा है कि प्रतिवर्ष इसी हिन्दुस्तान के लाखों स्त्री-पुरुष मलेरिया से मर जाते हैं। एक युद्धपोत की ख़रीद पर होने वाले ख़र्च से भारत की लाखों माताओं के आंसू पोंछे जा सकते हैं। क्या कभी यह बात सोची है तुमने और क्या कभी अपने हृदय में भारत मां की अश्रुपूर्ण मूर्ति के दर्शन किये हैं तुमने ? इन अंगरेजों ने यहां के शिल्प, वाणिज्य और व्यवसाय को चौपट कर दिया। इस देश के धर्म और ज्ञान का मटियामेट कर दिया। नदियों का पानी सूखने से धरती बंजर बनती जा रही है, किसान को भरपेट खाना नसीब नहीं। शिल्पकार विदेशी दासता के लिए विवश हैं। देश में अन्न-जल के अभाव के साथ-साथ इस देश की आर्थिकता की धुरी—गोधन—का भी अभाव होता जा रहा है, जिससे दूध के अभाव में बच्चे सूखकर कांटा होते और मरते देखे जा रहे हैं।''

भारती यह सब न सुन-सह पाने के कारण चिल्लाकर 'बस करो, बहुत हो लिया।' कहना ही चाहती थी, किन्तु गला रुंध जाने से वह कुछ भी बोल न सकी।

डॉक्टर सव्यसाची के कण्ठस्वर से धैर्य और संयम जाते रहे थे। निर्मम होकर बोले, ''तुम ईसाई हो, तुम्हें याद होगा कि तुमने एक दिन कुतूहलवश यूरोप की क्रिश्चियन सभ्यता के स्वरूप को जानने की इच्छा प्रकट की थी। तुम्हें दुःख न पहुंचाने की दृष्टि से में तुम्हारे प्रश्न को टाल गया था। आज तुम्हें उसका उत्तर देता हूं। तुम लोगों की पुस्तकों में अच्छी बातों के लिखा होने का अनुमान ही लगाया जा सकता है, किन्तु अधिक समीप आने पर यथार्थ छिप नहीं सका। इस सभ्यता का मूलमन्त्र है—निर्लज्ज एवं नग्न स्वार्थ की पूर्ति तथा पशुशक्ति की अत्यधिक प्रधानता, अर्थात् येन-केन-प्रकारेण स्वार्थ-सिद्धि। आज से पूर्व मनुष्य ने दुर्बलों और असमर्थों के विरुद्ध पशु-बल के प्रयोग का कभी सोचा तक नहीं। यह प्रयोग अंगरेजों की बुद्धि का आविष्कार है। पृथ्वी के मानचित्र पर दृष्टि डालने से पता चलेगा कि विश्व का कोई भी देश, संसार की

कोई भी दुर्बल जाति यूरोप की कभी न मिटने वाली भूख का शिकार होने से अपने को नहीं बचा सकी। देश की सन्तान अपने ही देश की भूमि और सम्पदा के उपयोग से वञ्चित है। बताइये, यह उसे उसके किस अपराध का दण्ड दिया जा रहा है? उसका एकमात्र अपराध है उसका दुर्बल एवं शक्तिहीन होना। मज़े की बात यह है कि विजित जाति द्वारा किये गये आचरण को ही न्याय, धर्म और मर्यादा आदि नाम दिये जाते हैं।

"यूरोपीय सभ्यता का आदर्श और उद्देश्य विजेता जाति के कल्याण और उसकी उन्नति के लिए विजित जाति के पैरों में पराधीनता की ज़ंजीर पहनाकर उसे एकदम लंगड़ा और असमर्थ बना देना और फिर उसकी ज़िम्मेदारियों को अपने कन्धे पर उठाने का श्रेय लेना है। इस निकृष्ट झूठ का प्रचार केवल मिशनरियों और राजनेताओं द्वारा अपने भाषणों और लेखों के द्वारा ही नहीं, अपितु विद्यार्थियों की पाठ्य पुस्तकों द्वारा भी किया जाता है। इस शोषणवृत्ति को राजधर्म का नाम देना ही क्रिश्चियन सभ्यता की राजनीति है।"

भारती का पालन-पोषण मिशनरियों के हाथों हुआ है। वह अनेक महान् ईसाई चरित्रों के सम्पर्क में रही है। अतः अपने धर्म पर किये जा रहे आक्रमण को अकारण मानकर वह व्यथित होकर बोली, "भैया! मुझे लगता है कि आज किसी कारणवश तुम विक्षिप्त हो जाने से ऐसी बातें कर रहे हो, अन्यथा धर्म-प्रचार के लिए देश में आने वाले ईसाई मिशनरियों के सम्बन्ध में मेरी जानकारी तुमसे कहीं अधिक है। तुम उन पर मिथ्या आरोप लगा रहे हो। क्या यूरोप की सभ्यता ने इस देश का कुछ भी हित नहीं किया? सती-दाह, गंगा-सागर में सन्तान बलि...।"

भारती के वक्तव्य को पूरा करते हुए डॉक्टर बीच में बोल पड़े, "चड़क के समय पीठ छेदना, संन्यासियों का तलवार पर नाचना, लूट-खसोट, ठगी, डकैती तथा आषाढ़ में गोंडों और खासियों की नरबलि। इनके अतिरिक्त और कुछ याद नहीं आ रहा।" चुपचाप सुनती भारती से डॉक्टर बोले, "दो और बातों का स्मरण हो आया है, मुस्लिम राज्य में गृहस्थों द्वारा अपनी बहू-बेटियों को अपने घर में न रख पाना तथा नवाबों द्वारा औरतों का पेट चीरकर बच्चा देखना...।" इन विदेशियों के लिखे इतिहास ग्रन्थों में साधारण तथ्यों को इस प्रकार विकृत करके और तिल का ताड़ बनाकर प्रस्तुत किया गया है कि हम भारतीय अपनी दृष्टि में गिर गये हैं, अपने को असभ्य, जंगली तथा अंगरेजों को अपना उद्धारक एवं अपने को सभ्य बनाने वाले समझने लगे हैं। हां, बचपन में मैंने स्कूल की एक पुस्तक में पढ़ा था कि इंग्लैण्ड में बैठे और भारतीयों के कल्याण के विषय में सोचते एक ब्रिटिश राज्यमन्त्री की न केवल नींद हराम हो गयी, अपितु उस बेचारे की भूख भी मर गयी। पेट भरने की विवशता से बेचारे शिक्षकों को यह कोरी बकवास बच्चों को पढ़ानी पड़ती है। क्या तुम इसी राज्यतन्त्र को सभ्य मानती हो और इनकी राजनीति की प्रशंसा करती हो? इस परिप्रेक्ष्य में, तो अपूर्व को दोषी ठहराया ही नहीं जा सकता।"

अपूर्व पर लगे लाञ्छन और डॉक्टर द्वारा किये गये विश्लेषण से अपने को लज्जित अनुभव करती भारती बोली, "तुम्हारा कथन आंशिक रूप से सत्य हो सकता है। किसी चाटुकार ने शायद कुछ अतिरञ्जित वर्णन कर दिया हो, किन्तु इससे इतने बड़े साम्राज्य की मूलनीति असत्य नहीं हो जाती। इतनी विशाल संस्था किसी खोखली नींव पर बहुत दिनों तक टिकी नहीं रह सकती। तुम कह सकते हो कि इस साम्राज्य को आये अभी अधिक समय नहीं हुआ, इससे पूर्व भी इस देश में कितने साम्राज्य आते-जाते रहे हैं, न वे चिरस्थायी रहे हैं और न बिटिश राज्य ही चिरस्थायी रहेगा, किन्तु तुम एक बात भूल जाते हो कि ब्रिटिश राज्य अन्यान्य साम्राज्यों से एकदम भिन्न है। यह शृंखलाबद्ध, सुनियन्त्रित तथा सुव्यवस्थित राज्य है। इसके अतिरिक्त विचारणीय तथ्य यह भी है कि इस राज्य के तुम कितने ही दोष क्यों न गिनवाओ, कितनी ही इसकी निन्दा क्यों न करो, फिर भी क्या तुम कह सकते हो कि ब्रिटिश राज्य द्वारा इस देश में लायी एकता और शान्ति से देशवासियों को कोई लाभ नहीं पहुंचा? क्या इस पश्चिमी सभ्यता ने हम भारतीयों को किसी प्रकार उपकृत नहीं किया? जिस स्वाधीनता के नष्ट हो जाने का तुम रोना रो रहे हो, वास्तव में, राजशक्तियों का परिवर्तन ही हुआ है। हिन्दुओं के भाग्य में कोई परिवर्तन नहीं हुआ। मेरे क्रिश्चियन होने से मेरी सही बात को न मानना, तो ठीक नहीं। इसके अतिरिक्त, यदि अपने सभी दोषों के लिए विदेशी सत्ता को उत्तरदायी ठहराकर सन्तोष कर लेने को तुम अपने देशप्रेम का आदर्श मानते हो, तो मैं तुमसे सहमत नहीं हो सकती। अंगरेजों के प्रति पक्षपातपूर्ण विद्वेष और घृणा का भाव रखने से भले ही तुम उन्हें थोड़ी-बहुत हानि पहुंचाने में सफल हो जाओ, किन्तु इससे भारतीयों को किसी प्रकार के लाभ होने की सोचना एकदम ग़लत होगा।" यह कहती हुई भारती के मुंह से निकला लम्बा-गहरा श्वास वातावरण की शान्ति को भंग करता हुआ डॉक्टर के कान से जा टकराया, जिससे डॉक्टर का चौंकना स्वाभाविक था; क्योंकि भारती का यह रूप उनके लिए एकदम अपरिचित और उसका मनोभाव सर्वथा अप्रत्याशित था। डॉक्टर ने अनुभव किया कि वस्तुतः जिस परिवेश में वह जन्मी, पली-पुसी और बड़ी हुई है, उस पर हुए आघात से उसका तिलमिला उठना और अपनी पूरी शक्ति से उसका प्रतिवाद करना सर्वथा उपयुक्त ही नहीं, अपितु उसकी ईमानदारी और कृतज्ञता का भी सूचक है। इस तथ्य से डॉक्टर की दृष्टि में भारती का स्थान और भी ऊंचा हो गया।

डॉक्टर को मौन देखकर उन्हें निरुत्तर कर देने के भ्रम में पड़ी भारती बोली, "भारतीयों के हृदय में अंगरेजों के विरुद्ध ईर्ष्या और द्वेष की ज्वाला को भड़काने से तुम देश का किसी प्रकार हित नहीं कर सकोगे।"

डॉक्टर ने कहा, "मैं कितनी बार स्पष्ट कर चुका हूं कि देशहित का काम तो चन्दा वसूल कर अनाथालय, विधवाश्रम, संन्यासाश्रम, ब्रह्मचर्याश्रम, वेदान्ताश्रम तथा दरिद्रभण्डार-जैसी लोकहितकारी संस्थाओं के चलाने वाले ही कर रहे हैं। मैं उन लोगों का हृदय से सम्मान करता हूं, किन्तु मैंने देश की भलाई करने का ठेका नहीं लिया है।

मैंने देश को स्वाधीन करने का बीड़ा उठाया है। मेरे हृदय की ज्वाला केवल दो स्थितियों में बुझ सकती है। प्रथम, मेरे चिता में भस्म हो जाने पर तथा द्वितीय, यूरोप की सभ्यता, रीति-नीति और संस्कृति के अगाध समुद्र के जल में सदा के लिए डूब जाने पर।

''यूरोप जब पहले पहल मिट्टी पर चूना लगे-जैसे अपने नक़ली माल को बेचने के लिए समुद्र-पार आया, तो एकमात्र जापान उसकी वास्तविकता को पहचान सका। इसीलिए वह इसकी लूट-खसोट से बच गया और इसीलिए आज वह इसके समान समुन्नत है। भारत और चीन इस बहुरूपिये को नहीं पहचान सके। उन दिनों स्पेन का राज्य सर्वत्र फैला हुआ था। जापन के एक अधिकारी ने स्पेन के एक नाविक से इतने बड़े साम्राज्य के प्रसार का रहस्य पूछा, तो नाविक का स्पष्ट उत्तर था, 'हम जिस देश को हड़पना चाहते हैं, वहां सर्वप्रथम व्यापारी बनकर अपना माल बेचने जाते हैं, फिर वहां के राजा की ख़ुशामद करके अपना रोज़गार चलाने के लिए थोड़ी-बहुत धरती मांग लेते हैं, फिर हम मिशनरियों को उस देश में बुलाते हैं। वे उस देश के लोगों का धर्म-परिवर्तन करने में अधिक सफल नहीं हो पाते, किन्तु उस देश के धर्म की इतनी अधिक निन्दा करते हैं कि हिंसा भड़क उठती है और दो-चार पादरी अथवा यूरोपियन मार डाले जाते हैं। बस, इस हिंसा को दबाने के लिए आधुनिकतम शस्त्रों—तोप, बन्दूक़ तथा गोला, बारूद-आदि—के साथ हमारी सेना वहां पहुंच जाती है। हमारी सेना उस देश की सेना से अधिक अनुशासित और प्रशिक्षित होती है। इसके अतिरिक्त हमारे शस्त्र भी अधिक उत्कृष्ट होते हैं। हमारी सैन्यशक्ति से उस देश के लोगों का मनोबल गिर जाता है। बस...।' यह सुनकर जापानी अधिकारी ने यूरोपियन व्यापारियों को अपना बिस्तर-बोरिया बांधकर इस देश से कूच करने का आदेश दे दिया। इन्हें विदा करने के साथ ही जापान ने अपने देश में एक क़ानून पारित कर दिया—क्रिश्चियन इस देश में सृष्टि-पर्यन्त कभी प्रवेश नहीं कर सकेंगे तथा इस क़ानून का उल्लंघन करने वालों को मृत्यु दण्ड दिया जायेगा।''

अपने धर्म और धर्मप्रचारकों के विरुद्ध की गयी कटु टिप्पणी को सुनकर दुखी हुई भारती बोली, ''तुम्हारे मुख से मैं यह सब पहले भी सुन चुकी हूं, किन्तु जिन जापानियों की प्रशंसा करते तुम नहीं थकते, क्या उनके चरित्र को ठीक से जानते हो ?''

डॉक्टर ने कहा, ''कौन कहता है कि मैं जापानियों का प्रशंसक हूं ? मैं उनसे घृणा करने वाला उनका कटु निन्दक हूं। मैं 1910 में शंघाई में था। जब जापान ने बार-बार अभयदान का वचन देकर निरपराध कोरियन लोगों को क़ैद कर लिया था और झूठे बहाने बनाकर कोरिया राज्य को हड़प लिया था। मेरे लिए जापानियों के उन अमानुषिक अत्याचारों को भुला पाना कभी सम्भव नहीं रहा। भारती ! यूरोप को शक्तिशाली जापान के विरुद्ध मुंह खोलने का साहस नहीं हुआ। ऐंग्लो जापानी सन्धि में बंधे होने के बहाने यूरोप ने कन्नी काट ली। अमेरिकन राष्ट्रपति ने स्पष्ट शब्दों में स्वीकार किया था—वचन देने से क्या होता है। वस्तुत: जो जाति असमर्थ और शक्तिहीन होने के कारण अपनी रक्षा

आप नहीं कर सकती, दूसरे का मुंह जोहती है, उसका राज्य नहीं छिनेगा, तो फिर और किसका छिनेगा ? वे बोले, 'जो हुआ है, वह ठीक ही हुआ है। अब हम उनका उद्धार करेंगे।' कहने और करने में बड़ा अन्तर है। सबल द्वारा दुर्बल की सहायता किये जाने की सोचना ही पागलपन है, यह सब एकदम असम्भव है।''

इतना कहकर कुछ देर के लिए मौन रहे डॉक्टर फिर बोले, ''मैं ज़ोर देकर बार-बार कहता हूं कि बलवान् कभी दुर्बल को उठने नहीं देता। उससे अपने उद्धार की आशा रखना पागलपन है, निरी मूर्खता है; क्योंकि सबल द्वारा दुर्बल का हितचिन्तन असम्भव है। प्रबल ने सदा ही दुर्बल की सम्पदा को छीना है, इसके अतिरिक्त अपने को सभ्य कहने वाले यूरोप की नैतिक बुद्धि कुछ सोच ही नहीं सकती।''

भारती चुपचाप सुनती रही और डॉक्टर कहते रहे, ''ब्रिटिश दूत लार्ड मैकार्टनी शती के चौथे चरण (1880-90) में रोज़गार की सहूलियतें पाने के लिए चीनी दरबार में जा पहुंचा। उन दिनों चीन के सम्राट् (मंचू नरेश) शियनलुंग बहुत ही दयालु स्वभाव के थे। उन्होंने दूत द्वारा विनीत स्वर में वर्णित उसकी व्यथा-कथा को सुना, तो उनका हृदय द्रवित हो गया। उन्होंने उससे कहा, ''देखो, वैसे तो सब प्रकार से सम्पन्न इस देश में हमें तुम्हारी सेवाओं की कोई आवश्यकता नहीं, किन्तु तुम इतनी दूर से अनेक कष्टों को झेलकर यहां आये हो, तो हम तुम्हें निराश नहीं करेंगे। हम तुम्हें कैण्टन शहर में अपना रोज़गार शुरू करने की अनुमति देते हैं। वहां तुम्हारे कल्याण के लिए तुम्हें स्थान आवण्टित किया जाता है। सम्राट् की करुणा का क्या परिणाम निकला, जानती हो भारती ? बीस वर्षों में याचक ब्रिटेन की अपने दाता चीन से लड़ाई ठन गयी।''

भारती ने चकित होकर पूछा, ''भैया ! शत्रुता का कोई कारण, तो अवश्य होना चाहिए ?''

डॉक्टर बोले, ''चीन का अपराध केवल यह था कि उसने इन दुष्टों से कह दिया कि अफ़ीम खाने से हमारा साहस चुकता जा रहा है, बुद्धि भ्रष्ट हो रही है, अत: तुम लोगों को अफ़ीम का आयात बन्द करना हेगा।''

''फिर क्या हुआ ?''

''होना क्या था। चीन के लिए इस लत को छोड़ना सम्भव न हो सका। दो वर्षों के प्रतिबन्ध के बाद अफ़ीम की फिर से खुली खपत होने लगी। इसके फलस्वरूप चीन को पांच प्रतिशत कर-भुगतान की शर्त पर इन व्यापारियों को पांच अन्य स्थानों पर व्यापार के विस्तार की अनुमति देनी पड़ी। करते-करते अंगरेजों ने पूरे हांगकांग को अपने अधिकार में कर लिया। सस्ती अफ़ीम को खाकर नशेड़ी बने चीनियों की बुद्धि और विवेक को ग्रहण तो लगना ही था।''

भारती बोली, ''यह सब तुम्हारी मनगढ़न्त कहानी है।''

डॉक्टर बोले, ''काश ! ऐसा होता, किन्तु फिर भी सुनने में यह सब रोचक लगता है। अंगरेजों के कारनामों को सुनकर फ्रांसीसियों का कहना था कि उनके पास अफ़ीम

तो नहीं, किन्तु हां, मनुष्यों को मारने वाली मशीनें बहुत बढ़िया हैं। अतः युद्ध छिड़ गया और फ्रांसीसियों ने चीनी राज्य के अनाम प्रान्त पर अपना अधिकार कर लिया। इसके साथ युद्ध का ख़र्च भी चीन से वसूल किया गया। उससे व्यापार की अनेक सुविधाएं लेकर तथा अन्य अनेक सन्धियां करने के उपरान्त ही युद्ध बन्द किया गया। फ्रांस ने जो चाहा, सब शस्त्र-बल से प्राप्त किया। किस-किस दुःख का रोना रोया जाये भारती, इस सब को रहने दो।''

भारती ने कहा, ''भैया! क्या ताली कभी एक हाथ से बजती है? चीन का भी इसमें कुछ-न-कुछ अपराध अवश्य रहा होगा?''

डॉक्टर ने उत्तर में कहा, ''हो सकता है, किन्तु विचारणीय यह है कि यूरोपीय सभ्यता को दूसरे देशों पर आक्रमण करने के लिए ही उनके दोष और अपराध दिखने लगते हैं। यूरोप के देश भी किसी के प्रति अन्याय करते हैं, यह उन्हें कभी दिखाई नहीं देता। दरअसल, किसी को हड़पने के लिए यूरोपियनों को बहाना चाहिए।''

भारती की उत्सुकता, ''फिर क्या हुआ?'' के उत्तर में डॉक्टर बोले, ''जर्मन लोगों ने देखा कि वे ख़ाली हाथ मलते रह गये हैं, अतः उन लोगों ने मिशनरियों से भरा एक जहाज़ वहां भेज दिया। ये पादरी सन् 1897 में ईसामसीह की महिमा का और ईसाई मत की श्रेष्ठता का प्रचार कर रहे थे, तो चीनी असहनशील हो उठे। कुछ मूर्ख चीनी इतने अधिक उत्तेजित और उग्र हो उठे कि उन्होंने दो मिशनरियों की हत्या कर दी। चीन के इस अन्याय का दण्ड उसे भुगतना पड़ा—शानटुंग प्रान्त जर्मनी को सौंपना पड़ा। उसके पश्चात् बक्सर का विद्रोह हुआ, जिसका प्रतिशोध लेने के लिए यूरोप के सभी देशों ने एक होकर जो उपद्रव किया, विनाश का जो ताण्डव नृत्य किया, उसका कोई दूसरा उदाहरण विश्व इतिहास में कहीं भी नहीं मिलेगा। इनकी क्षतिपूर्ति का हिसाब कब चुकता होगा, यह सब ईसामसीह ही जानते होंगे अथवा ब्रिटेन और जापान के देवी-देवता। भारत के सिवा और कोई दूसरा देश इनके दुःख का साथी नहीं बना। यह सब दयालु सम्राट् शियनलुंग की उदारता का ही परिणाम है।''

भारती एक लम्बी-गहरी सांस लेकर रह गयी, मुंह से कुछ बोल न सकी।

डॉक्टर ने पुकारा, ''भारती!''

''क्यों, क्या है भैया?''

''तुम ऐसी चुप कैसे हो गयीं?''

''मैं तुमसे सुनी कहानी पर विचार कर रही हूं। अच्छा, यह बताना कि क्या तुमने यह सोचकर चीन को अपना कार्यक्षेत्र चुना है; क्योंकि वर्षों से शत-शत अत्याचारों से पीड़ित-जर्जरित लोगों को उत्तेजित करना कठिन नहीं होता, किन्तु क्या तुमने कभी यह भी सोचने का कष्ट किया है कि पहले से ही दुखी, विवश एवं अभावग्रस्त भोले-भाले किसान-मज़दूरों को रक्तपात और मार-धाड़ के जोखिम में डालना क्या उन बेचारों के दुःखों में और अधिक वृद्धि करना नहीं होगा?''

डॉक्टर ने कहा, "विवश, पीड़ित एवं दुखी किसान-मज़दूरों को अपने दुःखों, दुःखों के कारणों और उन दुःखों को दूर करने के उपायों पर विचार करने की आवश्यकता है ? तुम्हें इनके लिए परेशान होने की कोई आवश्यकता नहीं। मैं इन्हें स्वतन्त्रता के किसी भी आन्दोलन में उपयोगी न मानकर उलटे बाधक ही मानता हूं। ये लोग इतने अधिक कुण्ठाग्रस्त होते हैं कि किसी भी काम के नहीं रह जाते। अतः मैं इन्हें उत्तेजित करने में अपने समय और श्रम को व्यर्थ नहीं गंवाना चाहता। मेरी आवश्यकता और उपेक्षा के लोग, तो मध्य वर्ग के सुशिक्षित सज्जन हैं। मेरे कार्य में सम्मिलित होने की इच्छा होने पर इस अत्यन्त महत्त्वपूर्ण तथ्य को कभी न भूलना। किसानों, मज़दूरों से किसी उच्च आदर्श की प्राप्ति के लिए प्राणों की बलि देने की आशा ही नहीं करनी चाहिए। वे स्वाधीनता की अपेक्षा शान्ति को महत्त्व देते हैं और तुम जानती हो कि जड़, पंगु और दुर्बल व्यक्ति असमर्थ होने के कारण ही शान्ति की कामना करते हैं।"

व्यथित-चिन्तित भारती बोली, "मैं भी शान्ति की कामना करने वालों में हूं। भले ही तुम मुझे इसके लिए जड़ समझो अथवा कुछ और, लेकिन मैं चाहती हूं कि तुम मुझे इसी प्रकार के शान्ति से सम्बन्धित किसी कार्य में लगा जाओ। तुम्हारी 'अधिकार समिति' के षड्यन्त्रों से तो मेरा दम घुटता है।"

सव्यसाची ने हंसते हुए कहा, "ठीक है, देख लूंगा।"

इस पर उत्साहित हुई भारती बिना रुके तीखे स्वर में बोली, "क्या 'अच्छा' कहने के सिवा तुम कभी किसी को स्पष्ट उत्तर भी देते हो ?"

डॉक्टर बोले, "अरे! हम तो पहुंच गये। ज़रा संभलकर बैठना, कहीं चोट-वोट न लग जाये।" यह कहते हुए डॉक्टर ने हाथ में पकड़े डांड़ से एक ज़ोर का धक्का देकर नाव को घुमाते हुए किनारे से लगा दिया। इसके पश्चात् उठते हुए डॉक्टर ने भारती का हाथ पकड़कर उसे उतारते हुए कहा, "डरो नहीं, कहीं कीचड़ नहीं है, तख़्ता बिछा हुआ है, आराम से उतर जाओ।"

एक अंधेरा और दूसरे अनजान स्थान, इसलिए पैर रखने में भारती का दुविधा अनुभव करना स्वाभविक था, किन्तु पैर रखने पर किसी प्रकार की असुविधा न होने से चैन की सांस लेती और कृतज्ञता का प्रदर्शन करती हुई वह बोली, "तुम्हें आत्मसमर्पण करने-जैसी शान्ति और निश्चिन्तता अन्यत्र कहीं सुलभ नहीं।"

डॉक्टर ने इसका कोई उत्तर नहीं दिया। अंधेरे में कुछ दूर तक चलने के उपरान्त डॉक्टर ने कहा, "समझ नहीं आता कि यहां क्या हो रहा है। विवाह के कोई लक्षण दिखाई नहीं देते। न कहीं कोई सजावट है और न रोशनी की व्यवस्था है और न ही समारोह का कोलाहल। यहां तक कि संगीत भी सुनाई नहीं देता। ये लोग कहीं किसी दूसरे स्थान पर तो नहीं चले गये ?"

थोड़ा और आगे बढ़ने पर रंग-बिरंगे काग़ज़ों से बनी लालटेन को देखकर सन्तोष प्रकट करती हुई भारती बोली, "चीनी लालटेन दिखाई दे रही है। शशी अभी से कंजूसी

करने लगा है।'' कहती हुई भारती हंस दी।

दोनों दबे पांव सीढ़ी चढ़कर ऊपर पहुंचे। सामने खुले दरवाज़े से शशी किसी पत्र को ध्यान से पढ़ता दिखाई दिया। अपने आनन्द को न समेट पाती भारती बच्चों की तरह उछलती हुई बोली, ''शशी बाबू! हम आ गये। हमारे खाने-पीने की कुछ व्यवस्था कीजिये।'' इसके पश्चात् वह नवतारा को आवाज़ें देने लगी।

शशी ने सिर ऊपर उठाकर उन दोनों का स्वागत किया और बताया कि नवतारा नहीं है।

डॉक्टर ने हंसते हुए कहा, ''बिन घरनी घर भूत का डेरा होता है शशी। उसे बुलाओ, ताकि वह हमें खिलाने-पिलाने का अनुरोध करती हुई सम्मानपूर्वक ले जाये, अन्यथा हम लोग यहीं खड़े रहेंगे और खाने-पीने के नाम पर कुछ भी ग्रहण नहीं करेंगे।''

उदास स्वर में शशी बोला, ''नवतारा यहां नहीं है। वे सब घूमने गये हैं।''

शशी के चेहरे को देखकर भारती आश्चर्य प्रकट करती हुई बोली, ''क्या आज के दिन भी उससे रहा नहीं गया, घूमना ऐसा कौन-सा ज़रूरी था?''

शशी ने कहा, ''ब्याह के बाद दोनों रंगून की सैर करने निकल गये हैं। अरे! नवतारा का विवाह मेरे साथ नहीं हुआ। गोरे-चिट्टे ख़ूबसूरत छोकरे अहमद के साथ हुआ है। वह लड़का कूट साहब की मिल में टाइमकीपर लगा हुआ है। आपने उसे देखा है या नहीं? पूर्वनिर्धारित निर्णय के अनुसार आज दोपहर उसी के साथ नवतारा का विवाह हुआ है।''

यह सुनकर दोनों की आंखें फटी-की-फटी रह गयीं और दोनों एक साथ बोले, ''यह तुम क्या कह रहे हो शशी?''

शशी उठकर कमरे में किसी गुप्त स्थान पर रखी थैली उठा लाया और उसे डॉक्टर के चरणों में रखता हुआ बोला, ''डॉक्टर! रुपये मिल गये हैं। मैंने नवतारा को दिये वचन के अनुसार पांच हज़ार उसे दे दिये हैं। पांच सौ मैंने ले लिये हैं, शेष साढ़े चार हज़ार बचे हैं।''

डॉक्टर ने कहा, ''क्या ये रुपये तुम मुझे दे रहे हो?''

शशी ने कहा, ''हां, मुझे अब इनकी कोई आवश्यकता नहीं है। आप ले लीजिये, काम आ जायेंगे।''

भारती ने पूछा, ''नवतारा को रुपये कब दिये हैं?''

शशी ने बताया, ''कल, हाथ में रुपया आते ही उसे दे आया था।''

भारती ने पूछा, ''क्या उसने रुपये ले लिये?''

शशी ने सिर हिलाकर कहा, ''हां, ले लिये। अहमद कुल तीस रुपये मासिक वेतन पाता है। मेरे रुपयों से नवतारा एक मकान ख़रीदेगी।''

डॉक्टर ने भारती की ओर देखते हुए कहा, ''हां-हां, क्यों नहीं? ख़रीदना ही चाहिए।'' भारती आंचल में मुंह छिपाये बरामदे की ओर हट गयी।

शशी ने कहा, "प्रेज़ीडेण्ट ने आप से एक बार मिलने का अनुरोध किया है, वे सरवाया जा रही हैं।"

बिना आश्चर्य प्रकट किये डॉक्टर ने पूछा, "कब जा रही है ?"

शशी ने उत्तर दिया, "जल्दी जाने की कह रही थीं। शायद कोई उन्हें लेने के लिए वहां से आ रहा है।"

भारती ने यह सुना, तो आश्चर्य प्रकट करती हुई शशी से पूछने लगी, "क्या सुमित्रा दीदी सचमुच जा रही हैं ?"

शशी बोला, "हां, उनकी मां के चाचा के पास बहुत रुपया था। वे अभी-अभी मरे हैं, उनका दूसरा कोई उत्तराधिकारी नहीं है तथा बिना उधर गये कुछ नहीं मिलेगा।"

डॉक्टर ने कहा, "जब बिना वहां गये निर्वाह नहीं, तो जाना ही चाहिए।"

भारती की ओर देखकर शशी बोला, "खाने के लिए बहुत कुछ रखा हुआ है। कुछ खाइये, हाज़िर करता हूं।"

भारती के ननुनच करने से पहले ही डॉक्टर ने, "ज़रूर लाइये, खाना है। ख़ूब भूख लगी है।" कह दिया। यह कहते हुए वह शशी का हाथ पकड़कर उसके साथ रसोईघर में घुस गये।

जाते-जाते शशी बोला, "डॉक्टर! आपके लिए एक और समाचार है, अपूर्व बाबू वापस आ गये हैं।"

आश्चर्यचकित डॉक्टर ने पूछा, "किसने कहा तुमसे यह सब ?"

शशी बोला, "कल बंगाल बैंक में उनसे भेंट हो गयी थी। उनकी माताजी बहुत बीमार हैं। चलिये, सारी बात बताता हूं।"

: 27 :

शशी के कथन में किसी प्रकार की कोई अतिशयोक्ति नहीं थी। रसोई घर का एक भाग सचमुच ही खाने-पीने के सामान से ठसाठस भरा पड़ा था। छोटी-बड़ी देगचियों, प्लेटों, काग़ज़ की थैलियों और मिट्टी के बर्तनों में ख़ूब खाद्य-सामग्री भरी पड़ी थी। उस पार के दुकानदारों और होटल वालों ने विभिन्न रुचि के लोगों का ध्यान रखते हुए उत्तम और स्वादिष्ट व्यञ्जनों का ढेर लगा दिया था। परिमाण और गुणवत्ता ही दृष्टि से यहां किसी बात की कोई कभी नहीं थी। कमी थी, तो केवल खाने वालों की। कुछ देर तक खाद्य-पदार्थों को देखते रहने के उपरान्त डॉक्टर ख़ुशी के मारे उछल पड़े और बोले, "वाह! क्या सौभाग्य है ?" भारती को सम्बोधित करते हुए बोले, "शशी की प्रबन्ध-क्षमता का लोहा मानती हो या नहीं। उसने सबकी रुचि का ध्यान रखते हुए कैसे-कैसे उत्तम व्यञ्जन

मंगवाकर रखे हैं। हमारा यहां आना सफल हो गया। वाह-वाह!''

डॉक्टर के कथन पर कोई ध्यान न देती भारती दूसरी ओर देखती रही और शशी ने शिष्टतावश हलके-से हंसने की चेष्टा की। कहीं से किसी प्रकार की प्रतिक्रिया न पाकर डॉक्टर की प्रसन्नता से उत्पन्न हंसी ने अट्टहास का रूप ले लिया। शशी की प्रशंसा में ठहाका लगाते हुए वे बोले, ''वाह कवि महाशय! वाह। गृहस्थ की जय हो।''

अपनी सहनशक्ति के चुक जाने से भारती मुंह फेरकर हंस दी और रुंधे कण्ठ से बोली, ''भैया! क्या तुम एकदम पत्थर हो, क्या तुम्हारे हृदय में दया-ममता के लिए कोई स्थान नहीं?''

''वाह! जिसकी कृपा से आज पेट-भर खाने को उत्तम व्यञ्जन मिलेंगे, उसकी प्रशंसा भी न की जाये। यह भी कोई अपराध है क्या?''

भारती क्रुद्ध होने के कारण बिना कुछ बोले बरामदे में चली गयी। थोड़ी देर में शशी उसे मनाकर वापस ले आया। भारती ने एक थाली में सभी व्यञ्जनों को सुरुचिपूर्वक सजाकर थाली डॉक्टर के आगे सरकाते हुए आक्रोश-भरे स्वर में कहा, ''अब हंसना बन्द करो और पेट भरकर खाओ। पेट में न समाये, तो पेट पर कपड़े से बांध लेना। तुम्हारी इतनी ऊंची हंसी से, तो मुहल्ले वालों की नींद उचाट हो गयी होगी।''

डॉक्टर ने सांस लेकर सन्तोष प्रकट करते हुए कहा, ''वाह! कैसा बढ़िया भोजन है? मैं तो भोजन के स्वाद और उसकी गन्ध तक को भूल गया था।''

डॉक्टर का कथन भारती के हृदय में चुभ गया। उसे अचानक अपने द्वारा डॉक्टर को परोसे गये सूखे भात और जली हुई सब्ज़ी का स्मरण हो आया।

खाने में जुटे डॉक्टर ने भारती की ओर उन्मुख होकर पूछा, ''कवि के लिए क्यों नहीं परोसा?''

''परोस रही हूं,'' कहती हुई भारती ने सब्ज़ी-भरी एक प्लेट शशी के आगे रख दी और स्वयं डॉक्टर के सामने बैठ गयी और बोली, ''सब खाना पड़ेगा, जूठा छोड़ना एकदम अन्याय होगा।''

''ठीक है, जूठा नहीं छोड़ूंगा, किन्तु क्या तुम नहीं खाओगी?''

''मैं? नहीं, बिल्कुल नहीं। क्या कोई भी स्त्री ये पदार्थ खा सकती है?''

''किन्तु सभी व्यञ्जन अत्यन्त स्वादिष्ट बन पड़े हैं।''

''मैं इससे भी अधिक स्वादिष्ट भोजन बनाकर तुम्हें प्रतिदिन खिला सकती हूं।''

डॉक्टर ने अपना बायां हाथ अपने माथे पर रखते हुए कहा, ''बहिन! अपना-अपना भाग्य है, जिसे यह सब खाना-खिलाना चाहिए, वह इस सबको खाता नहीं और जिसे तुम खिलाना चाहती हो, वह एक-दो दिन में ही पाककला में तुम्हारी कुशलता का देश-भर में डंका पीट देगा। भगवान् की लीला भी विचित्र है। क्यों कवि! क्या ग़लत कह रहा हूं? हा हा हा।''

अब की बार भारती को भी हंसी आ गयी, किन्तु उसने शीघ्र ही अपने को संभाल

लिया। अपने को लज्जित अनुभव करती हुई बोली, "तुम्हारी शरारत पर भी हंसी आ जाती है, किन्तु क्या पेट भरकर इतना सब खाने-पीने के उपरान्त रुपयों की थैली भी ले जाओगे? मैं इसे तुम्हारा अन्याय समझूंगी।"

अपने मुंह में डाले ग्रास को चबाते-निगलते हुए डॉक्टर ने कहा, "क्यों नहीं, अवश्य ले जाऊंगा। आधे रुपये तो पहले ही नवतारा के मकान के खाते में चले गये और बाक़ी आधे क्या अहमद-अब्दुल्ला की गाड़ी-वाड़ी ख़रीदने के लिए छोड़ जाऊंगा? तुम घरफूंक तमाशा देखने-जैसी सलाह दे रही हो।"

भारती बोली, "माना कि हंसी-मज़ाक़ तुम्हारी सहज प्रवृत्ति है, किन्तु सनकियों-जैसा मज़ाक़ करना तुम्हें शोभा नहीं देता?"

डॉक्टर उत्तर देना ही चाहते थे, किन्तु भारती के चेहरे पर दृष्टि डालते ही वे रुक गये। अपनी बात जारी रखती हुई भारती बोली, "क्या तुम्हारे समान सभी नर-नारियों के लिए आपसी प्रेम केवल उपहास का विषय है? तुम तो ताश के खेल में होने वाली हार-जीत पर प्रकट की जाने वाली हलकी-फुलकी प्रसन्नता के समान स्त्री-पुरुष के प्रेम की हार-जीत को भी हलके-फुलके ढंग से लेते हुए हंस रहे हो। क्या तुमने कभी सोचा है कि स्वाधीनता-पराधीनता के अतिरिक्त संसार में व्यथित करने को और भी कुछ हो सकता है? शशी बाबू के चेहरे को ज़रा ग़ौर से देखो, एक ही रात में किस प्रकार मुरझा गया है। तुम तो अपूर्व के चले जाने वाले दिन भी इसी प्रकार हंसे थे।"

"नहीं-नहीं, वह तुम्हारा...।"

भारती डॉक्टर के वक्तव्य को काटती हुई बीच में ही बोल उठी, "इस नहीं-नहीं के क्या अर्थ हैं? तुम सत्य से मुकर क्यों रहे हो? मुझे तो लगता है कि तुम शशी बाबू से स्नेह करते हो और इसीलिए नवतारा से उसका विवाह न होने पर ख़ुश हो रहे हो; क्योंकि तुम जानते थे कि वह सीधा-सादा बेचारा उसके प्रेमपाश में फंसकर बहुत दुखी होता, नवतारा उसके जीवन को नरकमय बना देती। इस प्रकार शशी के भावी जीवन के सुरक्षित हो जाने से तुम प्रसन्नता अनुभव कर रहे हो, किन्तु मेरे विचार में भविष्य के लिए वर्तमान की बलि चढ़ाना कोई बुद्धिमत्तापूर्ण कार्य नहीं। कल किसने देखा? ऐसे अदृष्ट के लिए प्रस्तुत आज को व्यथापूर्ण बना देने में, मुझे तो कोई समझदारी नहीं दिखती, फिर जिसकी नींव ही दुःख पर रखी हो, वह भविष्य भला कैसा सुख देगा? तुमने कभी किसी से प्यार किया ही नहीं, अतः यह विषय तुम्हारी समझ में आ ही नहीं सकता।"

बेचारा शशी अपने को परेशान अनुभव करने लगा। वह कहना चाहता था कि इस सम्बन्ध के परिपक्व न होने में सारा दोष उसका है, ग़लती उसकी है। यह सब उसके पास सांसारिक साधारण व्यावहारिक बुद्धि के न होने का ही परिणाम है, किन्तु कुछ कह न सका।

बेचैन भारती ने शशी को बोलने के लिए उत्साहित करते हुए कहा, "बाबू! इसमें

शर्माने की क्या बात है ? क्या ऐसी ग़लती करने वाले आप संसार के पहले व्यक्ति हैं ? मैंने आपसे भी सौ गुनी बड़ी ग़लती की है और उससे भी हज़ार गुनी बड़ी ग़लती करने के कारण आज चुपचाप इस देश को सदा के लिए विदा कहने को तैयार बैठी महिला से क्या डॉक्टर बाबू अपरिचित हैं ? नवतारा ने आपको धोखा दिया है, यही सत्य है। प्रेम में इस धोखे को अपना विषय बनाने वाले काव्य ही संसार में अमर हुए हैं।''

आश्चर्यचकित डॉक्टर के अपनी ओर देखने की परवाह न करती हुई भारती बोलती गयी, ''आपके अनुसार आप में सांसारिक बुद्धि का अभाव है, किन्तु मुझमें ऐसी कोई कमी नहीं थी। सुमित्रा दीदी के सम्बन्ध में बुद्धि की न्यूनता की सोचना ही सर्वथा अनुचित होगा। उन-जैसी बुद्धिमती महिला दूसरी कोई है ही नहीं, फिर भी उसे क्या मिला ? तुम्हारी बुद्धि से पराजय। चिरकाल से अजेय तथा किसी भी बाधा को अपने सामने न टिकने देने के लिए प्रसिद्ध प्रेम भावना भी तुम्हारे पाषाण हृदय से बार-बार टकराकर अन्तत: खण्डित हो गयी। उसे तुम्हारे हृदय में प्रवेश करने के लिए कोई छिद्र नहीं मिल सका।''

डॉक्टर ने अपने ऊपर लगाये इस आरोप का उत्तर दिये बिना ही भारती के चेहरे पर अपनी दृष्टि गड़ा दी और वह हंस दिये। शशी को सम्बोधित करती हुई भारती बोली, ''मैंने आपके प्रति भारी अपराध किया है और आज उसके लिए आपसे क्षमायाचना करती हूं।''

कुछ समझ न पाने से शशी संकोच में पड़ गया। इधर भारती ने अपनी बात को आगे बढ़ाते हुए कहा, ''मैंने एक दिन भैया से कहा था कि कोई भी स्त्री आपसे प्रेम नहीं कर सकती। वस्तुत: तब तक मैं आपको पहचान नहीं सकी थी और अब पहचानने पर यह कह सकती हूं कि अपूर्व बाबू से प्रेम करने वाली तो आपको पाकर धन्य हो उठती। मैं जानती हूं कि डॉक्टर को छोड़कर आपके अन्य सभी संगी-साथी आपकी उपेक्षा करते आये हैं।''

मुंह नीचा कर हड्डी पर चिपके मांस को अलग करने में व्यस्त डॉक्टर ने भारती के कथन की ओर ध्यान ही नहीं दिया। भारती ने उन्हें सम्बोधित करते हुए कहा, ''भैया! आदमी को पहचानने में तुम कभी ग़लती नहीं करते। एक दिन तुमने दुखी मन से मुझसे कहा था—शशी यदि किसी और से प्रेम करता ? क्या इस प्रकार इतनी बड़ी ग़लती न करने की चेतावनी तुम मुझे नहीं दे सकते थे ? पुरुष के दो आदर्श रूप, तुम दोनों मेरे सामने बैठे हो, किन्तु मुझे तुम दोनों से शिकायत है।''

गोश्त के टुकड़े को चबाते हुए डॉक्टर ने शशी से पूछा, ''फिर अपूर्व ने क्या कहा ?''

भारती बीच में ही बोल पड़ी, ''उसकी बीमार मां के इलाज के लिए रुपयों की आवश्यकता है। लौटकर छिपे-छिपे ग़ुलामी करने का किसी को पता नहीं चल सकेगा, किन्तु फिर भी तलवलकर और ब्रजेन्द्र का डर है। साथ ही चाचा के पुलिसकर्मी होने

के कारण इसका भी कोई प्रबन्ध उसने शायद कर ही लिया होगा! हो सकता है कि उसने हम लोगों को भी अपने शत्रुओं की सूची में डाल दिया हो। कैसा क्षुद्र, अधम, लोभी और छोटे दिल का व्यक्ति है वह! धिक्कार है उसे! छिः!''

मुसकराते हुए डॉक्टर ने धीरे से कहा, ''यही सच्चे प्रेम की पहचान है। यथार्थ प्रेम के बिना कोई किसी का इस प्रकार गुणगान कर ही नहीं सकता।'' फिर शशी को सम्बोधित करते हुए डॉक्टर बोले, ''शशी! अब तुम्हारी बारी है। तुम अपने संगीत की देवी सरस्वती का स्मरण करके नवतारा की गुणगाथा का गान प्रारम्भ करो?''

भारती चिढ़कर बोली, ''यह मेरा घोर अपमान है।''

डॉक्टर बोले, ''मूर्खता का यही परिणाम निकलता है।''

अहंकार, क्रोध और दुःख से भारती का चेहरा लाल हो गया। वह बोली, ''तुम मुझसे ऐसा व्यवहार नहीं कर सकते। तुम सोचते होगे कि शशीबाबू के समान सभी तुम्हारी बातें चुपचाप सुनते रहेंगे, अपना मुंह कभी नहीं खोलेंगे। तुम्हें शायद मालूम नहीं कि तुम्हारी इन टिप्पणियों से किसी के मन पर क्या बीतती है?'' कहती हुई भारती व्यथा के अतिरेक से बोलने में असमर्थता अनुभव करने के कारण धीरे से बोली, ''भैया! अब वे लौट आये हैं, मुझे शीघ्रता से कहीं, किसी और स्थान पर ले चलो। मैंने भी किसी अभागे के लिए अपने पलक-पांवड़े बिछा रखे हैं।'' कहती हुई वह सिर झुकाकर बच्चों के समान फफक-फफककर रोने लगी।

चुपचाप भोजन करते डॉक्टर केवल मुसकरा दिये। उनकी इस उदासीनता से इस बात का पता ही नहीं चल सका कि भारती के रोने-बिलखने तथा आहें भरने का उन पर कोई असर पड़ा है या नहीं। पांच-छह मिनटों के बाद भारती ने उठकर अपने मुंह-हाथ अच्छी प्रकार से धोये और फिर उसी स्थान पर आकर बैठ गयी। उसने डॉक्टर से पूछा, ''कुछ और खाने को दूं?''

डॉक्टर जेब से रूमाल निकाल उसमें छैनामुर्की बांध देने को कहते हुए बोले, ''लोभी ब्राह्मण हूं, कुछ साथ में बांध दोगी, तो एक-दो दिन के लिए और निश्चिन्त हो जाऊंगा।''

डॉक्टर के मैले रूमाल को लौटाकर भारती ने एक उजले तौलिये में अनेक प्रकार की मिठाइयां बांधकर गठरी को रुपयों की थैली के पास डॉक्टर के सामने रखते हुए कहा, ''ये रहीं मिठाइयां और ये रहे रुपये।''

डॉक्टर ने हंसते हुए कहा, ''ये रुपये ब्राह्मण को भोजन खिलाने की दक्षिणा है।''

भारती ने कहा, ''विवाह हुआ नहीं, किन्तु दक्षिणा वसूल कर ली गयी।''

डॉक्टर ठहाका मारकर हंस दिये, किन्तु सहसा हंसी रोककर और गम्भीर होकर बोले, ''भगवान् की कैसी विचित्र लीला है कि हंसना चाहता हूं, तो मेरे मुंह से अट्टहास निकल जाता है। इसी प्रकार ज़ोर-शोर से रोना रोने के लिए तुम बैठी हो, इसलिए मुझे लगता है कि हिसाब बराबर हो गया।''

"क्यों बार-बार परेशान करते हो भैया!" भारती करुण स्वर में बोली।

"मैं तुझे क्यों परेशान करूंगा? मैं तो तुम्हारे प्रति अपनी कृतज्ञता प्रकट कर रहा हूं।"

भारती ने बिना उत्तर दिये अपना मुंह फेर लिया।

प्रारम्भ से मौन धारण किये बैठा शशी अचानक अत्यन्त गम्भीरता के साथ बोला, "यदि आप लोग बुरा न मानें, तो एक बात कहूं। कुछ लोगों का अनुमान है कि किसी दिन भारती के साथ आपका विवाह हो जायेगा।"

क्षण-भर के लिए चौंके डॉक्टर एकदम संभल गये और प्रसन्नता से उछलते हुए बोले, "यह तुम क्या कह रहे हो शशी? तुम्हारे मुंह में घी-शक्कर। क्या कभी मुझ-जैसे अभागे के जीवन में ऐसा स्वर्णिम दिन आयेगा? इसका मैं कभी स्वप्न भी नहीं ले सकता।"

शशी ने कहा, "किन्तु मैंने बहुतों को ऐसा कहते सुना है।"

डॉक्टर ने कहा, "मुझे बहुतों से क्या लेना है? जिससे इस नाते का सीधा सम्बन्ध है, वह इस ओर सोचे, तो बात बनेगी न?"

हंसती हुई भारती बोली, "भैया! अभागे के भाग्य का बदलना, तो उसके अपने हाथ में है। यदि तुम मुझे आज ही अपने साथ विवाह करने का आदेश दो, तो विश्वास रखो कि मैं एक दिन के लिए भी आगे-पीछे करने के लिए नहीं कहूंगी।"

"किन्तु प्राणों की चिन्ता किये बिना लौटे अपूर्व बाबू का फिर क्या होगा?"

"उन्होंने अपनी दुलहिन देश में पहले से ही चुन रखी है। मेरे ब्याह से वे छाती पीट-पीटकर प्राण नहीं दे देंगे। अत: तुम्हें टाल-मटोल के लिए उनकी चिन्ता का बहाना बनाने की कोई आवश्यकता नहीं।"

डॉक्टर बोले, "मुझसे विवाह के लिए तुम्हारे सहमत होने को मैं तुम्हारा बहुत बड़ा साहस मानता हूं और इसके लिए तुम्हारी प्रशंसा करता हूं।"

भारती बोली, "तुम्हारे साथ मैं अपने को सब प्रकार से और पूर्ण रूप से सुरक्षित मानती हूं।"

डॉक्टर ने शशी की ओर उन्मुख होकर कहा, "कवि महाशय! सुन रहे हो न, भविष्य में यदि भारती मुकर जाये, तो इस सत्य के साक्षी रहना।"

भारती बोली, "तुम्हें किसी को गवाह बनाने की कोई आवश्यकता नहीं। मेरे लिए तुम्हारे नाम से बड़ी और कोई शपथ हो ही नहीं सकती। हां, तुम्हें इनकार नहीं होना चाहिए।"

डॉक्टर ने कहा, "ठीक है, समय आने पर देख लूंगा।"

भारती हंसकर बोली, "क्या देख लोगे? भैया! मैं जानती हूं कि मेरी अथवा सुमित्रा दीदी की छोड़ो, यदि देवराज इन्द्र भी उर्वशी, मेनका या रम्भा आदि को बुलाकर उस युग के महर्षि-मुनियों के स्थान पर तुम्हें विचलित करने का दायित्व सौंपते, तो मैं

दावे के साथ कह सकती हूं कि उन्हें असफल होकर अपना मुंह छिपाये फिरना पड़ता। हाड़-मांस के पुतले की बात अलग है, किसी पत्थर के साथ सिर नहीं फोड़ा जा सकता। पराधीनता की आग में जलते-जलते तुमने अपने हृदय को भी भस्म कर दिया लगता है।''

डॉक्टर की मुसकराहट पर अपने नेत्रों से श्रद्धा और स्नेह को छलकाती हुई भारती बोली, ''क्या बिना अटूट विश्वास के मैं तुम्हें आत्मसमर्पण कर पाती ? निस्सन्देह मैं नवतारा नहीं, इसीलिए जीवन में मुझसे एक बड़ी भारी भूल हो गयी है, किन्तु क्या जीवन में इस भूल को सुधारने का अवसर कभी नहीं मिलेगा ? एक दिन के लिए भी जिसे मन में...'' कहती हुई भारती की आंखें छलछला आयीं। फिर आंसू पोंछकर हंसने की चेष्टा करती हुई बोली, ''भैया ! क्या चलने का समय अभी नहीं हुआ ? क्या अभी भाटा आने की प्रतीक्षा करनी होगी ?''

दीवारघड़ी पर नज़र डालकर डॉक्टर ने कहा, ''बहिन ! अभी चलने में देर है।'' अपना दायां हाथ भारती के मस्तक पर रखते हुए डॉक्टर ने कहा, ''इस दुर्दशा में भी अपने को संभाल पाने की तुम्हारी सामर्थ्य पर मुझे आश्चर्य होता है। नवतारा को जाने दो, हमें भारती के अपने साथ होने का गर्व है। शशी ! भारती अनुपम महिला है। इस रत्न की तुलना में संसार की कोई और स्त्री नहीं ठहर सकती। यही कारण है कि हज़ारों सव्यसाची मिलकर भी अपूर्व की उपेक्षा नहीं कर सकते। समझे शशी ! अच्छा, अपनी शराब की बोतल लाना।''

डॉक्टर के कथन पर अपने को लज्जित अनुभव करता हुआ शशी बोला, ''मैंने पीनी छोड़ दी है, इसलिए बोतल ख़रीदी ही नहीं।''

भारती बोली, ''भैया ! तुम शायद भूल गये हो कि नवतारा ने इनसे मदिरा-सेवन न करने की शपथ ली थी।''

भारती के कथन के समर्थन में शशी बोला, ''हां, मैंने नवतारा को शराब न पीने का वचन दिया था। अब मैं इस वचन का निर्वाह करूंगा।''

डॉक्टर ने हंसकर कहा, ''फिर जीवन कैसे चलेगा ? शराब गयी, नवतारा गयी, सब कुछ गंवाकर प्राप्त रुपये भी गये, इन सबको सह पाना आसान नहीं।''

शशी की ओर देखते हुए भारती बोली, ''भैया ! क्यों मज़ाक़ कर रहे हो ? इनके दृढ़निश्चय की प्रशंसा करो। ज़रा सोचो, कितना बड़ा त्याग है इनका ?''

डॉक्टर ने कहा, ''सोचकर ही तो कह रहा हूं। इन रुपयों पर इसने कितनी आशाएं-आकांक्षाएं संजोयीं होंगी ? इस सम्बन्ध में मुझसे अधिक दूसरा कोई नहीं जानता। शशी ने लगभग सभी परिचतों से इस सम्बन्ध में चर्चा की है। इसके बाद आयी नवतारा ही इसके लिए सर्वस्व बन गयी। मदिरा तो इसके सुख-दुःख की चिरसहचरी रही है। कल इसके पास सब कुछ था, इसका जीवन आनन्दमय था, किन्तु आज, एक-एक करके सब दग़ा दे गये। फिर भी शशी को किसी के विरुद्ध कोई गिला-शिकवा नहीं।

यहां तक कि आकाश की ओर मुंह उठाकर उसने यह भी कभी नहीं कहा—हे भगवान! मैंने कभी किसी का बुरा नहीं किया और न ही सोचा, फिर तुमने मुझे मेरे किस अपराध का दण्ड दिया है?''

दीर्घ श्वास छोड़ती हुई भारती बोली, ''इसीलिए तो यह तुम्हारे विशेष स्नेह-पात्र हैं।''

डॉक्टर बोले, ''मैं शशी से केवल स्नेह ही नहीं करता, अपितु उसके प्रति गहरी श्रद्धा भी रखता हूं। इसका हृदय गंगाजल के समान शुद्ध एवं निर्मल है। मेरे चले जाने पर इसकी देखभाल का दायित्व तुम्हें लेना होगा। मैं इसे तुम्हारे सुपुर्द किये जा रहा हूं। यह ऐसा व्यक्ति है, जो स्वयं दुःख-कष्ट सह लेगा, किन्तु कभी किसी दूसरे को दुःख नहीं देगा।''

लज्जा और संकोच से शशी का मुख लाल हो गया। उसके उपरान्त कुछ देर के लिए तीनों चुप हो गये।

डॉक्टर ने पूछा, ''शशी! अब यहां रहकर तुम क्या करोगे? तुम्हारे पास बाजे के सिवा कुछ बचा ही नहीं। क्या अपनी संगीत कला के बल पर पहले की तरह देश-विदेश का भ्रमण करोगे?''

शशी ने हंसते हुए कहा, ''मैंने शराब न पीने की ठान ली है। मुझे अब आप अपने दल में भरती कर लीजिये।''

शशी की बात और उसके कहने के ढंग पर भारती को हंसी आ गयी। डॉक्टर भी हंस दिये और फिर स्नेह-भरे स्वर में बोले, ''तुम्हें किसी दल में भरती होने की कोई आवश्यकता नहीं। तुम मेरी इस बहिन के पास रहकर मेरे लिए उपयोगी सिद्ध हो जाओगे।''

शशी ने सिर हिलाकर अपनी स्वीकृति दी और फिर बोला, ''पहले मैं कविता लिखा करता था, क्या अब भी लिख सकूंगा?''

डॉक्टर ने प्रसन्न भाव से कहा, ''अवश्य लिखना, इससे भी मेरा बड़ा भारी काम सिद्ध होगा।''

''तो फिर मैं लिखना शुरू कर देता हूं। अब, मैं केवल किसानों-मज़दूरों के लिए ही लिखूंगा।''

''किन्तु वे तो पढ़ना-लिखना नहीं जानते,'' डॉक्टर ने कहा।

शशी ने कहा, ''तो क्या हुआ, फिर भी मैं उन्हीं के लिए लिखूंगा।''

डॉक्टर ने कहा, ''तुम्हारा यह लिखना अस्वाभाविक होगा और अस्वाभाविक रचना कभी स्थायित्व प्राप्त नहीं कर सकती। अशिक्षितों के लिए साहित्य रचना करने की अपेक्षा अन्नक्षेत्र खोले जाने की उपयोगिता कहीं अधिक है। दलितों के सुख-दुःख का वर्णन करने से उनका कोई हित नहीं हो जाता। यदि कभी सम्भव हुआ, तो अपने लिए साहित्य-रचना करने की चिन्ता वे स्वयं करेंगे। तुम्हारे कण्ठ से निकला गीत

किसानों का गीत नहीं बन सकता, अत: तुम ऐसा अव्यावहारिक प्रयास कदापि न करना।''

डॉक्टर के मन्तव्य को ठीक से न समझकर शशी ने पूछा, ''तो फिर मुझे क्या करना चाहिए ?''

डॉक्टर ने कहा, ''तुम जिस परिवेश में उत्पन्न हुए हो, पलकर बड़े हुए हो, उस मध्यवर्ग के लोगों के लिए क्रान्ति के गीत लिखना।''

भारती ने हस्तक्षेप करते हुए कहा, ''भैया! क्या तुम भी जाति-पांति में और वर्ग-भेद में विश्वास करते हो ? तुम केवल मध्य आय वर्ग पर ही अपनी दृष्टि क्यों रखते हो ?''

डॉक्टर ने कहा, ''मैंने न वर्णाश्रम की और न ही समाज के लिए कलंक-रूप जाति-भेद की कोई बात की है। मैं इस प्रकार के भेदभाव को मानने के विरुद्ध हूं। शिक्षित और अशिक्षित के अन्तर को स्वीकार करना ही पड़ता है। वास्तव में यही एकमात्र जाति है और यही विधाता की रचना है। तुम भले ही क्रिश्चियन हो, किन्तु मेरे लिए हिन्दू, मुसलिम और ईसाई में कोई भेद नहीं। भेद है, तो केवल शिक्षित और अशिक्षित का। तुम शिक्षित हो, अत: मुझ ब्राह्मण की बहिन हो।''

श्रद्धा से डॉक्टर की ओर देखती हुई भारती बोली, ''क्या शशी बाबू के मुंह से क्रान्ति का गीत अच्छा लगेगा ? तुम्हारी क्रान्ति का गीत, तुम्हारी गुप्त समिति का... ।''

बीच में टोककर डॉक्टर बोले, ''मेरी गुप्त समिति का दायित्व मुझ पर रहने दो। उसका भार संभालने लायक सामर्थ्य...छोड़ो, रहने दो, यह सब मेरे लिए छोड़ दो।'' कहते हुए डॉक्टर ने अपने को संभाल लिया। कुछ रुककर फिर बोले, ''क्रान्ति का अर्थ केवल रक्तपात कदापि नहीं। क्रान्ति का अर्थ है, रूढ़ व्यवस्था में यथाशीघ्र आमूल-चूल परिवर्तन। तुम राजनीतिक क्रान्ति का क्षेत्र मेरे लिए छोड़ दो और केवल सामाजिक क्रान्ति के गीत गाओ, जिससे जीर्ण-शीर्ण सनातन-पुरातन खण्ड-खण्ड होकर ध्वस्त हो जाये। प्राचीनता के प्रति मोह से बड़ा भारत का कोई दूसरा शत्रु नहीं। तुम इस मोह को भंग कर दो। फिर देखो, स्वाधीनता कितनी शीघ्र प्राप्त होती है।'' किसी की आहट सुनकर डॉक्टर ने पूछा, ''कौन है ?''

शशी ने कहा, ''सीढ़ियों से किसी के आने की आहट... ।''

डॉक्टर ने पलक झपकते ही जेब में रखे पिस्तौल को हाथ में लिया और दुबककर अंधेरे में बरामदे में चले गये, किन्तु पल-भर में ही वापस आकर भारती से बोले, ''अरे! यह तो सुमित्रा आ रही है।''

: 28 :

अर्धरात्रि में सुमित्रा के इस प्रकार अप्रत्याशित आगमन से किसी को भी प्रसन्नता नहीं हुई। भारती संकोच के मारे सिकुड़कर डर अनुभव करने लगी। कमरे के भीतर सुमित्रा के प्रविष्ट होने पर डॉक्टर ने सहज भाव से उसका स्वागत करते हुए उसे बैठने को कहा और फिर पूछा, ''क्या तुम अकेली आयी हो?''

सुमित्रा ने 'हां' में उत्तर देने के पश्चात् भारती को सम्बोधित करके पूछा, ''कुशल से हो भारती?''

इस एक मिनट में न जाने, भारती क्या-क्या सोचती रही। उसे पिछले दिन के समान आज भी सुमित्रा द्वारा अपनी उपेक्षा किये जाने का पक्का विश्वास था, किन्तु सुमित्रा द्वारा स्नेहपूर्ण ढंग से अपने कुशल-मंगल पूछने को वह किसी असम्भव को सम्भव हुआ मानने लगी। अकारण कृतज्ञता का अनुभव करती भारती विनम्र स्वर में बोली, ''मैं तो अच्छी हूं दीदी। हां, आप कैसी हैं?'' भारती को आज सुमित्रा के लिए 'तुम' शब्द का प्रयोग करने का साहस नहीं हुआ।

''मैं भी ठीक हूं,'' कहकर सुमित्रा एक ओर बैठ गयी। अनावश्यक अथवा अधिक बोलना उसके स्वभाव में नहीं था। गम्भीरता और मितभाषण को सहज रूप से अपनाने वाली सुमित्रा दूसरों से सदैव एक दूरी बनाये रखने में विश्वास रखती थी। आज भी इस नियम का उल्लंघन नहीं हुआ। भारती समझ गयी कि सुमित्रा की चुप्पी और गम्भीरता के पीछे उसका क्रोध और उदासीनता-जैसा कुछ नहीं, फिर भी वह उससे बातचीत के सिलसिले को आगे न बढ़ा सकी।

डॉक्टर बोले, ''शशी ने बताया है कि तुम विशाल सम्पत्ति की उत्तराधिकारिणी बन गयी हो और इसी सिलसिले में जावा जा रही हो।''

सुमित्रा ने उत्तर दिया, ''हां, मुझे ले जाने के लिए वहां से आदमी आये हैं।''

''कब जा रही हो?''

''शनिवार को, पहले स्टीमर से।''

डॉक्टर ने थोड़ा हंसते हुए कहा, ''अब तुम लक्ष्मी की कृपापात्र बन गयी हो।''

सुमित्रा ने भी उसी प्रकार हंसते हुए कहा, ''सब कुछ मिल जाने पर, तो अवश्य ही धनाढ्य बन जाऊंगी।''

डॉक्टर ने कहा, ''अवश्य मिल जायेगा। मिलेगा क्यों नहीं? किन्तु हां, अटार्नी से सलाह-मशविरा किये बिना कुछ न करना तथा जो भी करना हो, पूरी तरह सावधान होकर तथा सोच-समझकर ही करना।''

सुमित्रा ने कहा, ''वे विश्वस्त व्यक्ति हैं। मैं उन्हें भली प्रकार से जानती हूं।''

''यह और भी अच्छी बात है।'' यह कहने के उपरान्त मुंह फेरते हुए डॉक्टर भारती से कुछ कहने ही वाले थे कि सहसा शशी बीच में बोल पड़ा, ''डॉक्टर! यह भी

एक विचित्र संयोग है कि आपके द्वारा चुनी तीन महिलाओं में एक नवतारा पहले ही चली गयी, दूसरी यह मैडम—स्वयं प्रेज़ीडेण्ट भी जाने को तैयार हैं, अब केवल भारती रह गयी है...''

डॉक्टर ने हंसते हुए कहा, ''कवि! तुम्हें इस दुश्चिन्ता में घुलने की कोई आवश्यकता नहीं। भारती भी यथाशीघ्र महाजनों की राह पकड़ेगी।''

भारती ने उत्तर देना उचित न समझकर केवल कटाक्ष से अपना विरोध जतलाया।

डॉक्टर के मज़ाक़ के भीतर की पीड़ा को भांपते हुए शशी ने कहा, ''डॉक्टर! आपका भी जल्दी चले जाने का कार्यक्रम है। इसका अर्थ यह हुआ कि बर्मा में आपकी 'अधिकार समिति' की गतिविधि पर पूर्ण विराम। अब इधर के कार्यक्रमों को किसको चलाना है?'' यह कहते हुए शशी ने एक गहरा-लम्बा सांस लिया। शशी के इस लम्बे श्वास के वेदनापूर्ण होने पर भी उससे नितान्त अप्रभावित रहे डॉक्टर हंसकर बोले, ''शशी! यह तुम क्या कह रहे हो? सब कुछ जानते-समझते हुए भी तुम्हारी इस टिप्पणी पर मुझे सचमुच आश्चर्य होता है। क्या तुम तीन महिलाओं के चले जाने का अर्थ 'अधिकार समिति' की समाप्ति मानते हो? शराब छोड़कर क्या तुमने अपनी बुद्धि का यही विकास किया है? यदि शराब के नशे में तुम ऐसी बात करते, तो मैं उसे अनसुना भी कर देता, किन्तु पूरे होश में रहते तुम्हारा ऐसा कहना न मेरी समझ में आता है और न ही तुम्हें ऐसा कहना शोभा देता है।''

मज़ाक़-जैसी लगती यह सारी बातचीत वास्तव में गम्भीर रूप धारण कर गयी थी, इस तथ्य को समझते हुए भी भारती ठीक से किसी निष्कर्ष पर न पहुंच सकी। सिर झुकाये चुपचाप बैठी सुमित्रा को कनखियों से देखकर और फिर डॉक्टर के चेहरे पर अपनी दृष्टि को स्थिर कर भारती बोली, ''भैया! क्षमा करना, मैं भी कुछ नहीं समझी। क्या तुम्हें समझने के लिए मुझे भी मदिरा-सेवन की आवश्यकता पड़ेगी? माना कि नवतारा कुछ भी नहीं, यह भी माना कि मेरा भी कोई महत्त्व नहीं, किन्तु स्वयं तुम्हारे द्वारा मनोनीत अध्यक्षा सुमित्रा दीदी के चले जाने पर भी क्या तुम्हारी 'अधिकार समिति' को किसी प्रकार की कोई क्षति नहीं पहुंचेगी? किसी को तुच्छ बताकर उसका तिरस्कार करने के लिए ऐसा कुछ कहने की बात अलग है, अन्यथा तुम्हीं बताओ कि वास्तविकता क्या है?'' यह कहती हुई भारती ने डॉक्टर के चेहरे से अपनी दृष्टि हटाकर सुमित्रा के चेहरे पर डाली। फिर वहां से भी हटाकर वह शून्य में देखने लगी। किसी को किसी से आंख मिलाने का साहस न हुआ। पाषाण-प्रतिमा की भांति जड़ बनी बैठी सुमित्रा सिर ऊपर न उठा सकी।

अब तक मौन बैठे डॉक्टर ने धीरे से कहा, ''न मैंने क्रोधावेश में कुछ कहा है और न ही सुमित्रा का अपमान अथव अवमूल्यन करना मेरा उद्देश्य रहा है। मेरे विचार में तुम्हारी अपेक्षा सुमित्रा इस तथ्य से भली प्रकार परिचित है। समिति के कार्यों में व्यक्ति के निजी हिताहित का कोई विचार नहीं किया जाता। अपने प्राणों को सदैव हथेली पर

लिये रहने वालों के महत्त्व को मापने का कोई आधार भी नहीं है। इसके अतिरिक्त व्यक्तियों का आना-जाना, तो अनिवार्य एवं निश्चित है। कोई व्यक्ति कितना ही बड़ा क्यों न हो, एक-न-एक दिन अवश्य जायेगा। उसके अभाव को संस्था का सर्वनाश कदापि नहीं माना जा सकता। जल के स्रोत के समान एक व्यक्ति द्वारा रिक्त किये गये स्थान को दूसरा अनायास ही ग्रहण कर लेता है। वस्तुतः यही हमारे चिन्तन की सर्वप्रथम और सर्वप्रधान शैली है। यही शिक्षा है और यही सिद्धान्त है।''

भारती ने कहा, ''किन्तु वास्तव में संसार में ऐसा होता नहीं। उदाहरण के रूप में तुम अपने को ही ले लो। क्या कोई दूसरा व्यक्ति तुम्हारे अभाव की पूर्ति कर सकता है? यदि तुम ऐसा कहोगे, तो मैं कभी मान नहीं सकती।''

डॉक्टर ने कहा, ''भारती! तुम्हारे सोचने का ढंग कुछ अलग है। इस तथ्य का पता लगते ही मैंने तुम्हें अपने दल में शामिल न करने का दृढ़ निश्चय कर लिया। मैंने बार-बार सोचा और सदैव इसी निष्कर्ष पर पहुंचा कि तुम्हारा कार्यक्षेत्र दल के बाहर है।''

भारती ने कहा, ''मुझे सदैव ऐसे लगा कि तुम मुझे अयोग्य समझकर ही दूर हटा रहे हो। यदि तुम समझते हो कि मेरे लिए संसार में करने योग्य कोई दूसरा कार्य है, तो कृपया बताइये, मैं उसे करने के लिए तैयार हूं, किन्तु मेरे प्रश्न का उत्तर मुझे नहीं मिला। बात साधारण है, किन्तु क्या जल के स्रोत के समान तुम्हारे अभाव की पूर्ति भी सम्भव है? तुम्हारा उत्तर 'हां' में है और मेरा उत्तर 'नहीं' में है। मेरा मानना यह है कि व्यक्ति केवल जलस्रोत नहीं है, फिर तुम्हारे सम्बन्ध में इस उदाहरण को किसी प्रकार लागू नहीं किया जा सकता।''

कुछ देर तक चुप रहने के पश्चात् भारती फिर बोली, ''मैं केवल तुम्हारी महत्ता जानने के लिए तुम्हें परेशान नहीं कर रही, किन्तु इतना अवश्य कहना चाहूंगी कि तुम मुझे झूठ-मूठ क्यों बहकाना चाहते हो?''

डॉक्टर एकदम कुछ बोल नहीं सके और भारती ने इसके लिए प्रतीक्षा किये बिना ही बोलना जारी रखा। वह बोली, ''इस देश में अब तुम रह नहीं सकते, अतः बाहर जाने को तैयार बैठे हो और तुम्हारे वापस आने की अनिश्चितता से होने वाली असीम पीड़ा का वर्णन नहीं किया जा सकता, फिर भी सत्य का सामना करना पड़ेगा। इससे भी बढ़कर मेरा दुःख यह है कि मैं तुम्हें पाकर भी नहीं पा सकी। आज मुझे पिछले दिनों तुमसे पूछे कितने प्रश्नों की याद आ रही है, जिनके तुमने सदैव कभी झूठे, तो कभी झूठे-सच्चे उत्तर दिये हैं, किन्तु विशुद्ध सत्य कभी प्रकट नहीं होने दिया। तुम्हारी 'अधिकार समिति' की सेक्रेटरी होने पर भी मैंने इस समिति की कार्यशैली पर अपनी श्रद्धा न होने के रहस्य को कभी नहीं छिपाया। तुम भी न कभी रुष्ट हुए और न ही मुझ पर कभी अविश्वास किया। सदैव हंसकर टालते रहे। अपूर्व बाबू को जीवनदान देने के उपकार को मैं भूली नहीं हूं। मुझे लगता है कि केवल तुम ही मेरे छोटे-से जीवन को कल्याण

का मार्ग दिखा सकते हो। मैं आपसे विनती करती हूं कि अब जाते समय, तो बनावट के परदे को हटाकर अपने वास्तविक रूप से हमारा परिचय कराते जाओ।''

भारती की इस अनोखी अनुनय-विनय को न समझ पाने से दोनों—सुमित्रा और शशी—आश्चर्य से एक-दूसरे के चेहरे देखते रह गये। उन दोनों की उत्सुकता को देखकर भारती अपनी व्याकुलता के लिए अपने को लज्जित अनुभव करने लगी। डॉक्टर ने भारती को लज्जित होता देखकर हंसते हुए कहा, ''सभी सत्य या असत्य या फिर सत्य-असत्य को मिलाकर कहते हैं, फिर तुम मुझे अपवाद क्यों मानती हो ? यदि इसके लिए लज्जित होने वाली कोई बात है, तो मुझे लज्जित होना चाहिए। तुम व्यर्थ में क्यों परेशान और लज्जित हो रही हो ?''

भारती सिर झुकाये चुपचाप बैठी रही। सुमित्रा ने हस्तक्षेप करते हुए कहा, ''डॉक्टर ! यदि तुम्हारे पास लज्जा हो ही नहीं, तो क्या किया जाये ? स्त्रियों को किसी के मुंह पर सच्ची बात कहते हुए भी लज्जा आती है, इसीलिए अनेक लोग कुछ कह ही नहीं पाते।''

सुमित्रा ने किसके लिए और क्योंकर यह बात कही, यह रहस्य, रहस्य नहीं रहा, परन्तु डॉक्टर के प्रति श्रद्धा और सम्मान का भाव रखने के कारण कोई कुछ नहीं बोला। दो-तीन मिनट के सन्नाटे को तोड़ते हुए डॉक्टर ने भारती की ओर उन्मुख होकर कहा, ''भारती ! सुमित्रा का आरोप है कि मैं निर्लज्ज हूं और तुम्हारा आरोप है कि मैं सच-झूठ को मिलाकर लोगों को टरकाता हूं, वास्तविक तथ्य छिपाता हूं। आज भी मैं अपने वाक्-कौशल से इस प्रसंग को दूसरा मोड़ दे सकता था, किन्तु मैं परिणाम में होने वाली भलाई-बुराई में विश्वास रखता हूं। यदि असत्य-भाषण का परिणाम शुभ निकलता है, तो मैं उसे बुरा नहीं मानता। यही मेरी नीति है, यही मेरा सिद्धान्त है और यही मेरा वास्तविक रूप है।''

डॉक्टर के स्पष्टीकरण से स्तब्ध हुई भारती बोली, ''क्या कहते हो भैया ! क्या यही तुम्हारी रीति-नीति है और यही तुम्हारा असली चेहरा है ?''

सुमित्रा बोली, ''सचमुच यही इनका असली चेहरा-मोहरा है, जिसमें दया, ममता और धर्म तथा आचार आदि के लिए कोई स्थान नहीं। इस पाषाण-मूर्ति को मैं भली प्रकार पहचानती हूं भारती।''

सुमित्रा के कथन पर भारती अविश्वास न कर सकी, किन्तु उसके आश्चर्य का भी कोई ठिकाना नहीं था।

डॉक्टर ने कहा, ''तुम लोग सत्य के साथ अन्तिम, चरम तथा परम-जैसे शब्दों को जोड़कर निरर्थक अपने को परेशान करते हो और इन निरर्थक एवं निष्फल शब्दों को अत्यधिक मूल्यवान् मानकर अनावश्यक महत्त्व देते हो। वास्तव में मूर्खों को बहकाने के लिए ये शब्द जादू-टोने-जैसा प्रभाव रखते हैं। इसके अतिरिक्त तुम लोग शायद यह भी सोचते हो कि सत्य बना-बनाया होता है, जबकि झूठ को बनाना पड़ता है, किन्तु यह सब भ्रम और कल्पना है। सत्य भी न शाश्वत है, न सनातन और न ही अपौरुषेय।

वास्तविकता यह है कि मानव-जाति असत्य के समान सत्य को भी दिन-रात गढ़ती रहती है। सत्य भी असत्य के समान जन्मता-मरता रहता है। मैं झूठ नहीं कह रहा—मैं प्रयोजन से सत्य की सृष्टि करता रहता हूं। इसे मज़ाक़ मत समझना, यह सव्यसाची के हृदय से निकला सत्य है।''

इसे सुनकर भारती के हृदय की धड़कन रुक गयी। उसने अस्फुट स्वर में पूछा, ''भैया! क्या सचमुच तुम्हारी 'अधिकार समिति' की यही रीति-नीति है?''

उत्तर में डॉक्टर ने कहा, ''भारती! 'अधिकार समिति' तर्कशास्त्र का प्रचार तन्त्र नहीं। यह मेरे सिद्धान्त के प्रचार का साधन है। कौन जानता है कि किसने किस परिस्थिति में और किस प्रयोजन से किस नीतिवाक्य को गढ़ दिया। 'अधिकार समिति' के लिए वे वाक्य भले मान्य हो जायें, परन्तु इस कारण से जिन्हें फांसी के फन्दे पर झूलना पड़ता है, उनके कथनों को तुम लोग कोई महत्त्व नहीं दोगे? उनके सिद्धान्त वाक्यों को तुम लोग झूठ करार दोगे? मुझे तुम्हारे परम सत्य की कोई जानकारी नहीं, किन्तु जिसे तुम परम सत्य कहते हो, मैं उसे ही परम असत्य मानता हूं।''

उत्तेजना के कारण सुमित्रा चञ्चल हो उठी, किन्तु डॉक्टर के कथन से विक्षिप्त हुई भारती की तो सिट्टी-पिट्टी ही गुम हो गयी।

डॉक्टर ने पुकारा, ''कवि!''

''जी श्रीमन्!''

''शशी की भक्ति को देखा?'' कहते हुए डॉक्टर हंस दिये, किन्तु दूसरा कोई उस हंसी में योग नहीं दे सका। दीवारघड़ी की ओर देखकर डॉक्टर बोले, ''ज्वार-समाप्ति में अब अधिक समय नहीं है और मेरे जाने का समय भी हो गया है। अब मेरा तुम्हारे शशीतारा लॉज में फिर से आना नहीं हो सकेगा। वैसे तो अब यह 'शशीतारा' नाम ही व्यर्थ है; क्योंकि तारा, तो तुम्हें छोड़ गयी है।''

शशी बोला, ''मैं भी कल ही इस घर को छोड़ दूंगा।''

''फिर कहां जाओगे?''

''आपने भारती के पास रहने का आदेश दिया है।''

हंसते हुए डॉक्टर ने भारती से कहा, ''देखा, शशी कैसा आज्ञाकारी है? शशी! फिर उस मकान का नाम 'शशी-भारती-लाज' रखोगे? हो सकता है कि अब की बार सफलता मिल जाये। भारती बहुत भली लड़की है और इसमें दया-ममता भी ख़ूब है।''

दुखी होने पर भी भारती अपनी हंसी को रोक न सकी। सुमित्रा मुसकरायी अवश्य, किन्तु उसने फिर तत्काल सिर झुका लिया।

डॉक्टर ने कहा, ''तुम्हारे रुपयों की इस थैली को मैं भारती के पास छोड़ दूंगा, ताकि वह भी इन रुपयों से एक मकान ख़रीद सके।''

भारती बोली, ''कटे पर नमक छिड़के बिना क्या तुम्हें चैन नहीं पड़ेगा?''

शशी ने कहा, ''नहीं, ये रुपये आपको रखने हैं डॉक्टर। मेरे देश के घर-द्वार को

बेचकर प्राप्त धन देश के काम में आ जाये, यही मेरी कामना है।''

हंसते हुए डॉक्टर के नेत्रों से अश्रु बह निकले। बोले, ''शशी! निश्चिन्त रहो, रुपये मेरे पास हैं, किन्तु अब लगता है कि मुझे रुपयों की कमी नहीं रहेगी।'' यह कहते हुए वे सुमित्रा की ओर देखने लगे।

कृतज्ञता से सुमित्रा की आंखें छलछला उठीं। यद्यपि उसने अपना मुंह नहीं खोला, तथापि उसके अंग-अंग से स्वीकृति फूट रही थी। मानो वह कह रही थी, ''मेरा सर्वस्व तुम्हारा ही है, किन्तु तुम उसे कहां छू सकोगे?''

सुमित्रा से दृष्टि हटाकर डॉक्टर ने शशी की ओर उन्मुख होकर कहा, ''कवि!''

''कहिए,'' शशी बोला।

''ब्राह्मण भोजन, तो पेशगी में होगा, अतः इस ओर से तुम निश्चिन्त रहना। जब शुभ मुहूर्त सचमुच आ जायेगा, तब भगवान् तुम्हारी इच्छा पूरी कर देंगे। तब मुझे फिर से आने का अवकाश नहीं मिलेगा, किन्तु तुम्हारे जीवन में वह दिन अवश्य आयेगा। मेरे कथन पर विश्वास रखना। बढ़िया और स्वादिष्ट भोजन से तृप्त, मैं तुम्हें सुखी जीवन का आशीर्वाद देता हूं। मैं तुम्हारे सुखी जीवन की मंगल-कामना करता हूं। हां, यह मत भूलना कि तुम राजनेताओं से बहुत ऊपर हो, उनसे कहीं अधिक महान् हो।''

शशी ने व्यथापूर्ण स्वर में कहा, ''जिस राजनीति में आप हैं, उसमें मेरा आना जब अवाञ्छनीय है, तो फिर मैं कैसे महान् हो सकता हूं?''

डॉक्टर ने कहा, ''तुम्हारी महानता असन्दिग्ध है। तुम्हारा परिचय ही मानवता का सच्चा परिचय है। तुम्हारे साथ किसी की तुलना हो ही नहीं सकती। एक-न-एक दिन देश स्वाधीन हो जायेगा। उस दिन के बाद देश के दुःख-दारिद्र्य की बातें बीते युग के इतिहास की सामग्री बन जायेंगी, किन्तु तुम्हारी कला का मूल्य कोई नहीं आंक सकता। तुम देश को एक सूत्र में पिरोने वाले राष्ट्रनिर्माता हो।''

सुमित्रा ने कहा, ''पता नहीं, ये देश के निर्माण में कब प्रवृत्त होंगे, किन्तु इनकी महिमा को बढ़ाकर तुम भारती के लिए अवश्य कठिनाई उत्पन्न कर रहे हो। उस बेचारी के लिए इन्हें संभालना एक समस्या बन जायेगी।''

यह सुनते ही सबकी हंसी छूट गयी। डॉक्टर ने कहा, ''शशी हमारा राष्ट्रकवि होगा। उसका सम्बन्ध जाति-विशेष—हिन्दू, मुसलमान और ईसाई—से न होकर समूचे देश से होगा। हज़ारों नद-नदियों वाले भारत देश, सुजला-सुफला-शस्यश्यामला भारत भूमि एवं हरे-भरे खेतों वाली मातृभूमि से शशी जुड़ेगा। फिर उस देश में दुःख, दरिद्रता, भूख, अकाल के साथ विदेशी शासन के अपमान, वर्णभेद और मनुष्य को हीन समझने की प्रवृत्ति का नितान्त अभाव हो जायेगा। मैं सोचता हूं कि शशी मेरी कल्पना के ऐसे देश का चारण कवि बनेगा। क्यों कवि, करोगे मेरे स्वप्न को सत्य? दे सकोगे उसे यथार्थ का रूप मेरे भाई?''

डॉक्टर के कथन से भारती का अंग-अंग रोमाञ्चित हो उठा और इधर डॉक्टर से

अपने लिए भाई सम्बोधन का प्रयोग सुनकर शशी भावुक हो उठा और बोला, "डॉक्टर! प्रयत्न करने पर शायद मैं अंगरेजी में भी काव्यरचना कर सकता हूं।"

डॉक्टर ने तत्काल निषेध किया, "अंगरेजी में नहीं। लिखना है, तो भारत की अपनी भाषा—मातृभाषा—में लिखो। शशी! मैं संसार की अनेक भाषाओं की जानकारी रखता हूं, किन्तु निष्पक्ष रूप से और दृढ़ स्वर में यह कहता हूं कि भारत की भाषाओं-जैसा माधुर्य और सौष्ठव विश्व की किसी भाषा में मुझे देखने को नहीं मिला। भारती! मैं प्रायः यह सोचता रहता हूं कि हमारी अमृततुल्य मधुर-मोहक भाषाओं का वरदान हमें कहां से मिला?"

आंखों से अश्रु छलकाती हुई भारती बोली, "मैं प्रायः सोचा करती हूं कि अपने देश से इस प्रकार अनन्य एवं गहन प्रेम करना तुम्हें किसने सिखाया? मुझे तो तुम्हारे देशप्रेम की कहीं सीमा ही नहीं दिखती।"

इसी भावना को अपनी वाणी देता हुआ शशी उत्साहित होकर बोला, "अतीत का गौरव-गान करना ही मेरे काव्य का विषय होगा और प्रेम तथा सद्भाव का प्रसार उसका उद्देश्य होगा। अब से मेरे जीवन का लक्ष्य देशवासियों को देश से अधिकाधिक प्रेम करने के लिए प्रेरित-प्रोत्साहित करना होगा।"

डॉक्टर ने कुछ देर तक शशी की ओर तथा फिर सुमित्रा की ओर देखा, तो दोनों हंसने लगे, किन्तु इस हंसी के मर्म को न समझ पाने के कारण अन्य दो लोग झेंप गये। डॉक्टर ने कहा, "फिर पहले की तरह तुम्हारी चाह क्या होगी? शशी! जिस प्रेम की ओर तुम्हारा संकेत था, मैं नहीं समझता कि भारतीयों ने कभी अपने देश से ऐसा प्रेम किया है। यदि इस प्रकार के प्रेम का कुछ अंश भी भारतीयों में होता, तो वे विदेशियों के षड्यन्त्र में सम्मिलित होकर अपने तेंतीस करोड़ भाई-बहिनों की प्रसन्नता और स्वतन्त्रता को छीनकर विदेशी सत्ता का दास न बना देते। इन लोगों के लिए 'जननी जन्मभूमिः' केवल कहने-सुनने की बात है। यदि ऐसा न होता, तो क्या मानसिंह मुस्लिम शासक अकबर को प्रसन्न करने के लिए महाराणा प्रताप को पशु के समान बांधकर ले आता? क्या यह भी मालूम है कि मुस्लिम शासकों को रसद पहुंचाने का और गुप्त मार्ग दिखाने का निन्दनीय कार्य किसने किया था, बंगालियों ने। लूटमार करने के लिए मराठा सैनिकों के आने पर हम लोग क्या करते थे, खाने-पीने का जुगाड़ कर अज्ञात स्थानों में छिप जाते। मुस्लिम आक्रमणकारी हमारे मन्दिरों को तोड़ते और देवी-देवताओं की मूर्तियों का अंग-भंग करने के रूप में हमारे सामने ही हमारा अपमान करते, किन्तु हम या तो छिप जाते और या उन दुष्टों की चाटुकारिता करते। हम लोगों ने तो धर्म की रक्षा के लिए भी प्राणों का उत्सर्ग करना नहीं सीखा। इन भारतीयों को अपना समझने की भूल न करना कवि! इनमें ऐसा कुछ भी नहीं, जिसके लिए इन पर गर्व किया जा सके। ये काग़ज़ी शेर हैं। हमें इनकी उपेक्षा करनी होगी। इनका तथाकथित धर्म और तथाकथित अनुशासन वास्तव में ढोंग, छल, कपट और दिखावे के अतिरिक्त और कुछ भी नहीं।

ये निहायत गन्दे, कायर, कामचोर, स्वार्थी और आलसी हैं। संक्षेप में इनका जो कुछ भी है, उपेक्षा के योग्य है। बस, इसी को अपने क्रान्ति-गीत का विषय बनाना और इसी पर अपने देशप्रेम की मज़बूत नींव रखना।

विमोहित हुआ शशी सब कुछ सुनता रहा, किन्तु वह समझ कुछ न सका।

डॉक्टर ने कहना जारी रखा, ''इन स्वार्थी कायरों के कारण विश्व में भारत का सम्मान घटा है और समय-समय पर देश को अनेक संकटों और दुःखों का सामना करना पड़ा है। आश्चर्य तो इस बात का है कि धर्म के जिन सिद्धान्तों पर हमारे ऋषि-मुनि स्वयं आस्था नहीं रखते थे, उसी धर्म से जुड़े एकदम तर्कहीन एवं युक्ति-विरुद्ध सिद्धान्तों को गढ़कर और उन्हें मानने के लिए देवी-देवताओं की शपथ देकर, वे हमें इस प्रकार बाध्य कर गये हैं कि धर्म के नाम पर निर्मित रूढ़ियों के खोखलेपन को जानते हुए भी तथा इस बन्धन से मुक्त होने की उत्कट इच्छा रखते हुए भी हम उससे मुक्त नहीं हो रहे। हमारे पूर्वज जिस विधि-निषेध के बन्धन में हमें बांध गये हैं, उनकी अधीनता ही हमारे सब दुःखों का मूल कारण है।''

आश्चर्यचकित शशी बोला, ''यह आप क्या कह रहे हैं?''

भारती, तो एकदम विचलित और असहनशील हो उठी। वह बोली, ''ठीक है, मैं क्रिश्चियन हूं, फिर भी मैं ऋषि-मुनियों को अपना पूर्वज मानती हूं और उनका आदर करती हूं। वे धर्म के मामले में ढोंगी थे, उनकी कथनी और करनी में अन्तर था, यह किसी के गले के नीचे नहीं उतरेगा।''

अब तक चुपचाप बैठी सुमित्रा भारती की ओर उन्मुख होकर बोली, ''यदि किसी पर झूठा आरोप लगाना अन्याय है, तो अश्रद्धेय पर श्रद्धा रखना भी अन्याय है। भले ही वह अपना कोई पूर्वपुरुष ही क्यों न हो? जड़ पकड़े गन्दे संस्कारों को तो छोड़ना ही पड़ेगा।''

भारती ने उत्तर नहीं दिया। डॉक्टर ने शशी से कहना जारी रखा, ''पुरानी होने से किसी प्रथा अथवा रूढ़ि का सही होना आवश्यक नहीं। प्राचीनता सत्यता की कसौटी कदापि नहीं। क्रान्तिकारियों को प्राचीनता से किसी प्रकार का मोह रखना ही नहीं चाहिए। हमें एकदम बेकार हुए पुरातन को ध्वस्त करके नवनिर्माण के मार्ग को प्रशस्त करना है। यदि हम जीर्ण और मृत रूढ़ियों हमें जकड़े रहे, तो हमारा आगे बढ़ने का मार्ग एकदम रुक जायेगा।''

भारती बोली, ''मैं कोरे विवाद के लिए विवाद नहीं कर रही हूं, मैं अपनी जिज्ञासा की निवृत्ति के लिए तथा तुमसे मार्ग-दर्शन पाने की इच्छा से पूछ रही हूं। क्या कोई विचार-परम्परा अथवा रीति-नीति केवल प्राचीन होने के कारण निष्फल और त्याज्य मान ली जानी चाहिए? ऐसा होने पर, तो मनुष्य किसी भी सनातन सिद्धान्त के उपयोगी सिद्ध न होने पर किसी भी सिद्धान्त को अपना ही नहीं सकेगा।''

डॉक्टर ने कहा, ''भारती! अनन्तकाल तक एक समान उपयोगी बने रहने वाला

कोई सिद्धान्त इस विश्व में है ही नहीं ? संसार में सब कुछ समय-सापेक्ष है। आज जो उपयोगी है, कल वह अनुपयोगी हो जायेगा। अब उस अनुपयोगी को प्राचीन होने के कारण ढोते फिरना बुद्धिमत्ता का काम नहीं। कौन कह सकता है कि हज़ारों वर्ष पूर्व हमारे पूर्वजों द्वारा चलायी सैकड़ों प्रथाएं और परम्पराएं आज भी अपने महत्त्व को अक्षुण्ण बनाये हुए हैं। काश! ऐसा होता, परन्तु ऐसा होता नहीं। समय सभी पदार्थों के सार को सोख लेता है। फिर प्राचीनता का आधार क्या वर्षों की संख्या है अथवा कुछ और ? तुम भी संस्कारों के कारण प्राचीनता के मोह से बंधी हो, अन्यथा खुले दिमाग़ से सोचने पर तुम मेरे स्वर में स्वर मिलाकर जीर्ण और जड़ प्राचीन को ध्वस्त कर नये युग की प्रतिष्ठा के लिए आग्रह करतीं।''

भारती ने पूछा, ''जो कुछ तुम कह रहे हो, क्या तुम उसे कार्यरूप में परिणत कर सकते हो ?''

''तुम क्या पूछना चाहती हो ?''

''यही कि पवित्र प्राचीन प्रथाओं को निर्ममता से निर्मूल कर सकते हो ?''

''अरे, यही करना तो हमारा व्रत है। भारती ! प्राचीन और पवित्र को पर्याय समझने की भूल मत करो। सत्तर वर्ष का बूढ़ा सात वर्ष के बालक-जैसा पवित्र नहीं हो सकता। तुम स्वयं अपनी ओर देखो। क्या सदियों से प्रचलित वर्णाश्रम धर्म अपनी पकड़ को बनाये रख सका है ? क्या आज वह मान्यता असत्य नहीं हो गयी ? क्या चारों वर्णों के लोग आश्रम व्यवस्था को अपनाते और महत्त्व देते हैं ? क्या उस युग का बन्धन आज खण्डित नहीं हो गया ? यदि फिर भी कोई आश्रम व्यवस्था का गुणगान करता है, तो वह है, केवल ब्राह्मण; क्योंकि प्राचीन के प्रति जनसाधारण के मोह को बनाये रखकर ही वह अपनी आजीविका चला सकता है। भारती ! तुम ही सोचो, इस दक़ियानूसी विचार-परम्परा से चिपका होने के कारण ही हृदय से तुम्हारा प्रशंसक और तुम्हारा प्रेमी होने पर भी अपूर्व तुम्हें अपना नहीं सका, तुम-जैसे स्त्रीरत्न को न अपना पाने की व्यथा को सहता रहा। ऐसी प्रथा को जीवित रखने का क्या कोई लाभ है ? क्या इस सड़ी-गली रूढ़ि का अन्त होना समाज के हित में नहीं ? यह सारी बुराई केवल हिन्दुओं में नहीं, ईसाई भी इससे मुक्त नहीं हैं। प्राचीनता का भार ढोने के कारण यह मत भी अव्यावहारिक हो गया है। तुम लोगों को भी इस सत्य को देखना होगा और जीवित रहने के लिए अपने चिन्तन को नया रूप देना होगा।''

घबरायी हुई भारती बोली, ''भैया ! यह तुम क्या कह रहे हो ? जिस धर्म से मैं प्रेम करती हूं, जिस पर विश्वास रखती हूं, उसे तुम छोड़ने के लिए कह रहे हो ?''

डॉक्टर बोले, ''मैं क्या करूं ? मुझे तो कहना ही पड़ता है; क्योंकि सभी धर्मों ने ढोंग और पाखण्ड को गले लगा रखा है। सभी धर्म बाबा आदम के ज़माने के संस्कारों से चिपके हुए हैं, इसलिए मैं सभी धर्मों को मानवता का शत्रु मानता हूं।''

भारती का चेहरा पीला पड़ गया और वह गुमसुम हो गयी। थोड़ी देर में बोली,

"भैया! मैं तुमसे असीम प्यार करती हूं और तुम कहीं भी रहो, मेरे पास बने रहोगे। इस बात का तुम्हें विश्वास दिलाती हूं, किन्तु यदि धर्म के सम्बन्ध में तुम्हारे यही विचार हैं, तो आज से तुम्हारा और मेरा रास्ता अलग-अलग है। मैंने कभी यह नहीं सोचा था कि तुम्हारी 'अधिकार समिति' धर्म की इतनी बड़ी शत्रु निकलेगी।"

डॉक्टर को मुसकराता देखकर भारती अपना वक्तव्य जारी रखती हुई बोली, "मेरा यह निश्चित मत है कि तुम प्राचीन को ध्वस्त करके उसकी नींव पर नवीन का निर्माण कदापि नहीं कर सकते। मैं अपने स्नेह, सहानुभूति, करुणा और आस्था के मार्ग को ही सत्य तथा अपने जीवन के लिए उपयोगी समझती हूं और उसी पर टिकी रहना चाहती हूं।"

डॉक्टर बोले, "इसीलिए मैं तुम्हें इस मार्ग पर लाना चाहता था। यह सुमित्रा का उतावलापन था। मैंने तो तुम्हें समझने में एक दिन भी कोई ग़लती नहीं की। मैं तुम्हें तुम्हारे अपने मार्ग पर न चलने को कहने वाला कौन होता हूं? तुम अपने मनपसन्द मार्ग पर चलने के लिए एकदम स्वतन्त्र हो। तुम्हें समाज-सुधार तथा धर्म-विकास-जैसी संस्थाएं बहुत मिल जायेंगी, किन्तु 'अधिकार समिति' जैसी संस्था कहीं नहीं मिलेगी। केवल...।" कहते डॉक्टर उत्तेजित होते-होते संभल गये।

पुनः बोले, "भारती! मैं तुम्हें एक नहीं, कई बार स्पष्ट कह चुका हूं कि मेरा उद्देश्य मनुष्य के कल्याण के लिए प्रयत्नशील होना कदापि नहीं। मैं चाहता हूं, 'देश की स्वाधीनता।' महाराणा प्रताप ने चित्तौड़ को एकदम सुनसान जंगल का रूप दे दिया था। उस समय पूरे राजपूताने में उससे अधिक भयंकर कोई दूसरा नगर नहीं था। इस घटना को बीते शताब्दियां हो गयीं, किन्तु आज तक महाराणा के उस निर्णय की प्रशंसा की जाती है। रहने दो इन सब बातों को। तुम्हारे लिए यह सब बेकार है, किन्तु मेरे लिए, तो देश की स्वतन्त्रता ही एकमात्र सत्य है और उस सत्य के मार्ग में बाधा बनने वाला सब कुछ असत्य है।"

भारती चुप बैठी रही। इससे पूर्व भी कई बार इस प्रकार का वाद-विवाद और तर्क-वितर्क होता रहा है, किन्तु आज-जैसी कटुता पहले कभी नहीं आयी। भारती का मन दुःख से इस प्रकार भारी हो गया, मानो किसी ने उसके सिर पर मन-भर का बाट रख दिया हो।

डॉक्टर ने घड़ी पर नज़र डालने के बाद भारती की ओर देखते हुए पहले-जैसे स्वाभाविक तथा स्नेह और माधुर्य भरे कण्ठ से कहा, "भारती! नदी में फिर ज्वार आने वाला है, उठो, चलें।"

भारती 'चलो' कहती हुई उठ खड़ी हुई।

खाने के सामान वाली पोटली को हाथ में लिये डॉक्टर भी उठ खड़े हुए और सुमित्रा से पूछने लगे, "ब्रजेन्द्र कहां है?"

नीचे सिर झुकाये बैठी सुमित्रा ने कोई उत्तर नहीं दिया।

"क्या तुम्हें भी पहुंचा जाऊं?" डॉक्टर ने सुमित्रा से पूछा।

"नहीं, इसकी कोई आवश्यकता नहीं।" सुमित्रा बोली।

कुछ कहने जा रहे डॉक्टर सहसा रुक गये और बोले, "चलो, ठीक है।" भारती की ओर उन्मुख डॉक्टर उससे बोले, "अब अधिक देर करना उचित नहीं।" यह कहते हुए वे बाहर निकल लिये।

सुमित्रा पूर्ववत् सिर झुकाये और दृष्टि नीचे किये बैठी रही। भारती ने चुपके से उसे नमस्कार किया और फिर डॉक्टर का अनुसरण करती बाहर चली गयी।

: 29 :

सपना देखती हुई-सी भारती नाव में बैठ गयी और सारे मार्ग में चुप्पी साधे रही। रात का तीसरा पहर चल रहा था। आकाश में चमकते असंख्य नक्षत्रों के प्रकाश से पृथ्वी जगमगा रही थी। नाव उस पार घाट पर जा पहुंची।

डॉक्टर हाथ पकड़कर भारती को उतारकर स्वयं उतरने लगे, तो भारती बोल पड़ी, "मुझे पहुंचाने के लिए तुम्हें उतरने की आवश्यकता नहीं। मैं अकेली जा सकती हूं।"

"क्यों, अकेले जाने में डर नहीं लगेगा?"

"लगता है तो लगे, तुम इसकी चिन्ता मत करो।"

डॉक्टर बोले, "समीप ही है, जल्दी से पहुंचाकर लौट आऊंगा।" यह कहते हुए डॉक्टर ने उतरने के लिए सीढ़ी पर पैर रखा ही था कि भारती चीख़कर बोली, "तुम्हारे साथ चलने पर मेरा डर हज़ार गुना बढ़ जाता है। तुम कृपा करके अपने घर जाओ।"

निस्सन्देह डॉक्टर का साथ भारती को ख़तरनाक लगता था। अतः डॉक्टर ने ज़ोर नहीं दिया, किन्तु फिर भी वह भारती के ओझल होने तक उसे देखते रहे।

घर आकर भारती ने ताला खोला और प्रकाश करके, बिस्तर बिछाकर सो गयी। शरीर से थकी, मन से उदास-दुःखी और मिचती जा रही आंखों वाली होने पर भी भारती को नींद नहीं आयी। उसके मन-मस्तिष्क में डॉक्टर द्वारा कही एक ही बात घूमती रही। 'इस परिवर्तनशील संसार में सत्य स्वतःसिद्ध एवं शाश्वत तत्त्व न होकर उत्पन्न होने और मिट जाने वाला ऐसा तत्त्व है, जो प्रत्येक युग में मनुष्य की आवश्यकता के अनुसार अपना रूप बदलता रहता है। अतः अतीत के सत्य को वर्तमानकाल का सत्य मानने की विवशता का कारण केवल भ्रम, अन्धविश्वास तथा दूषित संस्कार हैं, अन्यथा युग की आवश्यकता पर खरा उतरने वाला सत्य ही यथार्थ सत्य है।'

भारती मन में सोचने लगी कि सत्य की इस नयी परिभाषा के परिप्रेक्ष्य में आज के मनुष्य की व आज के भारत की आवश्यकता स्वाधीनता की प्राप्ति है और इसकी प्राप्ति

में सहायक सत्य की सृष्टि करना ही भारतीयों के लिए वास्तविक सत्य है। दूसरे शब्दों में इसका अर्थ है कि इस आवश्यकता की प्राप्ति में सहायक कोई भी पन्थ मिथ्या नहीं, कोई भी साधन बुरा नहीं, कोई भी योजना दोषपूर्ण नहीं। सव्यसाची को यह स्वीकार करने में अणुमात्र भी संकोच नहीं हुआ कि कारख़ानों के व्यसनग्रस्त कुलियों-मज़दूरों के सुधार के उद्यम तथा उनके बच्चों को शिक्षा देने के लिए रात्रि पाठशालाओं के आयोजन का मूल प्रयोजन कुछ और है—पराधीन भारत की मुक्ति के मार्ग को प्रशस्त करना। इन्हीं सव्यसाची महाशय ने एक दिन टिप्पणी करते हुए कहा था—शासकों और शासितों की नैतिक बुद्धि के एक रूप हो जाने से बड़ा देश का कोई दुर्भाग्य हो ही नहीं सकता। उस दिन मैं इसका तात्पर्य नहीं समझ सकी थी, किन्तु आज मुझे सब स्पष्ट हो गया है।

तीन बजे के आस-पास भारती को नींद अवश्य आ गयी, किन्तु नींद में भी वह यही गुनगुनाती रही, 'भैया! निस्सन्देह तुम बहुत बड़े विद्वान् हो, तुम्हारे प्रति मेरी असीम भक्ति है। मैं तुम्हें अतिमानव मानकर सदैव तुमसे स्नेह करती रहूंगी, तुम पर अविचल श्रद्धा रखूंगी, किन्तु तुम्हारे विचारों से मेरा सहमत हो पाना सम्भव नहीं। भगवान् तुम्हें देश की स्वाधीनता-प्राप्ति के तुम्हारे उद्देश्य में सफलता प्रदान करे, किन्तु सफल होने पर अन्याय को न्याय की मूर्ति बनाकर प्रतिष्ठित न करना। तुम्हारी प्रतिभा और विद्वत्ता की कोई सीमा नहीं और तर्क-वितर्क में तुम्हारे सामने किसी का टिक पाना सम्भव नहीं। अपने इस विलक्षण व्यक्तित्त्व के कारण तुम कुछ भी कर सकते हो। विदेशियों के द्वारा देशवासियों को किस प्रकार अपमानित होना पड़ता है, हमें अपनी कितनी आवश्यकताओं का गला घोटना पड़ता है, देश की लड़की होने के कारण मैं यह सब भली प्रकार से समझती हूं, किन्तु देश की स्वाधीनता की आवश्यकता को सर्वोच्च मानकर दुर्बलचित्त सर्व-साधारण के सामने इस आवश्यकता की पूर्ति में सहायक अधर्म को भी धर्म मानने तथा इसके विपरीत संयोगवश बाधक बनने वाले धर्म को अधर्म ठहराने पर तुम भारतीयों के दुःख को दूर कर सकोगे, इसमें मुझे सन्देह है। मैं सत्य-असत्य की परख के लिए तुम्हारे द्वारा निर्धारित कसौटी को सहज रूप से ग्रहण नहीं कर सकती।

दूसरे दिन काफ़ी देर में भारती की नींद खुली। दरवाज़े पर खड़े लड़कों की पुकार सुनकर वह झटपट उठी और जल्दी से मुंह-हाथ धोकर नीचे चली गयी। अपनी-अपनी स्लेटें और पुस्तकें लिये लड़कियां-लड़के दरवाज़ा खुलते ही भीतर चले आये। भारती अभी कपड़े बदलने के लिए ऊपर जाने की सोच ही रही थी कि होटल के मालिक महाराज ने आकर सूचना दी कि अपूर्व बाबू कल से उसकी खोज में भटक रहे हैं।

भारती ने मुड़कर पूछा, "क्या रात को आये थे?"

महाराज बोला, "हां, सवेरे से अब भी बैठे हैं। आपके पास भेज दूं?"

भारती ने रूखेपन से पूछा, "उन्हें मुझसे क्या काम है?"

महाराज बोला, "सो मैं क्या जानूं? उनकी मां बीमार हैं, शायद इस बारे में कुछ

कहने आये हों ?''

भारती तीखे स्वर में बोली, ''उनकी मां की बीमारी से मुझे क्या लेना-देना है ?''

महाराज का चकित होना स्वाभाविक था; क्योंकि वह जानता था कि अपूर्व बाबू न केवल भद्रपुरुष हैं, अपितु भारती के यहां स्वागत-सत्कार मिलने के कारण उनका यहां आना-जाना भी है। उनके समय-असमय आने पर भोजन बनाने का आदेश इसी महाराज को मिलता था। आज भारती के व्यवहार में आये परिवर्तन को वह समझ नहीं सका। बोला, ''मुझे कुछ मालूम नहीं, उन्हें भेज देता हूं, अपने आप आकर बता देंगे।''

भारती ने रोकते हुए कहा, ''नहीं, अभी मुझे बहुत काम है, लड़कियों-लड़कों को पढ़ाना है। उन्हें कहिये, अभी मेरे पास भेंट के लिए समय नहीं।''

महाराज बोला, ''ठीक है, तो क्या दोपहर अथवा शाम को आने के लिए कह दूं?''

''नहीं..., मेरे पास अवकाश नहीं।'' यह कहती और इस प्रसंग को यहीं विराम देती हुई भारती ऊपर चली गयी।

नहाने-धोने और कपड़े बदलने में लगे एक घण्टे के बाद जब वह नीचे आयी, तो कमरा लड़कियों-लड़कों से भरा था। यह विद्या-प्राप्ति में पूरे मुहल्ले में उत्पन्न रुचि और उत्साह का स्पष्ट सूचक था। पहले दोनों समय पाठशाला लगती थी, किन्तु अब शिक्षक के अभाव के कारण रात्रि कक्षाएं बन्द करनी पड़ी थीं। सुमित्रा, डॉक्टर, नवतारा कोई भी, हाथ बटाने को इधर नहीं आता था। अपना घर होने से भारती एक साथ दोनों काम किसी तरह निपटा लेती थी । आज भी पढ़ाने में उसका मन नहीं लग रहा था। बच्चों से पिछला पाठ सुनने और अगला पाठ उन्हें पढ़ाने में मन न लगा पाने के कारण वह इस खानापूर्ति को धोखाधड़ी का नाम देकर अपने को कोस रही थी। किसी तरह दो घण्टे बीते, छात्र-छात्राओं ने घर की राह ली, तो भारती ने चैन की सांस ली, किन्तु अब फ़ुरसत पाते ही उसे अपूर्व की स्मृति हो आयी। उसने सोचा, 'अपूर्व बाबू को बेरंग लौटाना भले ही अशिष्टता लगे, किन्तु उनसे भेंट करना शोभनीय न होगा। किसी बहाने से मुलाक़ात करके वह पहले से बिगड़े सम्बन्ध को और बिगाड़ देना चाहता है। नहीं, तो सोचने की बात यह है कि यदि उसकी मां बीमार है, तो वह यहां बैठा क्यों झख मार रहा है ? मां उसकी है या मेरी ? फिर मां की गम्भीर बीमारी का पता चलने पर पुत्र को उसके पास तत्काल चले जाने के लिए भी क्या किसी से पूछने या सलाह करने की आवश्यकता होती है ? फिर अचानक भारती को याद आया कि अपूर्व रोग से बहुत घबराता है, उसका कोमल चित्त व्यथा से कैसी भी पीड़ा अनुभव क्यों न करता रहे, किन्तु वह रोगी की सेवा करने का साहस नहीं जुटा पाता। उसमें न शक्ति है और न ही उसे कोई अनुभव है। इस भार को उस पर छोड़ने का अर्थ सर्वनाश को निमन्त्रण देना होगा। भारती इस सबके अतिरिक्त अपूर्व की अपनी मां के प्रति भक्ति और अनुरक्ति को भी जानती थी। वह मां के लिए कुछ भी कर सकता था। मां के पास अपूर्व के न जा सकने की विवशता पर

वह करुणा से विगलित हो गयी, किन्तु साथ ही उसकी कायरता पर उसे क्रोध भी आने लगा।

भारती ने मन-ही-मन कहा, 'सेवा नहीं कर सकता, तो क्या उसके पास बैठ भी नहीं सकता? आख़िर मुझसे वह क्या आशा रखता है?'

इस प्रकार के विचारों में डूबी हुई भारती को अचानक यह ख़याल आया कि अपूर्व अपनी मां के रोग के सम्बन्ध में कुछ और जानने के लिए भी तो आ सकता है। इसके अतिरिक्त उसके आने का कुछ और भी प्रयोजन हो सकता है। मैंने इन सब बातों की ओर ध्यान दिये बिना उसे लौटाकर अच्छा नहीं किया। इस विचार के आते ही वह आत्मग्लानि से भर गयी।

भूख न होने के कारण भारती ने भोजन नहीं बनाया। तीसरे पहर एक घोड़ागाड़ी उसके द्वार पर आकर रुकी। उत्सुकतावश भारती ने खिड़की से झांका, तो माल-असबाब के साथ शशी को आया देखकर उसके आश्चर्य का ठिकाना न रहा। भारती ने कल रात मज़ाक़ में कहे डॉक्टर के वचनों को शशी द्वारा सचमुच इस प्रकार गम्भीरता से लेने की कभी कल्पना ही नहीं की थी, किन्तु अब उसे स्पष्ट हो गया कि शशी के लिए कुछ भी करना असम्भव नहीं था। मज़ाक़ वास्तविकता का रूप धारण कर उसके द्वार पर खड़ा था।

शीघ्रता से नीचे उतरकर आयी भारती बोली, "यह क्या किया शशी बाबू?" शशी ने मुसकराकर कहा, "कुछ भी नहीं, मैंने घर छोड़ दिया और ग़ाड़ी पर सामान लदवा कर तुम्हारे यहां चला आया हूं।" यह कहने के साथ ही उसने गाड़ीवान को सामान ऊपर ले जाने का आदेश दिया।

भारती ने अपने क्रोध को नियन्त्रित करते हुए कहा, "बाबू! सामान रखने के लिए यहां स्थान कहां है?"

शशी बोला, "कोई बात नहीं, ऊपर स्थान नहीं, तो सामान नीचे ही रखवा देता हूं।"

भारती बोली, "पाठशाला है, यहां कैसे रखा जा सकता है?"

चिन्तित हुआ शशी बोला, "यह तो समस्या उत्पन्न हो गयी।"

भारती ने उसे तसल्ली देते हुए कहा, "हां, एक रास्ता है। होटल में डॉक्टर की कोठरी खाली पड़ी है। आप वहीं चले जाइये, खाने-पीने की समस्या भी सुलझ जायेगी।"

शशी ने कहा, "कोठरी का किराया देना पड़ेगा?"

हंसती हुई भारती बोली, "इसकी चिन्ता मत करो। डॉक्टर ने छह महीने का पेशगी भुगतान कर रखा है।"

शशी इस व्यवस्था से सन्तुष्ट न होने पर भी इनकार न कर सका। महाराज के होटल की कोठरी में शशी के सामान की व्यवस्था करके भारती जब घर लौटी, तो रात हो चुकी थी। आज वह अपने को बुरी तरह से श्रान्त-क्लान्त अनुभव कर रही थी। शशी-जैसे

दूसरे किसी व्यक्ति द्वारा अपनी शान्ति भंग किये जाने से बचने के लिए अपने घर के नीचे और ऊपर के सभी दरवाज़ों और खिड़कियों को अच्छी तरह बन्द करने से निश्चिन्तता अनुभव करती भारती अपने कमरे में आ बैठी।

अगले दिन सुबह-सवेरे जब उसकी नींद खुली, तो पिछले दिन कुछ न खाने से दुर्बलता के साथ थकावट अनुभव करती हुई भारती बिस्तर से उठने में भी कष्ट अनुभव करने लगी। प्यास के मारे उसका गला सूख गया था। उसने तत्काल इस रहस्य को समझ लिया कि शरीर-रूपी लता को जीवित एवं हरा-भरा रखने के लिए उसे जल-खाद आदि देने की अनिवार्यता को टालना उचित नहीं।

यद्यपि ईसाई होने के कारण भारती को खाने-पीने के सम्बन्ध में विशेष परहेज़ नहीं था, फिर भी वह अपने संस्कारों को एकदम तिलाञ्जिल देकर आधुनिका नहीं बन सकी। उसकी मां द्वारा दूसरे पति के रूप में अपनाया व्यक्ति खान-पान के विषय में एकदम पतित था। भारती को उस शराबी-कबाबी के साथ बैठकर भोजन करना पड़ता था, फिर भी उसने कभी अभक्ष्य-भक्षण नहीं किया। छुआछूत में विश्वास न होने पर भी जहां-कहीं और जिस किसी के हाथ का खाना उसे कभी रुचिकर नहीं रहा। मां की मृत्यु के पश्चात् मितव्ययिता के नाम पर वह स्वयं ही पकाती-खाती आ रही थी। केवल रुग्णावस्था में अथवा अत्यधिक श्रान्त-क्लान्त होने पर अथवा कार्य की अधिकता एवं व्यस्ततावश समय न मिलने पर वह महाराज के होटल से मंगाती अवश्य थी, किन्तु वह केवल सागू, बार्ली अथवा रोटी ही मंगाती थी। प्रतिदिन की भांति बिस्तर से उठकर और हाथ-मुंह धोकर भारती रसोई बनाने के लिए तैयार हुई, किन्तु शरीर में शक्ति न होने के कारण उसने न चाहते हुए भी महाराज के पास रोटी और तरकारी भिजवाने के लिए सन्देश भेज दिया। सोमवार को पाठशाला की छुट्टी रहने के कारण आज उसे इस परिश्रम से मुक्ति मिल गयी थी।

काफ़ी देर में महरी हाथ में थाली उठाकर आयी और विनम्र स्वर में क्षमा-प्रार्थना करती हुई बोली, ''देर हो जाने के लिए खेद है, बहिनजी।''

भारती ने अपने बरतन मेज़ पर रख दिये और महरी ने छूतछात का निर्वाह करते हुए रोटियां थाली में और दाल-तरकारी कटोरियों में डालकर कहा, ''खाना गरम-गरम है, जी भरकर खाइये।''

भारती ने महरी के मुंह पर देखा, किन्तु कहा कुछ भी नहीं। महरी अपना वक्तव्य जारी रखती हुई बोली, ''मुझे उधर से लौटने पर तुम्हारी तबीअत ढीली होने का पता चला। अकेली हूं न, कहां-कहां दौड़ती फिरूं? समझ में नहीं आता। साथ में ऐसा भी कोई नहीं, जो दो रोटी बेल दे। अब कैसी तबीअत है तुम्हारी?''

भारती कोमल कण्ठ से बोली, ''ठीक हूं। तुम जाओ, मैं खा लूंगी।''

महरी बोली, ''जाती हूं। नौकर तो साथ गया नहीं था। मुझ अकेली को सब धोना-मांजना पड़ा। लौटकर बाबू ने बीस रुपये मेरे हाथ में थमाये और रो पड़े। कृतज्ञता प्रकट

करते हुए बोले, 'तुमने तो सगी बेटी से बढ़कर मां की सेवा की है महरी।' उन्हें रोता देखकर मुझे भी रोना आ गया। दु:ख, तो यह है कि परदेश में न जाने, उन्हें कैसे-कैसे कष्ट झेलने पड़े हैं। यहां धीरज बंधाने वाला कोई अपना भी, तो नहीं है। समुद्र का मार्ग, तार देते, तो भी सगे-सम्बन्धी उड़कर नहीं आ सकते थे, सो उन्हें भी दोष नहीं दिया जा सकता।''

यह सब सुनकर भारती चिन्तित और व्यथित, तो बहुत हुई, किन्तु महरी से बिना कुछ पूछे चुपचाप उसके चेहरे पर देखती रही।

महरी अपना कहना जारी रखती हुई बोली, ''महाराज ने मुझे बुलाकर बाबू की मां की स्थिति गम्भीर होने के कारण उनके साथ जाने का मुझसे अनुरोध किया, तो मैं इनकार न कर सकी, चली गयी। एक तो निमोनिया-जैसी नामुराद बीमारी, दूसरे, धर्मशाला की भीड़, तीसरे, कमरों के दरवाजों और खिड़कियों का न होना, ठण्ड से बचने का कोई उपाय नहीं। शाम के पांच बजे बेचारी के प्राण निकले, किन्तु मेस के लोगों को ख़बर भिजवाने, तैयारी करने और अर्थी उठाने में रात के ढाई बज गये। लौटते-लौटते, काफ़ी दिन चढ़ आया था। अकेली मैं ही थी धोने-पोंछने को।''

भारती अब सारा मामला समझ गयी और धीरे से बोली, ''क्या अूपर्व बाबू की मां चल बसी?''

महरी ने सिर हिलाकर 'हां' कहा और आगे बोली, ''लगता है कि उसकी मृत्यु बर्मा में लिखी थी। कहावत है न कि मृत्यु मनुष्य को खींचकर ले आती है। इधर अपूर्व बाबू जहाज़ पर बैठे और उधर बेटों से लड़कर और एक नौकर को साथ लेकर मां बर्मा के लिए जहाज़ पर सवार हुई। जहाज़ में ही रुग्ण हो गयी और जहाज़ से उतरने पर मूर्च्छित अवस्था में धर्मशाला ले जायी गयी। बाबू घर से उलटे पांव वापस हो लिये। यहां आकर देखा, तो पता चला कि मां का अन्तकाल निकट है। महाराज के कहने पर मुझे तरस आ गया और मैं चली गयी। अच्छा बहिनजी! अब रुकने के लिए समय नहीं। अभी सब को जाना है, शाम के समय फ़ुरसत में आऊंगी।'' यह कहती और क़िस्सा सुनाने के अपने लोभ को दबाती हुई महरी चलती बनी।

रोटी की थाली वहीं-की-वहीं पड़ी रह गयी। हृदय के आवेग से भारती की आंखों से आंसू बहने लगे। उसने अपूर्व की मां को न कभी देखा था और न ही उसके विषय में उसे कोई विशेष जानकारी थी। उसे केवल इतना ज्ञात था कि उस देवी को अपने पति और पुत्रों के कारण अपने जीवन में काफ़ी कष्ट झेलने पड़े थे। फिर भी, उसे यह स्मरण था कि उसी बूढ़ी विधवा स्त्री के सम्बन्ध में अनेक बार अकेले में बैठकर उसने न जाने कैसी-कैसी और कितनी उलटी-सीधी कल्पनाएं की थी। उसकी एक कल्पना यह भी थी कि सुख में न सही, दु:ख में एकदम अकेली पड़ी वह बुढ़िया अपनी सेवा करने को प्रस्तुत भारती के केवल उसके ईसाई होने के कारण उसे अस्वीकार कदापि नहीं करेगी। उसकी यह सोच सत्य थी अथवा असत्य, यह जानने की उसकी साध मन-की-मन में

ही रह गयी। उसे आशा थी कि बुढ़िया के दुःख में उसकी सेवा करके वह उसके हृदय को अवश्य जीत लेगी और तब वह अपूर्व से उसके सम्बन्ध को स्वीकार कर लेगी, किन्तु दुःख में भी व्यक्ति जातिभेद को स्मरण रख पाता है अथवा अनावश्यक समझकर उसे भुला देता है, यह जानने का अवसर उसके हाथ से निकल गया है।

अपूर्व का ध्यान आने पर वह सोचने लगी, 'इस समय वह कितना अकेला और एकदम असहाय है, इस तथ्य को मेरे सिवा और कौन अच्छी प्रकार जान सकता है। आज तक उसकी मां का आशीर्वाद उसके जीवन का कवच बनकर उसकी रक्षा करता आ रहा था, किन्तु आज उसका वह सहारा भी छिन गया।' भारती मन-ही-मन सोचने लगी, 'मैं उसे पाने का स्वप्न भले ही देखती रहूं, किन्तु वास्तविकता यह है कि हमारा संयोग नितान्त असम्भव है। फिर भी इतना सत्य है कि विवाह के असम्भव होने के सत्य से परिचित होते हुए भी हम दोनों एक-दूसरे से प्रेम करने के कारण कितने प्रसन्न थे, हम दोनों के जीवन में कितना उल्लास, उत्साह और आनन्द था? आज इस स्वप्न के टूट जाने से एकदम असहाय और अकेला अपूर्व टूट-सा गया है। हो सकता है कि इस परदेश में अपूर्व के पास इस समय कोई काम-धन्धा भी न हो। यह भी सम्भव है कि उसे अपनों ने भी छोड़ दिया हो, मित्रमण्डली भी शायद उसे भीरु, कायर, निर्लज्ज और लोभी आदि न जाने क्या-क्या कहकर उसका अपमान करती हो। इन सब दुःखों से भी अधिक बड़ा दुःख यह है कि आज वह मातृविहीन हो गया है।' भारती ने सोचा कि लज्जावश किसी और के पास जाने में असमर्थ एवं सब ओर से निराश एवं असहाय बना वह मेरे पास आया होगा। यहां आने में भी उसे दस बार सोचना पड़ा होगा। इसके अतिरिक्त बीमार मां को धर्मशाला के लोग़ों की भीड़ और कोलाहल में अकेला छोड़कर आने में उसे और भी कठिनाई आयी होगी। इस स्थिति में मेरी बेरुख़ी से उसे कितना कष्ट हुआ होगा? मां की मृत्यु होने पर उसे अकेले में कैसे धीरज रखना पड़ा होगा? इस सबकी कल्पना करने पर उसके नेत्र फिर छलछला आये। अपने आंसुओं को पोंछकर वह पुनः उसी बात पर लौट आयी कि अपूर्व के साथ उसका परिचय ही उसके दुःखों का प्रारम्भ है, अन्यथा जिस व्यक्ति में अपने दबंग पिता और भाइयों की उच्छृंखलता का विरोध करने तथा अपनी मां का पक्ष लेने का साहस था, उस व्यक्ति ने मेरे प्रति अपना गहरा आकर्षण रखते हुए भी जातिभेद के बन्धन को तोड़ने का साहस क्यों नहीं दिखाया? उस समय उसमें ऐसी दुर्बलता कहां से आ गयी थी? क्या मां के प्रभाव के कारण उसके जीवन पर उसकी धर्म में दृढ़ आस्था है। उसका पूजा-अर्चना करना, गंगास्नान करना, चोटी रखना तथा अन्यान्य अनुष्ठानों का श्रद्धापूर्वक निर्वहण करना और इससे भी बढ़कर अपने इस आचरण पर किये जाने वाले आक्षेपों-उपहासों की परवाह न करना तथा उस पर दृढ़ रहना आदि को उसके अस्थिर चित्त का प्रमाण कदापि नहीं माना जा सकता। जब वह इस क्षेत्र में दृढ़ चरित्र का व्यक्ति है, तो यहां बर्मा आने पर मेरे विषय में वह शिथिलता का प्रदर्शन कैसे करने लगा? उसमें यह दुर्बलता कहां से और कैसे आ गयी? मैंने कितनी

बार डॉक्टर से अपूर्व के चरित्र की विलक्षणता के रहस्य को जानने की सोची है; क्योंकि मेरा विश्वास है कि संसार का ऐसा कोई रहस्य नहीं, जिसकी जानकारी सव्यसाची के पास न हो। किन्तु हाय! लज्जा और संकोच के कारण मैं अपना प्रश्न उनके सामने रख न सकी और यही कारण है कि अब उलझन में पड़ी हूं।

सोचती-विचारती भारती को एक और बात सूझी। अपूर्व के दुष्कर्म के कारण सभी लोगों के उसके विरुद्ध हो जाने पर भी वह सव्यसाची की सहानुभूति से वञ्चित नहीं हुआ। ऐसा क्यों हुआ? शायद सव्यसाची अपनी बहिन के प्रति संवेदना रखने के कारण ही उसके प्रति उदार हो गया, अन्यथा अपूर्व उसकी सहानुभूति पाने योग्य बिल्कुल नहीं था। क्या मैंने सचमुच एक क्षुद्र व्यक्ति को अपना हृदय दे दिया है? क्या सव्यसाची मुझे इस विषय में उस समय सावधान कर नहीं सके थे या करना नहीं चाहते थे?

भारती को इस प्रकार चिन्ता करते-करते दो घण्टे बीत गये और महरी फिर आ पहुंची। अब वह होटल के कामों से निपटकर फ़ुरसत में आयी थी। अपूर्व और भारती के बीच के सम्बन्ध की भनक थोड़ी-बहुत सबको पड़ चुकी थी। महरी से भी यह रहस्य छिपा नहीं था। महरी के आश्चर्य का विषय यह था कि मधुर सम्बन्धों में ऐसी कौन-सी कटुता आ गयी, जो अपूर्व की इस गहरे दुःख की घड़ी में साधारण शिष्टाचार निभाने की भी भारती ने कोई चिन्ता नहीं की थी। भारती के अपूर्व से सम्बन्ध बिगड़ने-जैसी बड़ी बात का पता तक न रख पाने के लिए महरी अपने को कोसने लगी थी। वह किसी बहाने भारती के पास पहुंचकर इस रहस्य की तह तक पहुंचने के लिए बेचैन थी। इसीलिए काम से निपटते ही वह इधर दौड़ी चली आयी थी। भोजन को ज्यों का त्यों रखा देखकर आश्चर्य प्रकट करती हुई महरी बोली, "तुमने तो भोजन को छुआ तक नहीं?"

अपने को लज्जित अनुभव करती भारती उठ खड़ी हुई और बोली, "खाने को मन नहीं हुआ।"

महरी ने अपने कण्ठ में करुणा को घोलते हुए कहा, "वहां भी वही हाल है। विश्वास न हो, तो चलकर अपनी आंखों से देख लो। भरी थाली ज्यों की त्यों रखी है, एक ग्रास तक मुंह में नहीं डाला।"

महरी की संवेदना भारती को अच्छी नहीं लगी, किन्तु शिष्टतावश वह कुछ न कह सकी। ज़बरदस्ती हंसती हुई भारती ने महरी को एक गाड़ी बुला लाने को कहा।

महरी ने पूछा, "क्या वहां जाने की इच्छा है?"

भारती बोली, "हां, एक बार जाकर पता कर लूं कि स्थिति कैसी है?"

महरी बोली, "आज सवेरे आकर वे महाराज से मेरी ख़ूब प्रशंसा करने लगे। मैंने सुनकर कहा, 'अरे भाई! मैंने ऐसा कौन-सा विशेष किया है। आदमी के दुःख-संकट में आदमी काम नहीं आयेगा, तो क्या पशु काम आयेगा?' हाथ में लिये काम को जस

का तस छोड़कर उनके साथ चल दी थी। सोचती हूं कि मैंने अच्छा ही किया, जो... ।''

पिछली बातों के दुहराये जाने से ऊबती हुई भारती बोली, ''ऐसे समय में किये गये उपकार से किसी प्रकार उऋण होना सम्भव नहीं होता, किन्तु अब बातों में समय न गंवाकर जल्दी से गाड़ी मंगवा लो। तब तक मैं घर का काम निपटाती हूं। मैं समय पर जाना उचित समझती हूं।''

गाड़ी लाने को जाती महरी यह कहना न भूली कि घर के काम को निपटाने का भार तुम मुझ पर छोड़ दो, लौटकर मैं सब संवार दूंगी। लौटकर वस्त्र बदल लेने और शरीर पर गंगाजल छिड़कने से शुद्धि हो जायेगी। परदेश में इसी को पर्याप्त समझना चाहिए।

पन्द्रह मिनट में गाड़ी आ गयी और भारती हाथ में कुछ रुपये लेकर और घर को ताला लगाकर गाड़ी में बैठ गयी।

दिन रहते भारती धर्मशाला जा पहुंची। दूसरे तले के उत्तर की ओर एक कोठरी दिखाते हुए दरबान ने बताया कि बंगाली बाबू भीतर हैं। उसने यह भी बताया कि धर्मशाला में तीन दिन रहने का नियम है, किन्तु इन्हें छह दिन हो गये हैं। मैनेजर के नोटिस में आ जाने पर, मेरी नौकरी ख़तरे में पड़ सकती है।

भारती ने दरबान के मनोभाव को भांपकर गांठ खोलकर दो रुपये उसकी हथेली पर रख दिये और फिर उसके द्वारा दिखायी कोठरी की ओर चल दी। कोठरी में जाने पर भारती ने देखा कि चारों तरफ़ पानी भरा है, सारा सामान इधर-उधर बिखरा पड़ा है और अपूर्व एक कम्बल पर औंधा पड़ा है। उसके मुंह पर नया दोशाला पड़ा है, जिससे उसके सो रहे अथवा जाग रहे होने का पता नहीं चलता। भारती ने अपूर्व के साथ नौकर का आना भी सुना था, किन्तु यहां, तो उसे कोई दिखाई नहीं दिया। उसने सोचा, यदि कोई नौकर होता, तो उस अपरिचित को कमरे में आता देखकर रोकता और पूछताछ करता। पांच-छह मिनट प्रतीक्षा करने के पश्चात् भारती ने धीरे से आवाज़ दी, ''अपूर्व बाबू!''

आवाज़ सुनते ही अपूर्व उठकर बैठ गया। भारती को देखकर वह घुटनों में मुंह छिपाकर कुछ देर चुपचाप बैठा रहा और फिर थोड़ी देर में सीधा हो गया। उसके चेहरे पर अभी-अभी मरी मां से बिछुड़ने की अथाह पीड़ा स्पष्ट रूप से अंकित थी, किन्तु फिर भी किसी प्रकार की विह्वलता नहीं थी। वह अपने इस शोक के सामने संसार के किसी भी दूसरे शोक को कुछ न समझने सकता था। भारती का अपने आंचल में रहने वाले जिस अपूर्व से परिचय था, सामने बैठा अपूर्व उससे एकदम अलग था, जिसे देखकर भारती का आश्चर्यचकित होना स्वाभाविक था। वह समझ नहीं पा रही थी कि उससे कैसे बातचीत करे और किस प्रकार उसे सान्त्वना बंधाये। अपूर्व ने स्वयं इस गुत्थी को सुलझा दिया। वह बोला, ''भारती! यहां सब कुछ पानी से भीगा हुआ है, तुम्हारे बैठने के लिए कहीं स्थान नहीं। तुम सामने वाले ट्रंक पर बैठ जाओ।''

बिना कुछ बोले भारती किवाड़ की चौखट को पकड़े पहले की तरह खड़ी थी। बहुत देर तक दोनों चुप रहे, किसी ने दूसरे से कुछ नहीं कहा। इधर तेल लेने के लिए बाज़ार को गया नौकर भीतर घुसते ही भारती को देखकर विस्मित हुआ और लालटेन उठाकर चुपचाप बाहर चला गया।

अपूर्व के द्वारा पुनः बैठने के लिए कहने पर भारती इनकार करती हुई बोली, ''अब दिन छिपने वाला है, बैठने से रात हो जायेगी।''

''क्या अभी चले जाना है? थोड़ी देर बैठो।'' अपूर्व बोला।

भारती धीरे से ट्रंक पर बैठ गयी। कुछ देर चुप रहकर बोली, ''मां के आने का मुझे कुछ पता ही नहीं चला। मैंने उन्हें कभी देखा नहीं, किन्तु उनकी मृत्यु सुनकर मेरे हृदय में परिताप की ज्वाला जल रही है, किन्तु मैं तुमसे कुछ सुनना नहीं चाहती।'' कहती हुई भारती की आंखों से आंसू छलकने लगे।

आंसू पोंछकर भारती बोली, ''लगता है कि मां का समय पूरा हो चुका था। मैंने तुमसे न मिलने का निश्चय किया था, किन्तु तुम्हें अब इस स्थिति में छोड़ भी नहीं सकती। मेरे साथ आयी गाड़ी बाहर खड़ी है। उठो, मेरे साथ चलो।'' यह कहकर वह फिर से रो पड़ी।

शोकाकुल अपूर्व के रो पड़ने की आशंका से भयभीत भारती ने देखा कि उसके आंसू सूख चुके हैं और आंखें रीती हो गयी हैं। वह शान्त स्वर में बोला, ''अशौच का झमेला तुम्हारे यहां नहीं निपटाया जा सकेगा। शनिवार को जहाज़ से मुझे देश भी लौटना है।''

भारती ने कहा, ''शनिवार को अभी चार दिन पड़े हैं। मां की मृत्यु से होने वाले झंझट-झमेले से थोड़ी-बहुत मैं भी परिचित हूं। तुम क्या समझते हो कि धर्मशाला के लोग वह सब सहन कर लेंगे और मैं सहन नहीं कर सकूंगी।''

अपूर्व फिर भी चलने को सहमत नहीं हुआ।

भारती बोली, ''तुम्हारे 'नहीं' कहने से तुम्हें इस अवस्था में छोड़ा जा सकता, तो मैं चलने के लिए तुम्हें कहती ही नहीं।'' कुछ देर चुप रहकर वह फिर बोली, ''अब हम दोनों को शर्माने अथवा दुराव-छिपाव करने की क्या आवश्यकता है? तुम्हें मां का अन्तिम क्रियाकर्म करना है और शनिवार को देश लौटना है, किन्तु देश में जाकर क्या करोगे? इस विषय में भी कुछ सोचा है? फिर भी मैं तुम्हें विश्वास दिलाती हूं कि मैं तुम्हारी इच्छा और कार्यक्रम में किसी प्रकार की कोई बाधा नहीं डालूंगी। वस्तुतः तुम्हें इस दशा में अकेला छोड़ने पर घर लौटकर मुझे अपना जीवन व्यर्थ लगेगा और मुझे डर है कि कहीं मैं आत्महत्या न कर बैठूं। तब तुम्हें मां की मृत्यु के शोक से भी कहीं अधिक मेरी हत्या के शोक से व्याकुल होना पड़ेगा।''

कुछ देर मुंह झुकाये बैठा अपूर्व सहसा उठकर खड़ा हो गया और भारती से बोला, ''ठीक है, नौकर को आवाज़ दो। वह आकर सारा सामान समेटकर बांध ले।''

थोड़ा-सा सामान था, जिसे आधे घण्टे के भीतर ही समेटकर गाड़ी में रख दिया गया।

गाड़ी के चलने पर भारती ने पूछा, "आपके भैया नहीं आये?"

अपूर्व का उत्तर था, "उन्हें छुट्टी नहीं मिली।"

"क्या तुमने यहां की नौकरी छोड़ दी है?"

"हां, एक तरह से यही समझो।"

"क्या मां के क्रियाकर्म से निपटकर घर पर रहने का विचार बनाया है?"

"मां के न रहने पर उस घर में मेरा एक दिन के लिए भी रहना नहीं हो सकेगा।"

यह सुनकर भारती कुछ न बोल पाने के कारण एक लम्बा-गहरा सांस लेकर रह गयी।

: 30 :

घने जंगल के बीचोबीच वीरान पड़े और टूटे-फूटे जिस खंडहर में अपूर्व को दण्डित करने पर विचार के लिए समिति जुटी थी, आज वहीं फिर से 'अधिकार समिति' की बैठक हो रही है। उस दिन सभी सदस्यों के हृदय में दुर्जय क्रोध और निर्मम प्रतिहिंसा की ज्वाला धधक रही थी, किन्तु आज ऐसा कुछ भी नहीं है। एकदम सामान्य स्थिति है और शान्ति का वातावरण है। कोई वादी-प्रतिवादी भी नहीं। किसी के विरुद्ध किसी को कोई शिकवा-शिकायत नहीं, आरोपों-प्रत्यारोपों की झड़ी नहीं। आज सभी सदस्य उदास, खिन्न, निराश और अधमरे-से लग रहे हैं। भारती आंसू बहा रही है, तो सुमित्रा मुंह नीचे लटकाये चुप बैठी है। पकड़ा गया और अस्पताल में ख़ून से लथपथ पड़ा तलवलकर आख़िरी सांसें ले रहा है। अभी तक वह पूरी तरह से सचेत नहीं हो सका है। उसकी स्त्री अपनी नन्ही-सी लड़की को साथ लिये पति की तलाश में दर-दर भटकती रही और अन्ततः बड़ी कठिनाई से दक्षिणी भारत के एक ब्राह्मण ने मां-बेटी को शरण दी। सुमित्रा ने पता लगाकर तलवलकर की पत्नी के मायके वालों को तार से सूचना दे दी है, किन्तु उनका अभी तक कोई वापसी उत्तर नहीं मिला।

भारती ने रुंधे कण्ठ से धीरे से पूछा, "भैया! अब तलवलकरजी का क्या होगा?"

डॉक्टर ने कहा, "यदि अस्पताल से जीवित लौट सका, तो जेल में डाल दिया जायेगा। यही होगा।"

मन-ही-मन डरती-कांपती भारती बोली, "बचने की कोई आशा है?"

डॉक्टर ने कहा, "कुछ कहा नहीं जा सकता। बच जाने पर लम्बी सज़ा का मिलना निश्चित है।"

कुछ देर चुप रहकर भारती ने पूछा, "उसकी छोटी-सी गुड़िया और असहाय पत्नी का क्या होगा?"

सुमित्रा बोली, "हो सकता है कि उनके ससुर देश से आकर अपनी पुत्री और धेवती को वहां ले जायें।"

भारती ने पूछा, "शायद का अर्थ अनिश्चित है। मान लीजिये, "यदि उनके परिवार में कोई न हुआ अथवा न आया, तो... ?"

डॉक्टर ने मुसकराकर कहा, "कोई बड़ी बात नहीं। उस स्थिति में अचानक पति के मर जाने पर उसकी अनाथ सन्तान और विधवा पत्नी का जो हश्र होता है, वही इनका भी होगा।" फिर थोड़ा विराम लेकर वह बोले, "न मैं गृहस्थ हूं और न मेरे पास धन-सम्पत्ति है। विदेशी क़ानून के अनुसार अपनी जन्मभूमि पर भी हमारा कोई अधिकार नहीं। फिर यहां हम जंगली पशुओं के समान जंगलों में छिपते-फिरते हैं। इस दशा में हमें किसी को आश्रय देने का सामर्थ्य ही कहां है भारती?"

भारती ने अत्यन्त व्यथित होकर कहा, "मान लिया कि हम लोगों में यह सामर्थ्य नहीं, किन्तु जिन देशवासियों में यह सामर्थ्य है, क्या वे इस दिशा में कुछ करने के लिए आगे आयेंगे?"

मुसकराते हुए डॉक्टर बोले, "उन्हें क्या पड़ी है यह सब करने की? क्या उन्होंने हमें रक्तपात करने को कहा है? वे तो उलटे हमें अपनी शान्ति में बाधक समझते हैं, हमारी गतिविधियों से अपने नियमित जीवन में ख़लल पड़ने से हमें अपना शत्रु समझते हैं। उनकी दृष्टि में हम आतंकवादी हैं। अंगरेज लोगों के भारतीयों के स्वतन्त्रता के लिए उत्सुक न होने के प्रचार को भले ही हम झूठ और ढोंग का नाम दें और इसके लिए उनकी निन्दा करें, किन्तु यह एक वास्तविकता है कि सदियों से पराधीन रहते आये हमारे देशवासी भी इस व्यवस्था के अभ्यस्त हो चुके हैं। ऐसे अन्धे लोगों के आगे नृत्यकौशल दिखाने का क्या लाभ है भारती?"

थोड़ी देर रुककर फिर अपना कथन जारी रखते हुए डॉक्टर बोले, "अस्पताल में अथवा अंगरेजों की जेल में दम तोड़ने पर स्वर्ग पहुंचने वाला तलवलकर अपनी पत्नी और पुत्री को भीख मांगता देखकर आंसू बहाने से अपने को नहीं रोक सकेगा, किन्तु देशवासियों के विरुद्ध वह भगवान् से कोई शिकवा करेगा, ऐसा मत समझना। मुझे पक्का विश्वास है और मैं उसे सही तौर पर जानता हूं। वह इस पर अपने को लज्जित अनुभव अवश्य करेगा, किन्तु मुंह नहीं खोल सकेगा।"

भारती ठण्डी आह भरकर रह गयी।

कृष्ण अय्यर बंगला बोल नहीं पाता था, किन्तु थोड़ी-बहुत समझ अवश्य लेता था। उसने भी डॉक्टर के कथन के समर्थन में गर्दन हिलाकर कहा, "इट इज़ ट्रू, अर्थात् डॉक्टर बिल्कुल सही कहते हैं।"

डॉक्टर बोले, "यही वास्तविकता है और यही सच है। क्रान्तिकारियों का यही

आदर्श चरित्र है। अरे भाई! काहे को रोना और किससे गिला-शिकवा ? यदि तुम्हें कभी अपने भाई को भी फांसी लगने की सूचना मिले, तो भारती! यह समझने में भूल न करना कि अपने विदेशी आक़ा के हुक्म से उसके गले में फांसी का फन्दा डालने वाला, निश्चित रूप से कोई अपना भारतीय ही होगा। अरे! दूर क्यों जाती हो ? क़साईघर से गाय के मांस को गाय ही तो अपने कन्धे पर ढोकर लाती है। अरी बहिन! इन बहरे कानों में तूती की आवाज़ क्या असर कर सकती है ? शिकवा-शिकायत की तो सोचना ही व्यर्थ है।

गहरे सांस लेती हुई भारती बोली, "क्या तुम लोगों के त्याग और बलिदान का यही परिणाम है ?"

डॉक्टर ने आवेश में आकर कहा, "यह क्या छोटा पुरस्कार है ? देश के लोगों के द्वारा हमारे महत्त्व को न समझने की मुझे पूरी जानकारी है। मुझे तो यह भी मालूम है कि वे हमारा मज़ाक़ भी उड़ा सकते हैं, परन्तु देश के लिए समर्पित सैनिक के सामने देशवासी किसी ओछी हरकत को करने का दुस्साहस नहीं कर सकते।" कहते हुए डॉक्टर हंस पड़े और भारती को सम्बोधित करते हुए बोले, "अरे! तुम ईसाई होकर अपने धर्म के मूल तत्त्व को ही भूल गयीं। क्या ईसामसीह का बलिदान संसार में व्यर्थ सिद्ध हुआ है ? क्या मानव-जाति आज उनके प्रति नतमस्तक नहीं है ?"

स्तब्ध होकर बैठे लोग चुपचाप सुनते रहे। डॉक्टर ने कहना जारी रखा, "तुम लोगों से यह तथ्य छिपा नहीं कि मैं नरहत्या का प्रबल विरोधी हूं। मैं इसे (नरहत्या को) जघन्य पाप मानता हूं। यहां तक कि एक चींटी तक को मारने से परहेज़ करता हूं, किन्तु आवश्यकता पड़ने पर...सुमित्रा! बोलो सत्य है या नहीं ?"

सुमित्रा बोली, "इस सत्य से मेरा दो बार साक्षात्कार हो चुका है, अतः तुम्हारे कथन का समर्थन करने में मुझे कोई संकोच नहीं।"

डॉक्टर ने कहा, "इस विरोधाभास को भी देखो, दूर से आकर हमारी मातृभूमि पर अधिकार करने वालों, हमारी मनुष्यता, हमारी मान-मर्यादा, हमारी आदर-प्रतिष्ठा तथा हमारे गर्व-गौरव को मटियामेट करने वालों तथा हमारे अन्न-जल के स्रोतों का दोहन कर हमें भूखा-प्यासा रखने वालों को हमारी हत्या का अधिकार है, लेकिन इसके विपरीत अपने अधिकार की मांग करने वाले हम लोगों को नहीं : ऐसी धार्मिकता तुमने कहां से सीखी है, भारती ?"

आज भारती डॉक्टर के वक्तव्य से प्रभावित नहीं हो सकी। वह सिर हिलाती हुई बोली, "भैया! मैं अपने विचारों के लिए कदापि लज्जित नहीं हूं। तुम्हारी बातें मेरे गले के नीचे नहीं उतरतीं। मैं समझती हूं कि प्रतिहिंसा और प्रतिशोध के पक्षधर प्रायः ऐसी बातें किया करते हैं, किन्तु उनके मत को अन्तिम सिद्धान्त के रूप में स्वीकार नहीं किया जा सकता। संसार में इससे भी अधिक महत्त्वपूर्ण बहुत कुछ है।"

डॉक्टर ने कहा, "उस महत्त्वपूर्ण पर कुछ प्रकाश डालो।"

भारती क्रुद्ध होकर बोली, "मैं नहीं जानती, किन्तु तुम भली प्रकार यह सब जानते

हो। जिस शत्रुता के कारण तुम्हारी बुद्धि पर पक्षपात का परदा पड़ गया है, उस द्वेषवृत्ति को छोड़कर एक बार तुम शान्ति के मार्ग पर लौट आओ, तो सत्य तुम्हारे आगे स्वत: उजागर हो जायेगा। भैया! संसार की ऐसी कोई समस्या नहीं, जिसका तुम अपनी प्रतिभा और अनुभव के बल पर शान्तिपूर्ण ढंग से समाधान न कर सको। अत्याचार का उत्तर अत्याचार, बल-प्रयोग का उत्तर बल-प्रयोग, हिंसा के बदले हिंसा तथा रक्तपात के बदले रक्तपात आदि बर्बरता के लक्षण हैं और आदिम युग के सिद्धान्त हैं। क्या पशुवृत्ति से अधिक अच्छी कोई दूसरी सोच नहीं हो सकती?''

''क्या हो सकता है, क्या नहीं, यह किससे पूछा जाये?''

भारती ने बिना किसी संकोच के तत्काल कहा, ''क्या तुम यह सब नहीं जानते?''

डॉक्टर बोले, ''साहबों के जूतों के तलवे चाटने की शिक्षा देने वाली शान्ति की वाणी के मेरे मुंह से निकलने की आशा करने को मैं तुम्हारी मूर्खता समझता हूं। हां, तुम्हें प्रसन्न करने के लिए शायद शशी इस अभिनय को करने को उद्यत हो सकता है, किन्तु मैं ऐसा कभी नहीं कर सकता।'' यह कहकर डॉक्टर हंसने लगे।

उदास और खिन्न हुई भारती बोली, ''तुमने मेरे सुझाव को हंसी में उड़ा दिया है, किन्तु जिन अंगरेजों के प्रति तुम्हारे मन में विद्वेष की ज्वाला भड़कती है, उन अंगरेज मिशनरियों से मैंने जब भी बात की है, उन्होंने मेरी बात को पूरा सम्मान दिया है।''

डॉक्टर ने भारती के कथन को अस्वीकार नहीं किया। बोले, ''मिशनरियों का शान्ति प्रस्तावों पर आनन्दित होना स्वाभाविक है। यह पर्यटकों द्वारा सुन्दरवन में हाथ में बिना शस्त्रास्त्र लिये हिंसक पशुओं, सिंह, व्याघ्र आदि को शान्ति प्रस्ताव अथवा सन्धिवार्ता सुनाने-जैसा प्रयोग है। क्या तुम मिशनरियो को भद्र पुरुष समझती हो?''

डॉक्टर के व्यंग्य से बिना तिलमिलाये भारती बोली, ''आज भारत कितना ही अवहेलित क्यों न हो, किन्तु उसकी सदा यही स्थिति नहीं रही। एक समय था, जब वह विश्वसभ्यता का सिरमौर था। सारा विश्व भारतीय संस्कृति के आगे नत-मस्तक था। उस समय भारत ने हिंसा, शत्रुता और रक्तपात का मार्ग नहीं अपनाया, अपितु उसने सदैव विश्व को सद्भाव, मैत्री, शान्ति और धर्म का सन्देश दिया। मेरा विश्वास है कि अतीत एक बार अपने को पुन: दोहरायेगा।''

डॉक्टर ने दोनों महिलाओं की ओर देखते हुए कहा, ''भारती! मैं नहीं जानता कि तुम किस युग की बात कर रही हो, किन्तु तुम शायद इस एक तथ्य को नहीं जानतीं कि किसी भी सभ्यता के विकास की एक सीमा होती है। धर्म, शान्ति और अहिंसा के मायाजाल में उलझी सभ्यता की असमय में मृत्यु हो जाती है। कोई भी देवी-देवता, न उसकी रक्षा कर सकता है और न उसे नवजीवन ही दे सकता है। तुम दोनों को यह तो मालूम ही होगा कि जब हूण भारत के नौनिहालों को मशाल की तरह जलाने लगे थे तथा नारियों की पीठ की खाल से ढोल बनाने लगे थे, तो उनकी इस क्रूरता का उत्तर क्रूरता से न देकर भारतीयों ने अपनी पराजय स्वीकार कर ली थी। जानती हो, इस

कायरता का परिणाम क्या निकला? अपने हाथ से राज्य निकल गया। देश पराया हो गया तथा देव मन्दिर खंडहर बन गये। अपने पूर्वजों की मूर्खता और असमर्थता के कारण उनके द्वारा किये गये समर्पण का दण्ड देश को आज तक भुगतना पड़ रहा है।''

भारती को सम्बोधित करते हुए डॉक्टर बोले, ''तुम मुझे द्विजेन्द्रलाल राय की एक कविता प्रायः सुनाया करती हो, जिसमें कहा गया है कि देश के जाने के दुःख में इनसानियत को मत भूलो, किन्तु मैं कहता हूं कि जब तक इनसान देश को वापस लेने में समर्थ नहीं होता, तब तक वह इनसान कहला ही नहीं सकता? तुमने सोचा होगा कि इनसान बनना आसान है, सीधा रास्ता है, चलते जाओ, मंज़िल मिल ही जायेगी। तुमने सोचा होगा कि भूखे को रोटी खिलाना, प्यासे को पानी पिलाना और मलेरिया की दवा कुनीन बांटना ही इनसान बनना है। नहीं, बिल्कुल नहीं। वास्तव में आत्मसम्मान की रक्षा के लिए सर्वस्व न्योछावर करने तथा मृत्यु के भय से मुक्त होने का नाम ही मानव होना है।

''भारती! तुम्हारी सोच के लिए मैं तुम्हें दोष नहीं देता; क्योंकि तुम उसी परिवेश तथा उसी जलवायु में जन्मी, पली और बड़ी हुई हो, अतः तुम क्रिश्चियन सभ्यता से उत्कृष्ट किसी और सभ्यता के सम्बन्ध में सोच ही नहीं सकतीं, जब कि इससे बड़ा झूठ संसार में दूसरा कोई नहीं है। सभ्यता का अर्थ मनुष्यों की हत्या करने वाले यन्त्रों का निर्माण नहीं, अपितु समर्थ एवं शक्तिशाली उद्दण्डों के अन्याय-अत्याचार से दुर्बलों-असमर्थों को बचाने का नाम सभ्यता है। क्या तुमने क्रिश्चियन सभ्यता में इस गुण, इस विशेषता एवं इस रीति-नीति को देखा है? क्या इनके यहां न्याय के प्रति किसी प्रकार का गौरव देखने को मिलता है? एक दिन मैंने तुम्हें संसार के मानचित्र को ध्यान से देखने को कहा था और इसी सन्दर्भ में चीन देश में हुए बक्सर विद्रोह का विवरण सुनाया था। अपने को सभ्य कहने वाले शक्तिशाली यूरोपियनों ने चीन पर आक्रमण करके प्रतिशोध के रूप में क्रूरता का जो ताण्डव किया था, उसके सामने भारत में नादिरशाह और चंगेज़खां की पशुता कुछ भी नहीं, पर्वत के सामने राई के बराबर है। कारण बड़ा हो अथवा छोटा, इससे यूरोपियनों को कुछ लेना-देना नहीं होता। उन्हें तो केवल लड़ाई छेड़ने के लिए बहाने की तलाश रहती है। बहाना मिलते ही वे हत्या के लिए पिल पड़ते हैं। जो भी सामने आया, स्त्री हो अथवा पुरुष, बच्चा हो अथवा बूढ़ा उन्हें इसकी कोई तमीज़ नहीं, किसी प्रकार का विवेक नहीं, कोई संकोच अथवा दुविधा नहीं, सबको मौत के घाट उतारना और आतंक फैलाना ही उनका उद्देश्य रहता है। क्या उस समय उनमें मनुष्यता अथवा नैतिक बुद्धि कहीं देखने को मिलती है? इनका सिद्धान्त वाक्य ही यही है, 'युद्ध में सब कुछ जायज़ है, उद्देश्य सिद्धि में सहायक सभी मार्ग पवित्र एवं न्यायसंगत हैं?' अब तुम ही बताओ भारती! क्या धर्म, नीति, सदाचार और आदर्श-जैसे शब्द केवल देश से निर्वासितों एवं पददलितों के लिए बने हैं, समर्थों और शक्तिशालियों के लिए नहीं, उन्हें सब तरह की मनमानी करने की खुली छूट है?''

डॉक्टर के कथन का उत्तर देने में असमर्थ भारती चुपचाप बैठी रही। डॉक्टर द्वारा यूरोपियनों पर लगाये आरापों को झुठलाना भी उसके लिए सम्भव नहीं था। वह जानती थी कि डॉक्टर बहुत बड़ा विद्वान्, सुलझा हुआ तार्किक, व्यवहार-कुशल, समृद्ध, अनुभवी तथा देश की स्वाधीनता के लिए सिर पर कफ़न बांधे फिरने वाला महान् देशभक्त तथा समर्पित क्रान्तिकारी है। वह न कुछ अनाप-शनाप कहता है, न ही उसके विश्लेषण में कहीं ओछापन होता है। उसकी युक्तियां और उसके तर्क सदैव अकाट्य होते हैं। अतः उत्तर न दे पाने की विवशता से वह अपने भीतर एक प्रकार की घुटन-सी अनुभव करने लगी।

सुमित्रा ने बहुत दिनों से इस प्रकार के वाद-विवाद में भाग लेना बन्द कर दिया था, इसलिए वह चुपचाप बैठी थी, किन्तु कृष्ण अय्यर थोड़ा चञ्चल हो उठा। वह इस तर्क-वितर्क को पूरी तरह से समझ नहीं पाने से बोर हो रहा था, अतः पूछने लगा, "सभा की कार्यवाही कब शुरू होगी?"

डॉक्टर ने कहा, "बस, शुरू कीजिये।" फिर सुमित्रा से बोले, "क्या तुम्हारा जावा जाना पक्का है?"

"हां।"

"कब जा रही हो?"

"पिछले शनिवार को नहीं जा सकी, अब बुधवार को जाना निश्चित किया है।"

"क्या 'अधिकार समिति' को तुमने सदा के लिए छोड़ दिया है?"

"हां।"

हंसते हुए डॉक्टर ने जेब से कुछ टेलीग्राम निकाले और यह कहते हुए सुमित्रा को पढ़ने के लिए थमा दिये कि हीरासिंह ने ये सब कल रात दिये हैं।

उत्सुकतावश अय्यर भी पढ़ने लगा। तार लम्बा और अंगरेजी भाषा में था, किन्तु अर्थ स्पष्ट था। भारती ने जलती हुई मोमबत्ती उठा ली। पढ़कर सुमित्रा गम्भीर हो गयी। दो-तीन मिनटों के उपरान्त वह बोली, "सभी क़ोड शब्द उसे याद नहीं। ये तार शंघाई की हमारी जैमेका क्लब और क्रूगर द्वारा भेजे गये हैं। इसके सिवा और कुछ मुझे समझ में नहीं आ रहा।"

डॉक्टर ने खुलासा किया, "यह तार कैण्टन के क्रूगर द्वारा भेजा गया है। शंघाई की पुलिस ने प्रभात होने से पहले ही जैमेका क्लब को घेर लिया। एन्काउण्टर में तीन पुलिसकर्मी और एक अपना विनोद मारे गये हैं। दोनों भाई—महताब और सूबेसिंह—पकड़ लिये गये हैं। अयोध्या हांगकांग में है और दुर्गा तथा सुरेश पैनांग में हैं। सिंगापुर की पुलिस वहां के जैमेका क्लब की खोज में जी-जान से लगी है।"

समाचार सुनकर कृष्ण अय्यर घबरा गया और वह अत्यन्त दुखी होकर रुंधे स्वर में बोला, " डन, अर्थात् सर्वनाश हो गया।"

डॉक्टर ने कहा, "इन दोनों भाइयों के सेना को छोड़कर शंघाई जाने के प्रयोजन

और समय की मुझे कोई जानकारी नहीं।'' फिर सुमित्रा को सम्बोधित करते हुए उन्होंने पूछा, ''क्या ब्रजेन्द्र के इस समय किसी स्थान पर होने की कोई सही जानकारी है?''

डॉक्टर के इस प्रश्न से सुमित्रा पथरा गयी।

''जानती हो?'' डॉक्टर ने फिर पूछा।

सुमित्रा मुंह से कुछ बोल न सकी, फिर सिर हिलाती हुई बोली, ''नहीं।''

कृष्ण अय्यर ने कहा, ''उसके द्वारा ऐसी घिनौनी हरकत किये जाने का मुझे विश्वास नहीं होता।''

डॉक्टर बिना कोई प्रतिक्रिया प्रकट किये चुपचाप बैठे रहे।

शशी बोला, ''ब्रजेन्द्र को आपके पैदल रास्ते से बर्मा से बाहर चले जाने की जानकारी है?''

इस पर भी बिना कोई प्रतिक्रिया दिखाये डॉक्टर पूर्ववत् चुप बैठे रहे।

कोई भी कुछ न बोला, सब के सब मिट्टी की मूर्तियां बने चुप्पी साधे रहे। टेलीग्राम वाले काग़ज़ सामने पड़े थे, मोमबत्ती जलकर बुझने लगी थी। यह देखकर शशी ने दूसरी बत्ती जला दी। दस मिनट की ख़ामोशी के बाद अय्यर ने जेब से सिगरेट निकाली, मोमबत्ती से सुलगायी और कश खींचने के साथ लम्बा सांस छोड़ते हुए वह बोला, ''*नाउ फिनिश्ड,* अब तो सब समाप्त हो गया।''

डॉक्टर ने उसके चेहरे पर देखा, किन्तु वह बिना कुछ बोले केवल कश लेता और धुआं छोड़ता रहा। शशी शराब पीने का अभ्यस्त था, किन्तु तम्बाकू के धुएं से वह कन्नी काटता था। अब उसने बेकार में चुरुट सुलगाकर चारों ओर धुआं फैला दिया।

अय्यर बोला, ''*वर्स्ट लक, वी मस्ट स्टाप,* हमारा बुरा समय चल रहा है, अतः हमें इस समय अपनी गतिविधि बन्द कर देनी चाहिए।''

शशी बोला, ''मुझे पहले से मालूम था कि कुछ भी मिलना-मिलाना नहीं, बेकार का...।''

डॉक्टर ने सुमित्रा से पूछा, ''तुमने किस दिन अपना जाना बताया था, बुधवार?''

सुमित्रा ने न सिर ऊपर उठाया और न ही डॉक्टर की ओर देखा, केवल गरदन हिलाकर 'हां' की सूचना दी।

शशी बोला, ''विश्व में फैली इतनी बड़ी और शक्तिशाली राज्यशक्ति के विरुद्ध विद्रोह के प्रयास को मैं व्यर्थ ही नहीं, निरी मूर्खता समझता हूं। डॉक्टर! मैं, पहले दिन से तुमसे कहता आया हूं कि इस क्रान्ति का परिणाम यही निकलेगा कि कोई क्रान्तिकारी जीवित नहीं रहेगा।''

अय्यर कुछ समझा या नहीं, यह तो वही जाने, किन्तु हां, धुआं उगलता हुआ वह बोला, ''ट्रू, तुम सच कहते हो।''

सहसा उठकर खड़े हुए डॉक्टर ने सभा के विसर्जन की घोषणा कर दी।

यह सुनकर सभी उठ खड़े हुए। अन्य सभी ने अपनी ओर से कुछ-न-कुछ कहा,

किन्तु भारती चुप रही। वह डॉक्टर के पास आकर खड़ी हो गयी और उसके हाथ को हाथ में लेकर बोली, "मुझे बताये बिना, कहीं चले तो नहीं जाओगे भैया?"

डॉक्टर मुंह से कुछ नहीं बोले। केवल अपने कठोर हाथ से भारती के कोमल हाथ को दबाने के रूप में संकेत देकर चलते बने।

: 31 :

अगले दिन सुबह से ही आकाश में बादल उमड़ने-घुमड़ने लगे थे। रात को हलकी बूंदा-बांदी हुई थी, किन्तु अब दोपहर से मूसलाधार वर्षा के साथ भारी झक्खड़ चल रहा था। भारती ने हठ करके सुमित्रा को अपने यहां रोक लिया था और खाने-पीने के बाद ही उसे जाना था, किन्तु मौसम की ख़राबी के कारण नदी पार करना तो दूर, बाहर पैर भी नहीं रखा जाता था। बरसात और आंधी, रुकने-थमने का नाम ही नहीं ले रहे थे। शाम होते-होते इनके वेग ने और अधिक प्रचण्ड रूप धारण कर लिया। हिन्दू होटल में ठहरा शशी दोपहर को घूमता-घामता भारती के घर आया, तो वह भी अब तक लौट नहीं सका था। दिन के बीतने का, सूर्य के अस्त होने का और रात के आने का, किसी को कुछ पता ही नहीं चला। भारती के कमरे के सभी दरवाज़े और खिड़कियां बन्द थे। बत्ती के प्रकाश में बैठे सभी गपशप में खोये हुए थे। शशी तकिया टेके चारपाई पर बैठा था, अपूर्व नीचे बिछे कम्बल पर बैठा था और हंसिये से फल काटती हुई भारती अपूर्व के भोजन के आयोजन में लगी थी। स्टोव पर मूंग की दाल वाली खिचड़ी पक रही थी।

अपूर्व बोला, "संसार से चित्त उचाट हो गया है और मैं संन्यास लेने की सोच रहा हूं।"

शशी अपूर्व के विचार से एकदम असहमत था और अपने तर्कों तथा युक्तियों से इसके दोष गिना रहा था। उसका कहना था कि अब संन्यास सम्मानित आश्रम नहीं रहा। अत: शशी का सुझाव था कि यदि अपूर्व के आवेदन को बरीसाल कॉलेज के अधिकारी स्वीकार कर लेते हैं, तो अपूर्व के लिए प्रोफ़ेसरी करने से उत्तम और कुछ नहीं हो सकता।

शशी के कथन से दुखी होने पर भी अपूर्व कुछ नहीं बोला। सब कुछ जानने वाली भारती बोली, "क्या केवल मौज-मस्ती करना ही जीवन का उद्देश्य है? क्या मनुष्य के लिए इससे बड़ा कुछ और नहीं हो सकता? शशी बाबू! संसार में सभी एक-जैसा नहीं सोचते।"

भारती के कहने के ढंग से शशी अपने को लज्जित एवं अपमानित अनुभव करने लगा। वह फिर बोली, "इस समय अपूर्व बाबू की मन:स्थिति अच्छी नहीं। अत: उनके भविष्य के सम्बन्ध में चर्चा करना व्यर्थ है। हमें अपनी...।"

शशी बोला, "मुझे ख़याल नहीं आया भारती।"

ख़याल नहीं रखना, तो शशी के स्वभाव में था। शशी को क्या, भारती के सिवा अन्य किसी को भी अपूर्व के एक अन्य आघात का शिकार होने की कोई जानकारी नहीं थी। वह चोट भी मातृवियोग के शोक जितनी गहरी थी। अपूर्व के भाई विनोद ने मां की मृत्यु का समाचार पाकर संवेदना का तार भेजा है, किन्तु इसके सिवा और कुछ नहीं लिखा, जिसका अर्थ है कि देश में परिवारजनों से झगड़ा होने और उनसे सम्बन्ध तोड़ देने पर एकदम अकेली पड़ी मां ने विवश होकर गंगा भैया को छोड़ने और म्लेच्छभूमि बर्मा में आने का कठोर निर्णय लिया होगा। इस सम्भावना से उत्पन्न क्रोध और दुःख ने अपूर्व को पागल बना दिया। कलकत्ता पहुंचने पर मां के आने के समाचार से व्यथित अपूर्व ने बिना कुछ खाये-पिये ही दो दिन बिता दिये थे और लौटते समय वह घरवालों से लड़ा-झगड़ा भी था। फिर भी वह सबसे छोटा था, इसलिए उसे लेने के लिए घर से किसी बड़े के आने का उसे पक्का विश्वास था। तिवारी उसके साथ होता, तब शायद घर से किसी का न आना उसे न खलता, किन्तु अब स्थिति भिन्न थी। तिवारी छुट्टी लेकर अपने घर चला गया था। अपूर्व ने भारती को आज प्रातः कलकत्ता न जाने और यहीं रहकर किसी नौकरी का जुगाड़ करने के अपने निश्चय से अवगत करा दिया था।

अपूर्व को इस तथ्य की जानकारी कलकत्ता में ही हो गयी थी कि मां के हठ करके बर्मा चलने का एक कारण अपने बेटों के व्यवहार से उसका परेशान होना भी था, किन्तु इसके पीछे क्रिश्चियन लड़की भारती के प्रति उसका झुकाव भी एक कारण था अथवा नहीं, इस सम्बन्ध में वह पूर्ण रूप से कुछ समझ पाने की स्थिति में नहीं था। मां गम्भीर रोग से पीड़ित होने के करण कुछ कह नहीं सकी और भैया विनोद के रुष्ट होने के कारण मुंह नहीं खोला।

सहसा मुंह पर से शाल हटाकर उठ बैठी समित्रा ने कहा, "भारती! लगता है कि कोई नीचे का किवाड़ खोलकर भीतर घुस रहा है।"

आंधी और वर्षा की बूंदों की तड़-तड़ की आवाज़ में किसी और ध्वनि का सुनाई देना सम्भव नहीं था। कौन होगा? इस आशंका से पहले तो सभी चौंक उठे, फिर भारती ने कान लगाकर आहट सुनने की चेष्टा की, तो बोली, "चिन्ता की कोई बात नहीं, अपूर्व बाबू का नौकर नीचे बैठा है, किन्तु थोड़ी ही देर में उसे चिर-परिचित आहट सुनाई दी, तो वह प्रसन्नता से उछल पड़ी और बोली, "भैया आ गये हैं।" उन्हें सम्बोधित करके वह बोली, "भैया! एक हज़ार, दस हज़ार, बीस हज़ार, एक लाख स्वागत शुभागमन।" यह कहती हुई वह हाथ के हंसिए और फल को वहीं छोड़कर ज़ीने को ओर दौड़ी गयी और बोली, "एक करोड़, दस करोड़, बीस करोड़, हज़ार करोड़ 'गुड इवनिंग' भैया! आइये, पधारिये, ख़ुशआमदीद, वेलकम।"

कमरे में आकर डॉक्टर ने पीठ पर लादे भारी बक्से को उतारकर रखते हुए उत्तर में तीन बार *'गुड इवनिंग'* कहा।

डॉक्टर के हाथों को अपने हाथों में लेकर नटखट बनी भारती बोली, ''भैया! यह देखो, तुम्हारे लिए खिचड़ी बन रही है। पहले अपना ओवरकोट उतारो। अरे! तुम्हारे जूते-वूते सब बुरी तरह भीग गये हैं, ठहरो। मैं तुम्हारे बूट के फ़ीते खोल देती हूं।'' कहती हुई वह सोच में पड़ गयी कि पहले कोट उतारा जाये अथवा जूते उतारे जायें। डॉक्टर को पकड़कर बिठाती हुई भारती बोली, ''चलो, पहले जूते ही निकाल लेती हूं। अच्छा, यह बताओ, ऐसे तूफ़ान में पैदल क्यों आये हो, क्या सब की सब गाड़ियां समुद्र में डूब गयी हैं?'' फिर पूछने लगी, ''भैया! सुबह का नाश्ता किया या नहीं। पेट भरा हुआ है या खाली है? हां, महाराज के होटल में आज मीट बना है, खाओगे? दौड़कर एक कटोरा ले आती हूं।

हंसते हुए डॉक्टर बोले, ''क्यों, आज मुझे पागल बनाने पर तुली हो?''

भारती ने जूते खोल दिये और फिर डॉक्टर के सिर पर हाथ रखकर बोली, ''जिस बात की आशंका थी, वही निकली।'' यह कहती हुई वह दौड़कर खूंटी पर टंगा तौलियां ले आयी और उससे उनके सिर की ऐसी रगड़ाई की कि शशी अपनी हंसी को न रोक सका। बोला, ''लगता है, भारती ने पांच-सात वर्षों के बाद डॉक्टर को देखा है।''

डॉक्टर ने कहा, ''अन्तराल और अधिक लम्बा है। इसकी शरारत से तो मेरा दम निकलने लगा है।''

इठलाती हुई भारती बोली, ''दम निकल रहा है, तो चुपचाप बैठ क्यों नहीं जाते?'' इसके बाद वह हंसिया लेकर अधूरे छोड़े फल छीलने के काम को निपटाने में लग गयी। वस्तुत: अपने इस सच्चे मित्र, सच्चे बन्धु, शुभचिन्तक और सच्चे भाई के अप्रत्याशित रूप से आ जाने पर उसकी प्रसन्नता का कोई आर-पार नहीं था। अधिक उत्तेजित होने के कारण उसके व्यवहार में ओछेपन की सीमा तक कुछ-कुछ चञ्चलता आ जाने को अस्वाभाविक नहीं कहा जा सकता। चुपचाप बैठकर सब देखती सुमित्रा शान्त बैठी रही, किन्तु अब उसके मन में डॉक्टर और भारती के प्रति ईर्ष्या अथवा घृणा का कोई भाव नहीं था। उसे इन दोनों के प्रेम में स्वच्छता, पवित्रता और निष्कपटता का विश्वास हो गया। उसे इन दोनों में अणुमात्र भी पाप, मलिनता अथवा दूषित भावना देखने को नहीं मिली। इन दोनों के प्रेम की उदात्तता के सामने सुमित्रा का सिर अपने आप झुक गया। उसने स्पष्ट देखा कि भारती में किसी प्रकार का दुराव-छिपाव अथवा बनावट न होने के कारण उसके लिए लज्जित होने वाली कोई बात नहीं थी। इसीलिए सबकी उपस्थिति में भी डॉक्टर के प्रति अपने व्यवहार, खुलापन और नटखटपन करते हुए उसे ज़रा भी संकोच नहीं हुआ।

डॉक्टर की स्थिति की चिन्ता में व्यस्त भारती का ध्यान सहसा भारी बक्से की ओर गया, तो वह शिकायत करती हुई कहने लगी, ''इस आंधी-पानी में इतने भारी बक्से को ढोते रहने की भला क्या आवश्यकता है? तुम कहीं जा नहीं रहे? देखो, मुझे धोखे में नहीं रखना, मेरी इस विनती को कभी भूल भी मत जाना।''

हंसने की चेष्टा करते पर भी न हंस सकते डॉक्टर ने भारती के कथन की गम्भीरता को हलका कर कहा, ''जाऊंगा नहीं, तो रामदास की तरह मुझे भी गिरिफ़्तार होना पड़ेगा।''

शशी बोला, ''बिल्कुल सही बात है।''

भारती ने बिगड़कर कहा, ''क्या सही बात है शशी बाबू? आपको कुछ पता भी है या यूं ही हांक देते हो?''

''क्यों नहीं, मुझे सब कुछ ठीक से मालूम है।''

''बिल्कुल झूठ, आप कुछ नहीं जानते।''

डॉक्टर ने बीच-बचाव करते हुए कहा, ''लड़ते रहोगे, तो खिचड़ी का स्वाद ही जाता रहेगा।''

अपूर्व को सम्बोधित करते हुए डॉक्टर ने कहा, ''क्या ठीक समय पर कलकत्ता पहुंचने के लिए आपका कल के जहाज़ से प्रस्थान आवश्यक है न?''

अपूर्व निर्णायक स्वर में बोला, ''मैंने मां का श्राद्ध यहीं करने का निश्चय किया है।''

''इसका कोई विशेष कारण?''

अपूर्व ने इसका उत्तर नहीं दिया। भारती भी चुप रही।

डॉक्टर ने अनुमान लगाया, ऐसा कुछ अवश्य घटा है, जिसे बताना इन्हें उचित नहीं लग रहा। वे बोले, ''फिर कलकत्ता लौटने की क्या आवश्यकता है? आपकी नौकरी, तो सुरक्षित ही होगी?''

अपूर्व ने इसका भी कोई उत्तर नहीं दिया?

शशी बोला, ''अपूर्व बाबू संन्यास ले रहे हैं।''

हंसते हुए डॉक्टर बोले, ''ऐसी विरक्ति कैसे हो गयी भाई।''

अपने को थोड़ा असन्तुलित अनुभव करता हुआ अपूर्व बोला, ''जिसका जीवन नष्ट हो चुका हो और संसार के प्रति जिसकी कोई रुचि-प्रवृत्ति तथा आसक्ति न रही हो, उसके लिए संन्यास लेने के सिवा और विकल्प ही क्या है?''

डॉक्टर ने कहा, ''आपकी सोच अध्यात्म से सम्बन्धित है और आध्यात्मिक विषयों में मैं बिल्कुल कोरा हूं, अतः मैं अनधिकार चर्चा करना उचित नहीं समझता। इस विषय में शशी ही उपयुक्त राय दे सकता है; क्योंकि यह अनुभवी है, परीक्षा में असफल हो जाने पर यह साल-भर किसी साधु की शिष्यता कर चुका है।''

''साल-भर नहीं, डेढ़ साल से भी ऊपर साधु का जीवन बिताया है।'' शशी बोला।

शशी के कथन पर सुमित्रा और भारती की हंसी निकल गयी, किन्तु अपूर्व पूर्ववत् गम्भीर बना रहा और बोला, ''डॉक्टर! मां की मृत्यु के लिए मैं अपने को ही अपराधी मानता हूं और मृत्यु के दिन से दुखी हो रहा हूं। संसार से और घर-गृहस्थी से मेरा मन

उचाट हो गया है। मुझे अपने से ही घृणा होने लगी है।''

कुछ देर तक अपूर्व के चेहरे पर दृष्टि गड़ाकर उसके मनोभाव को समझने में अपने को सफल मानते हुए डॉक्टर बोले, ''मैंने किसी व्यक्ति की इस प्रकार की स्थिति पर न कभी विचार किया है और न ही मुझे विचार करने की आवश्यकता पड़ी है, फिर भी सहज बुद्धि से विचार करने पर मुझे आपका निर्णय सही नहीं लगता। मेरे विचार में कड़वाहट के कारण उत्पन्न वैराग्य कभी स्थाई नहीं होता। भावावेश में संन्यास ग्रहण करने से वैराग्य-साधन नहीं होता, हां, दुर्भाग्यपूर्ण जीवन बिताने को विवश अवश्य होना पड़ता है। करुणा और आनन्द को अपनाये बिना...किन्तु मैं ठीक से कुछ नहीं कह सकता।''

भारती को मानो अचानक एक नया विचार सूझ गया और वह चिन्तित स्वर में बोली, ''भैया! तुम्हारा चिन्तन बिल्कुल सही है और तुम्हारा विश्लेषण एकदम यथार्थपरक है। तुम कभी ग़लत हो ही नहीं सकते। मृत्यु-शोक से उत्पन्न वैराग्य स्थाई हो ही नहीं सकता।''

डॉक्टर बोले, ''प्रथम दृष्टि में तो यही सत्य प्रतीत होता है, अन्यथा मुझे यह भी मालूम नहीं कि माताजी यहां क्यों आयी थीं और अपूर्व बाबू यहां से क्यों नहीं जाना चाहते? मुझे यह सब जानने की उत्सुकता भी नहीं है, किन्तु किसी के जीवन से मिली कड़वाहट को आप जीवन-भर संभाले रहेंगे और इसके विपरीत कहीं से मिले अमृतमय माधुर्य की एकदम उपेक्षा कर देंगे, ऐसा सम्भव नहीं लगता।''

अपूर्व बोला, ''यदि घर में भैया...''

डॉक्टर ने बीच में ही हस्तक्षेप करते हुए कहा, ''क्या सारे संसार में एकमात्र आपके भाई विनोद ही सब कुछ हैं? भारती के भाई सव्यसाची पर आपकी दृष्टि नहीं जाती। यदि कलकत्ता वाले घर में आपके लिए स्थान नहीं है, तो क्या वही घर सारा भूमण्डल है और क्या उस घर को छोड़कर आप और कहीं नहीं रह सकते? मैं आपकी भावनाओं का आदर करता हूं, परन्तु यदि भावना मनुष्य की चेतना को, उसकी विचार-शक्ति को तथा उचित-अनुचित में अन्तर करने की उसकी विवेक-क्षमता को ग्रसने लगे, तो ऐसी भावना को घातक ही मानना पड़ेगा।''

काफ़ी देर तक चुप रहने के पश्चात् अपूर्व बोला, ''डॉक्टर! संसार-त्याग का मेरा उद्देश्य कर्म-साधन अथवा मोक्ष-लाभ कदापि नहीं। मैं यह त्याग दूसरों के लिए करूंगा। मैं आप लोगों का विश्वास खो चुका हूं। यद्यपि आपके सामने बैठा अपूर्व पहले वाला अपूर्व नहीं है, तथापि यदि आप मुझ पर विश्वास न करें, तो मैं आप को दोष दे नहीं सकता। दूध के जले को छाछ भी फूंककर पीनी पड़ती है।''

डॉक्टर उठकर अपूर्व के पास आ गये और उसकी पीठ पर हाथ रखकर बोले, ''भगवान करे, तुम्हारे में परिवर्तन आने का तुम्हारा कथन सत्य हो।''

अपूर्व प्रसन्नता से बोला, ''अब से मैं अपना जीवन देश की सेवा, मानवता की

सेवा, दीन-दुःखियों की सेवा में लगा दूंगा।'' यह कहकर वह कुछ देर चुप रहने के उपरान्त बोला, ''यह ठीक है कि मैं कलकत्ता में जन्मा, पला, बड़ा हुआ और पढ़ा-लिखा हूं, किन्तु अब उस शहर से मेरा कोई सम्बन्ध नहीं। अब से ग्राम-सेवा ही मेरे जीवन का एकमात्र उद्देश्य रहेगा। एक समय था, जब भारत की अर्थव्यवस्था का आधार कृषि थी और ग्राम ही इस देश के प्राण थे। आज उनके उपेक्षित होने से किसान दीन-हीन दशा को पहुंच गये हैं। मध्यवित्त के लोगों ने जब से गांवों को छोड़कर नगरों को अपना आवास बनाया है, तब से भारत के ग्राम शोषण का शिकार हो गये हैं। शहर के लोगों ने गांवों से कोई नाता नहीं रखा, फिर भी शहरियों के लिए अन्न-वस्त्र की आपूर्ति गांवों से ही होती रही है। मैं देश का पालन-पोषण करने वाले तथा देश के नर-नारियों के शरीर को ढकने वाले, किन्तु स्वयं भूखे, नंगे और निरक्षर रहने वाले किसानों की सेवा में अपने को समर्पित करूंगा। मेरे इस मिशन में भारती ने भी मुझे पूर्ण सहयोग देने का वचन दिया है। गांव-गांव में पाठशालाएं खोलने में अथवा झोंपड़ियों में ग्रामीणों को शिक्षित करने में भारती ने मेरा हाथ बंटाने का मुझे वचन दिया है। इस प्रकार मेरा संन्यास किसी निजी हित-साधन के लिए नहीं, अपितु देशवासियों की सेवा के लिए जीवन-समर्पण के रूप में होगा।''

डॉक्टर ने कहा, ''साधु-साधु। आपका विचार प्रशंसनीय है।''

डॉक्टर द्वारा इस प्रकार की प्रतिक्रिया प्रकट करने की आशा किसी को भी नहीं थी। भारती ने कहा, ''वैसे देखा जाये भैया! तो यह भी तुम्हारा ही काम है; क्योंकि कृषि-प्रधान देश में किसानों की स्थिति में सुधार आये बिना क्रान्ति की आशा नहीं की जा सकती।''

डॉक्टर ने कहा, ''मैं तुमसे सहमत हूं।''

भारती बोली, ''किन्तु तुमने अपेक्षित उत्साह का प्रदर्शन नहीं किया?''

डॉक्टर बोले, ''ग़रीब किसानों के कल्याण-कार्य में प्रवृत्त होने के लिए मैं तुम्हारी प्रशंसा करता हूं और तुम्हें सफलता का आशीर्वाद भी देता हूं, किन्तु तुम यह समझने की भूल कभी मत करना कि तुम मेरे काम को आगे बढ़ा रही हो। किसान भले ही धन-कुबेर बन जायें, पुत्र-पौत्रादि प्राप्त कर लें, अर्थात् सब प्रकार से सुखी-सम्पन्न हो जायें, फिर भी मुझे उनसे क्रान्ति में सहयोग मिलने की कोई आशा नहीं।''

अपूर्व को सम्बोधित करते हुए डॉक्टर बोले, ''एक का कल्याण करने के लिए दूसरे को दुःख पहुंचाना आवश्यक नहीं होता। किसान-मज़दूरों की दुर्दशा के लिए मध्य-वित्त वर्ग उत्तरदायी नहीं है। यदि इस सम्बन्ध में गहरे उतरोगे, तो तुम्हें स्पष्ट हो जायेगा कि इसके पीछे वास्तविक अपराधी दूसरे लोग हैं।''

झेंपता हुआ अपूर्व बोला, ''क्या सभी लोगों का मत यही नहीं है?''

डॉक्टर बोले, ''क्या सभी लोगों द्वारा बोला गया झूठ इसलिए सत्य मान लिया जायेगा; क्योंकि सभी लोग ऐसा कहते हैं। यदि भारत के तेंतीस करोड़ लोग एकमत

होकर कुछ ग़लत कहते हैं, तो ग़लत सही नहीं हो जायेगा? ईमानदारी से देखा जाये, तो आज शिक्षित भद्रपुरुषों से अधिक अपमानित और दुर्दशाग्रस्त कोई दूसरा वर्ग है ही नहीं? किसानों की दुर्दशा के लिए उन्हें दोष देना जले पर नमक छिड़कने-जैसा काम होगा। अपूर्व बाबू! प्रत्येक देश की अपनी समस्याएं होती हैं और उनके समाधान के लिए उनका अपना तरीक़ा होता है, जो उस देश की परिस्थितियों के सन्दर्भ में अनुकूल होता है। दूसरे देशों द्वारा समस्या-विशेष के समाधान के लिए अपनायी गयी युक्तियों का हमारे देश में भी सफल होना आवश्यक नहीं। जब बाहर से आने वाला अनाचार पहले से ही सर्वनाश कर रहा है, उस स्थिति में आप यहां के समाज को भीतर से विश्रृंखलित क्यों करना चाहते हैं? देश में सर्वत्र असन्तोष फैला हुआ है। स्नेह, सहानुभूति, श्रद्धा तथा करुणा आदि दिव्य गुणों का उत्तरोत्तर ह्रास हो रहा है। इस स्थिति में शिक्षितों को अशिक्षितों से भिड़ाने का परिणाम क्या होगा? क्या इस पर भी तुमने कभी विचार किया है? शशी! तुम्हें स्मरण होगा, एक दिन तुम भी यह काम करना चाहते थे, किन्तु मैंने तुम्हें मना किया था। अपना विरोध आप करने में ऊपर से दीखने वाली स्पष्टवादिता वास्तव में दम्भ के अतिरिक्त और कुछ भी नहीं। इससे कुछ समय के लिए सस्ती लोकप्रियता भले ही मिल जाये, परन्तु अन्ततः यह ग़लती बड़ी महंगी पड़ती है। किसानों का हित किये जाने पर मुझे कोई आपत्ति नहीं, किन्तु किसानों की दुर्दशा के लिए शिक्षित मध्यवर्ग को दोषी ठहराकर, एक को दूसरे के विरुद्ध शस्त्र ग्रहण करने के लिए उत्तेजित करना, आपसी सौहार्द को समाप्त कर विद्वेष की ज्वाला को भड़काना, न न्यायसंगत है और न ही बुद्धिमत्तापूर्ण। तुम जान-बूझकर अपना तमाशा बनाने की ग़लती मत करो। तुम्हारे विचारों की प्रासंगिकता का समय कभी आ सकता है, किन्तु वर्तमान इसके लिए कदापि उपयुक्त नहीं।

सभी लोग चुप हो गये, किन्तु भारती चुप न रह सकी। बोली, ''देखो भैया! बुरा न मनाना। मुझे भली प्रकार मालूम है कि गांवों के प्रति तुम कोई विशेष सहानुभूति नहीं रखते। तुम्हें महानगरों की ही चिन्ता अधिक रहती है। तुम्हें किसानों की अपेक्षा कल-कारखानों के कुली-मज़दूरों की दशा को सुधारने की चिन्ता कहीं अधिक रहती है। तुम्हारी 'अधिकार समिति' का कार्यक्षेत्र भी इन्हीं मज़दूरों के बीच है, फिर यदि हृदय नाम का कोई तत्त्व है, तो वह तुमने केवल मध्यम श्रेणी और शिक्षित मध्यवर्ग के लिए सुरक्षित कर रखा है; क्योंकि अपने उद्देश्य की सिद्धि के लिए तुम उन्हीं पर आशा लगाये बैठे हो और इसीलिए उन्हें अपना समझते हो। बोलो, क्या मैंने कुछ झूठ कहा है?''

डॉक्टर ने सहमति दिखाते हुए कहा, ''बिल्कुल सच कहती हो। मैं इस सत्य को कितनी बार उजागर कर चुका हूं कि 'अधिकार समिति' को किसानों के हितों से कुछ भी लेना-देना नहीं है। यह स्वाधीनता-प्राप्ति की साधन-रूप संस्था है। मैं किसानों और मज़दूरों को एक वर्ग का नहीं मानता। यही कारण है कि तुम मुझे कारखानों की बैरकों में देखोगी, किन्तु किसानों की झोंपड़ियों में मेरी छाया भी दिखाई नहीं देगी। हां, इस

बातचीत में खोकर कहीं अपने श्रेष्ठ कर्तव्य-कर्म का निर्वाह करना मत भूल जाना बहिन!'' यह कहते और खिचड़ी की ओर संकेत करते डॉक्टर बोले, ''देश का उद्धार, तो चार दिन बाद भी हो जायेगा, किन्तु पक रही खिचड़ी के जल जाने का अनर्थ सहा नहीं जायेगा?''

भारती दौड़कर गयी और बटलोई के ढक्कन को उतारकर खिचड़ी को देखने के उपरान्त आश्वस्त हुई, फिर बोली, ''भैया! चिन्ता न करो, तुम्हें आज भोजन के लिए निराश नहीं होना पड़ेगा।''

''लेकिन अभी पकने में कितनी देर लगेगी?''

''अधिक-से-अधिक पन्द्रह-बीस मिनट और लगेंगे, किन्तु तुम्हें ऐसी जल्दी क्या है?''

डॉक्टर ने हंसकर कहा, ''आज मैं तुमसे विदा लेने आया हूं।''

डॉक्टर को हंसता देखकर उनकी इस सच्ची बात पर भी किसी को विश्वास नहीं हुआ। बाहर वर्षा-आंधी थमने का नाम नहीं ले रहे थे। भारती ने खिड़की खोलकर मौसम का जायज़ा लिया और बोली, ''बाप रे बाप! आज प्रलय होकर रहेगी।''

फिर डॉक्टर से बोली, ''यह भी कोई बाहर निकलने का दिन है?'' कहती हुई भारती को एक बात का स्मरण हो आया और वह बोली, ''आज तुम्हें छोटी कोठरी में सोना होगा, मैं ठीक से तुम्हारा बिस्तर लगा दूंगी।'' इतना कहने के पश्चात् वह किसी अलौकिक आनन्द में विभोर हुई रसोई के काम में जुट गयी। डॉक्टर से किसी उत्तर के न मिलने पर भी भारती का उधर ध्यान नहीं गया।

भोजन तैयार हो जाने पर जब भारती परोसने लगी, तो डॉक्टर ने कहा, ''भारती! आज परोसने के बहाने पीछे नहीं रहना है। आज हम सब एकसाथ बैठकर खायेंगे।''

भारती ने ''जो आज्ञा'' कहा और चारों जनों को गोल दायरे में बैठने का सुझाव दिया।

डॉक्टर ने कहा, ''यह ठीक है, किन्तु अपूर्व बाबू को जल्दी निपटाकर मुझे भूखा नहीं मारना होगा।''

सुनकर अपूर्व हंस दिया, भारती भी बिना हंसे न रह सकी।

फिर बोली, ''अपूर्व बाबू के शीघ्र उठ जाने की बात तो सच है, किन्तु इसका तुम पर कोई प्रभाव क्यों पड़ने लगा? तुम निश्चिन्त होकर खाओ, मैं जानती हूं कि तुम्हारे लिए लक्कड़ हज़म और पत्थर भी हज़म वाली कहावत चरितार्थ होती है। तुम्हारे खाने में कोई दख़ल नहीं डाल सकता, इस ओर से तुम निश्चिन्त रहो।'' यह कहती हुई भारती उस दिन के खाने की याद करके सिहर उठी।

भोजन प्रारम्भ हुआ और भोजन की प्रशंसा तथा एक-दूसरे से किये जा रहे हास-परिहास से घर का वातावरण बदल गया। सब लोगों के प्रसन्नचित्त से खाने में व्यस्त होने पर अपूर्व ने अचानक रंग में भंग डाल दिया। बोला, ''डॉक्टर! यदि दो दिन पहले

समाचारपत्र में प्रकाशित समाचार सत्य है, तो मैं समझता हूं कि आपके क्रान्ति के कार्यक्रम पर पानी फिर जायेगा। समाचार यह है कि भारत सरकार ने अपने शासन तन्त्र में सुधार एवं आमूल-चूल परिवर्तन का वचन दिया है।''

शशी ने तत्काल टिप्पणी की, ''झूठ है, कोरी बकवास है, धोखाधड़ी के सिवा कुछ भी नहीं।''

पक्का विश्वास तो भारती को भी नहीं हुआ, किन्तु फिर भी वह आधे-अधूरे मन से बोली, ''शशी बाबू! ऐसा हो भी तो सकता है। आधी सदी से भारत पर शासन करने वालों से निरन्तर सुधार की गुहार करते आ रहे भारतीयों का उद्यम रंग ला भी सकता है।'' डॉक्टर को हंसता देखकर भारती बोली, ''यह हंसी का विषय नहीं है। विदेशी शासक भले ही शोषक हों, किन्तु क्या वे मनुष्य नहीं हैं? क्या उनका हृदय परिवर्तित नहीं हो सकता? क्या उनमें धर्म-विवेक और नैतिक-बुद्धि जागृत नहीं हो सकती?''

शशी ने पहले-जैसी उग्रता से दो टूक शब्दों में कहा, ''एकदम असम्भव! वे लोग झूठ और मक्कारी के सिवा और जानते ही क्या हैं?''

अपूर्व बोला, ''इसमें कोई शक नहीं कि आपके समान बहुत सारे लोग अंगरेजों की नीयत के बारे में ऐसा ही सोचते-समझते हैं।''

भारती बोली, ''मैं समझती हूं कि यह सन्देह निराधार है। क्या उन्हें भगवान् का भय नहीं है?'' थोड़ा रुककर आग्रहपूर्वक वह बोली, ''यदि भगवान् की कृपा से शासन-पद्धति में बदलाव के साथ अत्याचारों-अनाचारों का अन्त हो जाये, तो फिर क्रान्ति, विद्रोह आदि के आयोजन स्वतः निरर्थक हो जायेंगे। इनकी आवश्यकता ही नहीं रहेगी।''

शशी ने समर्थन करते हुए कहा, ''अवश्य, अवश्य।''

अपूर्व ने भी सहमति जतलाते हुए कहा, ''इसमें कोई सन्देह नहीं।''

भारती ने डॉक्टर को सम्बोधित करते हुए कहा, ''भैया! उस स्थिति में तुम अपने रुद्र रूप को छोड़ दोगे और अभयंकर की मुद्रा धारण कर लोगे।''

डॉक्टर ने दीवारघड़ी पर दृष्टि डाली, मन-ही-मन कुछ हिसाब लगाया और अपने आप से बोले, ''अब अधिक समय नहीं है।'' फिर भारती के प्रति अचानक अत्यन्त स्नेह और कारुण्य का भाव दिखाते हुए डॉक्टर बोले, ''भारती! मैं सत्य कहता हूं कि स्वयं मुझे इस तथ्य की कोई जानकारी नहीं कि मैं भयंकर मूर्ति हूं अथवा शान्त मूर्ति हूं। मैं केवल इतना जानता हूं कि मेरे इस स्वरूप में जीवन-भर कोई परिवर्तन नहीं आ सकता। आज मैं उन प्रतिष्ठित, आदरणीय नेताओं का न मज़ाक़ उड़ाना चाहता हूं और न ही उनके महत्त्व का अवमूल्यन करना चाहता हूं, फिर भी समीक्षा के अन्तर्गत कुछ तो कहना पड़ेगा। क्या ये समाजसुधारक एवं राजनेता यह बता सकेंगे कि इतने वर्षों से किये गये असंख्य बलिदानों, विरोध-प्रदर्शनों तथा अहिंसक आन्दोलनों के बदले विदेशी शासक इन्हें क्या देना चाहते हैं? हमारे गण्यमान्य नेता क्या और कितना मिल जाने से

सन्तुष्ट हो जायेंगे तथा फिर और कोई मांग करना अथवा रोना-धोना बन्द कर देंगे ? यहां यह भी विचारणीय है कि शासकों की नीयत में कितना खरापन है और कितना खोट है ? कितनी सचाई है और कितना छल-कपट ? जब ये नेता लोग विदेशी शासन के विरुद्ध विष-वमन करने तथा उन्हें खरी-खोटी सुनाने का ढोंग करते हैं, तो उस समय हमारे न कान बन्द होते हैं और न ही नेत्र मुंदे होते हैं। उन लोगों की वाणी को सुनना चाहोगी भारती ? वे लोग डंके की चोट पर कहते हैं कि हम 'वन्दे मातरम्' की क़सम खाते हैं कि तुम लोगों के अधीन हम लोग स्वाधीन होकर रहेंगे। हमारी बात सुनो, हम जाग गये हैं, हमारे आत्मसम्मान को और अधिक धक्का मत लगाओ, हमारी कुछ उचित मांगें स्वीकार कर लो।

"भारती ! क्या इस तरह की चाटुकारिता करके अधिकारों की मांग की जाती है ? क्या भीख में कभी मनचाहा मिलता है ? मेरी समझ में तो कुछ आता नहीं। इसलिए वे क्या मांगते हैं और उन्हें क्या मिलता है, इससे मैं कोई सरोकार नहीं रखता। भारती ! सुधार का अर्थ उखाड़-फेंकना कभी नहीं होता। इसका अर्थ लीपा-पोती-जैसी मरम्मत होता है, किन्तु विचारणीय यह है कि जो भार असह्य बन गया है, पुचकारने से वह भार सह्य नहीं बन जाता। जिस प्रकार काम न करने से नाकारा हुई मशीन को सुधारकर उसे फिर से चालू किया जाता है, क्या शासन में इसी प्रकार के किसी सुधार की सम्भावना है ? मैंने इस प्रकार से अपने को छलने में कभी विश्वास नहीं किया। मैंने कभी यह कहने की हिमाकत नहीं की कि यदि कारागार की चारदीवारी कुछ ऊंची कर दी जाये, तो हम इसके लिए आपके आभारी होंगे। मैं अपनी साधना में छल-कपट और धोखाधड़ी को शामिल नहीं कर सकता। हमारे सामने दो ही विकल्प हैं, 'करो या मरो' अर्थात् देश की स्वतन्त्रता अथवा मृत्यु। हमारे पास कोई तीसरा विकल्प है ही नहीं।"

यद्यपि डॉक्टर के कथन में नया कुछ नहीं था, तथापि मृत्यु का वरण करने के उनके कथन से भारती घबरा उठी और उसके नेत्रों से अश्रु प्रवाहित होने लगे। वह बोली, "जब एक-एक करके सभी तुम्हें छोड़ते जा रहे हैं, तो उस स्थिति में तुम अकेले क्या कर सकोगे ? कहावत है 'अकेला चना भाड़ नहीं फोड़ सकता।' तुम इतने अधिक शक्तिशाली ब्रिटिश साम्राज्य को क्या चुनौती दोगे ?"

डॉक्टर ने कहा, "हमारे देवता धोखाधड़ी सहन नहीं कर सकते। अतः इन लोगों को तो जाना ही है।"

भारती कहना चाहती थी, इतने अधिक लोगों को धोखेबाज़ नहीं कहा जा सकता। यदि तुमने अपनी छाती पर पत्थर न रख लिया होता, तो तुम भी इस सत्य से सहमत होते, किन्तु न जाने क्यों, आज वह यह सब न कह सकी।

भोजन से निपटकर और हाथ-मुंह धोकर डॉक्टर कुर्सी पर बैठ गये। उनकी आंखें किसकी बाट जोह रही लगती थीं और उनके कान किसकी पदचाप को सुनने को सतर्क थे, इस ओर किसी ने कोई ध्यान नहीं दिया। सड़क पर से आती आवाज़ पर भी किसी

का ध्यान नहीं गया, किन्तु डॉक्टर एकदम चौंककर उठ खड़े हुए और अपूर्व के नौकर को पुकारते हुए बोले, ''अरे ओ हनुमन्त! ज़रा जल्दी से किवाड़ खोल देना।''

भारती सुमित्रा के साथ शयन-व्यवस्था के सम्बन्ध में परामर्श कर रही थी। डॉक्टर की आवाज़ को सुनकर चौंक पड़ी और पूछने लगी, ''किसके लिए दरवाज़ा खुलवा रहे हो, कौन आ रहा है?''

डॉक्टर ने कहा, ''हीरासिंह को आना है, मैं उसी की बाट देख रहा हूं।'' फिर शशी को सम्बोधित करते हुए बोले, ''क्यों कविजी! क्या आपको भी कुछ-कुछ काव्य-जैसा सुनाई दिया है?''

भारती बोली, ''ऐसे आंधी-पानी में क्या अकेले तुम्हारे कवि का काव्य ही परेशान करने को काफ़ी नहीं था, जो इस 'भग्नदूत' को बुलाने की आवश्यकता पड़ गयी।''

शशी बोला, ''भग्नदूत उपेक्षा की वस्तु नहीं। उसके बिना 'मेघनाद-वध' काव्य की रचना सम्भव नहीं।''

भारती बोली, ''देखें, अब किस काव्य की रचना होने जा रही है?''

अपूर्व के नौकर द्वारा दरवाज़ा खोलने पर आने वाला व्यक्ति सचमुच हीरासिंह ही था। एकदम ऊपर पहुंचकर हीरासिंह ने सबको यथायोग्य अभिवादन किया। उसने सरकारी यूनीफ़ार्म—सरकारी चपरास, सरकारी साफ़ा और कमर में लटकता सरकारी चमड़े का बैग—पहन रखी थी, जो बरसात में काफ़ी भीग गयी थी। उसकी दाढ़ी-मूंछों से भी पानी चू रहा था। बायें हाथ से वह अपने मुंह को पोंछता हुआ हलकी आवाज़ में बोला, ''*रेडी?*''

डॉक्टर ''*थैंक यू, थैंक यू सरदारजी।*'' कहते हुए प्रसन्नता से उछल पड़े। '*नाउ*' कहकर हीरासिंह जाने को हुआ, तो सबने एक साथ उत्सुकता से पूछा, ''क्यों, क्या हुआ सरदारजी?''

सभी उपस्थित व्यक्ति इस तथ्य से भली प्रकार परिचित थे कि डॉक्टर के आदेश के बिना सिर कट जाने पर भी हीरासिंह मुंह नहीं खोलेगा। अतः जब वह अपने दांत निपोर कर रह गया, तो किसी को कुछ भी आश्चर्य नहीं हुआ। सभी को यह मालूम था कि इस व्यक्ति को निन्दा-स्तुति, मान-अपमान तथा यश-अपयश से कुछ लेना-देना नहीं। इसके लिए शत्रु और मित्र में कोई अन्तर नहीं। इसने सभी द्वन्द्वों से ऊपर उठकर अपने को कठोर सैनिक के रूप में ढाल लिया है। इसे न तर्क-वितर्क करना आता है, न यह वाद-विवाद के झमेले में पड़ता है, न आलोचना करता है, न उचित-अनुचित का विचार करता है और न ही समय-असमय की चिन्ता करता है। यह केवल अपने को सौंपे कार्य को ठीक ढंग से निर्वाह करना ही अपना कर्तव्य एवं धर्म समझता है। सब लोगों के कुतूहल की शान्ति के लिए डॉक्टर द्वारा दिये वक्तव्य का सारांश कुछ इस प्रकार है—हीरासिंह यह समाचार लाया है कि दूर बैठे हुए हमारे लिए हो चुके अनिष्ट और नुकसान का अनुमान लगाना एकदम कठिन है। हां, निश्चित रूप से हमें काफ़ी हानि

उठानी पड़ी है, फिर भी दो कार्य, तो हमें करने ही पड़ेंगे। प्रथम, सिंगापुर में बचे-खुचे जैमेका क्लब का संरक्षण करना होगा और द्वितीय, जहां कहीं से और जैसे-तैसे ब्रजेन्द्र को खोज निकालना होगा। नदी के दक्षिणी भाग में सीरियम के पास एक चीनी जहाज़ माल लादकर कल तड़के चीन जा रहा है, उसमें मेरे जाने की किसी प्रकार से व्यवस्था हो गयी है।

डॉक्टर का कथन सुनकर भय और चिन्ता से सुमित्रा का चेहरा पीला पड़ गया। उसकी जानकारी के अनुसार ब्रजेन्द्र अभी सिंगापुर में है और वह अपनी खोज में आ रहे व्यक्ति से स्वर्ग, नरक, भूलोक तधा पाताललोक में कहीं छिपने पर भी बच नहीं सकता। इसके अतिरिक्त विश्वासघात-जैसे भयंकर अपराध के दण्ड के सम्बन्ध में भी सब कुछ परम्परागत रूप से निश्चित है। सुमित्रा का ब्रजेन्द्र से कोई सम्बन्ध नहीं और साथ ही न्याय का आग्रह है कि यदि उसने अपराध किया है, तो उसे दण्ड अवश्य मिलना चाहिए, किन्तु सुमित्रा की चिन्ता का कारण यह है कि वह जानती है कि ब्रजेन्द्र छोटा-मोटा अपराधी नहीं है। वह शातिर गुण्डा है, वह हमला करना ही नहीं जानता, अपितु हमलावर से अपना बचाव करना भी जानता है। गुप्त रूप से केवल पिस्तौल रखना ही नहीं, अपितु उसके सही प्रयोग में उसे कमाल की महारत हासिल है। वह बहुत बड़ा, धूर्त, शैतान, चालाक और सदैव चौकस रहने वाला नामी बदमाश है। उससे ग़लती यह हो गयी कि उसने यह मान लिया कि डॉक्टर बर्मा से पैदल मार्ग से निकल गये हैं। अब यदि डॉक्टर से उसका सामना हो गया, तो अपने बचाव में वह अपने पास के सभी शस्त्रास्त्रों का प्रयोग करेगा। यहां तक कि डॉक्टर की हत्या करने से भी वह नहीं चूकेगा। जब किसी के अपने जीवन पर आ पड़ती है, तो फिर वह दूसरे के जीवन की चिन्ता कहां करता है?

इस समय सबके कानों में हीरासिंह के दो शब्द '*रेडी* और *नाउ*' हथौड़े के समान भारी चोट करने लगे। भारती को याद आया कि एक दिन मौलमिन के मकान में जन्मदिवस के समारोह में उसके सम्मानित अतिथि रेवरेण्ड लारेंस का हार्ट फ़ेल हो गया था और वे खाते-खाते टेबल पर लुढ़क गये थे। इससे आनन्द और उल्लास का स्थान शोक और विषाद ने ले लिया था। मृत्युदूत बने हीरासिंह के आने से आज कुछ-कुछ वैसी ही स्थिति उत्पन्न हो गयी थी।

गहरी सांस लेता हुआ शशी बोल पड़ा, "डॉक्टर! सारा मज़ा किरकिरा हो गया है।"

कहने को तो यह साधारण वाक्य था, किन्तु प्रभाव की दृष्टि से इसकी चोट बहुत गहरी और दुःख पहुंचाने वाली थी।

डॉक्टर को हंसता देखकर वह फिर बोला, "आप बड़े हैं, ख़ूब हंसिये, और भी जो जी में आये, कीजिये, किन्तु यह मत भूलिये कि आपके न होने पर एक रीतापन—*वैक्यूम*—लगता है। सब कुछ फीका, नीरस और खोखला हो जाता है, किन्तु मैं आपके

प्रत्येक आदेश को शिरोधार्य करने को उद्यत हूं।''

डॉक्टर ने पूछा, ''उदाहरणार्थ...''

''जैसे मदिरा-सेवन न करना, राजनीति के पास न फटकना, भारती के पास रहना और कविता लिखना...।''

डॉक्टर ने भारती के चेहरे पर उसके मनोभाव को पढ़ने का प्रयास किया, परन्तु चेहरा दिखाई नहीं दिया। फिर शशी से उपहास करते हुए डॉक्टर ने पूछा, ''किसानों पर कविता नहीं लिखोगे?''

शशी ने कहा, ''नहीं, अपने लिए वे स्वयं लिख सकेंगे, तो लिखें, किन्तु मैं नहीं लिखूंगा। मैंने आपके सुझाव पर गहन मन्थन किया है और आपके इस उपदेश को कभी नहीं भूलूंगा कि केवल शिक्षित मध्यवर्ग ही अपने आदर्श की प्राप्ति के लिए अपना सर्वस्व न्योछावर कर सकता है, अशिक्षित किसान कभी नहीं। डॉक्टर! मैं मध्यवित्त के लोगों का कवि बनना पसन्द करूंगा।''

डॉक्टर ने कहा, ''ठीक है, किसानों पर न लिखना, किन्तु मध्यवित्त के लोगों की उपयोगिता को भी अन्तिम और शाश्वत सत्य न मान लेना। मानव की स्थिति जड़ अथवा निश्चल नहीं। समय के परिवर्तन के साथ स्थिति में परिवर्तन का आना भी एक निश्चित सत्य है। किसी दिन किसानों की स्थिति में भी सुधार हो सकता है और उस दिन मानव के भाग्य-निर्माण का कार्य उन्हें सौंपे बिना गाड़ी नहीं चल सकेगी।'' यह कहते हुए डॉक्टर उठकर शशी के पास आ गये और उसके कन्धे पर अपना हाथ रखकर खड़े हो गये।

शशी ने कहा, ''ठीक है, जब वह समय आयेगा, तब हम बिना किसी सोच-विचार के प्रसन्नतापूर्वक सारे उत्तरदायित्व किसानों को सौंपकर निश्चिन्त हो जायेंगे, किन्तु वर्तमान में ये लोग अभी इस दायित्व को संभालने में समर्थ नहीं हैं।''

अपूर्व चुपचाप शान्त बैठा सब कुछ सुन रहा था। उसने अभी तक अपनी कोई प्रतिक्रिया प्रकट नहीं की थी, किन्तु शशी के मुख से किसानों पर की गयी टिप्पणी उसे प्रिय नहीं लगी। उसने किसानों के हित में अपना जीवन समर्पित करने का व्रत ले रखा था, उनके विरुद्ध किये गये आक्षेपों से तिलमिलाकर वह बोला, ''शराब पीना बुरा है, ठीक है, उसे वे छोड़ दें। काव्य-रचना अच्छी है, इसे वे करें, किन्तु कृषक समाज को इतना तुच्छ और उपेक्षा योग्य समझना भी भारी भूल होगी। यदि भारत के कृषक समाज का सहयोग न मिला, तो आपकी क्रान्ति धरी-की-धरी रह जायेगी, तिल-भर भी आगे नहीं बढ़ सकेगी। इसके अतिरिक्त आप राजनीति को बुरा बताते हैं। यदि मैंने किसानों के कल्याण को अपने जीवन का उद्देश्य न बनाया होता, तो मैं निश्चित रूप से स्वदेश की राजनीति को अपनाता।''

डॉक्टर कुछ देर तक अपूर्व के चेहरे पर देखते रहे, फिर सहसा अपने मुख पर हंसी बिखेरते हुए बोले, ''मैं शुद्ध अन्त:करण से तुम्हारे उद्देश्य की सफलता का तुम्हें

आशीर्वाद देता हूं। राजनीति सबके लिए अवाञ्छनीय नहीं, देश और देशवासियों की सेवा का व्रत लेने वालों के लिए यह उत्तम क्षेत्र है। मैं केवल एक ही बात पर बार-बार बल देता हूं कि प्रत्येक व्यक्ति प्रत्येक कार्य के लिए कभी उपयुक्त नहीं होता।''

अपूर्व ने डॉक्टर के इस कथन से पूर्ण सहमति प्रकट करते हुए कहा, ''मैं आपके इस कथन का प्रत्यक्ष प्रमाण हूं। आपने मेरा पथ-प्रदर्शन न किया होता, तो मैं भ्रमजाल में भटकता, अब तक ठोकरें खाता होता।'' यह कहता हुआ अपूर्व रोमाञ्चित हो उठा।

शशी को अपूर्व की इस घटना के सम्बन्ध में न कोई जानकारी थी और न ही जानने की कोई उत्सुकता थी। अपूर्व के कथन को शशी ने उसकी कोरी भावुक़ता समझा और बोला, ''अरे भाई! दूसरों की ग़लतियों का दण्ड मातृभूमि को भुगतना पड़ता है। डॉक्टर! मुझे आपसे अधिक योग्य व्यक्ति इस संसार में दूसरा कोई नहीं दिखता। आप जितना ज्ञान, जाति, देश और समाज के यथार्थ रूप का परिचय तथा राष्ट्रहित के लिए तड़पन आदि और कहीं ढूंढ़ने पर भी नहीं मिलेंगे। आपको राष्ट्र के प्रत्येक विषय का न केवल गहन ज्ञान है, अपितु आपके पास उस ज्ञान के प्रयोग का कौशल भी है, किन्तु आपका इतना समृद्ध व्यक्तित्व भी किसी काम नहीं आया। चीन का आयोजन नष्ट होता गया, पिनांग का चला गया, बर्मा में भी कुछ नहीं रहा, सिंगापुर का भी चले जाना निश्चित है। सच कहूं, तो आपके जीवन-भर की साधना मिट्टी में मिलने जा रही है। आपके प्राण शेष हैं, किन्तु उन पर भी निशाने सधे हुए हैं।''

डॉक्टर को फिर हंसता देखकर कुढ़ता हुआ शशी बोला, ''आप सामने खड़े संकट को हंसी में टालने की भले ही कोशिश करें, किन्तु मुझे अपने दिव्य चक्षु से परिणाम स्पष्ट दिख रहा है।''

डॉक्टर ने उसी तरह मुसकराते हुए पूछा, ''क्या दिव्य चक्षु से और कुछ दिखाई नहीं देता?''

शशी बोला, ''हां, और भी कुछ दिखता है। आपको देखते ही यह विचार आ जाता है कि हमारे पास बिना उपद्रव-उत्पात किये शान्तिपूर्ण उपाय से लक्ष्य की प्राप्ति के लिए आगे बढ़ने का थोड़ा-सा भी कोई विकल्प रहता...।''

अपूर्व बोला, ''एक साथ विरोधी दिशाओं में जा रही दो नावों पर सवारी!''

अपनी हंसी को छिपाने के लिए सुमित्रा ने मुंह फेर लिया। डॉक्टर भी हंस दिये और बोले, ''अपूर्व बाबू! शशी के दो व्यक्तित्व हैं। एक, स्वयं शशी का और दूसरा, उसके भीतर के कलाकार का। तभी उसके मुंह से दो परस्पर विरोधी कथन निकलते हैं। बहुत सारे लोगों में यह दूसरा व्यक्तित्व कुछ इस प्रकार छिपा रहता है कि वह आसानी से पकड़ में नहीं आता। इसीलिए कभी-कभी व्यक्ति की कथनी और करनी में एकरूपता न मिलने से उसे अयोग्य मानने के रूप में उसके प्रति अन्याय कर दिया जाता है। अपूर्व बाबू! मैं तुम्हें पहचान गया था, किन्तु सुमित्रा नहीं पहचान सकी थी। भारती! अगर तुम्हें जीवन में कभी इस स्थिति का सामना करना पड़े, तो अपने इस स्वर्गीय भाई के इस

मनोविश्लेषण का स्मरण कर लेना। अच्छा, अब मैं जाऊंगा, घाट पर नाव बंधी है। देर करने पर भाटे में नाव चलाना और उसे गति देना कठिन हो जायेगा और इससे जहाज़ का न पकड़ पाना भी हो सकता है।''

भारती घबराकर बोली, ''ऐसे समय में, ऐसी भयंकर नदी में, ऐसी भयंकर रात्रि में?''

भारती की व्याकुलता देखकर सुमित्रा भी अपने ऊपर और अधिक नियन्त्रण न रख सकी और बोली, ''क्या तुम सचमुच सिंगापुर जा रहे हो? ऐसी ग़लती बिल्कुल न करना। वहां की पुलिस तुम्हें अच्छी तरह से पहचानती है। अबकी बार उसके हाथ से तुम बच नहीं सकोगे।''

सुमित्रा की बात को बीच में काटते हुए डॉक्टर बोले, ''क्या यहां की पुलिस मुझे नहीं पहचानती है?''

सुमित्रा ने डॉक्टर की बात को न सुन पाने के कारण अथवा बहस करना व्यर्थ समझने के कारण अथवा तर्क-वितर्क के लिए उपुयक्त समय न होने के कारण कोई उत्तर नहीं दिया। सुमित्रा जिस बात को कहने के लिए इतने दिनों से तड़प रही थी और अनेक कारणों से कह न पाने के कारण अत्यधिक परेशान हो रही थी, वह बात उसके मुंह से फूट पड़ी। वह बोली, ''डॉक्टर! एक बार मुझ पर भरोसा करो और देखो कि मैं तुम्हें सरवाया ले जा सकती हूं या नहीं?''

झुककर बूट का फ़ीता कसने-बांधने में व्यस्त डॉक्टर बोले, ''सुमित्रा! मैं जानता हूं कि धन ख़र्च करने से क्या नहीं हो सकता, किन्तु धन का अपव्यय उचित नहीं।''

सबने यह समझ लिया कि तर्क-वितर्क से कोई लाभ नहीं। असफल और निराश हुई सुमित्रा मुंह फेरकर आंसू गिराने लगी। भारती बोली, ''इस बेरहम संसार में मुझे अकेला छोड़कर तुम्हारा इस प्रकार चले जाना मुझे अच्छा नहीं लग रहा। तुम केवल मुझसे ही नहीं, अपितु मुझ-जैसी सभी लड़कियों से विशेष मोह होने की बात किया करते थे, सभी लड़कियों को प्यार करने का दावा किया करते थे, किन्तु इस निर्ममता के सामने तुम्हारे दावे झूठे पड़ रहे हैं।''

डॉक्टर बोले, ''मैं सचमुच देश की लड़कियों से असीम प्यार करता हूं। लड़कियों पर जितना मुझे विश्वास है, उनके प्रति जितना मेरा मोह है, वह बात बताने की नहीं। यदि कभी अवसर मिले, तो उन्हें यह सब समझाने का काम मैं तुम्हें सौंपता हूं।''

रोती हुई भारती बोली, ''मैं तो सभी लड़कियों से यही कहूंगी कि पुरुष केवल हमें बलि का बकरा बनाना जानते हैं।''

डॉक्टर ने भारती के चेहरे पर देखते हुए कहा, ''चलो, यही कह देना। यदि देश की एक भी लड़की ने इस कथन के मर्म को समझ लिया, तो मैं अपने जीवन को धन्य समझूंगा।'' यह कहकर उन्होंने अपने भारी बक्से को कन्धे पर रखा और चल दिये।

डॉक्टर के पीछे अन्य सभी नीचे उतर आये। भारती ने अन्तिम प्रयास के रूप में

कहा, "भैया! देश का सारा उद्यम नष्ट हो गया, सारे घनिष्ठ मित्र एक-एक करके छोड़ गये, अब तुम एकदम अकेले पड़ गये हो, इस स्थिति में तुम्हारा देश के लिए विदेशों में उद्यम करने का क्या लाभ?"

डॉक्टर ने हंसकर उत्तर दिया, "भारती! प्रारम्भ में भी अकेला चला था, और विदेश! यह तो आदमी की करामात है कि उसने दीवारें खड़ी करके भगवान् की एक ही धरती को न जाने कितने हिस्सों में बांटकर उन्हें अलग-अलग देश का नाम दे दिया है। आदमी का बस चलता, तो वह उसके और हज़ारों टुकड़े कर डालता, किन्तु भगवान् ने पूर्व से पश्चिम और उत्तर से दक्षिण तक सारी धरती को एक ही रूप में रखा है। उसने किसी प्रकार कोई विभाजन नहीं किया है। भगवान् के इस अविभक्त क्षेत्र में किसी को कहीं प्रवेश न देने का किसी का कोई षड्यन्त्र कहीं सफल नहीं हो सकता। विश्व के किसी एक किनारे पर भड़की आग की चिनगारी तथा ताप को दूसरे छोर पर पहुंचने से भला कौन रोक सकता है? भारती! यह सारी धरती एक ही परमात्मा की है। जिस प्रकार वायु के प्रवेश को रोकना असम्भव है, उसी प्रकार व्यवसायी पुरुष के लिए देश-विदेश सब एक समान है, उसकी भी गति सब कहीं है, किसी के लिए उसे रोकना सम्भव नहीं।"

बाहर हो रहे प्रकृति के ताण्डव—भयंकर आंधी के साथ तेज़ बरसात—की ओर किसी का ध्यान नहीं था। रह-रहकर चमकती बिजली, उमड़ते-घुमड़ते और गरजते मेघ तथा हड़कम्प मचाती आंधी ने प्रलय का दृश्य उपस्थित कर दिया था। डॉक्टर ने किवाड़ खोला ही था कि भीतर आयी बौछार ने सबके कपड़े गीले कर दिये और बत्ती बुझ जाने से ऐसा गहरा अन्धकार छा गया कि सचमुच एक हाथ को दूसरा हाथ दिखाई नहीं देता था।

डॉक्टर ने आवाज़ दी, "सरदारजी!"

बाहर से हीरासिंह बोला, "*यस डॉक्टर! रेडी*।"

सबका चौंकना स्वाभाविक था। ऐसी प्रचण्ड आंधी, चमकती बिजली, कड़कते बादलों और इतनी तेज़ वर्षा में कोई व्यक्ति बाहर प्रतीक्षा में खड़ा रह सकता है, पहरा दे सकता है, यह सचमुच कल्पना से परे का साहसपूर्ण कार्य था।

डॉक्टर ने सब को 'अलविदा' के रूप में कहा, "अच्छा, अब मैं चलता हूं।"

डॉक्टर ने बाहर पैर बढ़ाया ही था कि अपूर्व दौड़ा-दौड़ा आया और अत्यन्त भावुक होकर मधुर-विनम्र स्वर में बोला, "आपके द्वारा दिये प्राणदान के लिए मैं आपका जीवन-भर कृतज्ञ रहूंगा।"

अन्धकार में डॉक्टर ने उत्तर दिया, "अरे! जिसने वास्तव में तुम्हारे प्राण बचाये, उसके प्रति कृतज्ञता प्रकट करो। मैं तो निमित्त था, मेरी छोटी-सी सिफ़ारिश को बड़ा रूप देने की कोई आवश्यकता नहीं अपूर्व बाबू।"

अपूर्व बोला, "उसके आभार को भूलना मेरे लिए सम्भव नहीं। जिस दिन ऐसी

कृतघ्नता आयेगी, उस दिन मैं इन प्राणों का त्याग कर दूंगा।''

अंधेरे में दूर से आवाज़ आयी, ''ईश्वर तुम्हें सद्‌बुद्धि प्रदान करे, ताकि तुम अपने उपकारी के उपकार को कभी न भूलो।'' उस दिन सव्यसाची का शेष वाक्य आंधी के झोंके में खो गया।

अचानक चीत्कार कर उठी और ऊपर भागकर गयी भारती की चेष्टा से सबका ध्यान उधर चला गया और सभी जड़-पत्थर के समान हक्का-बक्का रह गये। सभी लोग उसके पीछे-पीछे ऊपर चले गये।

ऊपर पहुंची भारती खिड़की खोलकर व टकटकी लगाकर दूर अंधेरे में देखने लगी। उसे इस प्रकार शून्य में देखते बहुत समय बीत गया। अचानक कहीं बिजली चमकने से कुछ देर के लिए धरती-आकाश में प्रकाश फैल गया और उंसी प्रकाश में संयोगवश सबको सव्यसाची के अन्तिम दर्शन का सौभाग्य प्राप्त हो गया।

डॉक्टर को भयंकर रूप से इस प्रतिकूल मौसम में ख़ुफ़िया पुलिस द्वारा अपना पीछा किये जाने की कोई आशंका नहीं थी, किन्तु फिर भी वे मुख्य मार्ग को छोड़कर मैदान के दक्षिणी ओर चलने लगे। कहीं कीचड़ थी, तो कहीं घुटनों तक पानी था, कहीं फिसलन थी, तो कहीं घने अंधेरे के कारण मार्ग दिखाई नहीं देता था। ऐसी प्रतिकूल स्थिति में अपने संकल्प का धनी, देश का दीवाना अपने कन्धे पर भारी बक्सा लादे, सभी कठिनाइयों को अनदेखा करता अपने मार्ग पर बढ़ता चला जा रहा है। उसके साथ ही उसकी छाया बना दूसरा व्यक्ति मुंह पर गिरती-पड़ती बौछारों को अपने साफ़े से हटाता क़दम से क़दम मिलाकर चला जा रहा है।

क्षण-भर में ही दोनों अदृश्य हो गये। चारों ओर फैले घने अन्धकार में सब कुछ लुप्त हो गया।

थोड़ी देर में शशी ने कहा, ''दूसरों को संकट से उबारने के लिए अपने प्राणों की परवाह न करने वाले वीर शिरोमणि! तुम्हें शत-शत प्रणाम।''

अपूर्व ने भी दोनों हाथों को मस्तक पर लगाकर और सिर झुकाकर डॉक्टर के साथ-साथ चुपके से हीरासिंह को भी प्रणाम किया।

पत्थर की मूर्ति की तरह जड़ बनी भारती अंधेरे में खड़ी रही। उसे न शशी की बात सुनाई दी और न ही अपूर्व के कर्म पर उसकी दृष्टि गयी। उसे यह भी पता नहीं चला कि उसकी भांति एक अन्य स्त्री भी अपने नेत्रों से अश्रुधारा प्रवाहित कर रही है।

* * *